U0143574

2019年主题出版重点出版物

新中国农业发展70年

政策成就卷

韩长赋　主编

中国农业出版社
北京

图书在版编目（CIP）数据

新中国农业发展 70 年. 政策成就卷 / 韩长赋主编.
—北京：中国农业出版社，2019.8（2019.8 重印）
ISBN 978-7-109-25709-2

Ⅰ.①新… Ⅱ.①韩… Ⅲ.①农业发展—概况—中国
—现代②农业政策—中国 Ⅳ.①F323②F320

中国版本图书馆 CIP 数据核字（2019）第 141121 号

新中国农业发展 **70** 年
XINZHONGGUO NONGYE FAZHAN 70NIAN

中国农业出版社
地址：北京市朝阳区麦子店街 18 号楼
邮编：100125
策划编辑：柯文武　宋会兵　杨金妹
责任编辑：闫保荣　赵　刚　姚　红　周　珊
　　　　　王玉水　姚　佳　边　疆　潘洪洋
版式设计：韩小丽　王　晨　杜　然　杨　婧
责任校对：吴丽婷　巴洪菊　周丽芳　刘丽香
　　　　　张楚翘　刘飔雨　赵　硕
责任印制：王　宏　郝荣福
印刷：中农印务有限公司
版次：2019 年 8 月第 1 版
印次：2019 年 8 月北京第 2 次印刷
发行：新华书店北京发行所
开本：787mm×1092mm　1/16
总印张：63
总字数：1 500 千字
总定价：198.00 元（2 卷）

新中国农业发展70年
编 委 会

新中国农业发展 70 年
政策成就卷编写组

组　　长：辛　贤　李　军

副 组 长：马　铃　吕之望　蔡海龙

编写人员：李　军　马　铃　吕之望　蔡海龙　辛　贤

白增博　迟　亮　曹丹丘　丁志超　韩丽敏

鞠劢芃　江渊博　李辛一　李新兴　李　雷

马　烈　潘丽莎　彭珈祺　孙川东　王凤婷

王宏磊　汪武静　万凌霄　邢璐瑶　陶　畅

作者单位：中国农业大学国家农业农村发展研究院

新中国农业发展 70 年
科学技术卷编写组

出 版 说 明

在喜迎新中国成立 70 周年之际，我们出版《新中国农业发展 70 年》，回顾新中国农业发展波澜壮阔的光辉历程、伟大成就和宝贵经验，为实施乡村振兴战略提供历史智慧与借鉴参考，以此向伟大的祖国致敬。

本书分为上下两卷。上卷为《政策成就卷》，旨在以新中国成立 70 年来农业发展与改革历程为主线，回顾"三农"发展的历程，反映农业发展成果与改革全貌，总结农业发展改革过程中的经验与面临的挑战，描画实施乡村振兴战略的宏伟布局和壮丽前景；下卷为《科学技术卷》，旨在以新中国农业科学技术的发展进程为线索，回顾新中国农业科技适应时代要求和经济社会发展的奋斗历程，记录新中国农业科技支撑引领农业现代化进程、农村社会变革和生态文明建设，以及推动农业农村经济社会生态全面发展所作出的巨大贡献，展望农业科学技术发展的未来趋势。

本书由农业农村部部长韩长赋同志主编，众多院士专家和中国农业大学国家农业农村发展研究院的部分学者参加了编写工作。本书入选中央宣传部"2019 年主题出版重点出版物"。对此，我们深表敬意和感谢。

风雨砥砺不忘初心，春华秋实继往开来。我们希望本书的出版能够为关心支持和从事"三农"工作的各方面人士提供有益帮助，并激励读者继续为实施乡村振兴战略、为实现中华民族伟大复兴中国梦奋勇前进！

中国农业出版社

2019 年 8 月

前　言

　　农为邦本，本固邦宁。1949 年新中国成立，开启中华民族崭新的历史征程，源远流长的中华农耕文明从此焕发出勃勃生机，中国农业在实现"一方水土养一方人"的使命追求中奋勇前行，终于创造出以有限资源确保世界最大规模人口粮食安全的世界奇迹，为共和国的巍然屹立、繁荣昌盛做出了不可替代的巨大贡献。70 年的变革、探索、创新、发展，中国农业彻底改变了面貌，在多姿多彩的世界农业大花园中开出耀眼的花朵，这种变迁与成就值得记录，值得讴歌，值得总结！

　　艰难困苦，玉汝于成。新中国成立前，农村人口流离失所，农业发展完全靠天吃饭，土地矛盾十分尖锐，新中国农业发展从废墟中起步，朝现代化进军，走过了百废待兴、革新求变、披荆斩棘、沧海桑田的 70 个年头，书写了波澜壮阔的历史画卷。农村改革以后，特别是党的十八大以来，以习近平同志为核心的党中央坚持把解决好"三农"问题作为全党工作重中之重，贯彻新发展理念，勇于推动"三农"工作理论创新、实践创新、制度创新，农业农村发展取得了历史性成就、发生了历史性变革，为党和国家事业全面开创新局面提供了有力支撑。

　　一系列深刻的变化犹如一座座丰碑高高耸立，中国农业发展取得举世瞩目的成就，中国农村发生了翻天覆地的变化，农民的生活水平得到了极大提升，广大人民的温饱问题基本解决。城乡居民的需求正由"吃得饱"向"吃得好"转变，农业强、农村美、农民富的愿景在党的领导下，在一代代"三农"工作者和亿万农民的拼搏下逐步成为现实。

　　洪范八政，食为政首。中国农业农村发展历史性成就的取得、历史性变革的发生，首先归功于党的坚强领导。中国共产党始终重视"三农"问题,新中国成立70年来,党的一系列农村政策,虽有探索的艰辛,更有成功的荣耀,如土地产权制度、农村基本经营制度、土地管理政策、农业财政投入、农村金融改革、农业劳动力管理、农业科技投入、农产品市场流通、农产品价格政策、农业贸易、农业综合开发、农业补贴政策、农村资源与环境保护、农民负担、农村社会保障、农村文化教育、农村扶贫、乡村治理等,这些方面的经验都弥足珍贵。特别是农村改革取得的成就和经验,为我国开展城市改革和其他领域的改革提供了支撑和借鉴。

农业发展一靠政策,二靠科学。新中国成立70年来,农业科技在奋进中发展,整体实力不断增强,由以跟跑为主,转变为跟跑、并跑、领跑并行,跻身世界第二方阵前列,国际影响力和竞争力日益提升;自主创新不断取得重大突破,系列标志性原创成果接连涌现,"籼型杂交水稻"获国家发明特等奖,黄淮海平原中低产地区综合治理、两系法杂交水稻技术获得国家科技进步特等奖,自主研制了禽流感疫苗、口蹄疫疫苗等一批重要产品;国家农业科技创新体系不断健全完善,机构数量、人员规模、产业和学科覆盖面均为全球之最;农业科技对农业农村发展的支撑引领能力不断提升,2018年农业科技进步贡献率达58.3%,主要农作物良种基本实现全覆盖,主要农作物耕种收综合机械化水平超过67%,为保障国家粮食安全和重要农产品有效供给、促进农民增收和农业绿色发展发挥了重要作用。

周虽旧邦,其命维新。以习近平同志为核心的党中央着眼党和国家事业全局、顺应亿万农民对美好生活的向往,提出并实施乡村振兴战略。我们一定要深刻认识实施乡村振兴战略的重大意义,把乡村振兴作为实现中华民族伟大复兴的重大任务,深化农业供给侧结构性改革,聚力打赢脱贫攻坚战,推动农业全面升级、农村全面进步、农民全面发展,让农业成为有奔头的产业,让农民成为有吸引力的职业,让农村成为安居乐业的美丽家园。

2019年8月

总 目 录

出版说明

前言

政 策 成 就 卷

科 学 技 术 卷

分　目　录

政 策 成 就 卷

序篇　新中国农业 70 年的光辉成就

1949 年 10 月 1 日，中华人民共和国成立了，这标志着中国历史从此开辟了新纪元。2019 年是中华人民共和国成立 70 周年华诞，纵观新中国成立以来走过的 70 年波澜壮阔的历程，不难发现，农业、农村、农民问题，始终是党和国家所关注的核心问题。农业兴，百业兴；农业稳，全局稳。农业的发展健康与否，直接关系到与之相联系的各行各业的兴衰，也直接决定了经济繁荣、社会稳定和人民安居乐业是否能够真正实现。新中国成立 70 年来，党和政府立足国情民意，始终高度重视"三农"问题，始终致力于促进农业生产发展、提升农村治理水平、改善农民生活条件，取得了卓越的成就。

一、农业综合生产能力显著提升，农村经济结构变化巨大[*]

（一）农林牧渔业总产值稳步增长，农村产业结构出现显著变化

1. 农林牧渔业产值总量特征

新中国成立 70 年来，我国农林牧渔业总产值总体上保持了稳步增长的态势。新中国成立后的 1952 年，全国农林牧渔业总产值仅 461 亿元，其中农业（种植业）产值 396 亿元，林业产值 7 亿元，牧业产值 52 亿元，渔业产值 6 亿元。此后，在党中央的坚强领导下，全国人民围绕"一五"计划开展了轰轰烈烈的社会主义工业化建设；农业作为国民经济的主要门类，承担着为工业化提供原料和人力资源的重任。1957 年，我国农林牧渔业的总产值上升至 537 亿元，为"一五"计划胜利完成奠定了坚实的物质基础。社会主义建设时期，全国人民始终坚持艰苦奋斗与不懈探索，虽然经历了一些艰难曲折，我国的农业发展依然取得了显著的成就。1978 年，农林牧渔业总产值达到 1 397 亿元，较之 1952 年增长了 936 亿元，增幅达到 203％，年均增长率约 4.36％。党的十一届三中全会以来，解放思想、实事求是的思想路线得以重新确立；在以经济建设为中心的思想指导下，我国社会主义发展进入改革开放的历史新时期。广大农民的生产积极性伴随着家庭承包经营责任制的实行如火山爆发一般喷薄而出，我国农业的生产从此迎来持续不断的高速稳定增长阶段，创造了举世瞩目的"农业奇迹"。具体而言，2017 年，我国农林牧渔业总产值达到了 109 332 亿元，较之新中国成立之初的 1952 年增长了 236 倍有余，名义年增长率达 8.8％。其中，农业（种植业）产值由 1952 年的 396 亿元增长至 2017 年的 58 060 亿元，增长了 145.6 倍，名义年增长率为 8.0％；林业产值由 1952 年的 7 亿元增长为 2017 年的 4 981 亿元，增长 710.6 倍，名义年增长率为 10.6％；牧

＊本部分编写人员：迟亮、李辛一。

业产值由 1952 年的 52 亿元增长至 2017 年的 29 361 亿元，增长了 563.6 倍，名义年增长率为 10.2%；渔业产值由 1952 年的 6 亿元增长至 2017 年的 11 577 亿元，增长了 1 928.5 倍，名义年增长率达到了 12.3%（表 1）。

表 1 1952—2017 年中国农林牧渔业总产值变化及构成情况

单位：亿元

年份	农林牧渔业总产值	农业（种植业）	林业	牧业	渔业
1952	461	396	7	52	6
1957	537	444	18	65	10
1962	584	495	13	64	13
1965	833	684	22	112	15
1970	1 021	838	29	137	17
1975	1 260	1 020	39	178	22
1978	1 397	1 118	48	209	22
1979	1 698	1 325	61	286	26
1980	1 923	1 454	81	354	33
1981	2 181	1 636	99	402	44
1982	2 483	1 865	110	457	51
1983	2 750	2 074	127	485	63
1984	3 214	2 380	162	587	85
1985	3 619	2 506	189	798	126
1986	4 013	2 772	201	876	164
1987	4 676	3 160	222	1 068	225
1988	5 865	3 667	275	1 601	322
1989	6 535	4 101	285	1 800	349
1990	7 662	4 954	330	1 967	411
1991	8 157	5 146	368	2 159	483
1992	9 085	5 588	423	2 461	613
1993	10 996	6 605	494	3 014	882
1994	15 750	9 169	611	4 672	1 298
1995	20 341	11 885	710	6 045	1 701
1996	22 354	13 540	778	6 016	2 020
1997	23 788	13 853	818	6 835	2 283
1998	24 542	14 242	851	7 026	2 423
1999	24 519	14 106	886	6 998	2 529
2000	24 916	13 874	937	7 393	2 713
2001	26 180	14 463	939	7 963	2 815
2002	27 391	14 932	1 034	8 455	2 971
2003	29 692	14 870	1 240	9 539	3 138

（续）

年份	农林牧渔业总产值	农业（种植业）	林业	牧业	渔业
2004	36 239	18 138	1 327	12 174	3 606
2005	39 451	19 613	1 426	13 311	4 016
2006	40 811	21 522	1 611	12 084	3 971
2007	48 893	24 658	1 862	16 125	4 458
2008	58 002	28 044	2 153	20 584	5 203
2009	59 311	29 984	2 324	19 185	5 515
2010	67 763	35 909	2 575	20 461	6 263
2011	78 837	40 340	3 092	25 194	7 337
2012	86 342	44 846	3 407	26 491	8 404
2013	93 174	48 944	3 847	27 572	9 255
2014	97 823	51 851	4 190	27 963	9 878
2015	101 894	54 205	4 358	28 649	10 339
2016	106 479	55 660	4 636	30 461	10 893
2017	109 332	58 060	4 981	29 361	11 577

注：表中产值按当年价格计算。

资料来源：《新中国六十年统计资料汇编》、《中国统计年鉴（2018）》。

　　剔除价格的影响之后，从不变价格指数观察的中国农业长期增长趋势是怎样的？按可比价格（1952 年＝100）计算定基指数，可见中国的农林牧渔业总产值呈现出平稳上升的总体特征，2017 年达到 1 755.3 的最大值。表明自新中国成立以来，剔除价格因素，我国农林牧渔业总产值在 65 年间实际增长了近 16.6 倍，折合年均增长率为 4.5%。特别需要注意的是，改革开放以来的增长速度明显加快，年均增长率约为 5.6%。由图 1 可

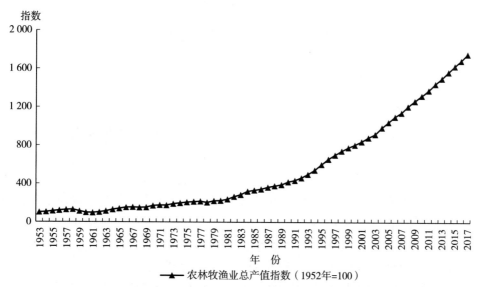

图 1　1953—2017 年中国农林牧渔业总产值定基指数

资料来源：《新中国六十年统计资料汇编》、《中国统计年鉴（2018）》。

知，1975 年的指数为 208.6，1990 年为 420.5，2000 年为 807.8，2015 年为 1 630.7，意味着 1952 年以来我国农林牧渔业总产值翻一番的时间分别为 23 年（1952—1975 年）、14 年（1976—1990 年）、9 年（1991—2000 年）、14 年（2001—2015 年）。这进一步表明，新中国成立以来我国农业生产总体增速逐步加快，但进入 21 世纪后增速有所回落。

从环比指数来看，以改革开放开始的 1978 年为界限，我国农林牧渔业总产值增长呈现出两个明显不同的区间。1952—1978 年，我国农林牧渔业产值指数呈现出较大的波动态势，其中 1959—1961 年、1968 年、1972 年和 1978 年，农林牧渔业总产值呈现环比下降趋势。1978 年后，我国农林牧渔业总产值环比指数波动率显著减小，且未再出现负增长倾向，表明我国农业生产进入了长期稳定时期（图 2）。

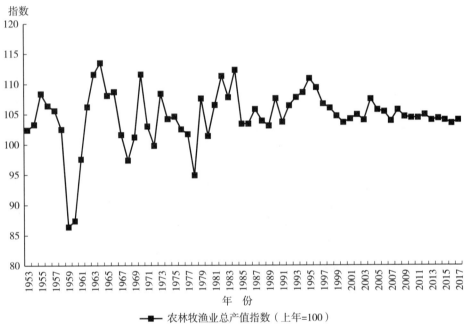

图 2　1953—2017 年中国农林牧渔业总产值环比指数

资料来源：《新中国六十年统计资料汇编》、《中国统计年鉴（2018）》。

2. 农村产业结构变化

进一步从农林牧渔业各分项产值组成比例和农业劳动力就业倾向视角切入，分析农村产业结构变动特征。

图 3 反映了新中国成立以来我国农、林、牧、渔各行业的生产总值构成比例情况，可见我国农林牧渔业总产值保持了长期增长，同时农村自身产业结构也在不断调整，产业结构趋于优化。

①农业（种植业）产值所占比重随着时间推移显著下降。1952 年，我国农业（种植业）产值在农林牧渔业中所占比重达 85.9%，处于绝对主导地位。其后，其比重逐渐下降，1978 年降至 80%、1990 年为 64.7%、2000 年为 55.7%、2010 年为 53%、2017 年为 53.1%，65 年来下降了 32.8 个百分点。可见，农业（种植业）产值所占比重虽然逐步下降，但依然占据着最为主要的位置。

②牧业产值所占比重随着时间推移显著上升。其比重由 1952 年的 11.3％逐步上升为 1978 年的 15％、1990 年的 25.7％、2000 年的 29.7％、2010 年的 30.2％，2017 年，其比重略微下滑，至 26.9％，65 年来上升了 15.6 个百分点。由此可见，随着国民经济的发展和人民生活水平的提升，国民的消费习惯逐步由粮食等植物性食品转向肉蛋奶等高蛋白、富脂肪的动物性食品，由此引致了牧业的发展，最终促成了农村产业结构的根本改变。

③渔业产值占比初期很小，后期比重快速上升，总计提升了 9.3 个百分点。具体而言，1952 年，我国渔业产值占农林牧渔业总产值比重为 1.3％，1978 年为 1.6％，1990 年为 5.4％，2000 年为 10.9％，2010 年为 9.2％，2017 年为 10.6％，可见，1978—2000 年，我国渔业发展进入了快速上升期，渔业占比快速扩大；2000 年以来，我国渔业进入成熟发展期，渔业产值占农林牧渔业总产值的比重长期维持在 10％左右。

④林业产值占比较小，且比重变化基本不大。1952 年，林业产值占农林牧渔业总产值比重为 1.5％，至 1978 年产值上升为 3.4％，其后其产值占比经历了较为频繁的波动，2017 年，林业产值占农林牧渔业总产值比重为 4.6％，表明 65 年来，林业产值占比增加了 3.1 个百分点。综上所述，目前我国农、牧、渔、林的大农业产业格局已然成型。

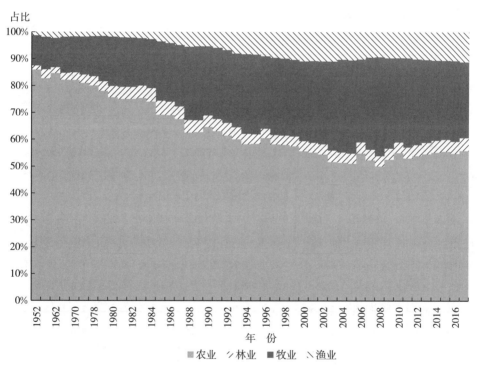

图 3　农林牧渔业各构成分项占比（％）变化趋势

资料来源：《新中国六十年统计资料汇编》、《中国统计年鉴（2018）》。

3. 农村劳动力就业结构变化反映出的产业结构变迁

观察农村从业人员的就业选择变化可以成为探索农村产业结构变迁的另一扇窗口。表 2 反映了 1985—2005 年农村从业人员所从事行业分布情况。从绝对从业人数视角观察，1985 年以来，从事农林牧渔业的农村从业人员人数呈现出"先增后减"的趋势；

而从事工业、建筑业、交通运输仓储和邮电业、批发零售贸易餐饮业以及其他行业的农村人员数都出现了绝对增长。具体而言，1985 年，农林牧渔业从业人数为 30 351.5 万人，至 1991 年增长为 34 186.3 万人的峰值；其后从事农林牧渔业的人数缓缓下降，2005 年人数已经跌破 3 亿人，达 29 975.8 万人，相较于 1985 年，农林牧渔业从业人数减少了 375.7 万人，出现了绝对数量的下滑。相反，1985 年，农村劳动力中，从事工业、建筑业、交运仓储和邮电业、批零贸易餐饮业以及其他行业的人数分别为 2 741 万人、1 130.1 万人、434.1 万人、462.6 万人和 1 945.8 万人；至 2005 年，工业、建筑业、交运仓储和邮电业、批零贸易餐饮业以及其他行业的人数已经增至 6 011.4 万人、3 653.4 万人、1 433.4 万人、3 072.2 万人、6 241.9 万人，较之 1985 年的数据分别增长了 3 270.4 万人、2 523.3 万人、999.3 万人、2 609.6 万人和 4 296.1 万人。

农村从业人员绝对数量的变化也导致了农村行业就业比重的改变。第一，农林牧渔业的就业比重显著下降，从 1985 年的 81.9% 下降至 59.5%，下降了 22.4 个百分点。第二，工业、建筑业、交运仓储和邮电业、批零贸易餐饮业以及其他行业的就业比重分别由 1985 年的 7.4%、3.0%、1.2%、1.2% 和 5.2% 增长至 2005 年的 11.9%、7.3%、2.8%、6.1% 和 12.4%。行业就业人数的变化直接反映了我国农村产业结构由第一产业向第二、三产业转变的长期趋势。

表 2 1985—2005 年农村从业人员所从事行业分布情况

年份	绝对数（万人）						比重（%）					
	农林牧渔业	工业	建筑业	交运仓储和邮电	批零贸易餐饮	其他行业	农林牧渔业	工业	建筑业	交运仓储和邮电	批零贸易餐饮	其他行业
1985	30 351.5	2 741	1 130.1	434.1	462.6	1 945.8	81.9	7.4	3.0	1.2	1.2	5.2
1986	30 467.9	3 139.3	1 308.6	506.1	531.8	2 036.1	80.2	8.3	3.4	1.3	1.4	5.4
1987	30 870	3 297.2	1 431.3	562.5	606.9	2 232.5	79.2	8.5	3.7	1.4	1.6	5.7
1988	31 455.7	3 412.8	1 526	607.3	657.1	2 407.8	78.5	8.5	3.8	1.5	1.6	6.0
1989	32 440.5	3 255.6	1 501.8	614.2	652.4	2 474.3	79.2	8.0	3.7	1.5	1.6	6.0
1990	33 336.4	3 228.7	1 522.8	635.3	693.2	2 593.1	79.4	7.7	3.6	1.5	1.7	6.2
1991	34 186.3	3 267.9	1 533.8	655	722.8	2 726.7	79.3	7.6	3.6	1.5	1.7	6.3
1992	34 037	3 468.2	1 658.8	706.3	813.7	3 117.6	77.7	7.9	3.8	1.6	1.9	7.1
1993	33 258.2	3 659	1 886.8	799.9	948.8	3 703	75.2	8.3	4.3	1.8	2.1	8.4
1994	32 690.3	3 849.5	2 057.3	908.2	1 084.3	4 064.4	73.2	8.6	4.6	2.0	2.4	9.1
1995	32 334.5	3 970.7	2 203.6	983	1 170.4	4 379.6	71.8	8.8	4.9	2.2	2.6	9.7
1996	32 260.4	4 018.5	2 304.3	1 027.6	1 261.5	4 415.7	71.2	8.9	5.1	2.3	2.8	9.8
1997	32 677.9	4 031.3	2 373.7	1 059	1 386.6	4 705.6	70.7	8.7	5.1	2.3	3.0	10.2
1998	32 626.4	3 928.6	2 453.5	1 087.9	1 461.9	4 874	70.3	8.5	5.3	2.3	3.1	10.5
1999	32 911.8	3 953	2 531.9	1 115.8	1 584.6	4 799.4	70.2	8.4	5.4	2.4	3.4	10.2
2000	32 797.5	4 108.6	2 691.7	1 170.6	1 751.8	5 441.9	68.4	8.6	5.6	2.4	3.7	11.3
2001	32 451	4 296	2 797.4	1 205.4	1 864.5	5 614.6	67.3	8.9	5.8	2.5	3.9	11.6

（续）

年份	绝对数（万人）						比重（%）					
	农林牧渔业	工业	建筑业	交运仓储和邮电	批零贸易餐饮	其他行业	农林牧渔业	工业	建筑业	交运仓储和邮电	批零贸易餐饮	其他行业
2002	31 990.6	4 505.6	2 959	1 259.1	1 996.8	5 815.8	65.9	9.3	6.1	2.6	4.1	12.0
2003	31 259.6	4 937.1	3 201.1	1 328.2	2 059.2	6 185.9	63.8	10.1	6.5	2.7	4.2	12.6
2004	30 596	5 438.9	3 380.5	1 475.9	2 701.6	6 102.4	61.6	10.9	6.8	3.0	5.4	12.3
2005	29 975.8	6 011.4	3 653.4	1 433.4	3 072.2	6 241.9	59.5	11.9	7.3	2.8	6.1	12.4

资料来源：《中国农业统计资料汇编 1949—2004》、《中国农业年鉴（2006）》。

（二）粮食生产极大丰富，贸易格局变化显著

1. 新中国成立以来我国粮食生产情况

新中国成立以来，我国粮食的产量呈现出波动上升趋势。由表 3，1949 年，我国粮食总产量为 11 318 万吨，至 2017 年增长为 66 161 万吨，68 年来增长了 54 843 万吨，总共增长了 4.8 倍有余，年均增长率达 2.6%。同期我国人口数量由 54 167 万人增长至 139 008 万人，人口增长了 84 841 万人，增长 1.5 倍以上，年均增长率约 1.4%。可见我国粮食增长率高于同期的总人口增长率，促使了我国人均粮食产量的增长。1949 年，我国人均粮食产量为 209 千克，至 2017 年增长为 477 千克，人均粮食产量指数则由 100（1949 年）增长为 228.3（2017 年），也增长了 1 倍有余。

表 3　新中国成立以来中国粮食产出基本情况

年份	绝对数量					定基指数		
	粮食播种面积（万公顷）	粮食平均单产（千克/公顷）	粮食总产量（万吨）	人口（万人）	人均粮食产量（千克）	粮食总产量指数（1949 年=100）	人口指数（1949 年=100）	人均粮食产量指数（1949 年=100）
1949	10 995.9	1 029	11 318	54 167	209	100.0	100.0	100.0
1952	12 397.9	1 322	16 392	57 482	288	144.8	106.1	137.9
1957	13 363.3	1 460	19 505	64 653	306	172.3	119.4	146.4
1962	12 162.1	1 270	15 441	67 295	232	136.4	124.2	111.0
1965	11 962.7	1 626	19 453	72 538	272	171.9	133.9	130.2
1970	11 926.7	2 012	23 996	82 992	293	212.0	153.2	140.3
1975	12 106.2	2 350	28 452	92 420	310	251.4	170.6	148.6
1978	12 058.7	2 527	30 477	96 259	319	269.3	177.7	152.5
1979	11 926.3	2 785	33 212	97 542	343	293.4	180.1	164.0
1980	11 723.4	2 734	32 056	98 705	327	283.2	182.2	156.3
1981	11 495.8	2 827	32 502	100 072	327	287.2	184.7	156.5
1982	11 346.2	3 124	35 450	101 654	351	313.2	187.7	168.2
1983	11 404.7	3 396	38 728	103 008	378	342.2	190.2	181.1
1984	11 288.4	3 608	40 731	104 357	393	359.9	192.7	188.0

（续）

年份	绝对数量					定基指数		
	粮食播种面积（万公顷）	粮食平均单产（千克/公顷）	粮食总产量（万吨）	人口（万人）	人均粮食产量（千克）	粮食总产量指数（1949年=100）	人口指数（1949年=100）	人均粮食产量指数（1949年=100）
1985	10 884.5	3 483	37 911	105 851	361	335.0	195.4	172.6
1986	11 093.3	3 529	39 151	107 507	367	345.9	198.5	175.6
1987	11 126.8	3 622	40 298	109 300	372	356.0	201.8	177.9
1988	11 012.3	3 579	39 408	111 026	358	348.2	205.0	171.2
1989	11 220.5	3 632	40 755	112 704	364	360.1	208.1	174.4
1990	11 346.6	3 933	44 624	114 333	393	394.3	211.1	188.1
1991	11 231.4	3 876	43 529	115 823	378	384.6	213.8	181.0
1992	11 056.0	4 004	44 266	117 171	380	391.1	216.3	181.8
1993	11 050.9	4 131	45 649	118 517	387	403.3	218.8	185.4
1994	10 954.4	4 063	44 510	119 850	373	393.3	221.3	178.7
1995	11 006.1	4 240	46 662	121 121	387	412.3	223.6	185.3
1996	11 254.8	4 483	50 454	122 389	414	445.8	225.9	198.3
1997	11 291.2	4 377	49 418	123 626	402	436.6	228.2	192.3
1998	11 378.7	4 502	51 229	124 761	413	452.6	230.3	197.4
1999	11 316.2	4 493	50 839	125 786	406	449.2	232.2	194.2
2000	10 846.3	4 261	46 218	126 743	366	408.4	234.0	175.2
2001	10 608.0	4 267	45 264	127 627	356	399.9	235.6	170.3
2002	10 389.1	4 399	45 706	128 453	357	403.8	237.1	170.8
2003	9 941.0	4 333	43 070	129 227	334	380.5	238.6	160.0
2004	10 160.6	4 621	46 947	129 988	362	414.8	240.0	173.4
2005	10 427.9	4 642	48 402	130 756	371	427.7	241.4	177.7
2006	10 495.8	4 716	49 804	131 448	380	440.0	242.7	181.8
2007	10 563.8	4 748	50 160	132 129	381	443.2	243.9	182.2
2008	10 679.3	4 951	52 871	132 802	399	467.1	245.2	191.0
2009	11 025.5	4 871	53 941	133 450	405	476.6	246.4	193.8
2010	11 169.5	4 974	55 911	134 091	418	494.0	247.6	200.0
2011	11 298.0	5 166	58 849	134 735	438	520.0	248.7	209.6
2012	11 436.8	5 302	61 223	135 404	453	540.9	250.0	216.8
2013	11 590.8	5 377	63 048	136 072	464	557.1	251.2	222.1
2014	11 745.5	5 385	63 965	136 782	469	565.2	252.5	224.5
2015	11 896.3	5 483	66 060	137 462	482	583.7	253.8	230.7
2016	11 923.0	5 539	66 044	138 271	479	583.5	255.3	229.2
2017	11 798.9	5 607	66 161	139 008	477	584.6	256.6	228.3

资料来源：《新中国六十年农业统计资料汇编》、《中国统计年鉴（2018）》、历年《中国农村统计年鉴》。

从生产趋势来看，我国粮食产量出现了三次主要的减少时期。第一次是 1957—1962 年，我国粮食产量由 19 505 万吨下降至 15 441 万吨，减少了 4 064 万吨，下降幅度达 20.8%，造成人均粮食产量由 306 千克下降至 232 千克。第二次是 1984—1985 年，粮食产量由 40 731 万吨下降至 37 911 万吨，减少了 2 820 万吨，下降幅度为 6.9%，造成人均粮食产量由 393 千克减少至 361 千克。第三次出现在世纪之交，粮食总产量由 1998 年的 51 229 万吨下降至 2003 年的 43 070 万吨，这次下降持续了 5 年之久，粮食年产量总共减少了 8 159 万吨，减产幅度达 15.9%，造成了人均粮食产量从 413 千克减少至 334 千克，减少达 79 千克。

从增长动力而言，我国粮食总产量的增长主要由粮食单产提升推动。1949—2017 年，我国粮食播种面积由 10 995.9 万公顷增长至 11 798.9 万公顷，增长了 803.0 万公顷，增幅 7.3%。同期我国粮食平均单产则突飞猛进，由 1949 年的 1 029 千克/公顷激增至 2017 年的 5 607 千克/公顷，每公顷粮食产量增长达 4 578 千克，增幅达 4.4 倍，充分表明，我国粮食总产量的上升主要得益于粮食生产技术进步所引致的单产提升。

进一步分析各粮食作物的播种面积变化情况。由表 4 可见，1949—2017 年，我国粮食播种面积出现了小幅上升，但其占农作物总播种面积的比重出现了明显下滑，该比重由 1949 年的 88.5% 下降至 2017 年的 70.9%。分品种来看，1949 年，稻谷、小麦、玉米、大豆、薯类的播种面积分别为 2 570.9 万公顷、2 151.6 万公顷、1 291.5 万公顷、831.9 万公顷和 701.1 万公顷，分别占粮食播种面积的 23.4%、19.6%、11.7%、7.6% 和 6.4%。2017 年，稻谷、小麦、玉米、大豆、薯类的播种面积分别达到了 3 074.7 万公顷、2 450.8 万公顷、4 239.9 万公顷、824.5 万公顷、717.3 万公顷，分别占粮食播种面积的 26.1%、20.8%、35.9%、7.0%、6.1%。可见，谷物（稻谷、小麦、玉米）的播种面积数值出现了上升，分别增长了 503.8 万公顷、299.2 万公顷和 2 948.4 万公顷，其中玉米的播种面积增长是颠覆性的，这直接改变了我国粮食生产作物格局，使得谷物占粮食播种面积的比重大幅上升。1949 年，谷物占粮食播种面积比重为 54.7%，这一比重随着时间推移逐步上升，1978 年为 69.3%，1990 年为 75.1%，2000 年为 73.5%，2010 年为 80.2%，2017 年达到了 82.8%。这说明我国粮食生产的品种集中度逐渐提高，我国粮食生产呈现出向谷物集中的趋势，这增加了我国粮食的总产量，但也减少了粮食的品种多样性（图 4）。

表 4　新中国成立以来我国粮食作物播种面积及比重变化情况

单位：万公顷，%

年份	稻谷	小麦	玉米	大豆	薯类	粮食	农作物	粮食占农作物面积比重	谷物占粮食面积比重
1949	2 570.9	2 151.6	1 291.5	831.9	701.1	10 995.9	12 428.6	88.5	54.7
1952	2 838.2	2 478.0	1 256.6	1 167.9	868.8	12 397.9	14 125.6	87.8	53.0
1957	3 224.1	2 754.2	1 494.3	1 274.8	1 049.5	13 363.3	15 724.4	85.0	55.9
1962	2 693.5	2 407.5	1 281.7	950.4	1 217.1	12 162.1	14 022.8	86.7	52.5
1965	2 982.5	2 470.9	1 567.1	859.3	1 117.5	11 962.7	14 329.1	83.5	58.7

（续）

年份	稻谷	小麦	玉米	大豆	薯类	粮食	农作物	粮食占农作物面积比重	谷物占粮食面积比重
1970	3 235.8	2 545.8	1 583.2	798.5	1 071.8	11 926.7	14 348.7	83.1	61.7
1975	3 572.8	2 766.1	1 859.8	699.9	1 097.0	12 106.2	14 954.5	81.0	67.7
1978	3 442.1	2 918.3	1 996.1	714.4	1 179.6	12 058.7	15 010.4	80.3	69.3
1979	3 387.3	2 935.7	2 013.3	724.7	1 095.2	11 926.3	14 847.7	80.3	69.9
1980	3 387.9	2 884.4	2 008.7	722.6	1 015.4	11 723.4	14 638.0	80.1	70.6
1981	3 329.5	2 830.7	1 942.5	802.4	962.0	11 495.8	14 515.7	79.2	70.5
1982	3 307.1	2 795.5	1 854.3	841.9	937.0	11 346.2	14 475.5	78.4	70.1
1983	3 313.6	2 905.0	1 882.4	756.7	940.2	11 404.7	14 399.4	79.2	71.0
1984	3 317.8	2 957.7	1 853.7	728.6	898.8	11 288.4	14 422.1	78.3	72.0
1985	3 207.0	2 921.8	1 769.4	771.8	857.2	10 884.5	14 362.6	75.8	72.6
1986	3 226.6	2 961.6	1 912.4	829.5	868.5	11 093.3	14 420.4	76.9	73.0
1987	3 219.3	2 879.8	2 021.2	844.5	886.8	11 126.8	14 495.7	76.8	73.0
1988	3 198.8	2 878.5	1 969.2	812.0	905.4	11 012.3	14 486.9	76.0	73.1
1989	3 270.0	2 984.1	2 035.3	805.7	909.7	11 220.5	14 655.4	76.6	73.9
1990	3 306.5	3 075.3	2 140.2	756.0	912.1	11 346.6	14 836.2	76.5	75.1
1991	3 259.0	3 094.8	2 157.4	704.1	907.8	11 231.4	14 958.6	75.1	75.8
1992	3 209.0	3 049.6	2 104.4	722.1	905.7	11 056.0	14 900.7	74.2	75.6
1993	3 035.5	3 023.5	2 069.4	945.4	922.1	11 050.9	14 774.1	74.8	73.6
1994	3 017.2	2 898.1	2 115.2	922.2	927.0	10 954.4	14 824.1	73.9	73.3
1995	3 074.4	2 886.0	2 277.6	812.7	951.9	11 006.1	14 987.9	73.4	74.8
1996	3 140.6	2 961.1	2 449.8	747.1	979.8	11 254.8	15 238.1	73.9	76.0
1997	3 176.5	3 005.7	2 377.5	834.6	978.5	11 291.2	15 396.9	73.3	75.8
1998	3 121.4	2 977.4	2 523.9	850.0	1 000.0	11 378.7	15 570.6	73.1	75.8
1999	3 128.4	2 885.5	2 590.4	796.2	1 035.5	11 316.2	15 637.3	72.4	76.0
2000	2 996.2	2 665.3	2 305.6	930.6	1 053.8	10 846.3	15 630.0	69.4	73.5
2001	2 881.3	2 466.4	2 428.2	948.2	1 021.7	10 608.0	15 570.0	68.1	73.3
2002	2 820.2	2 390.8	2 463.4	872.0	988.1	10 389.1	15 463.6	67.2	73.9
2003	2 650.8	2 199.7	2 406.8	931.3	970.2	9 941.0	15 241.5	65.2	73.0
2004	2 837.9	2 162.6	2 544.6	958.9	945.7	10 160.6	15 355.3	66.2	74.3
2005	2 884.7	2 279.3	2 635.8	959.1	950.3	10 427.9	15 548.8	67.1	74.8
2006	2 893.8	2 361.3	2 846.3	930.4	787.7	10 495.8	15 215.0	69.0	77.2
2007	2 891.9	2 372.1	2 947.8	875.4	808.2	10 563.8	15 346.4	68.8	77.7
2008	2 924.1	2 361.7	2 986.4	912.7	842.7	10 679.3	15 626.6	68.3	77.5
2009	2 979.3	2 444.2	3 294.8	919.0	808.8	11 025.5	15 559.0	70.9	79.1
2010	3 009.7	2 445.9	3 497.7	851.6	802.1	11 169.5	15 678.5	71.2	80.2
2011	3 033.8	2 452.3	3 676.7	788.9	799.8	11 298.0	15 985.9	70.7	81.1

（续）

年份	稻谷	小麦	玉米	大豆	薯类	粮食	农作物	粮食占农作物面积比重	谷物占粮食面积比重
2012	3 047.6	2 457.6	3 910.9	717.2	782.1	11 436.8	16 182.7	70.7	82.3
2013	3 071.0	2 447.0	4 129.9	679.1	772.7	11 590.8	16 345.3	70.9	83.2
2014	3 076.5	2 447.2	4 299.7	680.0	754.4	11 745.5	16 496.6	71.2	83.6
2015	3 078.4	2 459.6	4 496.8	650.6	730.5	11 896.3	16 682.9	71.3	84.4
2016	3 074.6	2 469.4	4 417.8	759.9	724.1	11 923.0	16 693.9	71.4	83.6
2017	3 074.7	2 450.8	4 239.9	824.5	717.3	11 798.9	16 633.2	70.9	82.8

注：谷物为稻谷、小麦、玉米三者之和。

资料来源：《新中国六十年农业统计资料汇编》、历年《中国农村统计年鉴》。

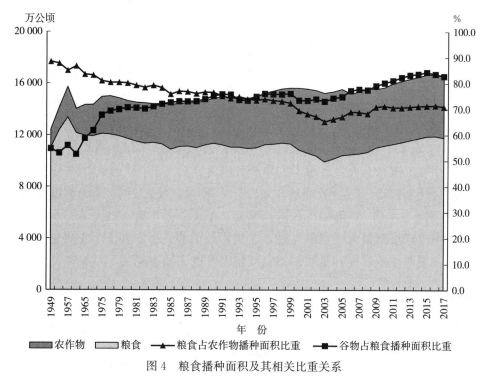

图 4　粮食播种面积及其相关比重关系

资料来源：《新中国六十年农业统计资料汇编》、历年《中国农村统计年鉴》。

　　进一步分析各粮食作物的产量变化情况（图 5）。1949 年，新中国成立初期，稻谷、小麦、玉米、大豆、薯类和其他粮食作物的总产量分别为 4 865 万吨、1 381 万吨、1 242 万吨、509 万吨、985 万吨和 2 338 万吨，各自占粮食总产量的比重分别为 43.0%、12.2%、11.0%、4.5%、8.7% 和 20.7%。到了 2017 年，稻谷、小麦、玉米、大豆、薯类和其他粮食作物的总产量分别为 21 268 万吨、13 433 万吨、25 907 万吨、1 528 万吨、2 799 万吨和 1 226 万吨。稻谷、小麦、玉米、大豆、薯类和其他粮食作物各自占粮食总产量的比重分别调整为 32.1%、20.3%、39.2%、2.3%、4.2% 和 1.9%。亦即，小麦和玉米的相对比重有所上升，而稻谷、大豆、薯类和其他粮食作物的相对比重出现下滑。

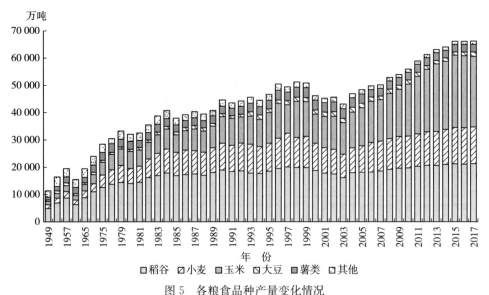

图 5　各粮食品种产量变化情况

资料来源：《新中国六十年农业统计资料汇编》、历年《中国农村统计年鉴》。

图 6 反映了各类粮食品种的单产变化情况。具体而言，1949 年，稻谷、小麦、玉米、大豆、薯类的单产分别为 1 892 千克/公顷、642 千克/公顷、962 千克/公顷、611 千克/公顷和 1 404 千克/公顷，其后，各粮食品种的单产都有不同程度的上升。2017 年，稻谷、小麦、玉米、大豆、薯类的单产分别为 6 917 千克/公顷、5 481 千克/公顷、6 110 千克/公顷、1 854 千克/公顷和 3 902 千克/公顷，较之 1949 年的数据分别提高了 2.6 倍、7.5 倍、5.4 倍、2 倍和 1.8 倍。可见，小麦（7.5 倍）和玉米（5.4 倍）是所有粮食作物中单产增幅最为明显的品种，这也印证了前文小麦和玉米总产量所占比重的提升，进一步说明了单产提升是我国粮食产量上升的主要推动力。

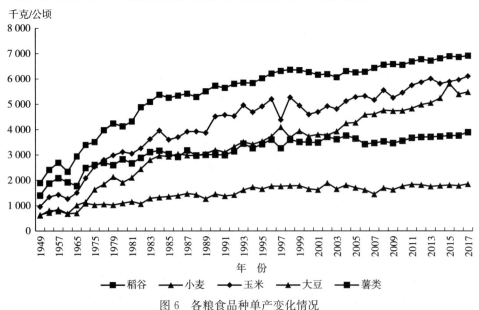

图 6　各粮食品种单产变化情况

资料来源：《新中国六十年农业统计资料汇编》、历年《中国农村统计年鉴》。

2. 我国粮食进出口变动趋势分析

表 5 反映了我国粮食进出口情况。1992—2017 年，我国粮食出口数量总体趋势是逐步减少，而进口数量出现快速增长，我国已经由粮食净出口国转变为粮食净进口国。2005 年前，除了 1995 年和 1996 年，我国粮食出口量皆在 400 万吨以上，其中谷物是我国粮食主要出口对象；此后我国粮食出口数量急剧萎缩，2010 年以来，我国粮食出口量长期不足 100 万吨，小麦、玉米的出口几近于零。进口方面，加入 WTO 之前，我国粮食进口数量长年维持在 1 000 万吨左右，主要进口粮食品种为小麦。而这一平衡趋势随着我国加入 WTO 而被突破，自 2002 年以来，我国粮食进口大幅增长，进口粮食品种也由从前的小麦急速调整为大豆。2017 年，我国总共进口粮食 10 665 万吨，其中稻谷、小麦、玉米三种谷物总计 1 111 万吨，而仅仅大豆一项进口就达到了 9 553 万吨，占我国进口粮食总量的约 90%。这意味着，我国大豆市场近乎向国际市场全面开放，这样一来，我国的大豆市场将极其容易遭受国际市场波动的冲击，特别是面临贸易摩擦的情形，我国大豆寻找国外替代性来源将面临极大挑战。

表 5 我国粮食分品种进出口情况

单位：万吨

年份	粮食（总量）		谷物		稻谷		小麦		玉米		大豆	
	出口	进口	出口	进口	出口	进口	出口	进口	出口	进口	出口	进口
1992	1 195	1 081	1 130	1 069	95	10	0	1 058	1 034	0	66	12
1993	1 299	662	1 262	652	143	10	9	642	1 110	0	37	10
1994	1 120	787	1 037	781	152	51	11	730	874	0	83	5
1995	55	1 870	17	1 841	5	164	2	1 159	11	518	38	29
1996	61	1 056	42	945	27	76	0	825	16	44	19	111
1997	774	506	756	219	94	33	0	186	662	0	19	288
1998	860	518	843	198	374	24	1	149	469	25	17	319
1999	722	501	701	69	271	17	0	45	430	7	20	432
2000	1 363	1 153	1 342	111	295	24	0	88	1 047	0	21	1 042
2001	856	1 493	831	100	186	27	45	69	600	4	25	1 394
2002	1 461	1 216	1 434	85	198	24	69	60	1 167	1	28	1 131
2003	2 151	2 142	2 124	68	260	26	224	42	1 640	0	27	2 074
2004	433	2 822	400	799	90	76	78	723	232	0	33	2 023
2005	994	3 062	954	403	67	51	26	351	861	0	40	2 659
2006	580	2 961	542	137	124	72	111	58	307	7	38	2 824
2007	903	3 141	858	59	133	47	234	8	492	4	46	3 082
2008	181	3 781	135	38	97	30	13	3	25	5	47	3 744
2009	127	4 387	92	131	78	34	1	89	13	8	35	4 255
2010	91	5 795	75	316	62	37	0	122	13	157	16	5 480
2011	90	5 603	69	358	52	58	4	125	14	175	21	5 245
2012	86	6 962	54	1 124	28	234	0	369	26	521	32	5 838

（续）

年份	粮食（总量）		谷物		稻谷		小麦		玉米		大豆	
	出口	进口	出口	进口	出口	进口	出口	进口	出口	进口	出口	进口
2013	77	7 439	56	1 102	48	224	0	551	8	326	21	6 338
2014	65	7 953	44	813	42	256	0	297	2	260	21	7 140
2015	44	9 274	30	1 105	29	335	1	297	1	473	13	8 169
2016	63	9 399	50	1 007	48	353	1	337	0	317	13	8 391
2017	139	10 665	127	1 111	120	399	1	430	7	283	11	9 553

资料来源：UNCOMTRADE 数据库。

（三）小结

纵观新中国成立 70 年来，我国农业发展和粮食生产取得了举世瞩目的伟大成就，农民生产积极性和农业生产率得到了极大提升，最终创造了用不足世界 10% 的土地资源养活占世界 20% 的人口的伟大奇迹。70 年农业发展的过程充满了艰辛与挑战，虽然已经取得了诸多成就，但农业仍然是国民经济发展的薄弱环节，因此提升农业综合生产能力，优化农村经济结构是保障我国农业持续稳定发展的必要条件。

党的十九大以来，乡村振兴战略磅礴而出，农业供给侧结构性改革如火如荼地实施，我国农业现代化建设正在奋勇推进。科技兴农、绿色发展、农业扶持、村民自治等一系列新理念继续激发出农村的巨大活力，农村发展的新动能、新业态不断涌现。在共和国 70 周年华诞之际，我国的农业改革、农村建设与农民致富事业无疑已经迎来了家庭承包经营责任制改革以来的又一个崭新的"黄金时代"。

二、农村生产生活环境逐步改善，农村公共事业全面推进[*]

（一）农村生产生活环境

党的十八大报告提出"建设生态文明，是关系人民福祉、关乎民族未来的长远大计。面对资源约束趋紧、环境污染严重、生态系统退化的严峻形势，必须树立尊重自然、顺应自然、保护自然的生态文明理念，把生态文明建设放在突出地位，融入经济建设、政治建设、文化建设、社会建设各方面和全过程，努力建设美丽中国，实现中华民族永续发展。"新中国经历 70 年的发展，在经济、社会发展和生态环境建设方面取得了光辉的成就，农村生产生活环境建设、农村生态文明建设显著推进，从不重视环境变化到生活环境宜居、生产环境绿色发展，农村居民的环境保护意识在不断增强。下面将从生态建设、人居环境综合整治、能源使用和乡村旅游等方面阐释新中国成立 70 年以来生态环境方面的建设成效。

---

[*] 本部分编写人员：王凤婷、鞠劭芃。

1. 生态建设

新中国成立 70 年以来农村生态建设主要体现在耕地保护、造林绿化和自然资源保护等方面，耕地保护将从耕地和林地面积、水土流失治理及农田整治等方面分析，造林绿化将从森林覆盖率、退耕还林、林业重点生态工程、林业投资、西部大开发造林、乡镇园林绿化等方面分析，自然资源保护从自然保护区发展、全国湿地、河流水质等方面分析。

（1）耕地保护。

①耕地面积和林地面积。快速城镇化对我国耕地保护带来了严峻的挑战，通过实施严格的耕地保护制度，我国耕地数量基本维持"占补平衡"，同时，耕地质量不断提高。新中国成立以来，我国耕地和林地面积维持着增加趋势。国家统计资料显示，1949 年全国耕地统计面积约为 9 788 万公顷，1957 年达到历史最高值 11 183 万公顷，此后，耕地面积呈现下降趋势，1984 年降低到 1949 年的总量水平以下，1995 年降低到 9 473 万公顷，1996 年全国实有耕地面积约为 9 500 万公顷（毕于运和郑振源，2000）。只有在 1964 年、1965 年、1969 年、1972 年、1978 年和 1979 年是有增加的，但是增加的量远小于减少的量（傅超等，2007）。其中，1953—1957 年由于开荒，使得耕地面积有所增加，而"大跃进"时期是我国耕地面积大量减少的一个极端不正常时期，统计资料显示，1958—1960 年耕地转用和损毁的面积达 1 453 万公顷，新开荒耕地约 700 万公顷，弥补耕地减少后的耕地净减少量为 725 万公顷。2017 年耕地面积较 1949 年增加了 6 295 万公顷，增幅为 64.31%。每一阶段耕地面积的变化都受当时政治、经济、社会影响，1949—1977 年耕地变动与政策、农业和粮食生产密切关联，1978—1990 年耕地变动与经济体制改革和土地制度改革相关，1990 年以后的耕地变化与改革开放的不断深入和城市土地有偿使用制度的推开和土地管理法制的不够健全相关，21 世纪延续并扩展这个特征。

林地面积上，整体来看，1949—2016 年增加了约 24 258 万公顷，增加了约 3.5 倍。1985—1995 年中国林地总面积大幅增加，其增加的主要原因是由于其他土地利用类型转入林地的面积大于林地转为其他土地利用类型的面积，其中，未利用土地/草地和耕地转为林地的数量远高于林地转出的数量（徐新良等，2004）。而且，这一时期林地面积增加是以牺牲有林地为代价的，这一时期有林地面积减少了 177 万公顷，灌木林和疏林地增加了 400 多万公顷，1995—2000 年中国林地总面积急剧减少，其中，灌木林和疏林地共减少了 400 多万公顷，但这一时期有林地面积呈现较大幅度增长，5 年内增加了 84.56 万公顷。

②水土流失治理。水土流失是指由于自然或人为因素的影响、雨水不能就地消纳、顺势下流、冲刷土壤，造成水分和土壤同时流失的现象。水土流失是我国土地资源遭到破坏的最常见的地质灾害，其中以黄土高原地区最为严重。我国目前水土流失总的情况是，点上有治理，面上有扩大，治理赶不上破坏。全国水土流失面积 1949 年为 1.16 亿公顷，到 1980 年约治理 0.4 亿公顷。由于治理赶不上破坏，水土流失面积扩大到 1.5 亿公顷，约占国土总面积的 1/6，涉及近千个县。全国山地丘陵区有坡耕地约 2 600 多万公顷，其中修梯田约 600 多万公顷，而另外 2 000 万公顷坡地正遭受水土流失的危

害。总的来看，水土流失导致耕地面积减少、质量下降，威胁了粮食安全，淤积了江河湖库，加剧水旱洪涝灾害，使得生态环境恶化，造成贫困，影响社会经济的可持续发展，严重威胁人民生命、财产安全。

新中国成立70年以来我国在耕地质量保护上，不断加大对水土流失的治理力度。鉴于中国长期深受水土流失之害，新中国成立以来，在党和政府的领导下，广大水土流失地区的人民群众坚持不懈地治理水土流失。统计数据显示，到1989年底，中国累计初步治理水土流失面积达52万平方千米，西北黄土高原每年减少入黄泥沙达到2亿吨（王超英，1992）。2016年水土流失治理面积120.41万公顷，相对于1985年增加了74.01万公顷，增加幅度约为160%。从节水灌溉面积来看，2016年全国节水灌溉面积为32.85万公顷，相对于2000年增加了1倍左右。为了更好地预防和治理水土流失，保护和合理利用水土资源，减轻水、旱、风沙灾害，改善生态环境，保障经济社会可持续发展，我国在制定水土流失治理相关的法律法规方面不断完善，其中，最重要的是《中华人民共和国水土保持法》（全国人民代表大会常务委员会于1991年6月29日发布）。该法律对治理水土流失做了四个方面的规定，一是综合治理，建立水土流失综合防治体系和防风固沙体系。通过综合治理，我国小流域综合治理取得了一定成效。据统计，1989年底全国各级开展重点治理的小流域已达7 000多个，总面积达到20多万平方千米。部分地区的治沙工作取得了较好的成绩，例如，陕西榆林57万多公顷流失水土已有50%被固定或半固定，还有13万多公顷已经种草，全区林草覆盖率由新中国成立初期的1%提高到约30%。二是实行坡耕地的治理。三是水土流失治理的组织实施。水土流失治理和预防已形成一套完整的组织系统，调动了全社会积极参与。据统计，全国平均每年治理的水土流失面积约为2万平方千米，其中，由国家扶持的重点治理区约1万平方千米，在这1万平方千米中，各级财政投入仅占30%，大部分的资金投入依赖农业集体经济组织。四是水土流失治理责任制。中国的水土流失治理工作，量大面广，难以实现面上投入治理。从1983年起国家集中投入，分级选择水土流失严重，对国民经济发展有较大影响的区域开展重点治理工作。全国水土流失重点治理区共有14片，开展重点治理地区涉及13个省（自治区、直辖市），36个地（盟、州、市），136个县（旗、市、区），总面积26.08万平方千米。在水土流失重点治理区内，水土流失恶化的状况得到基本控制，农林牧渔生产得到了较大的发展（图7）。

③农田整治。基本农田作为耕地的精华，是保障我国粮食基本自给的安全底线。为了规范使用土地、遏制土地乱象，国家出台了许多新的土地制度，包括划定基本农田保护区、严查污染土地、严惩违规占用耕地等农田整治。特别是土地确权完成后，土地管制将进入最严阶段，对于违规使用土地行为的严惩力度也会加大。新中国成立70年来大力推进田、水、路、林、村综合整治，以增加耕地数量、提高耕地质量为目标，改善了农村生产生活条件，取得显著的经济效益、社会效益和生态效益，夯实了现代农业发展的基础，对保障国家粮食安全、推进新农村建设和城乡一体化发展、促进生态文明建设发挥了重要支撑作用，促进了农业农村可持续发展。

新中国成立以来全国农田整治成效显著。1997年中共中央、国务院发布了第一个关于耕地保护的意见，即《关于进一步加强土地管理，切实保护耕地的通知》。1999—2008 年，通过农村土地整治累计补充了耕地 277.53 万公顷。土地整治"十二五"规划的目标，即确保完成高标准农田 2 666.67 万公顷已超额实现。"十二五"期间，我国高标准农田建设面积为 2 686.67 万公顷，投入资金约为 5 900 亿元。2017 年 1 月，中共中央、国务院发布了《关于加强耕地保护和改进占补平衡的意见》。

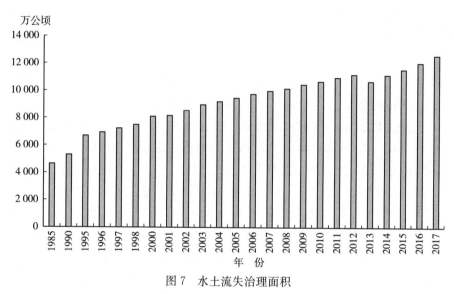

图 7　水土流失治理面积

　　水利是农业的命脉，新中国成立以来中国农田水利建设不断加快。从农田水利设施供给制度的成效来看，集体化初期（1949—1952 年）通过土地改革运动，在农村和国家之间建立了密切联系，在政府相关部门的领导下，中国大中型水利工程建立起了专门的管理机构和基层用水组织，小型水利则采取了用水组织分散用水和农户合作用水的模式，带来这一时期农田灌溉效率的显著提高（陈晖涛，2012）。集体化后期（1953—1970 年），形成了三级所有、队为基础的经济体制，这一经济体制为国家农田水利建设提供了牢固的组织基础，农田水利建设力度大，出台政策多。1970 年相对于 1965 年，全国农田灌溉面积增长了 41%，平均年增长 2.9%。农田水利和排灌机械的发展增强了这一时期中国的农田灌溉和防涝抗旱能力。实行家庭承包经营责任制后，农田水利改革开始走向市场化。统计资料显示，1998 年底，我国约有 264 万个小型水利工程实行了产权制度变革，占小型工程总量的 16.5%。随着市场化体制改革的深入，国家在水利上的投入大幅减少，投入严重不足，导致农田水利设施老化、功能衰减的现象越来越多。2006 年税费改革后，农田水利建设更加受到重视，据统计，2007 年底，全国农田有效灌溉面积增加到 5 780 万公顷，占全国耕地面积 46% 的灌溉面积生产了全国总量 75% 的粮食、80% 的商品粮和 90% 以上的经济作物，全国节水灌溉工程面积达到 2 333.33 万公顷。

　　④荒漠化土地治理。土地荒漠化就是指土地退化，也叫"沙漠化"。土地荒漠化和沙土化是影响我国土地质量的重大难题，中国是世界上荒漠化面积最大、受风沙危害严

重的国家。中国荒漠化土地中，以大风造成的风蚀荒漠化面积最大，占 160.7 万平方千米。据统计，20 世纪 70 年代以来仅土地沙化面积扩大，每年就有 2 460 平方千米。第五次监测结果显示，截至 2014 年，全国荒漠化土地面积 261.16 万平方千米，占国土面积的 27.20%；沙化土地面积 172.12 万平方千米，占国土面积的 17.93%；有明显沙化趋势的土地面积 30.03 万平方千米，占国土面积的 3.12%。实际有效治理的沙化土地面积 20.37 万平方千米，占沙化土地面积的 11.8%。2015 年中央出台的《关于加快推进生态文明建设的意见》提出，到 2020 年中国 50% 可治理的沙化土地要得到有效治理，全国需要完成 1 000 万公顷的沙化土地治理任务，也就是每年需要治理 200 万公顷。

为了减少土地荒漠化，我国在沙漠化防治方面采取的措施很多，可以归纳为以下两个方面：一是植树种草。种树种草治理沙漠化的措施，就是基于控制土壤风蚀的原理提出的。在沙漠化发展严重的农耕地区，主要采取把部分已经沙漠化的耕地退还为林地和草地的方法，以达到沙漠化土地恢复的目的。但由于区域内一部分土地种树种草，与本区域内另一部分土地承载力的大幅度跃升，没有协调同步，或者仅考虑到种树种草，而未在建设基本农田、大幅度提高单位土地的产出水平上下功夫，导致种树种草与本已过重的人口压力之间矛盾日趋尖锐。二是围栏封育。在草原地区牲畜过度放牧造成了土地沙漠化。治理的方式通常采用"围栏封育"，即把草场划分成若干小区，使围起来的草地因牲畜压力的消失而自然恢复。

新中国成立 70 年来，中国荒漠化防治在风沙治理、草原建设、水土保持等方面取得了显著成效。1949 年新中国成立后，党和政府对荒漠化防治工作很重视，荒漠化防治也取得了较好的成绩。创造了生物固沙、铁路固沙、引水拉沙造田、沙地飞播造林种草、合理轮牧、以草定畜等成功的实用技术和经验（时永杰，2003）。"三北"防护林工程建设以来，"三北"风沙区 262 个县（旗、市）共营造人工林 567.6 万公顷，中国沙区林地面积 1 569.6 万公顷，占沙区总面积的 5.1%。"三北"地区约有 12% 的荒漠化土地得到了治理，有 10% 的荒漠化土地得到了有效的控制，毛乌素沙漠和科尔沁沙地的植被盖度已分别提高了 9% 和 8.8%。此外，中国的荒漠化防治技术研究与示范推广给荒漠化治理提供了科研基础，这项工作起始于 20 世纪 50 年代末期，中国科学院治沙队在此期间成立并组织该领域专家进行大规模沙漠考察，这标志着大规模的国家治理沙漠行动正式启动。通过 50 多年的科学研究与实践，科学家们总结出一套适合不同自然带特点的固沙技术，取得了在固沙造林植物物种选择、生物与工程措施结合的综合治沙技术等方面丰富的研究成果。2014 年，全国荒漠化土地占国土面积的比例由 1999 年的 27.8% 下降到了 27.2%。

（2）造林绿化。

①森林覆盖率。通过天然林保护工程、退耕还林还草工程、防护林体系建设等重点林业工程建设，我国森林资源保护工作取得了显著的成效。森林覆盖率由 1949 年的 12.5% 增加到 2017 年的 21.66%。

②退耕还林工程。中国于 1999 年启动退耕还林试点，2002 年全面启动退耕还林工程，2003 年《退耕还林条例》正式施行，1999—2008 年累计实施退耕还林面积超过

2 666.67万公顷。2014 年重启退耕还林工程，到 2017 年我国累计投入退耕还林工程的
资金超过 4 500 亿元，完成退耕还林面积约 2 980 万公顷，这项退耕还林工程成为迄今
世界上最大的生态建设工程（图 8）。

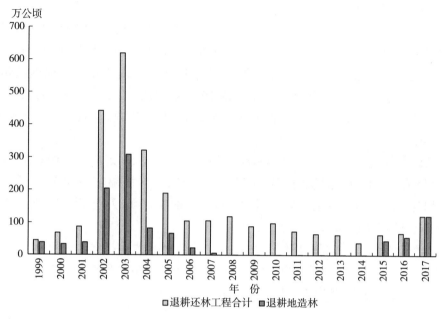

图 8　各年度退耕还林情况

③全国林业重点生态工程造林。进入 21 世纪，造林工程进展加快，2000—2005
年，林业重点工程完成造林面积 2 592.56 万公顷，是 1986—1990 年完成造林面积的
4.4 倍左右（图 9）。

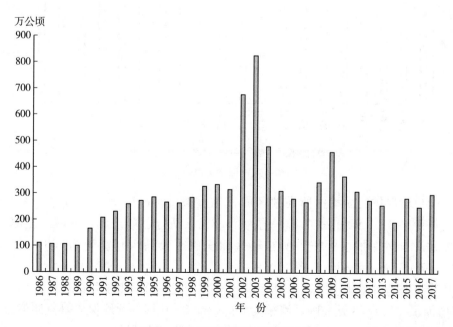

图 9　林业重点工程完成造林面积

④林业投资。2015年，中国林业投资完成额达2 752 809万元，相对于2004年的2 357 412万元，林业投资额增加了395 397万元，累计增幅16.8%。其中，2015年国家投资2 520 733万元，占全部林业投资的91.6%，相比较2004年，国家投资增加了389 907万元。

⑤西部大开发造林。西部地区是我国重要的生态安全屏障，加强西部地区的生态环境建设和保护是西部大开发的重要内容。通过建立完善的生态补偿机制以及稳步推进生态移民等措施，西部地区生态环境建设取得了重要成果。2014年，西部地区年末实有封山封沙育林面积1 510.10万公顷，相比较1990年增加了708.44万公顷，24年间增加了88%。2014年荒山荒沙地造林面积达到271.21万公顷，相比较1990年增加了56.72万公顷。

⑥乡镇园林绿化。2016年建制镇绿化面积为668 904.86万公顷，相对于2007年的389 247万公顷，绿化面积增加了279 657.86万公顷，增加幅度约为71.8%。2016年乡绿化面积为92 449.08万公顷，相比较2007年的74 700万公顷，绿化面积增加了17 749.08万公顷，增幅为23.8%。

（3）自然资源保护。改革开放以来，我国划定的自然保护区面积不断增加，2017年达到14 717万公顷，相对于1997年的7 698万公顷，20年间自然保护区面积增加了7 019万公顷，增幅达91%以上（图10）。

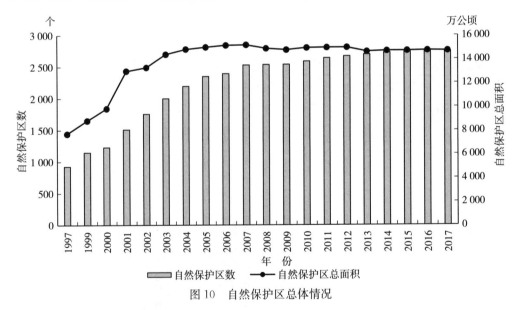

图10 自然保护区总体情况

从中国自然保护区面积占所在辖区面积比重来看，该比重平均约为14%，所占比重最高的年份是2006年和2007年，约为15.2%。从分区域来看，西藏、青海、甘肃、四川、黑龙江自然保护区面积占所在辖区面积比重较高，分别为33.68%、29.99%、17.05%、17.05%、15.88%（图11）。

2015年中国湿地面积共有5 360.26万公顷，占国土面积的比重为5.56%。相对于2003年增加了1 511.66万公顷，涨幅为39.3%。2016年《湿地保护修复制度方案》提出到2020年湿地面积不低于5 300万公顷的生态文明建设目标。

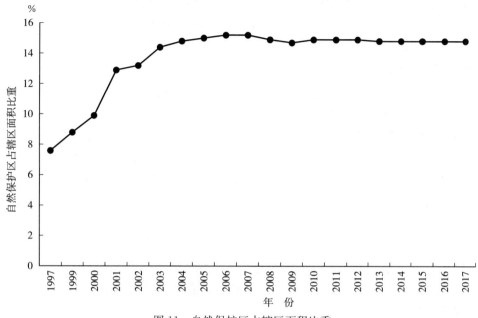

图 11　自然保护区占辖区面积比重

新中国成立 70 年以来，中国河流水质状况有了较好的改善。2015 年 44.3% 的河流河长可以达到二类水质，相比于 2004 年水质提高了 17.1%，一类水质河流河长占比从 6.3% 增加到 8.1%，劣五类水质河流河长占比从 2004 年的 21.8% 下降到 2015 年的 11.7%。

2. 人居环境综合整治

农村人居环境整治是实施乡村振兴战略的重要方面。党的十九大报告提出，开展农村人居环境整治行动。中央农村工作会议强调，推进健康乡村建设，持续改善农村人居环境。农村人居环境存在的问题，主要表现在几个方面：

①村庄布局散落，土地资源浪费较大。农村税费改革以来，先后历经过多次新农村建设和新型农村社区建设，但行政村的设置始终没有改变。大多数村庄依地理位置分散居住，同时，新居落成占用了不少可耕地资源，旧院闲置却没有得到复垦，出现了为数不少的"空心村"，造成土地资源极大浪费，也影响了整体村庄的视觉效果。

②水源受到污染，人居饮水质量堪忧。特别是近年来，受经济发展所迫，在利益最大化驱动下，一些企业只看眼前，不顾长远，排污管理不达标，导致部分地区水源受到污染。一些县畜禽养殖业发展较快，总量较大，规模不够，散养多，粪便随意排放，加之农药、化肥施用量增加，导致农村居民饮水不仅出现量的短缺，而且引发质的下降。农民缺乏环保意识，随意丢弃不降解垃圾，随雨水深入地下，地下环境日益恶化，10米以内水质水垢较多，严重影响群众健康。

③公共资源短板，城乡二元差距明显。农村各方面专业型人才匮乏，引进人才难度大，普遍呈现青黄不接的问题。与城区相比，农村各乡镇公共基础设施配套不足，表现在：完全制中学基本集中在县城、乡镇政府所在地，偏远行政村许多家长放弃农活，专

职陪同孩子上学；各乡镇医院和村级卫生室病人稀少、门庭冷落，大城市医院排队就医、人满为患；农村文化、体育、娱乐、休闲等基础设施建设不足，开展的文化活动有限，农民文化生活贫乏，青壮年劳动力外出务工较多，农民兼职化、村庄空心化、农村老龄化趋势较为严重。

④垃圾随意堆放，卫生整治缺乏长效机制。当前的农村卫生环境整治，依然处于粗放管理阶段。生活垃圾、建筑垃圾露天堆放较多，房屋周边乱搭、乱建、乱堆现象严重，个别试点村虽修建了垃圾中转站，但村民自觉性较差，清运垃圾过多依赖于政府集中整治，清运时也是拉送到沟渠地带，随意堆积，给邻近河渠带来污染。厕所多以旱厕为主，就地挖坑，夏季蚊蝇到处乱飞，很不卫生。部分村庄养殖大棚建设在村子附近，畜禽粪便给地表水、地下水以及大气带来较为严重的污染，对农民群众健康造成很大的威胁。

⑤房屋建筑传统，居住质量整体不高。除城区建筑住房有统一规定和质量标准要求外，农村各乡镇的房屋建筑都缺乏整体规划和可参照建筑质量标准，往往根据宅基地朝向和自己的喜好进行修建，布局较乱。抗阴雨、地震等自然灾害能力差，美观性和建筑质量都有待提高。

⑥村民出行不便，村内巷道硬化率低。农村大部分地区虽然实现了"村村通"，但道路修建不归一个部门，各行政村的村内巷道硬化普遍参差不齐，标准不一，断头路较多，衔接性差。自然村之间道路硬化率较低，部分自然村村内巷道没有硬化。一到雨季，泥泞的道路给村民的出行带来极大不便。

新中国成立 70 年来，党和政府不断推进农村垃圾治理、污水处理、"厕所革命"、村庄清洁行动等，农村面貌发生巨大改变，农民生活、农村生态环境开始美起来。

（1）农村卫生厕所。改善农村居民生活环境是农村生态文明建设的重要内容。在国家"厕所革命"的补贴支持下，2000 年以来，我国农村卫生厕所普及率有了显著的提高。累计使用卫生厕所的居民数量从 2000 年的 9 572 万户增长到 2016 年的 21 460 万户，累计增长了 11 888 万户，16 年之间增长了 1.2 倍。卫生厕所普及率由 2000 年的 44.8% 增加到 2016 年的 80.3%，总的来看，大部分农户已经实现了卫生厕所的使用。

无害化厕所普及率从 2006 年的 32.31% 提升至 57.48%，农村环境卫生状况有了明显改善。分区域来看，东部地区农村环境卫生状况明显高于全国平均水平，2015 年东部地区卫生厕所普及率达到 89.89%，东北地区达到 74.86%，中部地区达到 74.59%，西部地区达到 69.78%。国家卫计委计划到 2020 年要确保完成全国农村卫生厕所普及率超过 85%，农村环境卫生将得到进一步改善。

（2）农村居民饮水。新中国成立 70 年来，农村居民饮水困难问题基本得以解决。农村居民饮水问题主要体现在两方面：一方面是饮水供应，另一方面是饮水质量。经过多年的努力，农村饮水在 2000 年左右实现了正常情况下农村各地水源供应有保证。农村水源供应问题解决后，农民饮水质量不高，水质不安全问题又成为影响农村居民的饮水难题。当时农民饮水质量不高的主要原因是，首先，部分农村地区由于地质因素导致水质中有害物质成分比较多，例如氟、砷、汞和铅等，这些有害物质进入人体都会带来不利影响。其次，在工业化初始阶段，一些地方不注重环境保护，使得水源被污染的情况也较多。

新中国成立 70 年来，党和政府非常重视农村居民饮水问题。从农村改水受益户数和受益率来看，到 2014 年，通过实施农村安全饮水等项目，全国累计有 91 511 万人从农村改水项目工程中受益，较 2000 年增加 3 399 万人，累计增长 4％左右。农村改水累计受益率也从 2000 年的 92.4％提升至 2014 年的 95.8％。2014 年，共有 18 个省（自治区、直辖市）农村改水累计受益率高于全国平均水平，部分发达地区如北京、天津、上海等达到 100％的累计受益率，未来我国农村改水工作应重点关注欠发达的中西部地区。

（3）农业面源污染防治。从化肥、农用塑料薄膜和农药等化学品使用来看，化肥、农膜以及农药的过量使用是造成农业面源污染的主要原因。近年来，国家不断加强对农业面源污染的治理力度，通过减少化肥使用数量、加强农药使用管理、推广农膜回收利用等方法，有效抑制了化肥、农药、农膜使用数量的增长。2010 年以后，农药使用量逐渐下降，化肥使用量增长速度逐渐放缓，农膜使用量在 2016 年实现近 30 年以来的首次下降（图 12、图 13）。

在测土配方使用效果上，2005 年，农业部启动测土配方施肥技术，初期计划在全国 1 333.33 万公顷的耕地上应用。2008 年测土配方施肥覆盖 1 861 个县。到 2009 年底，测土配方技术推广到 6 666.67 万公顷，覆盖所有农业县，受益农户达 1.5 亿户。在项目推广实施的 5 年中、中央财政累计投入 40 亿元。"十二五"期间，科学施肥仍然是节能减排全民行动的重要举措。为了强化农用化学品减量使用，2015 年农业部制定了《到 2020 年化肥使用量零增长行动方案》。

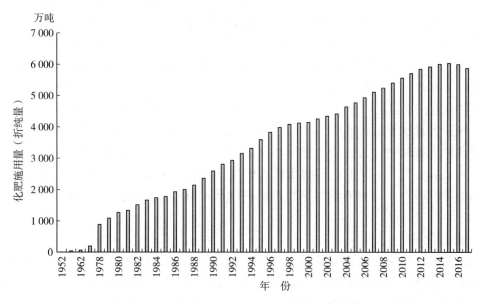

图 12 化肥施用情况

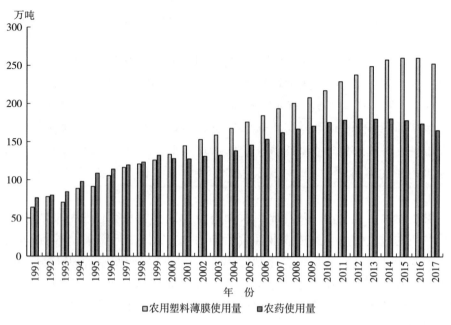

图 13　农药、农膜使用情况

　　（4）生态环境硬件建设。针对农村基础设施投资较少，现实问题较多的情况，党中央、国务院明确提出要把基础设施建设和社会事业发展的重点转向农村。这个规定出台以后，农村基础设施投资结构有了很大变化。从道路建设来看，全国约90％行政村通达客运班车，从电网建设来看，中国两个大的电网覆盖的地域，除了西藏地区，其他地区都已经在电网覆盖范围内。从饮水设施来看，截至2016年，全国共有5 071个建制镇、984个乡对辖区内生产生活污水进行处理，占全国建制镇及乡的比例分别为28.2％和9.04％。与2007年相比，建制镇拥有的污水处理厂从763个上升至3 409个，污水处理能力从416.7万立方米/日提升至1 422.7万立方米/日；乡拥有的污水处理厂从39个上升至44个，污水处理能力从7.41万立方米/日提升至25.7万立方米/日。从乡镇排水管道长度来看，与2007年相比，建制镇及乡排水能力有了显著提升。其中，2016年建制镇累计拥有排水管道长度较2007年翻了将近一番，从87 551.0千米增长至166 304.6千米。乡拥有排水管道长度从10 882千米增长至17 912.0千米，累计涨幅64.6％。从乡镇生活垃圾处理中转站数量上来看，与2007年相比，2016年建制镇及乡生活垃圾处理能力有了显著提升。其中，建制镇拥有的生活垃圾中转站从22 490座增加至32 914座，增加了46.4％；乡拥有的生活垃圾中转站从4 625座增加至9 678座，是2007年的2倍左右。

　　3. 能源使用

　　（1）农村人均生活能源消费量。1980年以来，农村人均生活能源消费量取得了快速的增长。与全国人均生活能源消费量相比，农村人均生活能源消费量增长更快，从1980年的60千克标准煤增加到2016年的390千克标准煤，增加了5倍多，可以看出，2016年农村人均生活能源消费量已经和全国人均能源消费量基本相等（图14）。

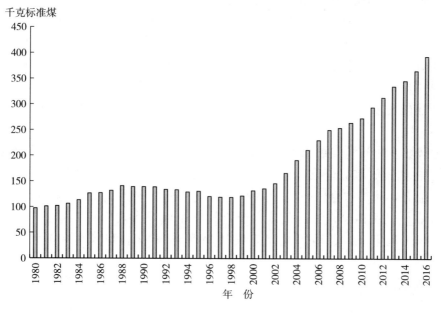

图14　全国人均生活能源消费量

（2）农村清洁能源使用情况。清洁能源，即绿色能源，是指不排放污染物、能够直接用于生产生活的能源，它包括核能和"可再生能源"。发展清洁能源，改变农村能源消费结构是减少农村环境污染、改善农村生态环境的重要手段。2000年以来，农村清洁能源生产和使用数量都有大幅的增长，其中，2016年农村沼气池产气量为144.9亿立方米，相对2000年累计增幅为459％，年均增长率约为27％。太阳能热水器使用面积从2000年的1 107.8万平方米增长到2017年的8 623.7万平方米，年均增幅达到40％左右。

4. 乡村旅游

乡村旅游是近些年才兴起的。乡村旅游基本类型大致包括：以绿色景观和田园风光为主题的观光型乡村旅游；以农庄或农场旅游为主，包括休闲农庄、观光果园、茶园、花园、休闲渔场、农业教育园、农业科普示范园等，体现休闲、娱乐和增长见识为主题的休闲科普型乡村旅游；以乡村民俗、民族风情以及传统文化、民族文化和乡土文化为主题的娱乐型乡村旅游；以康体疗养和健身娱乐为主题的康乐型乡村旅游。

从乡村旅游的规模来看，进入21世纪以来，乡村旅游获得了很大的发展，2006年被确定为"乡村旅游年"，推动了旅游开发与生态保护相结合。"十二五"期间，乡村旅游的游客接待数和营业收入年均增速均超10％。根据农业部统计，2015年全国休闲农业和乡村旅游从业人员790万人，其中农民从业人员630万人。国务院发布《"十三五"旅游业发展规划》（国发〔2016〕70号），要求通过发展乡村旅游，带动贫困村脱贫。2018年，全国休闲农业和乡村旅游接待超30亿人次，营业收入超8 000亿元。全国已创建388个全国休闲农业和乡村旅游示范县（市），推介710个中国美丽休闲乡村。休闲农业和乡村旅游已从零星分布向集群分布转变，从城市郊区和景区周边向更多适宜发展的区域拓展，由单纯的休闲旅游逐步拓展到文化传承、涵养生态、农业科普等多个方面，形成了以"农家乐"和聚集村为主的休闲旅游，以自然景观、特色风貌和人文环境为主的生态旅游等丰富的类型。此外，发展休闲农业和乡村旅游带动了餐饮住宿、农产品加工、交通运输等关联产业，农民就地就近就业，还能把农产品、特色民俗工艺等变成商品，把农家庭院变成农家乐园，增加收入。

从分区域乡村旅游发展来看，各地区发展成效显著，呈现百花齐放的态势。重庆 2018 年乡村休闲旅游综合收入 677 亿元，同比增长 32.8%；湖北创建了 49 个省级休闲农业示范点，获得"全国一村一品示范村镇"和"中国美丽休闲乡村"分别达 41 个、17 个；河北平山县东方巨龟苑、迁西县京东板栗大观园等入选首届"中国农民丰收节"……近年来，各地因地制宜发展特色休闲农业和乡村旅游，取得了积极成效。

从乡村旅游升级来看，乡村旅游经历了从"培育精品品牌—完善基础设施—提升服务水平—传承农耕文化—注重规范管理"的升级历程。近年来，农业部门也大力推动休闲农业和乡村旅游，着力实现多方位的升级，全面提升乡村旅游的品质，使其朝着高效高质的目标前进。

（二）农村公共事业

1. 教育体制深化改革

新中国成立之初，全国农村学校仅有 20 多万所，大多数是初级小学，在校生人数不足 2 000 万。为使农民子女"能够平等地受到作为新中国一个健全公民所必须受到的基础教育"，党和政府把普及小学教育作为发展农村基础教育的重要任务，先后多次在会议中强调或以纲要形式提出普及小学教育。在政府办学与群众办学相结合和多种形式办学等政策推动下，到 1965 年，在校生人数达到 9 399.9 万人，部分地区实现了普及小学教育，学龄儿童入学率达到 90%。1971 年全国农村小学有 93.1 万所，1975 年增至 105.7 万所，在校生年均增加 783.76 万人。

从学龄前儿童入学率和小学毕业生的升学率来看，到 1952 年，全国学龄儿童入学率已经达到 49.2%，小学毕业生升学率高达 96%。"一五"计划期间，全国学龄儿童入学率从 1957 年的 61.7% 下降到 1962 年的 56.1%，小学毕业生的升学率则从 1952 年的 96% 骤降至 1962 年的 42.6%，而在这 42.6% 中，城市占 84%，农村只有 32.3%。"文革"期间，农村学龄儿童入学率和小学升学率得到史无前例的大幅提升，全国学龄儿童入学率从 1962 年的 56.1% 上升到 1976 年的 97.1%；同期小学毕业生的升学率从 42.6% 上升到 94.2%，其中农村地区的升学率从 32.3% 急速提高到 93.1%。经历"拨乱反正"后，全国学龄儿童的入学率 1977 年为 96.5%，1982 年则下降到 93.2%，未入学儿童的人数从 421.5 万人激增到 804.7 万人；同期小学毕业生的升学率也从 92% 降至 65.9%，其中农村由 90.8% 骤降到 62.6%，全国未能升学的小学毕业生从 215.3 万人增加到 705.8 万人，很显然，这 705.8 万人中的绝大多数是农村少年（表 6）。

表 6　学龄儿童入学率及小学毕业生升学率（1949—1985 年）

单位：万人，％

年份	学龄儿童入学率	未入学人数	小学毕业生的升学率（初中）			
			全国平均	城市	农村	未升学人数
1949	20	—	—	—	—	—
1952	49.2	—	96	—	—	—
1957	61.7	—	44.2	—	—	—
1962	56.1	—	42.6	84	32.3	—
1965	84.7	—	44.9	81.8	33.6	—
1970	—	—	89.7	94.8	88.8	—
1975	96.8	393.4	90.5	101.8	89	188.9
1976	97.1	355.1	94.2	103.3	93.1	152.7
1977	96.5	421.5	92	104	90.8	215.3
1978	95.5	545.9	87.7	103.3	86.4	281.3
1979	94	743.2	82.8	101.7	81.1	360.1
1980	93.9	741.4	75.9	99.9	73.5	495.7
1981	93	843	68.1	97.6	65	663
1982	93.2	804.7	65.9	97.3	62.6	705.8
1983	94	673.4	66.5	97.8	63.3	663.6
1984	95.3	499.2	65.3	98.5	62	692.5
1985	96	419.5	68.4	101	65	632.9

　　20 世纪 50 年代初，农村初级中学数量稀少，1958 年后有了较快的发展。1958—1960 年的 3 年间增长速度达到 30.7％，1962 年农村初中在校生数是 229.7 万人，到 1965 年达到 270.3 万人。1965 年，全国农村初中为 10 906 所，1971 年猛增到 75 720 所，到"文革"结束时，农村初中的数量是 1965 年的 11.9 倍，在校生占全国初中生总数的 84.4％。普通高中的发展更是一个"神话"，1965 年，农村普通高中只有 604 所，在校生仅占全国高中生总数的 9％，到 1976 年，猛增到 53 527 所，学生人数的比例增加到 77.3％，短短 6 年时间，学生数增加了 2.7 倍。"文革"期间，由于清理公办教师队伍，全国农村民办教师由 1965 年的 2.3 万人激增到 1975 年的 55 万人。"文革"后"拨乱反正"的主要内容是进行教育结构调整、重视教育质量。自 1978 年开始至 80 年代，改革的重点放在重建高等教育及为考大学做准备的"重点"中小学的建设上，农村地区的学校被大幅度地撤销或合并，教育资源向"重点"学校集中，农村小学由 1977 年的 94.9 万所减少到 1985 年的 76.6 万所，农村中学（包括初中和高中）也从 18.2 万所减少到不足 7 万所，分别减少了 19.3％和 62％。

　　新中国成立初期教育发展的另一重要目标是扫盲。1957 年，全国有近 2 亿农民参加识字学习，扫除文盲 700 万人；1958 年，在"大跃进"的推动下，农村扫盲形成一个"高潮"，全国有 1 500 多个县、市基本扫除了文盲。1959 年，青壮年农民文盲从

1949 年的 16 500 万人降为 8 600 万人，文盲比例从 80% 减少到 43% 左右，1961—1965 年，共扫盲 302 万人，年均脱盲 60 万人。农村青壮年中的文盲、半文盲到 1964 年已降至 48.4%（王慧，2011）。

改革开放后伴随教育改革的实施，农村中学和小学数量呈现大幅下降。1985—2017 年，小学数量从 76.6 万所锐减至 9.6 万所，减幅达 87.5%；初中学校数量从 6.36 万所减少到 1.53 万所，减幅达 75.9%；高中学校数从 5 934 所减少到 675 所，减幅达 88.6%（图 15）。

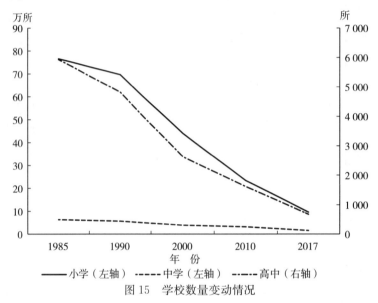

图 15　学校数量变动情况

1985—2017 年，普通中小学教师数整体呈现先小幅下降后大幅下降的态势。2017 年高中专任教师 5.7 万人、初中专任教师 57.5 万人、小学专任教师 177.2 万人（图 16）。

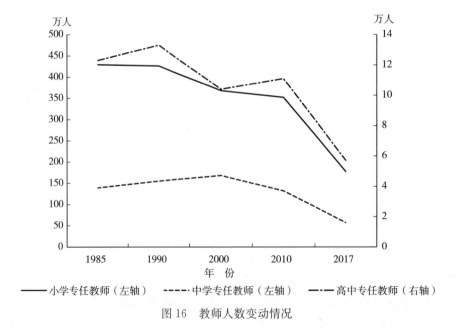

图 16　教师人数变动情况

2000—2015 年，我国中小学校教育经费投入显著上升。2015 年，农村小学教育经费合计 6 396.5 亿元，比 2000 年增长 9.4 倍，其中 97.4% 来自国家财政支出；农村中学教育经费合计 3 679.5 亿元，比 2000 年增长 11 倍，其中 95.6% 来自国家财政支出。

1990—2017 年，农村劳动力文化程度基本集中在小学和初中，其次为高中及中专。未上过学的文盲显著减少，从 1990 年的 20.73% 下降到 2017 年的 3.2%；大专及以上文化程度的占比从 1990 年的 0.61% 增加至 2017 年的 1.5%（图 17）。

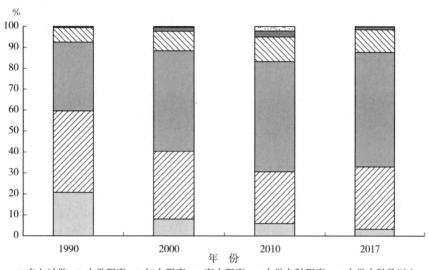

图 17　农村劳动力文化程度情况

2. 卫生事业创新发展

新中国成立后，党和政府高度重视农村医疗卫生事业的发展，寻求解决我国农村缺医少药问题的途径和办法。经过 70 年的艰难探索，闯出了一条具有中国特色的农村医疗卫生事业的发展道路。建立了由政府组织、引导、支持，农民自愿参加，个人、集体和政府多方筹资，以大病统筹为主的农民互助共济的新型农村合作医疗制度和医疗救助制度，有效解决了人口众多且生产力发展不平衡条件下的农村医疗卫生保障问题。

1950 年卫生部召开第一次会议，决定在全国基层建立医疗卫生组织，开始着手建立县乡村三级卫生服务体系。随着农业生产合作化的兴起，1955 年初我国开始实行农村合作医疗制度。农业生产合作社从公益金中拿出 15%～20%，农民每年再交少量保健费以此形成合作医疗基金，免费为村民提供医疗服务。截至 1956 年，农村集体保健医疗站发展到 1 万个，从业医务人员约 10 万人。农村合作医疗的覆盖率已达到 10%（王禄生，1996）。1958 年，正式推行了具有福利及保险性质的医疗制度——合作医疗。在 1959—1962 年，我国的合作医疗制度的覆盖率提升到了 46%（蔡天新，2009）。当时推行的"看病完全不要钱"的做法严重超出了农村集体经济的承受能力。因此，1962 年，卫生部出台《关于调整农村基层卫生组织问题的意见（草案）》，指出公社不适当地把私营诊所包下来；在工作上管得过多过死；不适当地吸收初级卫生医疗人员和行政人员，导致机构人员过多；医生的工资水平过于平均化，甚至低于合作医疗前。为此，农村地区恢复部分"联合诊所"，实行"看病收费、独立核算、自负盈亏"，基层医务工作人员也有所精简。由于集体对于合作医疗的支持力度大幅削减，很多农村合作医疗诊所陷入停滞状态。到 1964 年，全国只有 30％左右的合作社保留着合作医疗制度。1965 年起，国家重新开始重视农村合作医疗的发展。1965 年，全国各地先后派出 1 500 多支医疗队，近 20 000 名城市医务人员下乡。我国农村绝大多数地区的县、公社和生产大队都配有医疗卫生机构，形成了较为完善的三级卫生服务网络。"文革"期间，农村合作医疗进入鼎盛时期。截至 1977 年，全国实行合作医疗的生产大队的比重上升到 85％。

1978 年家庭联产承包责任制实施后，集体经济财力逐渐下降，建立在集体经济基础上的合作医疗制度也随之衰落。农民的医疗保障由之前的集体保障转变为主要靠自我保障。据调查，1985 年，全国依旧实行合作医疗的农村居民仅占 9.6％，自费医疗占 81％。到 1989 年末，农村合作医疗的村覆盖率只有 4.8％。1993 年，中央提出"发展和完善农村合作医疗制度"，积极推动农村合作医疗制度恢复和重建工作，我国的农村合作医疗的覆盖率上升到 9.18％（李卫平，2002）。1997 年国务院发布《关于卫生改革与发展的决定》，医疗制度改革进入高潮期。但是此时农村合作医疗的覆盖率也只有 17％，远不能达到应有的保障效果，农民依旧要靠土地保障。1997 年之后，农村合作医疗再次进入低迷期，停滞不前。政府虽然开始重视农村卫生医疗的投入，但投入量依旧占比不高。1998 年，国家投入的农村卫生费用为 92.5 亿元，仅占国家总投入的 15.95％。

从 2003 年起在部分农村地区开展新型农村合作医疗试点。2006 年，试点县（市、区）已达到 50.7％，2007 年底达到 85.5％，新农合从试点转入全国范围推广阶段。从 2010 年起，我国参加新型农村合作医疗人数整体下降，补偿受益人数先上升后下降，新农合参与率稳步上升；2017 年参加新型农村合作医疗人数为 1.33 亿人，补偿受益 2.52 亿人次，参合率达到 100％（图 18、图 19）。

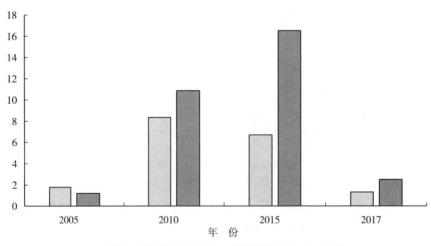

图 18　新农合参与人数及补偿受益人次情况

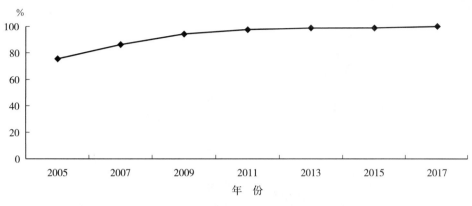

图 19　新农合参合率变动情况

1990—2017 年，农村人均医疗保健费用支出逐渐增加。1990 年农村人均医疗保健费用 355.7 元，占人均年生活消费的 5.1%。2017 年农村人均医疗保健费用 1 095.45 元，占人均年生活消费的 9.7%（图 20）。

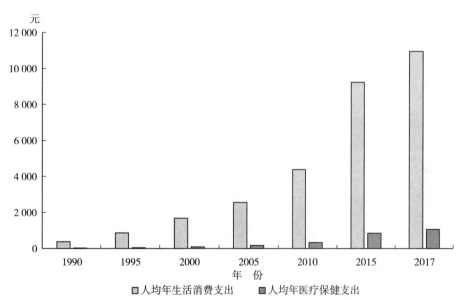

图 20　农村人均年生活消费支出及人均医疗保健支出情况

1980—2017 年，农村卫生院总量减少，主要是乡卫生院数量减少所致。2017 年中心卫生院 10 547 个，比 1980 年减少 6.4%，但乡卫生院数量减少 41.1%，2017 年乡卫生院数量减少到 26 004 个（图 21）。村卫生人员数量总体在稳步上升（图 22）。

改革开放以来，乡卫生院入院人数和诊疗人次呈现先下降后上升的趋势。2017 年乡卫生院入院 4 047 万人，诊疗次数 11.1 亿人次（图 23）。

2010 年以来，乡卫生院总支出和经费均不断上升，其中总支出涨幅达 157.9%，经费涨幅达 254.3%。平均每个卫生院的医疗支出费用先上升后略有下降，2017 年达到 720.2 万元。医疗卫生支出占比从 2010 年的 91.6% 下降到 2016 年的 80.9%（图 24）。

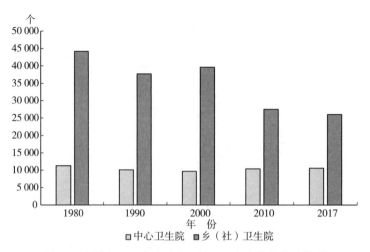

图 21 农村中心卫生院及乡（社）卫生院数量变动情况

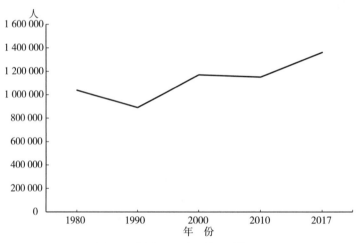

图 22 农村卫生员人数变动情况

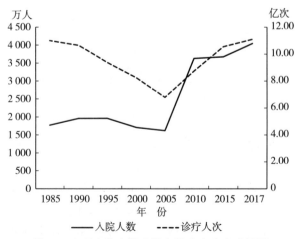

图 23 乡卫生院入院人数和诊疗人次变动情况

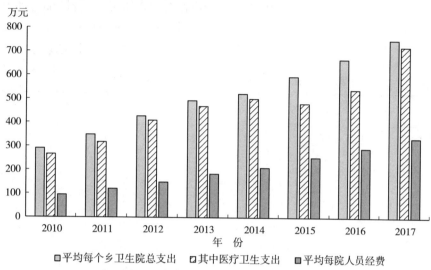

图 24　乡卫生院支出和经费变动情况

3. 社会保障逐步完善

新中国成立初期，全国百废待兴，无法立刻建立起系统化的农村社保体系，此阶段的社保制度依旧以家庭保障为主。政府在全国范围内开展土地改革，废除地主土地所有制，在农户中依据人口数量公平分配土地（表 7）。1950 年 6 月《中华人民共和国土地改革法》颁布，废除了剥削农民的封建土地所有制。农民收入也普遍增长，农民生活安全的保障能力得到提升，农村中的贫困对象逐步减少。农村阶级结构出现了中农化的新趋势，1954 年与土地改革结束时相比，贫雇农占比从 52.2% 下降到 29%，中农占比从39.9% 上升到 62.2%，中农成为农村生产资料的主要拥有者（苏少之，1989）。

表 7　全国土地改革前后农村各阶级占有耕地情况

类别	土地改革前					土地改革后	
	占总户数比例（%）	占总人口比例（%）	占总耕地比例（%）	每户平均占有耕地（亩*）	每人平均占有耕地（亩）	占总人口比例（%）	占总耕地比例（%）
贫雇农	57.44	52.37	14.28	3.55	0.89	52.2	47.1
中农	29.2	33.13	30.94	15.12	3.05	39.9	44.3
富农	3.08	4.66	13.66	63.24	9.59	5.3	6.4
地主	3.79	4.75	38.26	144.11	26.32	2.6	2.2

资料来源：《中国农村统计年鉴 1989》。

为了避免农村内部出现两极分化的趋势，国家从 1953 年春，开始对农业进行社会主义改造，从初级互助组，到初级农业生产合作社。1956 年党中央颁布实施《1956 年到 1967 年全国农业发展纲要》，农业合作化开始转向高级合作社。到 1956 年底，我国社会主义改造基本完成，农村社会生产力得到迅速恢复，农业生产能力得到进一步提高，农村经济也得到了迅速发展。农业互助组从 1950 年的 272.4 万个、1 131.3 万户发

---

* 15 亩＝1 公顷。

展到 1955 年 714.7 万个、6 038.9 万户。农业合作社个数也有显著增加，尤其是 1954 年增加了 11.4 万个。到 1957 年鼎盛时期，全国共有合作社 78.9 万个，其中高级社 75.3 万个，初级社 3.6 万个，12 105.2 万户参加了农业生产合作社（表 8）。

表 8　全国农业互助组、农业生产合作社发展情况

年份	1950	1951	1952	1953	1954	1955	1956	1957	1958
互助组数（万个）	272.4	467.5	802.6	745	993.1	714.7	85		
常年组			175.6	181.6	380.1	317.2			
季节组			627	563.4	613	397.5			
参加户数（万户）	1 131.3	2 100	4 536.4	4 563.7	6 847.8	6 038.9	104.2		
常年组			1 144.8	1 332.9	3 701.3	3 284.3			
季节组			3 391.6	3 230.8	3 776.5	2 754.6			
合作社数（万个）	19	130	0.4	1.5	11.4	63.4	75.6	78.9	74.1
高级社	1	1	10	15	0.02	0.05	54	75.3	
初级社	18	129	0.4	1.5	11.4	63.3	21.6	3.6	
参加户数（万户）	219	1 618	5.9	27.5	229.7	1 692.1	11 782.9	12 105.2	12 235.4
高级社	32	30	0.2	0.2	1.2	4	10 742.2	11 945	
初级社	187	1 588	5.7	27.3	228.5	1 688.1	1 040.7	160.2	

改革开放以来，农村原有的计划经济开始向市场经济不断发展，农村社会生产力得到了极大的解放，同时也促使农村社会保障制度面临巨大的机遇和挑战。20 世纪 80 年代，在农村经济比较发达的地区开始农村社会养老保险制度的试点。20 世纪 80 年代中期，我国开始探索开展农村社会养老保险（简称"旧农保"）。截至 1989 年底，全国已有 800 多个乡镇建立了乡本位或村本位的养老保险制度，参加人数达 9 万多人，资金积累 4 100 万元，开始领取养老金的农民有 21.6 万人。结合 1989 年和 1991 年的试点，民政部在 1992 年正式颁布《县级农村社会养老保险基本方案》，由点到面，在全国范围内逐步实施养老保险制度。截至 1998 年底，全国农村社会养老保险已覆盖 2 123 个县，8 025 万的农村人口，全年收取保险基金 31.4 亿元，支出 5.4 亿元，年底基金积累达 166.2 亿元，有 50 多万农民开始领取养老金。

但由于农民在缴费时自身收入不高，往往选择最低的缴费档次。有些贫困农民因交不起保险费甚至不参与，很多人无法得到基本的养老保障。再加上国家对农村养老保险的支持力度不够，从 1999 年开始，农村养老保险普遍出现参保人数下降、基金运行难度加大等困难，个别地区的参保工作陷入停滞状态。

从 2003 年起，我国进入了探索新型农村养老保险（简称"新农保"）的阶段。2006 年开始在全国 8 个县区进行新型农村社会养老保险的第一批试点。2009 年 9 月，国务院在总结各地区试点经验的基础上，颁布了《国务院关于开展新型农村社会养老保险制度试点的指导意见》，标志着我国正式在全国范围内建立了农村社会养老保险制度。表 9 为新型农村社会养老保险试点情况。

表9　新型农村社会养老保险试点情况

	2011 年	2010 年
新型农村社会养老保险试点参保人数（万人）	32 643.5	10 276.8
新型农村社会养老保险试点达到领取待遇年龄参保人数（万人）	8 921.8	2 862.6
新型农村社会养老保险试点基金收入（亿元）	1 069.7	453.4
新型农村社会养老保险试点基金支出（亿元）	587.7	200.4
新型农村社会养老保险试点基金累计结余（亿元）	1 199.2	422.5

2014 年，合并 2009 年试点的农村社会养老保险和 2011 年试点的城镇居民养老保险制度，在 2012 年全国推行的基础上正式构建全国统一的城乡居民基本养老保险制度（简称"城乡保"）。据人社部数据，截至 2018 年底，全国城乡居民养老保险参保人数52 392万人，其中实际领取待遇人数 15 898 万人，有 4 900 多万贫困人员直接受益（表 10为 2010—2017 年的情况）。

表10　城乡居民养老保险参保情况

年份	参保人数（万人）	比上年增长（%）	基金收入（亿元）	基金支出（亿元）	累计结余（亿元）
2010	10 276.8		453.4	200.4	422.5
2011	33 182	222.9	1 110.1	598.3	1 231.2
2012	48 369.5	45.8	1 829.2	1 149.7	2 302.2
2013	49 750.1	2.9	2 052.3	1 348.3	3 005.7
2014	50 107.5	0.7	2 310.2	1 571.2	3 844.6
2015	50 472.2	0.7	2 854.6	2 116.7	4 592.3
2016	50 847.1	0.7	2 933.3	2 150.5	5 385.2
2017	51 255	0.8	3 304.2	2 372.2	6 317.6

农村养老机构个数整体呈现先上升后下降的趋势，收养人数与养老机构个数变化方向大致相同。到 2017 年，我国农村养老机构个数 15 006 个，收养老人 1 013 356 人（图 25）。

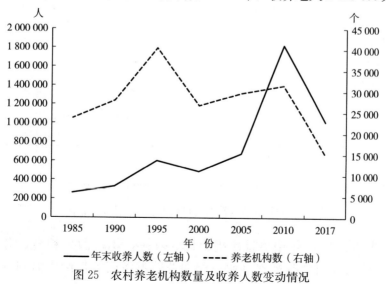

图 25　农村养老机构数量及收养人数变动情况

4. 社会服务更加全面

（1）农村社会救济。新中国成立初期的农村社会救济以灾害救济为主。农业生产合作化以后，随着农村集体经济的产生和发展，我国农村社会救济逐步走向以集体为主，开展社会互助互济和扶持生产自救，以国家救济为辅的新道路。"大跃进"时期，受"左"倾思想的影响，农村刮起了"共产风"，错误地认为农村人民公社化以后已经消灭了贫困，不再需要进行社会救济了，停发社会救济款，取消社会救济工作。1959 年后，全国出现了严重的经济困难，农村贫困人口大量增加，社会救济的形势极为严峻，救济任务相当繁重。对此，国家拨出大量的救济款物用于救济贫困农民。据统计，从 1960 年到 1963 年的 4 年间，国家发放农村救济款达 48 亿元。"文革"时期，农村社会救济工作再一次遭到严重的破坏。社会救助工作缺少统一的管理规划，对贫困对象进行补助、救济的工作处于瘫痪状态。

1994 年，党和政府提出了建立救灾工作分级管理、救灾资金分级负担的救灾管理体制。确立了救灾工作分级管理体制后，地方列支救灾资金呈逐年上升的趋势。1995 年全国省级以下各级政府列支救灾资金 8.4 亿元，比 1994 年资金列支增长 50% 以上。截至 2001 年，全国所有省级及绝大多数地级和县级财政都列支了自然灾害救济事业费，地方各级财政救灾预算列支总数达到了中央救灾款预算的一半以上，2001 年省级以下各级政府列支救灾资金增长到 18.71 亿元。1994—2001 年，中央用于受灾群众生活方面的救灾资金就达 186.28 亿元，解决了 2 亿多人的因灾缺粮困难，为 3 000 多万人提供御寒衣被，为 1 亿多人因灾引起的疾病提供了救治，共计恢复重建倒塌房屋 2 000 多万间，数千万灾民因此受益。

21 世纪初，我国自然灾害频发，国家投入大量人力、物力、财力对灾区人民进行救助，帮助灾区人民灾后重建，并且积极动员民间组织和民间资金参与（图 26）。

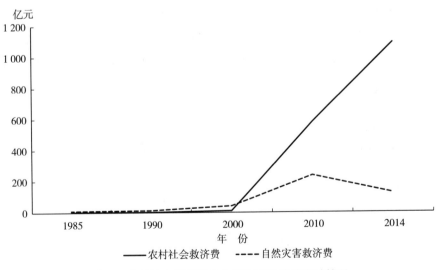

图 26　农村社会救济费与自然灾害救济费变动情况

（2）五保制度。1953 年中央首次提出设立农村合作社的公积金、公益金。公益金专用于合作社内部的公益福利事业，例如补助救济或借贷给生活困难的社员，集体无能力时，国家再适当给予救济。各地普遍实行国家救济与集体救济相结合的救助办法，确立了以集体救济为主、国家救济为辅的农村社会救助模式，"五保制度"确立。五保制度的主要受益者是农村无依无靠的老人。截至 1958 年，全国五保户共计 423 万户，519 万人，其中兴办敬老院 15 万所，供养 300 万人（黄佳豪，2009）。

改革开放后，五保制度延续下来。1982 年底到 1984 年初，民政部组织开展了全国第一次五保普查。普查结果显示，到 1983 年底，全国农村有五保户 252.65 万多户、295.05 万多人，其中老人 261.2 万人、残疾人 22.35 万人、孤儿 11.46 万人，分别占五保对象总数的 88.54%、7.58% 和 3.88%。在落实五保供养的人口中，入敬老院供养的 16.94 万多人，占 5.74%；集体供养分散生活的 241.14 万多人，占 81.73%；由亲友邻里保养或代养的 25.7 万多人，占 8.71%。

2014 年，《社会救助暂行办法》实施，提出将"五保户"、城市"三无"群众作为"特困供养人员"进行专门保障。2007—2017 年，我国五保供养人数基本稳定，分散供养人数多于集中供养人数。2017 年，分散供养人数 367.2 万人，占总供养人数的 78.7%，集中供养人数 99.6 万人，占总供养人数的 21.3%（图 27）。

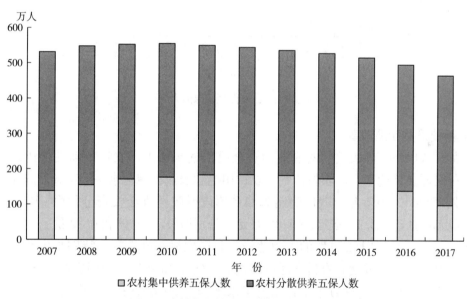

图 27　农村集中供养及分散供养五保人数

（3）农村最低生活保障。1994 年，为了解决农村困难群众生活问题，民政部在总结之前地方试点经验的基础上，提出要在农村建立起与经济发展水平相适应的农村最低生活保障制度。从 1997 年开始，中国部分有条件的地区逐步建立了农村最低生活保障制度。截至 2002 年底，在开展农村最低生活保障工作的地区，有 407.8 万村民、156.7 万户家庭得到了最低生活保障，保障对象比上年增长 32.9%，其中：困难户 303.3 万人，五保户 51.1 万人，其他人员 53.4 万人。在未开展农村最低生活保障工作的地区，按传统救济方式救济困难户 1 468.1 万人，五保户 162.2 万人，其他救济对象 250.5 万人。

2006 年中央农村工作会议首次明确提出，积极探索在全国范围内建立农村最低生活保障制度，将符合条件的农村贫困人口纳入保障范围，重点保障病残、年老体弱、丧失劳动能力等生活常年困难的农村居民。2008 年，全国所有涉农县全部建立了农村低保制度。截至 2018 年，全国农村低保对象 3 519.7 万人，农村低保标准达到 4 833 元/（人·年）（图 28）。

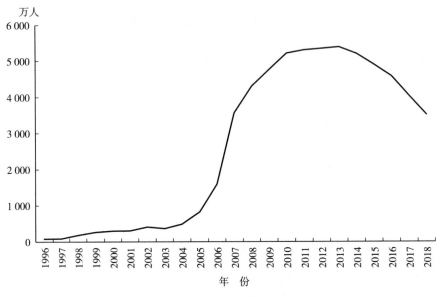

图 28 农村最低生活保障人数

5. 基础设施明显改善

改革开放以来，各级政府对农业的资金投入逐年增加，农村基础设施建设得到改善，农村交通、环境卫生、农村沼气、农村用电和农业机械化水平等基础设施建设得到明显加强。2005—2015 年，我国建制镇和乡建设财政性资金投资分别由 273.72 万元、57.15 万元增加至 643.18 万元、69.76 万元，分别增长 1.35 倍和 0.22 倍。

经过"十一五""十二五"的大力建设，我国农村基础设施，特别是生活基础设施建设已经取得了很大成就。农村交通道路方面，到 2015 年底，全国农村公路（含县道、乡道、村道）里程 398.06 万千米，比上年末增加 9.90 万千米，其中村道 231.31 万千米，增加 8.85 万千米。全国几乎全部的乡（镇）通上了公路，其中通硬化路面的乡（镇）占全国乡（镇）总数 98.62%；99.87% 的建制村通公路，其中通硬化路面的建制村占全国建制村总数的 94.45%，与上年相比提高 2.68 个百分点。"十二五"期间，全国新增 5 000 个建制村通公路，近 900 个乡镇和 8 万个建制村通硬化路，全国新改建农村公路超过 100 万千米，通车总里程约 395 万千米，基本实现所有乡镇通公路和东中部地区建制村通硬化路，西部地区建制村通硬化路比例约 80% 的目标；全国乡镇、建制村通客运班车率超过 99% 和 93.2%。

农业机械化水平显著提高。2017 年末，全国大中型拖拉机 6 700 800 台，小型拖拉机 1 634.2 万台，大中型拖拉机配套农具 1 070.0 万台，联合收割机 1 985 400 台（图 29）。

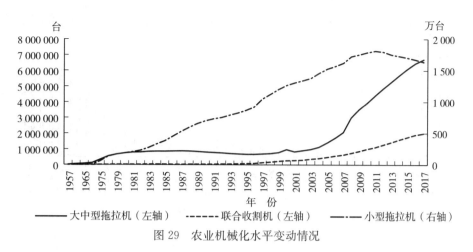

图29　农业机械化水平变动情况

1952年以来农村水电站个数先增加后减少，2010年后基本稳定。到2017年全国共有农村水电站47 498个，较1978年减少42.3%；装机容量显著增加，到2017年增加到7 929万千瓦，是1978年的34.7倍；农村灌溉耕地面积稳步增长，由1952年的1 995.9万公顷增加至2017年的6 781.56万公顷，增长了2.4倍（图30）。

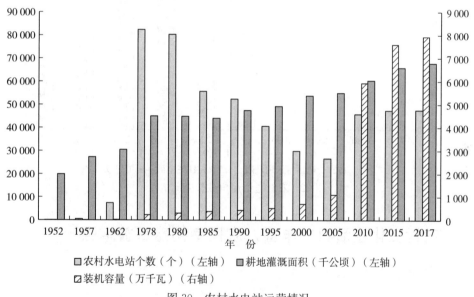

图30　农村水电站运营情况

农村用电量增长迅速。2017年农村用电量9 524.4亿千瓦时，为1978年用电量水平的37.6倍（图31为历年情况）。2015年12月，随着青海省最后3.98万无电农村人口的村庄通电，国家能源局制定的《全面解决无电人口用电问题三年行动计划（2013—2015年）》得到落实，全国解决了无电人口用电问题。

农村已基本实现了村村通电话，完善的通信设施为农村经济的发展奠定了坚实的基础。农村电话用户数和农村住宅电话用户数在1995—2005年大幅增加，之后数量逐渐减少。到2017年，农村电话用户数和农村住宅电话用户数分别为4 644.9万户和3 605.4万户（图32）。

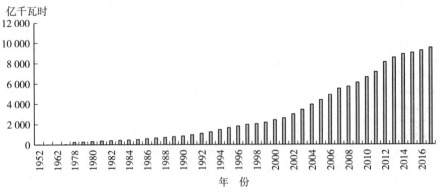

图31　农村用电量变动情况

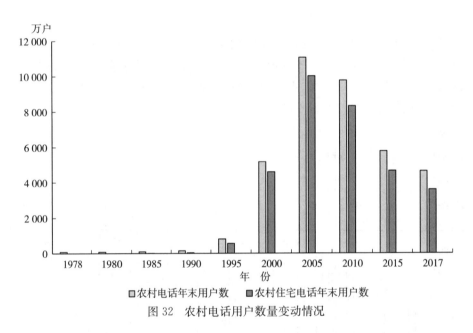

图32　农村电话用户数量变动情况

三、农村文化生活日益丰富，农民幸福感日益增强[*]

（一）农村公共文化设施建设

1. 农村公共图书馆的发展

新中国成立之初，公共文化事业百废待兴，基本属于停滞和空白状态。1949年，全国仅有公共图书馆55个，文化馆896个，而在乡镇基本没有文化站。这一方面由于我国是在一穷二白的基础上起家，公共文化设施基础薄弱；另一方面，新中国成立初始，由于人民群众物质生活贫困，很多地区尚未解决温饱问题，对基本生存条件的追求客观上阻碍了人民对文化精神生活的向往，而且群众刚刚开始摆脱封建思想的束缚，缺乏追求公共文化生活的意识。在这种情况下，我国出台了一些政策，逐步

---

[*]本部分编写人员：万凌霄、彭珈祺。

建立了新的适应当时经济社会发展的文化管理体制，为文化事业的发展奠定了基础。

公共文化设施是公共文化服务体系建设的重要内容，是群众文化生活的物质载体。改革开放后，随着我国经济实力增强，财政收入增加，政府提供农村公共服务的方式，已经从一开始保障农业基本生产和农户基本生活需求，逐渐过渡到全方位地为农村发展提供优质的公共服务，农村公共文化服务体系建设迎来了新的发展契机。实施乡村振兴战略，党和政府愈加重视农村公共文化服务体系建设，在相关政策、资金上给予了充分的支持。随着广大农民生活的改善，他们更需要精神食粮，对农村公共文化服务体系建设的要求更高。

1982 年 11 月 30 日第五届全国人民代表大会第五次会议上，《关于第六个五年计划的报告》中提出实现"县县有图书馆和文化馆，乡乡有文化站"的建设目标；2001 年 11 月 9 日《国家计委、文化部关于"十五"期间加强基层公共文化设施建设的通知》指出，由于受经济发展水平的制约，我国文化设施建设特别是县级文化馆、图书馆设施建设较为薄弱，还不能满足人民群众日益增长的文化需求。为了尽快改变这种状况，在明确目标的基础上，加强领导和规划，增加投入，加强基层公共文化设施建设；2005 年《国家"十一五"时期文化发展规划纲要》提出"以大型公共文化设施为骨干，以社区和乡镇基层文化设施为基础，优先安排关系人民群众切身文化利益的设施建设，加强图书馆、博物馆、文化馆、美术馆、电台、电视台、广播电视发射转播台（站）、互联网公共信息服务点等公共文化基础设施建设。"公共文化设施的健全、规范与否是整个公共文化发展状况的重要标志。近年来，我国出台了一系列政策，从性质、任务、运行机制、制度、法律责任等各方面对国家公共文化设施予以系统、完整的规定，以加强对公共文化设施的规范化管理，保障公共文化事业的顺利进行。

总体上来看，我国县级图书馆的数量呈现稳步上升的态势。2000 年我国县级图书馆数量为 2 244 个，到 2015 年增加到 2 734 个，增长稳定（图 33）。县级图书馆对于提高农村居民知识水平，提升其素质起到了至关重要的作用。

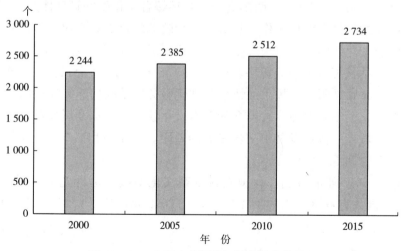

图 33　2000 年以来我国县级图书馆变化情况

2. 乡镇文化站的发展

我国农村乡镇文化站在新中国成立以来得到了长足的发展。乡镇文化站通过组织一系列公益性质的活动开展基层群众的精神文明建设，是连接政府与群众的重要渠道。在精神文明建设过程中，乡镇文化站丰富了农民群众的精神文化生活，提高了农民群众的生活质量。

乡镇的文化实力与城市相比存在较大差距，因此乡镇文化站肩负着保障基层文化活动顺利实施的责任，同时在乡镇中塑造良好的文化氛围，促使村民主动参与文化活动，放松身心。乡镇文化站的存在既能保障乡镇文化建设落地，落实国家文化建设要求，在乡村创造积极向上的文化氛围，为农村各项政策落实和各项工作顺利开展保驾护航。

党中央和国务院早在 1982 年就将乡镇文化站的建设正式列入国民经济建设和社会发展第六个五年计划，先后出台一系列文件，分阶段逐步明确了乡镇文化站的作用和职能定位。2005 年中办、国办《关于进一步加强农村文化建设的意见》明确指出："乡镇可结合乡镇机构改革和文化站（所）整合，组建集图书阅读、广播影视、宣传教育、科技推广、科普培训、体育和青少年校外活动等于一体的综合性文化站。"这便是对乡镇综合文化站的最初构想，规划建立一个多功能的综合文化站。2007 年中办、国办《关于加强公共文化服务体系建设的若干意见》指出："乡镇综合文化站要坚持公益性事业单位的性质，认真履行社会服务、指导基层、协助管理农村文化市场的职能，其业务由县（市）、区文化部门指导，日常工作由乡镇管理"，文件对乡镇综合文化站的性质和职能做了初步的设定。

2007 年 10 月，《"十一五"全国乡镇综合文化站建设规划》的出台为我国乡镇综合文化站的规划和发展奠定了基础。《规划》大致概括了 20 世纪 80 年代以来，我国乡镇文化站的建设面貌和突出问题，揭示出社会主义新农村建设时期对功能更丰富，职能更综合的文化站构建的紧迫性，它从建设原则、功能定位、建设标准和投资安排等几大方面，详细地为我国新时期的"乡镇综合文化站"规划了方向。文化部于 2009 年 10 月发布《乡镇综合文化站管理办法》，明确规定了乡镇综合文化站的管理体系，即："乡镇人民政府负责文化站的日常管理工作，县级文化行政部门负责对文化站进行监督和检查"，这说明乡镇综合文化站的某些事项会受到乡镇人民政府和县文化行政部门的双重管理，同时还对文化站站长规定了职业资格要求。2012 年出台的《"十二五"时期文化改革发展规划纲要》更是紧贴国情，提出加快公共文化服务体系的构建，通过以公益性单位举办的各项公共文化活动来保障广大群众的基本文化权益，鼓励开展公益性文化活动为民服务；逐步缩小城乡一体化发展中文化发展的差距。不难看出，"十二五"文化建设规划比"十一五"时期更有力度。

根据 1995—2015 年的数据，我国农村乡镇文化站数量呈现先减少后增长的趋势。到 2015 年，我国共有乡镇文化站 34 239 个，比 2010 年增长了 0.3%，但是相比起 1995 年有所减少（图 34）。

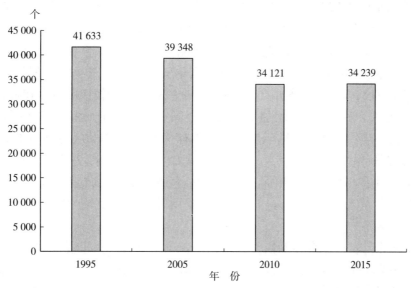

图 34　1995 年以来我国乡镇文化站变化情况

3. 农村校舍的发展

根据《中国农村教育发展报告》，农村教育面广量大，依然是中国基础教育的大头。农村义务教育均衡化水平有序提升，生均教育资源占有量有所提高，义务教育在校生 2/3 在县域。2016 年我国义务教育阶段在校生 1.42 亿人，其中城区 4 756.6 万人、镇区 5 927.01 万人、乡村 3 558.77 万人，农村在校生占全国在校生总数的 2/3。分学段看，普通小学有在校生 9 913.01 万人，其中农村小学在校生占全国总数的 67.04%。普通初中在校生 4 329.37 万人，其中农村初中在校生占全国总数的 65.60%。

2017 年全国义务教育在校生数达 1.45 亿人，比 2016 年增加 293.38 万人，增幅为 2.06%。2017 年全国义务教育学校数（含教学点）为 321 901 所，比 2016 年减少 6 287 所，减幅为 1.92%。其中，城区为 41 196 所，比 2016 年增加 1 092 所，增幅为 2.72%；镇区为 79 072 所，比 2016 年增加 362 所，增幅为 0.46%；乡村为 201 633 所，比 2016 年减少 7 741 所，减幅为 3.70%。

（二）公共文化服务的均衡

1. 农村基础教育供给发展状况

新中国成立前全国 80% 以上的人是文盲，农村中文盲的比重更大。全国儿童的入学率通常在 20% 左右。中等以上学校的学生中工农子女极少，并且学校的分布很不均衡，大学全部设在大中城市，中学大多数设在县城以上地区，农村极少。有些县无中学，有些区乡无小学。据统计，41% 的高等学校设在上海、北平、天津、南京、武汉、广州 6 个城市，国立大学的 40%、私立大学的 46% 设在沿海地区。有些省份尤其是偏远省份和少数民族地区学校很少。1946 年新疆只有一所学生 100 人的新疆学院和 8 所中学，宁夏只有 5 所中学，青海只有 4 所中学，西藏连 1 所中小学都没有。新中国成立后，中国共产党领导的人民政府接管和接办了原国民党统治区的学校，进行了学制改革,并实行"向工农开门"的方针。在党和政府的领导下,从 1948 年到 1978 年的几十年间,我国的教育事业虽然经历了一些曲折,但是学校在数量发展和质量提高上,都取得了前所未有的成绩。对于全日制学校教育来说,我国建立了队队有初级小学,社社有完全小学、中心小学或初级中学,县县有完全中学,省省有工、农、医、师专门学院,有 25 个省市还有综合大学。据 1981 年统计,全国有高等学校 704 所,在校本专科学生达到 127.95 万人,比 1949 年增加 9 倍多;全国有中等专业学校 3 132 所,在校学生 106.9 万人,比 1949 年增加 3.7 倍;全国共有普通中学 10.67 万所(含高中、完中 2.44 万所),在校学生 4 859.56 万人(其中高中学生 714.98 万人),比 1949 年增加 45.7 倍;全国共有小学 89.4 万所,在校学生达到了 14 332.8 万人,比 1949 年增加 4.38 倍;学龄儿童入学率为 93%。这意味着我国已经建立了较为完备的社会主义全日制学校教育体系。

改革开放后,农村教育逐渐恢复教育秩序,国家出台了大量促进农村教育发展的政策措施,调整了农村教育布局,逐步普及小学教育,同时恢复原本农村的扫盲措施,相应增加了农村职业教育。

1985 年,中共中央发布了《关于教育体制改革的决定》,提出要实行九年制义务教育,要让地方获得发展基础教育的管理权限并承担相应责任,实行基础教育由地方负责,分级管理。1986 年,这种教育发展方式更加明确化。《中华人民共和国教育法》的颁布,进一步明确了由国务院领导义务教育工作,实行地方负责,分级管理的体制,也明确了教育的经费投入与资金来源,为农村有步骤地实施九年制义务教育奠定了基础,农村基础教育进入了加速发展的时期,发展前景广阔。在此阶段我国农村教育政策的制定逐步围绕农村义务教育、基础教育以及职业教育等多种教育形式来开展,在法律、政策、制度层面努力引导农村教育形成良性发展,逐步顺利完成新旧教育政策的过渡。

自 1994 年实行分税制改革之后,乡镇财力不足,尤其是在经济落后的地区更为困难。随着社会主义市场经济体制的确立,教育政策也逐步适应社会转型需要形成系统化建设,全面落实教育优先发展的战略,在农村进行税费改革之后,农村教育进入新发展轨道,这时期有关农村公共教育服务政策的制定对国家宏观政策总体调整作出了积极的回应,政策数量有所上升、政策内容加以创新,政策越发具有针对性与可实施性。从全面推进义务教育以及加快发展高中阶段教育到要求加强职业教育与发展继续教育,党和政府积极推进农村教育综合改革,始终坚持教育优先发展,促进教育公平,进一步完善农村教育体系。

农村公共教育服务供给最突出的表现为,从 2006 年开始,国家逐步全部免除农村义务教育阶段学生学杂费。全国财政安排农村义务教育经费共计 1 840 亿元,全部免除了西部地区和部分中部地区农村义务教育阶段 5 200 万名学生学杂费,为 3 730 万名贫困家庭学生免费提供教科书,对 780 万名寄宿生补助了生活费。社会主义新农村建设时期,农村公共教育服务政策内容上逐步明晰化、多样化,总体发展思路更为全面化、科学化(刘涛,2011)。2007—2010 年,中共中央颁布的关于农村义务教育发展的文件,由浅入深地规划农村义务教育发展方向,从强调巩固农村义务教育普及成果到完善义务教育免费政策和经费保障机制，进而突出要落实好教师培训制度和绩效工资制度，逐步加强农村义务教育的普及以及完善相应保障措施。农业税全面取消之后的农村公共教育服务政策彰显"以人为本"的服务理念，更为关注服务需求者整体素质的发展，强调教育公平公正，推进城乡教育一体化发展（付金萍，2011）。

2. 城乡教育一体化的发展成就

步入 21 世纪以来，我国教育发生了阶段性的变化。第一个变化是在基本普及九年制义务教育、高中教育获得快速发展、高等教育由精英教育迈入大众化阶段后，教育发展的重点由普及转变为提高，由以数量增长为主转变为以质量提升为主。第二个变化是从城乡教育的二元发展转变为城乡教育的一体化发展。随着"两基攻坚"和"义务教育经费保障机制"的落实，我国农村教育获得了巨大发展，城乡教育差距在不断缩小。截至 2007 年，全国"两基"人口覆盖率达到 99％，青壮年文盲率下降到 3.58％，全国 15 岁以上人口平均受教育年限超过 8.5 年，比世界平均水平高 1 年。

我国教育经费呈现出迅猛增长的趋势，国家财政性教育经费不断增加，新增教育经费主要用于农村，使得城乡教育经费的差距不断缩小。伴随着"全面普九"和"两基攻坚"的开展，我国义务教育阶段的入学率在逐年提高。2007 年全国小学学龄儿童的入学率已达 99.5％，初中阶段的毛入学率更是由 1994 年的 73.8％大幅提高到 2007 年的 98％。尽管这里并未显示出城乡入学率的差异，但从全国中小学阶段的入学率已接近 100％这一数字，可以推断在国家全面普及九年制义务教育的背景下，城乡入学率的差异已微乎其微。近年来，我国城乡小学、初中、高中教师合格率大幅提高，虽然城乡之间的差异依然存在，但正在逐渐减小。相对而言，我国城乡之间小学教师和初中教师合格率的差异已经非常小，高中教师合格率的差异也逐步趋于平缓。

近年来，随着各级财政投入农村教育比重的不断增强，农村学校的办学条件有了明显改善，城乡基础教育生均校舍面积、生均图书量等的差异均已不明显。但由于农村教育的办学条件基础差，很多硬件设施如实验室、美术馆、校园网等都是从无到有，尚处起步阶段，因此城乡差距仍比较明显。生均仪器设备值的城乡差距，其中小学阶段城市生均仪器设备值为 667 元/人，而农村生均仪器设备值只有 185 元/人，城市是农村的 3.61 倍，城乡差距最大；初中阶段生均仪器设备值城市为农村的 1.98 倍，高中阶段是 1.9 倍。在体育器械、音乐器械、美术器械、教学实验仪器、校园网等各种教学条件的达标率方面，城乡差距仍然较大，校园网等信息化建设方面的城乡差距尤为明显。近几年来，随着农村义务教育经费保障机制的实施，生均教育经费、生均公用教育经费有了大幅增长，农村的硬件教学条件明显改善，很多农村学校的音乐室、美术室、实验室建设从无到有，且各种教学器械的配置已达到较高的水平。

（三）乡风文明

"三农"问题事关我国现代化建设全局。推进乡风文明建设，繁荣农村文化，可以为农村经济发展提供更深层的发展动力，增强农民的获得感和幸福感。建设社会主义新农村的任务是在党的十六届五中全会上提出的，全会公报上明确阐述我国现代化进程中的重大历史任务就是要进行社会主义新农村建设。2005 年 10 月，党的十六届五中全会提出建设社会主义新农村的重大历史任务，提出了"生产发展、生活宽裕、乡风文明、村容整洁、管理民主"的具体要求。

2006 年颁布《关于推进社会主义新农村建设的若干意见》，为社会主义新农村建设确立了目标任务和政策措施，"农村人口众多是我国的国情，只有发展好农村经济，建设好农民的家园，让农民过上宽裕的生活，才能保障全体人民共享经济社会发展成果，才能不断扩大内需和促进国民经济持续发展。"在中央众多文件和讲话精神的指导下，社会主义新农村建设稳步向前推进。经过了多年的实践，中央进一步把社会主义新农村建设作为战略任务，并且指出："根据党的十七大提出的全面建设小康社会的奋斗目标的新要求和建设生产发展、生活宽裕、乡风文明、村容整洁、管理民主的社会主义新农村要求，到 2020 年，城乡经济社会发展一体化体制机制基本建立，城乡基本公共服务均等化明显推进。"这使得建设社会主义新农村的目标和路径更加具体化和明确化，为农村公共服务供给政策制定提供了切实参考。

自"十一五"规划纲要将乡风文明建设提升到农村发展战略层面以来，党中央先后出台的一系列关于"三农"问题的政策制度都十分重视乡风文明，就其建设做出了系列重要部署，乡风文明程度也取得了长足进步，尤其是党的十八大以来，乡村形象与精神风貌得到较大改观和提升。但相较趋于成熟的城市文明与高速发展的乡村经济，乡村文化仍是制约全面建成小康社会的短板，乡风文明建设仍不够充分协调。为解决乡村经济与社会文化、城市文明与乡村文明之间的不协调不平衡的矛盾，党的十九大提出实施乡村振兴战略，将"产业兴旺、生态宜居、乡风文明、治理有效、生活富裕"作为新时代乡村振兴的总要求之一。中共中央国务院印发的《乡村振兴战略规划（2018—2022年)》也明确指出："乡村振兴，乡风文明是保障。必须坚持物质文明与精神文明一起抓，提升农民精神风貌，培育文明乡风、良好家风、淳朴民风，不断提高乡村社会文明程度。"文化兴盛则乡村活力显现，优秀传统文化、先进社会主义文化的嵌入融合，能使乡风清正文明。

（四）农民幸福感

幸福感是一种心理体验，所以很难将其具体量化。通常用幸福指数作为衡量幸福感的主观指标，其中包括经济状况、健康状况、生活状况以及社会环境等。

1. 经济状况的变迁

新中国成立初期，农民的收入还十分微薄，在 1957 年时农村居民家庭人均纯收入仅有 73 元，其中生活消费支出就高达 70.9 元，几乎占据了农民的全部收入，在那个时候农民是没有多余的钱来满足除却生存以外的其他需求。之后，直到改革开放前，农民收入提高速度一直不快。1978—1985 年，农民收入的年增长率超过了 15%，这主要源于家庭经营收入的快速增长，到 1994 年时，农村居民家庭纯收入首次突破 1 000 元，达到了 1 221 元，恩格尔系数为 58.9。1997 年，随着乡镇企业的不断发展，农民的非农就业机会增加，在农忙过后，很多农民选择就近打工，增加收入，也是在这一年，农民的非农收入首次超过家庭生产经营收入。到了 2017 年时，农村居民人均可支配收入达到了 13 432 元，从居民的消费支出可以发现食品烟酒消费在所有支出中所占比例最高，费用达到了 3 415 元；其次则是居住消费，达到了 2 354 元；人均交通和通信费用支出，人均教育、文化和娱乐消费支出，人均医疗保健消费的支出分别是 1 509 元、1 171 元以及 1 059 元。随着农民收入的增加，他们对于劳动的态度也在不断改变之中，不再像以前那样"无止境"地投入劳动力以增加自己的收入，受城市居民消费观的影响，农民也在不断改变自己的消费观，在闲暇消费的经济上投入增多，更多地注重个体享受和消费满足（袁明宝，2014）。在这 70 年的变迁中，农民的经济水平是在不断提升的，改革开放以前经济水平增长较为缓慢，改革开放以后农民的收入有了很大的增幅。

改革开放以后，我国开始逐步推行家庭承包经营责任制，虽然土地的所有权依然属于集体，但是经营权掌握在农民自己的手中，拥有了更多的自主权，可以自己决定经营方式以及种植作物。包括更加自由、灵活的时间来支配自己的农业生产经营活动，不需要再每次向生产队队长请假，也可以在农闲时间选择去就近的城镇打工，从事非农业生产以增加自己的收入。总而言之，在改革开放后尤其是家庭联产承包责任制开始后，农民可以自主经营、自主分配以及自主消费。多年的改革开放，国家综合国力不断提升，农民的发展以及竞争意识也在不断觉醒。他们意识到想要更加适应这个日益激烈的竞争市场，必须提高自己的综合素质，通过学习新知识以及了解国家最新出台的惠农政策等来扩大自己的经营效益。他们通过电视、手机等各种渠道来了解关于"三农"的最新政策，改变自己的传统观念，有了市场意识、信息意识，意识到科技的重要性，等等。

以住房面积、人均纯收入以及农业总产值这三个典型的经济指标为例，分析农民的经济状况（表 11）。

表 11　1999—2012 年农民住房面积、人均纯收入及农业总产值变动情况

年份	1999	2002	2008	2012
住房面积（平方米/人）	24.2	26.5	32.4	37.1
人均纯收入（元）	2 210.3	2 528.9	4 998.8	8 389.3
农业总产值（亿元）	14 106.20	14 931.50	27 679.94	44 845.72

从表 11 中可以看出，在 1999—2012 年，农村人均住房面积从 24.2 平方米增加到 37.1 平方米，每年的平均增长速度约为 3.34%；人均纯收入在这个阶段也从 2 210.3 元增加到 8 389.3 元，年平均增长率高达 10.8%；农业总产值则从 14 106.20 亿元增加到 44 845.72 亿元，年平均增长率为 9.3%。住房是影响农民幸福感的一个重要因素，因为住房可以增加居民的隐私感，住房数量以及住房面积的增加可以在很大程度上提高居民的幸福感（李涛和史宇鹏等，2011）。这一切说明，农民的经济状况在不断改善之中，农业生产总值也在不断增加。这其中的首要原因离不开农村改革，农村家庭承包经营责任制的出现，大大调动了农民的生产积极性，这使得农业生产率有了一个很大的提高；其次农产品价格政策以及各种普惠性"三农"政策的实施，例如农业补贴以及农业税的取消等，这一系列的改变都在不同时期对农民收入的增长做出了很大的贡献。

农民收入的提高以及快速增长也对他们的消费行为产生了一定的影响，农村居民人均消费支出从 2013 年到 2018 年平均每年的增长率超过了 10%，所以随着收入水平的提高，农民也在提高自己的消费水平。表 12 为 2014—2017 年农村居民人均消费支出情况。

表 12 2014—2017 年农村居民人均消费支出变动情况

年份	2014	2015	2016	2017
农村居民人均消费支出（元）	8 382.57	9 222.59	10 129.78	10 954.53
农村居民人均消费支出同比增长（%）	12.0	10.0	9.8	8.1

在消费支出中，食品烟酒所占的比例是比较大的，并且消费金额也是在逐年增长之中。2013 年用于这一部分的支出人均约为 2 554 元，到 2017 年时就增长到了 3 415 元，增长率约为 33.7%；而用于交通和通信的费用也从 2013 年的人均 875 元增加到了 2017 年的 1 509 元，增长率高达 72.4%。这说明随着收入的增长，农民也开始更加关注个体的消费，而消费的增长从很大程度上可以提高农民的个体满足感。

经济因素作为衡量幸福感的重要指标之一，对幸福感有着显著的影响，不论是收入还是消费都是影响农民幸福感的重要因素。从农民的消费结构中可以看出，衣食住行方面，正如前面所提到的在 2017 年时农民的消费支出，他们将"食"排在第一位，花在食品消费方面的支出占了该年总支出的 31.2%，紧随其后的则是"住"，居住消费占了该年总支出的 21.5%，花在交通、教育、文化娱乐支出以及医疗保健支出的费用几乎相同。在可以轻松满足自己的基本生存条件的情况下，农民也开始注重教育、文化和娱乐支出，这一部分支出所占比例约为 10.8%，这代表着受城镇居民的影响，农村居民也开始丰富自己的业余生活，也意识到教育的重要性，不断加大在教育方面的投入。

总而言之，经济状况直接影响着农民的幸福指数，相对收入的增加则可以提高农民的幸福感；当收入增加以后，农民不再只注重自己的基本生存要求，也开始注重自己的个人消费满足感，在文娱活动方面花费了更多的金钱。所以，在新中国成立 70 年的历史进程中，我国农民从只能满足基本生存要求到如今可以提高消费满足感，已经进步了一大步，农民的幸福感在不断提升之中。

2. 人民健康状况不断改善

健康是一个国家长期生存和发展的基本条件。随着经济的不断发展，人民的健康水平在不断提高。我国居民的人均寿命不断提高，在新中国成立初期人均寿命仅有 35 岁，而到了 2017 年，人均寿命已经达到了 77 岁。农村居民的健康状况直接关系着社会的和谐稳定，只有保证了农村居民的健康状态，才能维持农业农村的长期稳定发展。

经济发展是影响农村居民身体健康的一个重要因素，只有发展农村经济才能给予高水平的农村卫生资源条件。在新中国成立初期，农村居民的医疗保障系统较为薄弱，卫生环境条件也不尽如人意，国家还没有过多的资金改善农村居民的生存环境，卫生条件较差，很容易引发各种类型的疾病，而后续医疗条件跟不上，则会导致死亡率升高。而且，那时农民还缺乏健康意识，加之信息不畅、受传统影响，生病了选择一些"偏方"治疗而不是第一时间去看医生，经常错过了最佳治疗期。在国家层面，支持农村医疗的政策和资金有限，所以多种原因造成了新中国成立初期的高死亡率以及人均寿命水平较低。

改革开放后，居民的人均寿命不断增长。1982 年居民的人均寿命为 67.81 岁，其中男性的人均寿命为 66.40 岁，女性的人均寿命为 69.25 岁；到了 2015 年，人均寿命达到了 76.34 岁，其中男性人均寿命为 73.64 岁，女性人均寿命为 79.34 岁。在改革开放后的几十年中，人均寿命增长了 8.53 岁，其中女性的人均寿命增长了 10.09 岁，男性的人均寿命增长了 7.24 岁（图 35）。

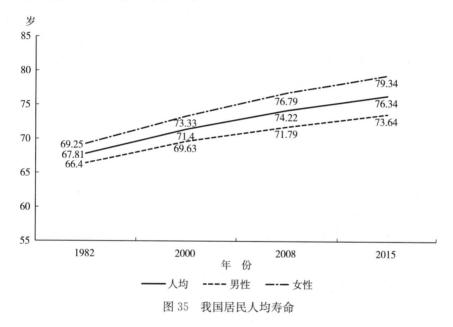

图 35　我国居民人均寿命

孕产妇死亡率以及婴儿死亡率在近 30 年期间不断下降，尤其是城乡居民孕产妇死亡率差距在不断缩小，到 2010 年时，农村居民孕产妇死亡率几乎与城市居民的孕产妇死亡率接近，分别为 30.1/10 万和 29.7/10 万。这说明农村的医疗设施在不断完善之中，与城市医疗体系之间的差距逐步缩小。

婴儿死亡率是指婴儿出生后不满周岁死亡人数同出生人数的比例，它是反映一个国家人民的健康状况的重要指标。新中国成立后 70 年，婴儿死亡率在逐年降低，尤其是农村婴儿死亡率由于基值较大，下降趋势更加明显。1991 年农村婴儿死亡率高达 5.8%，到 2006 年该数值下降到 1.97%，2014 年农村婴儿死亡率下降至 1.07%（黄润龙，2016）。可以发现不论是农村的孕产妇死亡问题还是婴儿死亡问题，都得到了很大改善，这一切都离不开国家对农村的卫生费用的投入。

乡村医生和村卫生所是农村居民生病后的首选，这两者的数量以及质量直接决定着农村居民医疗体系的完善程度。新中国成立初期，我国农村几乎没有什么医疗卫生设施，农民看病是一个很大的问题，各种传染病甚至高烧不退都很有可能造成死亡，导致农村的人均寿命还不足 35 岁。在 1950 年的第一届全国卫生会议上，第一次提出关于农村医疗卫生方面的措施。到后来合作医疗制度开始在全国推广普及，这一制度也逐渐贯彻到农村，农民参加合作医疗制度的比例也从开始的 10% 提高到 1976 年的 90%，虽然农村居民享受到的福利还不多，但是至少解决了无处看病以及无药可吃的情况。在 2005—2010 年，国家不断加大对村卫生所的投入，力求将村卫生所覆盖到每一个乡村，截至 2010 年我国农村的村卫生所的数量已经达到了 648 424 个，保证了 90% 以上的行政村都有乡村卫生所。乡村卫生所的建立也增大了对乡村医生的需求，到 2010 年底我国乡村医生和卫生员的数量达到了 1 091 863 人，平均每个村有乡村医生和卫生员1.68 人。

根据世界卫生组织的要求，卫生资源是衡量一个国家对医疗卫生领域投入的一个重要指标，也是了解一个国家卫生状况的重要途径之一，它要求发展中国家对于卫生领域的投入不得低于 GDP 的 5%，到 2009 年我国已达到世界卫生组织对卫生领域的投入要求。我国对于卫生总费用以及农村居民的卫生投入费用不断增加，政府所负担的农村卫生支出占总卫生支出比例自 2001 年起不断上升，到 2010 年达到了 28.6%。国家不断加大对于农村卫生的投入，减少农村居民的卫生支出费用负担，让农民可以放心就医。

很多农村居民由于担心就医费用，在应该住院的情况下却选择了不住院，只为了节省自己的卫生支出，怕高额的费用家里无法承担。1998 年根据我国卫生服务调查数据显示，我国农村居民中应住院而未住院的比例高达 39%，两周未就诊率在 2003 年时增至 45.8%。为了改善这一情况，2003 年我国开始逐步推行新型农村合作医疗制度，提高了中央和地方财政对于医疗卫生的补助金额，在很大程度上解决了农村居民有病不敢看的问题，在推进新型农村合作医疗制度仅 5 年之后，到 2008 年农民该住院而未住院的比例下降至 24.7%，两周未就诊率也在该年下降至 37.8%（图 36），同年新型农村合

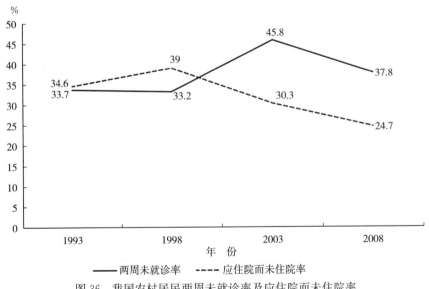

图 36　我国农村居民两周未就诊率及应住院而未住院率

作医疗制度覆盖率达到了 90％以上，到 2010 年新型农村合作医疗制度的参保率达到了96％，受益人次高达 10.87 亿。

新型农村合作医疗制度的普及，推动了我国农村居民对医疗卫生服务的利用率，很大程度改善了农村居民"看病难"以及"看病贵"的情况，解决了就医费这一后顾之忧，从而促进了农村居民健康水平的提高。

农村环境卫生是影响农民健康水平的又一个重要因素，我国一直致力于提高卫生厕所的普及率以及改善农村饮用水安全问题。水是生命的源泉，饮水安全直接与农村居民的身体健康相关联，到 2010 年农村居民饮用自来水的比例达到了 71.2％，卫生厕所的普及率也超过了 65％，大大改善了农村居民的生活环境，也有效减少了农村传染病的发生率。

3. 生活条件的改善

衣食住行是农民生活的基本需要。在新中国刚刚成立的时候，农民的收入大部分都用在基本生存条件的满足，所以在出行方面农村居民可选择的方式也十分单一，除了步行就只能选择畜力作为出行代步工具。新中国成立初期到改革开放之前，畜力车和牲畜是农村居民选择出行的主要交通工具，能够拥有自行车的家庭寥寥无几，汽车离农村居民就更加遥远了。那时候农村的道路以"土路"为主，一到下雨天就泥泞难行。

到了 20 世纪 90 年代，农村居民的出行方式发生了很大的变化，随着收入的不断增加，越来越多的农民为了解决出行问题，选择购买摩托车作为自己的出行工具。与步行、畜力车以及自行车相比，摩托车虽然单价更高，但是却大大减少了农民的出行时间。以前去城镇办事也许来回要花费一天时间，在拥有了摩托车以后，来回时间节约了半天以上，大大提高了农村居民的办事效率，可以把更多的时间投入到农业生产之中。但摩托车由于噪声过大，尾气污染环境等，自 2008 年开始，很多城市出台了限摩禁摩的政策。之后，电动车出现在了农村居民的视野之中。方便的电动车更加受到农村居民的喜爱，并在农村居民中推广开来。

随着全面小康社会建设的推进，农村居民的生活条件不断改善，收入逐年增加，私家车开始出现在农村。到 2016 年农村居民每百户家用汽车拥有量达到 17.4 辆，即平均每 6 户农村居民家庭就有 1 户拥有了小汽车。从步行、畜力车到自行车、摩托车、电动车以及如今的小汽车，在这 70 年来，可以看到农村居民的出行方式发生了翻天覆地的变化。而出行方式的改变，也对农村的道路提出了更高的要求。以前农民出行不仅要面对出行工具的单一，并且在很大程度上也要受天气的影响，晴天出行会带来一身灰尘，而雨天出行不仅道路难行，更会带一身的泥土。所以在 2001—2005 年，国家开启了规模宏大的农村道路建设，力求改变农村的道路环境。到 2005 年时，我国所有乡镇已基本实现全部通路，农民出行的便利性得到了很大的提高，2010 年全国农村公路里程达到了 310 万千米，截至 2018 年全国 99.24％的乡镇以及 98.34％的建制村通上了水泥路，让农村地区的出行问题不再困扰农村居民。

农村公共道路的建设也带动了地区公共交通的发展，到 2018 年底农村地区的客车通车率超过了 90％（仅 2 万个左右的建制村未通客车），这给没有私家车的农村居民带来了极大的便利；另外随着农村道路质量的提高，连接城市、乡镇以及农村地区的公交班车路线也开始增加，公交车班次比以前也有了一定的增多，给农民的生活带来了便捷，并提供了更多的出行机会与选择。与此同时，幼儿园和小学也配置了大量的校车接送孩子上下学，为那些路途遥远但是家长却无法接送孩子的家庭提供了便利，并且也为孩子上学的安全提供了保障，让家长更加放心。

随着农村交通网路的不断优化，农村物流体系也得到了很大的改善。很多农民利用物流将自己家乡的特色农产品通过网络宣传将其卖到全国的各个角落，让农民能够以更加便捷的方式推广、营销自己的产品，提高收入。同时，农民也可以在网上购物，不用担心物品无法送达。实现了足不出户就能买遍全球，逐步缩小与城镇居民的消费结构差异，从而让农民拥有一种购物满足感。

随着硬化路全面覆盖农村，农村地区私家车普及率在不断上升，公共交通路线逐步扩展到乡村地区，农村交通基础设施和服务的完善，也为农村经济的可持续发展提供了更好的保障，使农民生活的富足感和幸福感得到了更好地满足。

4. 社会环境的进步

在实现物质富足之后，社会环境的提升是影响农民幸福感的另一个因素。农村整体的社会环境的改善可以提高农民的幸福感，和谐社会要求人与人之间平等交往，融洽相处，彼此尊重以及信任。这就对农村的整体生活环境有了一个更高的要求，充满生气、人人积极向上的和谐环境才是适宜农村居民生存的地方。一个满是正能量，人人文明礼貌相处，并且对每天的新生活充满希望的农村可以让农民每天更加积极地面对生活。

"乡风文明"表现在各个方面，例如人们的价值观、生活观、消费观以及当地的风土人情等等（夏淼，2011）。农民的文明能显示农村的社会进步，表示农民拥有了一个更加丰富的精神世界，不再单单注重于对物质的需求。

城乡统筹发展不仅仅涉及个人的精神层面，这其中也包含着复杂的社会层面，和谐的社会是属于城乡居民的共同财富，所以农村的社会建设包含了经济、政治、社会、文化、生态等等。在新中国成立以前，农村的社会发展停滞不前，那时候对于农民而言更多的还是解决温饱问题，他们通常会选择与自己有血缘关系的人居住在一起，血脉是连接乡村社会网络的重要纽带，农村的社会秩序也主要靠这些血脉相连的人所制定。

新中国成立之后，除旧立新，通过乡、镇人民政府的建立，搭起了一个相对完整、文明的体系。而那时农民的温饱问题才是政府需要最先解决的，因为农村粮食产量过低，粮食供不应求，农村居民首先需要的是最基本的生存需求得到保证。在改革开放以后，农村的面貌发生了很大的变化，包产到户、包干到户等的实施和推行很快解决了农民的温饱问题。在 1983 年的中央 1 号文件中，对农村的产业结构再次进行调整。以乡、镇政府为媒介，向农民传播了一个更加接近于现代社会的思想，开始接受现代社会的意识形态以及生活方式。农民拥有了更多的自主权，自我判断意识不断觉醒，可以协助政府维护公共秩序以及社会和谐，开始有了自主选择意识，可以对农村建设明确提出自己的需求和相关的建议。

党的十一届三中全会提出不仅要加强物质文明建设，也要重视精神文明建设。在物质文明高速发展的同时，也要开展更加丰富多彩的社会文化生活，建设一个高度文明的精神社会。党的十三届四中全会提出，在继续推进物质文明以及精神文明建设的同时，也要注重政治文明建设。党的十六大提出了和谐社会建设，注重居民的根本需求。在农村社会发展和建设过程中，开始注重农村生态文明建设，提出要保护生态环境，节约能源资源的要求。

在农村社会建设过程中，我国已经取得了初步的成果。一是村民代表会议制度。村民代表会议是从农民的切身利益出发，在本村面临重大决策需要执行的时候所进行的程序。其二就是村务公开制度。不同于以往，这一制度执行之后，但凡关乎农民利益的任何事务的决策，村干部都必须对农民公开，保证了农民的知情权。这两项村民自治的制度最大限度地让农民对于村里的大小事务都有一份参与感以及透明感，拉近了农民与村干部之间的距离，把他们放在一个更加缓和的关系上，有助于村里开展工作以及促进全村的和谐共处。随着公共事务的公开，村干部也会加强工作上的自我管理。同时，农民也有了一种当家作主的感觉，使农村的大小事务、每一项决策都做到了有章法、有成效，这是实现乡风文明的重要途径。提高农民的幸福感，提高农村居民对于生活的满意程度，这对于农村社会的长治久安具有非常重要的意义。

乡风文明建设不是一朝一夕就可以完成的。文明的形成需要历史的积淀，它涵盖了农村居民生活的方方面面。从物质生活、社会生活、政治生活乃至精神生活，只有当社会和谐统一发展到一定的高度，农村乡风文明的建设才能走向成熟。虽然我国的乡风文明建设还有很长的道路要走，但是从现阶段的村民自治制度来看，已经颇见成效，所以在乡风文明建设方面只需要加以耐心，就会越来越好。

5. 总结

农民的幸福感不管是从经济状况、健康状况、生活状况还是社会发展的角度来看，幸福指数在新中国成立后的 70 年间，尤其是改革开放之后有了一个明显的提升。农村经济不断发展，农民收入水平不断提高，早就实现了自给自足，同时消费习惯也在城市居民的影响之下更懂得享受生活。健康状况方面实现了更大的飞跃，人均寿命更是从新中国成立初期的 35 岁提高到了如今的 77 岁，"看病难，看病贵"问题有了很大改善。而从生活状况改善的角度来说，农村居民的出行，在以前大多依靠人力、畜力，而如今很多农村家庭都购买了轿车作为自己的代步工具，解决了他们的出行问题。乡风文明建设在实现物质自足之后不断发展，农民更加注重自己的精神世界，消费观、生活观以及对于事物的判断能力也在不断提高，为实现城乡统筹发展做出了贡献。

四、农村基层民主稳步推进，农民素质显著提高*

新中国成立以后，全国各地实行了土地改革，土豪劣绅的土地被没收，地主阶层逐渐被消灭。"三大改造"完成以后，国家加紧了工业化建设步伐。在制度建设方面，对

---

* 本部分编写人员：李新兴、李雷。

先前"保甲制度"进行成功改造后，依靠政府力量迅速建立起行政组织与经济组织合二为一的人民公社制度，实现了党对政治、经济、社会等各个方面的领导，但由于人民公社制度缺乏必要的激励机制，农村的治理出现一系列不和谐的问题。党的十一届三中全会以后，以包产到户为主要代表形式的家庭联产承包责任制在推动农业生产与发展方面发挥了巨大作用，人民公社制度失去了其存在的基础，全国各地开始"撤社建乡"，恢复乡镇建制，重新确立乡镇政权作为基层政权的地位，农村基层民主发展进入了一个新的时期。

（一）基层民主建设

农村基层民主政治是落实人民当家作主和保证人民群众有序参政的重要制度，同时也是解决"三农"问题的重要保障。农村基层民主政治建设历经70年的探索取得了辉煌的成就，回顾新中国成立70年来农村基层民主建设发展，不仅可以丰富社会主义民主政治建设的经验，而且会更加坚定社会主义新农村基层民主建设、改革、发展之路。

1. 基层民主政治制度建设

中共中央总书记习近平在庆祝中国人民政治协商会议成立65周年大会上指出，人民是否享有民主权利，要看人民是否在选举时有投票的权利，也要看人民在日常政治生活中是否有持续参与的权利；要看人民有没有进行民主选举的权利，也要看人民有没有进行民主决策、民主管理、民主监督的权利。

解放战争以后，以毛泽东同志为代表的中国共产党，在批判和吸收传统文化的基础上，在中国农村逐渐建立起乡级与村级政权并存的政权体制。1954年第一届全国人民代表大会制定并颁布了《各级人民代表大会和地方各级人民委员会组织法》。《各级人民代表大会和地方各级人民委员会组织法》第三十五条规定，"乡、民族乡、镇人民委员会按照需要可以设立民政、治安、武装、生产合作、财粮、文化教育、调解等工作委员会，吸收本级人民代表大会代表和其他适当的人员参加。乡、民族乡、镇人民委员会在需要的时候，可设文书一人。"这也就意味着中国在基层政权中取消了村级行政机构，确立了乡镇政权作为国家基层管理机构的法律地位。1955年国务院公布《关于城乡划分标准的规定》，详细规定了全国乡镇建制的标准，乡镇建制开始调整，至1957年12月，除台湾和西藏的昌都地区外，全国共设立120 753个乡、镇政府，中国基层民主政治制度建设进入一个新的发展阶段。

村级行政管理机构取消以后，使得乡村治理出现制度上的"真空"。伴随着农业合作化运动，原由村级行政管理机构承担的职能逐渐转移至合作社。实际上，农村基层政权发展为"政社合一"的新型政权制度。随着社会主义实践的不断探索，人民公社作为基层政权单位，其制度、职能以及管理等方面日趋完善。在人民公社时期，乡镇政权对农村的管理得到加强，并在一定程度上解决了此前乡镇级建制杂乱、管理无序的状态。人民公社制度在初期对于经济发展起到了推动作用，但发展到后期，其弊端也不断显现，"一大二公""一平二调"导致各个主体之间的矛盾日益尖锐，农业生产受到极大影响。1978年以前，尽管部分地区对该体制进行了有益的探索，但均以失败告终。

党的十一届三中全会以后，中央重新确立了"解放思想，实事求是"的思想路线，安徽小岗村在农业生产实践方面开启了新探索：包产到户。实践证明，以包产到户为主要形式的家庭联产承包责任制有力地推动了农业生产发展，该种生产方式很快得到中央认可并推广至全国。家庭联产承包责任制将劳动者的责、权、利结合起来，生产队与社员之间变成了承包关系，由社员独立经营，自负盈亏。自此人民公社失去了存在的根基，"撤社建乡"席卷开来。家庭联产承包责任制也唤醒了村民民主参政意识。随着农村生产力水平的提高，农民参与农村自我管理、自我服务的意愿日益强烈。广西壮族自治区以及其他地区村民建立的自治组织——村民委员会，成为农村居民参与当家作主的载体。该载体反映了群众的呼声，因此，很快得到了中央认可。1982 年 4 月《中华人民共和国宪法》修正案肯定了建立村民委员会的试点情况，并明确将农村基层组织确定为村民委员会。

1992 年民政部与司法部等部委召开了"章丘会议"，会议总结了"依法建制、以制治村、民主管理"的经验，拓展了村民自治的内容。1994 年，中央召开全国农村组织建设工作会议，明确提出完善村民选举、村规民约、村务公开等制度，进一步完善了村民自治制度的内容与形式（闫夏，2019）。1997 年 10 月，党的十五大将"民主选举、民主决策、民主管理、民主监督"四项民主写入十五大报告。1998 年 11 月 4 日，第九届全国人大常委会第五次会议审议通过了修订后的村民委员会组织法。新的组织法对村民委员会的职能、性质以及其他相关问题做出更加明确的规定，进一步丰富了村民自治制度的内容。

截至目前，全国 31 个省（自治区、直辖市）均已制定和修订了村民委员会组织法选举办法或者实施办法，从而为村民自治提供了更可靠的法律保障。全国 31 个省（自治区、直辖市）按照新的组织法要求，组织进行了新一轮村民委员会换届选举工作，涉及村民委员会数量达到 70 多万个，村民规模将近 6 亿人，选举的规范化、民主化程度大幅提高。资料显示，全国 85％的农村建立了民主决策的村民代表会议、村民会议制度。

实践证明，村民委员会在调解民间纠纷、维护社会秩序、办好公共事务、公益事业等方面都起到很大作用。村民自治制度已经成为中国农村的一项基本的社会管理制度、中国农村工作中的一项基本政策（吕之望、辛贤，2018）。

2. 基层民主法治建设

（1）村务自治的相关法律法规建立健全。村庄民主自治立法起步较晚，但发展速度较快。1949 年 9 月，中国共产党带领各阶层共同制定了《中国人民政治协商会议共同纲领》。《中国人民政治协商会议共同纲领》的颁布在宪法正式出台以前起着临时宪法的作用。1950 年 12 月政务院第 62 次会议通过《乡（行政村）人民代表会议组织通则》和《乡（行政村）人民政府组织通则》，进一步规范了土改后乡级基层政权建设。1951 年中央人民政府委员会第 20 次会议通过《关于召开全国人民代表大会及地方各级人民代表大会的决议》，决议规定，"召开由人民用普选方法产生的乡、县、省（市）各级人民代表大会，并在此基础上接着召开全国人民代表大会。"1952 年 12 月，政务院第 6

次会议通过了《区各界人民代表会议组织通则》、《区人民政府及区公所组织通则》、《乡（行政村）人民代表会议组织通则》和《乡（行政村）人民政府组织通则》，农村基层管理体系更加规范，民主制度进一步完善。

1954 年 9 月第一届全国人民代表大会制定了新中国第一部《宪法》及《各级人民代表大会和地方各级人民委员会组织法》等一系列关于新中国农村治理法律，开启了新中国农村治理的新模式，同时伴随着农业合作化运动的加深，基层农村呈现出生产与管理相统一的新局面。随着人民公社的不断探索，人民公社作为社会主义在农村的基层单位逐步确立，其作为政权机构以及集体经济组织的职能也日趋完善。

人民公社成立早期对于维护基层民主、化解基层矛盾发挥了重要作用，但随着时间的推移，基层民主存在矛盾不断增多的状况。为解决人民公社体制各类矛盾，并增强农民的劳动积极性，1961 年 3 月，中共中央制定了《农村人民公社工作条例（草案）》，提出公社规模不能过大，明确了人民公社各个机构在资金、物资、农具、设备、林木、牲畜等方面的利益边界。

1966 年，中国进入"文革"阶段。"文革"开始后，旧有的社会秩序受到了严重冲击，各级社会组织几乎瘫痪。1976 年，"文革"结束，中国农村基层政治建设重新回归正确的轨道上。

1980 年，广西壮族自治区宜州市何寨村村民通过自发组织选举的方式，诞生了中国第一个村民委员会，村民委员会以《村规民约》和《封山公约》管理村务工作取得了良好的效果，并很快得到其他地区的效仿。1982 年《宪法》确立了村民委员会作为农村基层群众性自治组织的法律地位以及产生方式。1987 年 11 月，第六届全国人大常委会审议通过《村民委员会组织法（试行）》，对村民委员会的职责、产生方式、组织结构、工作方式、权力和组织形式等进行了规定，自此，以村民委员会为主要代表形式的村民自治成为中国的一项基本的政治制度。1990 年，民政部与中央组织部等部委联合发布《关于在全国农村开展村民自治示范活动的通知》，总结了村级组织建设方面的发展经验。1994 年 2 月，民政部发布了《全国农村村民自治示范活动指导纲要（试行）》，对村民自治示范活动的目标、任务、指导方针、具体措施等做出全面的规定，村民自治进入了民主化、规范化、法制化全面发展的阶段（李亚冬，2019）。

1998 年中共中央办公厅、国务院办公厅发布《关于在农村普遍实行村务公开和民主管理制度的通知》，以"民主选举、民主决策、民主管理、民主监督"为主要内容的村民自治机制逐步走向规范化、程序化。同年 11 月，中央颁布了中国历史上第一部《村民委员会组织法》。该法规定："村民委员会是村民自我管理、自我教育、自我服务的基层群众性组织""村民委员会主任、副主任和委员，由村民直接选举产生"。在一系列制度规范下，中国基层民主取得新的成就，1998 年年底中国村民的参选率平均达到80％以上，村民自治水平迈上了新台阶。

2002 年与 2004 年，中央先后颁布并实施了《关于进一步做好村民委员会换届选举工作的通知》与《关于健全和完善村务公开和民主管理制度的意见》，两个文件明确了村民的推选权、选举权、直接提名权、投票权、罢免权与知情权、决策权、参与权和监督权，村民自治形成了相对完善的权利体系。2010 年 10 月第十一届全国人民代表大会常务委员会第十七次会议修订发布《村民委员会组织法》，第三十二条规定："村应当建立村务监督委员会或者其他形式的村务监督机构""村民委员会成员及其近亲属不得担任村务监督机构成员"，第三十三条规定"民主评议每年至少进行一次，由村务监督机构主持。村民委员会成员连续两次被评议不称职的，其职务终止"。2013 年的中央 1 号文件明确要求，"加强村务监督委员会建设，健全务实管用的村务监督机制"。2015 年 7 月，中共中央办公厅、国务院办公厅印发《关于加强城乡社区协商的意见》，要求地方各级党委和政府要把城乡社区协商工作纳入重要议事日程，农村的协商民主正在加快发展（蒋永甫、周磊，2018；李百超、谢秋山，2019）。

历经 70 年的发展，中国基层民主建设制度不断健全，基层民主法治体系不断完善，基层村务管理事业也日益朝着公正、有序、民主、和谐的方向前进。

（2）村务公开制度日趋完善。村务公开制度发端于人民公社时期。1957 年《中共中央关于民主办社几点事项的通知》提出，"农业合作社要按时公开财政收支……而不能由少数干部独揽支配的大权，以便避免各种营私舞弊的行为，保证社干部的廉洁，消除社员对于财政问题的疑虑。"《农村人民公社条例（修正草案）》规定，"财务必须公开，要定期向社员代表大会报告财务工作""生产队必须建立和健全财务管理制度，一切财务必须公开，定期公布账目"。早期的财务公开为后续的村务公开奠定了基础（杨雄，2018）。

家庭联产承包责任制实施以后，政社合一的人民公社趋于解体，依赖民主选举产生的村民委员会逐渐走上农村政治舞台，但在早期，村务公开的内容主要是农民群众普遍关心的农业生产和村庄规划等问题，整体而言，村务公开的内容相对单一。20 世纪八九十年代以后，村务公开制度逐步走向规范化。1990 年民政部《关于在全国农村开展村民自治示范活动的通知》以及《关于印发全国农村村民自治示范活动指导纲要（试行）的通知》，要求将村务公开作为村民自治示范活动的重要内容和验收标准。1997 年民政部发布《关于进一步建立健全村务公开制度，深化农村村民自治工作的通知》，第一次以文件的形式要求全国农村实行村务公开制度。在各级政府的推动下，村务公开制度快速推行。1998 年中央下发《中共中央办公厅　国务院办公厅关于在农村普遍实行村务公开和民主管理制度的通知》，各地普遍建立了村务公开制度。2002 年，党的十六大召开，各地进一步强化了村务公开的力度，村务公开事务取得明显成效。

各地农村坚持实际、实用、实效的原则，不断拓展村务公开的形式，广播、电视、网络、"明白纸"、民主听证会等成为农村居民了解、参与村庄管理的重要渠道。各地在推行村务公开的过程中，始终将实现好、维护好、发展好广大农民群众的根本利益作为工作的出发点和落脚点。

据财经信息网数据显示，2016 年有关农民财务负担问题的财务公开已经由 2013 年的 45% 上升至 2016 年的 72%；计生指标信息由 2013 年的 62% 上升至 88%；电费收缴信息由 2013 年的 25% 上升至 2016 年的 48%；宅基地审批由 2013 年的 32% 上升至

62%；与村务公开密切相关的村民代表会议制度、理财制度、议事制度和检查监督制度等正逐步创新与完善，"会议研究—协商通过—公开发布"已经成为村务公开的基本流程和操作规范。此外，村民自治组织依据国家法律法规、政策要求，除继续公开法定公开事务以外，根据发展改革的需要，拓展了村务公开的内容，村民在有效地了解村务的同时，实现了对村务的有效监督。

（3）"一事一议"制度成为基层民主政治建设的重要组成部分。"一事一议"制度的诞生与农村税费改革密切相关。"一事一议"制度即在村民自愿平等的条件下，按照流程，以劳动力或者出资等方式，对农村的田地、道路、水利设施、退耕还林等进行整治，其主要目的就是通过对农村公共产品供给的调整，解决农村的基本问题，推动农村的发展。"一事一议"制度遵循"量力而行、群众受益、民主决策、上限控制、使用公开"的原则。由于该制度的科学性、合理性得到广大农民群众的认可，2000 年中央将该制度推广至全国（娄俊杰，2019）。

2008 年，中央开始在部分省市开展村级公益事业建设"一事一议"财政奖补试点，鉴于试点取得的效果良好，后续的试点范围不断扩大，2011 年推广至全国。除扩大"一事一议"实施地区以外，中央对"一事一议"的奖补力度也不断增加，据估算，2008—2013 年全国各级财政累计投入奖补资金 2 391 亿元，其中，中央财政投入 732 亿元，带动村级公益事业建设总投资 5 000 多亿元。2015 年，各级财政安排"一事一议"资金规模达到 500 亿元，村庄管理奖补力度进一步加强。

"一事一议"制度的推行，提高了农村居民参与村内事务管理的意识，深化了村民自我管理、自我服务的水平，在经济上、社会综合效益上取得了明显的成效，更好地体现"实现好、维护好、发展好"广大人民群众的利益。

3. 村庄内部组织机构与基层党组织建设

（1）村庄内部组织蓬勃发展。村民委员会、村民小组是农村的群众自治组织，它们在基层民主政治生活中发挥着重要作用。

村民委员会是农村基层群众性自治组织。家庭联产承包责任制实施以后，人民公社解体，原隶属于人民公社职责的公共事务以及公益事业管理出现混乱状态。1980年广西村民自发创立的村民委员会开始探索并引起重视，1982 年宪法确立了村民委员会"基层群众自治组织"的法律地位。第六届全国人大常委会通过的《村民委员会组织法（试行）》，标志着以村民委员会为主要形式的村民民主自治由非正规的自发形式向正规的制度安排转变（赵婵，2014）。2002 年，中共中央办公厅、国务院印发《关于进一步做好村民委员会换届选举工作的通知》，文件指出"搞好村民委员会换届选举，实行村民自治，扩大农村基层民主，是党领导亿万农民建设有中国特色社会主义的民主政治的伟大创造"。党的十九大报告中指出，"必须坚持中国特色社会主义发展道路，坚持和完善……基层群众自治制度……保证人民当家作主落实到国家政治生活和社会生活之中"，据统计，截至 2016 年底，全国 27 个省市统一实施、统一指导、统一部署完成了村民委员会的换届选举工作，参选率达到 90% 以上。

村民小组是村民自治内部的一种组织形式，是自治的一个层次。尽管村民小组既非经济组织，也非行政组织，亦无法人资格，但当村民小组代行农村集体经济组织职能活动时，被赋予了农村集体经济组织法人资格，可以依法经营、管理属于村民小组的集体土地和其他财产。

随着经济的发展和社会的进步，大量农民外迁，部分自然村开始消逝，再加上农村精简机构的作用，村民委员会、村民小组的工作业绩在显著提升的同时，村民委员会、村民委员会成员以及村民小组数量呈现明显减少趋势。截至 2017 年底，全国共有基层群众性自治组织 66.1 万个，其中村委会数量为 55.4 万个，全年共有 182 万个村（居）委会完成选举，参与选举的村（居）民登记数量为 2.4 亿人，参与投票的村（居）民数量为 2.1 亿人（图 37）。从数据来看，村民参与政治的意识和觉悟明显提升，乡村政治生活继续朝着有效治理的方向迈进。

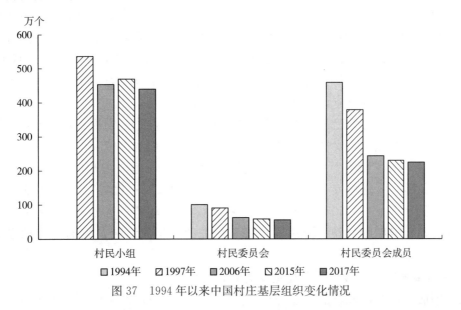

图 37　1994 年以来中国村庄基层组织变化情况

（2）基层党组织和党员队伍日益壮大。党的基层组织是确保党的路线方针政策和决策部署贯彻落实的基础，发展与壮大基层党组织对于建设社会主义新农村、实现中华民族伟大复兴具有重要意义。

新中国成立初期，在党中央的正确领导下，中国基层民主建设有序开展。人民公社制度建立以后，由于政社不分、党政不分、政经不分，党组织作用的发挥受到极大限制，该种现象在"文革"时期尤为突出。

1982 年中国共产党第十二次全国代表大会提出"发展基层社会生活的群众自治"，并在第五次会议上对基层民主制度予以法律上的确认，自此，中国基层民主发展实现新突破。此后，在党中央的正确领导下，中国基层党组织开始不断壮大，基层党员数量不断增多，在经济、社会、文化等各项事业中承担着主心骨和排头兵的角色。

党的十八大以后，以习近平同志为核心的党中央围绕科学执政、民主执政、依法执政，不断深化党的制度建设、组织建设，不断强化民主集中制建设。2016 年底，全国村民委员会中党员数量占比达到 57.78%，村党组织书记和村民委员会主任"一肩挑"在村民委员会主任中的占比达到 34.23%。随着社会主义新农村建设的开展，农村基层党组织进一步发展壮大。2018 年全国农村基层党支部数量达到 128 万个，其中，99%

以上的乡镇和建制村建立起党组织，农村党员数量达到 3 500 万名，农村基层党组织为党的路线方针政策在基层落地提供了有力保障。

（3）农村妇女地位与权益保障日益提高。毛泽东思想认为，政权、族权、神权、夫权四大绳索是束缚中国女子尤其是农村妇女的社会根源；只有消除阶级，广大妇女才能从根本上获得解放；妇女参加社会生产，实现经济独立是实现妇女解放的根本条件；妇女是决定革命胜败的一个力量，妇女能顶半边天；建立健全妇女组织，培养一批能干而专职的妇女干部，充分发挥其引领作用是实现妇女解放的必要条件。在毛泽东思想指导下，新中国成立后，我国农村妇女社会地位有了显著提升。改革开放以后，中国妇女解放运动又迈向新台阶，中共中央在认真总结国内外妇女运动和妇女发展的基础上，明确归纳了马克思主义妇女观，即运用辩证唯物主义和历史唯物主义的世界观、方法论，对妇女社会地位的演变、妇女的社会作用、妇女的社会权利和妇女争取解放的途径等基本问题做出了科学分析和概括。在实践层面，第一次将男女平等上升为中国的基本国策。在新阶段，以习近平同志为核心的党中央，继承和发展了马克思主义妇女观，继续将男女平等作为中国的一项基本国策向前推进（蔡香美，2018）。

妇女参与基层民主政治是妇女社会地位提升的重要标志。农村妇女人数在农村总人数的占比约在半数以上，女性在建设平安乡村、法治乡村的地位和作用越发突出。据统计，2008 年女性在"两委"担任职务的比例约为 20％，而至 2012 年，该比例已经达到 90％左右，村委会主任中女性比例突破 10％，达到 10.7％（2017 年），提前实现《中国妇女发展纲要（2011—2020 年）》发展目标。妇联作为保护妇女、儿童的一个公益组织，在代表与捍卫妇女权益、促进男女平等、维护少年儿童权益方面发挥越发重要的作用。

4. 其他基层民主实践：基层党建助力农村发展

新中国成立至改革开放前，经济基础薄弱，生产力发展水平低下，中国是世界上贫困人口最多的发展中国家之一。以 100 元的贫困标准计算，1978 年中国贫困人口规模达到 2.5 亿，约占全国人口总数的 1/4，占当时农村人口总数的 30.7％。贫困现象的存在是影响社会和谐的重要因素之一，缓解农村贫困，推动贫困地区发展是执政党所必须要解决的一项重要任务。

"村民富不富，关键看支部；村子强不强，要看'领头羊'。"基层党组织在脱贫攻坚任务中身先士卒，积极发挥其在战斗中的堡垒作用。数据显示，尽管中国扶贫标准在不断提高，但中国绝对贫困人口和贫困发生率显著下降，截至 2018 年，中国绝对贫困人口削减至 1 660 万人，贫困发生率下降至 1.7％（表 13）。中国不仅为解决自身的发展问题，同时也为世界脱贫贡献了中国方案。

表 13　中国贫困人口与贫困发生率变化

年份	扶贫标准（元）	绝对贫困人口（万人）	贫困发生率（％）
1978	100	25 000	30.7
1990	300	8 500	9.4
1995	530	6 500	7.1

（续）

年份	扶贫标准（元）	绝对贫困人口（万人）	贫困发生率（%）
2000	625	3 209	3.6
2005	944	6 432	6.8
2010	1 274	2 688	2.8
2015	2 855	5 575	5.7
2018	3 200	1 660	1.7

资料来源：根据中国舆情智库整理，https：//mp. weixin. qq. com/s？_biz=MzA4OTUzNTEwNg%3D%3D&idx=1&mid=2653681440&sn=d28a55f1c077766315858c5ee0608290。

（二）发展农村教育，提升农民素质

"三农"问题的核心是农民问题。解决农民问题，提升农民素质是关键。没有农村劳动力素质的提高，乡村振兴这一伟大战略将很难实现。农村劳动力的素质提升，突破口在教育。新中国成立 70 年来我国农村教育有了长足的发展，取得的成就举世瞩目。70 年的农村教育发展推动了农村劳动力素质的提升，为国家经济发展做出了巨大的贡献。农村的教育发展变化主要分为以下四个阶段。

1. 新中国成立初期的教育成就（1949—1965 年）

（1）确定新中国的教育政策和教育方针。1949 年 9 月 21 日至 30 日，为了筹建中华人民共和国，中国人民政治协商会议在北京召开，会议通过了《中国人民政治协商会议共同纲领》（以下简称《共同纲领》），这一纲领具有临时宪法的作用。《共同纲领》对新中国的文化教育政策进行了明确，"中华人民共和国的教育为新民主主义的，即民族的、科学的、大众的文化教育。人民政府的文化教育工作，应以提高人民文化水平、培养国家建设人才、肃清封建的、买办的、法西斯主义的思想，发展为人民服务的思想为主要任务。"基于《共同纲领》的文化政策，新中国成立初期确立了"教育为工农服务，为生产建设服务"的方针。新中国的文化政策和文化方针的确立，为农村教育的发展指明了方向，也奠定了农村在新中国教育发展中的重要地位。之所以做出如此判断，主要基于新中国成立初期农村人口十分庞大。以 1952 年为例，全国总人口为 57 482 万人，其中农村人口 50 319 万人，占比高达 87.54%。

（2）教育政策促进农村基础教育的发展。农村人口基数大，新中国教育工作重点和难点都在农村。1949 年 12 月第一次全国教育工作会议强调要加强工农大众的文化教育、政治教育、技术教育，要多吸收工农子女，为工农青年打开大门，培养工农出身的知识分子，作为我们国家建设的坚强骨干。新中国的学制改革是新中国成立初期教育政策的重要体现，学制改革保证了农民及其子女能够充分享受基础教育的权利与机会（张乐天等，2016）。1951 年 8 月，政务院发布的《关于改革学制的决定》体现了新中国成立初期国家教育制度的重要变革与创新。学制改革是针对旧中国的学制进行的。旧学制存在多种弊端，主要弊病之一是旧中国农民及其子女很难享有完全初等教育的机会。正是针对原有学制的弊端，新学制建立了幼儿教育、初等教育、中等教育和高等教育四级学校教育系统。在初等教育中设立小学，对儿童进行初等教育。新的学制改革对小学实行五年学业的一贯制，取消初小和高小的两级学业的分段制，便于广大农民子女接受完全的初等教育。新中国的教育政策和学制改革为广大农村子女接受基础教育提供了制度保障。

（3）教育政策推动农村地区文盲的减少。新中国成立初期，为了推动农村居民文盲的大幅减少，提升居民的文化素质，党和政府在全国范围内开展业余教育和扫盲运动。1950 年 12 月，教育部发布了经政务院批准的《关于开展农民业余教育的指示》指出，"有计划、有步骤地开展农民的业余教育，提高农民的文化水平，是当前我国文化建设的重大任务之一。"要求农民业余教育以农闲冬学为主，采用集中与分散学习相结合，同时实施"以民教民"的政策，推动农村业余教育的发展。1956 年 3 月 29 日，中共中央、国务院发布《关于扫除文盲的决定》指出，"在全国范围内积极地有计划地扫除文盲，使广大劳动人民摆脱文盲状态，这是我国文化上的一场大革命，也是国家进行社会主义建设的一项极为重要的政治任务。"要求，从 1956 年开始，必须密切地结合国家的社会主义工业化和农业合作化的发展，在工农群众中大力开展识字教育。要求各地按照当地情况，在 5 年或者 7 年内基本扫除文盲。

为了更好地促进农村居民文化素质提升，推动扫盲工作的进展和义务教育的发展，1959 年 5 月，中共中央、国务院发出了《关于在农村中继续扫除文盲和巩固发展业余教育的通知》规定，"必须继续鼓足干劲，在农村中开展扫盲运动，采取各种切实有效的方法，利用一切有利时机，组织尚未摆脱文盲状态的农民参加识字学习，形成群众的学习高潮。"规定，农村的扫盲工作必须走群众路线，必须和农民的业余教育、和农业生产密切结合起来。为了更好深入贯彻执行中央《通知》精神，1959 年 12 月，教育部召开的全国农村扫除文盲和业余教育工作电话会议，1960 年 1 月，教育部在福建召开的农村扫盲和业余教育工作经验交流会，两次会议都重申了贯彻执行中央扫除文盲的决定，要求各地将扫盲工作坚持开展下去。农村的扫盲工作在党和国家系列教育政策的推动下取得了明显成效。

（4）教育政策引领农村技术人才的培养。20 世纪 50 年代中期，农业中学的创办与发展一方面与农村初等教育的较大发展有关，另一方面也与当时的农业生产需求有关。由于当时的普通初中设置较少，大量的农民子女小学毕业不能升学，他们参加农业生产劳动又缺乏一定的农业生产知识（李庆刚，2002）。鉴于此，农业中学应运而生，成为深受农民群众欢迎的新生事物。据统计，自 1958 年 3 月 8 日第一所农业中学——江苏海安县双楼农业中学创办，至 1960 年 3 月中共中央在北京召开全国农业中学工作会议的两年里，全国共有稳定发展的农业中学 3 万多所，学生 296 万人（钱承军，2010）。这种发源于江苏并推广至全国的新型半农半读中等学校，相比全日制中学的优势在于，农业中学在国家不花钱或少花钱的情况下为农村培养了大批技术人才和管理人员，在解决农民子女升学需求的同时满足其学习科学文化知识的需求，因此农业中学的创办得到广大农民的拥护。1958 年 4 月，《人民日报》发表了《大力发展民办农业中学》的社论。社论指出，"大量发展民办农业中学，对于满足广大农民学习科学文化的强烈要求和小学毕业的升学要求，有重要作用。"半农半读的教育实践为我国后期的职业教育体系的构建与形成积累了经验，起到了积极推动和承上启下的作用。

2. "文革"时期（1966—1976 年）

1966—1976 年，史称"文革"时期。"文革"开始前，农民群众已经成为农村教育，尤其是农村基础教育的办学主体。"文革"开始后，国家进入发展波折期，农村教育体系受到干扰和破坏，这一时期还在艰难地沿袭前一时期的"群众办学"政策。"文革"时期，国家权力机关和政府部门受到各种运动的冲击，失去政策制定和社会管理的职能，因此，这个时期的农村教育政策缺乏科学性和合理性。

"文革"期间，社会动乱，工农业的生产受到极大影响，国家的财政非常困难，没有多余财力投入农村教育。但因自 1958 年人民公社建立后，生产队和公社作为农村地区的基层组织，允许拥有一定的集体提留，也具有一定的社会动员能力，因此社队有能力也有条件举办一些简陋的中小学。"群众办学"政策保证了农村基础教育体系，特别是小学教育体系的普遍建立。在"群众办学"过程中，得益于"民办教师"政策的实施，这一政策让农村地区能够依靠社队的力量，保证农村学校的师资来源，使得"文革"期间，我国大部分农村地区普及了小学教育。

总的看，"文革"期间，一是基础教育的质量明显下降。这一时期，尽管依靠"群众办学"和"民办教师"实现小学教育的普及，但这一时期国家对农村教育的财政投入基本停滞，靠"群众办学"建立起来的民办中小学条件十分简陋，教学质量下降明显。同期的教师素质参差不齐，整体素质明显下滑。这一时期，为解决农村中小学教师短缺的问题，大量任用民办教师，许多文化程度较低的工农兵教师承担起课程教学任务，甚至有文盲半文盲的民办教师存在。"文革"时期对教师队伍的批斗、改造等也影响了农村教学质量的提升。二是职业教育和业余教育基本停滞。新中国成立初期的职业教育和业余教育体系的建立，不仅推进了我国农村的扫盲工作，也为农村培养了一批农业技术人才。"文革"时期，片面追求基础教育特别是小学教育的绝对公平，实现了小学教育的基本普及，但是以牺牲职业教育和业余教育的发展为条件。"文革"期间，对提升农民素质的业余教育和农家子弟小学毕业后的中等教育重视明显不足。这一时期，基本停止了农村业余教育的推进，同时也撤销了以"农业中学"为代表的农村职业教育体系。这一时期的农村教育政策造成我国懂农业生产的人才普遍不足，阻碍了我国农村地区的经济发展。

3. 改革开放后农村教育成就（1977—1999 年）

（1）不断加大农村教育的支持力度，推动农村九年制义务教育发展。改革开放初期，"文革"带来的思想和文化方面的后遗症还很严重，百废待兴。在教育领域，邓小平在 1978 年召开的"全国科学大会"上指出："四个现代化，关键是科学技术现代化""科学技术人才的培养，基础在教育"。1977 年高考制度的恢复，重新确立了选拔人才的公平竞争原则，调动了亿万青年学习知识的积极性，整个教育界重新焕发了生机和活力，尊重知识、尊重人才的现代化理念被纳入制度化的轨道并为全社会所接受。1978年，教育部重新颁发了《全日制小学暂行工作条例（试行草案）》《全日制中学暂行工作条例（草案）》，全面恢复"文革"前的教育体制，确定了中小学的基本学制和课程设置，使基础教育迅速摆脱混乱局面，重新回到正常发展的轨道。1985 年 5 月，中共中央颁布《关于教育体制改革的决定》，提出，实行九年制义务教育是关系民族素质提高和国家兴旺发达的一件大事，必须积极、有步骤地予以实施。由于我国幅员辽阔，各地可依据地方经济文化水平情况，因地制宜，开展九年制义务教育。1999 年底，全国普及九年义务教育的人口覆盖率达到 80%，"普九"验收的县（市、区）总数达到 2 430 个（含其他县级行政区划单位 145 个），9 个省市已按要求实现"普九"。九年制义务教育的实施推动农村基础教育的发展，取得了显著的成绩。

（2）教师队伍建设持续加强，教师素质明显提高。教育要发展，教师队伍建设是根本。1977—1999 年 20 余年间，得益于我国师范教育的发展，农村教师队伍建设明显加强。"文革"前的 1965 年，我国中等师范学校仅有 394 所，在校生为 15.5 万人。"文革"结束，我国的师范教育重新步入正轨。1977 年恢复高考，1978 年师范学校猛增至 1 046 所，学生人数达 35.99 万。20 余年间，我国中等师范学校稳步发展，在校生数量持续上升，到 1995 年，我国中等师范教育的在校生数量已达到 89.6 万人（张乐天等，2016）。中等师范教育的发展，为推进农村义务教育的发展提供了合格的教师。

针对民办教师，国家通过"民转公"考核和再培训将符合条件的民办教师转变公办教师，对于不符合条件的民办教师，国家也进行其他岗位的妥善安排。这一政策的实施稳定了农村教师队伍，为农村基础教育奠定了良好的基础。

（3）扫盲工作和成人教育稳步推动，农民素质持续提升。改革开放初期，我国农村地区的扫盲工作以群众自愿为主（邢秀兰，2011）。1978 年 11 月，国务院发布《关于扫除文盲的指示》，要求各地恢复和健全工农教育机构，开展扫盲教育。1979 年 11 月和 1981 年 2 月，全国农民教育工作会议和全国民族教育工作会议相继召开，部署了对农村及少数民族扫盲教育工作。《指示》及后续的文件、会议精神为该时期的扫盲工作提供目标和方向。进入 80 年代后期，扫盲工作进入正轨。1988 年 2 月，国务院发布了《扫除文盲工作条例》，对扫盲工作、脱盲标准和扫盲形式进行了新的明确，对扫盲的组织领导、经费保障和验收制度提出新的要求。

《中国教育年鉴》统计数据显示，至 1999 年，"全国青壮年文盲人数下降到 3 000 万以下，青壮年非文盲率提高到 94.5%。截至 1999 年底，一、二类地区的 24 个省（自治区、直辖市）通过了教育部的抽查评估，按期实现了基本扫除青壮年文盲的目标，人口覆盖率达到 85%。"

4. 21 世纪以来的农村教育（2000 年至今）

进入 21 世纪，我国为加强农村教育出台了一系列重要政策，为农村教育的稳步发展提供了机制保障。这些政策的实施，推动农村教育的发展取得了明显成效。

（1）建立综合保障机制，全面普及农村九年制义务教育。我国农村人口基数庞大，农村义务教育的发展关系国家的长治久安，在国家教育发展中具有举足轻重的地位。21 世纪以来，我国多措并举推动农村九年制义务教育的高质量发展。

①理顺农村义务教育管理体制，保障义务教育经费投入。2001 年 5 月，国务院颁布《关于基础教育改革与发展的决定》，重新确立了"实行在国务院领导下，由地方政府负责、分级管理、以县为主"的义务教育体制。为确保新的义务教育体制的全面运行，国务院于 2002 年 4 月发布《关于完善农村义务教育管理体制的通知》，就农

村义务教育管理体制有关问题进行了详细说明，细化了各级政府的具体职责。2003年 9 月，国务院发布《关于进一步加强农村教育工作的决定》，指出"农村教育在全面建设小康社会中具有基础性、先导性、全局性的重要作用。"2005 年 12 月，国务院专门发布了《关于深化农村义务教育经费保障机制改革的通知》，要求将农村义务教育全面纳入公共财政保障范围，建立中央和地方分项目按比例分担的农村义务教育经费保障机制。其主要内容是：全部免除农村义务教育阶段学生学杂费，对贫困家庭学生免费提供教科书并补助寄宿生生活费；提高农村义务教育阶段中小学公用经费保障水平；建立农村义务教育阶段中小学校舍维修改造的长效机制。2006 年 6 月、2015 年 4 月和2018 年 12 月，《中华人民共和国义务教育法》经历了三次修订，修订的《义务教育法》将农村义务教育经费保障机制的政策法律化，明确规定"实施义务教育，不收学费、杂费""国家将义务教育全面纳入财政保障范围，义务教育经费由国务院和地方各级人民政府依照本法规定予以保障"。修订的《义务教育法》为农村的义务教育提供经费和法律保障。

②保障农村流动人口的受教育权利，推动流动儿童平等接受教育。21 世纪以来，随着工业化和城市化的发展，农村居民大量进城务工，许多农村儿童跟随父母进城以后，面临无法接受公平教育的问题（范先佐等，2018）。为解决农村进城务工子女义务教育问题，2003 年 9 月，教育部、中央编办、公安部、发展改革委、财政部、劳动保障部等多部门联合发布《关于进一步做好进城务工就业农民子女义务教育工作的意见》，明确规定：进城务工就业农民流入地政府负责进城务工就业农民子女接受义务教育工作，以全日制公办中小学为主，充分发挥全日制公办中小学的接收主渠道作用。21 世纪以来经过三轮修订的《义务教育法》，为保障农村流动儿童平等接受义务教育提供了法律基础。新修订的《义务教育法》要求"父母或者其他法定监护人在非户籍所在地工作或者居住的适龄儿童、少年，在其父母或者其他法定监护人工作或者居住地接受义务教育的，当地人民政府应当为其提供平等接受义务教育的条件"。

③持续加强义务教育阶段教师队伍建设，重点保障农村、民族地区师资队伍。21世纪以来，为了促进城乡教育公平，国家持续加强农村义务教育阶段教师队伍建设。修订的《义务教育法》要求"各级人民政府保障教师工资福利和社会保险待遇，改善教师工作和生活条件；完善农村教师工资经费保障机制。教师的平均工资水平应当不低于当地公务员的平均工资水平。特殊教育教师享有特殊岗位补助津贴。在民族地区和边远贫困地区工作的教师享有贫困地区补助津贴"。同时指出"国务院和地方各级人民政府鼓励和支持城市学校教师和高等学校毕业生到农村地区、民族地区从事义务教育工作。国家鼓励高等学校毕业生以志愿者的方式到农村地区、民族地区缺乏教师的学校任教。县级人民政府教育行政部门依法认定其教师资格，其任教时间计入工龄。"为提高农村地区中小学教师素质，国家在部分院校试行免费师范生政策，为农村地区定向培育新型合格教师。教育部通过探索"农村教师特设岗位计划"和"农村学校教育硕士师资培训计划"等举措为农村义务阶段教育提供优质师资力量。

（2）加强学前教育和高中教育，缩小城乡教育差距。

①加强学前教育发展，缩小城乡教育差距。21 世纪以来，农村学前教育薄弱的情

况引起了国家的高度重视。国家出台了相关政策支持农村学前教育发展（魏峰，2018）。2001年5月，国务院发布《中国儿童发展纲要（2001—2010年）》，提出"适龄儿童基本能接受学前教育"发展目标，具体要求"大中城市和经济发展地区适龄儿童基本能接受学前3年教育，农村儿童学前1年受教育率有较大提高"。2011年，在总结前一个十年的儿童学前教育发展经验的基础上，国务院发布《中国儿童发展纲要（2011—2020年)》，提出"基本普及学前教育。学前三年毛入园率达到70%，学前一年毛入园率达到95%；增加城市公办幼儿园数量，农村每个乡镇建立并办好公办中心幼儿园和村幼儿园"的发展目标。2015年，全国学前三年毛入园率为75%，超过《纲要》目标5个百分点。全国城市公办幼儿园1.7万所，农村公办幼儿园6.1万所，分别比2010年增长74%和57%。

②加强高中阶段教育发展，推动普通高中和职业高中协调发展。21世纪以来，我国农村地区已基本普及九年制义务教育。在农村基本义务教育的基础上，国家开始将工作重心向推进农村地区高中阶段教育转移，推动农村普通高中和职业高中协调发展。2001年7月，教育部发布《全国教育事业第十个五年计划》，其中明确提出"扩大各种形式的高中阶段教育，有步骤地在大中城市和经济发达地区普及高中阶段教育，支持已经普及九年义务教育的中西部农村地区发展高中阶段教育。"党的十八届五中全会提出，"普及高中阶段教育"。这是未来五年教育改革助推我国迈进人力资源强国的一项重要战略部署，也是继"普九"后，我国在更高基础上的又一个教育普及目标。针对随迁子女的高中阶段教育需求，国家也出台相关政策保障其受教育的权利。2012年8月，为进一步做好随迁子女的升学考试工作，教育部、发展改革委、公安部、人力资源社会保障部《关于做好进城务工人员随迁子女接受义务教育后在当地参加升学考试工作的意见》指出，"统筹做好随迁子女和流入地学生升学考试工作。对符合在当地参加升学考试条件的随迁子女净流入数量较大的省份，教育部、发展改革委采取适当增加高校招生计划等措施，保障当地高考录取比例不因符合条件的随迁子女参加当地高考而受到影响。对不符合在流入地参加升学考试条件的随迁子女，流出地和流入地要积极配合，做好政策衔接，保障考生能够回流出地参加升学考试；经流出地和流入地协商，有条件的流入地可提供借考服务"。

（3）推进职业教育和成人教育，提升农民文化素质。

①确认职业教育和成人教育地位，提升农民文化素质。职业教育和成人教育是农村教育体系的重要补充，也是提升农民素质和培养新型农民的重要抓手。农村职业教育和成人教育的发展对我国乡村振兴和城镇化的发展具有非常重要的促进作用。21世纪以来，我国出台一系列政策鼓励和规范农村职业教育和成人教育的发展。如2003年的《决定》确定了农村职业教育和成人教育的发展目标，强调农村教改要"坚持为'三农'服务的方向，大力发展职业教育和成人教育"，为社会主义新农村建设服务，为促进农村劳动力转移和提升农民素质服务。

②丰富职业教育和成人教育发展模式，培养各行业高技能人才。21世纪以来，为了适应农业结构调整和农业农村现代化需要，国家通过系列政策培训现代农业人才。采用现场技能培训和网上教育培训相结合，为农业产业化和农业现代化培训高技能人才

（张祺午等，2018）。同时开展农村劳动力转移培训，为第二产业和第三产业提供高素质人才。农村劳动力转移培训是 21 世纪加强职业教育和成人教育的重要内容，也是促进农民收入倍增的重要举措。为进一步丰富职业教育培养体系，国家出台相关政策鼓励民办教育的发展，探索多元化的职业教育和成人教育办学模式。

五、农民收入稳步增长，脱贫攻坚成效凸显[*]

（一）农民收入

新中国成立 70 年以来，农民的收入出现了显著的增长，农民的生活水平得到了巨大的提高，实现了从贫穷到总体宽裕的历史性跨越。2018 年，按当年价格计算，我国农民的人均纯收入达到了 14 617.0 元，剔除通货膨胀因素的影响，70 年间我国农民的纯收入增长了 39 倍，年均实际增长率为 5.5%。然而，70 年间我国农民收入的增长并非一帆风顺，在不同的历史时期，农民收入的增长速度存在差异。总体来看，新中国成立到改革开放前，农民收入的增长相对缓慢，30 年间仅仅增长了 1 倍多，年均实际增长率仅为 3.9%。而改革开放后，我国农民的收入取得了持续快速的增长，40 年的时间，农民纯收入实际增长了 19 倍，年均增长率达到了 7.7%，比改革开放前农民收入的增长快了近 1 倍。

尽管我国农民收入增长取得了历史性的成就，但从国际比较来看，我国农民收入仍然是低水平的，我国农民收入持续稳定增长任重而道远。与城镇居民的收入相比，我国农民的收入和生活水平要远远落后，城乡居民收入差距仍然处于高位徘徊的状态，城乡居民收入比持续下降的趋势不断弱化。当前，我国社会最大的不平衡仍然是城乡发展不平衡，最大的不充分仍然是农村发展不充分。

党的十九大提出乡村振兴战略。乡村振兴战略最核心的任务是保持农民收入持续、稳定、绿色增长，不断缩小城乡收入差距。只有解决好农民增收的可持续性问题，不断缩小城乡居民收入差距，才能形成城乡经济社会一体化发展格局，才能实现全体人民共同富裕的宏伟目标。

1. 1978 年前我国农民收入的增长

从 1949 年新中国成立到改革开放前的 1978 年的 30 年间，我国农民收入取得了一定的增长。1949 年我国农民的人均纯收入仅为 43.8 元，到 1978 年这一数字增长到 133.6 元，30 年间名义收入增长了近 2 倍，平均每年的增长速度为 3.9%。而考虑到通货膨胀的因素，按可比价格计算，1949—1978 年我国农民的收入仅增长了 1 倍，平均每年的实际增长率仅为 2.5%，农民收入处于长期的低水平增长。

从每个时期来看，1949—1956 年，农民的人均纯收入从 43.8 元增长到 72.9 元，名义收入 7 年间增长了 66.4%，平均每年的增长率为 7.5%。1956 年，全国的粮食总产量达到了 19 274.5 万吨，较 1949 年增长了 7 956.5 万吨，平均每年增长 7.9%。该阶段农民收入的增长主要在于：新中国成立初期的相对稳定的社会环境和农村土地

---

　　[*] 本部分编写人员：王宏磊、白增博。

改革激发了农民的生产积极性，提高了农民的家庭收入；此外，第一个五年计划的实行和社会主义工业化的推进，吸纳了部分农民从事非农就业，提高了农民的工资性收入。

1957—1960年，农民的纯收入出现了下滑。该阶段我国在农村逐步建立起人民公社制度，采取集体经营的方式，受三年自然灾害的影响，全国的粮食总产量从1956年的19 274.5万吨下降到1960年的14 384.5万吨，下降幅度高达25.4%，受此影响农民的纯收入大幅减少。与此同时，该阶段中苏关系恶化，苏联撤销了大部分对华援助，使得我国的社会主义工业化遭受了巨大的打击，农民的工资性收入有所减少。

1961—1965年，农民收入的增长得到了一定的恢复。在经历前一阶段的经济滑坡后，党和国家对政策进行了调整，到1962年，农民的纯收入达到了99.1元，较1956年有了较大的增长。1965年，农民纯收入为107.2元，较1962年增长了8.1元，农民收入有了较快增长。农村正常秩序的恢复、生产关系的调整是该阶段农民收入增长的主要原因。1965年，全国粮食总产量为19 452.5万吨，基本恢复到1956年的产量水平。

1966—1978年，农民收入的增长处于徘徊阶段。1978年我国的农民纯收入为133.6元，较1965年增长了25%，名义收入年均增长率仅为1.7%，远低于上一阶段的增长水平。农民收入的长期停滞主要有两个原因：一方面，"文革"和"大锅饭"的人民公社体制，抑制了农民的生产积极性，导致农民农业经营收入增长缓慢；另一方面，通过劳动积累建设了大量基本农田、水利等基础设施，并通过组织农业现代化活动增加了良种、化肥和农药等现代生产要素的投入，粮食产量实现了一定的增长。1978年，我国的粮食产量为30 476.5万吨，比1965年增加了57%。

收入的缓慢增长导致新中国成立到改革开放前，我国农民的消费水平增长相对缓慢。如表14所示，1952—1978年，我国农村居民的名义消费水平从65元增加到138元，26年间增长了1.1倍，平均年增长率为2.9%。若剔除通货膨胀的影响，1978年农村居民的实际消费水平比1952年增长了57.6%，比城镇居民消费水平的实际增长低了60%，26年间农村实际消费水平的年均增长率为1.8%（表14）。

表14 1949—1978年城乡居民消费水平

年份	绝对数（元）			指数（1952＝100）		
	全国居民	农村居民	城镇居民	全国居民	农村居民	城镇居民
1952	80	65	154	100.0	100.0	100.0
1953	91	72	188	107.5	102.8	115.1
1954	92	73	191	108.1	104.0	115.9
1955	99	80	198	115.5	113.1	120.2
1956	104	81	212	121.3	114.6	128.6
1957	108	82	222	124.5	116.8	131.7
1958	111	86	212	126.5	119.8	126.2

（续）

年份	绝对数（元）			指数（1952＝100）		
	全国居民	农村居民	城镇居民	全国居民	农村居民	城镇居民
1959	104	70	224	116.0	96.8	127.2
1960	111	73	236	109.9	92.4	113.7
1961	124	87	248	103.0	93.6	99.1
1962	126	93	248	106.8	100.1	101.9
1963	124	94	240	116.8	107.6	118.5
1964	127	99	253	123.4	113.8	131.9
1965	133	104	259	135.4	125.2	144.2
1966	139	111	262	139.6	130.3	146.5
1967	143	115	268	144.2	135.8	150.0
1968	139	111	266	139.6	130.2	148.7
1969	142	113	272	143.4	134.2	153.0
1970	147	119	281	149.1	140.6	158.3
1971	150	121	287	151.1	142.3	161.8
1972	155	121	315	155.3	141.9	177.0
1973	162	128	325	162.6	149.5	182.9
1974	163	128	334	162.4	148.2	186.9
1975	167	130	349	166.0	150.4	194.2
1976	171	131	365	169.5	151.4	203.1
1977	175	130	390	171.7	151.1	210.6
1978	184	138	405	178.7	157.6	217.6

2. 1978 年后我国农民收入的增长

虽然新中国成立到改革开放前，我国的物价相对稳定，收入的分配相对公平，但我国农民人均收入的增长却相对有限，农民的收入和生活水平的提高相对缓慢。经历了改革开放前 30 年农民收入的缓慢增长，我国农民的收入仍处于较低水平，且与城镇居民的收入差距明显。改革开放 40 年来，我国农村居民家庭的人均收入取得持续快速的增长，增长速度明显快于新中国成立的前 30 年，农民的生活水平和生活质量得到了极大的提高，农民收入的来源也发生了根本性的变化。

首先，农民收入大幅度提高。1978 年，我国农村居民家庭人均纯收入为 133.6 元，到 2018 年这一数字达到了 14 617.03 元①，是 1978 年的 109.4 倍，名义收入年均增长率达到了 12.5%；剔除物价因素，按 1978 年可比价格计算，2018 年我国农村居民家庭

---

① 2012 年之前的农民收入为农民纯收入，2013—2015 年数据根据城乡一体化住户收支与生活状况调查数据按可比口径推算获得，2015 年之后不再统计农民纯收入，农民收入由农村居民可支配收入代替。

人均纯收入是 1978 年的 19.4 倍，农民收入的人均实际增长率为 7.7%，远高于改革开放前农民收入的增长速度。

其次，随着收入水平的不断提高，农民的生活水平也得到了极大的改善，恩格尔系数大幅度下降。1978 年我国农村居民家庭的消费支出为 138 元，到 2017 年农民人均消费支出达到了 13 062 元，是 1978 年的 94.65 倍，平均每年增长率达到了 12.4%。而按 1978 年可比价格计算，2017 年农民人均实际消费支出比 1978 年增加了 13.74 倍，年均增长率也达到了 7.1%。1978—2017 年，农村居民的恩格尔系数从 67.7% 下降到 31.2%，平均每年下降 0.9 个百分点，农民的生活水平已从改革开放初期的贫困转变为整体上宽裕的状态。

虽然改革开放以后整体上我国农民的收入实现了快速持续的增长，但各个时期农民收入的增长速度有所不同，具有各自的鲜明特征。

（1）农民收入高速增长阶段（1978—1984 年）。改革开放初期的 1978—1984 年，我国农民的收入出现了快速增长。如表 15 所示，1978 年，我国农村家庭的人均纯收入为 133.6 元，而到 1984 年，农民的纯收入达到了 355.3 元，7 年间增长了 1.7 倍，年均增长 18%；剔除物价因素影响（采用 1978 年不变价），1978—1984 年，农民人均纯收入的实际增长也达到了 1.5 倍，年均增长 16.5%。而同一时期，城镇居民的人均可支配收入由 343.4 元增加到 652.1 元，增长了 90.0%，其增长速度要明显低于农民收入的增长，城镇居民人均可支配收入与农民人均纯收入的比值，从 1978 年的 2.57 下降到 1984 年的 1.84，这是新中国成立以来首次出现城乡缩小的时期。此外，1978—1984 年，得益于农民收入的增加，虽然农村居民的恩格尔系数仍然较高，但出现了大幅的下降，从 67.7% 下降到 59.2%，降低了 8.5 个百分点（表 15）。

表 15　1978—1984 年全国城乡居民家庭人均收支情况

年份	城镇居民家庭平均每人			农村居民家庭平均每人		
	可支配收入（元）	可支配收入指数（1978＝100）	恩格尔系数（%）	纯收入（元）	纯收入指数（1978＝100）	恩格尔系数（%）
1978	343.4	100.0	57.5	133.6	100.0	67.7
1979	405.0	115.7	—	160.2	119.2	64.0
1980	477.6	127.0	56.9	191.3	139.0	61.8
1981	500.4	129.9	56.7	223.4	160.4	59.9
1982	535.3	136.3	58.7	270.1	192.3	60.7
1983	564.6	141.5	59.2	309.8	219.6	59.4
1984	652.1	158.7	58.0	355.3	249.5	59.2

资料来源：《新中国六十年农业统计资料汇编》，其中，收入的绝对值按当期价格计算，收入指数按可比价格计算。

该阶段农民收入高速增长的原因是多方面的。首先，1978 年党的十一届三中全会确立了以经济建设为中心的方针，此后国家逐渐废除了农村地区人民公社的集体经营制度，将集体的土地分给农民进行经营，普遍实行家庭承包经营责任制。家庭承包经营责任制的实行，给予农民对农业剩余的索取权。制度的改革极大地促进了农民的生产积极性的提高、农业生产要素投入的增加和生产效率的提高，我国农产品的产量大幅增长。1978—1984 年，我国粮、棉、油料的总产量分别增加了 33.6％、188.8％和 128.2％。粮食总产量从 1978 年的 30 476.5 万吨增加到 1984 年的 40 730.5 万吨，6 年间增长了 33.6％，我国人民的温饱问题总体上得到了解决。其次，政府连续几年提高了粮食等农副产品的价格。从 1979 年夏粮上市起，小麦、稻谷和玉米等 6 种粮食的统购价格从平均每 50 千克 10.64 元提高到每 50 千克 12.68 元，价格的提高近 20％，并且，超购加价比例在原来的统购价基础上加 30％提高到统购价基础上加 50％。农副产品的提价，极大地促进了粮食增产和农民增收。再次，乡镇企业的兴起和农村多种经营的发展，增加了农民收入的来源，促进了农民非农收入的快速增长。1984 年和 1985 年，全国乡镇企业的总产值年均增长 40％以上，到 1985 年底，我国乡镇企业的总产值达到 2 728 亿元，占到全国农村总产值的 44％。乡镇企业为农民提供了大量非农就业的机会，使得农业的剩余劳动力得以释放出来。

（2）农民收入波动性缓慢增长阶段（1986—1991 年）。这一阶段农民收入的增长速度出现回落。如表 16 所示，1984—1991 年，农民的人均纯收入由 355.3 元增加到 708.6 元，增加幅度为 99.4％，但若剔除物价因素影响，7 年间农民纯收入的实际增长幅度仅为 27.2％，年均增长为 3.4％，远低于 1978—1984 年。与此同时，这一时期城市经济体制改革已经启动，发展活力明显增强，城镇居民人均可支配收入从 1984 年的 652.1 元增加到 1991 年的 1 700.6 元，增长了 161％，可支配收入指数增长了 33.8％，增长速度均超过同期农民纯收入的增长，从而导致城乡居民收入差距拉大。1991 年城乡居民的收入比达到了 2.4，比 1984 年高出 30.8 个百分点。虽然收入增长速度减缓，但农民的生活支出仍然保持着较快的增长。农村居民的消费水平由 1984 年的 287 元增加到 1991 年的 602 元，名义增长达到了 110％，剔除通货膨胀的影响之后，我国农村居民的实际消费水平增长了 31.5％，超过了农民纯收入的增长速度。1984—1991 年，我国农民的恩格尔系数由 59.2％变为 57.6％，仅降低了 1.6 个百分点，其变化程度明显小于前一阶段，农村居民的生活水平停滞不前（表 16）。此外，城市居民的消费水平和生活水平也没有明显的改善。

表 16　1985—1991 年全国城乡居民家庭人均收支情况

年份	城镇居民家庭平均每人			农村居民家庭平均每人		
	可支配收入（元）	可支配收入指数（1978＝100）	恩格尔系数（％）	纯收入（元）	纯收入指数（1978＝100）	恩格尔系数（％）
1985	739.1	160.4	53.3	397.6	268.9	57.8
1986	900.9	182.7	52.4	423.8	277.6	56.4
1987	1 002.1	186.8	53.5	462.6	292.0	55.8
1988	1 180.2	182.3	51.4	544.9	310.7	54.0
1989	1 373.9	182.5	54.5	601.5	305.7	54.8
1990	1 510.2	198.1	54.2	686.3	311.2	58.8
1991	1 700.6	212.4	53.8	708.6	317.4	57.6

该阶段农民收入缓慢增长的原因在于：一方面，由于当时的消费水平有限，仓储和农产品流通渠道没有准备好，连续的粮食增产导致了农产品总量供大于求，出现了"卖粮难"的问题。对此，政府决定取消农产品统派统购的制度，逐步建立起了政府调控下的农产品市场流通体制。农产品市场价格的降低，加之原有的农业生产资料补贴又被取消，农民种粮的净收益出现明显的下降，严重挫伤了农民从事农业生产的积极性。1985—1988 年，我国粮食的总产量分别为 37 910.8 万吨、39 151.2 万吨、40 297.7 万吨、39 408.1 万吨，均低于 1984 年的水平，农民收入也因此受到了极大的影响。另一方面，这个阶段，乡镇企业得到了快速的发展，仅 1985 年一年，全国乡镇企业的数量比 1984 年翻了一番，达到 1 223 万家；1985—1988 年，全国乡镇企业的增加值由 772.39 亿元增加到了 1 742.39 亿元，平均增长率超过了 30%。乡镇企业的快速发展，带动了乡镇企业从业人数的增加，其人数从 1985 年的 5 208 万人增加到 1988 年的 9 546 万人。农民的工资性收入也出现了较快增长。1988 年，工资性收入已经占到农民人均纯收入的 21.6%。

（3）农民收入增长回升阶段（1992—1996 年）。经历了几年农民收入的缓慢增长后，1992—1996 年，我国农民的纯收入有了较快的增长。如表 17 所示，1996 年农民的纯收入达到了 1 926.1 元，名义收入 5 年间增加了 1.7 倍，平均每年的增长率高达 22.2%。若剔除通货膨胀的影响，按可比价格计算农民纯收入 5 年间增长了 31.7%，平均每年的增长率为 5.7%，比 1985—1991 年实际平均增长率高出 2.3 个百分点。其间，城镇居民的平均可支配收入从 1991 年的 1 700.6 元上升到 1996 年的 4 838.9 元，5 年间增加了 1.8 倍，平均每年的增长率为 23.3%，剔除通货膨胀的影响，1991—1996 年，城镇居民人均可支配收入指数增长了 42.0%，平均每年增长 7.3%，比农民纯收入的年均实际增长高出了 1.6 个百分点。城镇居民人均可支配收入与农民人均纯收入的比值扩大到 1996 年的 2.51，1994 年更是高达 2.86。城乡居民的收入差距呈现先扩大后缩小、总体上升的趋势。收入的增长带来了居民消费结构的改善，但由于该段时间我国的物价上涨速度非常快，1992—1996 年，我国的居民消费价格指数分别达到 107.5%、119.8%、124.8%、116.6% 和 107.9%，恩格尔系数的下降程度非常有限（表 17）。1991—1996 年，农村居民的恩格尔系数下降了 1.3%，而城市居民的恩格尔系数下降了 5.0%，下降幅度比农村居民高出 3.7 个百分点。

表 17　1992—1996 年全国城乡居民家庭人均收支情况

年份	城镇居民家庭平均每人			农村居民家庭平均每人		
	可支配收入（元）	可支配收入指数（1978=100）	恩格尔系数（%）	纯收入（元）	纯收入指数（1978=100）	恩格尔系数（%）
1992	2 026.6	232.9	53.0	784.0	336.2	57.6
1993	2 577.4	255.1	50.3	921.6	346.9	58.1
1994	3 496.2	276.8	50.0	1 221.0	364.3	58.9
1995	4 283.0	290.3	50.1	1 577.7	383.6	58.6
1996	4 838.9	301.6	48.8	1 926.1	418.1	56.3

在这段时间，农民纯收入出现较快增长的原因之一在于社会主义市场经济建设开始起步。1992 年，邓小平视察南方并发表重要谈话以及中共十四大的胜利召开，明确提出了建立社会主义市场经济体制目标。经济体制的改革促进了国民经济快速增长，1991—1996 年我国 GDP 的实际年平均增长率高达 11.89%，实现了改革开放以来的新高。粮食和其他主要农产品的产量得到提高且增幅较为稳定，1996 年粮食总产量达到50 453.5 万吨，比 1991 年增加了 15.9%，年平均增长率为 3.0%，与此同时，水果和水产品产量的年平均增长率更是达到了 16.5% 和 19.6%。此外，这一时期主要农副产品的价格也出现了不同程度的上升。国家分别在 1994 年和 1996 年两次大幅度提高粮食的收购价格，提高幅度为 40% 左右。1991—1996 年，我国农民家庭人均经营性纯收入增加了 838.9 元，年均增长速度达到 21.08%。

外出务工收入的增加也是该时期农民纯收入较快增长的重要原因。随着农民从事非农就业的机会逐渐增多，农村劳动力通过在乡镇企业或城市的企业进行务工获得的收入在农民总收入中占比越来越高。1991—1996 年，农民家庭人均工资性纯收入从 151.9元增加到 450.8 元，5 年间增长了 197%，平均每年的名义增长率达到了 24.3%，比农民名义纯收入的增长快了 2.1 个百分点。工资性收入占农民纯收入的比例也从 21.4%增加到 23.4%，增长了 2 个百分点。这段时间，乡镇企业持续发展。随着市场经济改革的不断深入，乡镇企业实施了以产业结构调整为主的结构性调整，加上技术进步的不断加快，使得乡镇企业又一次进入高速发展阶段。乡镇企业的从业人员从 1992 年的10 581 万人增加到了 1996 年的 13 058 万人，增长了 23.4%，而同期的乡镇企业利润总额也从 1 079 亿元增长到 4 356 亿元，增长超过了 3 倍（温涛等，2018）。此外，外商的引进和城市的改革促进了城市企业的发展，提供了大量的就业机会，外出务工收入成为农民纯收入的重要组成部分。

（4）农民收入再次陷入缓慢增长阶段（1997—2003 年）。1997—2003 年，农民收入再次陷入缓慢增长阶段。如表 18 所示，按当年价格计算，我国农民的纯收入从1996 年的 1 926.1 元增长到 2003 年的 2 622.2 元，7 年间增长了 36.1%，平均年增长率为 4.5%。若剔除通货膨胀的影响，1996—2003 年，我国农村家庭人均纯收入指数增长了 31.7%，年平均实际增长率为 4.0%，比 1991—1996 年低了 1.7 个百分点。而同期，城镇居民的人均名义可支配收入从 4 838.9 元增长到 8 472.2 元，7 年间增长了 75.1%，名义年平均增长速度达到了 8.3%，其增长速度是农村名义纯收入增长速度的 2 倍多。剔除通货膨胀的影响，1996—2003 年，城镇家庭平均可支配指数增长了 70.6%，比农民实际纯收入高出 1 倍还多，年平均增长率为 7.9%，比农村纯收入高出 3.9 个百分点。城镇居民人均可支配收入的增长速度快于农民纯收入的增长速度，使得城镇居民人均可支配收入与农民纯收入的比值从 1996 年的 2.51 猛增到 2003 年的3.23，城乡居民收入差距持续拉大。尽管农民收入的增长速度比较缓慢，但由于粮食供给稳定，物价上涨速度较慢，有些年份甚至出现粮价下跌，1996—2003 年，我国居民的家庭消费支出变化不大，居民生活得到改善，城镇和农村居民的恩格尔系数分别降低了 11.7 个百分点和 10.8 个百分点，表 18 为 1997—2003 年全国城乡居民家庭人均收支情况。

表 18　1997—2003 年全国城乡居民家庭人均收支情况

年份	城镇居民家庭平均每人			农村居民家庭平均每人		
	可支配收入（元）	可支配收入指数（1978＝100）	恩格尔系数（%）	纯收入（元）	纯收入指数（1978＝100）	恩格尔系数（%）
1997	5 160.3	311.9	46.6	2 090.1	437.3	55.1
1998	5 425.1	329.9	44.7	2 162.0	456.1	53.4
1999	5 854.0	360.6	42.1	2 210.3	473.5	52.6
2000	6 280.0	383.7	39.4	2 253.4	483.4	49.1
2001	6 859.6	416.3	38.2	2 366.4	503.7	47.7
2002	7 702.8	472.1	37.7	2 475.6	527.9	46.3
2003	8 472.2	514.6	37.1	2 622.2	550.6	45.6

　　这一阶段农民收入增速的放缓，主要原因在于农产品价格持续走低，同时受亚洲金融危机的影响，中国经济增长放缓导致农民非农就业收入的减少。这一阶段，农产品的供求形势发生了根本性转变，出现了阶段性的供过于求，导致农产品增产但不增收的矛盾和减产又减收的问题并存。1998 年，我国的粮食总产量达到了 51 230 万吨，为历史新高，农副产品又一次出现了严重的"卖难"问题，农产品卖不出价格来，"谷贱伤农"的问题比较突出。低粮价导致农民的农业生产积极性大幅降低，我国的粮食总产量出现了连续下滑，到 2003 年我国的粮食总产量仅为 43 069.5 万吨，较 1996 年下降了 7 384.0万吨，降幅达到了 14.6%。1996—2003 年，家庭经营性收入占农民人均纯收入的比重从 70.7% 下降到 57.3%。

　　1997 年亚洲金融危机的爆发极大地冲击了中国经济的增长，使得农村的非农业收入增长受到影响。一方面，1996 年以后乡镇企业的发展遭遇瓶颈，产权不清、治理结构不合理、技术水平低下、产品结构雷同等原因导致乡镇企业的竞争力下降，吸纳农村剩余劳动力就业的能力减弱。另一方面，国际市场的不景气，主要依靠出口的劳动密集型产业受到极大冲击，农民外出务工收入的增长也受到一定的冲击。1996—2003 年，农民家庭的工资性收入占农民纯收入的比重从 23.4% 增加到 34.1%，农民外出务工收入日益成为农民收入的主要来源。

　　（5）农民收入持续较快增长阶段（2004—2018 年）。从 2004 年开始，农民收入出现了持续快速增长。如表 19 所示，2003—2018 年，我国农民的纯收入从 2 622.2 元增长到 2018 年的 14 617.0 元，15 年间增长 4.6 倍，平均每年的名义增长速度达到了 11.2%。若剔除通货膨胀的影响，15 年间农民实际纯收入增长了 2.5 倍，扣除物价指数后的多年平均实际增长速度达到了 8.6%，是新中国成立以来从未有过的长期快速增长期。同一时期，我国城镇居民的人均可支配收入从 8 472.2 元增加到 39 250.8 元，增长了 4.6 倍，名义年均增长速度为 10.7%，比农民人均纯收入的增长率低 0.5 个百分点。若剔除通货膨胀的影响，城镇居民人均可支配收入增长了 216%，实际年增长率为 8.0%，比农村人均实际收入的增长率低了 0.6 个百分点。2003—2017 年，我国的城乡居民收入差距经历了先扩大后缩小的局面。我国城镇居民人均可支配收入和农村居民人均纯收入的比值从 2003 年的 3.23 增长到 2009 年的 3.33，城乡居民的收入差距达到了改革开放以来的最高值。此后，从 2010 年开始，农民收入的增长速度开始超过城镇居民，城乡居民的收入差距开始呈现稳步下降的趋势，到 2017 年，我国城乡居民人均可支配收入的比值下降到 2.71。与此同时，随着农民收入的持续快速增长，农民的生活水平也得到了极大的提高。农村居民的恩格尔系数从 2003 年 45.6％下降到 2017 年的 31.2％，下降了 14.4 个百分点（表 19）。

表 19　2004—2018 年全国城乡居民家庭人均收支情况

| 年份 | 城镇居民家庭平均每人 | | | 农村居民家庭平均每人 | | |
	可支配收入（元）	可支配收入指数（1978＝100）	恩格尔系数（％）	纯收入（元）	纯收入指数（1978＝100）	恩格尔系数（％）
2004	9 421.6	554.2	37.7	2 936.4	588.0	47.2
2005	10 493.0	607.4	36.7	3 254.9	624.5	45.5
2006	11 759.5	670.7	35.8	3 587.0	670.7	43.0
2007	13 785.8	752.5	36.3	4 140.4	734.4	43.1
2008	15 780.8	815.7	37.9	4 760.6	793.2	43.7
2009	17 174.7	895.4	36.5	5 153.2	860.6	41.0
2010	19 109.4	965.2	35.7	5 919.0	954.4	41.1
2011	21 809.8	1 046.3	36.3	6 977.3	1 063.2	40.4
2012	24 564.7	1 146.7	36.2	7 916.6	1 176.9	39.3
2013	26 955.1	1 227.0	35.0	8 895.9	1 286.4	37.7
2014	29 381.0	1 310.5		9 892.0	1 404.7	33.6
2015	31 790.3	1 396.9		10 772.0	1 510.1	33.0
2016	33 616.3	1 446.8		12 363.4	1 699.2	32.2
2017	36 396.2	1 540.2		13 432.4	1 817.1	31.2
2018	39 250.8	1 626.8		14 617.0	1 936.6	—

资料来源：2013 年以前数据来源于分别开展的城镇住户调查和农户调查，2013—2015 年数据根据城乡一体化住户收支与生活状况调查数据按可比口径推算获得，2015 年之后不再统计农民纯收入，农民收入由农村居民可支配收入代替，2015 年以后可支配收入指数由作者计算。

在经历了粮食产量连续下降和农民收入增长放缓的局面后，党中央更加认识到"三农"问题的重要性，以及它对整个国民经济发展所起到的重要作用。实现农民收入的稳定持续增长，不断缩小城乡居民收入差距，解决好"三农"问题，补齐"三农"发展严重滞后的短板，已经成为党和国家的重中之重。这一阶段党和国家不断加大强农惠农富农政策力度，如全面取消农业税，提高农产品价格，推进农村产业融合，促进农民转移就业和创业，深化农村集体产权制度改革；实行种粮农民直接补贴、良种补贴等政策，落实和完善农资综合补贴，扩大补贴规模和范围等，着力促进农民增收，使得农民收入取得了持续较快的增长。

2003—2018 年，农民家庭经营收入取得了较快增长。为避免农产品价格的大起大落，国家陆续对主要农产品实施了价格支持政策，如水稻和小麦的最低收购价政策、大豆和玉米的临时收储政策、棉花和大豆的目标价格制和玉米的市场价＋补贴政策等。这些政策极大地提高了农民的生产积极性，2003 年我国的粮食总产量 43 069.5 万吨，此后粮食产量不断增加，到 2017 年我国的粮食产量达到 66 160.72 万吨，较 2003 年增长了 53.6%，年均增长率达到了 2.9%。这一期间，农民家庭经营性收入从 2003 年的 1 541.3 元增加到 2017 年的 3 533.4 元，增长了 1 倍多。

非农就业收入成为农民收入的最主要来源。2003—2017 年，农村居民家庭人均工资性收入从 1 541.3 元增加到 5 498.4 元，增长了 2.6 倍，年均增长率达到 9.8%，远高于家庭经营性收入和农业收入的增长速度。2017 年，工资性收入占农民可支配收入的比重达到了 40.9%，比 2003 年提高了 6.8 个百分点，比家庭经营性净收入高出 3.5 个百分点，成为农民最主要的收入来源。

政府的支持政策使农民转移性收入快速增长，也是该阶段农民收入持续快速增长的重要原因。除了农产品价格支持政策之外，国家出台了一系列惠农支农政策，其中最重要的就是补贴政策。我国已经建立起包括种粮补贴、农业结构调整补贴、生态环境保护补贴、最低生活补贴、养老补贴、农村合作医疗等收入转移支付体系。2017 年，农民家庭人均获得的转移性净收入达到了 2 603.2 元，比 2003 年增加了 2 506.4 元，平均每年增长幅度达到了 26.51%。转移性净收入占农民人均纯收入的比重也从 2003 年的 3.69% 猛增到 2017 年的 19.37%，15 年间增长了 4 倍。

此外，财产性收入的增加也是该阶段农民收入增加的原因之一。近年来，由于土地、房屋等财产征收补贴标准大大提高，土地经营权流转比例的提高和集体资产收益分配增加等原因，农民的财产性收入增加迅速。到 2017 年，农民的人均财产性收入达到了 303 元。

（二）农村扶贫开发

习近平总书记指出，"消除贫困、改善民生、逐步实现共同富裕，是社会主义的本质要求，是我们党的重要使命。""全面建成小康社会，最艰巨最繁重的任务在农村、特别是在贫困地区。没有农村的小康，特别是没有贫困地区的小康，就没有全面建成小康社会。"（中共中央党史和文献研究院编，2018）

1. 农村扶贫开发进展

1949 年新中国成立以来，在共产党的领导下，我国充分发挥政治优势和制度优势，不断创新体制，完善扶贫政策。我国大体经过了保障生存救济式阶段（1949—1978 年）、体制改革推动扶贫阶段（1978—1985 年）、有组织有计划区域瞄准的开发式扶贫阶段（1986—1993 年）、集中力量解决温饱的"八七"扶贫攻坚阶段（1994—2000 年）、综合扶贫开发阶段（2001—2012 年）以及正在进行的实施精准扶贫，精准脱贫方略，坚决打赢扶贫攻坚战六个历史阶段（汪三贵，2017；王小林，2018）。

1949 年的新中国，是当时世界上最贫穷的国家之一。根据联合国亚洲及太平洋经济社会委员会的统计，1949 年中国人均国民收入 27 美元，不到亚洲人均 44 美元的 2/3，不足印度 57 美元的一半，绝大多数人口处于绝对贫困状态（胡绳，1991）。1949 年新中国成立，中国共产党团结带领依靠各族人民，发扬独立自主、自力更生、艰苦奋斗的精神，医治战争创伤，恢复国民经济，建立社会主义制度，进行大规模的经济建设。1949—1978 年，在中国共产党的领导下，全国人民自力更生、奋发图强，完成社会主义改造，开启了现代化建设进程，用 30 年的时间逐步建立了独立的比较完整的工业体系和国民经济体系，保证了我国广大人民的基本生计。改革开放之初，我国农村生产力低下，农民生活水平普遍很低。随着改革开放的深入推进，我国农村居民收入水平持续提高，生活水平显著改善，贫困人口大幅减少，我国农村正逐步整体消除绝对贫困。1978 年全国乡村人口占总人口的 82.08%，当年农民家庭人均纯收入仅为 133.6元，农民年消费水平为 138 元。按照当年中国政府制定的贫困标准统计，农民人均纯收入 100 元为贫困线，那么在我国农村贫困人口规模高达 2.5 亿，8 亿农村人口当中，农村贫困发生率高达 30.7%（张磊，2007）。

1978 年召开的党的十一届三中全会开辟了中国特色社会主义道路的新起点，同时党领导下的中国特色社会主义农村扶贫事业也进入以体制改革驱动扶贫的崭新历史阶段。邓小平同志多次强调："贫穷不是社会主义，社会主义要消灭贫穷。"党的十一届三中全会以来，我国开始了逐步由计划经济体制向市场经济体制进行的巨大转变。农村经济体制的改革促进了农村经济发展，提高了农民收入，这为农村减贫提供了良好的宏观环境。建立家庭承包经营责任制，改革农产品价格和流通体制，改革就业管理制度，鼓励城乡人口流动，促进乡镇企业发展等取得了一系列成就，脱贫攻坚取得巨大成效。1979—1985 年是农民收入增长最快的时期，也是农村贫困状况得到快速缓解的时期。农村居民家庭人均纯收入由 1979 年的 160.2 元增加到 1985 年的 397.6 元，增长了 1.5倍。1978—1985 年农村贫困发生率由 30.7% 下降到 14.8%，贫困人口由 2.5 亿下降到1.25 亿，下降了 50%，平均每年下降速度为 9.43%，每年减少 1 786 万（武沁宇，2017）。

1986—1993 年，国家相关政策向东部倾斜，沿海地区与内陆地区、东部地区与中西部地区之间的经济发展出现了分化，特别是自然禀赋恶劣、位置偏远、自身发展优势缺乏的"老、少、边、穷"地区，经济发展相对滞后，与东部沿海地区在经济、社会、文化等方面的差距进一步加大。这些贫困地区相当数量贫困人口尚未解决温饱，呈现出明显的地域性特征。随着农村经济体制改革所带来的减贫效应边际递减，农村经济增长开始趋于平缓，农村减贫进程也开始放缓。面对农村扶贫所遇到的新情况，国家开始了有组织有计划区域瞄准的开发式扶贫，1986 年 5 月 16 日国务院下发通知，决定成立专门的国家扶贫开发领导机构——国务院贫困地区经济开发领导小组，建立从中央到地方的扶贫开发领导机构，重点通过加强贫困地区基础设施建设，改善贫困地区的发展条件，不断创新扶贫模式，确立开发式扶贫方针，实施对象瞄准，将贫困人口比较集中的县作为专项扶贫计划的基本瞄准单位，国家主导设立完善专项扶贫资金。1986—1993年，我国农村扶贫工作在政府的主导下，通过加强贫困地区基础设施建设，改善基本生产条件，帮助农民发展种养业，促进区域经济发展，积极开展大规模有计划的区域开发式扶贫。经过 8 年的不懈努力，贫困地区的面貌得到了极大的改善。1986 年，中国政府运用恩格尔系数法，将每人每日摄入 2 100 千卡（1 千卡≈4.184 千焦）热量划定为最低营养标准，结合当时的食品价格和最低收入人群的消费结构进行综合测算，确定1985 年的农村扶贫标准为人均纯收入 206 元，当年全国农村贫困人口为 1.25 亿人，其中 150 元以下的 3 643 万人，占农村总人口的 4.36%。到 1993 年底，贫困地区农民人均纯收入从 206 元增加到 483 元，农村贫困人口从 1.25 亿减少到 8 000 万，平均每年减少 640 万，年均递减 6.2%，与前一阶段 1978—1985 年每年的减少速度 9.43% 相比，贫困人口下降速度减缓，贫困发生率从 14.8% 下降到 8.7%（国务院扶贫办，2013）。

1994—2000 年，国务院实施《国家"八七"扶贫攻坚计划（1994—2000 年）》，这是国家首个系统化、规范化、专业化的扶贫开发国家战略，从 1994 年到 2000 年，集中人力、物力、财力，动员社会各界力量，力争用 7 年左右的时间，基本解决全国农村 8 000 万贫困人口的温饱问题。1994 年，按照"进四退七（四进七出）"① 的调整原则，国家对过去确定的 331 个国定贫困县进行了首次调整，调整过后列入《国家"八七"扶贫攻坚计划》的国定贫困县数额上升为 592 个。这些贫困人群主要分布在地域偏远，交通不便，生态失调，经济发展缓慢，文化教育落后，人畜饮水困难，生产生活条件极为恶劣的中西部的深山区、石山区、荒漠区、高寒山区、黄土高原区、地方病高发区以及水库库区，而且多为革命老区和少数民族地区。这是扶贫攻坚的主战场，与前一阶段扶贫工作比较，解决这些地区群众的温饱问题难度更大。这一计划重点发展投资少、见效快、覆盖广、效益高、有助于直接解决群众温饱问题的种植业、养殖业和相关的加工业、运销业。积极发展能够充分发挥贫困地区资源优势、又能大量安排贫困户劳动力就业的资源开发型和劳动密集型的乡镇企业。中央明确了"四个到省"——权利到省、责任到省、资金到省、任务到省的扶贫开发工作责任制，增加扶贫资金支持、加强监管，积极动员和组织全社会力量参与扶贫开发工作，社会扶贫工作稳步推进。为解决贫困地区教育落后状况，加快贫困地区普及九年制义务教育的步伐，从 1995 年起，中国政府开始实施"国家贫困地区义务教育工程"。"八七"扶贫攻坚计划实施以来，党中央、国务院高度重视，经过不懈奋斗，到 2000 年底，我国农村贫困现象明显缓解，贫困人口大幅减少，国家"八七"扶贫攻坚目标基本实现，取得了显著成效。这一时期中国农村贫困人口由 1993 年的 8 000 万减少到 2000 年的 3 209 万，7 年间减少 4 791 万，大约减少 59.89%。平均每年减少速度为 12.23%，贫困发生率下降到 3.4%（张磊，2007）。

2001—2012 年，国务院发布《中国农村扶贫开发纲要（2001—2010 年）》，前十年主要任务是尽快解决少数贫困人口温饱问题，进一步改善贫困地区的基本生产生活条件，巩固温饱成果，提高贫困人口的生活质量和综合素质，加强贫困乡村的基础设施建设，改善生态环境，逐步改变贫困地区经济、社会、文化的落后状况，为达到小康水平创造条件。基于我国农村贫困人口大幅减少，收入水平稳步提高，贫困地区基础设施明显改善，社会事业不断进步，最低生活保障制度全面建立，农村居民生存和温饱问题基本解决，在《中国农村扶贫开发纲要（2001—2010 年）》实施完成之际，为进一步加快贫困地区发展，促进共同富裕，实现到 2020 年全面建成小康社会奋斗目标，2011 年 12 月底，《中国农村扶贫开发纲要（2011—2020 年）》确立了新的总目标："到 2020 年，稳定实现扶贫对象不愁吃、不愁穿，保障其义务教育、基本医疗和住房。贫困地区农民人均纯收入增长幅度高于全国平均水平，基本公共服务主要领域指标接近全国平均水

---

① 四进七出：以县为单位，以 1992 年人均纯收入为基准进行调整，年人均收入低于 400 元的县进行调入，而年人均收入超过 700 元的县则硬性清退。

平，扭转发展差距扩大趋势。"辉煌的扶贫成绩背后，贫困依然作为困扰我国国民经济发展的恶性顽疾而继续存在，是目前我国经济社会发展中的突出短板，关系到 2020 年全面建成小康社会，"两个一百年"中第一个一百年目标的实现。截至 2012 年底，按现行国家农村贫困标准测算，我国农村现有贫困人口仍高达 9 899 万人。

党的十八大以来，以习近平同志为核心的党中央把脱贫攻坚摆到治国理政突出位置，提升到事关全面建成小康社会、实现第一个百年奋斗目标的新高度，纳入"五位一体"总体布局和"四个全面"战略布局进行决策部署，审时度势地提出了精准扶贫、精准脱贫的基本方略，出台了一系列重大政策措施，吹响了打赢脱贫攻坚战的进军号。贫困人口大幅度缩减，贫困发生率迅速降低。通过开展精准识别、为贫困户建档立卡，建立了能够反映全国贫困状况的大数据信息系统，为中央决策部署和制定政策提供了坚实可靠的依据。2014 年 4 月至 10 月，共识别出 12.8 万个贫困村，2 948 万贫困户和 8 962 万贫困人口。2015 年 8 月至 2016 年 6 月，开展的建档立卡"回头看"工作，共补录贫困人口 807 万，剔除识别不准人口 929 万。2017 年 2 月，全国各地对 2016 年脱贫真实性开展自查自纠工作，245 万标注脱贫人口重新回退为贫困人口。增派扶贫干部，加强驻村帮扶力度。为了推动扶贫政策措施落地落实，中央累计向贫困村和软弱涣散村选派第一书记 43.5 万名，目前在岗的第一书记 19.5 万名。全国累计向贫困村选派驻村干部 278 万名，目前在岗的驻村干部 77.5 万名，配强 5 000 多名贫困村党支部书记，调整 3 500 多个贫困乡镇党委书记，打通了精准扶贫"最后一公里"（新华社，2017）。

截至 2018 年末，全国农村贫困人口从 2012 年末的 9 899 万人减少到 1 660 万人，累计减少 8 239 万人；贫困发生率从 2012 年的 10.2% 下降至 1.7%，累计下降 8.5 个百分点。2013—2018 年，贫困地区农村居民人均可支配收入年均名义增长 12.1%，扣除价格因素，年均实际增长 10%，实际增速比全国农村平均水平高 2.3 个百分点。2018 年，贫困地区农村居民人均可支配收入相当于全国农村平均水平的 71%，比 2012 年提高 8.9 个百分点，与全国农村平均水平的差距进一步缩小。2018 年，贫困地区农村居民人均可支配收入 10 371 元，比上年增加 994 元，名义增长 10.6%，扣除价格因素，实际增长 8.3%，实际增速高于全国农村增速 1.7 个百分点，圆满完成增长幅度高于全国增速的年度目标任务（新华网，2019）。

2. 农村扶贫开发成就[①]

新中国成立 70 年以来，我国扶贫事业取得了举世瞩目的成绩，谱写了人类反贫困历史上的辉煌篇章，走出了一条具有中国特色的减贫之路，成为全球最早实现联合国千年发展目标中减贫目标的发展中国家。从新中国成立之初的全国普遍贫困，到 1978 年改革开放初的全国农民的 80% 普遍贫困，再到今天的以 2010 年贫困基准线，累计减贫 7.4 亿人，贫困发生率下降了 95 个百分点以上。

21 世纪以来农村减贫规模占减贫总规模近六成。2000 年末，我国农村贫困发生率为 49.8%，农村贫困人口规模为 4.6 亿人。2000 年以来，农村贫困人口减少 4.3 亿人，

---

① 此部分主要参考依据为：国家统计局住户调查办公室，2018. 2018 年中国农村贫困监测报告 [M]. 北京：中国统计出版社.

占改革开放以来农村减贫总规模的 58.4％；贫困发生率下降 46.7 个百分点，年均下降 2.7 个百分点。特别是党的十八大以来，动员全党全国全社会力量，打响脱贫攻坚战，脱贫攻坚成效显著，取得了决定性进展。按现行贫困标准，2013—2018 年我国各年农村减贫人数分别为 1 650 万、1 232 万、1 442 万、1 240 万、1 289 万、1 368 万人，不仅每年减贫人数均在 1 000 万以上，而且打破了以往新标准实施后脱贫人数逐年递减的格局。6 年来，农村累计减贫 8 221 万人，减贫幅度接近 70％，年均减贫 1 370 万人；贫困发生率也从 2012 年末的 10.2％下降到 2018 年末的 1.7％（国家统计局，2018）。

由于我国贫困线随着经济社会的不断发展进行调整，贫困人口也随着变化。1949 年我国人均国民收入 27 美元，绝大多数人口处于绝对贫困状态。1977 年前，我国农村居民的人均热量摄取量都小于每人每日 2 100 千卡，1978 年的贫困线定在 100 元，并且估计出 1978 年贫困发生率为 30.7％，贫困人口规模为 2.5 亿人。1986 年，中国政府运用恩格尔系数法，将每人每日摄入 2 100 千卡热量划定为最低营养标准，结合当时的食品价格和最低收入人群的消费结构进行综合测算，确定 1985 年的农村扶贫标准为人均纯收入 206 元，当年全国农村贫困人口为 1.25 亿人。2008 年以前中国政府设定两个扶贫标准，即绝对贫困标准和低收入标准。1986 年的绝对贫困标准为 206 元，2007 年为 785 元；2000 年的低收入标准为 865 元，2007 年底为 1 067 元。截至 2007 年底，全国农村贫困人口存量为 4 320 万人，其中绝对贫困人口 1 479 万，低收入人口 2 841 万。2008 年将绝对贫困标准和低收入标准合一，统一使用 1 067 元作为国家扶贫标准。根据经济发展水平和通货膨胀等因素，2009 年和 2010 年国家扶贫标准分别调至 1 196 元和 1 274 元，按照最新标准，当年贫困人口数量从 2 688 万人增加至 1.28 亿人，更接近世界银行每人每日 1.25 美元的世界绝对贫困线标准。2011 年，中央扶贫开发工作会议将农民人均纯收入 2 300 元（2010 年不变价）作为新的国家扶贫标准。这个标准比 2009 年提高了 92％。2010—2012 年全国农村贫困人口从 16 567 万人减少至 9 899 万人，贫困发生率从 17.2％下降到 10.2％（陈锡文等，2018）。表 20 列出了 1978—2017 年我国农村贫困标准、贫困发生率以及当年贫困人口规模。

表 20　按现行农村贫困标准衡量的农村贫困状况

年份	当年价贫困标准 [元/（年·人）]	贫困发生率（%）	贫困人口规模（万人）
1978	366	97.5	77 039
1980	403	96.2	76 542
1985	482	78.3	66 101
1990	807	73.5	65 849
1995	1 511	60.5	55 463
2000	1 528	49.8	46 224
2005	1 724	30.2	28 662
2010	2 300	17.2	16 567
2011	2 536	12.7	12 238
2012	2 625	10.2	9 899

（续）

年份	当年价贫困标准［元/（年·人）］	贫困发生率（%）	贫困人口规模（万人）
2013	2 736	8.5	8 249
2014	2 800	7.2	7 017
2015	2 855	5.7	5 575
2016	2 952	4.5	4 335
2017	2 952	3.1	3 046
2018	2 955	1.7	1 660

资料来源：国家统计局农村住户调查和居民收支与生活状况调查。其中，2000 年以前数据是根据历年全国农村住户调查数据、农村物价和人口变化，按现行贫困标准测算取得。

改革开放之初，我国农村生产力低下，农民生活水平普遍很低，处于普遍贫困状况。经过改革开放 40 年的努力，我国农业和农村经济快速发展，农民生活水平不断提高，东部发达地区已率先基本实现脱贫，中西部地区贫困人口也全面下降。党的十八大以来，党中央、国务院实施精准扶贫、精准脱贫基本方略，深入实施东西部扶贫协作，区域性整体贫困明显缓解，为实现到 2020 年现行标准下农村贫困人口脱贫，贫困县全部摘帽，解决区域性整体贫困打下了坚实基础。

分地区[①]看，东部地区已基本率先脱贫，中西部地区贫困人口全面下降。2017 年末，东部地区农村贫困人口 300 万人，比 2016 年末减少 1 067 万人，五年累计下降 78.1%；农村贫困发生率由 2012 年末的 3.9% 下降到 0.8%，下降 3.1 个百分点，已率先基本实现脱贫。中部地区农村贫困人口由 2012 年末的 3 446 万人减少到 2017 年末的 1 112 万人，累计减少 2 334 万人，下降幅度为 67.7%；农村贫困发生率由 10.5% 下降到 3.4%，下降 7.1 个百分点。西部地区农村贫困人口由 2012 年末的 5 086 万人减少到 2017 年末的 1 634 万人，累计减少 3 452 万人，下降幅度为 67.9%；农村贫困发生率由 2012 年末的 17.6% 下降到 2017 年末的 5.6%，下降 12.0 个百分点（国家统计局，2018）。

分贫困区域看，贫困地区[②]、集中连片特困地区、民族八省区减贫成效更加突出，区域性整体贫困明显缓解。贫困地区 2017 年末农村贫困人口 1 900 万人，比 2012 年末减少 4 139 万人，减贫规模占全国农村减贫总规模的六成；农村贫困发生率从 2012 年末的 23.2% 下降至 2017 年末的 7.2%，五年累计下降 16.0 个百分点，年均下降 3.2 个百分点。集中连片特困地区 2017 年末农村贫困人口 1 540 万人，比 2012 年末减少 3 527 万人，下降幅度为 69.6%；农村贫困发生率从 2012 年末的 24.4% 下降至 2017 年末的 7.4%，累计下降 17.0 个百分点，年均下降 3.4 个百分点。内蒙古、广西、贵州、云南、西藏、青海、宁夏、新疆等八省区 2017 年末农村贫困人口 1 032 万人，比 2012 年末减少 2 089 万人，下降幅度为 66.9%，减贫规模占全国农村减贫规模的三成；农村贫

① 东部地区：包括北京、天津、河北、辽宁、上海、江苏、浙江、福建、山东、广东、海南等 11 个省份。中部地区：包括山西、吉林、黑龙江、安徽、江西、河南、湖北、湖南 8 个省份。西部地区：包括内蒙古、广西、重庆、四川、贵州、云南、西藏、陕西、甘肃、青海、宁夏、新疆等 12 个省份。

② 贫困地区，包括集中连片特困地区和片区外的国家扶贫开发工作重点县，原共 832 个县。2017 年开始将新疆阿克苏地区纳入贫困监测范围。

困发生率从 2012 年末的 21.1％下降至 2017 年末的 6.9％，累计下降 14.2 个百分点，年均下降 2.8 个百分点。

中国减贫人口占全球减贫人口超过 70％，对全球减贫做出巨大贡献。一是对全球减贫的贡献率超七成。按照世界银行每人每日 1.9 美元的国际贫困标准及世界银行发布数据，我国贫困人口从 1981 年末的 8.78 亿人减少到 2013 年末的 2 511 万人，累计减少 8.53 亿人，减贫人口占全球减贫总规模超七成；中国贫困发生率从 1981 年末的 88.3％下降至 2013 年末的 1.9％，累计下降了 86.4 个百分点，年均下降 2.7 个百分点，同期全球贫困发生率从 42.3％下降到 10.9％，累计下降 31.4 个百分点，年均下降 1.0 个百分点。我国减贫速度明显快于全球，贫困发生率也大大低于全球平均水平。中国成为全球最早实现联合国千年发展目标中减贫目标的发展中国家，为全球减贫事业做出了重大贡献。二是为全球减贫提供了中国经验。改革开放后，我国以政府为主导的有计划有组织的扶贫开发，尤其是党的十八大以来精准脱贫方略的实施，为全球减贫提供了中国方案和中国经验。日前，世界银行发布最新《推进更加包容、更可持续的发展》系统性国别分析报告，称赞中国在减贫方面取得的重大成就。报告指出，从 1978 年到 2014 年，中国人均收入增加了 16 倍，以每人每日生活费 1.9 美元国际购买力平价计，中国的极端贫困发生率由 1981 年的 88.3％大幅降至 2013 年的 1.9％，超过 8.5 亿中国人摆脱贫困，中国的减贫成就获得了举世瞩目的称赞。

本 章 参 考 文 献

本书编写组，2008. 中共中央关于推进农村改革发展若干重大问题的决定 [M]. 北京：人民出版社.

本书编者，2014. 中共中央国务院关于"三农"工作的一号文件汇编（1982—2014）[M]. 北京：人民出版社，20‑14：115.

毕于运，郑振源，2000. 建国以来中国实有耕地面积增减变化分析 [J]. 资源科学，22（2）：8‑12.

蔡天新，2009. 建国以来我国农村合作医疗制度探索与改革的历史考察 [J]. 社会科学管理与评论（3）：87‑95.

蔡香美，2018. 改革开放四十年朝鲜族农村妇女社会地位变化研究 [D]. 延边：延边大学.

陈晖涛，2013. 建国以来农田水利设施供给制度的变迁及其启示 [J]. 世纪桥（3）：138‑140.

陈锡文，罗丹，张征，2018. 中国农村改革 40 年 [M]. 北京：人民出版社.

范先佐，等.2018. 中国教育改革 40 年（农村教育）[M]. 北京：科学出版社.

范小建，2009.60 年：扶贫开发的攻坚战 [J]. 求是（20）：35‑37.

付金萍，2011. 完善我国农村公共服务政策研究 [D]. 合肥：安徽大学：18.

傅超，郑娟尔，吴次芳，2007. 建国以来我国耕地数量变化的历史考察与启示 [J]. 国土资源科技管理，24（6）：68‑72.

高飞，2010. 我国政府农村扶贫政策研究 [D]. 秦皇岛：燕山大学.

国家统计局国民经济综合统计司，2010. 新中国 60 年统计资料汇编 [M]. 北京：中国统计出版社.

国家统计局农村社会经济调查司. 中国农村统计年鉴（1985—2018）[M]. 北京：中国统计出版社.

国家统计局住户调查办公室，2018. 中国农村贫困监测报告（2018）[M]. 北京：中国统计出版社.

国家行政学院编写组，2016. 中国精准脱贫攻坚十讲 [M]. 北京：人民出版社.

国务院扶贫开发领导小组办公室，2003. 中国农村扶贫开发概要 [M]. 北京：中国财政经济出版社.

胡绳，1991. 中国共产党的七十年 [M]. 北京：中共党史出版社.

黄佳豪，2009. 建国 60 年来农村养老保险制度的历史探索之路 [J]. 决策咨询通讯 (6)：61.

黄润龙，2016.1991—2014 年我国婴儿死亡率变化及其影响因素 [J]. 人口与社会，32 (3)：67 - 75.

黄卫平，2018. 中国基层民主发展 40 年 [J]. 社会科学研究 (6)：13 - 27.

蒋万胜，李小燕，2011. 建国以来我国农民环保观念的变迁及其影响 [J]. 华南师范大学学报（社会科学版）(1)：125 - 132.

蒋永甫，周磊，2018. 改革开放 40 年来农村社会治理结构的演进与发展 [J]. 中州学刊 (10)：19 - 24.

孔祥智，2008. 崛起与超越：中国农村改革的过程及机理分析 [M]. 北京：中国人民大学出版社.

李百超，谢秋山，2019. 改革开放 40 年来我国农村基层协商民主与选举民主的协同演进及其创新发展 [J]. 理论导刊 (3)：45 - 51.

李庆刚，2002. 陆定一与农业中学 [J]. 教育与职业 (3)：32 - 34.

李涛，史宇鹏，陈斌开，2011. 住房与幸福：幸福经济学视角下的中国城镇居民住房问题 [J]. 经济研究，46 (9)：69 - 82，160.

李卫平，2002. 中国农村健康保障的选择 [M]. 北京：中国财政经济出版社.

李亚冬，2019.《村民委员会组织法》的完善与修改 [J]. 甘肃政法学院学报 (3)：46 - 55.

刘景恩，2011. 农村基础设施建设的成效、差距及建议 [J]. 统计与管理 (3)：53 - 54.

刘涛，2011. 社会主义新农村公共文化服务体系建设问题研究 [D]. 济南：山东大学：29.

娄俊杰，2019. 农村公益事业"一事一议"财政奖补制度的实践与思考 [J]. 行政事业资产与财务 (4)：22 - 23.

吕之望，辛贤，2018. 图解中国农村改革 40 年 [M]. 北京：中国农业出版社.

2007 年政府工作报告. [EB/OL]. (2009 - 03 - 16) [2018 - 01 - 29]. http：//www. gov. cn/tes/2009 - 03/16/content 1260188. htm.

钱承军，2010. 农业中学：中国教育改革的一次积极探索 [J]. 教育史研究 (1)：10 - 14.

时永杰，2003. 建国以来我国荒漠化防治的成绩 [J]. 中兽医医药杂志 (S1)：95 - 97.

苏少之，1989. 论我国农村土地改革后的"两极分化"问题 [J]. 中国经济史研究 (3)：1 - 17.

孙健，1992. 中华人民共和国经济史（1949—90 年代初）[M]. 北京：中国人民大学出版社.

汪三贵，殷浩栋，王瑜，2017. 中国扶贫开发的实践、挑战与政策展望 [J]. 华南师范大学学报（社会科学版）(4)：18 - 25，189.

王超英，1992. 第五讲：水土流失的治理（一）[J]. 中国水土保持 (4).

王慧，2011. 最近 60 年农村教育发展评议 [J]. 河北师范大学学报（教育科学版），13 (5)：5 - 10.

王可园，2016. 从生存政治到权利政治：农民政治行为逻辑变迁研究 [D]. 上海：华东师范大学.

王禄生，张里程，1996. 我国农村合作医疗制度发展历史及其经验教训 [J]. 卫生经济研究 (8)：14.

王小林，2018. 改革开放 40 年：全球贫困治理视角下的中国实践 [J]. 社会科学战线 (5)：17 - 26.

王以才，张朴，1996. 农村社会养老保险 [M]. 北京：中国社会出版社.

魏峰，2018. 改革开放 40 年我国农村教育发展：成就、动力与政策演进特征 [J]. 基础教育，15 (6)：17 - 23，86.

温涛，何茜，王煜宇，2018. 改革开放 40 年中国农民收入增长的总体格局与未来展望 [J]. 西南大学学报（社会科学版），44 (4)：43 - 55，193 - 194.

文化部，2009. 乡镇综合文化站管理办法 [EB/OL]. http：//www. gov. cn/flfg/2009 - 09/15/content _ 1418 - 306. htm2009 - 9 - 15.

武沁宇，2017. 中国共产党扶贫理论与实践研究 [D]. 长春：吉林大学.

夏森，2011. 当代中国乡村文明建设研究 [D]. 兰州：兰州大学.

新华社，2019. 庄严的承诺　历史的跨越——党的十八大以来以习近平同志为核心的党中央引领脱贫攻坚

纪实 [EB/OL]. http：//www. xinhuanet. com//politics/2017 - 05/21/c_1121009267. htm. [2017 - 05 - 21] / [2019 - 06 - 30].

新华网，2019. 国家统计局：2018 年全国农村贫困人口减少 1 386 万人 [EB/OL]. http：// www. xinhuanet. com//2019 - 02/15/c_1124120302. htm [2019 - 02 - 15] / [2019 - 06 - 30].

邢秀兰，2011. 改革开放以来中国扫盲教育政策的历史考察 [J]. 聊城大学学报 (社会科学版) (2)：327 - 330.

熊彩云，孟荣钊，史亚峰，2014. 我国农民幸福指数的实证研究 [J]. 农业经济问题，35 (12)：33 - 40，110.

徐新良，刘纪远，庄大方，张树文，2004. 基于 3S 技术的中国东北地区林地时空动态特征及驱动力分析 [J]. 地理科学，24 (1)：55 - 60.

闫夏，2019. 中国共产党关于农村基层民主建设的初步探索 [J]. 学理论 (4)：35 - 37.

杨雄，2018. 村务公开的现状、问题及对策 [J]. 中国集体经济 (13)：9 - 10.

袁明宝，2014. 小农理性及其变迁 [D]. 北京：中国农业大学.

张乐天，等，2016. 新中国成立以来农村教育政策的回顾与反思 [M]. 北京：北京师范大学出版社.

张磊，汪三贵，等，2007. 中国扶贫开发历程 [M]. 北京：中国财政经济出版社.

张祺午，房巍，荣国丞，2018. 扎根乡土办好让农民满意的职业教育——改革开放 40 年来我国农村职业教育的发展历程与奋斗方向 [J]. 职业技术教育，39 (24)：6 - 15.

张伟军，2019. 中国共产党基层组织政治建设的理论逻辑与实践机制 [J]. 湖湘论坛，32 (1)：69 - 78.

赵婵，2014. 论我国村民自治的现状和发展趋势 [J]. 学理论 (7)：56 - 57.

中共中央办公厅，国务院办公厅，2007. 关于加强公共文化服务体系建设的若干意见 [EB/OL]. http：// testc-nci. cnci. gov. cn/2009/6/15/law - 0102040000 - 548_5. shtml，2007 - 08 - 21.

中共中央办公厅，国务院办公厅，2005. 关于进一步加强农村文化建设的意见 [EB/OL]. http：//pol-it-ics. people. com. cn/GB/1026/3932875. html，2005 - 12 - 11.

中共中央党史和文献研究院，2018. 习近平扶贫论述摘编 [M]. 北京：中央文献出版社.

《中国教育年鉴》编辑部，1984. 中国教育年鉴 (1949—1981) [Z]. 北京：中国大百科全书出版社.

第一章 土地产权制度

产权制度是土地制度的核心问题。土地产权更直接以所有权、使用权的形态表现出来。但是，随着产权体系的不断完善，土地产权涉及的范畴与内容不断发生变化，依照法律、规划、计划形式而存在。包括多种权利运用和闲置的法制内容，例如土地所有权、土地经营权、土地租赁权、土地抵押权和土地管理权利。

新中国成立70年来，土地产权涉及的范畴和内容发生了多次变化，一是1949—1952年的土地改革，消灭了封建土地制度建立起农民土地所有制，实现了产权形式较为完整的耕者有其田制度；二是1953—1957年的合作化运动让农村土地成为合作社成员共同经营的资源；三是1958—1962年经过人民公社化运动，使得土地产权制度成为集体土地所有制；四是1978年改革开放以后，家庭承包经营责任制将农村土地所有权和使用权进行"两权分置"；五是2014年以来的"三权分置"改革，将农村土地的所有权、承包权、经营权又一次分开。我国土地产权制度在70年中发生了多种变迁，对农村社会产生了深远的影响。

一、新中国成立之初的土地产权制度

新中国成立之初产权制度的基本特征是"平均地权，耕者有其田"，其目标是最大化促进人权平等、产权也平等。1949年，我国取得了新民主主义革命胜利，成立了中华人民共和国，推翻了帝国主义、封建主义、官僚资本主义三座大山。1950年6月28日，经中央人民政府委员会第八次会议审议通过，30日由中央人民政府颁布了新中国成立以来的第一部法律——《中华人民共和国土地改革法》。这部法律共6章40条，总则中明确指出土地改革的目的是废除地主阶级封建剥削的土地所有制，实行农民的土地所有制，借以解放农村生产力，发展农业生产，为新中国的工业化开辟道路。这部法律规定："所有没收和征收得来的土地和其他生产资料，除本法规定收归国家所有者外，均由乡农民协会接收，统一地、公平合理地分配给无地少地及缺乏其他生产资料的贫苦农民所有。"把人权平等、土地产权平等的革命胜利果实用法律的形式确定下来，实现了"平均地权，耕者有其田"的革命理想。这部新中国成立后很快就通过的法律，得益于中国共产党领导全国各族人民在革命实践中的不断总结和提炼。

（一）革命时期土地产权制度的影响

1928年12月，中国共产党制定了第一个土地法《井冈山土地法》，开篇就提出

---

* 本章编写人员：汪武静。

"没收一切土地归苏维埃政府所有"，即土地的所有权主体转换，由原来个体所有转换成政府所有（胡传根，2017）。"分配农民个别耕种、分配农民共同耕种、由苏维埃政府组织模范农场耕种。"即政府享有所有权，但政府并不会使用，将使用的收益权转让给农民，所有权和使用权发生分离。"一切土地，经苏维埃政府分配后，禁止买卖。"即政府赋予农民的权利仅仅是占有、使用、收益的权利，没有处分的权利。"以人口为标准，男女老幼平均分配。"即一开始，尽可能地促进人权平等、产权平等，消除差异。此时期土地产权制度中，政府享有土地所有权，农户家庭、农户小集体和政府三个主体都可以享受部分使用权，任何主体都不享受处分权。可以看出，这一时期的土地产权制度为后来我们国家土地产权制度基本框架奠定了基础。

1929 年 4 月，在革命斗争中不断实践的基础上，"打土豪，分田地"，颁布了《兴国土地法》，在《井冈山土地法》的基础上，将"没收一切土地"改为"没收一切公共土地及地主阶级的土地归兴国工农兵代表会议政府所有，分给无田地及少田地的农民耕种使用""一切公共土地及地主阶级的土地，经工农兵政府没收并分配后，禁止买卖"。可以看出，《兴国土地法》规定的产权制度范畴发生了变化，即土地所有权的主体除了政府之外，还有原来就有土地的贫农、中农、富农。农民原来自家土地具有所有权属性，即占有、使用、收益、处分的权利，政府不进行干涉。政府所有并且按照人口分给农民的那些土地，农民只有使用权，没有处分权，即这个时候的土地产权制度显示出多样性和包容性。

基于以上两个土地法，再根据新的调查和实践，1931 年，中华工农苏维埃第一次全国代表大会通过了《中华苏维埃共和国土地法》，该法规定"所有封建地主、豪绅、军阀、官僚以及其他大私有主的土地，无论自己经营或出租，一概无任何代价地实行没收""雇农、苦力、劳动贫民，均不分男女，同样有分配土地的权利。乡村失业的独立劳动者，在农民群众赞同之下，可以同样分配土地"。由以上法条内容可以看出，尽可能消除任何人权不平等、产权不平等的条件，没收过多产权主体的土地归政府所有，让普通劳苦大众可以享受土地的使用权。对于是否享受处分权并没有做出相应的规定。"平均分配一切土地，是消灭土地上一切奴役的封建关系及脱离地主私有权的最彻底的办法；不过苏维埃地方政府无论如何不能以威力实行这个办法。这个办法不能由命令来强制执行，必须向农民各方面来解释这个办法，仅在基本农民群众愿意和直接拥护之下，才能实行。如多数中农不愿意时，他们可不参加平分。"可以看出，该时期除了小部分中农拥有土地所有权之外，其他土地所有权都归政府。农民享有土地使用权、收益权，对是否享受土地的处分权没做明确规定。

1947 年 9 月 13 日通过了《中国土地法大纲》，并于同年 10 月 10 日由中共中央公布。该法规定，"废除封建性及半封建性剥削的土地制度，实行耕者有其田的土地制度""废除一切地主的土地所有权""废除一切祠堂、庙宇、寺院、学校、机关及团体的土地所有权"。即解放区的土地所有权主体发生完全变化，原来的大地主、大资产阶级等主体，以及机关团体的土地所有权都被废除。"乡村中一切地主的土地及公地，由乡村农会接收，连同乡村中其他一切土地，按乡村全部人口，不分男女老幼，统一平均分配，在土地数量上抽多补少，质量上抽肥补瘦，使全乡村人民均获得同等的土地，并归个人所有""分配给人民的土地，由政府发给土地所有证，并承认其自由经营、买卖及在特定条件下出租的权利。"可以看出，此时的土地产权制度所有主体有两个：一是乡村农会，享受公共土地的所有权；二是普通大众，平均分配得来的土地的所有权，并且获得了土地证。此时的农民享有的土地产权是完整的所有权，占有、收益、出租、买卖，并且有土地证作为产权完整的保证。这种土地产权制度安排充分调动了广大人民群众革命和创造美好生活的热情，在新中国成立之前，已经指导 1.6 亿人口完成了农村土地改革，为新中国成立时的全国土地产权制度提供了样板。

新中国成立前，战火纷飞，民不聊生，大部分资源被少数人占有，广大人民群众由于缺少基本生存资料而被奴役和压迫。在这样的时代背景下，有民族责任担当、有情怀的仁人志士，怀着"天下为公"的理想进行革命斗争，没收地主阶级和官僚资本家的土地，不论男女老少、健康或残疾，都平均分配土地，尽力促进人权平等、产权平等。符合那个时代广大人民群众心中的呼唤，极大地调动了农村广大人民群众为美好生活而奋斗的积极性。平均地权、耕者有其田这种人权平等、产权也平等的思想，是新中国成立初期土地产权制度的基本思想框架。

（二）新中国成立之初的土地产权特征

经过轰轰烈烈的土地革命、抗日战争以及解放战争胜利之后，暴风骤雨般的新民主主义革命为土地制度改革提供了非常有利的时代背景。经过革命斗争的反复实践，尤其是《中国土地法大纲》这个比较成熟的土地改革文件已成功指导解放区 1.6 亿人完成土地改革任务，这些成果为新中国成立之后土地制度改革成功提供了丰富的经验。《中华人民共和国土地改革法》开篇总则中明确提出，"废除地主阶级封建剥削的土地所有制，实行农民的土地所有制，借以解放农村生产力，发展农业生产，为新中国的工业化开辟道路"。可以看出，新中国成立之后，目标调整为使农村生产力从地主阶级封建土地所有制的束缚之下获得解放，以便发展农业生产，为新中国的工业化开辟道路。

《土地改革法》明确规定："没收地主的土地、耕畜、农具、多余的粮食及其在农村中多余的房屋。但地主的其他财产不予没收""清真寺所有的土地，在当地回民同意下，得酌予保留""地主兼营的工商业及其直接用于经营工商业的土地和财产，不得没收。不得因没收封建的土地财产而侵犯工商业""保护富农所有自耕和雇人耕种的土地及其他财产，不得侵犯。富农所有之出租的小量土地，亦予保留不动""保护中农（包括富裕中农在内）的土地及其他财产，不得侵犯""本法规定所有应加没收和征收的土地，在当地解放以后，如以出卖、出典、赠送或其他方式转移分散者，一律无效。此项土地，应计入分配土地的数目之内。但农民如因买地典地而蒙受较大损失时，应设法给以适当补偿"。可以看出，新中国成立之初，对于土地产权制度的制定，尽可能考虑到了多种情况。只没收地主与生产力有关的土地等财产，其他财产不没收。对祠堂、庙宇、寺院、教堂、学校和团体在农村的土地及其工地予以征收，而不是没收，对清真寺所有的土地，是否征收还需要征求回族人民的意见，也是极大程度地尊重了人民的宗教信仰。另外，对地主兼营工商业的土地财产不予没收，较大地保护了民族工商业。对富农、自耕农和富裕中农的土地财产都予以保护。同时，对于没收土地时，如果部分农民因为典地而受了较大损失，都会给予一定的补偿。以上分析可以看出，此时的土地所有者有很多种：享有征收了公共土地所有权的政府、分得了土地所有权的普通农民、本来就有土地所有权的富农和中农、经营工商业的地主、一部分不同意征收的清真寺、一些愿意参加劳动改造的原来的地主、农村地区中的愿意参加农业劳动的僧、尼、道士、教士及阿訇、城市里经过证明失业的工人和家属等，主体非常广泛。现实生活中多种多样的土地所有者都根据实际情况得到了公平对待，该土地制度极大地团结了各个阶层的人们为新中国的美好生活而奋斗。

这一时期分得土地的农民享有土地产权客体包括自由经营、买卖及出租。法律明确规定"所有没收和征收得来的土地和其他生产资料，除本法规定收归国家所有者外，均由乡农民协会接收，统一地、公平合理地分配给无地少地及缺乏其他生产资料的贫苦农民所有。对地主亦分给同样的一份，使地主也能依靠自己的劳动维持生活，并在劳动中改造自己"，大部分土地没收和征收来分配给贫苦农民，同时兼顾了其他主体。"土地改革完成后，由人民政府发给土地所有证，并承认一切土地所有者自由经营、买卖及出租其土地的权利""对于土改中人民群众要求惩办的恶霸分子和破坏土改的罪犯，土地改革法要求各县组织人民法庭依法予以审判及处分。严禁乱捕、乱打、乱杀及各种肉刑和变相肉刑"，赋权和保护权利同时进行。可以看出各种类型土地所有者的土地产权，都会得到政府颁发的合法的土地所有证，都平等地享受自由经营、买卖及出租的权利。此时主体享有的土地产权客体是完整的所有权，与后来法律上提出来的物权比较相似。各种主体平等享有的权利，都通过"确权颁证"的手段得以法律保护。但国家所有的土地，相关的经营者享有的土地产权是受限制的。该法规定："国家所有的土地，由私人经营者，经营人不得以之出租、出卖或荒废。原经营人如不需用该项土地时，必须交还国家。"可以看出，对于国家享受所有权的公共土地，委托代理的经营人享有的土地产权只有自主经营一项，没有出租、出卖和荒废的权利，是严重受限制的土地产权。

此时的土地产权制度中，享有主体涉及面广，种类多；同时，各类主体享有的产权客体类似于后来的物权，比较完整，同时依据政府颁发的产权证可以得到法律的保护。这是革命胜利后，党带领全国各族人民，用土地改革产权制度来巩固来之不易的胜利果实，极大地调动了全国人民创造美好生活的积极性。

（三）新中国成立之初的土地产权制度的实施效果

新中国成立之初的土地产权制度促进了生产力的发展。1952 年底，除了西藏、新疆和台湾三省区以外，全国其他地区改革都已完成。据测算，土地改革前三年，地主、富农户数占全国家庭总户数的 7%，人口占全国人口的 9%，但土地面积却占全国土地面积的 52%，生产资料占有极不平衡。新中国成立之初的土地产权制度改革彻底摧毁了封建剥削制度，将约 4 600 多万公顷土地和大批生产资料无偿地分给了 3 亿多农民，减少了农民 350 亿千克的粮食地租。使各类有劳动能力的主体获得了自己的生产资料、生活资料，有效地激发了他们的生产积极性（叶明勇，2008）。据国家统计局的统计，1952 年同 1949 年相比，粮食产量增长 44.8%，棉花增长 193%，油料增长 64%，大大解放了农村生产力。随着生产力的发展，农民的生活也有了比较明显的改善。

新中国成立之初，党带领全国各族人民经过浴血奋战的革命斗争，胜利完成了新民主主义革命。经过革命年代土地制度的实践，通过《中华人民共和国土地改革法》，巩固了革命胜利果实。除了反革命分子，此次土地产权制度改革过程中，深入研究农村问题，根据实际情况照顾了农村不同的利益主体，考虑到了各种情况的贫苦人民利益，尊重客观规律，最大限度地降低了人民内部的矛盾，极大地调动全国人民生产积极性，不断发展生产力，建设美好新中国。

二、从互助组到人民公社时期的土地产权制度

人民公社时期，土地产权短期内快速由私有转变成人民公社集体所有。1952年，新中国成立之初进行的土地改革基本完成，实现了农民所有，亿万贫苦农民长期缺乏生产资料的现状得以改变，调动了广大人民的劳动积极性。然而，由于农村现实生产情况，以及在国际环境不利于中国发展的条件下，中国工业化发展需要自力更生。仅仅4年的时间，经历了农业生产互助组、初级农业合作社、高级农业生产合作社，取消了土地私有制，实行了土地集体所有制。1956年底，88%的农户已经加入了实行土地集体所有制的高级合作社，可以看出，短短4年时间，我国的土地产权制度由农民所有制转变为集体所有制。农村开始办"吃饭不要钱"的公共食堂。共产风、命令风、瞎指挥风到处乱刮，农民和合作社积累的一点点财富很快被消耗完，农村经济几乎到了崩溃的边缘（陈锡文等，2018）。该时期最大的特征是脱离现实条件，急切盼望进入美好的共产主义社会，而现实中经济状况却变得更糟糕了。

1. 农业生产互助组时期农村集体所有制的萌芽

中国共产党利用革命期间实践的经验，准确把握了土地改革的总路线和总政策，发动群众，快速完成了土地革命。土地改革前，大部分土地、农具归地主、富农等主体所有，贫苦农民只是为农业生产提供劳动力。土地改革后，一些大地主的土地和生产工具都被分配给了贫雇农。农业生产是一个系统生产作业，单靠几件工具很难完成。例如有人家分到了锄头，但没分到耕地的牛，只能除草，却无法耕地，很难完成自家分得的几亩地的农业生产任务，因此，这家就需要和有耕牛的人家合作，共享自家的锄头，同时也共享邻居家的耕牛，才能完成农业生产任务。土地改革后形成的农民私有产权制度与农业生产现状稍微有些不适应，农民需要通过互助来解决农业生产问题。由于土地改革刚刚完成，就出现过贫农通过出售分得的土地来维持生存的现象，为了巩固土地改革胜利的果实，避免农村中卖地严重而产生两极分化，中共中央根据马克思、恩格斯的有关合作理论，对农民自发形成的互助合作组织进行了适时引导。1951年，中共中央通过了《关于农业生产互助合作的决议（草案）》，该文件指出："要克服很多农民在分散经营中所发生的困难，要使得广大贫困的农民能够迅速增加生产而走上衣食丰足的道路，要使国家得到比现在多得多的商品粮食及其他工业原料"，同时需要"按照自愿互利的原则，发展农民劳动互助的积极性"。土改后分得土地的大部分农民，土地上种什么、种多少、如何种等完全由自己决策，互助的只是为了共享农业生产的要素，即这种互助组并没有影响到农户家庭的土地产权，此时农民的土地产权依然具有完整的权能。但从

以上中央文件中可以看出，革命胜利后，党中央急切盼望老百姓能过上衣食丰足的日子，也盼望着能够收获更多的农产品当作工业原料，因此，积极支持能够促进生产力发展的举措。此时期的土地产权制度还是农民享有完整的产权，互助的只是生产方式相互合作。

2. 初级农业生产合作社时期农民将土地以入股的形式交给合作社

初级农业生产合作社并没有改变农民土地所有的产权性质。1953 年 12 月，中共中央通过了《关于发展农业生产合作社的决议》，指出："实行农业的社会主义改造，使农业能够由落后的小规模生产的个体经济变为先进的大规模生产的合作经济，以便克服工业和农业两个部门发展不相适应的矛盾。"可以看出，此时的土地产权制度中农民依然享有土地所有权，只是将自己所有的土地以入股的形式交给合作社统一经营，合作社根据按劳、按土地、按生产资料相结合的分配方式，即社员可以根据入股土地的多少取得相应的收入。初级合作社是在有社会主义特征的互助组后建立起来的，是农村集体所有制的前奏阶段。当时中央认为："农民劳动互助合作社的积极性，表现出农民可以引向社会主义；农民是私有者和农产品的出卖者，这两种性质所发展的个体经济的积极性，表现出农民的自发趋向是资本主义，因此应该把农民个体经济的积极性引导到互助合作的积极性上来，从而克服建立在个体经济上的资本主义势力的自发倾向，逐步过渡到社会主义。"此外，农业生产合作社的建立也有利于后面的粮食统购统销政策的实施。相对于互助组，农业初级合作社优越之处在于能够解决共同劳动和分散经营的矛盾，同时能够实现在较大面积土地上统一种植相同作物，还可以在集体劳动的基础上进行合理分工，从而提高生产效率，增加粮食产量。虽然有很多规定，但初级合作社阶段，农民仍然享有土地所有权，只是将部分使用权让渡给合作社。

3. 高级农业生产合作社时期农民社员的所有土地都归合作社所有

初级生产合作社显示出积极的效果，使得中央下决心将初级合作社进一步推向更高阶段。1955 年中共七届六中全会通过的《关于农业合作化问题的决议》中指出，"面临着农村合作化运动日益高涨的形势，党的任务就是要大胆地和有计划地领导运动前进，而不应该缩手缩脚。"同时大力批判邓子恢"坚决收缩"的右倾机会主义的方针。《1956 到 1967 年全国农业发展纲要（草案）》要求除了部分基础好的地区外，其他地区"在 1958 年基本完成高级形式的农业合作化"。此后，高级合作社进入快速发展阶段。

高级合作社中土地所有制由农民私有转变为合作社所有。高级合作社开始，土地产权制度发生了根本性质的变化。1956 年，全国人民代表大会通过的《高级农业生产合作社示范章程》中明确规定："入社的农民必须把私有的土地和耕畜、大型农具等主要生产资料转为合作社集体所有。"同时，"社员私有的生活资料和零星的树木、家禽、家畜、小农具、经营家庭副业所需要的工具，仍属社员私有，都不入社。"可以看出，如果农民加入高级合作社，不再具有土地所有权，不再像初级社那样按照土地的面积和质量参与分配。即便这样，该章程也明确规定了入社农民有退社自由。该章程第二章第十一条规定，"社员有退社的自由。要求退社的社员一般地要到生产年度完结以后才能退社。社员退社的时候，可以带走他入社的土地或者同等数量和质量的土地，可以抽回他所交纳的股份基金和他的投资。"退社自由，相对于农民来说是较为公平的，如果农民在合作社没有得到公平的对待，理论上有"用脚投票"的选择。此外，高级合作社虽然将社员的土地和主要生产资料收归合作社所有，但私有生活资料包括小农具、经营家庭副业所需要的工具都仍然归社员私有。与之配套的是社员还有部分自留地，章程明确规定："农业生产合作社应该抽出一定数量的土地分配给社员种植蔬菜。"即使合作社拥有了土地所有权，还是给了农民极少量种蔬菜的自留地，即部分农民可以享受极少量自留地的使用权。综上所述，高级合作社的土地产权制度主要是高级合作社享受社员所有土地的所有权，农民只具有极少量用来种菜地的土地使用权。

4. 人民公社时期所有农村土地（包括宅基地）**都归集体所有**

高级合作社很快变成人民公社。1958 年 4 月，中央政治局批准了《关于把小型的农业合作社适当地合并成大社的意见》中指出："为适应农业生产和文化革命的需要，在有条件的地方，把小型的农业合作社有计划地适当地合并成大型的合作社是必要的。"1958 年 8 月，中共中央通过的《关于在农村建立人民公社问题的决议》，该文件指出："人民公社是形势发展的必然趋势""建立农林牧副渔全面发展、工农商学兵相结合的人民公社是指导加速社会主义建设，提前建成社会主义并逐步过渡到共产主义所必须采取的基本方针。"

人民公社时期，农村所有的土地都归人民公社所有。1961 年试行的《农村人民公社工作条例（修正草案）》明确规定："全大队范围内的土地，都归生产大队所有，固定给生产队使用。"即包括宅基地在内的大队所有土地，都归大队所有，即只有生产大队具有所有权，同时，所有权和使用权分开，生产队具有使用权。同时，该条例总论里指出："农村人民公社一般地分为公社、生产大队和生产队三级。以生产大队的集体所有制为基础的三级集体所有制，是现阶段人民公社的根本制度。公社在经济上，是各生产大队的联合组织。生产大队是基本核算单位。生产队是直接组织生产和组织集体福利事业的单位。"又说队为基础，三级所有，即拥有土地所有权的组织有三级：一是人民公社，二是生产大队，三是生产队。可以看出，理想的人民公社信息处理能力有限，在全社范围内免费调动资源的状况并不能持续下去，因此中央采取不断下放核算单位的措施，由人民公社下放给生产大队。由于统一经营、统一核算、统一分配，平均主义的"大锅饭"问题仍然突出，因此，又进一步将核算单位下放给生产队。即生产队最后也拥有了土地所有权。这种三级所有、队为基础的土地产权制度安排，一直延续到改革开放。

从政策成效看，农业生产互助组和初级合作社较多尊重农民的土地产权，较好地促进了生产发展。此时期农民掌握土地所有权和生产决策权，主要是在耕畜、生产工具、劳力等方面互相帮助，不论是土地还是生产工具，产权清晰，能够解决共同劳动和分散经营的矛盾。尤其是初级合作社能够实现在较大面积上统一种植相同作物，还可以在集体劳动基础上合理分工，因而提高了粮食生产效率。从统计数据上看，尽管 1953 年发生了涝灾，粮食仍然比 1952 年增产了 1.8%；而 1954 年遭遇百年未遇的大水灾，粮食仍然比 1953 年增产了 1.6%；1955 年粮食大丰收，比 1954 年增加了 8.5%。

急速推进的高级合作社和人民公社运动副作用逐渐凸显出来。高级合作社改造得过急过快，采取的强制措施违背了农民自愿的原则，忽视了农民的利益诉求，挫伤了农民生产积极性。入社过程中，由于作价过低，甚至出现了滥宰滥杀、故意损坏农具的行为，使得粮食产量不断下降。人民公社时期的"人有多大胆、地有多大产"、亩产万斤的产量"卫星"浮夸风到处乱刮；平均主义、大锅饭等不切实际的组织方式，使得农民干多干少一个样，干好干坏都一样；同时，在国家统购统销制度下，由于受浮夸风影响，过多征收了农民的粮食，使得大部分农民粮食短缺，经常处于半饥饿状态，仓库保管员监守自盗也常有发生。农业总产值由 1957 年的 537 亿元，下降到 1960 年的 415 亿元，即下降 22.7%。这种状况延续到改革开放前，10 亿人民中有 8 亿人民在搞饭吃，还有 2.5 亿人吃不饱，生产效率极其低下。

三、改革开放以后的土地产权制度

改革开放之初的土地产权制度最大的特征是将土地的所有权和使用权分开，实行"两权分置"。

（一）"两权分置"土地产权制度产生的背景

1978 年 12 月，党的十一届三中全会召开，全面地纠正了"文革"中及其以前的"左"倾错误，从指导思想上进行拨乱反正，重新确定了"实事求是""实践是检验真理的唯一标准"的马克思主义思想路线和组织路线。重新审视真理标准的评价问题，确立了"解放思想，开动脑筋，实事求是，团结一致向前看"的指导方针。果断停止"以阶级斗争为纲"的错误方针和口号，做出了 1979 年把全党工作重点转移到社会主义现代化建设上来的战略决策。十一届三中全会深入讨论了农业问题，会议认为，全党目前必须集中主要精力把农业尽快搞上去。为此目的，必须首先调动农民的社会主义积极性，必须在经济上关心他们的物质利益，在政治上切实保障他们的民主权利。具体措施是：人民公社、生产大队和生产队的所有权和自主权必须受到国家法律的切实保障，不允许无偿调用和占有生产队的劳力、资金、产品和物资；公社各级经济组织必须认真执行按劳分配的社会主义原则，按照劳动的数量和质量计算报酬，克服平均主义；社员自留地、家庭副业和集市贸易是社会主义经济的必要的补充部分，任何人不得乱加干涉；人民公社要坚决实行三级所有、队为基础的制度，稳定不变，人民公社各级组织都要坚决实行民主管理、干部选举、账目公开。中共中央实事求是的思想路线，为建立高效率的土地产权制度做了基本的保障。

中央工作会议明确提出要尽快将农业搞上去。中共十一届四中全会上通过了《中共中央关于加快农业发展若干问题的决定》，该文件逐渐承认了符合经济规律的产权制度，明确规定："社员自留地、自留畜、家庭副业和农村集市贸易，是社会主义经济的附属和补充，不能当作资本主义尾巴去批判。相反，在保证巩固和发展集体经济的同时，应当鼓励和扶持农民经营家庭副业，增加个人收入，活跃农村经济。"可以看出，社员自留地等产权边界明显、符合经济规律的事情得到高层认可，再也不被当成将要割去的"资本主义尾巴"。文件进一步强调按劳分配、多劳多得是社会主义的分配原则，对农业的领导，一定要从实际出发，一定要按照自然规律和经济规律办事，按照群众利益办事，一定要坚持民主办社的原则，尊重和保护社员群众的民主权利。决不能滥用行政命令，决不能搞瞎指挥和不顾复杂情况的"一刀切"。经济体制改革的目的，是适应我国公有制基础上发展有计划的商品经济的要求，逐步建立起有计划商品经济的新体制。

（二）"两权分置"的具体内容和基本特征

在新历史背景下，从中央到基层，大家都明显认识到土地人民公社集体所有"一权"的产权制度安排确实不能解决国内的基本温饱问题，现实中要求既要解决粮食生产的问题，又不能破坏土地集体所有的基本要求，"两权分置"的产权制度安排也就自然产生出来了。

1. 初期的"两权分置"（1978—1983 年）

在人民公社如火如荼的时候，农民曾经三次要求实行包产到户，即"两权分置"，而在当时的时代背景下，经过反复考虑，中央最后决策将基本核算单位回归到生产小队，认为这是避免农业回归到小生产、小私有制的底线。经过"实践是检验真理的唯一标准"大讨论后，人们的思想逐渐解放，政治氛围较之以前轻松了，经济政策也有所宽松，在这样的背景下，1978 年，安徽凤阳小岗村率先实行大包干，但 1978 年党的十一届三中全会原则通过的《中共中央关于加快农业发展若干问题的决定（草案）》中明确规定，集体经济主要以加强经营管理和改变分配规则来解决，"不许包产到户、不许分田单干"，而 1979 年 9 月通过的《中共中央关于加快农业发展若干问题的决定》中，把《草案》中的"两个不许"改为"一个不许""一个不要"，即"不许分田单干。除某些副业生产的特殊需要和边远山区、交通不便的单家独户外，也不要包产到户"。1980 年的 75 号文件用"三刀切"分清三种客观存在状况的办法，明确规定在集体经济比较稳定的地区，生产有所发展，现行生产责任制群众满意或者经过改进可以使群众满意的，就不要搞包产到户。在"吃粮靠返销、生产靠贷款、生活靠救济"的贫困地区，群众对集体丧失信心，要求包产到户的，应当支持群众的要求，可以包产到户，也可以包干到户，并在一个较长时间内保持稳定。"大包干、大包干，直来直去不拐弯，交够国家的，留足集体的，剩下的都是自己的"，75 号文件精神允许的包产到户，充分调动了农民的生产积极性，明显的增产效应使得大家对符合农业生产的家庭经营方式产生了更深刻的认识，因此到 1983 年年底时，全国 97.80% 的农村基本核算单位由生产队下放给了家庭，实行包干到户。短短几年时间内，我国就建立了统一经营与分散经营相结合，以家庭承包为主的联产承包责任制，即初步阶段的"两权分置"基本形成。

初期的"两权分置"的特征有以下几点：

①集体所有权权能依然非常大。集体所有权的权能主要表现在，第一，享受发包权，通过合同约束承包农户，并且有权利留机动地。第二，集体有权利向承包农户下达粮食等大宗农产品种植和统派购计划，集体有权保留一部分机动地暂时不分给农户。第三，统一经营权归集体，例如机耕、水利、植保、防疫、制种、配种等事项都由集体统一提供。第四，收益分配权。社员对从承包地里收获的农产品，必须一部分交给国家，

一部分交给集体，有剩余才是自己的。

②农户享有的使用权权能增大了，但相对集体所有权权能来说较小，初期的"两权分置"，农户享有的权能有限。第一，农户更多享有了农业生产自主选择权，在承包地里种什么作物、怎么种、由家庭几个成员负责种以及劳动时间选择等，集体都不再干涉，承包农户享有充分的选择权利。第二，农户享有了部分剩余索取权，当上交够国家的和集体的部分以外，剩下的都归自己。这种剩余索取权鼓励农户发挥家庭所有的脑力和体力，尽可能让自家的承包地产出更多农作物。初步对农户家庭多赋予了自主经营权，这种剩余索取权极大调动了农户积极性，高效安排家庭生产，解决温饱问题。

2. 后期的"两权分置"（1984—2013 年）

相对于初期的"两权分置"，后期的"两权分置"主要变化是集体所有权的权能不断收缩，而农户享有的土地使用权权能不断扩大，农地的各项权能不断由集体让渡给农户家庭。

从"占有"的权能来看，集体的权能不断收缩，农户的权能不断增加。1984 年中央 1 号文件明确规定："土地承包期一般应在十五年以上。生产周期长的和开发性的项目，如果树、林木、荒山、荒地等，承包期应当更长一些。"1993 年第一轮土地承包期到期，国务院发布《关于当前农业和农村经济发展的若干政策措施》指出："在原定的耕地承包期到期后，再延长三十年不变。""提倡在承包期内实行'增人不增地'、'减人不减地'的办法"，《中华人民共和国农村土地承包法》（2009 年修正）第二十六条规定，"承包期内，承包方全家迁入小城镇落户的，应当按照承包方的意愿，保留其土地承包经营权或者允许其依法进行土地承包经营权流转"。也就是说，承包方全家迁入小城镇落户后，发包方不能收回其承包地，农户使用权权能不断扩大。2008 年党的十七届三中全会通过的文件《中共中央关于推进农村改革发展若干重大问题的决定》中，明确规定"赋予农民更加充分而有保障的土地承包经营权，现有土地承包关系要保持稳定并长久不变。"2011 年国务院发布的《国务院办公厅关于积极稳妥推进户籍管理制度改革的通知》指出："农民的宅基地使用权和土地承包经营权受法律保护。现阶段，农民工落户城镇，是否放弃宅基地和承包的耕地、林地、草地，必须完全尊重农民本人的意愿，不得强制或变相强制收回。"即不论农户全家落户到哪种城市，承包方都可以不交回承包经营权。《中华人民共和国农村土地承包法》（2018 年修正）中第二十七条进一步强调，"承包期内，发包方不得收回承包地。国家保护进城农户的土地承包经营权。不得以退出土地承包经营权作为农户进城落户的条件。"即农户享有的承包经营权权能有"准物权"的特征。相对来说，集体经济组织的权能不断收缩。1984 年开始，相关文件反复强调，发包方不可随意收回、调整承包地。1997 年《中共中央办公厅国务院办公厅关于进一步稳定和完善农村土地承包关系的通知》进一步强调，清理整顿"两田制"和反租倒包。文件中明确规定"认真整顿'两田制'。八十年代中期以来，一些地方搞'两田制'，把土地分为'口粮田'和'责任田'，主要是为了解决负担不均和完成农产品定购任务难等问题。但在具体执行过程中，也出现了一些问题。有些地方搞的'两田制'实际上成了收回农民承包地、变相增加农民负担和强制推行规模经营的一种手段。中央不提倡实行'两田制'，没有实行'两田制'的地方不要再搞，已经实行的必须按中央的土地承包政策认真进行整顿。""对随意提高土地承包费，收回部分承包地高价发包，或脱离实际用行政命令的办法搞规模经营而强行从农户手中收回'责任田'等做法，要坚决予以纠正。农民要求退回的，应退还给农民承包经营。"此外，村集体以机动地获取收入的方式也被国务院叫停，该文件明确规定"在延长土地承包期的过程中，一些地方为了增加乡、村集体收入，随意扩大'机动地'的比例，损害了农民群众的利益。因此，对预留'机动地'必须严格控制。目前尚未留有'机动地'的地方，原则上都不应留'机动地'。今后解决人地关系的矛盾，可按'大稳定、小调整'的原则在农户之间进行个别调整。目前已留有'机动地'的地方，必须将'机动地'严格控制在耕地总面积5%的限额之内，并严格用于解决人地矛盾，超过的部分应按公平合理的原则分包到户。"即集体占有的权能呈现不断缩小的趋势。以上分析可以看出，从产权占有的视角看，后期阶段"两权分置"中，农户享有的使用权权能不断扩大，而集体享有的所有权权能不断收缩。

从土地产权"使用"权能的视角来看，农户享有的土地经营权权能在不断扩大，而集体享有的土地所有权的使用权能在不断下降。1985年中央1号文件指出，"从今年起，除个别品种外，国家不再向农民下达农产品统购派购任务，按照不同情况，分别实行合同定购和市场收购。粮食、棉花取消统购，改为合同定购""生猪、水产品和大中城市、工矿区的蔬菜，也要取消派购，自由上市，自由交易，随行就市，按质论价"，即国家通过集体统购的大部分农产品的销售权基本都下放给农户家庭。与此同时，2003年实施的《中华人民共和国农村土地承包法》第十六条明确规定：承包方"依法享有承包地使用、收益和土地承包经营权流转的权利，有权自主组织生产经营和处置产品"的权利，同时，"承包地被依法征用、占用的，有权依法获得相应的补偿。"同时，发包方承担"维护承包方的土地承包经营权，不得非法变更、解除承包合同""尊重承包方的生产经营自主权，不得干涉承包方依法进行正常的生产经营活动"。可以看出，集体享有的土地使用权较前期的"两权分置"阶段，确实减少了。

从土地产权"收益"权能的视角来看，农户享有的"收益"权能不断扩大，而集体享有的"收益"权能不断缩小。在"两权分置"初期，农户家庭必须要把一部分收益交给国家，同时，还要把一部分收益交给集体，剩下的才是自己的，即集体与国家、农户共同享有土地的一部分收益权。1984年中央1号文件又规定："因无力耕种或转营他业而要求不包或少包土地的，可以将土地交给集体统一安排，也可以经集体同意，由社员自找对象协商转包。""在目前实行粮食统购统销制度的条件下，可以允许由转入户为转出户提供一定数量的平价口粮。"即部分由于无力耕种或者从事其他行业的农户家庭，虽然不种承包地，但有权利享受一定数量的平价口粮。同时，2003年实施的《中华人民共和国农村土地承包法》明确规定："土地承包经营权流转的转包费、租金、转让费等，应当由当事人双方协商确定。流转的收益归承包方所有，任何组织和个人不得擅自截留、扣缴。"2004年中央1号文件明确提出"逐步降低农业税税率，2004年农业税税率总体上降低1个百分点，同时取消除烟叶外的农业特产税""有条件的地方，可以进一步降低农业税税率或免征农业税。各地要严格按照减税比例调减到户，真正让农民得到实惠"。从 2004 年起，承包家庭可以开始享受国家发放的农业直接补贴。2006 年 1 月 1 日起废止《农业税条例》，农户家庭不再上交"皇粮国税"。可以看出，农户享有的土地收益权权能不断扩大。相对来说，集体享有的土地收益权权能不断收缩。1991 年国务院颁行的《农民承担费用和劳务管理条例》，明确规定了"三提五统"，所谓的"提"是村提留，"统"指的是乡统筹。所谓"三提"，是指农户上交给村级行政单位的三种提留费用，包括公积金、公益金和管理费。村提留的公积金用于农田水利、基本建设、植树造林、购置生产性固定资产和兴办集体经济企业；公益金用于五保户供养、特别困难户补助、合作医疗保健以及其他集体福利事业；管理费用于村干部的报酬与管理开支。"五统"是指农民上交给乡镇一级政府的五项统筹。包括教育费附加、计划生育费、民兵训练费、乡村道路建设费和优抚费。即村集体开始有权享受"三提五统"的收益权利，但 2006 年《农业税条例》被废止后，村集体不再享受农户家庭种地所得的收益权，同时，也不能再向农户收承包费。

从土地产权中的"处分"权能来看，农户对土地的处分权不断扩大，集体对土地的处分权不断缩小。1984 年中央 1 号文件中，就允许承包农户根据自己家庭条件进行转包。"社员在承包期内，因无力耕种或转营他业而要求不包或少包土地的，可以将土地交给集体统一安排，也可以经集体同意，由社员自找对象协商转包"，可以看出，农户拥有转包土地的权利，同时可以选择转包对象。另外"转包条件可以根据当地情况，由双方商定"，即农户享有将自家的承包地转包给谁和自主谈判价格的权利，集体不得干预。2003 年实施的《中华人民共和国农村土地承包法》中明确规定了，承包农户家庭"依法享有承包地使用、收益和土地承包经营权流转的权利，有权自主组织生产经营和处置产品"。可以看出，农民对土地产权中拥有了部分"处分"权能。2007 年《物权法》规定，承包户有权将土地承包经营权采取转包、互换、转让等方式流转。2008 年十七届三中全会《决定》新增了农户可以选择土地入股，然后以股份流转。2013 年十八届三中全会《决定》，允许土地承包经营权抵押、担保，即承包户拥有的土地承包经营权权能更加完善。而作为拥有土地所有权的农民集体来说，2003 年实施的《农村土地承包法》明确规定"承包合同生效后，发包方不得因承办人或者负责人的变动而变更或者解除，也不得因集体经济组织的分立或者合并而变更或者解除"，同时反复强调集体经济组织以及任何国家机关都不得强制流转承包地。集体经济组织对土地的处分权权能不断缩减。

（三）"两权分置"对农业农村发展的成效和局限

"两权分置"经历了大概 20 多年，土地承包关系顺利实现了从合同约定关系到国家为农户赋权的重大转变，家庭承包经营实现了从生产经营制改革向产权制度改革的重大转变，同时，农户家庭从享有生产经营自主权到享有用益物权，甚至是"准所有权"的转变。在特殊的时代背景下，家庭承包经营制的优越性得到了最广泛的认同，极大地调动了农民的生产积极性，促使农民家庭合理安排家庭成员的工作，从而使得大量闲置的劳动力进入城市，参与到城市工业化的浪潮当中，解放和发展了农村生产力，解决了城乡温饱问题（周其仁，2017）。同时为城市化、工业化提供了充足的劳动力"蓄水池"。

1984 年与 1978 年相比，全国粮食产量提高了 34%，农民人均纯收入提高了 166%，巨大的改革红利使得农村土地产权改革赢得了全社会的支持。与此同时，在农村土地产权制度改革过程中，由于很多农村家庭对农业收入有较高的依赖性，农民非农就业不稳定，没有完善的社会保障，全社会对"土地是农民最重要的生计保障"有高度的认识，因此政策上也不断体现出对农民土地承包经营权的保护。

然而，家家包地、户户种田的生产经营制度也只能在特定历史阶段提高生产效率，随着时代发展，这种产权制度也显示出局限性。首先，农户土地经营规模小，生产效率低下。将整块田地分成许多小块，田埂等消减了土地面积，也不利于机械化生产作业。长期处于超小规模的家庭经营，使得我国农业生产长期滞留在半自给自足经济阶段，导致农业生产成本高，经济效率低下，没有国际市场竞争力。其次，"集体所有，家庭经营"中产权模糊地带造成了很多社会矛盾。2003 年实施的《中华人民共和国农村土地承包法》中虽然保护农民土地的使用权、流转权等维护农村土地承包关系的稳定，但该法也明确规定当国家为了"公共利益"的需要必须征用土地时，可以对土地依法征收或征用。实际操作中，经常出现以"计划经济的价征收农民的承包地，又以市场经济的价出售农民的承包地"，因此积累了很多社会矛盾。第三，"两权分置"并且承包权长期不变这种制度设计，使得一些早已不依靠承包地生活的农民为了保住承包地而粗放经营，浓浓的恋地情结严重影响了承包地作为生产要素来高效生产农产品的本质要求，在我国这样一个优质耕地资源稀缺的国家，这种制度设计阻碍了耕地资源的高效配置。

四、新时代的土地产权制度

自 2014 年以来，我国农村土地产权制度最大的特征是"三块地"随着时代特征不断改革，其中承包地和宅基地分别分步进行"三权分置"改革，而集体经营性建设用地进行入市改革，进一步促进我国农业产业兴旺，助力乡村振兴。

随着工业化、城市化、全球化的步伐不断推进，不论是属于集体所有的承包地，还是宅基地，将近 3 亿农民户籍的人外出，到城市就业，长期生活在城市，新的条件使得"两权分置"的基本产权制度与现实资源高效利用之间产生了矛盾。在新的历史条件下，我国分别对农村土地进行"三权分置"的改革。最早是先对承包地进行"三权分置"的改革，紧接着又对宅基地进行了"三权分置"的改革。与此同时，对集体经营性建设用地产权制度也进行了相应改革，使得我国土地产权制度更加符合时代发展的需要。下面将分别对"三块地"的改革进行详细论述。

（一）承包地"三权分置"

所谓"三权分置"是在集体所有权和农户享有的土地承包经营权两权分置的基础上，将农户享有的承包经营权进一步分为"承包权"和"经营权"。农户享有的承包权是基于成员权为基础的权利，只有具有集体成员的资格才拥有承包权，具有明显的社区封闭性和不可交易性。经营权是农户或者其他主体通过在农地上耕作获取收益的权利，是一种财产性的权利，具有可交易性，可以通过市场机制配置到有能力经营土地的人手中。

1. 承包地"三权分置"的必然性

改革开放初期，由于大部分农民主要以农业为主要收入来源，承包权和经营权结合在一起，浑然一体，相安无事。但随着改革开放不断推进，时代背景发生了巨大变化，大部分农村人进入城市就业，以非农业为家庭主要收入来源，再加上农村的养老保险制度不断完善，医疗保险也不断完善，承包地承载的就业、增收、社会保障等功能在不断减退，承包权和经营权在现实中不断发生分离。2013年，全国进城务工的农民工中有3 400万人举家外迁，就业地点和就业结构发生了巨大变化，很难继续耕种土地，承包权和经营权浑然一体的形式显然已不再符合时代的发展要求。随着承包农户外出务工的人数不断增加，土地流转需求、土地融资需求不断增加，这种浑然一体的产权结构在法理上给人们造成了很多困惑。因此对承包经营权进行再分割，实行所有权、承包权、经营权"三权分置"，赋予经营权相对独立的权能的主张被提出来。

2013年，习近平总书记指出，"深化农村改革，完善农村基本经营制度，要好好研究土地所有权、承包权、经营权三者的关系。"2013年底召开的中央农村工作会议中明确指出，"顺应农民保留土地承包权、流转土地经营权的意愿，把农民土地承包经营权分为承包权和经营权，实现承包权和经营权分置并行，这是我国农村改革的又一次重大创新。"2014年中央1号文件明确指出，"在落实农村土地集体所有权的基础上，稳定农户承包权、放活土地经营权，允许承包土地的经营权向金融机构抵押融资。有关部门要抓紧研究提出规范的实施办法，建立配套的抵押资产处置机制，推动修订相关法律法规。"2014年11月中共中央办公厅、国务院办公厅印发的《关于引导农村土地经营权有序流转发展农业适度规模经营的意见》提出："坚持农村土地集体所有权，稳定农户承包权，放活土地经营权，以家庭承包经营为基础，推进家庭经营、集体经营、合作经营、企业经营等多种经营方式共同发展。""抓紧研究探索集体所有权、农户承包权、土地经营权在土地流转中的相互权利关系和具体实现形式。按照全国统一安排，稳步推进土地经营权抵押、担保试点，研究制定统一规范的实施办法，探索建立抵押资产处置机制。"可以看出，这种顺应农民保留土地承包权、流转土地经营权意愿的"三权分置"是我国土地产权制度的趋势。

2. 承包地"三权分置"产权构成

2019年中央1号文件明确规定："完善落实集体所有权、稳定农户承包权、放活土地经营权的法律法规和政策体系。""三权分置"从一开始提出，就对农地集体所有权、农户承包权、经营权的产权边界提出了要求。下面将从构成产权的视角对"三权分置"进行分析。

（1）落实集体所有权。2016年《关于完善农村土地所有权承包权经营权分置办法的意见》中明确指出："农村土地农民集体所有，是农村基本经营制度的根本，必须得到充分体现和保障，不能虚置，土地集体所有权人对集体土地依法享有占有、使用、收益和处分的权利。"2019年中央1号文件明确规定："坚持农村土地集体所有、不搞私有化。"可以看出，从国家相关权威文件都要求土地集体所有的性质坚决不能改变。就如何落实集体土地所有权，2016 年《意见》中明确指出："农民集体是土地集体所有权的权利主体，在完善'三权分置'办法过程中，要充分维护农民集体对承包地发包、调整、监督、收回等各项权能，发挥土地集体所有的优势和作用。"可以看出，集体充分享受承包地的发包、调整、监督和收回的权能，拥有法律意义上完整的权能。

集体所有权的"占有"权能体现在集体对承包权和经营权的监督、管理，在特定条件下收回承包经营权。集体尤其具有其他主体不具备的调整承包地、监督承包地按照集体要求经营的权能，2016 年《意见》指出："集体有权因自然灾害严重毁损等特殊情形依法调整承包地；有权对承包农户和经营主体使用承包地进行监督，并采取措施防止和纠正长期抛荒、毁损土地、非法改变土地用途等行为。"

集体对土地"使用"权能主要体现在如果承包户成员之间转让承包权的，必须在集体备案；流转承包权的，也必须在集体备案，才有对抗第三方的法律效力。

集体对土地"收益"的权能主要体现在以下两点：一是国务院 2014 年出台的《关于引导农村土地经营权有序流转发展农业适度规模经营的意见》明确规定："土地流转给非本村（组）集体成员或村（组）集体受农户委托统一组织流转并利用集体资金改良土壤、提高地力的，可向本集体经济组织以外的流入方收取基础设施使用费和土地流转管理服务费，用于农田基本建设或其他公益性支出。"二是"集体土地被征收的，农民集体有权就征地补偿安置方案等提出意见并依法获得补偿。"集体才是土地征地收益的合法谈判人，享有谈判的权利。

集体对承包地的"处分"权能非常小。集体土地所有权不得买卖，承包地只有被动处分权，只有国家为了公共利益征收承包地时，集体才能服从国家征地要求，被动处分集体土地。2019 年《中华人民共和国土地管理法》明确规定："国家为了公共利益的需要，可以依法对土地实行征收或者征用并给予补偿。"

此外，集体所有权有严格的边界限制。2016 年《意见》要求集体需要"通过建立健全集体经济组织民主议事机制，切实保障集体成员的知情权、决策权、监督权，确保农民集体有效行使集体土地所有权，防止少数人私相授受、谋取私利。"2019 年 1 号文件明确规定集体对承包地的所有"不可以侵犯农户的承包权"。

（2）稳定农户承包权。2018 年新修订的《中华人民共和国农村土地承包法》第十条明确规定："国家保护承包方依法、自愿、有偿流转土地经营权，保护土地经营权人的合法权益，任何组织和个人不得侵犯。"2016 年《意见》对农户承包权的"占有""使用""收益""处分"权能有明确的规定："在完善'三权分置'办法过程中，要充分维护承包农户使用、流转、抵押、退出承包地等各项权能。承包农户有权占有、使用承包地，依法依规建设必要的农业生产、附属、配套设施，自主组织生产经营和处置产品并获得收益；有权通过转让、互换、出租（转包）、入股或其他方式流转承包地并获得收益，任何组织和个人不得强迫或限制其流转土地；有权依法依规就承包土地经营权设定抵押、自愿有偿退出承包地，具备条件的可以因保护承包地获得相关补贴。承包土地被征收的，承包农户有权依法获得相应补偿，符合条件的有权获得社会保障费用等。不得违法调整农户承包地，不得以退出土地承包权作为农民进城落户的条件。"并且这些规定在《中华人民共和国农村土地承包法》（2018 年修正）得到法律的确认和保护。

从农户对承包权的"占有"权能来看，2017 年党的十九大报告明确指出："保持土地承包关系稳定并长久不变，第二轮土地承包到期后再延长三十年。"若从第一轮承包算起，农户家庭可以连续享受 75 年排他性承包权"占有"权能，75 年包括，二轮承包剩下的期限和三轮承包全过程。

从农户对承包权的"使用"权能来看，在农户占有承包地期间，农户有权按照自己的意愿安排农业生产，并且在符合各项规定的基础上，可以建设必要的农业生产、附属、配套设施。

从"收益"权能来看，农户有自主组织农业生产，处置农产品获得收益的权利。此外，若承包地被征收，有权获得征地补偿，另外农户充分享受退出承包权的共享收益。

从"处分"权能来看，承包农户有权转让、互换、出租（转包）、入股或其他方式流转承包地并获得收益，承包权可以对抗任何第三方对权利的干涉。并且，2014 年的《意见》也明确提出："鼓励有条件的地方制定扶持政策，引导农户长期流转承包地并促进其转移就业。"即对于承包农户来说，相应政策在促进流转的同时，也会充分考虑其就业问题。

（3）保护土地经营权。经营主体依流转合同取得的土地经营权可以得到平等保护。土地经营权获取需要和承包户签订合同，其"占有"权能必须在合同约束的范围内。《中华人民共和国农村土地承包法（2018 年修正）》明确规定："土地经营权人有权在合同约定的期限内占有农村土地，自主开展农业生产经营并取得收益。"可以看出，土地经营权"占有"期限必须根据合同来定，在合同期限内，才具有享受自主安排农业生产的权能；此外，土地经营权"占有"的期限，必须在承包期的剩余期限内。

经营权的"使用"权能，主要体现在利用流转过来的土地进行生产经营。2016 年《意见》指出："经承包农户同意，可依法依规改良土壤、提升地力，建设农业生产、附属、配套设施，并依照流转合同约定获得合理补偿"，即流转主体有权利根据农业生产要求对土地进行改造。同时有权利："在流转合同到期后按照同等条件优先续租承包土地。"即流转的土地经营权有一定的续约权利。

土地经营权的"收益"权能主要体现在流转主体经营土地，获得农产品，自主处置农产品获得相应收益的权利，同时，流转主体有获得经营农业、规模经营等国家补贴的权利。此外，经营主体为了农业生产，提升地力、修建相应建筑，有按照合同获得补偿的权利。

土地经营权的"处分"权能体现在合同期内的继续出租、转让、入股、抵押、担保、贷款、继承。2016 年《意见》明确提出："积极开展土地承包权有偿退出、土地经营权抵押贷款、土地经营权入股农业产业化经营等试点，总结形成可推广、可复制的做法和经验，在此基础上完善法律制度。"在试点区宁夏平罗县，土地经营权的抵押、担保、贷款、入股等权能体现的比较成熟，银行巧妙利用第三方经营的方式，顺利处理了经营权贷款违约。此外，2018 年修订的《中华人民共和国农村土地承包法》中用法律的形式，保障了经营权再流转、担保的权利。第四十六条规定："经承包方书面同意，并向本集体经济组织备案，受让方可以再流转土地经营权。"第四十七条："承包方可以用承包地的土地经营权向金融机构融资担保，并向发包方备案。受让方通过流转取得的土地经营权，经承包方书面同意并向发包方备案，可以向金融机构融资担保。"可以看出，经过承包方书面同意，经营权依然拥有合法的再流转、抵押的权利。

3. 承包地"三权分置"政策效果

承包地"三权分置"是继"两权分置"的家庭承包经营制之后，在很多农民纷纷进城工作的时代背景下，顺应农民保留土地承包权、流转土地经营权意愿，着力推进农业现代化的重要举措，是又一农村重大制度改革。总体来说，"三权分置"是农村基本经营制度的自我完善，符合时代发展规律。有利于明晰土地产权关系，更好维护农民集体、承包农户、经营主体的利益，有利于促进土地资源合理利用，构建新型农业经营体系，发展多种形式适度规模经营，从而提高土地的产出率、劳动的生产力和资源的利用率，从而更好推动我国现代农业的发展。

然而，耕地"三权分置"的改革过程实践中，依然出现了一些在政策设计之初并没有受到重视的问题。首先是地租让农业成本显现，侵蚀了不少农业生产经营的利润。农户的承包权在取消了农业税后，即农民种自家承包地的显性成本中并不包含地租和劳动力的价值。而随着土地有偿流转现象不断增多，租地经营主体实际支付的包含了租金，另外由于规模扩大，不得不雇佣劳动力，两样成本很快凸显出来，使得 2005—2013 年，三类主粮平均利润由 22.38％下降为 6.64％。"租金太贵，种不起地"是很多经营主体经常提起的话题，规模经营主体"非粮化"成为一种结果。其次，2004 年开始的种粮直补，2006 年开始的农资综合补贴效果在"三权分置"的背景下，激励效应可能要打折扣。因为这些补贴都是按照承包面积直接发给承包户的，但大部分承包户采用统一价早已把自家承包地流转出去，因此前几年出现了"拿补贴的不种粮"，"种粮的拿不到补贴"的现象。第三，容易陷入日韩经历过的"流转陷阱"。不论是近两年的农村地区的"精准扶贫"，还是刚刚提出不久的"乡村振兴"，都是国家不断重视农村的重大信号，部分承包户即使早已不在农村生产生活，但认为现在社会，国家会给农民更多优惠政策，因此想牢牢地守着农村的承包地和宅基地，以等待着套利，从而阻碍了土地资源的市场化配置。此外，农民对土地投入的情感等禀赋效应也严重地阻碍农户流转土地。因此部分农户会选择短期流转，甚至"一年一签"，甚至免费给小规模邻家凑合种。并没有像预期的那样，通过"三权分置"，使市场化在土地资源配置效应显现出来，出现了"流转陷阱"的现象。

（二）宅基地"三权分置"

宅基地是农村土地的重要组成部分，也是农村财产权利的主要来源。和承包地一样，在历史的大脉络中，宅基地的产权制度安排也呈现出从"两权分置"到"三权分置"的特征。2018 年中央 1 号文件首次提出宅基地的"三权分置"，文件明确规定："完善农民闲置宅基地和闲置农房政策，探索宅基地所有权、资格权、使用权'三权分置'，落实宅基地集体所有权，保障宅基地农户资格权和农民房屋财产权，适度放活宅基地和农民房屋使用权"。即将宅基地的产权结构划分为所有权、资格权和使用权。

1. 宅基地"三权分置"的演变特征

1963 年中共中央发布的《关于各地对社员宅基地问题作一些补充规定的通知》，明确规定了宅基地所有权归集体，使用权归农户，处分权能小。通知指出，"社员的宅基地，包括有建筑物和没有建筑物的空白宅基地，都归生产队集体所有，一律不准出租和买卖。但仍归各户长期使用，长期不变，生产队应保护社员的使用权，不能想收就收，想调剂就调剂。""宅基地上的附着物，如房屋、树木、厂棚、猪圈、厕所等永远归社员所有，社员有买卖或租赁房屋的权利。房屋出卖以后，宅基地的使用权即随之转移给新房主，但宅基地的所有权仍归生产队所有。""社员需新建房又没有宅基地时，由本户申请，经社员大会讨论同意，由生产队统一规划，帮助解决，但尽可能利用一些闲散地，不占用耕地。必须占用耕地时，应根据《六十条》规定，报县人民委员会批准，社员新建住宅占地无论是否耕地，一律不收地价。"可以看出，新中国成立不久，宅基地"两权分置"已经非常明显。所有权归集体，使用权归农户，同时，地上附着物的所有权都归社员所有，社员之间可以买卖、租赁拥有所有权的地上附着物。1963 年之后，我国农村宅基地一直是稳定地实行集体所有，农户使用的"两权分置"特征。但在 50 多年里，也进行了很多调整。

宅基地资格获得人的范围呈现出不断收缩的特征。新中国成立之初，我国绝大部分人都是农村人，由于人口相对比较少，免费分得宅基地的制度规则在新中国成立之初并没有出现矛盾，因此也没有专门的文件禁止城镇居民获得农村的宅基地。1982 年，国家颁布了《村镇建房用地管理条例》，其中第十四条明确规定："农村社员，回乡落户的离休、退休、退职职工和军人，回乡定居的华侨，建房需要宅基地的，应向所在生产队申请，经社员大会讨论通过，生产大队审核同意，报公社管理委员会批准。"即农村社员、告老还乡的工作人员（包括退休、离休、退职、军人、华侨）等，都有资格获得宅基地。1986 年颁布的《土地管理法》第四十一条规定，若经县级人民政府批准、用地面积不超过省市规定标准，并且参照征用土地的补偿标准支付补偿费和安置补助费，城镇非农业户口居民可以使用集体所有土地建设住宅。即在符合条件的基础上，城镇非农业户口居民有获得宅基地的资格。1990 年开始，国家对宅基地使用权主体进行限制。1990 年发布的《国务院批转国家土地管理局关于加强农村宅基地管理工作请示的通知》明确规定："对不合理分户超前建房、不符合法定结婚年龄和非农业户口的，不批准宅基用地；对现有住宅有出租、出卖或改为经营场所的，除不再批准新的宅基用地外，还应按其实际占用土地面积，从经营之日起，核收土地使用费；对已经'农转非'的人员，要适时核减宅基地面积。"可以看出，几类主体申请宅基地将会受到限制，第一类是不合理分户的农民，比如儿子年龄不满法定结婚年龄提前盖房的行为将被禁止。对于非农业户口的人，将不再有获得宅基地的资格。如果存在"农转非"的人员，要及时收回宅基地。如果已经出租了，或卖了宅基地的人员，将不会再有分到宅基地的资格。如果一些人将宅基地用作商业用途，不仅失去再分宅基地的资格，还会被收取土地费。20世纪 90 年代末，一些地区用地秩序混乱、非法交易农民集体土地的现象比较严重，出现了以开发"果园""庄园"为名炒卖土地、非法集资的情况。面对这种情况，1999 年出台了《国务院办公厅关于加强土地转让管理严禁炒卖土地的通知》，明确规定："农民的住宅不得向城市居民出售，也不得批准城市居民占用农民集体土地建住宅，有关部门不得为违法建造和购买的住宅发放土地使用证和房产证。""农民集体土地使用权不得出让、转让或出租用于非农业建设；对符合规划并依法取得建设用地使用权的乡镇企业，因发生破产、兼并等致使土地使用权必须转移的，应当严格依法办理审批手续。"可以看出，由于社会中出现炒作农民集体土地的情况，城市居民也彻底失去了获得农村宅基地的资格。同时，农民集体土地使用权的转让被控制得更加严格。由于经济飞速发展，集体土地产生的新情况也不断出现，国务院及时发布文件来为新出现的问题提供解决方案。2004 年《国务院关于深化改革严格土地管理的决定》"禁止擅自通过'村改居'等方式将农民集体所有土地转为国有土地。禁止农村集体经济组织非法出让、出租集体土地用于非农业建设。改革和完善宅基地审批制度，加强农村宅基地管理，禁止城镇居民在农村购置宅基地。"对"村改居"等低成本地将集体土地转换成国有土地的做法，都被严格禁止。集体土地用作非农建设也被禁止，宅基地管理更加严格，坚决禁止城镇居民在农村购置宅基地。不可以获取宅基地资格权人的范围由原来的"城市居民"缩减为"城镇居民"。自此之后，几乎所有的文件都将"禁止城镇居民在农村购置宅基地"。

宅基地使用权的获得经历了无偿到有偿再到无偿的过程。1963 年中共中央发布的《关于各地对社员宅基地问题作一些补充规定的通知》，明确规定"社员新建住宅占地无论是否耕地，一律不收地价"。即宅基地起初是免费分给社员，公平为普通劳动人民群众解决基本的居住权利，具有社会保障功能。但这套制度安排本身有内在的矛盾，由于土地有限，而人口不断增多，免费申请宅基地，导致了"一户多宅"，建新不拆旧，"公地悲剧"无法避免。农民在收入增加、生活水平提高之后，出现了兴建住房热，造成宅基用地不断扩大，使大量的耕地被占。据统计，1985—1988 年的 4 年间，全国农村建房占用耕地 29.67 万公顷，占同期全国各项建设占用耕地数量的 1/3，部分地区，农民更新住房的年限越来越短，面积越来越大，标准越来越高。面对这种新出现的情况，国务院 1988 年在山东德州地区和全国 200 多个县的部分乡、村实行了宅基地有偿使用的试点，取得了较好的效果。1990 年《国务院批转国家土地管理局关于加强农村宅基地管理工作请示的通知》颁布，明确规定："确定宅基地有偿使用收费标准时，对在规定用地标准以内的，既要体现有偿原则，又要照顾群众的经济承受能力，少用少交费，多用多交费；超标准用地的，应规定较高的收费标准；对级差收益较高地段，收费标准要适当提高。""宅基地使用费要本着'取之于户，收费适度；用之于村，使用得当'的原则，实行村有、乡管、银行立户制度。专款专用，主要用于村内基础设施和公益事业建设，不得挪作他用。"即经过试点运行后，为了节约用地，对宅基地审批采取有偿使用的办法，但有偿的使用费，都是为了照顾到村民的经济能力，适度收费，只有超标准和级差收益较高的地段，才对其收更多的钱，收来钱的用途只能用在村内基础设施和公益事业建设，不可以挪作他用。1992 年，全国已有 28 个省（自治区、直辖市）、1 200 多个县、6 000 多个乡镇、约 13 万个行政村对宅基地使用进行了收费。但 1993 年，国务院召开了全国为农民减负的电话会议，宣布取消农村宅基地有偿使用费、农村宅基地超占费。此后，至少从国家层面，又实行免费的宅基地制度，部分地方根据实际情况，仍然实行宅基地有偿使用制度。

2. 宅基地"三权分置"的产权体系

随着城市化进一步推进,农村空房率明显升高,尤其一些自然资源条件较好的地区,闲置的农房是有潜在利用价值的资源。例如浙江省象山市,是三面环海风景绝佳胜地,具有很高的旅游开发价值,经过对宅基地"三权分置"改革,一些举家外迁的老人将农村老宅子出租给旅游公司,获得了一笔能够满足养老需要的资金支持。原来只有村集体成员才可以享受的宅基地使用权被进一步分解成"资格权"和"使用权"两权,2018 年中央 1 号文件以及中共中央 国务院印发的《乡村振兴战略规划(2018—2022年)》中明确指出,"落实宅基地集体所有权,保障宅基地农户资格权和农民房屋财产权,适度放活宅基地和农民房屋使用权"。

(1)落实宅基地集体所有权。自 1962 年以来,从法律上和政策上都明确规定,宅基地归农民集体所有。与此同时,社员长期免费享受使用权,后来出现的"一户多宅"等现象可以看出,集体所有权的权能相对来说比较微弱。在农村人口结构不断变动的新时代背景下,农村住房交易机会增多,落实集体所有权权能显得更加重要。

集体所有权对宅基地的"占有"权能主要体现在对社员申请宅基地的批准权利和集体排他性的收回宅基地。社员使用宅基地,必须要向农民集体申请,只有农民集体批准了,才能获得宅基地使用权。1982 年国务院发布《村镇建房用地管理条例》明确规定:"在村镇内,个人建房和社队企业、事业单位建设用地,都应按照本条例的规定,办理申请、审查、批准的手续。任何机关、企业、事业单位和个人不准擅自占地建房、进行建设或越权批准占用土地。"可以看出,为社员审批宅基的权能是集体所有权"占有"的主要体现。此外,由于各种原因,社员不再使用宅基地,农民集体也是收回宅基地的唯一合法主体。《村镇建房用地管理条例》第十五条明确规定:"社员迁居并拆除房屋后腾出的宅基地,由生产队收回,统一安排使用"。1990 年《国务院批转国家土地管理局关于加强农村宅基地管理工作请示的通知》明确规定:"对已经'农转非'的人员,要适时核减宅基地面积",即农民集体有权监督宅基地的使用情况,若出现成员资格消失的家庭,农民集体有权核减宅基地面积。1995 年国家土地管理局出台文件《确定土地所有权和使用权的若干规定》第五十二条中明确规定:"空闲或房屋坍塌、拆除两年以上未恢复使用的宅基地,不确定土地使用权。已经确定使用权的,由集体报经县级人民政府批准,注销其土地登记,土地由集体收回。"即如果农民申请宅基地已经过了两年,但依然不建造房屋,将宅基地空闲下来,农民集体有权收回宅基地使用权;或者农民在申请的宅基地上已修建房屋,但倒塌了或拆了,两年以上农民还未在这块宅基地上重新建造房屋,即使农民已经通过颁证等程序获得了这块宅基地的使用权,农民集体依然可以在县人民政府批准的条件下,注销其土地使用权,合法收回这块宅基地。总之,农民集体通过批准、监督、收回宅基地使用权来体现集体所有权的"占有"权能。

集体对宅基地所有权的"使用"权能主要体现在集体统一规划,为村民统一建设住宅,并且将老宅基地复垦等权能。国务院印发《乡村振兴战略规划(2018—2022 年)》中第九章第四节,对搬迁撤并类村庄进行详细规划。"对位于生存条件恶劣、生态环境脆弱、自然灾害频发等地区的村庄,因重大项目建设需要搬迁的村庄,以及人口流失特别严重的村庄,可通过易地扶贫搬迁、生态宜居搬迁、农村集聚发展搬迁等方式,实施村庄搬迁撤并，统筹解决村民生计、生态保护等问题。""搬迁撤并后的村庄原址，因地制宜复垦或还绿，增加乡村生产生态空间"，而搬迁后的原址，一般是被村集体统一收回，进行复垦。近两年，新农村建设以及乡村振兴战略对于农民的人居环境较为重视，部分地区利用村集体的宅基地统一为村民建设更加优质的房屋，鼓励农民集中居住，以便更好提供公共服务。这类举措都是农民集体对宅基地所有权"使用"权能的充分体现。

集体对宅基地所有权的"收益"权能主要体现在与农民分享被依法征收的村民宅基地获得的补偿。由于宅基地主要是为成员解决基本居住问题，具有福利性质，大部分是免费获得，少部分象征性地收取少量的费用。因此，若村民的房屋被依法征收，所获得的补偿应该分一份给村集体。在1988—1992年，全国200多个县的部分乡、村试行了宅基地有偿使用，集体收取部分费用，主要用作为村民提供公共服务的经费开支，但这种"收益"权能很快随着国家为农民减负的倡议下停止了。

集体对宅基地所有权的"处分"权能较小，不得买卖宅基地使用权。1982年国务院关于发布《村镇建房用地管理条例》的通知第四条明确规定："严禁买卖、出租和违法转让建房用地。"即使是集体也没有权利出售宅基地使用权。

（2）保障宅基地农户资格权和农民房屋财产权。农户宅基地资格权实质上是基于集体成员身份而免费获得宅基地的权利，是基于成员权基础的权利。宅基地资格权的"占有"权能主要体现在农户家庭对所获得的宅基地可以长期占用，同时在宅基地上修建的建筑物、种的树木等都归农户家庭所有，合法对抗第三方。1963年《中共中央关于各地对社员宅基地问题作一些补充规定的通知》规定："社员的宅基地，包括有建筑物和没有建筑物的空白宅基地，都归生产队集体所有，一律不准出租和买卖。但仍归各户长期使用，长期不变，生产队应保护社员的使用权，不能想收就收，想调剂就调剂。""宅基地上的附着物，如房屋、树木、厂棚、猪圈、厕所等永远归社员所有，社员有买卖或租赁房屋的权利。房屋出卖以后，宅基地的使用权即随之转移给新房主，但宅基地的所有权仍归生产队所有。"可以看出，虽然所有权属于集体，但宅基地使用权长期归社员，社员可以长期占有宅基地。党的十八届三中全会《决定》中明确界定了宅基地用益物权的特征。宅基地"占有"期限，在文件中并没有明确规定，有学者建议将宅基地"占有"期限规定为70年，到期之后，基于成员权免费申请的宅基地，可以继续申请免费延期；而通过继承、转让、赠予获得的宅基地，可以申请有偿延期使用（叶兴庆，2016）。此外，农民家庭在宅基地上的各种建筑、树木等，农民家庭具有所有权，长期占有，随着宅基地的转移而转移。宅基地资格权的"使用"主要体现在申请者可以在申请的面积之内，自由合理规划宅基地，自主选择建造房子的户型、建筑材料，是否在宅基地上栽树、种花、种菜等，种多少等问题第三方不得干涉。宅基地"收益"权能体现在两方面，一方面是宅基地上修建的建筑的出租，宅基地上种植树木等的销售收益都归农民家庭所有；另一方面是若国家依法征收农户家庭的宅基地，农户有权利获得合理的补偿。随着城市化不断发展，部分大中城市周边地区的郊区，农民的宅基地以及上面的建筑物被征收，按照标准换得了几套拥有完整产权的城市住房，这是宅基地资格权"使用"权能的一种体现。宅基地资格权"处分"权能主要体现在农民有权利将宅基地转让给集体内部的成员，获得相应的收益。此外，党的十八届三中全会的《决定》明确规定：“保障农户宅基地用益物权，改革完善农村宅基地制度，选择若干试点，慎重稳妥推进农民住房财产权抵押、担保、转让，探索农民增加财产性收入渠道。”即在推行改革的试点区，农户可以合法利用宅基地资格权抵押、担保、转让的权能。同时，宅基地资格权可以继承和赠与。

（3）适度放活宅基地和农民房屋使用权。宅基地“三权分置”改革刚刚提出，在浙江省的部分地区已经开展得较为成功。全国比较有代表性的是浙江象山市的改革，宅基地和农房使用权体现得较为明显。浙江省象山市允许在发展乡村产业前提下，流转取得宅基地使用经营权，按合同约定和相关规定新建改建或重建，适度放活农村宅基地使用权。可以看出，宅基地使用权的“占有”权能主要体现在，在合同约定期内，占有从拥有宅基地资格权的主体手中流转过来的宅基地，根据合同约定，抗拒第三方干涉。宅基地使用权的“使用”权能，体现在根据合同约定，可以选择居住或者经营已经流转过来的宅基地使用权，同时，根据合同约定，可以根据经营的事业来重新修建房子。宅基地使用权的“收益”权能主要是利用经营流转过来的宅基地，享有获得经营利润的权利。宅基地使用权的“处分”权能主要按照合同约定，任何处分行为，都需要征得资格人的同意。

（三）集体经营性建设用地产权制度改革和产权权能演变

集体经营性建设用地是农村土地的重要组成部分。目前农村的集体建设用地分为三大类：宅基地、公益性公共设施用地和集体建设经营性用地。宅基地、农村公益性公共设施用地更强调公益性，集体经营性建设用地更强调经营性。所谓集体经营性建设用地是指具有生产经营性质的农村建设用地，包括农村集体经济组织使用乡（镇）土地利用总体规划确定的建设用地兴办企业或与其他单位、个人以土地使用权入股、联营等形式共同举办企业、商业所使用的农村集体建设用地。截至 2013 年底，我国集体经营性建设用地面积为 280 万公顷，占农村总的建设用地面积的 13.5%。因此，集体经营性建设用地也是农村土地的重要组成部分，其改革演变特征也是土地产权制度的重要组成部分。

集体经营性建设用地的产权权能不断被收缩。自 1986 年以来，《中华人民共和国土地管理法》一共修订过 5 个版本，根据该部法律，农村集体经营性建设用地出现了两次调整，收缩了集体经营性建设用地的产权权能。1986 年，《中华人民共和国土地管理法》第三十六条明确规定：“全民所有制企业、城市集体所有制企业同农业集体经济组织共同投资举办的联营企业，需要使用集体所有的土地的，必须持国务院主管部门或者县级以上地方人民政府按照国家基本建设程序批准的设计任务书或者其他批准文件，向县级以上地方人民政府土地管理部门提出申请，按照国家建设征用土地的批准权限，经县级以上人民政府批准；经批准使用的土地，可以按照国家建设征用土地的规定实行征用，也可以由农业集体经济组织按照协议将土地的使用权作为联营条件。”可以看出，农民集体有权利以出让土地使用权为条件，获得与国有企业、城市集体企业等进行联营，和这些经济组织的地位可以平等。1988 年修订的第二版《中华人民共和国土地管理法》第二条明确规定："国有土地和集体所有的土地的使用权可以依法转让。土地使用权转让的具体办法，由国务院另行规定。"即集体土地似乎与国有土地具有平等的地位，其使用权除了与国有企业、城市集体企业联营外，还拥有了转让权，权能更加扩大了一步。然而，在 20 世纪 80 年代，整个社会非常活跃，改革思路也是非常开放，但是这种活跃的时期并不长，集体经营性建设用地的权能很快就被收缩起来了。1998 年第三次修订的《中华人民共和国土地管理法》第六十三条明确规定："农民集体所有的土地的使用权不得出让、转让或者出租用于非农业建设；但是，符合土地利用总体规划并依法取得建设用地的企业，因破产、兼并等情形致使土地使用权依法发生转移的除外。"即集体经营性建设用地联营、转让的资格完全丧失，不可能有资格参与到非农产业经营的用地中来。此外，该部法律第四十三条明确规定："任何单位和个人进行建设，需要使用土地的，必须依法申请使用国有土地；但是，兴办乡镇企业和村民建设住宅经依法批准使用本集体经济组织农民集体所有的土地的，或者乡（镇）村公共设施和公益事业建设经依法批准使用农民集体所有的土地的除外。"可以看出，除了两项有公益性质的建设用地外，集体经营性建设用地的经营性资格完全被剥夺了，集体经营性建设用地的使用权流转完全丧失。进一步说明，国有企业、城市集体企业以及其他企业如果想寻找经营的土地，不可以直接找农民集体，只能通过县级政府，先将集体土地征收为国有土地，然后才可以用于经营，集体经营性建设用地的地位是不同于国有土地的。

农用地转用的年度计划实行指令性管理制度也是严重收窄了集体经营性建设用地的权能。2004 年国务院《关于深化改革严格土地管理的决定》文件明确规定："严格执行占用耕地补偿制度。各类非农业建设经批准占用耕地的，建设单位必须补充数量、质量相当的耕地，补充耕地的数量、质量实行按等级折算，防止占多补少、占优补劣。"同时，该文件明确提出："加强土地利用计划管理。农用地转用的年度计划实行指令性管理，跨年度结转使用计划指标必须严格规范""改进农用地转用年度计划下达和考核办法，对国家批准的能源、交通、水利、矿山、军事设施等重点建设项目用地和城、镇、村的建设用地实行分类下达，并按照定额指标、利用效益等分别考核。""从严从紧控制农用地转为建设用地的总量和速度""农村集体建设用地，必须符合土地利用总体规划、村庄和集镇规划，并纳入土地利用年度计划，凡占用农用地的必须依法办理审批手续""鼓励农村建设用地整理，城镇建设用地增加要与农村建设用地减少相挂钩。"可以看出，土地资源的计划指令性特征出现。集体土地配置方式更倾向于"计划""集体所有，集体使用"，市场性的配置农村土地资源的手段越来越弱。2019 年新修订的《中华人民共和国土地管理法》对集体经营性建设用地使用权权能稍有变化，但还是呈现收缩状态。第四十三条依然明确规定："任何单位和个人进行建设，需要使用土地的，必须依法申请使用国有土地；前款所称依法申请使用的国有土地包括国家所有的土地和国家征收的原属于农民集体所有的土地。"第四十四条明确规定："建设占用土地，涉及农用地转为建设用地的，应当办理农用地转用审批手续。"可以看出，若个人需要利用土地，还是依然只能申请国有土地。但稍有放松的一点是，若需要占用土地，需要先办理农地转用审批手续，将集体土地转为国有土地。第三十三条明确规定："省、自治区、直辖市人民政府应当严格执行土地利用总体规划和土地利用年度计划，采取措施，确保本行政区域内耕地总量不减少；耕地总量减少的，由国务院责令在规定期限内组织开垦与所减少耕地的数量与质量相当的耕地，并由国务院土地行政主管部门会同农业行政主管部门验收。个别省、直辖市确因土地后备资源匮乏，新增建设用地后，新开垦耕地的数量不足以补偿所占用耕地的数量的，必须报经国务院批准减免本行政区域内开垦耕地的数量，进行易地开垦。"即若占了耕地，除了增减挂钩，还可以通过开垦的方式来补充少了的耕地。但第六十三条："农民集体所有的土地的使用权不得出让、转让或者出租用于非农业建设"，总体情况是集体经营性建设用地表现出更多的特征是"集体所有，集体使用"，集体经营性建设用地不得出让、转让或出租。

集体经营性建设用地的产权制度改革更多在试点地区试行。随着整个社会经济不断发展，城乡之间资本流动增多，特别是 20 世纪 90 年代中期以后乡镇企业改制后快速发展，时代的发展，使得农村集体经营性建设用地使用权的占有、使用、流转情况发生了较大变化。虽然法律上明文禁止，但现实经济发展需求使得集体经营性建设用地实际流转的情况超过了法律边界。为了找出现实中解决矛盾的方法，自然资源部（原国土资源部）在 1999 年就在一些地方部署集体建设用地流转试点。很多试点区根据党中央、国务院相关试点的文件指示，制定了符合本地区集体经营性建设用地的流转管理办法。2002 年，安徽省发布《集体建设用地有偿使用和使用权流转试行办法》，规定在省管辖国土内，集体经营性建设用地使用权可以转让、抵押、出租，但不得用于经营性房地产开发。2005 年，广东省发布了《集体建设用地使用权流转管理办法》，规定在全省范围内，集体建设用地使用权可以出让、出租、转让、转租和抵押，兴办各类工商企业，包括国有、私营企业、个体工商户、外资投资企业、股份制企业、联营企业等，可以使用集体建设用地，当然，不允许集体建设用地用于开发商品房。广东省作为经济快速发展的地区，对集体经营性建设用地的改革力度较大。2008 年湖南省发布《集体建设用地管理暂行办法》，规定集体建设用地使用权可以出让、出租、作价出资（入股），可以使用集体建设用地兴办各类工商企业。2010 年上海市政府发布《转发市规划国土资源局市农委关于开展农村集体建设用地流转试点工作若干意见》，明确规定农村集体建设用地使用权可以通过租赁、出让、转让、转租等形式流转，用于工业、商业、旅游业、服务业等项目，并且可以抵押。各个省市对集体经营性建设用地用作房地产开发都不允许，将风险控制在较小的范围内。

经过各省试点，相应的中央文件也不断推进集体经营性建设用地的改革。2008 年 10 月党的十七届三中全会《决定》就提出："在土地利用规划确定的城镇建设用地范围外，经批准占用农村集体土地建设非公益性项目，允许农民依法通过多种方式参与开发经营并保障农民合法权益"；"逐步建立城乡统一的建设用地市场，对依法取得的农村集体经营性建设用地，必须通过统一有形的土地市场、以公开规范的方式转让土地使用权，在符合规划的前提下与国有土地享有平等权益。"2013 年 11 月十八届三中全会《决定》提出"在符合规划和用途管制前提下，允许农村集体经营性建设用地出让、租赁、入股，实行与国有土地同等入市、同权同价。"2015 年 1 月，中共中央办公厅和国务院办公厅联合印发了《关于农村土地征收、集体经营性建设用地入市、宅基地制度改革试点工作的意见》，文件中明确规定："建立农村集体经营性建设用地入市制度。针对农村集体经营性建设用地权能不完整，不能同等入市、同权同价和交易规则亟待健全等问题，要完善农村集体经营性建设用地产权制度，赋予农村集体经营性建设用地出让、租赁、入股权能；明确农村集体经营性建设用地入市范围和途径；建立健全市场交易规则和服务监管制度。"2019 年中央 1 号文件明确规定："在修改相关法律的基础上，完善配套制度，全面推开农村土地征收制度改革和农村集体经营性建设用地入市改革，加快建立城乡统一的建设用地市场。"以上文件的内容反映两点：一是农村集体经营性建设用地使用权权能不断扩大，可以出让、租赁、入股，也可以抵押，已经不再局限于"集体所有，集体使用"这种土地资源配置方案；二是集体经营性建设用地可以和国有土地一样同地、同价、同权入市，即出让、租赁、入股、抵押等处分权能的实现不需要被国家征地以后才能取得了。

经过 2015 年全国人大通过《关于授权国务院在北京市大兴区等三十三个试点县（市、区）行政区域暂时调整实施有关法律规定的决定》，经过三年的试验，这些试点地区对于集体经营性建设用地的改革初见成果。试点区的试验结果表明：集体经营性建设用地入市进一步显化了集体土地价值，试点地区共获得入市收益 178.1 亿元。浙江德清已入市集体经营性建设用地 183 宗、89.8 公顷，农村集体经济组织和农民获得净收益 2.7 亿元，惠及农民 18 万余人，覆盖面达 65%。

五、未来土地产权制度改革展望

习近平总书记指出，土地制度是国家的基础性制度，农村土地制度改革是个大事，涉及的主体、包含的利益关系十分复杂，必须审慎稳妥推进。李克强总理强调，要坚持从实际出发，因地制宜，深化农村土地制度改革试点，赋予农民更多财产权利，更好地保护农民合法权益。在坚持农村集体所有制的前提下，不断推进"三块地"的产权制度改革，涉及国家、集体、农民之间的利益关系调整，涉及农村社会结构和治理体系的转型，同时也涉及相关法律的修订。在这样一个以人为中心的新型城镇化和以乡村振兴带动城乡人口和资本双向流动的时代，一些新农人会进入农业农村，一些小农会退出农业农村，部分小农将会被升级改造，小农生产正在被重组、重建和重构，形成了多样的小农形态。时代背景不断变化，因此土地产权制度的改革也不断随着时代的变化而变化。

我国产权制度改革的趋势判断：一是以有利于提高资源配置效率和城市化健康发展，审慎突破集体所有制中成员权的封闭性，推进赋予农户土地成员权退出选择权的产权改革；二是以还权于民为导向，不断推进国家对农村集体资产赋权，使得集体资产平等参与到社会资源配置的市场中来；三是以提高农村土地资源利用效率为导向，对农村集体经济组织不断进行现代化股份制改造，进一步明确土地管理主体义务和权利边界，使得"委托—代理"管理机制效率不断提升。

本章参考文献

陈锡文，罗丹，张征，2018. 中国农村改革 40 年 [M]. 北京：人民出版社：15-32.

胡传根，2017.《井冈山土地法》的诞生和影响 [J]. 时代主人 (8)：26 - 27.

黄贤金，张安录，2016. 土地经济学 [M]. 北京：中国农业大学出版社：264 - 285.

叶明勇，2008. 新中国成立后土地改革运动研究述评 [J]. 北京党史 (5)：25 - 29.

叶兴庆，2016. 农村集体产权权利分割问题研究 [M]. 北京：中国金融出版社：35 - 67.

周其仁，2017. 城乡中国 [M]. 北京：中信出版社：105 - 154.

第二章　基本经营制度

农业是国民经济和社会发展的基础，纵观新中国成立 70 年来的发展历程，我国农业发展成就巨大。截至 2018 年底，全国粮食总产量达 65 789 万吨，肉、蛋、菜、果、茶、鱼等产量稳居世界第一。农民凭借自己的智慧和勤劳的双手，牢牢地把饭碗端在了中国人自己手里。在新中国发展的历史进程中，我国农业发展方式发生了深刻转变。我国农业科技进步贡献率目前达到 57.5%，农作物耕种收综合机械化率达到 68%，我国农业经营方式现代化水平显著提升，传统的农业种植方式正在成为历史。各类新型农业经营主体超过 300 万家，高素质农民超过 1 500 万人，带动广大小农户迈向农业现代化。在这个过程中，农民的收入持续增长，消费水平也在不断提高，农村居民家庭恩格尔系数下降至 31.2%（韩长赋，2019），这些都与我国农业经营制度的变革存在着密不可分的关系。

从 1949 年开始，我国农业经营制度先后经历了小农经营体制的建立、农业合作化运动与人民公社化运动，以及家庭经营体制的建立、完善与创新。新中国成立后，为了实现农村土地分配基本均等化，废除了地主土地所有制，把土地平均分配给贫下中农，建立了小农经营体制。土地改革完成后，为了实现国家工业化的目标，保障城市农产品供给和工业原料的供给，需要从农业中提取剩余，于是开始合作化运动与人民公社化运动，迅速发展了农业生产的集体经营。但经过一段时期的探索，发现农业生产的集体经营阻碍了我国农业经济的发展，于是农民开始自发探索家庭经营方式，最终形成以家庭承包经营为基础、统分结合的双层经营制度。随着科技的不断发展，广大小农户也开始了迈向现代农业的进程，在新时期，我国的农业经营制度经历了不断稳定、完善与创新的阶段，呈现了鲜明的时代特点。

一、小农经营体制的建立

新中国成立以前，中国农村长期处于半殖民地半封建社会，土地地主所有制占据主导地位。土地改革前，地主（占当时农户总数的 3.79%）占有全国 38.26% 的耕地面积，富农（占当时农户总数的 3.08%）占有全国 13.66% 的耕地面积；贫雇农（占当时农户总数 57% 以上）仅占有全国 14% 的耕地面积（杜润生等，1996）。从耕地质量分配情况看，地主、富农拥有的耕地多为上等地，而占全国农户总数一半以上的贫雇农拥有最少的耕地面积，而且耕地质量也相对贫瘠。因此，就当时情况看，存在土地占有极不平衡，多数农民收入微薄，生产资金匮乏，农业发展水平极低，社会矛盾突出等问题。

1921 年 7 月，中国共产党成立，提出了"没收土地等生产资料，归社会公有"的

---

* 本章编写人员：曹丹丘。

目标。1928 年，毛泽东主持制定了《井冈山土地法》（中国共产党历史上第一部土地法），它否定了封建土地所有制，将农民耕种土地的权利以法律的形式确定下来。但当时这部法律规定"没收一切土地"，意味着当时所有土地都归苏维埃政府所有。1929 年 4 月，毛泽东在兴国县主持制定了《兴国土地法》，这是中国共产党历史上第二部土地法，它在第一部法律的基础上将"没收一切土地"改为"没收一切公共土地及地主阶级的土地"，并规定将这些土地"分给无田地及少田地的农民耕种使用"，得到了广大农民的拥护，极大地提高了农民的生产积极性，促进了粮食产量迅速增加，改善了农民的生活质量。在此之后，由于先后经历抗日战争和解放战争时期，这一阶段，中共中央将土地政策由"地主减租减息、农民交租交息"调整为将地主土地分配给农民。1947 年 9 月，中国共产党在西柏坡村通过了《中国土地法大纲》，规定"废除封建性及半封建性剥削的土地制度，实行耕者有其田的土地制度""废除一切地主的土地所有权"。同年 10 月，解放区的土改运动迅速开展，在新中国成立以前，老解放区已经有 1.6 亿人口完成了土地改革，为小农经营体制的建立奠定了良好的基础（陈锡文等，2018）。

新中国成立后，土地改革还未完成。1950 年 6 月 28 日，中共中央通过了《中华人民共和国土地改革法》，提出"废除地主阶级封建剥削的土地所有制，实行农民的土地所有制，借以解放农村生产力，发展农业生产，为新中国的工业化开辟道路"。1952 年底，除一些决定暂不进行土地改革的少数民族地区以外，全国土地改革基本完成，3 亿多无地或少地的农民无偿分得约 0.47 亿公顷土地及其他农业生产资料。土地改革后，农村土地分配基本实现均等化，贫雇农（占当时农户总数的 52.2%）占有全国 47.1% 的耕地面积；中农（占当时农户的 39.9%）占有全国 44.3% 的耕地面积；富农（占当时农户的 5.3%）占有全国 6.4% 的耕地面积；地主（占当时农户的 2.6%）占有全国 2.2% 的耕地面积（陈锡文等，2009）。1954 年，第一部《中华人民共和国宪法》明确提出"国家依照法律保护农民的土地所有权和其他生产资料所有权"。至此，农民的土地所有制建立，广大农民变成自耕农，小农经营体制开始发展，农民的生产积极性被广泛调动。

二、农业生产的集体经营

土地改革基本完成后，中国农村社会基本趋于安定，实现了"耕者有其田"的良好局面，农村土地成为农民的私有财产，更是极大地激发了农民的生产积极性。但在其后 4 年，88% 的农户加入了实行土地集体所有、农业生产集体经营的高级合作社（陈锡文，2018），农业生产的集体经营经历了哪些演变过程？在这个过程中，我国的农业经济发展状况如何？最终又为何改变了这一集体经营制度？

（一）集体经营制度的演变

1. 互助组

我国农业生产的互助合作实践最早开始于第二次国内革命战争时期，所谓"互助组"，就是在土地归农民各户所有的基础上，依据自愿互利的原则，将各户人工和畜力进行交换与帮扶，甚至共同劳动的一种农业经营形式（陈锡文，2018）。这些早期的互助合作一方面缓解了当时因农业生产资料短缺带来的独立经营的困难，另一方面也为后来发展互助合作运动奠定了基础。1951 年春，政务院在《关于一九五一年农林生产的决定》中明确提出："劳动互助组不但可以克服劳动力不足的困难，而且可以进一步达到提高生产的目的。自愿结合、等价交换和民主管理，是组织起来的根本原则，必须遵守。必须结合提高技术、结合副业生产以充实并提高劳动互助的内容"。1951 年 12 月 15 日，《中共中央关于农业生产互助合作的决议（草案）》正式下发，互助合作运动迅速发展。

到 1951 年底，我国的互助组达到 467.5 万个，参加的农户达 2 100 万户，占农户总数的比重为 19.2%。1952 年，全国共有互助组 803 万个，一年内新增农业互助组 335.5 万个，参加互助组的农户达 4 536.4 万户，占全国农户总数的 40%（在老解放区，组织起来的农户一般占农户总数的 65% 以上；在新解放区，一般占 25% 左右），每个互助组平均 5.7 户，比 1951 年平均 4.5 户增加了 1.2 户（孙健，1992；陈锡文，赵阳，陈剑波等，2009）。

在农业互助组织的发展过程中，出现了几种形式。一是简单的劳动互助组。这种类型的互助组主要以规模小、临时性、季节性为特点。具体来讲，这种互助组一般由 3～5 户组成，在农忙时将各家各户的牲畜以及其他生产工具集中起来，进行互助劳作。这种形式的互助组没有正式的计工制度，正因为它与农户原有的互助习惯类似，因此在当时发展速度非常快，这对于当时恢复农业生产，克服土地改革后小农户缺乏畜力、农具等生产资料的困难起了许多积极作用。二是常年的互助组。这种互助组的主要特点是规模较大，实行劳力、畜力、农具全面互助，除农业外，还结合副业实行常年互助。常年的互助组具有相对正式、规范的互助形式，它不仅有简单的生产计划，并进行一些技术分工，还有比较完全的计工、清工制度。由于有相对完整的组织形式，有些互助组还添置了部分公有农具和牲畜，积累了少量公有财产。土地改革后，这种常年的互助组数量逐年增加，除老解放区外，1950 年约占互助组农户总数的 3% 左右，1951 年占比达 10%，1952 年占比达 25%。在老解放区，常年的互助组一般达 25% 以上（孙健，1992）。

农业互助合作的发展进程相对顺利，但在发展的过程中，也出现了一些单纯追求完成任务指标的做法，在一些地方造成了不良影响。1953 年 10 月 26 日至 11 月 5 日，在北京召开全国第三次互助合作会议，在这次会议上，根据毛泽东同志的要求，我国农村互助合作运动从发展互助组为中心开始转向发展农业合作社。

2. 初级社

首先发展的是初级社。在此前，我国虽有部分地区试办了农业生产合作社，但数量极为有限，从 1953 年冬开始，初级社迅速发展。所谓"初级社"，就是在互助组的基础上，以个体农民自愿组织起来的、半社会主义性质的集体经济组织（陈锡文，2018）。初级社与互助组最大的不同在于，互助组仅仅是基于生产资料的互助合作，解决了当时劳动力、耕畜、农具等生产资料匮乏等问题，但各户拥有各自土地的收益权，并独自承担各自土地上的耕种、收益等风险。而初级社则以土地入股为基础，将初级农业合作社中社员的土地进行集中经营、集中管理，不仅共同分享生产资料，还共同承担全社土地的收益盈亏，各户收益并不按农户拥有土地上的实际收益为划分标准，而是按照社员实际付出的劳动数量和质量以及入社的土地等生产资料的数量进行收益分配，分配方式主要采取按劳计酬与股份分红相结合的方式。从某种意义上讲，这种形式下，农户虽然拥有土地的所有权，但实际已经失去了对自家土地的直接控制权（陈锡文，赵阳，陈剑波等，2009）。

1953 年 12 月 16 日，中共中央通过的《关于发展农业生产合作社的决议》规定了农业生产合作社的发展指标，如"从一九五三年冬季到一九五四年秋收以前，全国农业生产合作社应由现有的一万四千多个发展到三万五千八百多个。其中，华北由六千一百八十六个发展到一万二千四百多个；东北由四千八百一十七个发展到一万个；华东由三千三百零一个发展到八千三百多个；中南由五百二十七个发展到三千六百多个；西北由三百零二个发展到七百多个；西南由五十九个发展到六百多个。中央批准这些计划数字，并责成各地党委努力去完成这个计划"。这些规定促使农业生产合作社迅速发展，到 1955 年 6 月底，全国有农业生产合作社 65 万个，参加农户为 1 700 万户，占全国农户总数的 14.2%（陈锡文，2018）。

3. 高级社

初级社在一些地区实行了两三年，到 1955 年夏季以后，一场以普遍建立高级社为目标的"农村社会主义高潮"运动掀起。1955 年 7 月 31 日，毛泽东在中共中央召集的省区市负责人会议上首次把农业合作化运动中所谓右倾机会主义比作"小脚女人"，批评了主张发展合作社要稳步前进的同志。那次会议在关于农业合作化运动的报告中提出，有的地方已经到来农业合作化运动的社会主义高潮，农村不久也将出现一个全国性的社会主义改造高潮。同年 12 月底，毛泽东在为《中国农村的社会主义高潮》一书作的序言中谈到："在一九五五年的下半年，中国的情况起了一个根本的变化。中国的一亿一千万农户中，到现在——一九五五年十二月下旬——已有百分之六十以上的农户，即七千多万户，响应中共中央的号召，加入了半社会主义的农业生产合作社。""几个月时间，就有五千几百万农户加入了合作社。这是一件了不起的大事。这件事告诉我们，只需要一九五六年一个年头，就可以基本上完成农业方面的半社会主义的合作化。"

1956 年 1 月，中共中央政治局提出《一九五六年到一九六七年全国农业发展纲要（草案）》，要求推动高级农业合作社的发展。到 1956 年 2 月中旬，全国加入农业生产合作社的农户已占到总数的 85%，其中加入高级社的农户已占到全国总数的 48%（陈锡文，赵阳，陈剑波等，2009）。在高级社迅速发展的势态下，同年 6 月 30 日，第一届全国人大三次会议通过《高级农业生产合作社示范章程》，该章程指出："农业生产合作社按照社会主义的原则，把社员私有的主要生产资料转为合作社集体所有，组织集体劳动，实行'各尽所能，按劳取酬'，不分男女老少，同工同酬。""入社的农民必须把私有的土地和耕畜、大型农具等主要生产资料转为合作社集体所有。"这些规定都深刻地表明，在这一阶段，土地归农民所有的制度彻底转变为土地的集体所有制度，并实行按劳分配原则进行生产劳作。

到 1956 年底，参加农业生产合作社的农户已占总农户的 96.3%，其中参加高级社的农户，占全国农户总数的 88%。到 1957 年末，农村高级合作社总数达到 75.3 万个，入社农户 1.19 亿户，占全国农户总数的 96% 以上（陈锡文，2018）。至此，我国农村基本实现了从半社会主义合作化到完全社会主义合作化的转变。原计划用 15 年时间，或者更长一些的时间完成农业社会主义改造，只用了 4 年时间就完成了（从 1953 年 2 月 15 日中共中央通过第一个互助合作决议算起）。从数据可以看出，从 1953 年至 1957 年，初级社在 1955 年达到巅峰，参加农业生产合作社的农户总数达 1 688.1 万户，而高级社基本只用了从 1955 年夏季到 1956 年底一年半的时间就实现了入社农户的飞速增长（表 2 - 1）。

表 2 - 1 1953—1957 年全国参加农业生产合作社的农户数

单位：万户

年份	1953	1954	1955	1956	1957
高级社	0.2	1.2	4	10 742.2	11 945
初级社	27.3	228.5	1 688.1	1 040.7	160.2

资料来源：黄道霞，余展，王西玉，1992. 建国以来农业合作化史料汇编 [M]. 北京：中共党史出版社.

20 世纪 50 年代初，在"耕者有其田"的基础上发展社会主义性质的合作经济，不仅体现了土地改革后我国农村的实际情况，也符合我国工业化总体战略的需要。同时，回顾农业合作化的进程，我们发现，我国农业的经营形式在这一阶段也经历了许多变化，经历了从私有土地上的分户经营、私有土地上的互助经营到私有土地上的合作统一经营，以及集体共有土地上的集体统一经营。在互助合作阶段，充分体现了农户以分享生产资料为基础进行互助劳作的合作形式，后来经历初级农业合作社与高级农业合作社发展阶段，其经营形式也随之改变，最终形成生产资料集体所有的统一经营形式。

4. 人民公社体制下的集体经营

（1）人民公社体制的建立。在农业合作化运动后期，一些地方开始出现在合并高级社基础上，建立更大规模农业生产组织的做法。这一做法与毛泽东同志 1955 年在《中国农村的社会主义高潮》一书中《大社的优越性》一文按语的思想一致。其中提到，"小社仍然束缚生产力的发展，不能停留太久，应当逐步合并。有些地方可以一乡为一个社，少数地方可以几乡为一个社"。但是由于规模过大，早期多数大社的经营管理都出现了问题。所以，1957 年 9 月党中央发出文件："大社、大队一般是不适合于当前生产条件""现在规模仍然过大而又没有办好的社，均应根据社员的要求，适当划小"。这个文件并没有缓解大社的持续快速发展。1958 年 3 月 8—26 日，中共中央在成都召开有中央有关部门负责人和各省、自治区、直辖市党委第一书记参加的工作会议（即成都会议），会议通过了《关于把小型的农业合作社适当地合并为大社的意见》，提出把小型的农业生产合作社有计划地适当地合并为大型的农业生产合作社的建议。同年 4 月，党中央发出了合并大社的指示。

1958 年 5 月，党的第八次全国代表大会第二次会议召开，会议通过了"鼓足干劲，力争上游，多快好省地建设社会主义"的总路线。这条总路线是中国共产党探索中国式建设道路的一次尝试，也正因为总路线的提出，1958 年 8 月，"人民公社"被正式提出，其特点被定义为"一曰大，二曰公；可以把工农商学兵合在一起，管理生产，管理生活，管理政权"。1958年8月29日，《关于在农村建立人民公社问题的决议》（以下简称《决议》）对人民公社的发展形势进行了判断，认为"人民公社是形势发展的必然趋势。大型的综合性的人民公社不仅已经出现，而且已经在若干地方普遍发展起来，有的地方发展得很快，很可能不久就会在全国范围内出现一个发展人民公社的高潮，且有不可阻挡之势。""在目前形势下，建立农林牧副渔全面发展、工农商学兵互相结合的人民公社，是指导农民加速社会主义建设，提前建成社会主义并逐步过渡到共产主义所必须采取的基本方针。"《决议》还对人民公社的组织建设进行了细致的说明，《决议》提出："社的组织规模，就目前说，一般以一乡一社、两千户左右较为合适。某些乡界辽阔、人烟稀少的地方，可以少于两千户，一乡数社。有的地方根据自然地形条件和生产发展的需要，也可以由数乡并为一乡，组成一社，六七千户左右。至于达到万户或两万户以上的，也不要去反对，但在目前也不要主动提倡。""人民公社进一步发展的趋势，有可能以县为单位组成联社。"对并社过程中的财产关系问题，《决议》要求："若干社合并成一个大社，他们的公共财产、社内和社外的债务等等，不会是完全相同的，在并社过程中，应该以共产主义精神去教育干部和群众，承认这种差别，不要采取算细账、找平补齐的办法，不要去斤斤计较小事。"这个《决议》在全国范围吹响了向人民公社化进军的号角。此后，《红旗》杂志于1958年9月1日发表了《迎接人民公社的高潮》的社论，《人民日报》于1958年9月10日发表了《先把人民公社的架子搭起来》的社论。

人民公社得到迅速发展。据统计，截至1958年9月29日，全国农村共建立人民公社23 384个，平均每社4 797户，加入农户1.12亿户，参加的农户占总农户的90.4%。在河南、吉林等省有94个县以县为单位建立了县人民公社或县联社（陈锡文，赵阳，陈剑波等，2009）。到1958年11月，全国共建立人民公社26 572个，加入的农户达12 692万户，参加的农户占全国农户总数的99.1%，相当于高级社户数规模的30倍左右（陈锡文，2018）。

由于人民公社规模过大，加之实行政社合一的领导，难以实现生产资料的高效分配，集体财产和劳动力被随意调配的现象十分严重，导致生产效率下降。同时，这种生产资料公有化、生产经营统一化、收入分配平均化的模式挫伤了农民的生产积极性。加之后来的天灾，造成粮食大量减产，我国经济发展遭到严重挫折。在这种情况下，中共中央进行了积极反思并开始及时修正。

（2）人民公社体制经过多次调整，进入"三级所有，队为基础"的阶段。中共中央对人民公社初期出现问题的及时修正，主要体现在两次郑州会议上。第一次郑州会议是1958年11月2—10日，毛泽东同志在郑州主持召开了部分中央和地方领导同志的会议。会上，毛泽东同志首先带领大家一起重新学习斯大林所著的《苏联社会主义经济问题》一书的相关部分，接着阐述了人民公社的必要性并分析了当时存在的部分问题。在这次会议上，毛泽东同志不仅强调要"划清社会主义与共产主义，集体所有制与全民所有制的界限，肯定现阶段我国是社会主义社会；肯定人民公社基本上是集体所有制"，还提出"取消商品经济是违背客观经济规律的"。他指出"现在还是要利用商品生产，商品交换，价值法则来作为一种有用的工具。我们国家是个商品生产不发达的国家，现在又很快地进入了社会主义，社会的商品生产、商品交换还要发展，这是肯定的，有积极作用的"。这次会议从理论上阐述了市场经济的基本运行规律，强调商品生产的等价交换原则，对人民公社化运动中出现的问题进行了反思。虽然这次会议仍未触及人民公社本身存在的主要矛盾，但也成为纠正人民公社化运动问题的开端。

第二次郑州会议是 1959 年 2 月 27 日至 3 月 5 日，中共中央政治局在郑州举行了第二次扩大会议，毛泽东同志对人民公社的所有制问题进行了阐述。他说："农村人民公社所有制要不要有一个发展过程？是不是公社一成立，马上就有了完全的公社所有制，马上就可以消灭生产队的所有制呢？""现在有许多人还不认识公社所有制必须有一个发展过程，在公社内，由队的小集体所有制到社的大集体所有制，需要一个过程，这个过程要有几年时间才能完成。他们误认为人民公社一成立，各生产队的生产资料、人力、产品，就都可以由公社领导机关直接支配。""因此，他们在公社范围内，实行贫富拉平，平均分配；对生产队的某些财产无代价地上调；银行方面，也把许多农村中的贷款一律收回。'一平、二调、三收款'，引起广大农民的很大恐慌。这就是我们目前同农民关系中的一个最根本的问题。"他强调生产队的所有制是"具有极大重要性的"，三级核算应当"以队的核算为基础"（中共中央文献研究室，1997）。在这些思想指导下，这一次会议起草了《关于人民公社管理体制的若干规定（草案）》，规定了整顿人民公社的具体方针为"统一领导，队为基础；分级管理，权力下放；三级核算，各计盈亏；分配计划，由社决定；物资劳动，等价交换；按劳分配，承认差别"。这次会议解决了一些具体问题，但是没有触及人民公社制度存在的问题。

由于 20 世纪 50 年代末 60 年代初，我国农村经济的运行出现了严重问题，1960 年 11 月 3 日，中共中央又发出《关于农村人民公社当前政策问题的紧急指示信》，针对当时农村普遍存在的对生产资料一平二调问题，强调"三级所有、队为基础，是现阶段人民公社的根本制度"。这种"三级所有、队为基础"的形式，虽然基本上解决了公社及大队与大队之间无偿平调、占用生产资料的问题，但是生产单位与核算单位不一致、一个大队内各小队之间吃大锅饭、搞平均主义分配的问题却仍然没有解决，这对于发挥各生产小队的积极性，仍然相当不利。针对这一情况，中共中央于 1962 年 2 月又发出了《关于改变农村人民公社基本核算单位问题的指示》，提出"把基本核算单位下放，生产队就既有生产管理权，又有分配决定权，直接组织生产的单位和基本核算的单位统一起来，生产和分配也就统一起来"。这样既有利于解决平均分配的问题，还有利于保障生产小队的自主权，有利于调动农民的生产积极性。这个指示发出之后，人民公社内部的组织关系统一规范为社、大队和生产队三级组织形式。至此，以生产队为基本核算单位的"三级所有、队为基础"的经营组织形式一直稳定实施到农村改革之前。

（二）集体经营制度的效果（1951—1978 年）

从 1951 年实施互助组至改革之前的 1978 年，我国农业生产以集体经营为主。国家统计局数据显示，在人民公社体制调整之前，我国粮食总量在 1961 年达到最低，为

13 650 万吨。调整以后,农民的生产积极性得到相当程度的提高,粮食总产量从 1961 年的 13 650 万吨提高到 1978 年的 30 476.5 万吨,平均每年增长 3.02%;棉花总产量由 1951 年的 102.9 万吨增加到 1978 年的 216.7 万吨,平均每年增长 2.8%;油料总产量由 1951 年的 350.16 万吨增长到 1978 年的 521.79 万吨,平均每年增长 1.49%。从这三种主要农产品的全国人均占有量来看,1952 年粮、棉、油分别为 288.1 千克、2.3 千克、7.4 千克,到 1978 年,全国人均占有粮棉油的数量分别为 319 千克、2.3 千克、5.5 千克。在这 27 年间,粮食人均占有量仅增加 30.9 千克,棉花人均占有量没有变化,油料作物占有量反而减少了 1.9 千克。以上数据显示,在这一时期,农业生产的集体经营模式严重制约了农村生产力的发展(图 2-1)。

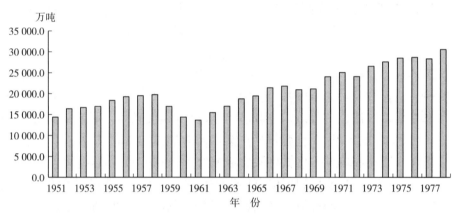

图 2-1　1951—1978 年全国粮食产量情况

资料来源:国家统计局。

自实行高级社的统一分配制度以来,农户从集体经济组织得到的人均年收入,从 1957 年的 40.5 元提高到了 1978 年的 73.8 元,在此期间,来自集体的人均分配收入只增加了 33.3 元,年均只增加 1.59 元。而从集体得到的分配收入中,现金收入只从 1957 年的 14.2 元增加到 1978 年的 18.92 元,21 年间只增加了 4.72 元,平均每年增加 0.23 元。到 1977 年,年人均分配收入水平在 50 元以下的生产队,有 180 万个,占全国生产队总数的 39%。农民人均分配到的口粮(原粮)从 1957 年的 203 千克增加到 1977 年的 208 千克,这 21 年平均每年只增加 238 克。1957 年,农民人均年消费水平为 79 元,非农业居民为 205 元,两者的比例为 1:2.6;到 1977 年,农民人均年消费水平为 124 元,非农业居民为 361 元,两者比例扩大为 1:2.9(陈锡文,赵阳,陈剑波等,2009)。

三、家庭联产承包责任制的建立:农业生产经营重归家庭

在土地改革前,我国农业一直保持着小农经营的体制,农业生产单位以家庭为主,自农业合作化运动以后,家庭生产经营方式被农业合作经营取代,在很长一段时期内,家庭不再成为一个经营主体。直到 1978 年中共十一届三中全会召开,中国开启了农村的改革,并首先从变革农村经营体制开始,建立以家庭承包经营为基础、统分结合的双层经营体制,农业生产经营重归家庭。

（一）家庭经营前的农业发展受阻

自 20 世纪 50 年代初开始，为了实现国家工业化这一战略目标，同时也因受苏联工业化从农业中提取剩余的影响，中国政府做出了一系列农业政策和城乡社会经济制度安排。这主要包括对农产品实行统购统销制度、建立高度集中统一经营的农村人民公社体制、实行城乡两个社会经济系统隔离制度等，从而构建起传统计划经济体制。之所以实行这一系列制度安排，其目的就是低价收购农产品、降低农产品收购交易成本从而获得稳定的农产品资源，以保障城市农产品供给、工业原料供给，从农业中提取剩余，最终确保并服务于国家工业化战略的实施。这些制度和政策安排尽管对实现工业化这一战略目标起了重要作用，但同时也阻碍着农业经济的发展。

20 世纪 50 年代，中国是粮食净出口国，1960 年开始转变为净进口国，1960—1978 年粮食净进口 5 877 万吨，年均净进口 309 万吨；到 1978 年，中国农产品严重短缺，人均粮食产量为 319 千克、棉花 2.3 千克、油料 5.5 千克、糖料 24.91 千克、水果 6.87 千克、猪牛羊肉 8.96 千克、水产品 4.87 千克，城乡居民每人每天摄入的热量为 2 311 千卡（在温饱线之下），全国居民的温饱问题没有得到很好解决。也就是说，农业成为最大的缺口。此外，由于粮食不足，城市新增加的劳动力不能普遍就业，经济增长缓慢。

从农村和农民层面分析，在农民和非农民之间的年平均消费水平的比例为 1：2.9（1977 年数）的情况下，农民每年要拿出近千亿斤粮食，这实际上已经超过了他们当时的负担能力。1978 年全国有 2.5 亿人没有解决温饱问题，占农业人口的 30% 以上。全国有近四分之一的生产队人均分配在 40 元以下，按可比价格计算农民每年只增加收入 5 毛钱。这些数据都表明，农民这一群体急需改变现状。

在中共十一届三中全会召开前夕，邓小平深刻指出："如果现在再不实行改革，我们的现代化事业和社会主义事业就会被葬送。"（邓小平，1994）1978 年 12 月 10 日，陈云在中央工作会议东北组发言时提出，"在三五年内，每年进口粮食两千万吨，先把农民这头安稳下来。农民有了粮食，棉花等经济作物就好解决了。摆稳这一头，就是摆稳了大多数，天下就大定了。建国快三十年了，现在还有讨饭的。老是不解决这个问题，农民就会造反，支部书记会带队进城要饭。吃进口粮不能说是修正主义。这是大计，是经济措施中最大的一条。"（陈云，1995）在这样的背景下，1978 年十一届三中全会召开，通过了《中共中央关于加快农业发展若干问题的决定（草案）》，开启了对农村经济体制的改革。

（二）家庭联产承包责任制的演变

实际上，"包产到户"这种农业经营形式是有传统的。从 1956 年开始，农民就对"包产到户"这种经营形式进行过尝试，但由于当时特殊的原因未得到发展。

1. "包产到户"的三起三落

第一次"包产到户"，发生在 1956 年秋天。从 1955 年夏季以后，到 1956 年底，在这短短的一年时间里，全国农村普遍建立了土地等生产资料公有的高级社。高级社最突出的问题就是如何评价每个人所付出的劳动数量与质量，全社实行统一经营、集体劳动、统一分配，怎么衡量每个人的劳动成果就成了农民思考的问题。农民发现，只有根据农作物的产量来计算劳动者的报酬，才能准确评价劳动者所付出的劳动数量和质量。于是，就出现了"包产到队""包产到组"和"包产到户"。总之，"包"的单位越小似乎越能准确衡量劳动付出，尤其是"包产到户"之后，农民家庭内部就更不可能计较谁付出的劳动多，谁付出的劳动少，这种形式出现的纠纷最少。因此，1956 年秋，安徽、四川、江苏、浙江、河北、广东等许多地方的农村，都实行了以"包产到户"为特征的农业生产责任制。但是，1957 年 8 月 8 日，中共中央发出《关于向全体农村人口进行一次大规模的社会主义教育的指示》，将"包产到户"列入"企图搞倒退、企图引导农民走资本主义道路"的范畴。第一次"包产到户"也因此被戴上"资本主义"的帽子而被打压下去。

第二次"包产到户"，发生在 1959 年夏季。1958 年人民公社迅速发展，到当年 11 月，加入的农户已经占到全国农户总数的 99.1%。但是这种集体经营形式挫伤了农民的生产积极性，导致农业生产力遭到破坏。一些农民看清了这些现实，从 1959 年 5 月开始，农村中的部分地区开始自行改变人民公社初期"大锅饭"的经营管理办法，有的地方改变了所谓"基本队有制"（即生产大队所有制），以生产小队为基本核算单位，或是名义上保留大队为基本核算单位，但实际上将分配权下放到了生产小队；有的地方则又搞起"包产到户"，或是扩大自留地、允许大搞家庭副业等。但刚刚开始搞，由于不断的政治运动，"包产到户"再次没有得到发展机会。

第三次"包产到户"发生在 1960 年。人民公社、"大跃进"严重影响了农业的生产发展，农民生活非常艰难，粮食短缺问题严重，甚至连温饱都难以解决。在许多地方，集体经济的弊端凸显，为了解决农民的生存问题，"包产到户"再次悄然而起。第三次"包产到户"发源于安徽省，1960 年 8 月开始，安徽恢复了包工、包产到组的集体责任制。当年冬天，在集体责任制的基础上，开始把责任制同社员自身的物质利益挂钩，按每户社员的劳动力承包耕地，再按实际产量分配报酬，这种模式就是当时所谓的"责任田"。实行责任田之后，农民的积极性大大提高，到 1961 年初，安徽已经有 39.2% 的生产队实行了责任田，到年底就已经增加到了 90.1%。当时安徽实行的责任田制度，具体内容是社员以户为单位承包生产队的土地，并负责完成定额产量指标，实行超产全奖、减产全赔。这种做法实际上就是所谓的"包产到户"，但当时土地还是归集体所有。这种责任田制度在当时得到了广大农民的拥护，但许多干部对此意见分歧很大。毛泽东同志认为，将农村人民公社的基本核算单位变成小队以后，农村经济体制中的问题就已基本解决，再搞"责任田"之类的试验势必退到单干，还是应该坚持集体经济制度。第三次"包产到户"因此被中止，自此之后，直到改革之前的十五六年的时间里，"包产到户"再没有发展。

2. "包产到户"的第四次崛起

"包产到户"的第四次崛起依然发源于安徽省。1978 年秋，安徽遭遇特大旱灾，秋种难以进行。为了保障当年的粮食生产，安徽省委及时决定集体借给每个农民三分地种菜；对能播种小麦的旱地只要种上了就不计征购；利用荒岗湖滩种植粮油作物，谁种归谁，当时的中共安徽省委第一书记万里在省委研究这些决策的会上说："与其土地撂荒，倒不如借部分土地给农民。"（郭德宏等，2004）这一"借"也让"包产到户"找到了再次崛起的机会。1978 年，十一届三中全会召开，鼓励发展农业生产的政策大环境开始改善。虽然当时出台的文件中仍然存在"不许包产到户""不许分田单干"等字眼，但肯定了包工到组、联产计酬等管理方式。文件下发后的几个月内，全国三分之一的生产队都实行了包产到组。

1979 年，在一次讨论会上，大家对农村问题争论激烈，焦点就是要不要"包产到户"，结果依然遭到大多数人的反对。但当时在会上有人讲到，贵州山区有些住在大山顶上的苗族农民一直都是自种自收，每年向生产队交些玉米；西北山区一些分散居住的"吊山庄"由于离生产队很远，也是这个办法。刚刚就任国家农委的负责人出了一个主意：在"独门独户"上做文章。这次会议文件也因此有了这样一句话："除了某些副业生产的特殊需要和边远山区、交通不便的单家独户外，也不要包产到户。"这句话后来被写入了十一届四中全会的正式文件中。与十一届三中全会的"不许包产到户"相比，这句话为后来的农村改革撬开了一条缝隙。

3. 从"包产到户"到"包干到户"

当绝大多数地方都在奋力争取实行"包产到户"时，安徽省凤阳县梨园公社的小岗生产队却搞起了大包干（即"包干到户"），开创了在农村集体所有的土地上实行家庭经营的先河。一年之后，只有 100 多人的小岗村粮食总产量达到 66 吨，相当于全村1966—1970 年 5 年的产量总和。这个成绩，很快得到了时任安徽省委第一书记万里的肯定。1979 年 2 月 26 日，万里听了汇报后说："只要能把群众生活搞好，就可以搞。"从此，"凤阳大包干"被迅速学习，1979 年凤阳县有 83％的生产队搞了大包干。

"包干到户"与"包产到户"虽然一字之差，但内涵却有着重大差别。"包产到户"是以土地等生产资料公有制为前提，以户为单位承包，包工、包产、包费用。按合同规定在限定的生产费用范围内完成一定的生产任务，实现承包合同指标受奖，达不到承包指标受罚。而"包干到户"则指承包合同中不规定生产费用限额和产量指标，由承包者自行安排生产活动，产品除向国家交纳农业税和征收任务、向集体交纳公共提留以外，剩余部分完全归承包者所有。用老百姓的话说，就是"大包干、大包干，直来直去不拐弯，交够国家的，留够集体的，剩下的都是自己的。"（陈锡文，2018）"大包干"这种农业经营形式，不仅彻底打破了以生产队为单位统一支配产品、统一经营核算、统一收入分配的"大锅饭"体制，而且集体组织也不再对承包土地上的农产品进行产量要求。因此，这种经营形式引发了新的争论。反对"大包干"的意见认为这种形式有违集体经济下的生产责任制，这种家庭承包关系既不与产量挂钩，集体组织也不再进行统一核算与分配。赞成"大包干"的意见则认为这种形式仍然是农业生产责任制的形式之一，因为承包农户需要"包交国家任务和集体提留"，也就是说"交够国家的，留足集体的"，每个农户对国家、对集体应承担的责任是很清楚的。

1980 年，当大家还在为农业发展方向激烈争论之际，邓小平同志于当年 5 月 31 日对农村政策改革发表了重要谈话，他明确指出："农村政策放宽后，一些适宜搞包产到户的地方搞了包产到户，效果很好，变化很快。安徽省肥西县绝大多数生产队搞了包产到户，增产幅度很大。'凤阳花鼓'中唱的那个凤阳县，绝大多数生产队搞了'大包干'，也是一年翻身，改变面貌。有的同志担心，这样搞会不会影响集体经济。我看这样的担心是不必要的。"根据邓小平同志的这次讲话精神，中央召开了省、自治区、直辖市党委第一书记座谈会，讨论了加强和完善农业生产责任制问题，并形成了讨论纪要。1980 年 9 月 27 日，中央印发这个会议的纪要《关于进一步加强和完善农业生产责任制的几个问题》，要求各地党委及时组织传达讨论，澄清思想，统一认识，结合当地具体情况贯彻执行。《关于进一步加强和完善农业生产责任制的几个问题》在总结了党的十一届三中全会以来各地农村实行多种形式生产责任制经验的基础上指出："我国地域辽阔，经济落后，发展又很不平衡，加上农业生产不同于工业生产，一般是手工操作为主，劳动分散，生产周期长，多方面受自然条件的制约。这就要求生产关系必须适应不同地区的生产力水平，要求农业生产的管理有更大的适应性和更多的灵活性。在不同的地方、不同的社队，以至在同一个生产队，都应从实际需要和实际情况出发，允许有多种经营形式、多种劳动组织、多种计酬办法同时存在。随着生产力水平的提高，这些办法和形式，不同时期又会有相应的发展变化。因此，凡是有利于鼓励生产者最大限度地关心集体生产，有利于增加生产，增加收入，增加商品的责任制形式，都是好的和可行的，都应当加以支持，而不可拘泥于一种模式，搞'一刀切'。"在《关于进一步加强和完善农业生产责任制的几个问题》精神的指引下，全国农村迅速掀起了实行各种形式的生产责任制、改革人民公社体制的大潮。到 1980 年底，安徽全省实行"包产到户""包干到户"的生产队已发展到全省生产队总数的 70%。与此同时，四川、贵州、甘肃、内蒙古、河南等地，"包产到户"也在或公开或隐蔽地发展着。到 1980 年秋，全国实行双包到户的生产队已占总数的 20%，1981 年底，该比例扩大到 50%。

至此，在全国实行"包产到户"的思想道路已经开通。1982 年 1 月 1 日，中共中央、国务院发出《全国农村工作会议纪要》，这是中央发出的关于农村经济政策的第一个 1 号文件。文件第一次以中央的名义肯定了农业生产责任制，文件指出："截至目前，全国农村已有百分之九十以上的生产队建立了不同形式的农业生产责任制。""建立农业生产责任制的工作，获得如此迅速的进展，反映了亿万农民要求按照中国农村的实际情况来发展社会主义农业的强烈愿望。生产责任制的建立，不但克服了集体经济中长期存在的吃'大锅饭'的弊病，而且通过劳动组织、计酬方法等环节的改进，带动了生产关系的部分调整，纠正了长期存在的管理过分集中、经营方式过于单一的缺点，使之更加适合于我国农村的经济状况。"同时，该文件还肯定了包产到户和包干到户，文件指出："一般来讲，联产就需要承包。联产承包制的运用，可以恰当地协调集体利益与个人利益，并使集体统一经营和劳动者自主经营两个积极性同时得到发挥，所以能普遍应用并受到群众的热烈欢迎。""承包到组、到户、到劳，只是体现劳动组织的规模大小，并不一定标志生产的进步与落后""包工、包产、包干，主要是体现劳动成果分配的不同方法。包干大多是'包交提留'，取消了工分分配，方法简便，群众欢迎。"正因为得到中央的肯定，长达 20 余年的关于包产到户的大争论终于有了定论。不久，包产到户、包干到户在全国迅速蔓延，到 1982 年底，实行包产到户和包干到户的农户已达到 90%。

四、农村基本经营制度的确立：家庭承包经营为基础、统分结合的双层经营体制

1983 年 1 月 2 日，中共中央发出第二个中央 1 号文件，《关于印发〈当前农村经济

政策的若干问题〉的通知》。文件指出："党的十一届三中全会以来，我国农村发生了许多重大变化。其中，影响最深远的是，普遍实行了多种形式的农业生产责任制，而联产承包制又越来越成为主要形式。联产承包制采取了统一经营与分散经营相结合的原则，使集体优越性和个人积极性同时得到发挥。这一制度的进一步完善和发展，必将使农业社会主义合作化的具体道路更加符合我国的实际。这是在党的领导下我国农民的伟大创造，是马克思主义农业合作化理论在我国实践中的新发展。"中央对家庭联产承包责任制的高度评价给农民吃了定心丸，极大地激发了农民的生产积极性。1983 年 10 月 12日，中共中央、国务院发出《关于实行政社分开建立乡政府的通知》，废除了在农村实行长达 25 年之久的人民公社政社合一的体制。与此同时，实行生产责任制的生产队比重迅速增加。到 1983 年底，农村基本实行了以家庭承包经营为基础，统分结合的双层经营体制。

双层经营体制对当时的农业生产起到了极大的促进作用，为了进一步稳定这种农业生产经营体制，1984 年 1 月 1 日，中共中央颁发第三个中央 1 号文件，即《中共中央关于一九八四年农村工作的通知》。文件规定："土地承包期一般应在十五年以上。生产周期长的和开发性的项目，如果树、林木、荒山、荒地等，承包期应当更长一些。在延长承包期以前，群众有调整土地要求的，可以本着'大稳定、小调整'的原则，经过充分商量，由集体统一调整。"同时，为了满足资源的优化配置、提高土地生产效率，文件还提出"鼓励土地逐步向种田能手集中"。到 1984 年底，全国 569 万个生产队中，99％以上实行了包产到户或包干到户，其中 96％以上实行的是包干到户。这一经营体制有力地促进了当时的农业生产发展，粮食产量从 1978 年的 3.05 亿吨猛增到 1984 年的4.07 亿吨，粮食总产量创造了当时的历史最高纪录，农村社会总产值年均增长 16.4％，农民实际收入年均增长 15.1％；而同期城镇居民人均收入年均增长 7.93％，城乡收入差距在这一时期明显缩小。

双层经营体制的积极效果愈发显现，中央通过法律以及相关制度安排促进这种经营体制的稳定发展。1986 年 6 月 25 日，全国人大常委会通过《中华人民共和国土地管理法》，以法律的形式确立了家庭联产承包责任制。该法律指出："集体所有的土地，全民所有制单位、集体所有制单位使用的国有土地，可以由集体或个人承包经营，从事农、林、牧、渔业生产。承包经营土地的集体或个人，有保护和按照承包合同规定的用途合理利用土地的义务。土地的承包经营权受法律保护。"该法律明确了中国农村集体经济组织基本经营制度的核心内容。1987 年，中央又发布《把农村改革引向深入》（中发〔1987〕5 号），对稳定家庭承包经营制度再次进行强调，文件指出："要进一步稳定土地承包关系。只要承包户按合同经营，在规定的承包期内不要变动，合同期满后，农户仍可连续承包。已经形成一定规模、实现了集体经营并切实增产的，可以根据承包者的要求，签订更长期的承包合同。"

从 1978 年开始，家庭联产承包责任制就在中国农村普遍实行，其间经过了许多发展稳定的阶段。直到 1991 年，党的十三届八中全会通过了《中共中央关于进一步加强农业和农村工作的决定》，这个决定总结概括了农村改革几十年来所形成的一系列行之有效的基本政策，包括：实行以家庭联产承包为主的责任制，建立统分结合的双层经营体制的政策；以公有制经济为主体，允许并鼓励其他经济成分适当发展的政策；以按劳分配为主体，其他分配形式为补充的政策；以共同富裕为目标，允许和鼓励一部分地区和一部分人通过诚实劳动、合法经营先富起来的政策；在确保粮食增产的同时，积极发展多种经营，鼓励和引导乡镇企业健康发展的政策；实施科技、教育兴农，鼓励科技人员深入农村、为农村发展服务的政策；建立国家、集体和农民个人相结合的农业投资体系的政策；推进农产品流通体制改革，逐步理顺农产品价格，实行多渠道流通的政策；扶持老少边穷地区脱贫致富的政策。在上述政策中，具有基础性作用的政策，是关于农村土地经营制度的政策，没有这方面的改革突破，后面的政策都将难以形成。因此，《中共中央关于进一步加强农业和农村工作的决定》强调："把以家庭联产承包为主的责任制、统分结合的双层经营体制，作为我国乡村集体经济组织的一项基本制度长期稳定下来，并不断充实完善。把家庭承包这种经营方式引入集体经济，形成统一经营与分散经营相结合的双层经营体制，使农户有了生产经营自主权，又坚持了土地等基本生产资料公有制和必要的统一经营。"该《决定》还进一步对双层经营体制进行了评价，指出："这种双层经营体制，在统分结合的具体形式和内容上有很大的灵活性，可以容纳不同水平的生产力，具有广泛的适应性和旺盛的生命力。这是我国农民在党的领导下的伟大创造，是集体经济的自我完善和发展，决不是解决温饱问题的权宜之计，一定要长期坚持，不能有任何的犹豫和动摇。"这是中央第一次提出"基本制度"的概念，这不仅代表中央正式认可人民群众创造的这项制度，中央还赋予了它明确的法律地位。1993 年 3 月 29 日，全国人民代表大会通过的宪法修正案增加了"农村中的家庭联产承包为主的责任制"；1999 年 3 月 15 日，全国人民代表大会通过的宪法修正案，进一步修改为："农村集体经济组织实行家庭承包经营为基础、统分结合的双层经营体制。"由此，宪法正式将这一中国农村的基本制度确定下来。

五、农业经营体系的完善与创新

以家庭承包经营为基础、统分结合的双层经营体制确立下来以后，我国的农业经济得到了迅速发展。但随着时代的变迁和农业经济的不断发展，在新的发展条件下，我国农业经营体系的发展也还有一些不足。例如，农业组织化程度低，国际竞争力不足，面对资源约束，如何提高农业的生产效率，等等。这一系列问题为我国现代农业的发展带来了挑战，因此对农业经营体系的完善与创新也提出了更高的要求。在这些背景下，党和政府从稳定农村土地承包关系和构建新型农业经营体系角度入手，制定了一系列促进农业经营体系完善和创新的相关政策。

（一）稳定农村土地承包关系

1. 确定土地承包经营权属于用益物权

农村基本经营制度确立以后，农民对于农村土地承包关系长期稳定的信心明显增强。但是，在现实经济生活中，影响土地承包关系长期稳定的因素还大量存在。例如，由于人口变动，各承包户之间的人地比例发生变化，部分觉得自己吃了亏的农户要求调整承包土地。

正是由于上述情况，根据党的十三届八中全会《中共中央关于进一步加强农业和农村工作的决定》和宪法修正案的精神，1993 年 11 月 5 日发出的《中共中央国务院关于当前农业和农村经济发展的若干政策措施》（即 1993 年中共中央 11 号文件）明确提出，"以家庭联产承包为主的责任制和统分结合的双层经营体制，是我国农村经济的一项基本制度，要长期稳定，并不断完善。为了稳定土地承包关系，鼓励农民增加投入，提高土地的产出率，在原定的耕地承包期到期之后，再延长三十年不变。开垦荒地、营造林地、治沙改土等从事开发性生产的，承包期可以更长"。并有针对性地提出："为避免承包耕地的频繁变动，防止耕地经营规模不断被细分，提倡在承包期内实行'增人不增地、减人不减地'的办法。"但是最初收效甚微，到世纪之交开始起草《中华人民共和国农村土地承包法》时，解决上述问题的要求被再次提出。该法明确规定："承包期内，发包方不得收回承包地，不得调整承包地。"对于这两项规定，在法律起草、审议过程中，曾有过较大的争议。因此，在不得收回和调整承包地的条款之后，都增加了关于例外情形的条款。如：关于不得收回的例外情形是："承包期内，承包方全家迁入设区的市，转为非农业户口的，应当将承包的耕地和草地交回发包方。承包方不交回的，发包方可以收回承包的耕地和草地。"关于不得调整的例外情形是："承包期内，因自然灾害严重损毁承包地等特殊情形对个别农户之间承包的耕地和草地需要适当调整的，必须经本集体组织成员的村民会议三分之二以上成员或者三分之二以上村民代表的同意，并报乡（镇）人民政府和县级人民政府农业等行政主管部门批准。承包合同中约定不得调整的，按照其约定。"

1984 年中央 1 号文件规定"土地承包期一般应在十五年以上"之后，关于土地承包经营权属性问题的讨论开始引起人们的关注，而当 1993 年中共中央 11 号文件规定"在原定的耕地承包期到期之后，再延长三十年不变"之后，这个问题进一步引起了人们的讨论。但由于当时尚未形成"物权"和"债权"等概念，讨论一直难以深入。一直到 1999 年，政府开始起草《农村土地承包法》，再次面临土地承包经营权的属性问题，这一次国家已经开始在思考研究制定《物权法》。但由于当时研究农村经济政策的人对法律知识了解不完善，而法律人才又对农村的实际情况了解不深入，因此讨论初期进展得并不顺利。当时有一点大家早已达成共识，那就是制定《农村土地承包法》的宗旨是为了保障农民对土地的合法权利，这也为将农民的土地承包经营权定义为"用益物权"奠定了基础。因此，从现行的《农村土地承包法》中可以看到，关于土地的承包主体、承包期限、发包方和承包方的权利与义务、承包的原则和程序、承包合同一般应包括的条款等，法律均有明确的规定。由此可见，农民所拥有的承包本集体土地的权利，是由国家法律规定的权利，这种法定权利，不受任何组织和个人侵犯。所以，农民有权依法主张承包本集体的土地，而集体经济组织也必须依法履行向本集体农民发包集体土地的责任和义务。

当然，关于农民土地承包经营权的属性问题，最终还是由《物权法》作出了更为充分的说明。2007 年 3 月 16 日，第十届全国人民代表大会第五次会议通过了《中华人民共和国物权法》。在《物权法》关于农村土地承包经营权的内容中，有不少条款来源于《农村土地承包法》，这表明《农村土地承包法》所表达的农民土地承包经营权属于用益物权的立法倾向是成功的。更重要的是，《物权法》的第十一章共十一条专门围绕土地承包经营权做了规定，并明确将土地承包权界定为用益物权。《物权法》规定："农民集体所有的不动产和动产，属于本集体成员集体所有。"这条规定明确了农民是以本集体组织土地所有权人之一的身份承包的本集体土地，这种土地承包关系，显然不同于《合同法》意义上的平等市场主体之间依法自愿形成的土地租赁关系。这部法律的颁布实施，也标志着我国农地物权制度的正式确立，进一步为农业基本经营制度的稳定提供法律保障。

2. 土地承包期限的调整

从 1984 年的中央 1 号文件规定"土地承包期一般应该十五年以上"。20 世纪 90 年代中期以后，许多地区 15 年承包期已经到期或者即将到期，那么，土地承包到期后怎么办引起了农民的广泛关注。在这种背景下，1993 年 11 月中央颁布了《关于当前农业和农村经济发展若干政策措施》，对于土地承包期已经到期或者即将到期的情况作出如下决定："为了稳定土地承包关系，鼓励农民增加投入，提高土地的生产率，在原定的耕地承包期到期后，再延长三十年不变。开垦荒地、营造林地、治沙改土等从事开发性生产的，承包期可以更长。"中央对土地承包关系中出现的现实问题的及时回答，进一步巩固了农村的土地产权关系。

1998 年秋天，江泽民同志在考察包产到户发源地安徽小岗村时明确讲道："稳定家庭承包经营，核心是要稳定土地承包关系。"当时，全国正在推行第二轮承包工作，也就是"三十年不变"政策。为了给农民真正吃上"定心丸"，江泽民同志代表中央对农民做出承诺："中央关于土地承包的政策是非常明确的，就是承包期再延长三十年不变。而且三十年以后也没有必要再变。"（江泽民，2006）直到 2002 年 8 月 29 日，第九届全国人民代表大会常务委员会第 29 次会议通过了《中华人民共和国农村土地承包法》，该法律明确规定："耕地的承包期为三十年。草地的承包期为三十至五十年。林地的承包期为三十至七十年；特殊林木的林地承包期，经国务院林业行政主管部门批准可以延长""承包期内，发包方不得收回承包地""承包期内，发包方不得调整承包地。"《农村土地承包法》使农村的土地经营制度、土地承包方式、农民在本集体经济组织对土地的基本权利和保持长期稳定的土地承包关系都得到了国家法律的有力保障。

2008 年 10 月 12 日，党的十七届三中全会通过了《中共中央关于推进农村改革发展若干重大问题的决定》。在该决定中有如下表述："以家庭承包经营为基础、统分结合的双层经营体制，是适应社会主义市场经济体制、符合农业生产特点的农村基本经营制度，是党的农村政策的基石，必须毫不动摇地坚持。赋予农民更加充分而有保障的土地承包经营权，现有土地承包关系要保持稳定并长久不变。"显然，"长久不变"这一新提法是该决定的一大亮点。

事实上，"长久不变"的提法曾经过长期的酝酿。在 1998 年党的十五届三中全会召开前，江泽民同志在和小岗村农民的座谈中提出："承包期再延长三十年不变，而且三十年以后也没有必要再变。"之后，在 2006 年全国"两会"的记者招待会上，温家宝总理被问及农村土地制度时，他曾做了"15年不变，30年不变，就是说永远不变"的回答。在党的十七届三中全会的决定中，这一由来已久的稳定农地承包关系的政策取向最终被明确为"长久不变"。

第一轮和第二轮土地承包期限政策带来了良好效果。如果土地的承包期过短，农民担心承包期到期之后，在承包期内对土地的投资得不到及时回报，因此可能耽误农民对土地进行必要的长期投资，从而影响农业生产条件，进而影响土地的产出效率。而足够长的土地承包期，显然就是调动农民这方面积极性的必要的前提条件。由于第二轮承包也即将到期，2017年10月18日，习近平总书记在中国共产党第十九次全国代表大会上的报告提出："巩固和完善农村基本经营制度，深化农村土地制度改革，完善承包地'三权分置'制度。保持土地承包关系稳定并长久不变，第二轮土地承包到期后再延长三十年。"

2018年12月，为适应农村生产力发展的新要求，稳定和完善适合国情的农村基本经营制度，在反复研究论证的基础上，形成了《中华人民共和国农村土地承包法修正案（草案）》。草案指出："耕地的承包期为三十年。草地的承包期为三十年至五十年。林地的承包期为三十年至七十年。前款规定的耕地承包期届满后再延长三十年，草地、林地承包期届满后依照前款规定相应延长。"

3."三权分置"的提出

2013年7月23日，习近平同志在湖北考察改革发展工作时强调："完善农村基本经营制度，要好好研究农村土地所有权、承包权、经营权三者之间的关系。"根据资料显示，这是我国国家领导人第一次在公开场合提及农村土地所有权、承包权和经营权的关系问题，但是当时还没有上升为正式政策文件。2013年11月15日，中共中央发布《中共中央关于全面深化改革若干问题的重大决定》，决定提出："坚持家庭经营在农业中的基础性地位，推进家庭经营、集体经营、合作经营、企业经营等共同发展的农业经营方式创新。坚持农村土地集体所有权，依法维护农民土地承包经营权，发展壮大集体经济。稳定农村土地承包关系并保持长久不变，在坚持和完善最严格的耕地保护制度前提下，赋予农民对承包地占有、使用、收益、流转及承包经营权抵押、担保权能，允许农民以承包经营权入股发展农业产业化经营。鼓励承包经营权在公开市场上向专业大户、家庭农场、农民合作社、农业企业流转，发展多种形式规模经营。"当时，决定虽然没有明确地提出"三权分置"的观点，但是已经对三种权利的概念进行了区分，对承包权与经营权进行了政策上的分离，对两束权利分别赋权，即承包农户对承包权享有占有、使用、收益和流转权，经营农户对所流入土地的经营权拥有抵押权和担保权。

在实践中，"三权分置"已在多个地方展开。在这样的背景下，习近平同志于2013年12月23日在中央农村工作会议上做了重要讲话，他说："完善农村基本经营制度，需要在理论上回答一个重大问题，就是农民土地承包权和土地经营权分离问题。今年七月下旬，我到武汉农村综合产权交易所调研时就提出，深化农村改革，完善农村基本经营制度，要好好研究农村土地所有权、承包权、经营权三者之间的关系。改革前，农村集体土地是所有权和经营权合一，土地集体所有、集体统一经营。搞家庭联产承包制，把土地所有权和承包经营权分开，所有权归集体，承包经营权归农户，这是我国农村改革的重大创新。现在，顺应农民保留土地承包权、流转土地经营权的意愿，把农民土地承包经营权分为承包权和经营权，实现承包权和经营权分置并行，这是我国农村改革的又一次重大创新。这将有利于更好坚持集体对土地的所有权，更好保障农户对土地的承包权，更好用活土地经营权，推进现代农业发展。"（中共中央文献研究室，2014）这是我国国家领导人第一次在正式公开讲话中提出要对农村土地实施"三权分置"改革。接下来颁布的《关于全面深化农村改革加快推进农业现代化的若干意见》（2014 年中央 1 号文件）中旗帜鲜明地指出要搞农村土地"三权分置"改革，并以中央政策文件的形式明确了"三权分置"改革的基本内涵。为引导农村土地经营权有序流转、发展农业适度规模经营，《关于引导农村土地经营权有序流转发展农业适度规模经营的意见》（中办发〔2014〕61 号）更加清晰地明确了农地"三权分置"改革的基本思路。而且该文件还进一步指出："要抓紧研究探索集体所有权、农户承包权、土地经营权在土地流转中的相互权利关系和具体实现形式。"《关于加大改革创新力度加快农业现代化建设的若干意见》对前期中央领导讲话和政策作了进一步确认，要求尽快对农村土地"三权分置"改革的内容从法律上进行明确表达，并明确对农村妇女的土地承包权益进行保障。

为加快农村领域的深化改革步伐，提高农村改革的系统性、整体性、协同性，2015 年 11 月 2 日，中共中央办公厅、国务院办公厅印发了《深化农村改革综合性实施方案》，该方案对农村土地"三权分置"改革意义重大，成为我国农村土地"三权分置"改革的重要政策根据。文件提出："深化农村土地制度改革的基本方向是：落实集体所有权，稳定农户承包权，放活土地经营权。落实集体所有权，就是落实'农民集体所有的不动产和动产，属于本集体成员集体所有'的法律规定，明确界定农民的集体成员权，明晰集体土地产权归属，实现集体产权主体清晰。稳定农户承包权，就是要依法公正地将集体土地的承包经营权落实到本集体组织的每个农户。放活土地经营权，就是允许承包农户将土地经营权依法自愿配置给有经营意愿和经营能力的主体，发展多种形式的适度规模经营。"这是中央在政策文件中第一次明确提出"三权分置"是深化农村土地改革的基本方向，并对农村土地"三权分置"改革的具体内涵进行了较为清晰的界定。随着改革的继续深入，2015 年 12 月 31 日，中共中央颁布的《关于落实发展新理念加快农业现代化实现全面小康目标的若干意见》（2016 年中央 1 号文件）又对农村土地"三权分置"的相关政策进行了继续巩固。文件再次明确了农地"三权分置"改革的基本方向，并提出："稳定农村土地承包关系，落实集体所有权，稳定农户承包权，放活土地经营权，完善'三权分置'办法，明确农村土地承包关系长久不变的具体规定。"

2016 年 10 月 30 日，《关于完善农村土地所有权承包权经营权分置办法的意见》出台，这是我国第一部专门性的针对农地"三权分置"的政策文件，该文件的发布标志着"三权分置"进入正式贯彻落实阶段。该意见对农村土地"三权分置"的重要意义、指导思想、基本原则，如何逐步形成"三权分置"格局等作了全面的规定。2017 年中共中央 1 号文件《关于深入推进农业供给侧结构性改革加快培育农业农村发展新动能的若干意见》又一次强调要落实农地"三权分置"办法。2018 年 12 月 29 日，第十三届全国人大常委会第七次会议表决通过了关于修改《中华人民共和国农村土地承包法》的决定，修改内容主要包括：增加一条，作为第九条："承包方承包土地后，享有土地承包经营权，可以自己经营，也可以保留土地承包权，流转其承包地的土地经营权，由他人经营。"将第十六条改为第十七条，修改为："承包方享有下列权利：（一）依法享有承包地使用、收益的权利，有权自主组织生产经营和处置产品；（二）依法互换、转让土地承包经营权；（三）依法流转土地经营权；（四）承包地被依法征收、征用、占用的，有权依法获得相应的补偿；（五）法律、行政法规规定的其他权利。"将第二章第五节的标题修改为："土地经营权"。这些修改内容都体现了承包权和经营权分离，形成所有权、承包权、经营权"三权分置"的局面。这一决定从 2019 年 1 月 1 日起开始施行，正式确立了"三权分置"的法律地位。

4. 土地确权登记颁证的实施

中央认为，促进土地承包经营权流转的前提是稳定农村土地承包关系。为了使承包农户在面对"流转"时对自身的权利更有信心，2008 年的中央 1 号文件首次提出"加强农村土地承包规范管理，加快建立土地承包经营权登记制度"。2009 年中央 1 号文件提出"稳步开展土地承包经营权登记试点，把承包地块面积、空间位置和权属证书落实到农户"。2009 年，农业部选择了 8 个省（直辖市）的部分乡镇进行试点探索。在确权试点工作取得显著进展并积累了较多经验之后，农业部在 2011 年发布了《关于开展农村承包经营权登记试点工作的意见》，明确指出承包经营权登记的主要任务是"查清承包地块的面积和空间位置，建立健全土地承包经营权登记簿，妥善解决承包地块面积不准、四至不清、空间位置不明确、登记簿不健全等问题，把承包地块、面积、合同、权属证书全面落实到户，依法赋予农民更加充分而有保障的土地承包经营权"。

2011 年，农业部等六部门正式启动全国范围内的农村土地承包经营权登记试点，首批 50 个试点县（市、区）涉及 28 个省份的 710 个乡镇、12 150 个村。2013 年的中央 1 号文件，则对全面开展农村土地确权登记颁证工作作了具体部署，要求"用 5 年时间基本完成农村土地承包经营权确权登记颁证工作"，并确定了 105 个县（市、区）为第二批土地确权登记颁证试点地区，由此，确权工作在全国范围内全面展开。2015 年，土地承包经营权登记颁证试点再度扩容，湖南、湖北、江西、江苏、甘肃、宁夏、吉林、河南、贵州等 9 个省区被纳入土地确权登记颁证"整省推进"试点范围。

从中央文件首次提出"加快建立土地承包经营权登记制度"，迄今已有十年有余，从农业农村部公布的情况看，截至 2017 年底，全国 31 个省区市均开展了农村土地承包经营权确权工作，共涉及 2 747 个县级单位、3.3 万个乡镇、54 万个行政村；承包地确权面积 0.77 万公顷，占二轮家庭承包地面积的 80% 以上。2018 年底，全国农村基本完成了农村土地承包经营权的确权登记颁证工作。2019 年中央 1 号文件对承包地确权登记颁证的相关表述提到："在基本完成承包地确权登记颁证工作基础上，开展'回头看'，做好收尾工作，妥善化解遗留问题，将土地承包经营权证书发放至农户手中。"在这个过程中，一方面，"流转"（转入）土地的农户承包土地经营权面积在不断扩大；另一方面，对于转入土地的农户只是拥有土地的经营权，农户的土地承包权在承包期内将保持稳定已成为越来越多人的共识。

（二）新型农业经营体系的形成

1. 政策前提：农村土地集体所有制

在稳定、完善和发展中国农村基本经营制度的过程中，农村土地农民集体所有的制度是不能被改变的。2013 年 12 月，习近平总书记在中央农村工作会议上的讲话指出："坚持农村土地农民集体所有，这是坚持农村基本经营制度的'魂'。农村土地属于农民集体所有，这是农村最大的制度。农村基本经营制度是农村土地集体所有制的实现形式，农村土地集体所有权是土地承包经营权的基础和本位，坚持农村基本经营制度，就要坚持农村土地集体所有。"（中共中央文献研究室，2014）作为农村集体经济组织成员的农民，他们所享有的承包本集体土地的权利是不可侵犯的。习近平总书记指出："家庭经营在农业生产经营中居于基础性地位，集中体现在农民家庭是集体土地承包经营的法定主体。农村集体土地应该由作为集体经济组织成员的农民家庭承包，其他任何主体都不能取代农民家庭的土地承包地位""现有农村土地承包关系保持稳定并长久不变，这是维护农民土地承包经营权的关键。任何组织和个人都不得剥夺和非法限制农民承包土地的权利。"（中共中央文献研究室，2014）作为农业生产经营中最重要的土地这一要素，是可以从实际出发、与时俱进地采取更适合现代农业发展要求的多种形式来经营的。习近平总书记指出："农民家庭承包的土地，可以由农民家庭经营，也可以通过流转经营权由全体经营主体经营，但不论承包经营权如何流转，集体土地承包权都属于农民家庭。这是农民土地承包经营权的根本，也是农村基本经营制度的根本。"（中共中央文献研究室，2014）

2. 创新形式

中国农业经过多年的发展，在实践中，各种新型经营形式层出不穷，适应了现代农业的发展，中央对这些丰富多彩的新型经营形式一直持有积极鼓励的态度。习近平总书记在 2013 年中央农村工作会议上的讲话指出："家家包地、户户务农，是农村基本经营制度的基本实现形式。家庭承包、专业大户经营，家庭承包、家庭农场经营，家庭承包、集体经营，家庭承包、合作经营，家庭承包、企业经营，是农村基本经营制度新的实现形式。说到底，要以不变应万变，以农村土地集体所有、家庭经营基础性地位、现有土地承包关系的不变，来适应土地经营权流转、农业经营方式的多样化，推动提高农业生产经营集约化、专业化、组织化、社会化，使农村基本经营制度更加充满持久的制度活力。"（中共中央文献研究室，2014）习近平总书记不仅肯定了现阶段出现的农业经营形式，而且对创新经营形式，适应现代农业发展做出鼓励。习近平总书记说："这些年，在创新农业经营体系方面，广大农民在实践中创造了多种多样的新形式，如专业大户、家庭农场、专业合作、股份合作、农业产业化经营等。在粮食等大田作物的生产上，适度规模经营的家庭农场，加上比较完备的农业社会化服务体系，形成了耕种收靠社会化服务、日常田间管理靠家庭成员的经营形式。从各地实践看，各种经营主体、各种经营形式，各有特色，各具优势，在不同地区、不同产业、不同环节都有各自的适应性和发展空间，不能只追求一个模式、一个标准，要根据各地实际，根据不同农产品生产特点，让农民自主选择他们满意的经营形式。"（中共中央文献研究室，2014）习近平总书记的这些重要论述，充分体现了他在深化农村改革上一贯坚持实事求是、不忘初心的理念。也正因为这些重要观点，现阶段出现了各具特色的农业经营形式，主要包括：以土地集中为主的适度规模经营形式和以社会化服务为主的服务规模经营形式。

（1）鼓励以土地集中为主的适度规模经营。党的十八大以来，把农村集体土地从所有权与承包经营权的"两权分离"发展为集体所有权、承包权、经营权的"三权分置"，意味着在不改变农村土地集体所有权和农民土地承包经营权的前提下，土地承包权与经营权相分离的现象将进一步普遍化，为促进土地流转奠定了良好的基础，也为发展以土地集中为主的适度规模经营创造了条件。

实际上，土地规模经营的发展也经历了许多发展阶段。中央有关土地规模经营的政策重点在于推动土地流转，鼓励农民进行适度规模经营，培育发展适度规模的种植专业户、家庭农场、专业大户、农民专业合作社、农业企业等规模经营主体。1984年的中央1号文件第一次提出"鼓励土地逐步向种田能手集中"，但与此同时，文件还规定："自留地、承包地均不准买卖，不准出租，不准转作宅基地和其他非农业用地。"这个文件既鼓励耕地集中，却又不准土地出租，显然存在矛盾。因此，文件中使用了"转包"的概念。由于当时所有的承包地都负有完成国家征购、缴纳集体提留的任务，因此在"转包"土地时，转入户首先必须替承包户完成该土地承担的这两项任务，同时考虑到粮食实行统购统销的实际，所以允许转入户为转出户提供一定数量的平价口粮。在这样的背景下，农民和农村基层干部才创造了"流转"这个概念。

按《农村土地承包法》的规定，在农村土地实行"两权分离"的制度背景下，承包土地经营权的"流转"，至少包括四种行为：转包、出租、互换、转让。1993年《中共中央、国务院关于当前农业和农村经济发展的若干政策措施》（中发〔1993〕11号）提出"在坚持土地集体所有和不改变土地用途的前提下，经发包方同意，允许土地的使用权依法有偿转让"。1997年8月27日，《关于进一步稳定和完善农村土地承包关系的通知》（中发〔1997〕16号）提出："少数经济发达地区，农民自愿将部分'责任田'的使用权有偿转让或交给集体实行适度规模经营，这属于土地使用权正常流转的范围，应当允许。但必须明确农户对集体土地的承包权利不变，使用权的流转要建立在农民自愿、有偿的基础之上，不得搞强迫命令和平调。"

直到2006年，中央对土地流转的鼓励政策效果仍不明显，资料显示，2006年全国土地流转面积仅300万公顷，流转土地占比仅4.57%。为了进一步推动土地流转发展，2007年10月15日，中央发布中国共产党第十七次全国代表大会报告《高举中国特色社会主义伟大旗帜，为夺取全面建设小康社会新胜利而奋斗》，报告首次提出"健全土地承包经营权流转市场"。其后，《中共中央、国务院关于切实加强农业基础建设进一步促进农业发展农民增收的若干意见》（2008年中央1号文件）提出："按照依法自愿有偿原则，健全土地承包经营权流转市场。坚决防止和纠正强迫农民流转、通过流转改变土地农业用途等问题。"2010年中央1号文件明确鼓励"在依法自愿有偿流转的基础上发展多种形式的适度规模经营"。2012年中央1号文件提出"发展多种形式的适度规模经营，促进农业生产经营模式创新"。2013年中央1号文件进一步提出："坚持依法自愿有偿原则，引导农村土地承包经营权有序流转，鼓励和支持承包土地向专业大户、家庭农场、农民合作社流转，发展多种形式的适度规模经营。"直到 2019 年中央 1 号文件依然鼓励"健全土地流转规范管理制度，发展多种形式农业适度规模经营，允许承包土地的经营权担保融资"。经过中央多年的政策鼓励，土地流转面积逐年递增，流转比重也逐年增加，根据现有资料显示，截至 2017 年 6 月底，全国共有 7 434.3 万户承包农户流转耕地，耕地流转面积达 3 313.3 万公顷，流转比例达 36.5%（叶兴庆、张云华等，2018）。土地流转是实现以土地集中为主的规模经营形式的重要基础，它为解决我国农地细碎化严重的问题起了积极作用，对提高农业的规模经济效益产生了重要效果。

（2）鼓励以社会化服务为主的服务规模经营。伴随着家庭承包制度的普遍推行，"农业社会化服务"应运而生，它还经历了内涵不断丰富、范围不断扩大的发展过程。在 20 世纪 80 年代，国家将"发展农业社会化服务，促进农村商品生产发展"作为农村第二步改革的突破口。进入 90 年代以后，农业社会化服务组织迅速发展。较有代表性的是，每年夏收季节，农业部门组织 30 多万台联合收割机实行大面积的"跨区作业"，从 5 月收获小麦的河南省南阳市开始，一路向北进行机收作业，等到 8 月底黑龙江的小麦成熟，完成跨纬度跨时期收割。这种跨区域专业化的机械调度使中国 0.2 亿公顷冬小麦的收割基本实现了机械化，既提高了机械的使用率，又降低了农户的劳动强度，增加了农民的收入（陈锡文，2018）。

随着规模经营的相关政策和制度不断调整和完善，新形势下具备了新的发展社会化服务的条件。因此，从 2008 年开始，国家开始鼓励有条件的地方建立健全农业社会化服务体系，2008 年召开的中共十七届三中全会首次提出"新型农业社会化服务体系"的概念，并要求加快构建以公共服务为依托、合作经济组织为基础、龙头企业为骨干、其他社会力量为补充的新型农业社会化服务体系。这次全会要求"统一经营要向发展农户联合与合作，形成多元化、多层次、多形式经营服务体系的方向转变"，这是对"统一经营"的全新阐述，也是对农村基本经营制度的重大理论突破。

自 2008 年提出"新型农业社会化服务体系"之后，几乎每年中央 1 号文件都对此有专门阐述。2010 年中央 1 号文件提到："抓紧建设乡镇或区域性农技推广等公共服务机构，扩大基层农技推广体系改革与建设示范县范围。积极发展多元化、社会化农技推广服务组织""积极发展农业农村各种社会化服务组织，为农民提供便捷高效、质优价廉的各种专业服务。"2012 年中央 1 号文件提出"培育和支持新型农业社会化服务组织"，并强调"通过政府订购、定向委托、招投标等方式，扶持农民专业合作社、供销合作社、专业技术协会、农民用水合作组织、涉农企业等社会力量广泛参与农业产前、产中、产后服务"。之后每一年有关社会化服务的内容都在不断丰富发展，2014 年中央 1 号文件提出："大力发展主体多元、形式多样、竞争充分的社会化服务，推行合作式、订单式、托管式等服务模式，扩大农业生产全程社会化服务试点范围。通过政府购买服务等方式，支持具有资质的经营性服务组织从事农业公益性服务。"社会化服务经过不断发展成熟，中央开始鼓励培育市场化服务组织，2018 年中央 1 号文件提出："培育各类专业化市场化服务组织，推进农业生产全程社会化服务，帮助小农户节本增效。"2019 年中央 1 号文件同样提出："加快培育各类社会化服务组织，为一家一户提供全程社会化服务。"这一系列政府文件表明了中央对建立健全农业社会化服务体系的积极态度，也表明新型农业经营体系和农业社会化服务体系是双层经营体制在新形势下的完善和发展。在实践的探索中，中国农民创新了土地规模经营和服务规模经营两种不同的经营方式，这两种方式都对构建新型农业经营形式做出了良好阐释，使经营者降低了自身生产成本，提高了生产效率和经济效益，这两种经营形式并行不悖、双轮驱动，是具有自身鲜明特色的发展农业规模经营的现实之路。

本章参考文献

陈吉元，陈家骥，杨勋，1993. 中国农村社会经济变迁（1949—1989）［M］. 太原：山西经济出版社．

陈锡文，2018. 读懂中国农业农村农民［M］. 北京：外文出版社．

陈锡文，罗丹，张征，2018. 中国农村改革 40 年［M］. 北京：人民出版社．

陈锡文，赵阳，陈剑波，等，2009. 中国农村制度变迁 60 年［M］. 北京：人民出版社．

陈云，1995. 陈云文选：第三卷［M］. 北京：人民出版社．

邓小平，1994. 邓小平文选：第二卷［M］. 北京：人民出版社．

杜润生，等，1996. 中国的土地改革［M］. 北京：当代中国出版社．

郭德宏，王海光，韩刚，2004. 中华人民共和国专题史稿：卷四：改革风云（1976—1990）［M］. 成都：四川人民出版社．

韩长赋，2019. 四十年农业农村改革发展的成就经验（庆祝改革开放 40 周年理论研讨会论文摘编）［EB/OL］. 人民网，2019 - 01 - 17. http：//politics. people. com. cn/n1/2019/0 117/c1 001 - 30 559 924. html．

黄道霞，余展，王西玉，1992. 建国以来农业合作化史料汇编［M］. 北京：中共党史出版社．

江泽民，2006. 江泽民文选：第二卷［M］. 北京：人民出版社．

速览［J］. 农村工作通讯，2018（10）：4.

孙健，1992. 中华人民共和国经济史（1949—90 年代初）［M］. 北京：中国人民大学出版社．

王丹莉，2008. 统购统销研究述评［J］. 当代中国史研究（1）：50 - 60，127.

叶兴庆，张云华，等，2018. 农业农村改革若干重大问题研究［M］. 北京：中国发展出版社．

中共中央文献研究室，国务院发展研究中心，1992. 新时期农业和农村工作重要文献选编［M］. 北京：中共中央文献出版社．

中共中央文献研究室，1997. 建国以来重要文献选编：第 12 册［M］. 北京：中共中央文献出版社．

中共中央文献研究室，2014. 十八大以来重要文献选编（上）［M］. 北京：中共中央文献出版社．

第三章 土地管理政策

土地管理是土地管理者对一定行政管辖范围内围绕土地关系形成的社会整体内部的土地所有者、土地使用者、各类土地以及土地信息等资源进行有效计划、组织、领导和控制以达到既定目标的过程（刘胜华，刘家彬，2005）。从表象来看，土地政策是国家或政府通过制定一系列法律、规章、条例、计划等，调节人与人之间、人与地的关系，以实现在一定历史时期的土地利用和管理目标。但从实质来说，土地政策是国家、政党、政府、社会团体乃至个人等为了协调一定阶段或领域的土地关系，实现土地权益目标的过程，但由国家对土地在宏观上进行管理、监督和调控，是一国执政的基础，国家、政党、政府或各级土地管理部门是土地管理政策的主体。本章主要按照时间顺序，对新中国成立 70 年来我国不同阶段的土地管理政策进行梳理。

一、改革开放前的土地管理政策（1949—1978 年）

新中国成立至改革开放前，我国的土地管理主要分为新中国成立初期的土地管理和"文革"时期的土地管理两个阶段。这一时期国家的土地管理工作内容较少，且受当时城乡经济建设与发展情况影响，主要实行城乡土地分管。

（一）新中国成立初期的土地管理（1949—1966 年）

1. 农村土地管理政策

（1）进行土地改革。新中国成立初期，我国土地管理的主要任务是没收官僚买办和地主的土地，处理城镇房地产权和无主土地，摧毁半殖民地半封建的土地私有制，建立新型的社会主义土地所有制和土地使用方式（刘胜华，刘家彬，2005）。1950 年 6 月 28 日，中央人民政府委员会第八次会议通过了《中华人民共和国土地改革法》，并规定"废除地主阶级封建剥削的土地所有制，实行农民土地所有制，借以解放农村生产力，发展农业生产，为新中国的工业化开辟道路"。土地改革没收了地主的土地等生产资料，依据土地数量、质量及位置远近以及人口数量，统一分配土地，并由县级人民政府向获得土地的农民发土地所有权证。农民获得了小块农用地，拥有了土地所有权（毕宝德，2018）。1952 年底，全国大部分地区已经完成了土地改革（林卿，何训坤，2002），很多以前无地和少地的农民获得了一定数量的农业生产资料，农业生产积极性迅速提高，我国农业生产逐渐恢复。

（2）发展农业合作化。早在 1943 年，毛泽东针对我国农村土地制度和小农生产方

---

* 本章编写人员：韩丽敏。

式就指出："在农民群众方面，我国几千年来都是个体经济，一家一户就是一个生产单位，这种分散的个体生产是封建统治的经济基础，并使农民自己陷于永远的穷苦。克服这种状况的唯一方法，就是逐渐地集体化，而达到集体化的唯一道路，就是依据列宁所说经过合作社。"[①] 因此，为更快速地从长期战争中恢复，提高土地大规模利用效率、节约农业劳动力以满足中国工业化建设的大量农产品需求和劳动力需求，中国开始学习苏联经验发展农业合作化。1951 年 12 月 15 日中共中央印发了《关于农业生产互助合作的决议（草案）》，在充分了解农民个体经济"不可避免"特征的同时，提倡农民通过多种形式进行互助合作生产，包括临时互助组、常年互助组以及土地入股形式的农业合作社，还建立了很多大规模的国营农业企业。农业合作社有了公共资产便可以共同兴修水利、购买农业大型机械，实现农业机械化种植和收割，农具共用效率和农业新技术采纳率、粮食产量和农民收入等也都得到提高，为满足新中国工业化建设对大量农产品的需求提供了保障；并且发展农业生产合作社节约出来的大量劳动力可以转移到国家经济建设事业中，为国家工业化和基础设施建设提供劳动力，实现劳动力向非农产业的转移（毕宝德，2018）。毛泽东主席也为印发决议草案写了一个通知，指示全党把农业互助合作当作一件大事去做[②]。1952 年 2 月 15 日政务院作出《关于 1952 年农业生产的决定》，要求在全国范围内发展临时互助组、推广常年互助，有重点发展土地入股的农业生产合作社，1952 年年中，各种形式农业互助合作社大约有 803.4 万个，参加农户达到 4 542 万户，其中土地入股农业生产合作社有 4 000 个，参加农户 5.7 万户。1952 年底，加入互助合作组织的农户达到全国农户总数的 1/4。1953 年 2 月 15 日，中共中央正式通过了《关于农业生产互助合作的决议》，强调要根据生产发展的需要和可能，稳步推进互助合作运动发展。1953 年 10 月 15 日，毛泽东同志在关于农业互助合作的谈话中指出："个体农民，增产有限，必须发展互助合作"[③]。10 月 26 日，中共中央召开第三次互助合作会议，总结了农业互助合作运动的经验，讨论了《关于发展农业生产合作社的决议（草案）》，对发展农业生产合作社做了详细的规定，并于 12 月 26 日正式通过，农业生产合作社进入发展时期。11 月 14 日，毛泽东同志在关于农业互助合作的另一次谈话中指出："不靠社会主义，想从小农经济作文章，靠在个体经济基础上的行小惠，而希望大增产粮食，解决粮食问题，解决国计民生，那真是'难矣哉'！"[④] 1953 年底，全国加入临时及常年互助、农业生产合作社等农业生产互助合作组织的农户占全国农村总户数的比例大约为 43%，且其中绝大多数农户都参加了互助组，参加农业生产合作社的农户仅为参加互助组农户的 0.57%。1955 年 1 月，全国农业生产合作社已经发展到 48 万个，其中约 10 万个是 1945 年春夏建立的。1955 年夏季全国共有 65 万个农业生产合作社，全国参加合作社的农户比例达到 15%。1955 年 7 月，毛泽东在《关于农业合作化问题》一文中再次明确指出"在农业方面，在我国的条件下必须先有合作化，然后才能使用大机器"[⑤]。1955 年 10 月 4 日，中共中央召开第七届第

---

① 毛泽东，1991. 毛泽东选集：第 3 卷 [M]. 2 版. 北京：人民出版社：931.
② 毛泽东，1977. 毛泽东选集：第 5 卷 [M]. 北京：人民出版社：59.
③ 毛泽东，1977. 毛泽东选集：第 5 卷 [M]. 北京：人民出版社：117.
④ 毛泽东，1977. 毛泽东选集：第 5 卷 [M]. 北京：人民出版社：120.
⑤ 毛泽东，1999. 毛泽东选集：第 6 卷 [M]. 北京：人民出版社：432.

六次全体会议作出了《关于农业合作化问题的决议》，决议提出在互助合作运动比较先进的地方，到 1957 年春季以前合作社先后发展到当地农户的 70%～80%，基本实现半社会主义合作化，全国大多数地方可以在 1958 年春季以前先后基本实现半社会主义的合作化。1955 年 11 月 10 日国务院发布《农业生产合作社示范章程草案》基本形成了对初级合作社的制度安排。1955 年 12 月 21 日，中央发出毛泽东起草的《农业十七条》，向各地征询意见。十七条提出 1956 年下半年基本完成初级形式的建社工作，1959 年基本完成合作化的高级形式。1955 年底，全国已有 7 000 多万户，即 60% 以上的农户加入了半社会主义的农业生产合作社。

随后，针对部分农村地区在农田水利建设和春耕生产中出现的跨社界、乡界、县界进行协作现象，毛泽东认为生产合作社规模应进一步扩大，将小社并大社。1956 年 2 月中旬，全国已有 1 亿以上农户加入农业生产合作社，占全国农户总数的 85%，其中高级社农户占全国农户总数的 48%。1956 年 3 月，全国人大常委会通过的《农业生产合作社示范章程》规定："社员的土地等生产资料交给农业生产合作社统一使用，一定时期内保留其所有权，并可获得适当报酬；但随着生产发展和社员社会主义觉悟提高，社员的土地等生产资料逐渐实现公有化。"1956 年 6 月 15 日，一届人大三次会议讨论通过了《高级农业生产合作社示范章程》并规定："社员入社必须把私有的土地、耕畜、大型农具等主要生产资料转给合作社集体所有；社员土地上附属的私有塘、井等水利设施，随着土地转为合作社所有；社员土地转为合作社所有后，取消土地报酬，对于生活有困难的社员要给予适当照顾；农业生产合作社应抽出一定数量的土地分配给社员种蔬菜；社员原有的坟地、房屋基地不必入社，如新修房屋需要基地和无坟地的社员需用坟地，由合作社统筹解决。"[①] 1956 年进入了高级合作社大规模建设阶段，1956 年底全国参加农业生产合作社的农户占农户总数的 96%，其中参加高级社的农户占全国农户总数的 88%。

（3）建立人民公社。1958 年春季，中共中央提出为适应农业生产和文化革命的需要，在有条件的地方进行小社并大社；8 月 17—30 日，中共中央政治局在北戴河召开扩大会议，党的高级领导人又一致肯定了人民公社的社会主义性质，通过了《关于在农村建立人民公社问题的决议》，肯定了建立人民公社的意义。农村掀起了人民公社的热潮以及兴修农田水利、大办农村工业等群众运动，农业生产合作社联合迅速发展为政权组织和经济组织的统一体；公社的规模变得更庞大，平均每社达到 4 000 户以上，有的甚至达到 1 万户以上；农户所有的土地、生产资料和财产完全转归公社所有，由公社统一指挥调配，原有坟地和宅基地仍属社员私有，虽然社员拥有一定数量的自留地（1956 年规定不超过当地人均土地的 5%，1957 年增加到 10%），但农户只有使用权；公社实行工资制与供给制相结合的平均主义分配制度，在生产和生活方面则实行组织军事化、行动战斗化、生活集体化，违背了农业生产本身的规律和特点。截至 1958 年 9 月全国有 90.4% 的农户加入了人民公社，10 月底加入人民公社的农户达到 99%（毕宝德，2018；林卿，何训坤，2002；杨璐璐，2015）。

---

① 资料来源：中国人大网，http：//www.npc.gov.cn/wxzl/wxzl/2000 - 12/10/content _ 4304.htm

　　由于人民公社运动影响了农业生产发展，中央不得不进行农村经济政策的紧急调整，1960 年 11 月 3 日，中共中央发出了《关于农村人民公社当前政策问题的紧急指示信》（简称《十二条》），强调"'三级所有，队为基础'是现阶段人民公社的根本制度"。1961 年 6 月 15 日，中共中央讨论和试行《农村人民公社工作条例（修正草案）》（简称《农业六十条》），进一步肯定了"三级集体所有制"，并颁发了土地所有证。1962 年 9 月，中共第八届委员会第十次全体会议通过《农村人民公社工作条例（修正草案）》，正式确立了"三级所有，队为基础"的制度安排，并规定："生产队所有土地为生产队范围的土地，包括社员的自留地、自留山、宅基地一律不准出租和买卖，未经县以上人民委员会的审批，任何单位和个人不得占有""集体所有的山林、水面和草原，归生产队所有比较有利的，都归生产队所有""生产队有权在本队范围内，开垦荒地、经营荒山和充分利用一切可能利用的资源。"1962—1978 年，我国农村一直保持"三级所有，队为基础"的人民公社制度。1963 年 3 月 20 日，《中共中央关于各地对社员宅基地问题作一些补充规定的通知》指出："社员的宅基地，包括有建筑物和没有建筑物的空白宅基地，都归生产队集体所有，一律不准出租和买卖，但仍归各户长期使用，长期不变，生产队应保护社员的使用权，不能想收就收，想调剂就调剂。宅基地上的附着物，如房屋、树木、厂棚、猪圈、厕所等永远归社员所有，社员有买卖或租赁房屋的权利。房屋出卖以后，宅基地的使用权即随之转移给新房主，但宅基地的所有权仍归生产队所有。"

　　（4）土地权属管理和土地利用管理两手抓。在加强土地立法的同时，我国的土地管理开始逐步从侧重土地权属管理向土地利用管理转变。1954 年黑龙江友谊农场进行了新中国成立以来的第一次土地规划。1956 年农业部组织各省开展了 280 多个农业社的规划试点，1957 年底发展到 5 000 多个试点。在试点工作的推动下，农垦部及部分省相继建立了土地勘测设计的专业技术队伍。1957—1958 年，农业部先后两次召开了部分省的土地规划工作经验交流会，为建立和健全我国的土地管理科学奠定了基础（刘胜华，刘家彬，2005）。

2. 城市土地管理政策

　　1949 年 9 月 29 日，中国人民政治协商会议第一届全体会议通过了《中国人民政治协商会议共同纲领》，政务院发布了《关于没收战犯、汉奸、官僚资本家及反革命分子财产的指示》以及《关于没收反革命罪犯财产的规定》等，国家掌握并接管了旧中国的政府机关用地、军营和军事设施用地、国家投资企业用地以及国家所有的公共设施用地等部分土地，以及没收的外国帝国主义分子、国民党官僚机构、官僚资本家所拥有的土地；但至 1956 年城市尚有私有土地可以买卖、出租、转让。1950 年 11 月 10 日，政务院第 58 次政务会议正式通过了《城市郊区土地改革条例》对《土地改革法》进行补充，《条例》规定城市郊区所有没收和征收来的农业土地，一律归国家所有，由市人民政府管理，连同国家在郊区所有的其他农业土地，统一地、公平合理地分配给无地或少地的农民耕种。土地改革完成后，由市人民政府给分得国有土地的农民颁发国有土地使用证，保障农民对该项土地的使用权，对私有农业土地者则发给土地所有权证，保障其土地所有权。1953 年 12 月 5 日，中央人民政府内务部发布的《关于执行国家建设征用土地办法中几个问题的综合答复》规定："国家机关、企业、学校、团体及公私合营企业使用国有土地时，由当地政府无偿划拨使用，均不必再缴纳租金"。国家拨给用地单位（国家机关、企事业单位和社会团体）土地，用地单位只需要象征性交纳补偿费和安置补助费；但用地单位没有独立的支配权，只有按其性质使用的权利。1954 年 2 月 24 日政务院《关于国营企业、机关、部队、学校占用市郊土地征收土地使用费或租金问题的批复》规定："保证土地合理使用的决定性关键在于，政府批准使用土地时严格掌握使用原则。按照企业单位、机关、部队、学校的实际需要与发展情况，确定其使用土地的面积，不必采用征收土地使用费或租金的办法。而且收取土地使用费或租金，并非真正增加国家收入，而是不必要的提高企业的生产成本和扩大国家预算，并将增加不少事务手续。"这一规定表明了国家开始禁止买卖、出租和转让土地，确立了城市土地无偿使用制度。1954 年 7 月 6 日，中央人民政府内务部又颁布了《关于处理国家机关、企业等使用城市市区私有土地的几个问题的答复》，我国土地无偿划拨使用制度逐渐形成。

1956 年开始，国家通过对工商业、农业的社会主义改造，逐步将城市土地收归国有，由国家统一征用划拨后交付用地单位使用，我国城市土地完全意义上的国有化拉开了序幕。国家首先实现了对城市空地、街基等地产的国有化改造，随后又逐渐对城市私有房产进行了社会主义改造，起初除少数大城市对私营房产公司和一些大房主实行公私合营外，绝大多数私有房产都实行"国家经租"，房主不再拥有房屋租赁权和所有权，只能领取固定租金，且不能收回由"国家经租"的房屋。1956 年 1 月 18 日，中共中央批准中央书记处第二办公室《关于目前城市私有房产基本情况及社会主义改造的意见》，正式提出"对私有房产的社会主义改造"目的是"逐步改变其所有制"。1964 年 9 月 18 日《关于国家经租的房屋不允许继承问题的答复》明确指出："国家经租房屋的业主实际已经丧失了所有权。"1958 年城市大部分土地已经收归国有，仅部分个体劳动者拥有的生产营业用地和城市居民自有住宅的宅基地仍为私有，但这些私有地不受法律保护。随着 1966 年 9 月 24 日《关于财政贸易和手工艺方面若干政策问题的报告》以及 10 月 21 日《关于改造房主的定租暂停支付意见》等颁布，城市私有土地不复存在，正式完成了国有化的过渡。

(二)"文革"时期的土地管理 (1966—1977 年)

1966 年 5 月，"文革"开始。1968 年 12 月，撤销了内务部，并将其负责业务分散至其他部门，但却未设置统一部门接管土地征用及土地管理的相关工作，各省开始分头管理土地，且各省土地管理负责部门并不一致，还有的直接由建设项目的主管部门自行办理。全国缺乏对国土资源的统筹规划和统一管理，基本处于一种混乱无序、瘫痪状态，基本没有开展土地权属、地籍和土地利用等方面的工作，国土资源和生态环境遭受严重破坏。草场退化，森林面积缩小，许多矿藏资源被滥采滥挖，一些重要的自然景观和自然保护区未得到应有保护，工业、交通、水利以及农村房屋等大量占用耕地，造成土地资源严重浪费。尽管 20 世纪六七十年代我国的土地政策主要集中在"严格建设用地审批权限，节约建设用地"方面，但政策贯彻实施的成效并不显著。1957—1977 年，平均每年被占用耕地面积达 133.33 万公顷（毕宝德，2018；刘胜华，刘家彬，2005）。

综上，新中国成立后至改革开放这一阶段，虽然国家也制定和实施了一些保护自然资源的政策，例如 1950 年颁布了第一部矿产资源法规——《中华人民共和国矿业暂行条例》，1957 年颁布了《中华人民共和国水土保持暂行纲要》，1963 年国务院颁发了《森林保护条例》、1965 年国务院批转地质部制定的《矿产资源保护试行条例》，规范国家矿产资源保护和合理利用等，但在"资源人本位"思想影响下，人们"资源廉价、无限、公有及无偿使用"等传统观念根深蒂固，环境保护意识薄弱。大量耕地被工业发展占用，还有众多的土地资源遭到工业严重污染；大量矿产资源被低效率开发，大量生态脆弱的荒山荒地被破坏性开垦，成片的森林被砍伐等，导致土地过度利用、水土流失严重，我国有限的土地资源存量短期内大幅下降（白永秀等，2008）。

二、改革开放以来的土地管理政策（1978 年至今）

1978 年党的十一届三中全会以后，我国经济迅速恢复和发展，土地资源作为经济发展的关键要素，其重要性日益凸显。为更宏观合理地统筹配置、有效利用土地资源，我国政府不断完善土地资源管理机制，改革对城乡土地的分割管理，建立城乡土地统一管理制度。

1. 城乡土地统一管理恢复阶段（1978—1982 年）

1978 年《中华人民共和国宪法》规定："中华人民共和国的生产资料所有制现阶段主要有两种：社会主义全民所有制和社会主义劳动群众集体所有制"，标志着城乡土地私有制结束，但也没有正式提出城市土地国有制。具体来看：

（1）农村土地管理政策发展。1978 年 12 月，中共中央十一届三中全会通过了《中共中央关于加快农业发展若干问题的决定（草案）》，开始开展建立和健全农业生产责任制的工作。1979 年 9 月 28 日，中共十一届四中全会正式通过了《关于加快农业发展若干问题的决定》，并提出"要有计划地发展小城镇建设，加强城市对农村的支援，推动农业现代化发展，逐步缩小城乡差距和工农差别等"。1979 年，农村土地家庭承包经营制度也得到了全面推行，农地所有权与使用权逐渐分离。1980 年 9 月 27 日，各省、自治区、直辖市党委第一书记座谈会纪要《关于进一步加强和完善农业生产责任制的几个问题》以及 1981 年全国农村工作会议都对农民个人经营的生产关系进行了全部肯定。虽然农村逐步实行了家庭联产承包责任制，将集体所有土地包给农民经营，但土地国家或集体所有，产权主体仍不明确。随着城乡经济的发展，乱占用耕地的问题依然严重，保障我国粮食安全的土地压力日益增加，加强我国土地管理尤其耕地保护迫在眉睫。

（2）城市土地管理政策变迁。1980 年 10 月，国家建委在北京召开了全国城市规划工作会议，探讨了实行城市建设用地使用费的问题。1981 年 4 月，中共中央书记处就国土开发整治做出了重要决定，要求国家建设委员会通过立法和规划，对土地利用、土地开发、综合开发、地区开发、整治环境、大河流域开发等各方面进行有效管理，做好国土开发整治。同年 4 月，国务院发出《关于制止农村建房侵占耕地的紧急通知》，规定农村建房用地，必须统一规划、合理布局，节约用地。同年 10 月，国务院以国发〔1981〕145 号文件批转了国家建委《关于开展国土整治工作的报告》，进一步肯定了国土整治对我国社会主义现代化建设的重大战略意义，国务院指示国土整治工作任务重大、涉及资源范围很广，应充分发挥各有关部门和各个地区的作用通力合作，并由国家建委承担组织、协调、规划、法律监督等职责。该报告还要求国家建委内设立国土局管理国土日常事务，因此 1981 年 11 月，国家建委成立了国土局主管我国土地开发整治，此后各省区市也相继设立了国土局。1982 年《中华人民共和国宪法》首次明确规定了："城市的土地属于国家所有。农村和城市郊区的土地，除由法律规定属于国家所有的以外，属于集体所有；宅基地和自留地、自留山也属于集体所有"。这标志着我国土地的社会主义国有化改造最终完成。但在城市土地管理方面，虽然自 1978 年中共十一届三中全会以后国家也曾颁布一些单项的行政规章（如 1984 年国务院颁布的《城市规划条例》），但直至 1986 年，国家尚无一部比较完备的土地管理法规，在城市也没有建立起完善的地籍档案制度，土地权属不清、管理不到位，导致部门、单位和个人侵占国有土地及土地闲置、浪费等情况经常发生（毕宝德，2018）。

2. 土地管理工作步入正轨（1982 年至今）

1982 年开始，国家的各项土地管理事务逐渐步入正轨，城乡土地管理事权逐渐扩大，在侧重实施保护农民土地承包权政策的同时，也重视城乡土地资源的规划利用，重视协调城乡发展过程中的土地利用关系。

（1）保护农民土地承包权的政策。1982 年中央 1 号文件《全国农村工作会议纪要》以及 1983 年中央 1 号文件《当前农村经济政策的若干问题》都对农业生产责任制进行了充分肯定，家庭联产承包责任制合法化也不断得到落实，1983 年中央 1 号文件颁布实施标志着人民公社体制彻底解体。截至 1983 年，全国 586.3 万个生产队实行了家庭联产承包责任制，占全国生产队总数的 99.5%。1984 年，中共中央 1 号文件《关于一九八四年农村工作的通知》规定，土地承包期一般在 15 年以上。随后，1985 年和 1986 年中央 1 号文件、1987 年中央 5 号文件、1991 年中央《关于进一步加强农业和农村工作的决定》等都相继对家庭联产承包责任制给予了高度的评价和肯定。1993 年 4 月，第八届全国人大再次对 1988 年《宪法》进行了修正，第一次将"家庭联产承包责任制"列入宪法，使其成为一项国家基本经济制度。1993 年中共中央和国务院在《关于当前农业和农村经济发展的若干改革措施》明确提出"以家庭联产承包为主的责任制和统分结合的双层经营体制是中国农村经济的一项基本制度，要长期稳定并不断完善""原定的土地承包期到期后，再延长三十年不变"。并且 1995 年 3 月 28 日，国务院批转农业部《关于稳定和完善土地承包关系的意见的通知》指出，"延长土地承包期和进行必要的土地调整时，不得随意提高承包费，变相增加农民负担"。1997 年 8 月 27 日中共中央办公厅、国务院办公厅联合下发了《关于进一步稳定和完善农村土地承包关系的通知》，并明确要求"承包权必须到户，并明确 30 年不变，不能把'责任田'的承包期定得很短，随意进行调整""农户对集体土地承包权利不变，使用权的流转要建立在农民自愿、有偿的基础之上，不得搞强迫命令和干预"。1998 年 8 月 29 日新修订的《土地管理法》正式将"土地承包期 30 年不变"的政策写入，促使我国集体土地农户长期承包制度的框架和具体实施原则逐步完善。1999 年《中华人民共和国宪法》第八条将"家庭联产承包"改为"家庭承包经营"，并规定："农村集体经济组织实行家庭承包经营为基础、统分结合的双层经营体制。农村中的生产、供销、信用、消费等形式的合作经济，是社会主义劳动群众集体所有制经济。"土地承包到户后，我国农村土地确权工作不断推进，2017 年 3 月 2 日，农业部发布《关于加快推进农村土地承包地确权登记颁证工作的通知》，对 2017 年农村土地确权工作进行了新的部署。截至 2017 年 9 月底，全国共有 0.7 亿公顷农村土地完成确权，占二轮家庭承包耕地面积的 78%；2018 年底我国农村土地确权工作基本完成。

（2）丰富农民农地产权的政策。随着农民非农就业收入增加以及农村人口向城市转移，有非农就业机会的家庭会希望将他们的土地按照市场价格出租，而留在村里的农民则需要能够租赁土地或租赁更多的土地来提高收入，农村土地流转需求不断增长（黄季焜，2006）。1984 年中央 1 号文件《关于一九八四年农村工作的通知》中首次提出"鼓励土地逐步向种田能手集中。社员在承包期内，因无力耕种或转营他业而要求不包或少包土地的，可以将土地交给集体统一安排，也可以经集体统一，由社员自找对象协商转包，但不能擅自改变向集体承包合同的内容"。1988 年修订的《宪法》正式确立了允许农地转让的制度。1993 年十四届三中全会《建立社会主义市场经济体制若干问题的决定》指出："在坚持集体所有制的前提下，延长耕地承包期，允许继承土地开发性生产项目的承包经营权，允许土地使用权依法有偿转让""允许少数经济比较发达的地方，本着群众自愿原则，可以采取转包、入股等多种形式发展适度规模经营。"1993 年 11 月 5 日中共中央和国务院在《关于当前农业和农村经济发展的若干改革措施》也明确提出"在坚持土地集体所有和不改变用途的前提下，经发包方同意，农民拥有的土地使用权可以流转入市"。1995 年 3 月 28 日，国务院批转农业部《关于稳定和完善土地承包关系的意见的通知》指出，"建立土地承包经营权流转机制""在坚持土地集体所有和不改变土地农业用途的前提下，经发包方同意，允许承包方在承包期内对承包标的依法转包、转让、互换、入股，其合法权益受法律保护，但严禁擅自将耕地转为非耕地"，并要求"各地加强对农业承包合同的管理，维护承包合同的严肃性，稳定家庭联产承包责任制"。1998 年 10 月《关于农业和农村工作若干重大问题的决定》进一步强调"稳定党的农村政策，关键是稳定以家庭承包经营为基础、统分结合的双层经营体制，稳定土地承包关系"。2001 年 12 月 30 日，中共中央在《关于做好农户承包地使用权流转工作的通知》中明确指出"土地流转的主体是农户，土地使用权流转建立在农户资源的基础上。任何组织和个人不得强迫农户流转土地，也不得阻碍农户依法流转土地"。2013 年 11 月 12 日，中国共产党第十八届中央委员会第三次全体会议通过《中共中央关于全面深化改革若干重大问题的决定》，赋予了农民对承包地占有、使用、收益、流转及承包经营权抵押、担保权能，允许农民以承包经营权入股发展农业产业化经营；保障农民集体经济组织成员的权利，积极发展农民股份合作社，赋予农民对集体资产股份占有、收益、有偿退出及抵押、担保和继承等权利；坚持农村土地集体所有权，依法维护农民土地承包经营权，发展壮大集体经济，稳定农村土地承包关系并保持长久不变。决定还提出在农村建立产权流转交易市场，推动农村产权流转交易公开、公正、规范运行。2014 年中央 1 号文件《关于全面深化农村改革加快推进农业现代化的若干意见》提出，在落实农村土地集体所有权的基础上，稳定农户承包权、放活土地经营权，允许承包土地的经营权向金融机构抵押融资；鼓励有条件农户流转承包土地的经营权，加快健全土地经营权流转市场。2014 年 11 月 20 日，中共中央办公厅、国务院办公厅印发了《关于引导农村土地经营权有序流转发展农业适度规模经营的意见》，具体详细地规定了促进农村土地经营权有序流转的相关内容。随着土地确权颁证工作的陆续完成，农户的土地承包关系得到了法律的保障，农村的土地纠纷减少，农村土地流转市场日益活跃，我国农村土地"三权分置"也不断完善，2017 年山东、山西等多省份积极落实"三权分置"的实施意见，推进农村土地"三权分置"改革的完成。

中国耕地租赁市场在 20 世纪 80 年代末开始出现，起初全国只有 1% 的出租耕地，1995 年全国大约有 3% 的耕地出租，2000 年全国平均土地租赁率上升至 10%。耕地租赁市场的发展提高了土地利用效率，使土地从大量拥有者手中转向少量拥有者；且人口流动越高的地区，土地租赁越频繁。例如，2000 年湖北和安徽等打工比例较高的省份土地租赁率就达到了 15%。土地租赁还有利于促进社会公平，为人口流动比例较高的农村家庭提供了土地，有助于削减贫困。随着农村土地相关法规不断完善，农民土地产权不断丰富并得到保证，我国土地资源的配置利用效率也不断提高（黄季焜，2006）。

（3）农村耕地保护政策。随着社会经济迅速发展，城乡征地矛盾、建设用地和耕地之间的矛盾，以及国家征用土地与农户农地权利之间的矛盾等不断加深。为有效管理农村"建房热"导致农村建房占用大量耕地问题，1981 年 4 月国务院发出《关于制止农村建房侵占耕地的紧急通知》，规定农村建房用地必须统一规划、合理布局、节约用地。1982 年 2 月 13 日，国务院颁布《村镇建房用地管理条例》规定，村镇内个人建房或社队企业、事业单位建设用地应办理申请、审查、批准的手续；严格规定村镇建房用地限额和省、地、县三级具体审批权限等；各地建房要规定用地指标，建立和完善我国土地使用审批制度。同年 5 月 4 日，国务院又颁布《国家建设征用土地条例》进一步加强了对征用土地的管理，并规定农村集体土地被征用后，土地所有权属于国家，用地单位只有使用权。1983 年 11 月，国务院又发出《关于制止买卖和租赁土地的通知》，开始查处私下违法的土地交易。1984 年，农牧渔业部根据调查需要制定了《全国土地利用现状调查规程》，对土地利用现状调查的目的、任务以及工作内容和程序进行了详细规定，并按用途将全国土地进行了分类。尽管农牧渔业部土地管理局已经对经济发展导致的城乡非农建设乱占滥用土地问题加强了管理，乱占耕地等问题依然十分严重，土地管理混乱、土地利用失管失控问题没有从根本上得到解决。1986 年，党和国家开始采取重大改革决策加强土地管理工作。1986 年 3 月 21 日，中共中央、国务院发出了《关于加强土地管理，制止乱占耕地的通知》，要求强化土地管理，制止各类建设乱占滥用耕地。随后全国范围内全面开展了非农用地清查工作，共查出违法占地案件近 1 000 万宗，违法占地 54 万公顷，对违法占地行为形成了一定震慑。1986 年 6 月 25 日第六届全国人民代表大会常务委员会第六次会议审议通过了新中国成立以来第一部较全面的《中华人民共和国土地管理法》，对我国土地管理的目的、基本制度、土地的所有权和使用权、土地的利用与保护、国家建设用地、乡（镇）村建设用地等具体准则作了规定，对规范和强化我国的土地管理、实施土地统一管理提供了法律保障，我国土地的法制化管理机制不断完善。1986 年 8 月 1 日，直属国务院的国家土地管理局正式成立，负责全国土地管理工作，并建立了地方各级土地管理机构负责其辖区内的土地管理工作。1987 年

《土地管理法》正式实施，国家土地管理局会同国家计委对非农业建设占用耕地实行计划指标进行管理，将用地计划纳入了国民经济和社会发展计划；在加强土地利用管理的同时，还建立了严格的用地审批制度，逐步推动城市土地使用制度改革。该《土地管理法》取代了 1982 年的《村镇建房用地管理条例》，在继续强调用地规划、审批和面积控制等方面的同时，还详细规定了集体建设用地的支付补偿情况，建立了严格的集体非农用地使用制度（毕宝德，2018）。1987 年 4 月，《中华人民共和国耕地占用税暂行条例》决定开始征收耕地占用税。同年 6 月 11 日，农牧渔业部、国家土地管理局发布《关于在农业结构调整中严格控制占用耕地的联合通知》。1990 年全国人大七届四次会议将"切实保护耕地，十分珍惜和合理利用每一寸土地"确定为我国基本国策之一（金晶，2016）。自此，我国耕地保护力度不断加强，政策力度也不断加大，审批监管制度也不断完善，农村耕地保护被提高到新的战略高度。

1992 年，国务院颁布《关于严格制止乱占滥用耕地的紧急通知》，针对耕地浪费严重的现象提出治理整顿措施。1993 年 3 月，国家土地管理局颁布了《土地利用总体规划编制审批暂行办法》，明确了土地利用总体规划在农地保护中的重要地位。1993 年十四届三中全会再次强调了我国"十分珍惜和合理利用每寸土地、切实保护耕地"的基本国策。1994 年 10 月 1 日，国务院开始施行《基本农田保护条例》，规定了建设占用基本农田的审批权限，确立了土地管理基本国策，形成了耕地保护机制，有效遏制了我国耕地锐减。1995 年 2 月 17 日，农业部发布《关于立即制止乱占耕地的通知》。1997 年 5 月，在耕地减少、建设用地扩增的局势未得到有效控制的形势下，中共中央、国务院又下发了《关于进一步加强土地管理切实保护耕地的通知》，并提出"各地耕地只能增加，不得减少""严格建设用地审批，冻结农转非一年"。要求各地采取措施强化土地管理，切实保护耕地。随后国家土地管理局又颁布《冻结非农业建设项目占用耕地规定》，规定除三类建设项目外，其他类非农业建设在冻结期间都不得占用耕地或需报国务院审批。经过严格耕地措施调控，1996 年和 1997 年耕地总量同比 1995 年有所增加。1998 年 3 月中共中央办公厅、国务院办公厅又颁发了《关于继续冻结非农业建设项目占用耕地的通知》，要求自 1998 年 4 月 15 日起至《中华人民共和国土地管理法》修改后颁布施行之前，继续冻结非农业建设项目占用耕地。这次冻结审批是自新中国成立以来，政府农地转用问题治理态度最强硬的一次，表明我国农地资源可转用态势已十分严峻，到了不得不管、不管将有可能威胁我国粮食安全的地步。1998 年 8 月 29 日，第九届全国人民代表大会常务委员会第四次会议修订通过了新《土地管理法》，标志着我国土地管理政策从"保证建设用地供应"转向"以保护耕地为主"，用法律形式将"十分珍惜、合理利用土地和切实保护耕地"确定为我国基本国策，并以专门的章节对耕地保护给予了明确规定。我国土地管理方式也从"分级限额审批"向"土地用途管制"演进。新《土地管理法》还明确提出了国家编制土地利用总体规划，按照用途将全国土地分为农用地、建设用地和未利用地三类，严格限制农用地转为建设用地，控制建设用地总量，对耕地实行特殊保护（刘胜华，刘家彬，2005）。1998 年修订的《土地管理法》是中国土地政策的一个转折点，体现了土地管理目的的转变，关闭了集体转用渠道，把国家征地作为农地转用的唯一方式，上收地方审批权，强化国家管制。我国农地转用政策也从

"单一追求经济建设"转为"兼顾耕地保护"（杨璐璐，2015；金晶，2016）。

20 世纪 80 年代以来，经过改革开放和经济体制改革，国民经济蓬勃发展；工业化、城镇化进程进一步加快；尤其加入 WTO 以后经济增长势头强劲，城乡之间、工农业之间、生态保护及各项建设与粮食生产之间的争地矛盾日益尖锐，以及生态恶化等问题导致我国有限的土地资源存量快速减少（毕宝德，2018；金晶，2016）。1998—2006 年耕地面积净减少 812.73 万公顷，平均每年减少 101.61 万公顷。并且，从 1994 年中央政府和地方政府实施分税制，到 2002 年土地有形市场走上正轨，土地出让收入成为地方政府的预期稳定收入。因此，虽然国家制定了土地利用总体规划，对农用地转非农用地总量也进行了严格控制，但以地方政府和企事业单位为主体的土地违法案件不断增加，案均土地面积和耕地面积是个人的 10 倍左右。2003 年 11 月 17 日，国土资源部下发《关于进一步采取措施落实严格保护耕地制度的通知》，对非农建设用地实行"六不报批"、严格审批、严控开发。同年 12 月 31 日，中共中央、国务院发出了《促进农民增加收入若干政策的建议》，指出要加快土地征用制度改革，要求"各级政府切实落实严格的耕地保护制度，按照保障农民权益，控制征地规模的原则，严格遵守对非农占地的审批权限和程序，严格执行土地利用总体规划，严格区分公益性用地和经营性用地，明确界定政府土地征用权和征用范围"。2004 年 4 月 21 日，国务院下发《关于做好省级以下国土资源管理体制改革有关问题的通知》，要求"省级以下各级人民政府要依法做好本级土地利用总体规划的编制和报批工作，严格土地利用总体规划的实施管理确保规划任务落实，严格保护耕地特别是基本农田"。同年 4 月 29 日，国务院办公厅下发了《关于深入开展土地市场治理整顿严格土地管理的紧急通知》，指出，"在深入开展治理整顿期间，全国暂停审批农用地转非农用地的规定，并从实际出发，对确属急需的重点建设项目用地可报国务院批准"。同年 6 月，为贯彻落实上文《紧急通知》国土资源部、国家发展和改革委员会《关于在深入开展土地市场治理整顿期间严格建设用地审批管理的实施意见》规定，停止审批农用地转非农建设项目用地，但能源、交通、水利和农业、城市重大公共设施、卫生、教育项目以及国防军事、工程及军工等重点急需建设项目，可报国务院审批。该意见第一次以"区别对待"的方式缓解"一刀切"调控的弊端，两次冻结审批对遏制农地非农转用发挥了一定的作用，但并不能从根本上解决社会经济增长与农地保护之间的矛盾。2004 年 10 月 21 日，国务院又发布了《关于深化改革严格土地管理的决定》指出，2004 年不再追加农用地转用计划指标，建立国家土地督察制度，设立国家土地总督察，向地方派驻土地督察专员，监督土地执法行为。2004 年国土资源部出台《工业项目建设用地控制指标（试行）》，要求各级国土资源管理部门从严控制供地，不符合要求的项目不予供地，或对项目供地面积进行严格核减。2005 年 1 月 10 日，国土资源部印发《2005 年工作要点》，提出继续试行从严从紧的建设用地供应政策。2006 年 4 月 26 日，国土资源部下发《关于下达 2006 年全国土地利用计划的通知》规定，2006 年全国计划继续保持 2005 年的水平，继续严把土地闸门，从紧控制农用地转用计划指标。同年 5 月 30 日，国土资源部发布《关于当前进一步从严土地管理的紧急通知》，要求各地严格落实《2004 年国务院关于深化改革严格土地管理的决定》，遏制一些地方违法违规占用土地，从严从紧控制新增建设用地。同年 7 月 13 日，国务院办公厅发出了《关于建立国家土地督察制度有关问题的通知》，正式宣布设立国家土地总督察及办公室，监督地方政府对土地违法行为的查处。同年8月31日，国务院发布《关于加强土地调控有关问题的通知》，要求各级政府主要负责人对本行政区域内耕地保有量和基本农田面积、土地利用总体规划和年度计划执行情况负总责；强调土地利用规划和农用地转用审批等管理措施在农用地转为建设用地中的作用；禁止通过"以租代征"等方式利用农民集体所有的农用地进行非农建设，擅自扩大建设用地规模。2006年12月，国土资源部、国家发改委依据《产业结构调整指导目录》（2005年本）制定并发布了《限制用地项目目录》和《禁止用地项目目录》，对新建、扩建和改建的建设项目用地的各种情况进行了区别。2007年1月21日，国土资源部下发《关于下达2007年全国土地利用计划的通知》，2007年新增建设占用农用地与耕地数量与2006年持平；在严格控制农用地转用的同时，严格控制新增建设用地的总量。同年12月30日，国务院办公厅发布了《关于严格执行有关农村集体建设用地法律和政策的通知》，再次要求各地在利用农村集体土地过程中做到严格执行土地用途管制制度；严格规范使用农民集体所有土地进行建设。同日，国土资源部发布了《土地登记办法》，城乡土地登记、发放土地产权证明为保障土地权利人的土地权益提供了法律依据。截至2012年底，全国农村集体土地所有权累计确权登记发证约620万宗，发证率达到94.7%，基本完成了农村集体土地所有权确权登记发证任务。2012年11月，国务院决定整合不动产登记职责、建立不动产统一登记制度，由国土资源部负责指导监督全国土地、房屋、草地、林地、海域等不动产统一登记，做到登记机构、登记簿册、登记依据和信息平台"四统一"。从根本上保护了不动产权利人的合法财产权。土地督察制度以及土地确权登记制度等实施后，耕地保护效果逐步显现。2007年和2008年耕地分别只减少了32 160.52公顷和47 570.70公顷，耕地面积减少速度迅速降低。2017年1月9日，中共中央、国务院发布《关于加强耕地保护和改进占补平衡的意见》，改革和完善了耕地占补平衡政策体系及管理方式。2月17日，国家发改委联合多部门发布实施了《关于扎实推进高标准农田建设的意见》，对建设高标准农田的相关内容进行了详细全面的规定。争取到2020年确保建成0.53亿公顷、力争建成0.67亿公顷高标准农田。

土地作为国家经济发展的关键资源，社会经济条件发生较大波动时，国家的土地管理政策也会发生一定变化。2008年，为保障经济社会发展平稳应对国际金融危机，我国土地调控政策便从"抑制土地开发"转向"促进土地开发"。2008年11月28日国土资源部下发了《关于为扩大内需促进经济平稳较快发展做好服务和监管工作的通知》，同年12月22日多部门联合下发了《关于切实做好扩大内需促进经济平稳较快发展的用地保障和管理的通知》。两个文件明确了一系列促进经济平稳较快发展的国土资源政策措施。2009年中央提出"保增长、保红线"行动，继续促进土地开发，全国预审、批准、供应建设用地同比增速均在40%以上；还建立了快速审批通道，加快用地预审，调整工业用地政策，保证扩大内需重点建设项目及时落地。2009年国土资源部又发布了《限制用地项目目录》（2006年本增补本）和《禁止用地项目目录》（2006年本增补本），更全面地规定了限制用地和禁止用地政策的覆盖范围。2010年，国土资源部启动实施"保经济发展、保耕地红线"工程，保障经济平稳发展。2014年12月2日，中央全面深化改革领导小组第七次会议审议了《关于农村土地征收、集体经营性建设用地入市、宅基地制度改革试点工作的意见》，提出"改革要始终把维护好、实现好、发展好农民权益作为出发点和落脚点，坚持土地公有制性质不变、耕地红线不突破、农民利益不受损三条底线"。2015年，习近平总书记就耕地保护工作曾提出，"要实行最严格的耕地保护制度，依法依规做好耕地占补平衡，规范有序推进农村土地流转，向保护大熊猫一样保护耕地"。并再次强调了对农村土地征收、集体经营性建设用地入市、宅基地制度改革试点工作推进过程中坚持"三条底线"的原则（黄贤金和张安录，2016）。2015年，国土资源部编制完成了《全国土地利用总体规划纲要（2006—2020年）调整方案》（简称《调整方案》），2016年6月经国务院批准正式实施。《调整方案》确定了全国及各省区市规划调整后目标年的耕地保有量、基本农田保护面积、建设用地总规模等指标，要求按照坚守1.2亿公顷（18亿亩）耕地保护红线，确保在实有耕地数量稳定、质量不降低等原则下调整耕地。《调整方案》明确提出，到2020年全国耕地保有量和基本农田保护面积分别为1.24亿公顷（18.65亿亩）和1.03亿公顷（15.46亿亩）以上，且基本农田质量要有提高，建设用地总规模控制在4 071.93万公顷（61 079万亩）之内。2015年，《中共中央关于制定国民经济和社会发展第十三个五年规划的建议》提出，要坚守耕地红线不放松，实施藏粮于地、藏粮于技战略。全面划定永久基本农田，实行特殊保护，大规模推进土地整治和高标准农田建设。确保粮食产能得到提升、谷物基本自给、口粮绝对安全。《关于落实发展新理念加快农业现代化实现全面小康目标的若干意见》提出，要整合完善高标准农田建设规划，到2020年确保建成0.53亿公顷（8亿亩）、力争0.67亿公顷（10亿亩）高标准基本农田，并将建设情况作为耕地保护目标责任考核的重要内容。2016年4月，国务院办公厅印发《关于健全生态保护补偿机制的意见》提出，到2020年实现耕地等重点领域生态保护补偿全覆盖，明确完善耕地保护补偿制度，对在地下水漏斗区等地实施耕地轮作休耕的农户给予资金补助，逐步将25°以上坡耕地退出基本农田，纳入退耕还林、还草范畴。同年5月国务院印发了《土壤污染防治行动计划》，提出划定农用地污染环境质量类别，按污染程度将耕地划分，实行差别化管理。同年6月，国家发改委、财政部以及国土资源部等九部委联合印发了《关于加强资源环境生态红线管控的指导意见》，提出要设定土地资源消耗上限，对新增建设用地占用耕地规模实行总量控制，落实耕地占补平衡，确保耕地数量不下降、质量不降低（高延利，李宪文，2016）。

（4）土地有偿使用政策。为进一步适应改革开放需要，我国进一步推进和深化了土地有偿使用制度改革。1982年10月29日，中共中央办公厅和国务院办公厅转发的中共中央书记处农村政策研究室、城乡建设环保部《关于切实解决滥占耕地建房问题的报告》指出："用经济手段鼓励建房少用地。要制定法规，国家对私人宅基地和单位建筑用地，按土地数量和质量规定等级，按不同等级征收土地使用税。"1988年4月12日，《中华人民共和国宪法修正案》修改了《宪法》的第十条第四款，并提出："任何组织或个人不得侵占、买卖或以其他形式非法转让土地，土地的使用权可以依照法律的规定转让。"1988年12月29日，中华人民共和国主席令第12号文对《中华人民共和国土地管理法》也作了相应修改："国有土地和集体所有的土地的使用权可以依法转让""国家依法实行国有土地有偿使用制度。"1988 年 9 月 27 日，《中华人民共和国城镇土地使用税暂行条例》规定"在城市、县城、建制镇、工矿区范围内使用土地的单位和个人，为城镇土地使用税的纳税义务人，应当依照本条例的规定交纳土地使用税"，该条例自 1988 年 11 月 1 日起施行。1989 年 9 月《国有土地使用权有偿出让收入管理暂行实施办法》规定：凡在中华人民共和国境内有偿出让国有土地使用权，各级政府土地出让主管部门必须按规定向财政部门上缴土地使用权出让收入。1990 年 5 月 19 日，《中华人民共和国城镇国有土地使用权出让和转让暂行条例》指出："为了改革城镇国有土地使用制度，合理开发、利用、经营土地，加强土地管理，促进城市建设和经济发展，国家按照所有权与使用权分离的原则，实行城镇国有土地使用权出让、转让制度。"1991 年 5 月 4 日，《关于加强对境外出售出租房产活动中土地管理的通知》中指出："凡用于对境外（外商、港澳台胞、海外华侨、外籍华人）出售出租房屋（包括出售、出租整个建筑物的部分房产）的国有土地一律纳入政府有偿出让轨道。"1992 年 2 月 19 日，国务院批转国家体改委《关于一九九二年经济体制改革要点的通知》将土地使用制度改革作为经济体制改革的重要组成部分，明确要求："积极稳妥地推进土地使用制度改革，在继续抓好国有土地使用权有偿出让工作的同时，今年重点清理整顿土地市场，将大量存在的划拨土地使用权自发交易行为纳入依法运行的轨道。"1992 年 7 月 9 日，《股份制试点企业土地资产管理暂行规定》指出："改组或新设股份制企业时，涉及的国有土地使用权必须作价入股"，并将收取土地出让金、年地租和以地作价入股，作为处置国有企业土地资产的三种基本方式。1992 年 7 月 31 日，《关于严格依法审批土地的紧急通知》中指出："各地要运用级差地租理论，参照当地目前土地市场状况，尽快确定本地区的基准地价，作为审批和出让土地的依据。当前，工业用地价格要高于征地、拆迁安置补偿费和基础设施开发费。商业等其他用地价格要高于工业用地，防止竞相压低地价。"1992 年 11 月 4 日，国务院《关于发展房地产若干问题的通知》要求："进一步深化土地使用制度改革，逐步扩大城镇国有土地有偿有限期使用范围""城镇国有土地使用权的出让须由县级以上人民政府代表国家依法行使出让权，以规划为前提进行统一规划、统一征用、统一开发、统一管理、统一出让。"1992 年 9 月 21 日，财政部《关于国有土地使用权有偿使用收入征收管理的暂行办法》，第一次将"出让土地使用权所得"称为"土地出让金"，并将上交中央财政部的比例下调为 5%。1993 年 3 月 8 日，国务院批转国家体改委《关于一九九三年经济体制改革要点的通知》中再一次指出："进一步深化土地使用制度改革，建立和完善与社会主义市场经济相适应的土地使用权出让、转让制度，严格用地审批程序，依照法定程序办事。""逐步推行农村宅基地有偿使用""推进乡镇企业用地使用制度改革，做好国有企业转换经营机制及股份制企业试点中土地资产清理评估工作。"1993 年 12 月 13 日，《中华人民共和国土地增值税暂行条例》规定，1994 年 1 月 1 日起开始对转让国有土地使用权、地上的建筑物及其附属物并取得收入的单位和个人征收土地增值税。1994 年 7 月 5 日，《中华人民共和国城市房地产管理法》第三条规定"国家依法实行国有土地有偿、有期限使用制度"，首次以法律的形式确立了我国国有土地有偿、有期限使用制度。1995 年 1 月《中华人民共和国土地增值税暂行条例实施细则》进一步细化了土地增值税的实施程序。1997 年 10 月 1 日，新修订的《中华人民共和国刑法》在我国历史上第一次将土地犯罪列入其中，为我国国土资源保护提供了更严格、更有力的法律保护手段。1998 年 8 月 29 日，新修订的《中华人民共和国土地管理法》第五十四条规定："建设用地单位使用国有土地，应当以出让等有偿方式取得"，再次以法律形式将国有土地有偿使用确立为我国土地使用的基本制度。新修订的《土地管理法》还拓宽了《房地产管理法》的相关规定，为进一步深化我国土地使用制度改革奠定了基础。1999 年 3 月 2 日发布的《建设用地审查报批管理办法》规定："县级以上人民政府土地行政主管部门负责建设用地的申请受理、审查、报批工作""建设项目可持续性论证时，建设单位应向建设项目批准机关的同级土地行政主管部门提出建设用地预申请。"为加强建设用地审批管理提供法律保障，国家和政府还制定了《外商投资开发经营成片土地暂行管理办法》《股份有限公司土地使用权管理暂行规定》《国有大中型企业利用外资进行技术改造划拨土地使用权处置管理试行办法》等一系列行政法规，这些都为土地使用制度改革的顺利实施提供了可靠的法律保证（林卿，何训坤，2002）。2013 年 11 月 12 日，中国共产党第十八届中央委员会第三次全体会议通过《中共中央关于全面深化改革若干重大问题的决定》提出，"扩大国有土地有偿使用范围，减少非公益用地划拨；完善土地租赁、转让、抵押二级市场；建立有效调节工业用地和居住用地合理比价机制，提高工业用地价格；还要兼顾国家、集体以及个人等土地增值收益分配机制，合理提高个人收益。"2017 年，我国继续扩大国有土地有偿使用的范围，不断健全国有土地有偿使用制度；2016 年 12 月 29 日，国土资源部会同多部门发布了《关于扩大国有土地有偿使用范围的意见》，该意见对扩大国有土地有偿使用范围作了具体规定。同日，国务院发布了《关于全民所有自然资源资产有偿使用制度改革的指导意见》，对包括国有土地、森林、矿产、草原等资源，以及水资源、海域海岛等资源的有偿使用制度作了完善详细的规定，并提出到 2020 年完善落实全民所有的自然资源资产有偿使用制度，形成完善的全民所有自然资源资产使用体系，并充分发挥市场在资源配置中的积极作用。

（5）提升土地资源生产效率和配置效率的政策。

①提高耕地质量的政策。尽管我国出台了一系列政策，尽量减少建设占用、灾毁、生态退耕等原因造成的耕地面积减少，但我国耕地保护压力依然很大；而要保障我国的粮食安全，除了保障耕地面积，还要提高耕地质量，通过土地整治和农业生产结构调整从另外的角度"增加耕地面积"。2013 年中央财政累计下达土地整治资金 442.64 亿元，验收土地整治项目 2.05 万个，总规模 240.10 万公顷，通过土地整治新增农用地 38.84 万公顷，新增耕地 34.63 万公顷，建成高标准基本农田 710.83 万公顷。但严峻的土地污染问题依然对我国粮食安全构成严重威胁，我国土地整治和土地修复任务依然艰巨（毕宝德，2018）。2014 年，国土资源部和环境保护部发布的《全国土壤污染状况调查公报》指出，我国土壤环境状况总体并不乐观，部分地区土壤污染较重，耕地环境质量堪忧，工矿业废弃地土壤环境问题突出。随着人民对农产品质量和安全问题日益关注，加快我国土地整治和修复、突出我国耕地质量监管的压力仍然很大。2016 年 7 月，国土资源部印发《关于补足耕地数量与提升耕地质量相结合落实占补平衡的指导意见》，要求通过旱改水等改造措施，提升现有耕地质量，以数量补充和提升改造相结合的方式

落实耕地占补平衡任务。2015 年底中央经济工作会议、2016 年中央 1 号文件和《政府工作报告》都明确要求，2016 年要全面完成永久基本农田划定，并对其实行特殊保护。2016 年 8 月，国土资源部、农业部联合发布了《关于全面划定永久基本农田实行特殊保护的通知》，提出"永久基本农田一经制定，任何单位和个人不得擅自占用或改变用途，不得多预留一定比例永久基本农田为建设占用留有空间，不得随意改变永久基本农田规划区边界特别是城市周边永久基本农田"。2016 年 12 月 20 日，国土资源部会同多部门印发了《自然资源统一确权登记办法》，提出了自然资源确权登记的原则，明确其确权制度登记制度，加强自然资源所有权统一确权登记管理。该办法对促进我国自然资源（包括土地资源）产权明晰、提高其利用效率具有重要意义（高延利等，2018）。

　　②提高土地资源利用效率的政策。虽然我国可利用土地资源有限，且需求量大，但也同时存在土地闲置、利用率低等现象。因此，为做好宏观土地资源利用规划，提高我国土地资源利用整体效率，2004 年开始，国家先后出台了一系列节约和集约用地的政策。2004 年《土地管理法》对各种闲置土地行为进行了限定，并规定了每种限制情况的处置办法。2004 年 10 月，国务院发布《国务院关于深化改革严格土地管理的决定》，规定实行强化节约和集约用地政策，严禁闲置用地。2006 年中央 1 号文件《中共中央国务院关于推进社会主义新农村建设的若干意见》提出了建设"社会主义新农村"。同年国土资源部发出《关于坚持依法依规管理节约集约用地支持社会主义新农村建设的通知》，强调在新农村建设中，要充分利用村内空地、闲置宅基地等存量建设用地，尽量不占或少占耕地，鼓励农民集中建房，提高农村建设用地利用率。尽管国家出台了一系列严格的土地调控政策措施，但仍有部分地区和行业特别是房地产领域土地闲置问题仍十分严重，直接影响了土地调控整体效果。2007 年国土资源部发出《关于加大闲置土地处置力度的通知》，对闲置土地进行严格处置。同年国土资源部下发的《招标拍卖挂牌出让国有建设用地使用权的规定》指出，自 2007 年 11 月 1 日起，土地受让方未缴清全部土地出让价款的，不得向其发放国有建设用地使用权证书，以敦促开发商加快手中土地开发，抑制其土地囤积行为，提高土地利用效率。2008 年 1 月 7 日，国务院发布《关于促进节约集约用地的通知》，要求按照节约集约用地原则审查调整各类相关规划和用地标准，充分利用现有建设用地，大力提高建设用地利用效率，严格执行闲置土地处置政策，充分发挥市场在土地资源配置中的重要作用。2009 年，国土资源部下发《关于严格建设用地管理促进批而未用土地利用的通知》规定，城市建设用地实施方案审核同意后两年内未实施具体征地或用地行为的，该部分的土地的农用地转为非农用地的权利则失效。2010 年，国土资源部、住建部发布《关于进一步加强房地产用地和建设管理调控的通知》，明确要求严格限制低密度大户型住宅项目的开发建设，住宅用地的容积率指标必须大于 1。2012 年 6 月 1 日，国土资源部发布《闲置土地处置办法》，进一步明确了闲置土地范围及处置，除由于政府或政府有关部门的行为造成动工开发延迟的情形以外，闲置土地未动工开发满一年的，按照土地出让或者划拨价款的百分之二十征缴土地闲置费；且土地闲置费不得列入生产成本；未动工开发满两年的，无偿收回国有建设用地使用权，闲置土地有抵押权的，同时抄送相关土地抵押权人（杨璐璐，2015）。为进一步提高我国土地的产出效率和利用效率、实现土地集约化利用，2014 年 9 月国

土资源部发布了《关于推进土地节约集约利用的指导意见》，提出要坚决抑制土地粗放利用状况，促进土地利用方式的转变带动经济发展方式的加快转变，严格控制建设用地总量，不断优化土地利用结构和布局，挖潜土地存量、加快土地综合整治（毕宝德，2018）。2015 年党的十八届五中全会《决定》提出，要坚持最严格的节约用地制度，全面节约和高效利用资源，实行建设用地等总量和强度双控行动。2016 年《国民经济和社会发展第十三个五年规划纲要》还进一步明确了未来 5 年节约集约用地的政策方向、目标以及人地挂钩、降低地耗以及完善节地技术和用地标准等相关政策。2016 年 11 月 11 日，国土资源部印发了《关于深入推进城镇低效用地再开发的指导意见（试行）》，完善和规范了城镇低效用地再开发政策体系。

（6）非农用地管理政策。

①宅基地及住房管理政策。1982 年我国土地国有化最终完成。1987 年《土地管理法》取代了《村镇建房用地管理条例》，并规定城镇非农业户口居民建住宅使用集体土地，需要参照国家建设征收土地的标准，支付补偿费和安置补助费。但关于村办企业、公共公益事业建设使用集体土地是否需要支付相应补偿，该法并未明确规定。1988 年山东德州地区试行农村宅基地有偿使用办法，按照农户实际使用的宅基地面积计算其费用，并按照年或月收费。随后，河北、湖北、江苏、上海等省市也相继试行。1990 年 1 月，国务院发出《关于加强农民宅基地管理工作的通知》，要求各地建立严格的申请、审核、批准和验收制度，并尝试进行农村宅基地有偿使用试点，对农村宅基地有偿使用费试行"取之于户，用之于村"的原则。1990—1992 年，全国已有 28 个省区市，1 200 多个县（市）、6 600 个乡镇，约 13 万个行政村试行了宅基地有偿使用政策。但由于部分地区的地方政府私自提高了收费金额、还增设了各类收费渠道，该政策遭到农民抗议，1993 年中央出台文件彻底废除了农村宅基地有偿使用收费行为。1997 年 5 月 18 日，中共中央、国务院下发《关于进一步加强土地管理切实保护耕地的通知》规定：农村居民每户只能有一处超过标准的宅基地，多出的宅基地要依法收归集体所有；除国家征用外，集体土地使用权不得出让，不得用于经营性房地产开发，也不得转让、出租于非农建设。1998 年新修订《土地管理法》对农村集体土地进入非农建设进行了限制，确立了国家对建设用地的市场垄断权，农民集体所有的农村集体土地不能进入城镇建设用地市场。1999 年 5 月 6 日，国务院办公厅下发的《关于加强土地转让管理严禁炒卖土地的通知》严格限制了城乡间土地及住宅买卖。2004 年 10 月国务院出台《深化改革严格土地管理的决定》，禁止农村集体经济组织非法出让、出租集体土地用于非农业建设；禁止城镇居民在农村购置宅基地。2007 年 12 月国务院办公厅下发的《关于严格执行有关农村集体建设用地法律和政策的通知》规定，农民集体所有建设用地使用权流转不得用于商品住宅开发。

2005 年 4 月 2 日国务院召开常务会议，提出了加强房地产市场引导和调控的八条措施，并提出"完善城镇廉租住房制度，保证最低收入家庭基本住房需求"。2006 年 5 月 24 日国务院发布《关于调整住房供应结构稳定住房价格的意见》，明确了新建住房结构比例，强化土地供应管理。2007 年 8 月 7 日，国务院下发《关于解决城市低收入家庭住房困难的若干意见》，提出要建立多层次住房保障体系，首次明确把解决城市低收入家庭住房困难作为维护群众利益的重要工作和住房制度改革的重要内容。2008年我国迈入城乡土地统筹管理探索阶段。2008年国土资源部下发了《城乡建设用地增减挂钩试点管理办法》，以促进城乡建设用地增减挂钩试点工作规范开展。2010年国务院下发《关于严格规范城乡建设用地增减挂钩试点切实做好农村土地整治工作的通知》，坚决减少和纠正各类违法违规行为。《2010年全国土地利用计划》明确要求"应更加注重民生和保持社会和谐稳定的要求""住房用地量要明显高于2009年，确保住房建设计划及棚户区改造规划实施所需用地"。2011年国土资源部连续下发了《关于切实做好2011年城市住房用地管理和调控重点工作的通知》《关于加强保障性安居工程建设任务用地落实情况月调度制度的通知》等文件，多措施大力保障安居工程用地。2013年11月12日，中共第十八届中央委员会第三次全体会议通过《中共中央关于全面深化改革若干重大问题的决定》，推进了我国改革全面深化。决定提出，保障农户宅基地用益物权，改革完善农村宅基地制度，选择若干试点，谨慎稳妥推进农民住房财产抵押、担保、转让，探索农民增加财产性收入渠道；同时，在符合规划和用途管制的前提下，即允许农村集体经营性建设用地出让、租赁、入股，实行与国有土地同等入市、同权同价，突破了我国长期集体土地与国有土地不同地同权的土地制度壁垒，农民和集体的财产权得以体现。2015年1月，中共中央办公厅和国务院办公厅联合印发了《关于农村土地征收、集体经营性建设用地入市、宅基地制度改革试点工作的意见》，决定在全国选出约30个县（市）行政区域进行试点。2017年4月1日，住房和城乡建设部、国土资源部发布《关于加强近期住房及用地供应管理和调控有关工作的通知》，对住房及用地管理、改善住房供求关系的规定进行了改进和加强。同年8月21日，国土资源部、住房和城乡建设部印发《利用集体建设用地建设租赁房试点方案》，开展集体建设用地建设租赁房的试点。同年9月，住房和城乡建设部发布《关于支持北京市、上海市开展共有产权住房试点的意见》，支持北京、上海等城市开展共有产权房试点。

②产业和经济社会发展等用地政策。2003年2月18日，国土资源部下发了《关于清理各类园区用地加强土地供应调控的紧急通知》，要求清理违规设立的各类园区，特别要严格控制住宅和写字楼用地供应，优化土地供应布局和结构，停止别墅类用地的土地供应。2003年7月18日，《关于暂停审批各类开发区的紧急通知》要求一律暂停审批新设立和扩建各类开发区。同年7月30日，国务院办公厅发出《关于清理整顿各类开发区加强建设用地管理的通知》，重点对省及省级以下人民政府和国务院有关部门批准设立的各类开发区以及为批准而扩建的国家级开发区进行全面清查，整顿和规范土地开发行为。2004年10月，国务院发布《关于深化改革严格土地管理的决定》，要求严格控制建设用地增量，以及土地利用总体规划和年度计划。2005年国务院办公厅转发商务部、国土资源部以及建设部《关于促进国家级经济技术开发区进一步提高发展水平若干意见的通知》，进一步加强国家级经济技术开发区的用地管理。2015年，中央推进供给侧结构性改革，实施了一系列政策，例如2015年12月国土资源部联合住建部、国家旅游局发布的《关于支持旅游业发展用地政策的意见》、2015年12月国务院办公厅印发的《关于推进农村一二三产业融合发展的指导意见》、2016年1月国土资源部等四部门联合发布的《关于加大用地政策支持力度促进大中型水利水电工程建设的意见》、

2016 年 2 月国土资源部出台的《关于用好用活增减挂钩政策积极支持扶贫开发和异地扶贫搬迁工作通知》、2016 年 4 月国土资源部印发的《关于进一步做好新型城镇化建设和土地服务保障工作的通知》、2016 年 8 月国土资源部办公厅印发的《关于落实国家产业政策做好建设项目用地审查有关问题的通知》，以及同年财政部和中国银监会分别联合国土资源部出台的《农村集体经营性建设用地增值收益调节金征收使用管理暂行办法》和《农村集体经营性建设用地使用权抵押贷款管理暂行办法》等都体现了国家在提高土地资源保障能力、促进经济平稳协调发展以及保障重大工程和重大基础设施用地等方面的全面管理（高延利，李宪文，2016）。2016 年 11 月 25 日，国土资源部发布《关于修改〈建设项目用地预审管理办法〉的决定》《关于修改〈建设用地审查报批管理办法〉的决定》，并自 2017 年 1 月 1 日起正式施行。同年 11 月 30 日，国土资源部又发布了《关于改进和优化建设项目用地预审和用地审查的通知》，要求各级国土资源主管部门准确把握和改进、优化建设用地审批制度的方向、目标和总体要求。2017 年 4 月 10 日，国土资源部发布《关于进一步运用增减挂钩政策支持脱贫攻坚的通知》，并按照《关于用好用活增减挂钩政策积极支持扶贫开发及易地扶贫搬迁工作的通知》，要求各省级扶贫开发重点县加强省域范围土地流转使用的统一管理和全面监督。

（7）土地征用政策。计划经济时期，为兴建国防工程、厂矿、铁路、交通、水利工程、市政建设及其经济、文化建设等，1953 年颁布了《国家建设征用土地办法》，对土地征用的用途、原则、程序、补偿标准及安置办法都做出了规定。这一阶段国家征地的"强制性"特征并不明显，重视对失地农民给予公平合理的补偿，强调对农民土地产权利益的保护。1958 年修订了《国家建设征用土地办法》，征用土地的补偿费由当地人民委员会会同用地单位和被征用土地者共同评定，一般土地的补偿标准按照其最近 2～4 年定产量的总值为标准给予补偿，如果社员大会或者社员代表大会认为对社员生活没有影响则不需要补偿，经当地县级人民委员会同意后可以不发给补偿费。该办法的实施表明了国家土地征用政策受"左"倾思想发生转变，失地农民的利益失去了保障，甚至出现了不发补偿费的现象（韩俊，2008）。"文革"期间土地征用制度基本停止。直至 1982 年国务院公布了《国家建设征用土地条例》，与 1958 年修订的《国家建设征用土地办法》相比，1982 年的条例对征地政策的深度、广度和内容进行了大幅度调整。虽然仍未摆脱计划经济的特征，国家仍采用强制方式征地，但规定国家征用土地必须依据公共需要，不能忽视人民群众的根本利益；且进一步严格规定了土地征用的审批权限，明确了征地补偿的项目内容，适当提高了补偿标准，并提出了对失地农民的具体的补偿安置办法，形成了一套有效的土地政策框架。1986 年修订的《中华人民共和国土地管理法》在全国人大常委会十六次会议通过后，该条例才被废止。1988 年《土地管理法》再次修订，新修订的《土地管理法》进一步提高了征地补偿标准，严格了审批程序，并实施土地分级限额使用制度，尊重和保障群众的知情权、参与权和监督权等基本权益；安置费用也由 1986 年的"该耕地被征用前三年平均每亩年产值的 2～3 倍，最高不得超过 10 倍"提高到"该耕地被征用前三年平均每亩年产值的 4～6 倍，最高不得超过 15 倍"；土地补偿费和安置补偿费总和由"不得超过土地被征用前三年平均年产值的 20 倍"提高到"不得超过土地被征用前三年平均年产值的 30 倍"。虽然征地补偿标准上升，但是"30 倍"的补偿上限仍与土地市场价格有较大差距，且很难长久维持失地农民的原有生活水平。20 世纪 90 年代以后，由国家控制的农地转用成为我国土地征用的主要方式，经济建设用地也主要由国家征地的方式解决。2001 年 10 月，国土资源部颁布的《征用土地公告办法》规定，对征用土地情况、补偿标准和农业人员安置途径须进行公告。2004 年国务院通过的《关于深化改革严格土地管理的决定》首次提出应确保被征地农民生活水平不降低、保障被征地农民长远生计，例如允许农民建设用土地使用权入股、将征地导致无地的农民纳入城镇就业体系并建立社会保障制度，或由当地人民政府要在本行政区域内为被征地农民留有必要的耕地或安排相应的工作岗位等。决定强调保障农民的知情权并引入听证制度，应建立和完善征地补偿安置争议协调和裁决机制，土地补偿费应在农村集体经济组织内部合理分配，主要用于被征地农户，同时确保村集体经济组织留用补偿款公开透明使用。2006 年 8 月 31 日国务院出台的《国务院关于加强土地调控有关问题的通知》提出，被征地农民的社会保障费用按有关规定纳入征地补偿安置费用，不足部分由当地政府利用国有土地有偿使用收入解决，社会保障费用未落实的项目不得批准征地；土地出让的价款必须首先足额支付土地补偿费、安置补助费、地上附着物和青苗补偿费、拆迁补偿费以及被征地农民社会保障所需资金补助等。2007 年《物权法》虽然强调征地的同时应恢复农民原有的生活水平，但土地征用补偿计算方式基本保持不变。《物权法》第 42 条规定"征收集体所有的土地，应当依法足额支付土地补偿费、安置补助费、地上附着物和青苗的补偿费等费用，安排被征地农民的社会保障费用，保障被征地农民的生活，维护被征地农民的合法权益"。《物权法》重述了《土地管理法》中有关三类补偿中的第一部分，并增加了征地补偿的第四类型（被征地农民的社会保障费用），把恢复农民原有生活水平作为补偿计算标准。2013 年 11 月 12 日，中国共产党第十八届中央委员会第三次全体会议通过《中共中央关于全面深化改革若干重大问题的决定》缩小了征地范围，规范了征地程序，完善对被征地农民合理、规范、多元保障机制；农民的土地权益进一步得到保障。

（8）多元化土地管理政策。2016 年 12 月 27 日，中共中央办公厅、国务院办公厅印发了《省级空间规划试点方案》。2017 年 1 月 3 日，国务院印发了《全国国土规划纲要（2016—2030 年）》是我国首个全国性的国土开发与保护的战略性、综合性、基础性规划，对我国资源环境保护、国土空间开发和综合整治以及保障体系建设等进行了总体部署和统筹安排，确保"十三五"期间建成 0.27 亿公顷（4 亿亩）、力争建成 0.4 亿公顷（6 亿亩）高标准农田，使整治后的农田质量提高 1 个等级；整理 40 万公顷农村建设用地，改造开发 40 万公顷城镇低效利用土地，促进单位国内生产总值建设用地使用面积降低 20%，提高土地集约利用水平；通过土地整治补充 133.33 万公顷耕地，并改造 0.13 亿公顷（2 亿亩）中低等耕地等。该规划对我国国土资源专项规划和有效配置具有引领作用。2017 年 2 月 3 日，国土资源部又发布《关于有效开展农村土地利用规划编制工作的指导意见》，要求部分进行社会主义新农村相关建设的农村地区及时编制土地利用规划，结合实际有序推进新农村建设。要确保基本农田，加强农村建设用地的管控，合理控制集体经营性建设用地等，推进生态环境的修复与治理。2017 年 2 月，中共中央办公厅、国务院办公厅印发了《关于规划并严守生态保护红线的若干意见》，提出要科学制定生态保护红线。2017年3月24日，国土资源部会同多部门联合印发了《自然生态空间用途管制办法（试行）》，确保我国生态空间面积不减少、生态功能不降低、生态服务能力逐渐提高。同年3月31日，国家海洋局印发《海岸线保护与利用管理办法》，规定对我国海岸线实施分类保护与利用。同年4月28日，国家林业局办公室发布《关于进一步加强林业自然保护区监督管理工作的通知》，加强林业自然保护区监督管理工作。同年5月8日，国土资源部制定发布了《土地利用总体规划管理办法》，对土地资源用途管制进行了详细规定。5月18日，国务院批转国家发改委《关于深化经济体制改革重点工作意见》，9月26日中共中央办公厅、国务院办公厅又印发了《建设国家公园体制总体方案》。

　　1982年以来我国土地管理法律体系逐步建立，土地管理基础业务全面加强，土地管理工作逐步走向法制化、制度化。1988年，我国开始编制省级、县级土地利用总体规划的试点工作，并在开展土地利用现状调查的基础上，建立了一套土地调查、土地登记、土地统计、土地分等定级、土地估价工作制度；国家土地管理局陆续制定了相应的部门规章，为地籍管理和土地利用管理提供规范性技术支持和良好的法律环境，土地利用计划管理得到加强，省级土地利用总体规划基本完成，还培养了一支从事土地管理的专业队伍。土地管理方面的相关技术也不断发展，土地信息系统（LIS）、地理信息系统（GIS）、遥感信息技术（RS）等信息技术在土地管理领域得到了越来越广泛的运用。我国还成立了国土资源信息中心，基本形成了一套综合的全国国土资源信息网络系统和综合监管平台，大大提高了土地管理的效率和精度（毕宝德，2018；刘胜华，刘家彬，2005）。回顾新中国成立70年我国土地管理政策的发展历程，随着依法治国的全面推进，我国土地管理不断深入推进，城乡土地管理经历了从分治到全面统一管理的演变，土地管理政策不断细化和完善，土地资源市场秩序越来越稳定，人民的土地资源权益不断得到保障。但由于土地资源对经济发展的约束作用不断趋紧，因此国家应更加注重完善自然资源产权制度改革和建设，不断加强耕地保护和土地集约利用政策执行力度，促使土地管理政策在我国土地资源管理配置中发挥越来越重要的作用，成为保障我国国民经济稳定、持续健康发展的关键一环。2017年，我国仍继续坚持最严格的耕地保护制度，坚定不移地守住1.24亿公顷的耕地和1.03亿公顷的永久基本农田保护红线，坚定不移地实现建设用地"双控"目标，把控全局守住我国土地资源供给底线，切实保障我国粮食安全、生态安全、经济安全以及人民群众的土地资源权益。

本章参考文献

白永秀，徐波，2008. 中国经济改革30年：资源环境卷［M］. 重庆：重庆大学出版社.

毕宝德，2018. 土地经济［M］. 7版. 北京：中国人民大学出版社.

高延利，李宪文，2016. 中国土地政策研究报告（2017）［M］. 北京：社会科学文献出版社.

高延利，张建平，吴次芳，2018. 土地政策蓝皮书 2018中国土地政策研究报告［M］. 北京：社会科学文献出版社.

韩俊，2008. 中国经济改革30年：农村经济卷［M］. 重庆：重庆大学出版社.

黄季焜，2006. 21世纪的中国农业与农村发展［M］. 北京：中国农业出版社.

建政，2001. 联合国最新人口报告描述——世界人口未来怎样［J］. 党政干部文摘（4）：44.

金晶，2016. 快速城镇化进程中的农地非农化问题与政策调控研究［M］. 上海：上海三联书店.

林卿，何训坤，2002. 土地政策学［M］. 北京：中国农业出版社.

刘胜华，刘家彬，2005. 土地管理概论［M］. 武昌：武汉大学出版社.

刘志仁，1994. 世界人口增长趋势及其对我们的启示［J］. 时事报告（7）：23 - 27.

曲格平，李金昌，1992. 中国人口与环境［M］. 北京：中国环境科学出版社.

全国土壤污染状况调查公报发布［J］. 地理教学，2014（11）：63 - 64.

王静，林春野，陈瑜琦，等 .2012. 中国村镇耕地污染现状、原因及对策分析［J］. 中国土地科学，26
（2）：25 - 30.

杨璐璐，2015. 新中国土地政策变迁的历史与逻辑［M］. 北京：国家行政学院出版社.

《中华人民共和国经济大事记（初稿）》（专辑二）［J］. 计划经济研究，1983（20）：1 - 58.

《中华人民共和国经济大事记》编选组，1985. 中华人民共和国经济大事记（1949.10—1984.9）［M］. 北
京：北京出版社.

第四章　农业财政投入

在改革开放之前特别是新中国成立初期，我国对于农业更多的是一种"取"的状态，农业为我国累积了大量的资金用于发展工业。随着工业的蓬勃发展，政府的财政资金日益充沛，改革开放以来，我国开始逐步减轻农民负担，对农业给予了大量的财政支持。伴随着农业税的全面取消，我国的支农政策也由减轻农民负担，提高农民收入逐步转变为农村公共设施的建设，支农资金的投放范围也由改革开放前支援农村生产支出、农村水利气象部门事业费、农村基本建设支出、农业流动资金、农业科技三项、农村救济费用，扩大到了"三西"农业建设专项补助、支援不发达地区发展资金、水利建设资金等。

财政支农从本质上来说有两大作用，一是通过控制农业生产进程以及成本从而影响农民的收入；二是调整在促进农业增长以及农民收入过程中农村公共产品的外部性问题，通过对农村基础设施、医疗设施、教育制度以及人文方面的建设以及不断完善，促使农村形成规模经济并且保持优势。

一、新中国成立初期的财政支农政策

（一）农业为工业发展所铺垫的道路

在新中国刚刚成立的时候，我国还是一个发展落后的农业大国，想要尽快在国际上站稳脚跟，快速发展我国经济只能优先发展重工业。但是当时工业占国民经济总产值的份额还不足10%，两相权衡之下，国家只能暂时实行以农业"哺育"工业的政策，从而促进工业的发展。当时为了补充工业发展的资金，国家通过两种渠道从农业部门获取资金：首先就是通过征收农业税，直接将资金投入到工业的使用中去；其次是以低廉的价格收购农产品，为工业提供廉价的原材料，再将工业产品以一个较高的价格卖出。这一方法被称为"剪刀差"，通过"剪刀差"将一部分农业剩余转移到工业中，为工业发展累计资金。1953年国家开始施行统购统销政策，通过"剪刀差"这一方法国家总共在1952—1977年为工业累积了共3 066亿元资金。但是在同一阶段国家的支农资金累计却仅有1 400多亿元。在这一阶段国家也拨出了一部分资金用来兴修水利、支持农业机械化以及救济农村贫困人口。但是总的来说在1950—1977年这一段时间，国家对于农业的投入波动十分明显。在1950—1960年这个阶段，国家的支农资金呈现一个缓慢增长的态势，到1960年支农资金高达90.52亿元，但是随后却有了一个猛然下降，两年之间支农资金降至36.82亿元，降幅高达59.32%，在接下来几年虽然有回升的趋

＊本章编写人员：彭珈祺。

势，但还处于起起落落的状态，到 1970 年支农资金也仅达到 49.4 亿元，1977 年支农资金也未达到 80 亿元。所以在这几十年里，农业为了我国的经济发展做出了很大的牺牲，国家从农业中所得到的资金远远大于给予农业的资金。这个阶段农业几乎没有剩余资金，农民的生活也过得十分艰辛，农业的发展几乎停滞不前。这大大降低了农民的生产积极性，使我国农产品供给严重短缺。

（二）政策实施效果

1978 年十一届三中全会后，统购统销这一政策开始松动，到了 1979 年十一届四中全会的时候，也就是夏粮上市的时候，国家开始提高粮食的征收价格，涨幅超过了 20%，同时也调整了超购政策，对于超购的部分价格从以前的加价 30% 增加到 50%，这一时期农产品收购价格累计涨幅超过了 200%，到 1984 年，国家当年的粮食首次超过 4 亿吨。1985 年，国家正式取消了统购统销的政策，将其改为合同订购，价格也产生了变化，此时不再有统购或者是收购价格，更多的则是市场议购价格，这意味着农产品的价格更多的是由市场来决定，所以农民开始从中获取更多的利润。在取消统购统销政策的同时，国家也改革了财政体制，将统收统支的方式改为"分灶吃饭"的财政包干体制，中央和地方对于农业农村的支出有一个明确的界定。无论是修建小型农田水利工程的农村基础建设，还是教育、医疗、卫生方面的支出都是由地方所负责。

为了调动地方政府财政支农的积极性，中央财政关于农业的款项也大多要求地方进行资金配套，这样可以更多地刺激地方财政对农业进行投资。国家的支农项目也由单一的水利建设、农业机械化和救济农村贫困人口扩大到了农业基本建设、抗灾救灾以及农村扶贫开发等，在 1978—1993 年这段时间，国家支农资金累计达到了 3 465 亿元。虽然支农资金在不断增加，但是国家在这个阶段支农政策的侧重点却有所偏颇，没有重视农业基础设施建设的投入，虽然总体支农资金在增加，但是在 1979—1988 年，农业基础设施的投入却基本呈现一个下降的趋势，1980 年农业基础支出还有 48.59 亿元，到 1981 年时仅有 24.15 亿元，只有 1980 年支出的一半。农业基础设施不完善虽然在早期还未发现什么明显的弊端，但是随着农业的不断发展，越到后期便越能显示农业基础设施的重要性，只有不断完善农业基础设施才能支持农业的可持续发展。

二、分税制度下的支农政策调整

（一）政策调整背景

在这个阶段，国家依然没有放弃对农村生产发展的扶持。县乡政府对农业的主要支出集中在社会服务方面，县政府对农业的支出重心主要放在基础设施的建设，例如农产品市场的推广、耕地的水土保持以及农业机械化的发展等；乡政府对于农业的投入主要集中在农村教育以及卫生体系的建设。县乡政府支农资金的很大一部分还是来自中央政府的扶持，而中央对于县乡政府的资金支持也从一般性扶持资金慢慢转向专项扶持资金，资金的去向也有了准确的名目，例如农业基础建设支出、农村救济费用等。

由于我国存在地区经济发展不平衡问题，例如东部沿海地区就要比偏远的西部地区，在经济发展上更具有优势，造成这一局面的原因是西部地区气候条件恶劣，全年降水量不足导致经常出现干旱，所以农田灌溉就需要大量的资金。另外与其他地方相比，西部地区教育水平低于全国的平均水准，所以劳动力的素质普遍偏低，而且西部地区由于资金的匮乏交通不便，经济作物运输成本较高，所以很难将西部地区的农产品商业化（薛誉华，蒋浩忠，2000）。1997 年，西部地区农民人均收入仅达到全国农民人均收入的 66% 左右。由于资金的匮乏制约了西部地区的农业发展，所以国家将西部地区的发展纳入了财政支农的一个重点区域。1998 年，国家投入了 1 000 亿元左右的国债用于农业基础设施的发展，这笔资金中超过一半的数量流向了中西部地区。并且在 1998 年，全国用于农林水利的资金约为 350 亿元，而这其中中西部地区就花费了约 230 亿元。从这一系列举措中可以看出国家通过中央的财政支持，来减轻我国地区农业发展不平衡的现状。

1994 年的政府工作报告中，国家专门提出要全面发展农业经济，继续稳固农业在我国不可动摇的地位。因为农产品的供应不仅与城市居民的生活水平息息相关，而且也对物价的稳定有着重要的影响，所以我国必须将农村改革进行到底。在保证粮食和棉花产量的同时也要促进农林牧渔业的全面发展。1994 年我国的基本方针虽然还是以农促工，但是对农业的投入更加重视，提高了粮食和棉花的订购价，保证农产品的产量，也鼓励更多农民种植粮食和棉花，实现农业的自给自足。粮食产量的逐年增加自然就会对粮食的仓储提出更高的要求，所以国家拨出更多的资金完善粮食储备体系，并且建立粮食风险基金来确保粮食市场的稳定。以 1952 年为基准年，1994 年我国农民的消费指数为 417.4，而城市居民的消费指数却达到了 614.9，为了缩小城乡居民的生活差距，必须大力发展乡镇企业，尤其是经济较为落后的中西部地区的乡镇企业，这样才能实现农村奔小康的目标。国家实施科教兴农战略，提出要培养一大批农业技术人才，积极防治病虫害并且推广优良品种，大大提高我国的农产品产量，降低农业生产成本。在耕地的水土保持方面也要有更多的投入，以保证农村的生产发展。1994 年我国对于农业基础设施投资首次超过 100 亿元，一改以前农业基础设施投资增长较慢的局面。尤其是在 1998 年我国实施积极的财政政策以后，农业基础设施投资更是有了一个迅猛的增长，达到了 460 亿元。基础设施的建设对于我国农民生活质量的提高有一个非常正向的促进作用。与此同时，支农资金的一个重要来源便是我国每年发行的长期建设国债，这批资金主要是用于农村"六小工程"：节水灌溉、人畜饮水、农村沼气、农村水电、乡村道路以及草场围栏的投资。有资料表明，农业基础设施投资与粮食产量的增长有着密不可分的关系，1998 年我国的粮食产量达到了 55 230 万吨，同比上一年增长了 3.54%。1998 年，我国农田有效灌溉面积达到了 5 229.56 万公顷，对比于 1979 年的 4 500.31 万公顷增长了 16.2%。

（二）政策调整具体措施与效果

在支农资金的分配上，不难发现支援农业生产支出以及农林水利气象部门事业费所占的比例一直较高，两者的总和约占支农总支出的 2/3，紧随其后的便是农业基础设施支出，占总支出的比例约为 20％，农业救济费的支出则少了很多，占比例最低的是农业科技三项的支出。支援农村生产支出主要包括小型水利补助、农田水土保持补助、特大抗旱补助以及扶持乡镇企业资金和发展粮食生产专项基金。农业基础设施的投资也主要集中在农田水利建设，如防洪、防涝、引水和灌溉。农业产业风险高，效益低，所以不难发现支农资金主要都集中在具有很强外部性的项目中，以增加农业抵御自然灾害的能力，减少灾害带来的损失。

虽然国家对于农业依旧有很大的扶持，但由于农业连续几年都是丰收，不少农产品供过于求，价格出现下跌，近几年农民的收入虽然在不断增加但速度却减缓了，1999年，农民的纯收入仅为 2 210 元，同比上一年仅增长了 2.2％。在 1999 年，国家推出了部门预算改革试点，农业部也被纳入为首批改革部门。此次改革要求各部门建立一套新的预算编制方式，编制独立完整的部门预算，通过细化预算，将政府拨款收入、预算外收入以及其他收入全部纳入部门预算中。在过去的几十年中，在财政支农方面我国只注重了财政收入，却忽视了财政支出。不仅如此，在财政管理方面，也没有相关的细则，导致支农资金的管理出现了不少的漏洞，造成资金损失浪费严重。所以支农工作的重点也更多地放在支农资金的结构优化上。采纳了很多国际上的经验，例如在农业综合领域，我国引入了世界银行的项目管理办法，通过实行报账制、项目库制、专家参与制以及绩效评估制度大大提高了财政的资金利用率。

总的来说，在这一阶段，我国将权力向中央财政汇聚，提高中央财政对我国宏观经济的把控能力，所以提出了分税制改革（苏明，1995）。虽然这一制度实现了中央财政集权的目的，但是由于我国财政的特殊性以及国际方面较低的可借鉴性，导致地方政府尤其是县级政府和乡级政府承担了不小的财政压力。造成这一现象的主要原因还是由于地方政府事权界定不清晰，再加上分税制的推行导致地方政府的财政收入锐减，为了转移地区财政压力，农民负担增加了。但是不可否认的是，分税制在我国财政改革上有着非常重要的影响，不仅增强了中央财政调节经济发展的能力，还规范了中央和地方之间的关系。通过转移支付这一系列措施，尽量改善地区农业发展水平不一致的现状。虽然造成了农民负担的增加，但在我国当时的历史环境之下，分税制确实是改善中央财政困境的最佳方法。所以在中央财政缓和之后，国家立即开始着手减轻农民负担的相关事宜。

三、农村税费改革到取消农业税

（一）税费改革试点推行

正如前面所提到的，在 20 世纪 90 年代末农民负担不断加重，县乡政府通过向农民征收很多非常规性税费来转移自己的财政压力，到 2000 年，农民所承担的农业税、牧业税、农业特产税、契税和烟叶税已经接近 1 000 亿元，与 1990 年相比，村级提留和乡统筹费也由以前的 330 多亿元增加到 600 多亿元，农民人均承担的税费额也达到 168.4 元。而当年农民人均纯收入也仅为 2 253 元，可以说农业税对农民而言确实是一个不小的负担。于是在 2000 年，国家开始在安徽全省展开农村税费改革试点工作。税费改革之前我国农村征收的税种高达 17 种之多，此次税费改革主要可以概括为"三个取消"：取消屠宰税、取消乡统筹以及取消农村教育集资等专门面向农民征收的事业型收费和政府性基金；"两个调整"：调整农业税、调整农业特产税征收办法；"一个逐步取消"：用三年时间逐步取消统一规定的劳动积累工和义务工；以及"一项改革"：改革村提留征收使用办法。国家对于农村税费改革持谨慎的态度，在未取得国家相关部门的批准之前，不得擅自开展农村税费改革（陈锡文，赵阳等，2009）。随着农村税费改革同时进行的还有相关配套措施的改革，因为农村税费改革乃是牵一发而动全身，如果相配套的改革没有跟上，那么农村税费改革的结果就很难把控，所以国家在税费改革的同时也规范了农村收费管理、精简乡镇机构和压缩人员、改革和完善乡镇管理体制，并且建立健全农民负担监督机制，这些配套改革都与农村税费改革息息相关。旨在通过这一系列措施将部分收费项目取消，另外一部分费用则通过农业税的方式收取，将农民缴纳费用的过程规范化，减轻了地区乱收费的现象，其根本目的都是为了减轻农民负担，增加农民的种粮积极性，保证我国的粮食安全。安徽省作为试点改革的先锋，在 2000 年成功为该省的农民减负共 16.9 亿元，减幅高达 31%，同时在精简人员方面，安徽省约有 10% 的乡镇干部离开了自己的岗位，乡镇机关的数目也有了明显的降低。通过安徽省这一改革试点，国家发现农村税费改革确实能够有效减轻农民负担（陈锡文，赵阳等，2009）。

在 2001 年除了安徽省外，江苏省也得到了国务院的批准，自主在全省展开了农村税费改革的试点工作，同时，除了西藏和上海，其余 27 个省份也选择了 102 个县（市）进行了局部改革试点。经过 2001 年全国大部分地区的农村税费改革试点，此项改革已经初步步入正轨并且也积累了不少经验，但由于税费改革的复杂性，国家在 2002 年还是决定继续扩大农村税费改革试点，将范围扩大到了 20 个省。据统计进行农村税费改革试点工作地区的农村人口达到了 6.2 亿，约占全国农村人口的 75%。为了将农村税费改革真正做到让农民满意，从根本上减轻农民的负担，国务院在 2003 年明确提出要求各省份做好基础工作，稳中求进不能一味图快，对于那些有困难的省份，可以先展开局部改革试点工作。并且对于有条件满足的省份，希望他们逐步减小农业特产税征收范围，降低税率。为了弥补地方财政由于农业税减免带来的收入减少，中央财政通过转移支付来缓解他们的压力，转移支付的金额也逐年递增，2000 年由于只有安徽省展开了试点改革，该年的转移支付金额只有 19.7 亿元，仅仅过了两年，随着改革试点范围的不断扩大，转移支付的金额在 2002 年就达到了 334.63 亿元。

（二）巩固税费改革试点成果并将其扩大

在 2004 年的中央 1 号文件里，国家提出要进一步巩固和发展农村税费改革的成果，农业税的整体税率再降一个百分点，同时取消除烟叶以外的农业特产税。对于税率降低后地方财政该如何支付，国家也有相关规定，对于经济发达的沿海地区，原则上由他们自己来承担减少的这部分财政收入，对于粮食主产区和经济相对欠发达的中西部地区而言就离不开中央财政的支持。如果条件允许，希望部分省市可以进一步降低农业税的税率，甚至可以免征农业税。国家一再强调各地区一定要按照比例给农户减税，让农民能真正得到实惠。2004 年，河北、内蒙古、辽宁、江苏、安徽、江西、山东、河南、湖北、湖南、四川这 11 个粮食主产区农业税减税幅度达到了 3%，其他省份也严格按照国家的要求降低了一个百分点的税率，在 2004 年农业税免征数额达到了 234 亿元，与 2001 年的 16.4 亿元相比，数字直线上升，农业特产税的免征额度也达到了 68 亿元。由于税费改革进展顺利，国家提出了五年内取消农业税的要求。

到了 2005 年，已经有 28 个省区市开展了免征农业税的工作，享受到这一福利的农民达到了 8 亿人。从 2000 年提出农村税费改革到 2005 年的税费改革成果，可以说这一改革已经基本成熟，农民也是实实在在地从中获利，粮食产量从 2000 年的 46 218 万吨增长到了 2005 年的 48 402 万吨，涨幅达到了 4.7%。所以在 2005 年 12 月 29 日，我国正式宣布于 2006 年 1 月 1 日起正式取消农业税，这一划时代的举措标志着拥有 2 000 多年历史的农业税正式退出历史舞台，这是利国利民的一大政策，具有非常重要以及深远的历史意义。

（三）税费改革成果

纵观农村税费改革的整个进程，是从降低农业税税率开始一步一步走到 2006 年全面取消农业税。自从全面取消农业税后，农民每年减负总额超过 1 000 亿元，8 亿农民真真切切地从中得到了实惠。通过税费改革，缓解了地方政府与农民之间的关系，政府得到农民的拥护和支持，农业得到了更好的发展。在这个阶段国家对于农业已经从"取"走向了"不取"。

中国的农业资源相对比较匮乏，虽然耕地面积位于全世界的第四位，但人均可耕地面积仅有 0.29 公顷，不足世界平均水平的 1/3，耕地匮乏是制约我国农业发展的一大原因。不仅是耕地面积，我国人均所拥有的水资源仅占世界平均水平的 1/4，很多地方为了发展农业提高粮食产量，甚至不惜破坏生态环境。另外，我国农民的素质偏低，也是阻碍农业发展的一大原因，这直接影响了农民学习新型技术。农业发展到了这个阶段，应该更多是通过采用新型技术来解放劳动力，提高粮食产量。同时农民的受教育程度也直接影响着农民面对农产品市场冲击的抵抗能力。在支农资金的分配里，农村义务教育投入相对较少，其根本原因还是如前文中所提到的分税制后，中央掌握了大部分的财力，但是却基本摆脱了承担农村义务教育的责任，而对于县乡政府而言财力不足却需要承担大部分的农村义务教育的费用，这就导致了农村义务教育水平没有达到城市的水平。

四、公共财政覆盖农村

（一）农村公共产品供给现状

当农业税全面取消之后，农村问题又从农民负担过重转向了农村公共产品供给不足。在我国农村有几大问题亟待解决，首先是农村基础建设问题，农村基础建设不足，不论是用水、交通还是通信工程，农村的发展与城市有很大差距。根据调查显示，在农村的大部分地区还是难以给农民提供一个干净的用水环境，而生活所必需的燃气在农村的供应也无法跟上农民的需求（财政部农业司，2004）。不仅基本的生活质量无法得到保障，道路设施也没有跟上城市的发展，大部分农村还没有水泥路，一到下雨天多是泥泞的道路，农民对此怨声载道，而基础设施的薄弱势必会引起贫困的恶性循环。但在当时的财力环境之下，县乡政府连农村的义务教育与基本医疗设施等公共服务都无法保证，就更难拨出资金去发展水利、交通、饮水安全等。所以在党的十六届五中全会中，国家正式提出要统筹城乡发展，为农村、农业和农民提供具有保障的公共产品以及服务。我国城乡发展存在客观差距，其根本原因还是在于支农资金不够充足，对农村的公共服务投入不够，所以公共财政覆盖农村还有一段很长的路要走。为了使每一笔支农资金都能落到实处，充分发挥其作用，必须明确公共财政覆盖农村的目的，界定清晰公共财政覆盖农村的范围，保证公共财政覆盖农村的有效推进。

为农民提供公共产品是公共财政的主要任务，而公共产品的投入，可以通过改善农村的用水安全，提供用电、用气的便利以及完善农村的道路设施，为农民提供一个更加宜居的生活环境。公共财政的作用，其基本目的还是在于为农民改善生活环境，为他们提供高质量、低收费的医疗服务并且负担起农村义务教育的责任。使广大农民也能共享改革开放的成果，逐步缩小城乡之间的差距，通过让工业反哺农业，建立城乡和谐发展的关系，对于整个经济社会的可持续发展具有很深远的意义。

公共财政覆盖农村要为农民提供两类产品：一类是提供道路建设、清洁饮水、农村公共基础建设、农村公共卫生防疫、农村科技发展以及水利灌溉系统为主的纯公共产品；另一类则是以农村医疗建设、农村义务教育、农村社会保障为主的准公共产品。

（二）公共财政首次提到政治层面

1. 2003 年以前城乡公共财政供给

以 2003 年为分水岭，这是正式将公共财政覆盖农村提到政治层面的时间，并且在十六届五中全会上再次提出要统筹城乡发展的目标。在 2003 年以前，尤其是 1999—2002 年，国家平均每年投资超过 75 亿元投入到乡村道路的建设之中，这对于解决农村行路困难起了很大的作用，但是它并没有彻底解决农村道路交通落后的状况。在当时大部分农村还是面临着一到下雨天，道路就泥泞难行的问题，同时全国仍有 261 个乡镇、5.4 万个村未通公路，很多地方的公路硬化率不足 30%。除了道路问题，饮水安全也是农村的一大问题，在 2000 年，有 5 020 万农民无法享有干净的饮用水，在中西部地区尤为严重。不仅是饮水问题，农田水利灌溉工程也存在很多问题，水利设施老旧，无法抵御极端天气。自 1949 年以来，在全国建立了 5 600 多个大中型灌溉区，2 000 万处小型农村水利工程。但是由于农村水利灌溉大部分是由地方政府来承担，财力的不足，导致很多水利设施年久失修，灌溉能力下降，水利灌溉投资不足以及工程设备不配套都是基础设施方面一些突出的问题。

相比较于城市，农村的医疗水平差距过大，农村医疗问题也是公共产品的重中之重。农村的生活环境较差，生活垃圾没有统一处理而是堆放在路边，一到夏季温度升高，蚊虫肆虐，让很多原本在农村已经得到控制的传染病，例如血吸虫病再次死灰复燃。虽然农村医疗环境如此严峻，可是在 1991—2000 年这十年间，国家用于农村医疗系统建设的资金仅为 690 亿元，不足城镇卫生支出的 1/4，在这十年之间增长率也不足 50%。到 2002 年城镇居民与农村居民的医疗卫生财政投入比例已经达到了 9∶1。农村医疗卫生体系的不完善表现在以下几个方面：首先，医疗条件差，农民就医的选择大部分还是在村级医务室，而村级医务室的条件有限，所能提供的服务仅限于普通的感冒发烧，所以一旦有任何急诊或者大面积传染病暴发，村级医务室没有能力去应对这种情况。虽然乡镇医院情况相对较好，但是还存在设备陈旧、医务人员专业素养不够的情况。其次，农村医疗保险在 2000 年时还未开始推行，农民几乎还是自费医疗，收费相对较高。据统计在 1991—2000 年，农民的看病费用不断上涨，到 2000 年时人均住院费已经达到了 2 891 元，相比于 1991 年的收费水准增长超过了 500%，但同期农民的收入年均增长率还不足 8%。所以看病难、费用高变成了农村一大难题。

在加入 WTO 以后，我国农产品科技含量较低，使农业在国际上处于一个相对弱势的地位，而造成这一现象的原因则来自农民教育水平偏低，无法掌握并将新型技术运用到农业生产之中（王正谱等，2005）。正如前面分税制所提到的，分税制开始实施之后中央财政和省级财政的教育经费主要流向了城市教育投资，农村教育经费大部分还是由地方财政来承担。有关资料显示，在 4.8 亿农村劳动力中大专以上教育程度仅有 0.5%，约有一半的人为文盲、半文盲或者只接受了小学教育，还有一部分人只有初中文化程度，接受过高中教育的都很少。不仅是务农的农民存在这个情况，很多村干部也只有初中文化程度。2001 年，农村教育总投资为 738.69 亿元，其中县级政府以及乡级政府就承担了 641.37 亿元，承担了超过 80% 的责任，而这些资金往往只够支付教职人员的工资，至于教室的设备、操场的环境远远没有达到城市学校的水准。农村整体师资水平较低，农村学子的升学率较低，九年制义务教育结束进入高中阶段时，失学率陡增，而那些能够考上高中的学生中，又有一部分因无法负担学费而选择了辍学。2016 年，国家财政性教育经费支出占国内生产总值比例继续超过 4%，重点高校招收贫困地区农村学生人数增长 21.3%，免除农村贫困家庭学生普通高中学杂费，全年资助各类学校家庭贫困学生 8 400 多万人次，以鼓励更多的寒门学子继续接受教育。除了义务教育，国家还加大了对农民培训以及职业教育的力度，通过专业化教育来培育一批技术强、能力强的高素质农民。可以说农村的公共产品以及社会化服务还有很多方面需要提高和完善，公共财政覆盖农村还有很长的道路要走，这就必须明确政策实施的原则。首先就是必须保证公平，在保证农民的公共需要为前提的情况下，一定要坚持公平的原则，为农民创造一个平等的生活生产的环境，使农民享受与城镇居民一样的待遇。其次是要保证公共财政覆盖面，保障农村建设的效率。农村的生活区分散，农民居住点不集中，公共财政的覆盖存在配置效率低下的可能性，所以对于这些村庄可以因地制宜，将其与其他村落合并，形成一个合理的人口密度，在这种情况下才能使有限的资金发挥出最大的作用。与东部沿海地区相比，中西部地区经济发展较为落后，公共产品也需要根据当地的经济发展状况合理提供。对于经济水平发展不同的地区，不能一味要求统一化标准，应该正确认识到公共产品供给水平的差异性将会长期存在，公共产品覆盖农村的项目是需要很长一段时间来解决这个历史遗留问题，公共财政覆盖农村必须循序渐进。

2. 公共财政供给方向

在将公共财政覆盖农村正式提出以后，公共财政的支持力度大大增加了。2003 年我国用于"三农"的支出约为 2 144.16 亿元，到了 2006 年以后每年的投入力度有了明显增加，在 2006—2008 年，每年中央财政用于"三农"支出分别为 3 517.22 亿元、4 318.32 亿元、5 955.5 亿元，年均增长率超过了 20%。

这些资金也大大改善了农村生活条件，国家通过调整国民收入的分配格局，对农村基础设施加大投入。在道路建设方面成果斐然，将公共财政提出后的五年，东中部地区的乡镇通达率已经接近 100%，全国新改建农村公路达到 130 万千米，大大改善了农民出行条件。到 2005 年末，在农村电力建设方面，全国所有的县级市通电率达到了 100%，乡村的通电率也达到了 99.8% 以上，并于同期开展了农电体制改革、农网改造以及城乡同网同价，让农民享有和城市居民一样的实惠，这几项改革大大减少了农民的用电支出，不仅提供了便利还降低了生活成本，得到了广大农民的拥护。在安全饮水方面，中央财政每年用于改善农民饮水安全的投资力度也在不断增大，共解决了 5.2 亿农村居民的饮水安全问题。近几年农村的生活环境发生了翻天覆地的改变，随着公共产品的覆盖，农民的生活增添了很多便利，切实提高了广大农民的生活质量。2011 年的中央 1 号文件中强调要继续推进农村饮水安全建设，到 2013 年解决规划内农村饮水安全问题，积极推进集中供水工程建设，提高农村自来水普及率。有条件的地方延伸集中供水管网，发展城乡一体化供水。加强农村饮水安全工程运行管理，落实管护主体，加强水源保护和水质监测，确保工程长期发挥效益。制定支持农村饮水安全工程建设的用地政策，确保土地供应，对建设、运行给予税收优惠，供水用电执行居民生活或农业排灌用电价格。到了 2013 年，国家已累计解决 3 亿多农村人口的饮水安全和无电区 445 万人的用电安全。

2003 年 1 月国务院正式发出《关于建立新型农村合作医疗制度意见的通知》，正式提出建立新型农村合作医疗制度，并且将这种制度定义为"是由政府组织、引导、支持，农民自愿参加，个人、集体和政府多方筹资，以大病统筹为主的农民医疗互助共济制度"。此后国家不断发布新的政策，推动新农合的试点工作并且不断细化要求，新型农村合作医疗制度也从试点开始不断扩大，最终在全国建立起完整的体系。看病难、看病贵这一问题随着公共财政的推进也得到了很大的改善，到 2008 年底纳入农村新型合作医疗制度的农民超过了 8 亿人。2016 年，国家全面整合城乡居民基本医保制度，提高财政补助标准，并且增加基本公共卫生服务经费，实现大病保险全覆盖，符合规定的省内就医住院费用可直接结算。

3. 公共财政未来走向

农村公共产品以及服务与城市相比还有很大的差距，依旧存在供给不平衡的现象。造成这种现象的原因确实复杂，虽然农村公共产品以及服务的水平确实是要低于城市，但从需求侧的角度来说，农村居民与城镇居民面对同样的社会保障时却做出不一样的选择。以新农保为例，农民在参与新农保时大部分人还是倾向于选择收费较低的保险，这就导致个人账户积累和最终能够领取的养老保险待遇很低。虽然这与个人的选择有关，但也暴露了供给侧方面的问题，说明农村公共产品以及服务在设计的时候更应该了解广大农民的需求，所以制度还需要不断地改进与完善。在规划道路、供电、通信、学校以及医院等基础设施的时候，需要考虑到城乡统筹发展这一因素，搞好城乡对接和联网，逐步实现城乡基础设施互联互通、共建共享。在发展教育、医疗、社会保障以及就业服务等公共政策的时候，应正视区域经济发展不平衡的现实，不能在制定政策的初期就想要达到全国范围内的城乡一体化，应首先实现一定区域内的城乡一体化，保证在该区域的城乡居民享有同等的待遇。国家还需要完善各级各类行政管理机构以及职能设置，重点是督促各级建设、交通、社保、教育、卫生等管理部门从以前将城市发展放在首位的状态转向城市和农村共同发展，为城乡统筹以及公共产品的一体化打下坚实的基础。

尽管公共财政覆盖农村推进顺利，但是城乡发展一体化还是有很长的道路要走，不论是工农之间、城乡之间，还是国民收入分配方面，关系都尚未理顺，国家资金、政策、制度等综合资源的配置以城市为主的格局也没有完全打破。虽然近年来，中央财政切实加大了民生投入，农村公共产品、公共服务的供给也改善了很多，我国公共服务制度体系已经基本建立，公共财政覆盖农村的服务面也在不断扩大，但从整体评估的角度出发，我国基本公共服务的供给不足、水平不高、发展失衡的矛盾仍旧十分突出。

农村医疗的发展和现状与同时期的城市医疗相比较，还是有很大的差距。公共产品供给情况通常与一个地区的经济发展水平有关，公共产品供给差距又大于区域间经济发展的差距。目前在小学生人均教育经费方面，投资最高以及最低的省份相差近 10 倍，财政对新农合的补助标准地区之间最多相差 4 倍以上。这些数据都反映出区域间存在的巨大差距，想要真正实现城乡统筹，公共财政全面覆盖农村还有很长的路要走。

2019 年的中央 1 号文件把农业农村作为财政组合优先保证领域，加大公共财政向农村倾斜的力度，确保财政投入不管是力度还是总量上都有一个增加。为了彻底改善农民的居住环境，补齐农村基础设施的短板，国家也加大了对路、电、水以及网络的财政投入力度，总结起来就是"两个加快、两个推进、一个全部实现"：加快解决农村"吃水难"问题，加快完成新一轮农村电网改造，推进农村危房改造，推进宽带网络向村庄延伸，最后将实现具备条件的建制村全部通硬化路的目标。要将浙江的"千村示范、万村整治"的成功案例推广到全国，学习其成功经验，国家推进基础设施建设，展开厕所改革、污水治理等一系列提高村容村貌的活动；必须从根本上提高农民的环境治理意识，才能确保农村卫生治理不是一时的成果而是可以长期保持的一种干净整洁、管理有序的状态。同时农村饮水安全也是国家一直在关注的重点问题，"吃水难"和饮水不安全问题威胁到农民的生活质量，所以必须加快推进农村饮水安全巩固工程，并且加强对农村饮用水水源的保护，饮水安全直接关乎农民的健康，饮水安全工程一直是农村基础工程的重中之重。

硬化路是连接农村与城镇的重要媒介，我国在今后的工作中也会继续推进"四好农村路"的建设，加强"路长制"，将具备条件的建制村全部实现硬化路，对于有条件的地区也会向自然村延伸，加强村内道路建设。因为良好的道路环境才能够完善县乡村物流基础设施网络，加快农产品的运输。至于电网方面，国家也将继续推进乡村电气化提升工程，加快完成新一轮农村电网改造，使农民能以低廉的价格购买生活用电，同时也要加快推进宽带网络向村庄延伸，实现提速降费。水、路、电、网都是与农民生活息息相关的基础设施,实现城乡统筹发展,首先就是要缩小农村与城市的生活条件差距,继续提高农村公共服务的质量。

养老问题也是让农民忧心忡忡的一个难题,在接下来的公共服务供给当中,需要建立完善农村养老制度,并且确定城乡居民基本养老保险待遇,调整基础养老保险金额。对于农村留守妇女、儿童以及老人的安置也需要建立健全一个完整的体系。要支持农村文化工作的开展,让农民也能拥有丰富的业余生活,充实自己的精神世界,还需要加强和改善农村残疾人服务,不断缩小城乡差距。

五、历史经验总结

新中国成立至今已经是第 70 个年头,这 70 年国家对农民的态度从"取"到"少取"到"不取",最后发展到了"予"。新中国成立初期,各行各业的发展都需要大量的资金,国家领导层深刻意识到只有强国才不会被欺负,而发展工业则是强国的唯一途径,所以国家只能以农业来支持发展工业,这一阶段便谓之"取"。到了 20 世纪 70 年代,国家经济稍有好转就立刻出台了一系列支农政策来缓解农民的压力,鼓励农民继续发展农业,保证我国的粮食安全。在 1984 年,我国粮食的年产量第一次突破 4 亿吨。进入 21 世纪后,国家对农民的政策也走向了"不取",从 2004 年减免农业税到 2006 年全面废除了农业税,同时对种粮农民实行直接补贴。同时也意识到缩小农村居民与城市居民的生活质量的差距,就得从公共财政覆盖农村做起,国家及时调整公共财政的政策,让农村居民享有与城市居民同等的待遇,保证其公平性,提高农村公共服务与公共产品供给的质量,统筹城乡发展。

⟨本⟩章 参 考 文 献

财政部农业司《公共财政覆盖农村问题研究》课题组,2004. 公共财政覆盖农村问题研究报告 [J]. 农业经济问题 (7):48-56,80.

陈锡文,等,2009. 中国农村制度变迁 60 年 [M]. 北京:人民出版社:8.

贾康,赵全厚,2008. 中国经济改革 30 年 [M]. 重庆:重庆大学出版社:13.

苏明,1995. 财政体制改革对农业和农村经济的影响及对策 [J]. 管理世界 (2):153-162.

王正谱,虞涛,2005. 加入 WTO 后中国农业财政投入的变革 [J]. 农业经济问题 (2):29-33,79.

薛誉华,蒋浩忠,2004. 西部大开发背景下的财政支农问题初探 [J]. 苏州大学学报 (4):15-18.

周飞舟,2006. 分税制十年:制度及其影响 [J]. 中国社会科学 (6):100-115,205.

第五章　农村金融

新中国成立以来，农村金融为农业农村发展、保障农产品供给、提高农民收入等提供了重要资金支撑。为适应各阶段农业农村发展对金融要素的实际需求，我国不断进行着农村金融政策、制度的创新。从新中国成立初期到改革开放，再到中国特色社会主义新时代，在金融机构和金融体系的存量改革及增量创新、金融业务和产品服务创新、促进农村金融需求等方面，随着政策的不断调整完善，我国农村金融发展不断迎来机遇。

一、新中国成立至改革开放前农村金融体系建立与演变

新中国成立后，围绕支持农业生产，配合社会主义改造、合作化运动和金融体系调整等，我国利用信贷政策等强化了支农资金的供给，并通过农村信用合作社政策推动农村信用合作社建立发展，以发挥农村对于金融供给的"自造血"功能，农业保险政策也在新中国成立初期一段时间内短期出现。

（一）新中国成立初期支持农业发展的信贷政策

1949 年后，为保障粮食供应和为工业发展提供基本原材料，需要恢复和发展农业生产，由此引致出解决广大农村地区资金困难的需要。1951 年 5 月，中国人民银行总行召开第一届全国农村金融会议，提出以农村金融帮助农民推销农副产品，发放农贷，开展农村储备、保险，办理短期周转性贷款，扶助手工业、副业，开展农村私人借贷与信用合作，以及国家银行把机构推到区乡集镇等（《中国金融》编辑部，1951），并将"深入农村，帮助农民，解决困难，发展生产"作为农村金融工作方针。为缓解农村资金紧缺问题，中央和各级政府在安排农业贷款、减轻农民债务负担和促进私人借贷等方面做出了积极努力。

首先，中央政府利用行政力量积极安排对农贷款，帮助恢复和发展农业生产、解决农民生活困难。1949 年后，由于国家银行组织体系不够完善，依靠各地行政力量，由县逐级到农户，发放了一定数额的农贷以恢复农业生产，解决农民生活困难。同时中央一级也积极采取措施安排农贷，如：1950 年 5 月中央合作事业管理局和中国人民银行总行达成《关于 1950 年全国合作长短期贷款的协议》，依照中财委准拨的 1950 年全国合作长期贷款总额 1.5 亿斤[①]小米，合作短期贷款由人民银行各级分行酌情贷放，期限不超过 3 个月，合作长期贷款期限不超过一年（陈锡文等，2009）。1952 年 1 月农业部

---

* 本章编写人员：丁志超。

① 1 斤＝500 克。

和人民银行发布《关于 1952 年农贷工作的指示》，确定农贷总额为 1 万亿元（李志宁等，1988）。总体而言，1950—1953 年上半年我国农贷数量分别达到 20 868 万元、35 489 万元、107 550 万元、95 976 万元（陈锡文等，2009）。

同时在利用农民资金和私人借贷方面，采取废除旧债、鼓励合理借贷的政策措施。政务院于 1950 年 10 月 20 日通过《新区农村债务纠纷处理办法》，规定解放前农民及其他劳动人民所欠地主的债务一律废除（张一平，2008）。由于废除原有旧债，加之大力推行减租减息和土地改革，新中国成立初期农村私人借贷低落，农村资金供给出现一定萎缩。对此中央和地方各级政府也积极倡导农民之间的私人借贷，如 1951 年 1 月中国人民银行总行在《第二届全国金融会议关于若干问题的决定》中提出应宣传并提倡私人借贷自由，利率由双方根据自愿两利原则商定。但不容忽视的一大问题在于：农户分得土地、生产有了初步发展后，有了扩大生产的普遍要求，出现少数富裕户想将多余的钱放债生息，高利贷再度出现，这显然与国家控制资金的意愿不一致（张杰，2003）。因此在农村经济恢复和农业互助合作运动开展、1953 年过渡时期总路线提出后，中央采取制定利率最高标准、批判自由借贷等措施限制私人借贷，并在农业集体化后，基本消除了借贷牟利的土壤（陈锡文等，2009）。

通过一系列政策措施，农业贷款绝对数量有所增加，但是为保证国家财力有限条件下重工业优先发展的"一五"计划顺利实施，农贷占贷款总额的比重呈现下降趋势。为从根本上解决资金短缺约束，我国一方面建立起农村金融机构和体系，包括与人民公社体制相适应、与合作社集体经济组织相匹配的农村信用社体系和全国普遍性的农村信用合作组织，以及在全国金融管理"大一统"体制下探索设立的农村金融管理机构；另一方面也从借贷、农业保险等多方面给予农村金融服务发展政策支持。

（二）农村金融机构政策

1. 农村信用合作社政策

随着农村互助合作运动的进行，信用合作有了发展，并在老解放区率先恢复信用合作。在此背景和合作社思想指导下，我国在政策认识上明确了农村信用合作社（简称农村信用社或信用社）的合作属性，并积极促进农村信用合作社的发展，但也不容忽视有时存在的冒进行为损害了这种合作属性和独立性。

（1）1949—1958 年农村信用合作社初创时期政策。农村信用合作社建设自新中国成立后第一年即开始进行试点推广工作，在农村金融工作会议和信用合作工作会议后，基本确定了农村信用合作社的基本原则和初期发展目标。人民银行联合全国合作社总社 1950年 3 月在华北试办农村信用合作社，随后在河北、山西等组建了 105 个信用社。1951 年 5月，中国人民银行召开的第一次全国农村金融工作会议，提出加强农村金融工作和积极发展信用合作的任务，并在当年发出《关于开展农村信用合作工作的补充指示》《中国人民银行与农村信用合作社业务联系合同范本》《农村信用合作社试行甲、乙种记账办法（草案）》《农村信用合作社业务规则范本（草案）》，并确定后三个文件作为各级银行组织领导与推动农村信用合作社的依据，要求各级银行在具备条件的信用合作社试行。这些文件确定了信用合作社最初的组织章程，对于推进当时信用合作事业的发展起到了积极的作用

（《中国金融》编辑部，2018）。1954年2月，中国人民银行召开全国第一次信用合作工作会议，提出发展农村信用合作社要坚持"积极领导，稳步前进"的方针，要求各地银行根据不同条件因地制宜制定不同的发展速度和步骤，做到"既稳且快"，要克服违反群众自愿的急躁冒进倾向。会议还在政策上明确提出"信用社不是官办的，而是民办的"，强调"完全自愿，绝不能强迫命令"（易棉阳，陈俭，2011）。全国第一次信用合作工作会议后，各地发展农业生产合作的积极性高涨，全国农村信用合作运动出现了一个大发展的高潮，新中国信用合作组织在广大农村开始迅速建立起来。

在农村信用合作社开始广泛建立的同时，也逐渐明确了农村信用合作社是按群众自愿原则组织的资金互助组织性质，也明确了其帮助农民摆脱剥削、发展储蓄贷款、服务农村产业发展的主要任务。

~~~~ / 专栏 5 - 1 /~~~~

信用合作社是群众自己的资金互助在自愿两利原则下的合作组织。

南汉宸于1951年第一届全国农村金融工作会议[①]

信用合作社是劳动群众根据自愿原则组织起来的资金互助组织。其任务是在中国农业银行的指导与监督下，举办储蓄、存款、发放低利贷款，为农村生产服务；扶持农业（渔、牧）、手工业生产互助合作的发展，与高利贷作经济斗争。

中国人民银行《农村信用合作社章程（草案）》[②]

1955年1月14日

农村信用合作同农业生产互助合作、农村供销合作是农村合作社的三种形式，（信用合作社的责任包括）帮助农民摆脱商业、粮食囤积投机和高利贷等资本主义剥削，并发展农村储蓄和低利贷款，服务农村生产、促进农业生产互助合作发展、扶助当地必要的手工业发展和手工业合作发展

《中共中央关于发展农业生产合作社的决议》

1953年12月

开展农村信贷工作的目的和任务在于帮助农民解决生产中的资金困难，促进农业生产的发展、适应工业化的需要，以及由国家银行和信用合作社占领农村信贷阵地、完全消灭高利贷。

邓子恢于中国人民银行第一次农村信用合作座谈会[③]

1954年2月

~~~~~~

---

① 《中国金融》编辑部，1951. 南行长在第一届全国农村金融会议的总结报告 [J]. 中国金融 (7)：11-18.

②③ 中国人民银行总行档案处，中国银监会合作部，2006. 我国农村信用合作的主要发展历程 [J]. 金融博览 (10)：58-59.

这一阶段的政策也确定了农村信用合作社由国家银行负责组织领导的领导关系和组织形式。1950 年 3 月政务院出台的《关于建立国家金融体系的决定（草案）》，将乡村农业信用合作社同国营银行、公私合营银行归为三大类国家金融机构（苏怀平，2014）。1951 年第一届全国农村金融工作会议明确了农村信用合作社不是国家银行的机构，业务自我负责、会计独立，但一切私人借贷和信用合作均要国家银行加以领导（《中国金融》编辑部，1951）。1951 年 7 月 6 日，中国人民银行发出《关于开展农村信用合作工作的补充指示》，将农村信用合作社改为统一由人民银行负责组织领导，并规定农村信用合作组织所需周转资金应在各地支行周转放款中核放，并列入支行资金计划内。其后随着中国农业银行成立和撤销，农业信用合作社受中国农业银行或中国人民银行领导。

农村信用社初期，在政策取向方面也出现过"冒进"的工作导向。比如 1953 年 6 月，人民银行根据当年 2 月中共中央《关于农业生产互助合作的决议》中提到要防止农业互助合作过程中的消极和急躁两种倾向，提出"纠偏"方针，对信用社进行整顿。但 1954 年 8 月，中国人民银行总行召开的全国分行行长会议，猛增信用社建设计划，争取在 1956 年春天发展到 20 万个以上，做到"乡乡有社"。在不断出现农业生产合作社垮台散伙、社员退社的情况后，中共中央 1955 年 1 月发出《整顿和巩固农业生产合作社的通知》，中国人民银行也于当年 3 月召开全国农村金融工作会议，要求农村信用社"坚决停止发展，全力转向巩固"。经整顿后信用社经营状况出现好转，1955 年 10 月，中共七届六中全会通过《关于农业合作化问题的决议》，将暂缓农业合作化运动的意见视为"坚决收缩"的右倾机会主义的方针，从而 1956 年 1 月在人民银行召开的全国分行行长会议上，谴责"坚决停止发展、全力转向巩固"方针是"右倾保守"的表现，重新确定"积极发展信用合作社，建立新社，巩固、扩大老社"的方针。

（2）1958—1978 年农村信用合作社发展震荡时期。1958 年后，对农村信用合作社的政策出现偏差，农信社变得缺乏合作性且管理失当。1958 年 12 月在农村实行"两放、三统、一包"的财政贸易新体制，信用社和农村的银行营业所统一更名为"信用部"，划归人民公社管理，受管于农村社会基层单位后，农村信用合作社经营独立性减弱、存贷款数量明显下降。虽然 1959 年 4 月中央发布《关于加强农村人民公社信贷管理工作的决定》，中国人民银行收回了信用部中的原银行营业所的管理权，但信用部中的原信用社进一步下放到生产大队，更名为信用分部，使农村信用合作社一定程度便于生产大队平调社员财物，信用社作用受到限制。

在 1960 年调整国民经济的背景下，信用社开始进入整顿时期。1962 年 11 月 9 日，中共中央、国务院批转了人民银行《关于农村信用合作社若干问题的规定（试行草案）的报告》，指出"由于信用社的两次下放，给信用社的业务经营、财务管理、干部作风等方面都带来不少问题，有必要进行一次整顿"，并指出信用社是农村人民的资金互助组织，是国家银行的助手，是社会主义金融体系的重要组成部分，任何单位和部门不准抽调挪用信用社资金和长期抽调信用社干部做其他工作；关于信用社的机构设置，则可按人民公社范围设置，也可按经济区在集镇设置。依据《关于建立中国农业银行统一管理国家支援农业资金的决定》，1963 年成立的中国农业银行成为农村信用社的管理机构，翌年 11 月中国农业银行召开信用合作工作座谈会，决定从组织管理、资金管理、职工队伍建设等方面对农村信用社进行整顿（易棉阳，陈俭，2011）。这样就在一定程度上整顿了农村信用社的管理体制。

"文革"初期农村信用合作社管理再次被下放，"文革"后期的政策在一定程度上恢复了农村信用合作社的独立性，但未从根本上恢复信用社合作性和业务开展。1969年人民银行总行召开信用体制改革座谈会，提出信用社必须由贫下中农领导管理；信用社组织机构设置可继续保留公社的信用社、在生产大队建信用站，也可以在公社建银行营业所，把公社原有的信用社下放给生产大队；农村信用合作社职工亦工亦农参与劳动。农村信用合作社的管理再度行政化，但经过财政部1972年9月在周恩来主持下召开的银行工作会议，决定农村信用社的存放款利率执行中国人民银行的统一规定，且农村信用社的存放款计划和财务计划经贫下中农讨论通过、公社革委会审查、报经中国人民银行县支行批准执行，实际上把信用社的人权、财权和资金使用权重新归银行管理，贫下中农管理委员会只起监督作用（易棉阳，陈俭，2011）。1974年6月财政部召开了全国农村金融工作会议，进一步重申信用社的性质、任务、地位和作用，决定对信用社再行整顿，包括清理贷款并积极收回到期和逾期贷款、加强干部管理、取消亦工亦农、妥善处理信用社的亏损、解决房屋修缮和医疗卫生费不足等。

"文革"结束后，政策层面保持并加强了银行对信用社的领导权，并将信用社视为银行基层机构，信用社的合作属性和业务灵活性仍然受限。1977年8月在中国人民银行总行召开的全国银行工作会议上，提出加强对农村信用社领导，使信用社实际上成为国家银行在农村的基层机构。1977年10月、11月和1979年2月分别由中国人民银行和国务院发布的《信用合作社工作条例》《关于整顿和加强银行工作的几项规定》和《国务院关于恢复中国农业银行的通知》，分别明确规定信用社既是社会主义集体所有制下的金融组织，又是国家银行（1979年后为中国农业银行）在农村的基层机构；1978年5月，中国人民银行《关于农村金融机构的几点意见》中提出农村金融机构的设置，原则上按照人民公社设信用合作社（简称"信用社"），或营业所信用社合一的机构（陈锡文等，2018）。在政策取向上混淆了国家银行与合作金融组织的区别，使得信用社成为国家银行的基层机构，限制了信用社的信用合作，并导致信用社在人事、业务、财务等方面逐步向银行看齐，实际走上了"官办"道路，逐渐失去了合作金融组织的优越性。

2. 起起落落的农业银行

新中国成立后国民经济取得恢复发展，要求作为国家银行的中国人民银行履行多重职能。农民经过土改得到土地后需要发展农业生产、改善生活，在资金缺乏的情况下就需要农村信贷。在中国人民银行职能过多的情况下，有必要成立专门机构改变仅靠中国人民银行负责农村金融工作的局面，成立农业合作银行成为必然选择。但是在设立农业专业银行时，出现同国家银行间职责划分不清、基层机构设置不合理等多种问题，农业银行历经多次成立和撤销。

（1）1951—1952年短暂的农业合作银行。天津、北京解放初期曾有过归人民银行总行领导的合作银行，因其任务不明确，分工不清，成立不久即行撤销（苏星，2000）。1950年12月在第二届全国金融工作会议上提出《筹设农业合作银行提案》，1951年2

月中国人民银行总行对筹建农业合作银行的相关事宜呈报中财委批准，并呈请政务院核准备案。在人民银行讨论通过的《筹设农业合作银行提案》的基础上，政务院同意组建农业合作银行，此后中国人民银行总行即负责着手筹备。6 月 22 日，中国人民银行总行向中财委上报了有关农业合作银行的筹备经过及《筹设农业合作银行提案》，6 月 27日，中财委以《转报农业合作银行筹备经过与开业日期及其主要任务》为题向政务院报送了报告，7 月 10 日，政务院批复同意成立，并备案（赵富春，2018）。1951 年 8 月 10日，中国农业合作银行正式成立。

~~~~/ **专栏 5 - 2** /~~~~

农业合作银行为人民银行所属专业银行之一，主要任务包括依照国家预算执行农业、水利、林垦、合作社的企业机关的投资拨款工作并监督其正确使用，依照信贷计划办理农牧水利林垦合作社等长期贷款，编订农业合作短期信贷计划并进行信贷工作，组织领导农村金融工作及领导信用合作工作。

<div align="right">

农业合作银行《为本行已奉令正式成立经理、副经理并于

即日就职函达查照由》

1951 年 8 月 10 日

</div>

农业合作银行成立后并未在全国建立各级分支机构，基层相关工作仍由中国人民银行负责，考虑到农业合作银行开展工作力量不足，经中国人民银行总行机构精简，于1952 年 7 月被撤销，所负责的农村金融业务划归中国人民银行。由于中国人民银行在1951 年第一届农村金融会议后即在农村普遍建立了营业所，农村金融业务归中国人民银行后运行稳定。为确保中国人民银行发挥作用，中国人民银行总行于 1954 年 8 月发布《建立农村机构的几个问题希研究执行》，提出遵循配合行政区划的原则。1955 年 5月后，中国人民银行机构从省、区、县直至基层进行逐级设置，建立起了包括总行、分行、支行、营业所在内的各级机构。至 1956 年底，全国农村建立了营业所 13 846 处，干部达到 6.7 万余人（卢汉川，1986）。

~~~~/ **专栏 5 - 3** /~~~~

（中国人民银行在农村）通过农业贷款及组织信用合作等农村金融活动，来扶助贫困农民，发展农业生产，并和高利贷者作经济斗争。

政务院《关于发布农业贷款的指示》

1953 年 8 月

（2）1955—1957 年农业银行在农业合作化运动迅猛发展期间发挥短暂效果。为推进农业社会主义改造、适应农业合作化运动，避免业务庞杂的中国人民银行难以充分有效满足农村金融需要，政策层面考虑建立专门银行负责办理国家对农业的投资和办理农业长期放款。1953 年底，中国人民银行总行初步拟定《关于建立农业银行的意见》并经多次讨论，1955 年 3 月，国务院批准中国人民银行《关于建立中国农业银行的请示

报告》，同意建立农业银行，作为人民银行总行的一个直辖行，把国家农业信贷和农村信用合作社统一组织在国家政策要求下，有计划地支持农业合作化运动、打击农村高利贷活动。随后由中国人民银行拟定的《中国农业银行暂行条例（草案）》中，允许中国农业银行设立总行、分行、支行机构，并初步规定了业务范围、机构设置和隶属关系等。

中国农业银行成立后，在开拓农村金融、促进农业合作化、帮助贫困农民缓解资金制约、提高应对自然灾害能力、推动国营农业和农田水利基本建设等方面发挥积极作用。但在实际运行过程中也面临几大问题：分设方案中明确省级人民银行对省农业银行的指导关系，而未明确省级以下人民银行与农业银行关系，业务划分出现一些矛盾；农业银行需要大量增加机构和干部，增加基本建设和费用开支，且干部统筹使用存在问题。最终 1957 年 4 月 12 日国务院发出《关于撤销中国农业银行的通知》，中国农业银行总行被划归为中国人民银行农村金融管理局，成为中国人民银行内部专门管理农村金融业务的金融机构（赵富春，2018）。

（3）1963—1965 年，"大跃进"造成农村金融活动混乱后，中央再度决定成立农业银行，统一管理国家支农资金。在农村信用合作社被下放到人民公社管理，造成信贷业务发展受制后，为统一管理农业资金、提高农业资金的使用效益，在 1963 年 3 月全国农村金融工作会议《关于全国农村金融工作会议的报告》中提出的按政策、按计划、按制度管好用好国家支农资金具体措施基础上，同年 7 月成立了各级农业资金小组，以领导管好用好国家直接支援农业集体经济的资金。为避免支农资金使用缺乏通盘规划，施行严格的制度管理，使资金充分发挥效益，中共中央和国务院认为除各级农业资金管理小组外，还有必要从上而下地建立中国农业银行各级机构，把过去由财政部门直接拨付的各项支援农业的资金和由人民银行办理的各项农业贷款统一管理起来，并统一领导农村的信用合作工作。随后，1963 年 10 月中共中央、国务院发布《关于建立中国农业银行、统一管理国家支援农业资金的决定》，将中国农业银行定位为"国家设立的专业银行，作为国务院的一个直属机构"，办理国家支援农业资金（包括国家对农业、林业、牧业、水利等事业的投资和经费支出，包括国家支援农村人民公社、生产队的拨款和贷款）的拨付和贷放。

~~~ /专栏 5-4 /~~~

中国农业银行的工作是很复杂的，涉及的面很广，政策性很强，任务很繁重，既要管财政拨款，又要管银行贷款，既要管基本建设投资，又要管事业费用和其他开支。

中共中央、国务院《关于建立中国农业银行、
统一管理国家支援农业资金的决定》
1963 年 10 月

由于中国农业银行所承担责任和业务十分庞杂，后续实际工作中，中国人民银行和中国农业银行两行基层机构的一些工作和管理机构重叠，增加了行政管理人员，而基层

机构的人员，特别是支援农业第一线的人员增加不多。对此，国务院曾于 1964 年 11 月发出《关于调整中国人民银行和中国农业银行农村基层机构的通知》，对两行现有的农村基层机构设置进行了调整，但未达到预期目的，最终中国农业银行于 1965 年 11 月 3 日被撤销，合并入中国人民银行。

（三）新中国成立初期短暂的农业保险和期货政策

1. 1951—1958 年新中国农业保险初探

新中国成立初期，农业保险被视为促进农业生产、解决农民困难的方式而受政策推动试办。

~~~/ **专栏 5 - 5** /~~~~

　　农村保险是整个农村金融工作中重要的一部分，它可以和银行各种农村业务，如放款储蓄等配合推动，来促进农业生产和帮助农民解决困难。

<div align="right">1951 年中国人民银行第一届全国农村金融会议</div>

1951 年中国人民银行召开的第一届全国农村金融会议提出在试点基础上不断扩充农业保险种类，将当年的工作重点确定为"全面开展以耕畜和力畜为主的牲畜保险"。之后在其他会议上又确定农业保险的方针是"保障农业生产安全，促进农业生产发展"（罗艳，2007）。在这些政策基础上，1949 年 10 月成立的中国人民保险公司垄断经营农业保险业务，借鉴苏联模式和经验于 1950 年试办牲畜保险、1951 年试办棉田保险（中国社会科学院，中央档案馆，1996）。

但是时机不成熟下的农业保险业务出现消极作用，政策取向转为停止开办。1953 年 3 月，中国人民保险公司第三次全国保险会议总结了三年来保险工作的经验和教训，认为农村中的牲畜保险和农作物保险将来是应该办的，但在目前由于我国农村经济力量还很弱，生产技术还很落后，农民又无保险习惯，因而是没有条件举办的（中国社会科学院，中央档案馆，1996）。随后《总公司关于农村保险业务结束工作的具体布置的指示》发布，全国各地开始全面停办农业保险业务。到 1953 年底，各地基本完成了停办工作。

随着农业合作化运动开展和"大跃进"运动，农业保险历经恢复和全面暂停。1954 年全国农业合作化步伐加快，农民提出参加牲畜保险的要求，同年 11 月召开的第四次全国保险会议决定恢复办理农村保险（罗艳，2007）。1956 年为配合农业合作化运动，部分省市也短期试办农业保险。随着社会主义改造基本完成，有人认为保险是资金在全民所有制企业之间的无谓转移，保险取代财政职能只会增加国家的管理成本，且农村合作化运动后的人民公社已经承担起防范风险、分担损失、保障农业生产的职能，农村保险已无存在的必要（黄英君，2011）。保险失去存在必要的情况下，1958 年 12 月包括农业保险在内的国内保险业务全面停办。

2. 1949—1952 年，期货市场关闭

新中国成立后，中国期货市场被彻底停止运作。其根本原因在于"计划经济无法存在、不需要期货市场"，现实原因在于期货市场的投机性在缺乏稳定市场基础的条件下，反而造成了市场的不稳定，这与新中国建立初期稳定物价和经济的目标相左。1952 年后，作为"资本主义工商业"的期货交易所，作为资本家"希图以非生产方法增殖资本的主要投资市场"，无论在理论和实践方面都缺乏"正当性"存在基础（邢全伟，2018）。

二、改革开放初期的农村金融政策（1978—1996 年）

中国的改革开放初始于农村，我国金融体制改革也可以说由农村金融发端。为适应 1978 年开始的经济体制改革和农村经济发展，我国农村金融体制体系进行了初步改革，至 1996 年基本形成了我国农村金融体系的基本框架。面对农业生产发展和农民生活水平提升所产生的金融服务需求，政策层面也积极地恢复农业保险，进行农产品期货市场开放。

（一）政策推动下逐步构建起农村金融体系基本框架

自改革开放到 1996 年《关于农村金融体制改革的决定》提出深化农村金融体制，经过近 20 年的摸索发展，通过政策基本构建起了以农村信用合作社作为合作金融机构、中国农业发展银行作为政策性金融机构、中国农业银行为代表的商业银行在内的正规农村金融机构系统，辅之以农村合作基金会等非正规金融，我国在这一阶段基本构建起了相对完整和多元的农村金融体系。

1. 农村信用合作社更显合作属性

农村改革浪潮下的农村金融工作需要更为积极有效地发挥作用，为此，农村信用合作社经历了从既是集体金融组织、又是国家银行基层机构的双重管理体制，到恢复合作金融组织地位的转变，从而理顺了同国家银行的关系，得以独立经营、自负盈亏。

---/ **专栏 5-6** /---

把信用社下放给公社办不对，搞成"官办"的也不对，这都不是把信用社办成真正集体的金融组织。信用社应该在银行的领导下，实行独立核算，自负盈亏。

中央财经领导小组
1980 年 8 月

在中央财经领导小组 1980 年 8 月确定农村信用社改革指导思想后，1982 年底，信用合作社"既是集体金融组织，又是国家银行基层机构"的双层管理体制被否定，合作金融组织性质得以重申。1983 年 2 月，中国农业银行总行发出《关于改革信用社管理体制的试点意见》，对全国农村信用合作社进行了体制改革，恢复其群众性、民主性、灵活性和集体金融组织的性质，增强自我发展的意识和改善经营管理的积极性，并在 8 700 余个信用社中进行了改革试点。

1984 年中央 1 号文件提出将农村信用社"真正办成群众性的合作金融组织"后，当年 8 月国务院批转《中国农业银行关于改革信用社管理体制的报告》，就"恢复信用社合作金融的性质"提出具体要求，为确保农村信用社独立经营、独立核算、自负盈亏，还逐步取消了农业银行对信用社的亏损补贴，并要求建立信用合作社的县联社；同时极大弱化了农业银行对农村信用社的领导管理力度，使农村信用社业务的独立性得到提升，此后农业银行对信用社实行政策上领导、业务上指导，业务活动主要是用经济方法进行管理，不给信用社下达指令性业务指标，除交提存准备金外，不规定转存款任务。在此政策影响下，农信社逐步形成独立经营、自负盈亏的经营体制，并在内部实行岗位责任制，逐步向自主经营的农村合作金融组织发展（孔祥智，2014）。

在明确了农村信用合作社的合作制金融组织性质后，其接受中国农业银行管理的体制便显得不再适宜，加之社会主义市场经济体制改革大背景下的银行业商业化改革，政策逐步开始松动农村信用合作社与中国农业银行的隶属关系。1990 年 10 月，中国人民银行印发的《农村信用合作社管理暂行规定》在机构设置、人事变动、业务经营、资金计划方面要接受人民银行的审批，农业银行领导和管理农村信用社只是由人民银行"委托"，这为农业银行和农村信用社"脱钩"奠定了基调。1993 年《国务院关于金融体制改革的决定》进一步就改革农村信用社，脱离农村信用社和中国农业银行的隶属关系做出要求。1996 年 4 月 16 日，针对信用社利益不断被侵占情况，人民银行与农业银行联合下发了《关于稳定和加强农村信用社工作的通知》，要求保持信用社机构、人员、资金、财产的稳定。

~~~~ / **专栏 5-7** / ~~~~~~~~~~~~~~~~~~~~~~~~~~~~~~~~~~

农村信用社是实行自主经营，独立核算，自负盈亏，自担风险的企业法人。

中国人民银行《农村信用合作社管理暂行规定》

1990 年 10 月

要制订《农村合作银行条例》，并先将农村信用社联社从中国农业银行中独立出来，办成基层信用社的联合组织……国有商业银行可以按《农村合作银行条例》向农村合作银行参股，但不能改变农村合作银行的集体合作金融性质。

《国务院关于金融体制改革的决定》

1993 年 12 月

2. 单一银行体制到专业银行体制再到商业银行体制的转变

（1）中国农业银行从恢复到商业化改革。1979 年 2 月根据中共十一届三中全会通过的《中共中央关于加快农业发展若干问题的决定（草案）》中明确提出"恢复中国农业银行，大力发展农村信贷事业"，同月国务院发布《关于恢复中国农业银行的通知》，标志着中国农业银行正式恢复，也意味着开始设立国家专业银行，首次打破了"大一统"的传统金融体制格局。此次恢复将中国农业银行直属国务院，由中国人民银行代管，在国家规定的业务分工范围内独立行使职责，自主经营业务，成为一家专门从事农业和农村经济发展相关金融服务的专业银行。此次恢复中国农业银行建立了自上而下的各级机构（陈锡文等，2018），并提出要大力支持农村商品生产的指导方针，贷款对象也由原来的集体为主转变为以农户为主（匡家在，2007）。

专业银行体制下的中国农业银行，随着农村信用合作社的合作金融性质被重申，对中国农业银行管理和经营体制的改革也逐步进行。1981年提出将农业银行"企业化"的口号后，1983年中国农业银行试行利润留成比例管理、推行经营责任制，逐步开始企业化经营。在1985年初提出把中国农业银行转变为真正的经济实体的改革方案后，为了加快总、分行职能转换步伐，农业银行对县支行进行综合配套的改革，要求总分行扩大县支行管理权限，建立完善的管理体制，以货币经营为中心，逐步扩大自身业务，提高农业银行企业化水平（匡家在，2007）。

社会主义市场经济体制改革后，依据1993年12月《国务院关于金融体制改革的决定》，关于政策性业务分离、国家各专业银行要尽快转变为国有商业银行、按现代商业银行经营机制运行的要求，中国农业银行于1994年正式启动商业化改革，明确农业银行改革的方向是国有商业银行，以盈利最大化为其经营目标，按照盈利性、流动性、安全性三原则从事经营管理。在政策性金融和商业性金融分离原则下，伴随着中国农业发展银行作为政策性金融机构成立，粮棉油收购资金供应与管理等政策性业务从农业银行分离出去，农业银行开始进入真正向国有商业银行转化的新历史时期。1995年《中华人民共和国商业银行法》的颁布从法律上明确了中国农业银行作为四大专业银行之一的"国有独资商业银行"地位，从而中国农业银行需要按照商业银行及监管的法律规定，银行信贷需以财产为基础，所有贷款要求足额担保和抵押。

与银行部门快速向市场体制转型不一致的是，单一银行体制下和专业银行体制下，农村能够获得更大金融支持，而商业银行体制下，农村金融却出现严重萎缩（陈锡文等，2018）。商业化转型的中国农业银行本着追求利润的需要倾向于贷款给优质客户，由于在农村设置分支机构所需要的成本远大于所能带来的收益，因而其所属机构网点也逐步开始向城市收缩，并且机构网点的贷款权限收缩。农业银行在农村的功能实际上变成了仅仅是在农村吸收储蓄存款，把大量农村资金转移到了城市，而不是向农村地区提供资金（张杰，2003）。

（2）政策推动下其他银行进入农村金融。20世纪80年代后期，随着各个专业银行的恢复和建立，各专业银行的分支机构也纷纷下延，农村金融服务体系打破了原来"大一统"金融体制，逐步向多元化发展。1986年1月在国务院主持下，邮电部与中国人民银行分别以投资者和业务监督者身份联合签署《关于开办邮政储蓄的协议》，从1986年4月1日起在全国各地邮电局分期分批恢复开办了储蓄业务，自此邮政储蓄在农村金融领域内长期吸收储蓄资金，但由于邮政储蓄不能直接发放贷款，成为农村资金外流的主要渠道，因此关于邮储的改革持续存在争论。

3. 政策性金融机构独立

社会主义市场经济体制建立后，国务院决定改革当时的金融体制，提出建立政策性金融与商业性金融分离、以国有商业银行为主体、多种金融机构并存的金融组织体系。考虑到政策性金融若按业务来做，需将财政贴息惠及实施主体，但当时实行贷款规模管理，加之对贷款投向缺乏约束，会导致政策性金融业务开展得比较混乱，政策性资金挪用严重，因此决定设立三家政策性银行专门从事政策性金融业务，由财政出资本金和一定的利息补贴，使之可以低息贷款（林铁钢，2005）。在此背景下，为完善农村金融服务体系，更好地贯彻落实国家产业政策和区域发展政策，促进农业和农村经济的健康发展，国务院决定组建中国农业发展银行。

1993 年 11 月召开的十四届三中全会决定提出建立政策性银行、实行政策性业务与商业性业务分离后，国务院当年 12 月在《关于金融体制改革的决定》中明确"建立政策性金融与商业性金融分离，以国有商业银行为主体、多种金融机构并存的金融组织体系"，并就组建中国农业发展银行进行了初步安排，明确中国农业发展银行"承担国家粮棉油储备和农副产品合同收购、农业开发等业务中的政策性贷款，代理财政支农资金的拨付及监督使用""接管现中国农业银行和中国工商银行的农业政策性贷款（债权），并接受相应的人民银行贷款（债务）"，作为独立法人的中国农业发展银行，其资本金"从现在的中国农业银行资本金中拨出一部分解决"。1994 年 11 月 18 日，独立核算，自主、保本经营，企业化管理，在业务上接受中国人民银行的指导和监督的中国农业发展银行正式成立，并开始承担农产品收购、信贷扶贫、农业综合开发贷款、粮棉加工、农村小型基础设施建设和技术改造等六项信贷职能。

~~~/ **专栏 5-8** /~~~

中国农业发展银行是直属国务院领导的政策性金融机构，其主要任务是：按照国家的法律、法规和方针、政策，以国家信用为基础，筹集农业政策性信贷资金，承担国家规定的农业政策性金融业务，代理财政性支农资金的拨付，为农业和农村经济发展服务。

<div align="right">

国务院《关于组建中国农业发展银行的通知》

附件《中国农业发展银行组建方案》

1994 年 4 月

</div>

4. 对农村合作基金会的有条件支持和规范发展政策

20 世纪 80 年代中期人民公社解体后，在清理整顿集体财产过程中产生了具有互助合作性质的金融组织，之后随着农村社区内部融资活动发展，逐步成为农村合作基金会。

为引导其发挥积极作用，农村金融政策对其进行了规范。1987 年 1 月中共中央政治局通过的《把农村改革引向深入》中表示："一部分乡、村合作经济组织或企业群体建立了合作基金会……这些活动适应发展商品生产的不同要求，有利于集中社会闲散资金，缓和农业银行、信用社资金供应不足的矛盾，原则上应当予以肯定和支持。"为确保多次在文件中强调的"办好不以营利为目的的合作基金会，管好用好集体资金"，政策对农村合作基金会进行了定位，明确不属于金融机构，任务在于管好用好集体资金。如 1991 年 12 月农业部《关于加强农村合作基金会规范化、制度化建设若干问题的通知》和 1993 年 12 月《国务院关于金融体制改革的决定》均对农村合作基金会（包括农民股份基金会、农村合作储金会、农民资金互助会等）的健康发展做出规定，提出农村合作基金会应以为农民服务、为农业生产服务、为农村经济发展服务为宗旨，不以营利为目的。

虽有政策规范其发展，由于市场经济活动活跃，银行业在商业化转型中对农村资金支持减少，农村合作基金会出现一定程度的盲目扩张和投资，在国家加强宏观调控、压缩银根的特定背景下，一些地方以弥补农村信贷资金不足为名，违反国家禁止合作基金会办理存贷业务的规定，将其办成"第二信用社"等同于金融机构。为此一方面政策上明确了农经管理部门为行政管理部门，人民银行依法对合作基金会的业务活动进行监督，其他任何部门和个人不得干预合作基金会的行为；另一方面也加强各项制度建设，农业部1994年和1995年发布的《关于加强农村合作基金会管理的通知》和《关于开展农村合作基金会登记工作的通知》等，减弱了农村合作基金会数量扩张势头，强化了管理力度。

〜〜〜／**专栏 5-9**／〜〜〜〜〜〜〜〜〜〜〜〜〜〜〜〜〜〜〜〜〜〜〜〜〜〜〜〜〜〜〜〜

近年来，一些农村合作经济组织自愿把集体闲置资金集中起来，采用有偿使用的办法，用于支持本乡、本村合作经济组织和农户发展商品生产。这种办法只要不对外吸收存款，只在内部相互融资，应当允许试行。

中共中央办公厅、国务院办公厅转发《关于清理农村集体财产的意见》

1986 年 6 月

（农村合作基金会基本任务是）管好用好集体资金，保证集体资金的安全与完整，保护集体经济组织及其成员的合法权益；挖掘农村资金潜力，增加农业生产的资金投入；开发农业资源，促进农村各业生产发展；增加集体积累资金；逐步壮大集体经济实力……农村合作基金会不属于金融机构……不得办理存、贷款业务，要真正办成社区内的资金互助组织。对目前已办理存、放款业务的农村合作基金会，经整顿验收合格后，可转变为农村信用合作社。

《国务院关于金融体制改革的决定》

1993 年 12 月

〜〜〜

（二）保险和期货政策

1. 农业保险政策

1979 年国务院决定恢复农业保险，并对农业保险业务免征营业税。1982 年中国人民保险公司在中央政策的支持下，拉开了农业保险试验的序幕，小麦、水稻、玉米、烟叶、棉花等种植业保险，耕牛、奶牛、猪、鱼虾等养殖业保险纷纷开办。1986 年进一步在农村开始进行以国家扶持、组织农民互助互济的非营利的政策性农村救灾保险试验。各地也积极采取改革方案，加强对农业保险业务的供给力度，如 1986 年新疆生产建设兵团农牧业保险公司成立，专营农业保险；河南、山东等地建立政府支持的农业风险管理基金委员会、农业保险互助会等推动农业保险发展。

为了适应农村经济发展的新形势，保险工作如何为八亿农民服务，是必须予以重视的一个新课题。要在调查研究的基础上，按照落实农村政策的需要，从各地的实际情况出发，积极创造条件，抓紧做好准备，逐步试办农村财产保险、牲畜保险等业务。

《人民银行关于国内保险业务恢复情况和今后发展意见的报告》

1981 年 12 月

中国人民保险公司 1989 年后也开始研究内部改革，将农业保险与其他商业保险业务相分离，财务核算采用"单独立账、单独核算、结余留地方、积累滚存、壮大风险基金"的方式。但是市场化改革大背景下中国人民保险公司全面转向商业化保险公司后，农业保险与商业保险业务再次出现混业经营，导致业务量有所下降。

2. 农业期货政策

（1）1988—1990 年从萌芽到落实。市场经济下的各类主体在市场化运作中会面临多种风险，需要有效的风险管理工具。为此 1988 年国务院《政府工作报告》提出："加快商业体制改革，积极发展各类批发贸易市场，探索期货交易。"此后国务院领导在有关批示中也指出同意结合中国的实际情况制定方案进行试点，但由于价格双轨制下出现一定价格乱象，是否应开放期货市场仍存在较大争议。

在政策推动期货市场试点下，粮油期货业务迅速落地。1988 年和 1989 年，河南省、黑龙江省分别报批《郑州粮油期货交易所试点实施方案》、在哈尔滨尝试运用期货机制建立粮油批发市场（邢全伟，2018）。在 1990 年国务院同意就建立粮食批发市场进行试点后，当年 7 月国务院发布《批转商业部等八部门关于试办郑州粮食批发市场报告的通知》，批准试办郑州粮食批发市场，10 月 12 日，作为中国首家以现货交易为内容、引入期货机制的批发市场——郑州粮食批发市场正式建立。1993 年 5 月完成期货市场转制的郑州粮食批发市场更名为郑州商品交易所并开业，我国粮食市场进入期货交易所时代。此后，四川粮油商品交易所、长春商品交易所等农产品期货交易所相继开业，海南中商期货交易所、北京商品交易所、苏州商品交易所等增加了农产品期货合约交易。在粮食期货市场落地开业后，商业部粮食储运局、铁道部运输局、国家税务局等部门也陆续出台相关支持性的配套政策，满足粮食运输和减轻税负的要求。

（2）1993—1995 年对期货市场整顿政策。期货市场的快速发展，也伴随出现了一系列问题，包括竞相开办含期货业务的批发市场时盲目成立期货经纪公司、执法部门参与期货经纪活动、期货经纪公司蓄意欺骗客户、国内外不法分子搞期货经纪诈骗、盲目参与境内外的期货交易造成经济损失等，这些问题严重干扰期货市场试点。为此国务院 1993 年 11 月发布《关于坚决制止期货市场盲目发展的通知》，首次明确"对期货市场试点工作的指导、规划和协调、监管工作由国务院证券委员会负责，具体工作由中国证券监督管理委员会执行"，并"一律暂停审批注册新的期货交易和经纪机构"、清理期货经纪公司，规范相关活动和业务开展，标志着中国期货市场步入清理整顿和规范发展阶段。《国务院证券委员会 1995 年证券期货工作安排意见》、中国证券监督管理委员会 1995 年 8 月印发的《关于期货交易所进行会员制改造的意见》就进一步改造组织形式、理顺管理体制，清理整顿期货经纪公司、期货代理业务，控制境外期货交易等做出具体要求。

三、深化中国农村金融体制改革（1996—2013 年）

~~~~ / 专栏 5 - 11 / ~~~~~~

我国农村合作性、商业性和政策性金融机构都有不同程度的发展，在促进农业和农村经济发展中发挥了重要作用。但是，由于各类金融机构相互间的关系没有理顺，没有建立起合理的管理体制和良好的运行机制，农村金融体制还不适应农村经济发展的需要。相当多的农村信用合作社（以下简称农村信用社）失去了合作性质，背离了主要为农民服务的发展方向；现行中国农业银行领导管理农村信用社的体制，与其自身改革为商业银行在诸多关系上难以理顺；中国农业发展银行营业机构设置不适应业务发展需要，支持农村经济开发的能力较弱。因此，要进一步深化农村金融体制改革。

国务院《关于农村金融体制改革的决定》（国发〔1996〕33 号）

1996 年 8 月

~~~~~~

1996 年开始的农村金融体制改革，为建立以合作金融为基础、商业性金融和政策性金融分工协作的农村金融体系，为进一步提高农村金融服务水平、增加对农业的投入、促进贸工农综合经营、促进城乡一体化发展、促进农业和农村经济的发展和对外开放，在农村金融领域推出了一系列强有力的政策措施。初步形成了以合作金融为基础，商业金融、政策性金融分工协作的农村金融体系。国有独资商业银行完成向商业化经营转变，中国农业发展银行承担了农副产品收购资金供应管理等政策性职能，农村信用社与中国农业银行脱离了隶属关系，并尝试按合作制原则进行规范，同时对农村合作基金会进行了全面清理，农村金融秩序混乱的局面得到有效治理（林铁钢，2005）。2005 年开始试点的农村金融市场准入新政则进一步丰富了农村金融体系的多元性，形成了商业性、政策性、合作性金融相结合，各种金融机构同时并存的新格局，搭建起了农村金融体系基本框架。农村金融体系在政策推动下得到完善的同时，促进金融业务和产品服务、刺激金融需求的政策也保证了农村金融市场的活力，支持和规范农业保险和农产品期货的政策则使得这些金融工具在农村金融领域发挥更加积极的作用。

（一）农村金融体系存量改革

深化农村金融体制改革需要构建完善的农村金融体系，在已建立农村政策性金融、商业性金融和合作性金融机构后，作为合作性金融机构的农村信用合作社与中国农业银行实现脱钩，中国农业发展银行作为政策性金融机构实现与中国农业银行业务的剥离，三大类农村金融机构三足鼎立格局呈现，农村合作基金会则被取缔撤销。

1. 农村信用社管理体制改革

（1）1996—1998 年农村信用社与中国农业银行脱钩、恢复合作制。多年的银行商业化改革，使得农村信用社背离合作属性、主要为农民服务的发展方向，为此《关于农村金融体制改革的决定》中提出"把农村信用社逐步改为由农民入股、由社员民主管理、主要为入股社员服务的合作性金融组织"。为实现该目标，提出首先"农村信用社与中国农业银行脱离行政隶属关系，对其业务管理和金融监管分别由农村信用社县联社和中国人民银行承担，然后按合作制原则加以规范"，之后于 1996 年 8 月 22 日由国务院农村金融体制改革部际协调小组发布《农村信用社与中国农业银行脱离行政隶属关系实施方案》，正式宣告农村信用社与农业银行脱钩。同年 9 月，全国 5 万多个农村信用社和 2 400 多个县联社逐步与中国农业银行顺利脱钩。

在管理体制和监管体制方面，为尽快在全国推开按合作制原则规范信用社的工作，使信用社恢复"三性"（组织上的群众性、管理上的民主性和经营上的灵活性），1996 年 11 月后，各地开始了农村信用社管理体制改革试点（陈锡文，2018）。为进一步加强对农村信用社的监督管理，依据 1997 年《中国人民银行关于进一步做好农村信用社管理体制改革工作意见》，中国人民银行内部增设农村合作金融机构监管部门，专门承担对农村信用社的监管工作，并在 1997 年 9 月印发《农村信用合作社管理规定》和《农村信用合作社县级联合社管理规定》、11 月印发《农村信用合作社章程（范本）》和《农村信用合作社县级联合社章程（范本）》，为规范农村信用社管理提供规章。其中《农村信用合作社管理规定》明确将信用合作社理解为"由社员入股组成、实行社员民主管理、主要为社员提供金融服务"。到 1998 年，农村信用社已经经历了脱离中国农业银行转由中国人民银行监督管理、重新清产核资登记注册等调整。

对于农村信用社存在着信贷资产质量差、部分农村信用社资不抵债不能支付到期债务等问题，1998 年 11 月由国务院办公厅转发《中国人民银行关于进一步做好农村信用社改革整顿规范管理工作意见》，要求对农村信用社进行清产核资，按合作制进行规范改造，组建农村信用社县以上行业自律组织，行使对农村信用社管理、指导、协调、服务的功能，并提出"经过两到三年的努力，使农村信用社真正恢复合作制的性质"，并将合作制原则定位为"自愿入股、民主管理和主要为入股社员服务"。

（2）2003—2006 年深化农村信用社改革。2003 年后，中央本着"花钱买机制"的原则，开始了以农村信用社管理体制和产权制度改革为核心的农村信用社改革，并以央行专项票据或再贷款形式帮助消化农村信用社的历史包袱。

~~~～／**专栏 5 - 12** ／~~~～

　　1997 年后，农村信用社各项工作在改革中取得明显成效，为"三农"服务的方向进一步明确，服务水平不断提高，支农投入明显增加；内部管理逐步规范，资产质量和经营状况逐渐好转；金融监管得到加强，金融风险得到初步控制。

但是农村信用社无论是在自身建设，还是在适应为"三农"服务要求等方面，都还存在着不少问题，主要是：产权不明晰，法人治理结构不完善，经营机制和内控制度不健全；管理体制不顺，管理职权和责任需要进一步明确；历史包袱沉重，资产质量差，经营困难，潜在风险仍然很大。

《深化农村信用社改革试点方案》
2003 年 6 月

按照"明晰产权关系、强化约束机制、增强服务功能、国家适当支持、地方政府负责"的总体要求，加快农村信用社管理体制和产权制度改革，把农村信用社逐步办成由农民、农村工商户和各类经济组织入股，为农民、农业和农村经济发展服务的社区性地方金融机构，充分发挥农村信用社农村金融主力军和联系农民的金融纽带作用，更好地支持农村经济结构调整，促进城乡经济协调发展。

国务院《关于印发深化农村信用社改革试点方案的通知》
2003 年 6 月

2003 年 6 月 27 日，国务院下发《关于印发深化农村信用社改革试点方案的通知》（国发〔2003〕15 号）后，就改革农村信用社管理体制，明确规定由地方政府负责对农村信用社管理，由银监会依法实施监管，但在微观经营决策上由农村信用社自我约束、自担风险。而为了帮助消化信用社历史包袱，对试点地区的信用社给予扶持政策：对亏损信用社因执行国家宏观政策开办保值储蓄而多支付保值贴息给予补贴；给予企业所得税和营业税优惠；以再贷款和发行专项中央银行票据置换不良贷款加以资金支持；对民间借贷比较活跃的地方，实行灵活的利率政策。

经国务院批准，吉林、山东、江西、浙江、江苏、陕西、贵州、重庆等 8 省市开展了改革试点工作。以此标志，新一轮农村信用社改革启动。2004 年在认真总结 8 省市改革试点经验的基础上，国务院明确进一步深化农村信用社改革试点，在全国建立省级联社，并又批准 21 个省区市作为进一步深化农村信用社改革试点地区。为保障改革试点工作顺利进行，2003 年 9 月人民银行还印发了《农村信用社改革试点专项中央银行票据操作办法》和《农村信用社改革试点专项借款管理办法》加以支持。伴随着银监会的成立，自 2003 年 4 月后，农村信用社改由银监会监管。

~~~~ / 专栏 5-13 / ~~~~

对农村信用社监督管理职责分工

国务院办公厅 2004 年 6 月转发银监会、人民银行《关于明确对农村信用社监督管理职责分工指导意见》，确定如下职责分工：

省级人民政府全面承担对当地信用社的管理和风险处置责任；

省级联社对指导、督促信用社完善内控制度和经营机制负主要责任；

银监会及其派出机构行使对信用社的金融监管职能、承担监管责任。

人民银行应对信用社执行有关存款准备金管理规定、人民银行特种贷款管理规定、人民币管理规定、银行间同业拆借市场和银行间债券市场管理规定、外汇管理规定、清算管理规定以及反洗钱规定的情况等进行监督检查，督促其依法经营。

此轮对农信社的改革后，新的监督管理体制框架基本形成，有关方面对农村信用社的监督管理责任进一步明确；农村信用社的历史包袱得到初步化解，经营状况开始好转，实力明显增强，金融支农力度加大、支农服务改善，产权制度改革已经起步，经营机制开始转换，内控制度得到加强，社会信誉提高，员工精神面貌改观。由于农信社管理权与相应的收益和风险下放到地方政府，改变了农信社管理松散、政府进行信贷干预的状况，地方政府转而积极通过多种措施，保障农信社的独立经营地位，甚至帮助清收欠款和吸引投资。全国农信社扭亏为盈，占全国金融业存款份额不断上升，存款余额赶超四大国有银行（清华大学中国农村研究院，2016）。中央监管部门只负责合规监管和贷款规模管制，不负责农信社业务发展管理，这也加强了对农信社合规经营与风险监察的防控力度，减少了监管腐败（清华大学中国农村研究院，2016）。

（3）农村合作金融改制政策。在 1996 年开始深化金融体制改革和 2003 年深化农村信用社改革后，各地针对农村信用合作社产权改革进行了积极探索，形成了股份制、股份合作制、合作制等多种产权制度形式，并建立了与各地经济发展、管理水平相适应的组织形式和运行机制。在地方试点基础上，国家政策开始规范农村商业银行（农商行）和农村合作银行（农合行）。为规范农村金融机构经营框架，银监会 2003 年 9 月印发《关于农村商业银行和农村合作银行的管理暂行规定》，提出农村商业银行和农村合作银行主要以农村信用社和农村信用社县（市）联社为基础组建，其任务主要为当地农民、农业和农村经济发展提供金融服务，促进城乡经济协调发展。随后银监会合作部印发农村商业银行和农村合作银行组建审批、清产核资工作的指引，供各地农村商业银行及农村合作银行组建筹备工作小组开展工作时参考。随着改革的深入，一些省级联社纷纷改制为农村商业银行：2005 年 8 月，上海农村商业银行成立；2005 年 10 月，北京农村商业银行成立；2008 年 6 月，重庆农村商业银行成立。

在省联社遍地开花式改制为农村商业银行后，国家政策自 2009 年至 2011 年也逐步在扩展经营范围和化解风险等方面加以完善。农商行、农合行被允许跨区域经营设异地支行，民间资本也被支持以投资入股方式参与农村信用社改制。银监会还指导各地农信社充分运用市场化手段，通过并购重组化解高风险农村信用社风险，进一步提高农村金融体系的稳健性。为将农村合作金融机构总体改制为产权关系明晰、股权结构合理、公司治理完善的股份制金融企业，政策鼓励全面取消资格股、稳步提升法人股比例、有效规范股权管理、健全流转机制等多种措施。2011 年 8 月中国银监会表示，今后将不再组建新的农村合作银行，现有农村合作银行要全部改制为农村商业银行；全面取消资格股，鼓励符合条件的农村信用社改制组建为农村商业银行；逐步构建以产权为纽带、以股权为联结、以规制来约束的省联社与基层法人社之间的新型关系，真正形成省联社与基层法人社的利益共同体。

2. 商业银行改革

在实现与农村信用合作社的脱钩之后，中国农业银行开始朝国有商业银行方向转变。2005 年试点的农村金融市场准入新政之后，包括外资银行、国有股份制银行在内的商业银行纷纷在农村设置分支机构，为保证国有股份制商业银行在农村的业务真正做到惠农利农，针对商业银行农村业务的相关政策陆续出台。

（1）中国农业银行股份制改革与三农金融事业部。2007 年 1 月召开的全国金融工作会议确定农业银行股份制改革总的原则是"坚持面向'三农'、整体改制、商业运作、择机上市"。当年 9 月中国农业银行在 8 个省区市开展面向"三农"金融服务试点。2008 年 3 月，按照国务院《农业银行股份制改革总体实施方案》的要求，农业银行开始实施三农金融事业部改革试点，推动在 6 个省 11 个二级分行开始三农金融事业部改革试点。当年 5 月底，"三农"金融服务第一阶段试点结束；8 月农行总行设立三农金融事业部，全面推动全行三农金融事业部制改革。在国务院及各方的大力支持下，经过2010 年深化试点和 2012 年的扩大试点，2013 年，农业银行三农金融事业部改革试点范围进一步扩大至全国 19 个省的 20 家一级分行（含宁波分行）下辖的所有县域支行。

---～/ **专栏 5 - 14** /～---

三农金融事业部改革

三农金融事业部改革是指中国农业银行根据股份制改革的要求，为实施"三农"和县域金融服务专业化经营而采取的一种内部组织管理模式，以县域金融业务为主体，在治理机制、经营决策、财务核算、风险管理、激励约束等方面具有一定的独立性。2009 年 4 月和 2010 年 12 月中国银监会印发《中国农业银行三农金融事业部制改革与监管指引》及其修订版本，要求中国农业银行建立适应"三农"金融服务需要的事业部管理体制，构建科学的治理机制和组织架构，着力提高"三农"金融服务水平和市场竞争力，根据全行发展战略目标，对纳入事业部管理体制的"三农"金融业务，实行条线管理，下沉决策重心，提高决策效率，建立健全三农金融部权、责、利统一的单独核算和自我激励约束的经营机制。

（2）邮储银行探索服务农村业务模式。2005 年和 2006 年中央 1 号文件均使用"引导邮政储蓄资金返还农村"相关表述，这为建立邮政储蓄资金回流农村机制提供了政策支持（中国农村金融学会，2008）。经银监会批准，2006 年 3 月三省首批试点邮政储蓄定期存单小额质押贷款业务（邮政储蓄机构向借款人发放的，以未到期整存整取定期人民币储蓄存单为质押担保，且到期一次性收回本息的贷款业务），向城乡居民提供资金融通服务（何秀荣，2010）。该业务试点为邮政储蓄资金向农村回流开辟了渠道，当年8 月该业务又在其他十省市开办。2006 年 6 月，银监会批准筹建中国邮政储蓄银行，同

年 12 月正式批准由中国邮政集团以全资方式出资成立邮政储蓄银行。2007 年 3 月，邮政储蓄银行总行正式挂牌成立。随后，银监会批准邮政储蓄银行在全国筹建 36 家一级分行及其所属两万余家分支机构，全面放宽业务范围，允许其经营《商业银行法》规定的各项业务。组建后的邮政储蓄银行成为沟通和连接我国城乡经济的最大金融网络，分支机构覆盖全国所有市（县）和主要乡镇，且大部分设置在县及县以下地区，对完善农村金融服务体系产生重大而深远的影响。2012 年，经国务院同意，中国邮政储蓄银行有限责任公司依法整体变更为中国邮政储蓄银行股份有限公司，中国邮储银行在全国农村地区广泛开展对农业的支持性金融业务，对农服务业务模式逐渐完善。

3. 政策性金融机构业务调整及商业化转型

粮食流通体制改革后，国务院和人民银行 1998 年 4 月对中国农业发展银行的业务范围进行了调整，将最初由中国农业发展银行办理的农业开发和扶贫贷款、小型农业基本建设和技术改造贷款，以及粮油政策性加工企业的贷款划转到有关商业银行，以便中国农业发展银行集中从事粮棉油收购资金贷款的供应和封闭管理任务。此后，银监会分别于 2004 年、2006 年和 2007 年批准农发行开办粮棉油产业化龙头企业和加工企业贷款业务，扩大产业化龙头企业贷款业务范围和开办农业科技贷款业务，开办农村基础设施建设贷款、农业综合开发贷款和农业生产资料贷款业务。

2007 年初召开的第三次全国金融工作会议上提出按照分类指导、"一行一策"原则推进政策性银行改革，并首先推进国家开发银行改革，全面推行商业化运作，对政策性业务实行公开透明的招标制。这意味着我国政策性银行逐步与财政分离，根据各自条件实行商业化改革，自主经营、自负盈亏、自担风险（王广谦，2008）。2018 年 1 月起实施的《中国农业发展银行监督管理办法》进一步明确规定了农发行应围绕国家战略审慎稳健发展、审慎经营，实现长期可持续发展，成为定位明确、功能突出、业务清晰、资本充足、治理规范、内控严密、运营安全、服务良好的政策性金融机构。

~~~ / 专栏 5-15 / ~~~

（中国农业发展银行）应当依托国家信用，服务经济社会发展的重点领域和薄弱环节。主要服务维护国家粮食安全、脱贫攻坚、实施乡村振兴战略、促进农业农村现代化、改善农村基础设施建设等领域，在农村金融体系中发挥主体和骨干作用。

《中国农业发展银行监督管理办法》
2017 年 11 月公布，2018 年 1 月 1 日起施行

4. 1996—2002 年对非正规农村金融的整顿政策

20 世纪 90 年代，除为自身发展而进行的正常融资活动之外，社会上大量以融资为幌子的诈骗活动也大量存在。民间集资因其游离于正规金融体系之外，风险较大，也一定程度上扰乱了正常金融活动秩序。在 1997 年亚洲金融危机后强化金融监管的背景下，我国开始加大对非法金融机构和活动的治理整顿。

（1）对农村非法金融活动的取缔。1998 年 7 月国务院发布国务院令《非法金融机

构和非法金融业务活动取缔办法》，规定中国人民银行对非法金融机构、非法吸收公众存款或者变相吸收公众存款以及非法集资，一经发现应当立即调查核实，经初步认定后及时提请公安机关立案侦查。该办法提出的"变相吸收公众存款"概念，以及"未经依法批准，以任何名义向社会不特定对象进行的非法集资"条款，极大拓展了监管机关的权限空间，为其监管执法行为增加更多灵活性，使游走于不同监管机关权力边界的集资形式重新回到监管框架内（何广文，2011）。当年8月国务院办公厅转发中国人民银行《整顿乱集资乱批设金融机构和乱办金融业务实施方案》，要求彻底整顿一些地方、部门、企事业单位和个人乱集资、乱批设金融机构和乱办金融业务（金融"三乱"）的问题。2002年1月中国人民银行发布的《关于取缔地下钱庄及打击高利贷行为的通知》中，即指出"在部分农村地区，民间信用活动活跃，高利借贷现象突出，甚至出现了专门从事高利借贷活动的地下钱庄，破坏了正常的金融秩序，影响了社会安定"。因此要求人民银行分行和营业管理部组织力量打击地下钱庄和高利借贷，严格规范民间借贷行为。

（2）针对农村合作基金会，改变原先支持取向，转而进行清理整顿。国务院1996年8月发布的《关于农村金融体制改革的决定》中明确要求"清理整顿农村合作基金会"，并指出农村合作基金会试办以来，虽对增加农业投入、缓解生产资金短缺发挥一定作用，但相当一部分农村合作基金会以招股名义高息吸收存款，入股人不参加基金会管理也不承担亏损，将筹集资金用于发放贷款和违反金融法规经营金融业务等，因此必须依法依规对农村合作基金会进行清理整顿。在操作中，将实际已经营金融业务且存贷款业务量比较大的农村合作基金会，整顿并入现有农信社或另设农村信用社；不愿并入农信社或另设农信社的立即停止以招股名义吸收存款、停办贷款业务。1999年1月，国务院正式宣布全国统一取缔农村合作基金会，停止新设农村合作基金会，对既有农村合作基金会一律停止以任何名义吸收存款和办理贷款，同时清产核资，冲销实际形成的呆账，对符合条件的并入农村信用社，对资不抵债又不能支付到期债务的予以清盘、关闭。

（二）农村金融体系增量改革（2005年至今）

农村地区银行业金融机构准入政策进一步扩充了我国农村金融体系，被称为农村金融市场准入新政。除农村信用合作社及其改制后成立的农村商业银行和农村合作银行、中国农业银行和中国邮储银行等商业银行、中国农业发展银行作为政策性金融机构外，我国正规农村金融机构新加入了村镇银行、农村资金互助社、贷款公司在内的新型农村金融机构。

1. 三个中央1号文件确定发展多元农村金融机构导向

2004年、2005年和2006年连续三年中央1号文件均表达出中央加快农村金融体系改革创新的政策取向，提出"创新农村金融体制""鼓励有条件的地方，在严格监管、有效防范金融风险的前提下，通过吸引社会资本和外资，积极兴办直接为'三农'服务的多种所有制的金融组织""要针对农村金融需求的特点，加快构建功能完善、分工合理、产权明晰、监管有力的农村金融体系""培育竞争性的农村金融市场，有关部门要抓紧制定农村新办多种所有制金融机构的准入条件和监管办法，在有效防范金融风险的前提下，尽快启动试点工作""在保证资本金充足、严格金融监管和建立合理有效的退出机制的前提下，鼓励在县域内设立多种所有制的社区金融机构，允许私有资本、外资等参股。大力培育由自然人、企业法人或社团法人发起的小额贷款组织，有关部门要抓紧制定管理办法。引导农户发展资金互助组织。规范民间借贷"。对多元化资本和机构进入农村金融市场进行鼓励，对实际建立所有制多元化的农村金融机构提供了政策依据，进一步落实具体推动各种形式非正规金融机构发展。

2. 农村金融市场准入新政出台

2005 年中国人民银行推动贵州、四川、山西、陕西、内蒙古五省区开展"只贷不存"小额贷款机构的试点后，2006 年 12 月银监会发布《关于调整放宽农村地区银行业金融机构准入政策 更好支持社会主义新农村建设的若干意见》（银监发〔2006〕90号），提出适度调整和放宽农村地区银行业金融机构准入政策，降低准入门槛，强化监管约束，加大政策支持，促进农村地区形成投资多元、种类多样、覆盖全面、治理灵活、服务高效的银行业金融服务体系，允许村镇银行、农村资金互助社、贷款公司三类新型农村金融机构进入农村金融体系，充实了既有农村金融体系基本框架。准入政策调整和放宽体现在放开准入资本范围，调低注册资本，取消营运资金限制，调整投资人资格，放宽境内投资人持股比例，放宽业务准入条件与范围，调整董（理）事、高级管理人员准入资格，调整新设法人机构或分支机构的审批权限，实行简捷、灵活的公司治理几大方面。此后的 2007 年和 2008 年银监会又制定发布《村镇银行管理暂行规定》《贷款公司管理暂行规定》和《农村资金互助社管理暂行规定》《农村资金互助社示范章程》《关于小额贷款公司试点的指导意见》等文件，对新型农村金融机构的设立、资金来源、资金运用、监督管理等进行规范和指导；并在 2007 年 10 月发布《关于扩大调整放宽农村地区银行业金融机构准入政策试点工作的通知》，提出积极探索建立适应"三农"特点的村镇银行、贷款公司和农村资金互助社等新型农村金融机构。

银监发〔2006〕90 号文件的发布是我国银行业市场准入政策的重大突破，是农村金融改革的重大创新，对于促进农村金融体系的完善和农村金融服务水平的提高，促进城乡金融和城乡经济协调发展具有重大意义（何秀荣，2010）。农村金融体系增量改革后，三类新型农村金融机构纷纷落地。2005 年底小额贷款公司在山西、陕西、四川、贵州、内蒙古五省区局部试点，12 月山西晋源泰小额贷款公司成立；四川仪陇惠民村镇银行是经中国银监会批准的中国第一家村镇银行，于 2007 年 3 月 1 日开业；同月，全国首家农民自愿入股组建的农村合作金融机构——吉林省梨树县闫家村百信农村资金互助社成立。2007 年 11 月，张家港农村商业银行获得原中国银监会出具的首份同意农商行上市的监管报告，并于 12 月 3 日进入上市预审阶段。2007 年 12 月第一家外资村镇银行——湖北随州曾都汇丰村镇银行有限责任公司成立。

（三）促进金融业务和产品服务创新

不断改进和提升农村金融综合服务水平，除构建并不断完善农村金融体系之外，相关政策还以加快农村金融产品和服务方式创新为突破口，以财政政策、货币政策等为抓手，积极鼓励引导多种形式的金融业务和产品面向"三农"事业。在农村金融体系多元化的同时，农村金融产品和服务也更加优惠、更加多元。

1. 财政政策：税收优惠和补贴政策

税收优惠和鼓励性补贴政策的实施，大幅降低金融机构营业费用，有效扶持着偏远地区和经济落后地区农村金融业发展，也促使金融机构增加对"三农"发展的资金支持量，让农民得到金融实惠。

（1）2004年为保障农村信用社改革试点，财政部和国家税务总局两度发布对中西部试点地区的农村信用社暂免征收企业所得税，其他试点地区农信社按应纳税额减半征收企业所得税，减征改革试点地区所有农信社营业税。

（2）为鼓励金融机构支持"三农"贷款的税收优惠政策，财政部和税务总局2010年、2014年和2017年发布一系列通知，对金融机构农户小额贷款的利息收入免征增值税，对农户小额贷款的利息收入计算应纳税所得额时按90％计入收入总额，对保险公司为种植业、养殖业提供保险业务取得的保费收入在计算应纳税所得额时按90％计入收入总额，农村金融机构金融保业收入减按3％的税率征收营业税的政策，对中国农业银行三农金融事业部涉农贷款营业税给予优惠，在营改增试点期间对中国邮政集团公司及其所属邮政企业为金融机构代办金融保险业务取得的代理收入免征增值税。

（3）为支持政策性金融机构改善农村基础设施建设，财政部、国家税务总局对农发行总行及各分支机构提供包括农业农村基础设施建设、水利建设、农村土地流转和规模化经营、农民集中住房建设、农村人居环境建设、涉农棚户区改造等贷款取得的利息收入减征营业税。

（4）奖励县域金融涉农贷款和对农村金融机构的定向费用补贴，如在前期试点基础上，财政部2010年9月印发《财政县域金融机构涉农贷款增量奖励资金管理办法》，规定财政部门对县域金融机构当年涉农贷款平均余额同比增长超过15％的部分，按2％的比例给予奖励；对年末不良贷款率高于3％且同比上升的县域金融机构，不予奖励。

2. 货币政策

（1）人民银行坚持实行差异化存款准备金率政策支持农村信用社的发展，自20世纪90年代末，农村信用社享受到了6％的存款准备金率的优惠政策。虽然与其他商业银行进行了同步调整，但是农村信用社的准备金率一直低于其他商业银行的存款准备金率。

（2）支农再贷款是人民银行在农村金融改革过程中促进改善农村金融服务、支持农村信用社扩大涉农信贷投放的一项重要政策措施，指中国人民银行为引导地方法人金融机构扩大涉农信贷投放，降低"三农"融资成本，对其发放的信贷政策支持再贷款。自1996年全国农村信用社与中国农业银行脱离行政隶属关系以后，农业银行不再向农村信用社提供支持资金。同时受20世纪90年代后期地方金融风险影响，农村信用社资金实力有所削弱，存款持续徘徊，加上当时国有商业银行集中撤并县以下分支机构，县域金融服务和涉农信贷需求与农村信用社资金不足的矛盾突出。为支持扩大涉农信贷投放，引导增加农户贷款，促进改善农村金融服务，经国务院批准，中国人民银行于1999年开始办理支农再贷款业务。2015年12月，中国人民银行关于印发《中国人民银行支农再贷款管理办法》，提出"限额管理、规定用途、设立台账"的管理原则，并对支农再贷款具体管理进行了规定。

3. 农村金融产品和服务方式创新

2008 年 10 月，中国人民银行和银监会发布的《关于加快推进农村金融产品和服务方式创新的意见》，提出继续优化农村金融基层网点布局、放宽农村金融机构市场准入条件、完善农村金融服务网络、加强农村金融基础设施建设的同时，在全国选择粮食主产区或县域经济发展有扎实基础的部分县、市深入组织开展农村金融产品和服务方式创新试点（推广农户小额信用贷款和农户联保贷款；创新贷款担保方式，扩大有效担保品范围；探索发展基于订单与保单的金融工具，提高农村信贷资源的配置效率，分散农业信贷风险；在银行间市场探索发行涉农中小企业集合债券，拓宽涉农小企业的融资渠道；改进和完善农村金融服务方式，提高涉农金融服务质量和服务效率）。

~~~~/ 专栏 5 - 16 /~~~~

在我国农村不少地区金融产品少、金融服务方式单一、金融服务质量和效率不适应农村经济社会发展和农民多元化金融服务需求的问题仍然突出。

中国人民银行和银监会《关于加快推进农村金融产品和服务方式创新的意见》

2008 年 10 月

农村商业银行、农村合作银行以及村镇银行等县域金融机构为代表的农村中小金融机构，能有效覆盖大型银行业务空白地区，因此中国银监会办公厅 2012 年 6 月发文实施"金融服务进村入社区""阳光信贷"和"富民惠农金融创新"三大工程，分别针对：提高农村金融网点覆盖率和服务便利度；解决农村中小金融机构和"三农"客户双方信息不对称问题；推动农村中小金融机构建立健全农村金融服务创新体系，立足"三农"需要，坚持市场导向，兼顾发展差异，积极创新"量体裁衣"式的金融产品和服务方式。并提出创新理念、组织、产品、担保方式、商业模式、业务流程、服务渠道和信用体系建设。"三大工程"实际上推动了农村普惠金融的发展，在提高农村基层网点覆盖度、推进农村领域电子机具发放、提高农村地区金融服务质量等方面发挥了积极的作用。

（四）满足农村金融需求

1. 农贷利率优惠政策

为了支持"三农"事业发展，农贷利率一般较低，20 世纪 90 年代以前，农户、农村企业、农村开发性项目贷款利率一般较普通工商业贷款利率低 0.5%～2%。改革开放初期到 20 世纪 90 年代，中国人民银行一直上调存款利率水平，但总是在调高并执行较高工商业贷款利率后才提高农业贷款利率，农业贷款利率上调一般比工商业贷款利率上调晚半年至一年。20 世纪 90 年代中期以后，我国政府虽然逐渐取消了农村优惠利率贷款政策，但是仍要求中国农业银行对贫困农户和贫困地区的农村企业发放低息贷款，给予中国农业银行财政贴息。

低利率和贴息贷款既有利于农贷获取者可以较为优惠地利用资金，但是也造成农村金融机构积累大量不良资产。农村金融的发展仅靠补贴不能解决问题。1996年银行间同业拆借利率放开，2004年10月，中国人民银行相关规定执行，存款利率与其他商业银行一样，执行基准利率上限管理办法，贷款利率可以在中国人民银行公布的基准利率2.3倍空间自主决定。

2. 农业信贷担保政策取向

缺少有效抵押物、担保难一直是我国"三农"领域融资难的重要原因。为此，2004年中央1号文件即提出探索实行动产抵押、仓单质押、权益质押等担保形式。此后多年的中央1号文件也多次提出建立担保基金或担保机构，探索建立多种形式的担保机制，推进农村担保方式创新，创新符合农村特点的抵（质）押担保方式和融资工具，建立多层次多形式的农业信用担保体系，大力发展政府支持的"三农"融资担保和再担保机构，完善银担合作机制等方法途径，解决农户和农村中小企业贷款抵押担保难问题。

（五）21世纪以来支持农业保险发展

自1982年在政策和业务开展均恢复农业保险后，随着1992年社会主义市场经济体制改革开展，承担政策性保险的中国人民保险公司开始逐渐转向商业化经营，在农业风险弱可保性和农险产品"需求不足，供给有限"的约束下（何广文，2011），中国人民保险公司和另一家坚持办理农业保险业务的中华联合保险公司，均进行战略调整，撤销分支机构和缩减农业险种，以保证经济效益。

伴随着农业保险业务规模萎缩，进入21世纪后，为推动农业保险发展的"扩面、增品、提标"政策力度逐渐加大。2003年中共十六届三中全会、2004年中央1号文件均提出建立政策性农业保险制度，2004年中央1号文件也提出有条件的地方可对参加种养业保险的农户给予一定的保费补贴。在此背景下，保监会2004年在沪黑吉等9省区启动农保试点，并批准了中国第一家专业性农业保险公司——上海安信农业保险公司开业、在黑龙江垦区引进相互制农业保险公司模式、第一家相互制保险公司——阳光农业相互保险公司筹建（何广文等，2008）。此后，2005年和2006年中央1号文件又分别要求扩大农业政策性保险的试点范围和稳步推进农业政策性保险试点工作，鼓励商业性保险机构开展农业保险业务，加快发展多种形式、多种渠道的农业保险。随着农业保险试点工作不断扩大和稳步推进，中央在健全农业保险体系、完善农业保险各项机制和促进农业保险进一步发展方面不断给予政策倾斜。自2008年中央1号文件提出"逐步形成农业巨灾风险转移分担机制"后，2009—2014年的中央1号文件多次要求加快建立财政支持的巨灾风险分散机制；2008—2019年的中央1号文件还多次提出建立健全农业再保险体系，探索建立银保互动机制和发展互助合作保险，"保险＋期货""订单农业＋保险＋期货（权）"试点。

为推动政策性农业保险发展，农业保险保费补贴政策不断推出。2007年中央1号文件提出"积极发展农业保险"，并提出"政府引导、市场运作、自主自愿、协同推进"的原则，为投保农户提供一定的保险费补贴，引导和支持其参加农业保险，财政部对此于2007年先后出台关于农业保险保费补贴、能繁母猪保险保费补贴、种植业保险保费补贴、养殖业保险保费补贴等的管理办法，并启动森林保险保费补贴试点（王曙光，2015）。2010 年、2012 年和 2013 年中央 1 号文件就农保保费补贴进一步提出：加大中央财政对中西部地区保费补贴力度，鼓励各地对特色农业农房等保险进行保费补贴，开展设施农业保费补贴试点，扩大森林保险保费补贴试点范围，加大对中西部地区和生产大县农业保险保费补贴力度，适当提高部分险种的保费补贴比例等。2013 年还提出开展农作物制种、渔业、农机、农房保险和重点国有林区森林保险保费补贴试点。此后多个中央 1 号文件又不断提出针对新型农业经营主体的农业保险支持和以奖代补扶持农业保险。

在法规方面，为规范农业保险活动，保护农业保险活动当事人的合法权益，提高农业生产抗风险能力，促进农业保险事业健康发展，国务院 2012 年 11 月 12 日发布《农业保险条例》，并自 2013 年 3 月 1 日起施行，后于 2016 年 2 月修订，就合同制定、经营细则等方面做出严格规定。

（六）整顿规范期货市场

自 1990 年郑州粮食批发市场正式建立，经 1993 年开始的整顿规范，我国期货市场发展取得一定成效，盲目发展势头得到抑制，但是经过多年发展的期货市场仍存在一些问题：期货交易所和期货经纪机构过多，运作不规范；少数机构和个人联手操纵市场，牟取暴利；非法从事境外期货、外汇按金交易行为依然存在；监管部门的监管力量薄弱，监管手段落后。国务院为此于 1998 年 1 月发布《关于进一步整顿和规范期货市场的通知》，提出："按照'继续试点，加强监管，依法规范，防范风险'的原则，对 14 家期货交易所进行整顿和撤并后只保留上海、郑州和大连 3 家期货交易所，并比照证券交易所管理体制划归中国证监会实行集中统一管理；进一步强调取缔非法期货经纪活动，清理整顿期货经纪机构，严格控制境外期货交易。"之后《期货交易所管理办法》《期货经纪公司管理办法》等一系列管理办法出台，加强了对期货市场的监管。

随后自 2001 年 1 月 1 日起，交易所与批发市场在人财物等方面全面分设，作为两个法人实体，独立承担法律责任；在管理体制上，交易所作为中国证监会的直属机构，全面接受中国证监会的垂直领导。至此，批发市场与商品交易所实现管理体制分离。抑制了期货市场盲目发展，厘清了交易所与政府主管部门及原投资单位的关系，为期货市场集中统一管理体制奠定了基础。

四、党的十八大后发展普惠金融，深化农村金融体制创新

党的十八大以来，脱贫攻坚、乡村振兴等战略部署让农村的发展更具前景，农民的生活更有盼头，农业增效更具动力。在此背景下，农村金融政策服务"三农"，支持脱贫攻坚、乡村振兴，以多种方式和手段用金融支持农业农村发展，不断给予农业农村发展以新的活力。总体而言，除进一步进行农村金融体系改革，深化农村金融体制外，十八大以来国家出台了多项问题导向、服务国家战略部署的农村金融支持政策，包括金融扶贫、服务乡村振兴、做好新型农业经营主体金融服务等，而强调普惠

金融似乎可以作为涵盖这一阶段农村金融政策的主题。这些政策相互作用、相互依靠，各政策相关文件的内容往往都涵盖其他政策内容，共同构成了支持"三农"发展的大金融服务政策。

国务院办公厅2014年4月底发布《关于金融服务"三农"发展的若干意见》，要求积极顺应农业适度规模经营、城乡一体化发展等新情况、新趋势、新要求，进一步提升农村金融服务的能力和水平，实现农村金融与"三农"的共赢发展。

~~~/ 专栏 5 - 17 /~~~

《关于金融服务"三农"发展的若干意见》九大举措

一是，深化农村金融体制机制改革，丰富农村金融服务主体，发展农业产业投资基金、农业私募股权投资基金和农业科技创业投资基金、主要服务"三农"的金融租赁公司、县域融资性担保机构或担保基金、村级融资担保基金等新型农村金融服务机构，增强支农服务合力。

二是，要大力发展农村普惠金融，开展金融服务"村村通"工程，推动农村基础金融服务全覆盖，加大金融扶贫力度。

三是，要拓宽资金来源，适当降低符合要求的县域农商行和农合行的存款准备金率，引导加大涉农资金投放。

四是，要创新农村金融产品和服务方式，推广新型抵押担保方式，慎重稳妥地开展农村土地承包经营权和农民住房财产权抵押试点，更好地满足农村多元化、多层次的服务要求。

五是，要加大对重点领域的金融支持，促进农业经营方式创新，农业综合生产能力提升，农业社会化服务产业发展和农业发展方式转变。

六是，要拓展农业保险的广度和深度，加快建立财政支持的农业保险大灾风险分散机制。

七是，稳步培育发展农村资本市场，支持涉农企业发行企业债、公司债和中小企业私募债，逐步扩大中小企业集合票据、短期融资券等非金融企业债务融资工具的发行规模，促进开展多层次的直接融资。

八是，完善农村金融基础设施，积极培育土地评估、资产评估等中介组织，稳步推广农村移动便捷支付。

九是，加大对"三农"金融服务的政策支持，建立导向明确、激励有效、约束严格、协调配套的长期化、制度化农村金融政策扶持体系，为金融机构开展"三农"业务提供稳定的政策预期。要加强金融监管，健全新形势下的金融风险处置机制，切实维护金融稳定，守住风险底线。

（一）强调农村普惠金融

2012年6月，银监会启动实施的"金融服务进村入社区""阳光信贷"和"富民惠农金融创新"三大工程，在农村推进普惠金融方面发挥了积极作用。2013 年 11 月，党的十八届三中全会通过的《中共中央关于全面深化改革若干重大问题的决定》中明确提出"发展普惠金融，鼓励金融创新，丰富金融市场层次和产品"。普惠性金融作为扶持现阶段发展弱势行业、解决其"融资难、融资贵"问题的有效手段，推动普惠金融落地农村、服务农民的支持和引导性政策不断出台。2015 年 12 月 31 日国务院印发《推进普惠金融发展规划（2016—2020 年）》，提出到 2020 年建立普惠金融服务和保障体系后，为确保普惠金融惠及"三农"，中国人民银行和证监会推出降准措施和推动设置专门事业部的政策；支持银行完善服务网络，合理把握"三农"、扶贫等业务不良贷款容忍度。自 2014 年以来，中国人民银行通过实施多次定向降准政策，覆盖农村金融机构，并主要聚焦在小微企业和"三农"领域，考核标准逐步降低。2019 年中央 1 号文件提出普惠型涉农贷款增速目标后，银保监会进一步明确普惠型涉农贷款和精准扶贫贷款增速、增量考核要求，要求各银行业金融机构要保持同口径涉农贷款余额持续增长，完成普惠型涉农贷款差异化考核目标，实现普惠型涉农贷款增速总体高于各项贷款平均增速，同时要实现精准扶贫贷款余额持续增长，深度贫困地区贷款增速力争高于所在省区市贷款平均增速。2014 年 8 月中国银监会办公厅印发《关于推进基础金融服务"村村通"的指导意见》，从金融基本服务和设施供给等方面改善农村金融环境。

（二）深化农村金融体制机制改革

在坚持市场化改革取向大前提下，一方面深入推进农村信用社改革；另一方面也稳妥培育发展村镇银行，推动农村中小金融机构的跨越式发展；更以政策不断丰富农村金融服务主体。

1. 深化农村信用社制度改革

2019 年 1 月中国银保监会办公厅发布《推进农村商业银行坚守定位　强化治理提升金融服务能力的意见》，要求农商行准确把握自身在银行体系中的差异化定位，确立与所在地域经济总量和产业特点相适应的发展方向、战略定位和经营重点，完善适合小法人和支农支小定位的公司治理机制，专注服务本地、服务县域、服务社区，专注服务"三农"和小微企业、加大金融服务创新、做好融资成本管理。并专门制定了监测和考核农村商业银行经营定位和金融服务能力的一套指标体系。在此之前，对于农村信用社和农村商业银行的改革举措有以下几项：

第一，在坚持服务"三农"的前提下，按照"成熟一家、组建一家"的原则，进行农村信用社产权制度和组织形式改革。具体包括 2014 年 11 月和 12 月的发布《关于鼓励和引导民间资本参与农村信用社产权改革工作的通知》和《加强农村商业银行三农金融服务机制建设监管指引》，按照"立足本地、面向市场；平等参与、公平竞争；主业涉农、资质优良"原则，鼓励民间资本进入农村金融服务领域，参与农村信用社产权改革，以及鼓励吸收优质涉农企业、农民合作社、种养大户、家庭农场等新型农业经营主体投资入股等。2018 年已培育一批产权明晰、治理健全、资本充足、经营有特色的现代农村银行机构。

第二，推动省联社职能转变。银监会一方面建立健全省联社履职制度框架，制定省联社管理和监管办法，以制度规范省联社审计、业务经营和法人治理等；另一方面也推进省联社按市场化、企业化改革，按照"突出重点、统筹兼顾、先易后难、循序渐进"的原则，推进省联社转换职能，将省联社办事处改制为区域审计中心。

第三，银监会推动农村商业银行建立包括股权结构、公司治理、发展战略、组织架构、业务发展、风险管理、人才队伍、绩效考核和监督评价在内的，保障农村商业银行支持"三农"发展的系列制度安排和能力建设，引导股东承诺资金主要用于当地，通过机制建设校正发展战略。

第四，积极推动各省政府落实对新型农村合作金融的监管、引导和规范职责，支持在符合条件的农民合作社和供销合作社基础上培育发展农村合作金融组织。

2. 促进村镇银行健康发展

2014年12月中国银监会发布《关于进一步促进村镇银行健康发展的指导意见》后，证监会建立起以主发起行制度为核心的培育政策，支持符合条件的商业银行发起设立村镇银行，并鼓励按照规模化组建、集约化管理、专业化服务经营的思路，批量集中连片发起设立村镇银行。在促进政策下，为合理监管、合理布局，相关政策要求：适时提高主发起行资质要求，实施法人监管和并表监管"双线监管"模式，探索以发起行为主体的监管联动会议制度；银监会实施"城乡挂钩、东西挂钩"，鼓励符合条件且资产规模大、资本实力强、具有并表管理能力的银行（包括评级良好、管控能力强的城商行和农商行）到西部地区集中发起设立村镇银行，引导村镇银行布局中西部和老少边穷地区、粮食主产区和小微企业聚集地区。

为加大对中西部和老少边穷地区金融资源投入，有针对性地解决欠发达地区单独组建村镇银行法人无法实现商业可持续经营的突出困难，提高金融服务覆盖面和可得性，2018年9月经国务院批准，银保监会同意15个中西部和老少边穷且村镇银行规划尚未完全覆盖的省份开展首批"多县一行"制村镇银行试点，在多个邻近县中选择一个县设立村镇银行总部，在邻近县设立支行。

3. 促进融资性担保行业发展

2014年12月国务院总理李克强对全国促进融资性担保行业发展经验交流电视电话会议作出批示，提出以政策扶持发展政府支持的融资担保和再担保机构，完善银担合作机制、扩大小微企业和"三农"担保业务规模，并提出担保机构要聚焦主业、增强实力、创新机制、规范经营，为"三农"融资提供更加丰富的产品和优质服务。为促进融资担保行业加快发展，在2015年8月印发的《关于促进融资担保行业加快发展的意见》中提出，建立多方参与的融资担保商业合作模式，包括政府主导推进再担保体系建设、政银担三方共同参与构建可持续银担商业合作模式。相关政策也提出支持组建以促进农业现代化、主要服务"三农"的金融租赁公司，支持金融租赁公司开展大型农机具融资租赁试点，引导信托公司通过多元化金融服务支持农村实体经济发展，鼓励和引导汽车金融公司、消费金融公司在做好风险防范的基础上，不断加大对农村居民消费金融服务的支持力度，支持农村地区消费信贷发展，满足农村居民合理消费信贷需求，激发农村地区消费潜力。

（三）创新农村金融供给

有了多元化农村金融机构组成的农村金融体系，还需要以优惠性政策充分调动农村金融市场供需两方面主体活力，给予弱势性的农村金融以政策倾斜和优惠性措施。这方面，我国除继续给予农村金融机构以财政补贴和准备金率优惠外，也开始构建农业信贷担保体系、探索土地权能抵押贷款、给予新型农业经营主体以金融支持等。

1. 财政补贴和准备金率优惠

2014 年开始对符合相关条件的新型金融机构（经中国银行业监督管理委员会批准设立的村镇银行、贷款公司、农村资金互助社 3 类农村金融机构）、基础金融服务薄弱地区按当年贷款平均余额的 2% 给予补贴。从 2014 年 4 月 25 日起，中国人民银行又决定下调县域农村商业银行人民币存款准备金率 2 个百分点，下调县域农村合作银行人民币存款准备金率 0.5 个百分点。此举有利于有针对性地增强农村合作银行的财务实力，提高其支持"三农"发展的能力，起到引导信贷资源更多流向"三农"和县域的正向激励作用，增强金融服务实体经济的能力，支持国民经济重点领域和薄弱环节。

2. 农业信贷担保体系构建

为建立完善的农业信贷支持保护体系、缓解融资难问题，经国务院批准，财政部、农业部 2015 年 5 月联合印发《关于调整完善农业三项补贴政策的指导意见》，明确将支持建立完善农业信贷担保体系作为促进粮食生产和农业适度规模经营的重点内容。为积极稳妥推进财政支持建立农业信贷担保体系相关工作，《关于财政支持建立农业信贷担保体系的指导意见》进一步提出以建立健全省级农业信贷担保体系为重点，逐步建成覆盖粮食主产区及主要农业大县的农业信贷担保网络，推动形成覆盖全国的政策性农业信贷担保体系，为农业尤其是粮食适度规模经营的新型经营主体提供信贷担保服务。

为确保融资担保落实，政府扶持下的融资担保机构或基金在政策引导下得到建立：2015 年 7 月召开的国务院常务会议强调要设立国家融资担保基金，坚持市场主导和政策扶持相结合，有针对性地加快发展融资担保行业，推动政府主导的省级再担保机构在 3 年内实现基本全覆盖，与融资担保机构一起，层层分散融资担保业务风险。《推进普惠金融发展规划（2016—2020 年）》2015 年 12 月公布后，明确提出了大力发展以政府出资为主的融资担保机构或基金，推进建立重点支持小微企业和"三农"的省级再担保机构，研究论证设立国家融资担保基金。最终在 2018 年 3 月召开的国务院常务会议上决定由中央财政发起、联合有意愿的金融机构共同设立国家融资担保基金，首期募资不低于 600 亿元，采取股权投资、再担保等形式支持各省区市开展融资担保业务。

3. 农地和农民财产抵押贷款政策

如何让农民所承包的土地和拥有的不动产变成可抵押的财产，让农民拥有实在的财产权利，让巨量的农村不动产资源换取农村发展活力，是改善农村金融服务的重要抓手，这就必须落实农村土地的用益物权，赋予农民更多财产权利，深化农村金融改革创新。对此，在十八大后，国家政策以巨大魄力开展农村承包土地（指耕地）的经营权和农民住房财产权（"两权"）抵押贷款，在 2015 年的中央 1 号文件中明确提出"做好承包土地的经营权和农民住房财产权抵押担保贷款试点工作"。

2013 年 11 月《中共中央关于全面深化改革若干重大问题的决定》提出了"在坚持和完善最严格的耕地保护制度前提下，赋予农民对承包地占有、使用、收益、流转及承包经营权抵押、担保权能"。在该方针指引下，2015 年 8 月国务院针对"两权"抵押贷款试点工作提出指导意见，明确"赋予'两权'抵押融资功能，维护农民土地权益"。为配合试点工作展开，全国人大常务委员会当年 12 月通过决定，授权国务院在部分试点县（市、区）行政区域分别暂时调整实施有关法律规定，并于 2017 年 12 月 27 日延长授权至 2018 年 12 月 31 日，为开展农村承包土地的经营权和农民住房财产权抵押贷款试点提供了重要法律支撑。同时中国人民银行会同相关部门 2016 年 3 月印发《"两权"抵押试点暂行办法》，从贷款对象、贷款管理、风险补偿、配套支持措施、试点监测评估等多方面，对金融机构、试点地区和相关部门推进落实"两权"抵押贷款试点明确了政策要求。经过两年多的试点，全国人大常委会 2018 年 12 月认为"两权"抵押贷款试点取得积极成效，进一步盘活了农村资源资产，推动缓解了"三农"领域融资难融资贵问题，支持了农户增收致富。

不同于"两权"抵押贷款，农村集体经营性建设用地使用权抵押贷款，是以农村集体经营性建设用地使用权作为抵押财产，由银行业金融机构向符合条件的借款人发放的在约定期限内还本付息的贷款，该种抵押贷款的管理暂行办法最早于 2016 年 5 月 13 日颁布，并在 2016 年 11 月国土资源部决定将农村集体经营性建设用地入市试点地区由原有 15 个县（市、区）扩大为 33 个县（市、区），将试点范围扩大到了全国。此后银监会联合国土资源部将有效期不断延长，已至 2019 年 12 月 31 日。

4. 金融支持农业新主体和农村创业创新政策

农业生产主体的资金缺口问题是制约农业长期可持续经营的重要因素，以优惠的倾斜政策保证农业经营主体的金融需求，给予足够的担保等多种融资保证，是农村金融政策助力农业生产经营的重要着力点，为此人民银行、农发行和农业部针对新型农业经营主体和农村创业创新给予了一些金融政策支持。人民银行 2014 年 2 月出台的《关于做好家庭农场等新型农业经营主体金融服务的指导意见》，强调各银行业金融机构要合理确定新型农业经营主体贷款的利率水平和额度，适当延长贷款期限，积极拓宽抵质押担保物范围。2017 年 11 月农业部办公厅和中国农业发展银行办公室发布《关于政策性金融支持农村创业创新的通知》，提出政策性金融支持农村创业创新、返乡下乡创业等，具体包括信用评价机制、信贷支持、扩大农村贷款抵押物范围、开发针对返乡创业的金融产品服务、打造服务品牌等方面。

（四）金融扶贫政策

确保脱贫攻坚的有效性，离不开农村金融的支持，结合脱贫攻坚相关政策要求，2014 年 3 月中国人民银行发布《关于全面做好扶贫开发金融服务工作的指导意见》，强调要合理配置金融资源，创新金融产品和服务，完善金融基础设施，优化金融生态环境，积极发展农村普惠金融，着力支持贫困地区经济社会持续健康发展和贫困人口脱贫致富，并针对贫困地区经济社会发展的薄弱环节，确定贫困地区基础设施建设、经济发展和产业结构升级、创业促就业和贫困户脱贫致富、生态建设和环境保护等四个方面作为金融支持的重点领域。从健全金融组织体系，创新金融产品和服务，夯实金融基础设施，优化金融生态环境等方面确定了扶贫开发金融服务的十项重点工作。

此后，为全面改进和提升扶贫金融服务，增强扶贫金融服务的精准性和有效性，多项保证金融扶贫政策落地的文件陆续出台。2016 年 3 月发布的《关于金融助推脱贫攻坚的实施意见》《关于开办扶贫再贷款业务的通知》具体提出了设立利率比正常支农再贷款利率下调 1 个百分点的扶贫再贷款，加大对贫困地区发行地方政府债券置换存量债务的支持力度以化解贫困地区政府债务风险，对不良贷款比率实行差异化考核。适当提高贫困地区不良贷款容忍度，建立和完善脱贫攻坚金融服务专项统计监测制度，并就扶贫再贷款业务进行了细致规定。2017 年 3 月中国银行间市场交易商协会在人民银行的指导下，探索开展债务融资工具支持精准扶贫暨扶贫票据工作，实现首批扶贫票据发行落地。2018 年 1 月 15 日《关于金融支持深度贫困地区脱贫攻坚的意见》要求金融部门坚持新增金融资金优先满足深度贫困地区、新增金融服务优先布设深度贫困地区，力争 2020 年以前深度贫困地区贷款增速每年高于所在省区市贷款平均增速，为打赢脱贫攻坚战提供重要支撑。2019 年中央 1 号文件提出"鼓励银行业金融机构加大对乡村振兴和脱贫攻坚中长期信贷支持力度"。

（五）服务乡村振兴的金融政策

党的十九大报告首次提出乡村振兴战略后，2018 年中央 1 号文件就实施乡村振兴战略，提出坚持农村金融改革发展的正确方向，健全适合农业农村特点的农村金融体系，推动农村金融机构回归本源，把更多金融资源配置到农村经济社会发展的重点领域和薄弱环节，更好满足乡村振兴多样化金融需求。要强化金融服务方式创新，防止脱实向虚倾向，严格管控风险，提高金融服务乡村振兴能力和水平，并"抓紧出台金融服务乡村振兴的指导意见"。

2019 年 1 月发布的《关于金融服务乡村振兴的指导意见》提出：坚持农村金融改革发展的正确方向，健全适合乡村振兴发展的金融服务组织体系；明确金融重点支持领域，加大金融资源向乡村振兴重点领域和薄弱环节的倾斜力度；强化金融产品和服务方式创新，更好满足乡村振兴多样化融资需求；建立健全多渠道资金供给体系，拓宽乡村振兴融资来源；加强金融基础设施建设，营造良好的农村金融生态环境；完善政策保障体系，强化政策激励和约束；加强组织领导，有效推动政策落实。同时该意见对标实施乡村振兴战略的三个阶段性目标，明确金融服务乡村振兴的目标：短期突出目标的科学性和可行性，到 2020 年确保金融精准扶贫力度不断加大、金融支农资源不断增加、农村金融服务持续改善、涉农金融机构公司治理和支农能力明显提升；中长期突出目标的规划性和方向性，推动建立多层次、广覆盖、可持续、适度竞争、有序创新、风险可控的现代农村金融体系；最终实现城乡金融资源配置合理有序和城乡金融服务均等化。

为优化服务乡村振兴和脱贫攻坚金融供给机制，相关政策也要求设立普惠金融事业部的大中型商业银行（设立三农事业部、扶贫事业部的银行除外）将普惠型涉农金融业务、扶贫金融业务纳入事业部统一管理，在内部资金转移定价、考核激励政策等方面予以政策倾斜，形成专业化服务乡村振兴和助力脱贫攻坚的金融服务供给机制。2019

年 3 月，银保监会进一步发布《关于做好 2019 年银行业保险业服务乡村振兴和助力脱贫攻坚工作的通知》，从优化金融服务供给机制、明确服务重点领域和薄弱环节、创新产品和服务模式、推动基础金融服务扩面提质、助力打赢脱贫攻坚战、净化乡村金融环境、强化差异化监管引领等方面提出工作要求。

此外，政策也注重发挥保险的风险保障作用，既推进保险机构以保险服务乡村振兴的机制建设，也加强了对保险服务乡村振兴的差异化监管，加强涉农类保险产品管理，研究涉农类保险产品分层管理。为做好对特殊群体的金融服务和产品服务创新，支持返乡农民工等农村新兴群体创新创业，在风险可控前提下适当放宽老年人贷款年龄限制、拓宽抵质押物范围、扩大保险产品试点范围等政策措施也纷纷出台。

回顾农村金融政策演变，新中国整体上通过政策推动和规范，构建起了主体多元、灵活高效的农村金融体系，包括：对农村信用社的政策调整与改革，不断把农村信用社办成产权清晰、管理科学、约束机制强、财务上可持续发展、主要为"三农"服务的金融机构；成立服务"三农"的银行机构，之后逐渐从单一体制演变为专业性银行，再发展成为政策性与商业性分离的政策性金融机构和商业性银行；开放农村金融市场准入限制，以多元化主体更好满足"三农"事业发展对金融的需求；结合农村金融发展实际情况，认识民间借贷的作用，规范和引导民间借贷发展。农村金融体系建设是一个庞大的系统工程，需要各类涉农金融机构、各级政府、监管机构及不同类型的农村经济主体之间分工协作与相互配合，以形成"竞争共赢、发展有序"的农村金融发展新格局（中国农村金融学会，2008）。因此，我国农村金融体系政策仍然在不断适应时代发展，推动农村金融供给主体更好满足"三农"事业资金融通需求，也规范农村金融市场主体真正将资金力量用于"三农"。在农村金融体系建设基础上，保证切实满足金融需求、以低负担确保农村金融市场主体竞争力、促进农村金融需求等多方面的政策也在不断推出和完善，农业保险、普惠金融、扶贫金融等多管齐下的政策手段，必将为中国"三农"事业发展提供坚强的资金融通支持，为全面实现乡村振兴发挥"造血"功能。

本章参考文献

陈锡文，罗丹，等，2018. 中国农村改革 40 年［M］. 北京：人民出版社.

陈锡文，赵阳，等，2009. 中国农村制度变迁 60 年［M］. 北京：人民出版社.

何广文，2011. 农村金融学［M］. 北京：中国农业大学出版社.

何广文，李树生，等，2008. 农村金融学［M］. 北京：中国金融出版社.

何秀荣，2010. 中国农村政策要览［M］. 北京：高等教育出版社.

黄英君，2011. 中国农业保险发展的历史演进：政府职责与制度变迁的视角［J］. 经济社会体制比较（6）：174 - 181.

孔祥智，2014. 农业政策学［M］. 北京：高等教育出版社.

匡家在，2007. 1978 年以来的农村金融体制改革：政策演变与路径分析［J］. 中国经济史研究（1）：106 - 112.

李志宁，1988. 中华人民共和国经济大事典 1949.10—1987.1［M］. 长春：吉林人民出版社.

林铁钢，2005. 改革和创新农村金融体制 促进农业综合生产能力建设——访中国人民银行副行长吴晓灵

［J］. 中国金融（8）：6 - 8.

刘京生，2008. 中国农村保险制度论纲［M］. 北京：中国社会科学出版社.

卢汉川，1986. 中国农村金融历史资料（1949—1985）［M］. 长沙：湖南出版事业管理局.

罗艳，2007. 建国初期党和国家对农业保险的探索及其启示［J］. 党史文苑（24）：26 - 28.

清华大学中国农村研究院，2016. 当代中国"三农"问题论丛［M］. 北京：中国发展出版社.

苏怀平，2014. 新中国成立时拟设置的金融机构［J］. 中国农村金融（1）：110 - 111.

苏星，2000. 新中国经济史资料选编［M］. 北京：中共中央党校出版社.

王广谦，2008. 中国经济改革三十年：金融改革卷（1978—2008）［M］. 重庆：重庆大学出版社.

王曙光，2015. 农村金融学［M］. 2 版. 北京：北京大学出版社.

邢全伟，2018. 中国期货市场发展的历史阶段和向成熟状态的嬗变［J］. 中国经济史研究（2）：146 - 159.

易棉阳，陈俭，2011. 中国农村信用社的发展路径与制度反思［J］. 中国经济史研究（2）：78 - 87.

张杰，2003. 中国农村金融制度：结构、变迁与政策［M］. 北京：中国人民大学出版社.

张一平，2008. 苏南土改后的农村生产要素流动［J］. 中国农史（2）：85 - 94.

赵富春，2018. 中国农业银行三次废立的历史研究（1951—1965）［D］. 保定：河北大学.

《中国金融》编辑部，1951. 南行长在第一届全国农村金融会议的总结报告［J］. 中国金融（7）：11 - 18.

《中国金融》编辑部，1951. 农村保险工作［J］. 中国金融（7）：27 - 28.

《中国金融》编辑部，2018. 中国人民银行 70 年大事记［J］. 中国金融（23）：180 - 184.

中国农村金融学会，2008. 中国农村金融改革发展三十年［M］. 北京：中国金融出版社.

中国人民银行总行档案处，中国银监会合作部，2006. 我国农村信用合作的主要发展历程［J］. 金融博览（10）：58 - 59.

中国社会科学院，中央档案馆，1996.1949—1952 中华人民共和国经济档案资料选编（金融卷）［M］. 北京：中国物资出版社.

第六章　农村劳动力管理

新中国成立70年来，我国农村劳动力的管理政策进行了多次调整，每次调整都有着深刻的政治和历史背景，并对当时的经济、社会运行产生了重要的影响。新中国成立之初，随着社会主义改造的完成、计划经济体系的建立和优先发展重工业的战略实施，我国农村劳动力的管理体制经历了由自由迁徙到逐渐限制农村劳动力向城市转移，再到城乡二元户籍制度的形成及其不断固化的政策转变过程。严格的户籍管理制度，使得城乡劳动力市场分割，我国农村劳动力向城市流动受到严格的限制。1978年党的十一届三中全会以后，党和国家将工作重心转移到经济建设上来，并逐渐对农村劳动力管理进行市场化改革。在农村实行家庭联产承包责任制，使农村劳动力的计划管理体制不复存在，农村劳动力向城市和非农业转移就业的制度障碍不断削弱。与此同时，通过在相关领域进行体制改革，消除一系列制度性障碍，我国农民的外出务工蓬勃发展，劳动力市场的城乡一体化程度大幅度提高。然而，当前我国农村劳动力市场依然存在着不足，城乡二元的户籍制度依然发挥着作用，阻碍着农村劳动力自由在城市工作和落户，农村劳动力的市场化改革仍需进一步推进。

一、改革前我国农村劳动力的管理体制

从1949年新中国成立到1978年改革开放前的30年间，我国农村劳动力的管理体制经历了由自由迁徙到逐渐限制农村劳动力向城市转移，再到城乡二元户籍制度的形成及其不断固化的政策转变过程。以城乡二元户籍制度为核心的农村劳动力管理体制，虽然在工业化、城镇化发展中起到了重要的作用，但其长期执行和不断固化限制了农村劳动力向城市的自由流动，阻碍了经济的发展。

（一）农村劳动力自由迁徙制度的短暂实行

新中国成立初期我国农村劳动力的管理政策与新中国成立之前的差异不大，农村劳动力可以自由迁徙、自由选择就业地点和职业。1949年9月通过的《中国人民政治协商会议共同纲领》第五条规定，人民有自由迁徙的权利。1954年颁布的新中国第一部宪法《中华人民共和国宪法》进一步重申并完善了自由迁徙制度，指出中华人民共和国的公民有居住和迁徙自由。但是，人口的自由迁徙并不意味着国家放弃了对流动人口的管理，1950年，公安系统颁发了《特种人口管理暂行办法（草案）》，开始对重点人口进行管理，这是我国进行户籍制度管理的开端。1951年，公安部颁布《城市户籍管理

* 本章编写人员：王宏磊。

暂行条例》，条例保障人民的迁徙自由，但同时也规定户籍由公安机关统一管理，以户为单位进行户口登记，如果一户人家的人口发生变化，不管是新添人丁，还是成员过世，都需要到公安部门办理相关手续。该条例是新中国成立后我国最早的一个户籍法规，自此全国统一的城市户口登记制度得以建立。1953 年 4 月，为了做好第一届全国人民代表大会及地方人民代表大会选举准备工作，政务院发布了《为准备普选进行全国人口调查登记的指示》，同时制定了《全国人口调查登记办法》，在第一次全国人口普查的基础上，我国在大部分农村地区建立起了户口登记制度。1955 年 6 月，国务院进一步出台了《关于建立经常户口登记制度的指示》，指示规定城乡人口如果要变更常住所，必须要到当地派出所办理户口迁出、迁入程序，这标志着全国统一的、覆盖城乡的户籍登记制度建立起来。为了统一城乡的户口管理机构，1956 年 1 月，国务院发出了《关于农村户口登记、统计工作和国籍工作依归公安部接办的通知》。1956 年 3 月，公安部在北京召开全国第一次户口工作会议，会议明确了全国户口登记管理办法和户籍管理的三项基本任务，分别为证明公民身份，便利公民行使权利和履行义务；统计人口数字，为国家经济、文化、国防建设提供人口资料；发现和防范各种犯罪分子活动（江业文，2004）。虽然这一时期也存在户籍制度，但与此后的户籍制度不同，此时的户籍制度仅仅是政府进行人口管理的一种手段，并不对劳动力和人口流动进行严格的限制，农村劳动力只要办理相应手续，就可以自由向城市进行转移。

相对宽松的人口迁徙制度促进了农村人口向城市的涌入，新中国成立初期我国城镇人口数量得到了大幅度的增加。1949 年全国的城镇人口为 5 765 万人，人口城镇化率为10.6%，到 1952 年底，我国的城市人口达到了 7 163 万人，比 1949 年增加了 1 398 万人，年均增长 8% 左右，人口城镇化率也达到了 12.5%。这一时期我国城市人口的增加主要来自农村。

（二）控制农村劳动力流动的城乡二元户籍制度的逐步形成

从 1953 年开始，国家逐步对农业、手工业和资本主义工商业进行了社会主义改造，同时，实施了第一个五年计划，推进社会主义工业化。到 1957 年，三大改造已经基本完成，在广大的农村建立起人民公社制度，我国逐渐形成了以生产资料公有制为主的计划管理体制，社会主义制度在中国基本确立。随着国民经济的恢复以及国家相对宽松的户籍管理，大量的农村人口转移到城市中，从而导致城市人口和劳动力大幅的增加。大量的农村劳动力涌入，为城市的工业发展提供了充足的劳动力。但随着第一个五年计划和社会主义工业化的推进，党政机关、企事业单位和工业企业的就业人员大幅度增加，使得城市在食品供应、就业、稳定、教育、交通、住房等方面的压力明显加大；并且，农业劳动力向城市的大量转移，也造成了青壮年农业劳动力的流失，在一定程度上不利于农业生产的恢复发展（陈锡文等，2018）。在此背景下，为了缓解城市的压力，中央及各地方政府开始调整农村人口和劳动力管理政策，自由迁移的人口迁徙制度逐渐被严格限制农村人口和劳动力向城市转移的城乡二元人口管理制度所取代。

1953 年 4 月，政务院发布了全国第一个关于控制人口流动的政令《关于劝止农民盲目流入城市的指示》，开始限制农村人口和劳动力向城市的转移，指示规定企业未经劳动部门许可或介绍者，不得擅自到农村招收工人；对于想要进城找工作的农民，各地方政府除特殊情况外均不得开给介绍证件，对于现已进城的农民，则应动员其迅速返乡。1953年10月，中共中央颁布《关于实行粮食的计划收购和计划供应的决议》，决议指出粮食问题已成为我国经济生活中面临的关键问题，要想方设法解决，以免城市粮食出现供不应求的局面，导致粮食价格的大幅度上涨，进而影响整个的国家经济建设计划，为此需要对在城市生活的人口的粮食获得进行一定的限制。与此同时，针对某些地区没有认真贯彻控制农村人口流动的政策，导致农民向城市的转入依然混乱的情况，内务部、劳动部在1954年3月进一步颁布了《关于继续贯彻劝止农民盲目流入城市的指示》，要求地方各相关部门要切实贯彻劝止农民向城市的盲目流动。内务部、公安部于1955年3月颁布了《关于办理户口迁移的注意事项的联合通知》，通知规定对于没有城市单位和学校录用和录取证明的农村劳动力，将被视为不安心从事农业生产者；对于盲目要求迁往城市的农民（包括复员回乡军人和烈属、军属），应积极耐心地进行劝止，不应随便给其开予迁移证。对于农村劳动力的管理，从劝止其向城市转移，发展到不向他们开具迁移证这一更为严格的人口控制手段（王跃生，2013）。

直到1955年初，虽然中央已经出台了一些限制农民盲目进城的政策法规，但由于三大改造还没完成，特别是农村以人民公社为核心的集体经济组织还没完全建立，基层组织对农村劳动力外出转移的限制较小，农民仍然可以相对自由地转移到城市。到1954年底，我国的城镇人口达到了8 249万人，比1952年增加了1 086万人，增幅达到15.2%。与此同时，城市职工人数从1952年的1 603万人增加到1954年的2 002万人，增加近400万人，其中，国有企业职工增加301万人，占到总增加职工的75%。

面对更加严峻的城市就业和粮食压力，从1955年开始，中央和地方政府采取了更为严格的限制措施，减少农村劳动力向城市的盲目转移。1955年8月，国务院先后发布了《关于农村粮食统购统销暂行办法的命令》和《关于市镇粮食定量供应暂行办法的命令》，前者规定了要对农村地区的粮食进行统购统销，农民要吃自产粮；而后者则对企事业单位集体粮食供应、社会居民供粮和粮食转移证、粮票、布票、油票等管理使用办法做出了详尽的规定，没有城市户口的人在城里不能获得粮食供应，城镇居民只有凭户口证件办理粮食供应关系，从而使得粮食供应与户口挂靠紧密联系在一起（王素善，2002）。三个月后，国务院颁布了《关于城乡划分标准的规定》，规定指出由于我国城市居民与农村居民的经济条件和生活方式都存在较大的差异，因此需要将我国的人口划分为农业人口和非农业人口并进行分别统计。该规定的出台使得城乡二元的户籍制度与粮食供应紧密联系在一起，没有粮食关系和票证的农业人口基本失去了在城市生存的条件。随后的1956年和1957年，国家又先后数次发布了有关防止农村人口盲目流入城市的政策和法规，这些政策和法规进一步要求各地方公安机关要严格户口管理，强化对于农村人口向城市转移的控制；各企事业单位要尽可能从城市内部招收职工，不足的时候才可以在农村招用，不得私自招用农民工；铁路运输等相关部门要严格查验车票，以防止农民流入城市；对于已经流入城市的农村人口，粮油部门也不得向他们供应粮食并将其遣返回原籍。这些政策的出台使得农村劳动力不能再自由地流入城市，农村劳动力向城市的转移变得异常困难。

1958 年 1 月 9 日，全国人大常务委员会通过了《中华人民共和国户口登记条例》，该条例确定了要在全国实行户籍管理体制，并明确将户口划分为城镇居民户口和农村户口，规定农村人口转移到城市，必须持有城市劳动部门的录用证明或户口登记机关准予迁入的证明，并向常住地户口登记机关申请办理迁出手续。《户口登记条例》使得户口登记制度、户口迁移审批制度和凭证落户制度法律化，这是新中国户籍制度史上重要的里程碑，标志着我国城乡二元户籍制度的正式形成。城乡二元户籍制度以法律的形式限制农村劳动力向城镇的转移，自此之后，农村劳动力只有在持有城市劳动部门的录用证明、学校的录取证明或者城市户口登记机关的准予迁入的证明的情况下，才可以申请迁往城市，从而在事实上废弃了关于人口迁徙自由的规定（陈锡文等，2018）。

限制农村人口和劳动力向城市转移的政策，在一定程度上抑制了农民向城市的盲目流入，但具有明显的短期性。第一个五年计划的实行和社会主义工业化的不断推进，全国工业企业数量和规模迅猛发展，从而带动了劳动力需求的增加，总体来看，这一阶段还是有一定量的农村劳动力转移到城市中去。到 1958 年底，我国的城市人口达到了10 721 万人，比 1954 年增加了 2 472 万人，增幅接近 30%；而城市职工人数也从 1954年的 2 002 万人增加到 1958 年的 5 194 万人，4 年间增长了近 2 倍，其中，国有企业职工人数为 4 532 万人，增加了 2 651 万人。与此同时，1958 年全民所有制单位职工增加了 2 000 多万人，其中从农村招收的为 1 103.7 万人。企业招工人数的大幅度增加，城市的粮食供给压力迅速加剧。

（三）城乡二元户籍制度的长期固化

从 1958 年《户口登记条例》的颁布确立了城乡二元的户籍体制开始，到 1978 年党的十一届三中全会召开的 20 年间，从整体来看，我国的城乡二元户籍体制不断稳固，对农村劳动力向城市转移的管制不断强化，户籍和利益联结愈加密切，城乡分割的壁垒也更加森严，农村劳动力的流动受到严格限制。

1958 年 9 月，中央精简干部和安排劳动力五人小组发布了《关于精简职工和减少城镇人口的工作中几个问题的通知》，要求各地方有关部门要严格控制劳动力从农村县镇迁往大中城市。1958 年 10 月，公安部在《关于人民公社化后怎样管理农村户口的几点意见》中提出，农村居民的户口管理工作由人民公社管理，生产队登记，户口登记簿和社员基本情况登记簿合而为一，使得户籍管理制度与人民公社制度结合在一起，从而大大强化了对农村劳动力和人口向城市转移的限制。1959 年 2 月，中共中央发布了《关于制止农村劳动力流动的指示》，要求各企事业、机关单位不得招用流入城市的农民，对已经使用的则要进行一次性清理，对流入城市尚未找到工作的农民则要尽快将其遣返回原籍。1961 年，公安部进一步将在人口统计中的"农业户数和人数"这一统计指标改为"非农业人口户数和人数"，其中"非农业人口户数和人数"包括所有不从事农、林、牧、副、渔五业的劳动者及其所供养的家属，此后，"农"和"非农"的划分被固定下来，"非农户口"和"非农人口"的概念开始广泛使用。从 1961 年下半年起，为了进一步加强对农村人口向城市转移的限制，国家先后制定了一系列与户籍制度相配套、在利益指向上向城市倾斜的成文与非成文的辅助性行政制度，主要包括粮食供给制度、副食品与燃料供给制度、住宅制度、生产资料供给制度、教育制度、就业制度、医疗制度、养老保险制度、劳动保护制度、兵役制度、婚姻生育制度等，从而形成了一个以《户口登记条例》为核心，其他辅助性措施为补充的户籍管理制度系统（王素善，2002）。1963 年，以是否拥有计划供应的商品粮为标准，公安部进一步在人口统计中将吃国家供应粮的城镇居民划归"非农业户口"，其余则被划为"农业户口"，这种"农业户口"和"非农业户口"划分办法一直持续到改革开放以后。1964 年 8 月，国务院批准公安部《关于户口迁移政策规定（草案）》，规定要求既要限制人口不合理的盲目迁移，又要切实保障正当合理的迁移，具体来说对于从农村向城市、集镇和从集镇向城市的迁移要严加控制，而对于从小城市迁往大城市，从其他城市迁往北京、上海两市的，则要适当限制，其他的迁移情况则应该一律不加限制。

从 1958 年《户口登记条例》出台以后，以城乡二元户籍制度为核心的一系列限制性政策的实施，使得农村人口转移到城镇变得异常困难，一般只有在国家向农村招工的情况下，农业户籍人口才能变成城镇人口，我国城市人口的增加速度明显放缓。1963 年，我国的城镇人口为 11 646 万人，比 1958 年增加了 925 万人，其增长速度远低于之前的几年。与此同时，城市职工数量则从 1958 年的 5 194 万人，减少到 1963 年的 4 372 万人，降低幅度超过 15%，其中，国有企业职工从 1958 年的 4 532 万人，减少到 1963 年的 3 293 万人，减少了 1 239 万人，降幅高达 27.3%。此外，我国的工业总产值也出现了一定程度的下降，从 1958 年的 1 083 亿元减少到 1963 年的 993 亿元。这一时期工业产值的降低和城市职工数量减少这种工业化、城镇化倒退的现象，根本原因还是在于我国农业的发展相对缓慢，粮食产量不足以满足大量城市人口的需求，这反映了农业发展对一国国民经济发展起到至关重要的作用。

1966 年 2 月，中共中央、国务院批转《辽、黑、吉、鲁、冀等五省精减安置巩固工作座谈会纪要》，指出对于有些被精减的职工要求复工复职的，原则上一般地不再收回，而对于个别确实必须收回和重新录用的被精减职工，也要必须满足相关条件。政策的约束，使得广大被精减职工、家属、民工不得不安心待在农村。从 1967 年 6 月开始，数百万党政干部下放到农村、山区、基层。1968 年下半年，各地动员了 2 000 多万中学和大专院校的学生到农村，参加体力劳动，大批知识青年的户口和粮食关系迁往所插队的地区。从 1969 年 9 月开始，为了"三线"建设和军工生产扩大，国家又分期分批地将大批沿海职工迁到了内陆，并规定内迁职工一律在内迁企业所在地落户，而职工家属原是农村户口的，内迁后仍需在迁入地的农村落户。1975 年修正后的《宪法》取消了关于公民迁移自由的规定。到 1976 年，我国的城镇人口数量达到了 16 341 万人，比 1965 年增加了 3 296 万人，年均增长 3% 左右，远低于新中国成立初期的城市人口年增长率。1976 年，全国城市职工人数达到 8 673 万人，比 1965 年增加了 3 765 万人，增长了 75.8%，其中，国有企业职工人数从 1965 年的 3 738 万人增加到 1976 年的 6 860 万人。

1977 年 3 月，国家扩大了城镇企事业单位的招工数量，户籍管理工作也逐渐回归到正轨。1977 年 11 月，国务院批转了《公安部关于处理户口迁移的规定》，规定进一步强化了对于农村人口转移到城镇的限制，还明确要求各省、自治区和直辖市每年"农转非"人数不得超过现有非农业人口的 1.5‰。到 1978 年，我国的城镇人口数量为 17 245 万人，比 1963 年增加了 5 599 万人，年均增长数量仅为 370 万人。1978 年，我国的人口城镇化率为 17.92%，仅比 1963 年提高了 1.09 个百分点，甚至低于 1958 年的水平，其发展水平和速度远低于同期其他发展中国家。此外，第一产业就业比重仍然达到了 70.5%，我国仍然是一个处于社会主义初级阶段的农业国，社会主义工业化虽然取得了一定的成就，但工业化的道路依然任重而道远。

改革开放前的 30 年间，虽然在新中国成立初期短暂的实行了自由的人口迁徙政策，但很快这一政策就被限制农村人口向城市转移的政策所取代，紧接着城乡二元户籍制度逐步形成并不断固化，农村劳动力进城务工的大门从此紧闭，这一政策一直延续到 20 世纪 80 年代初。事实上，我国改革开放前以人民公社制度和城乡二元的户籍制度为核心的劳动力管理体制的设计和实施，有其深刻的政治、经济和历史背景。新中国成立初期，由于受到以美国为首的西方国家的封锁，以及借鉴苏联社会主义建设的经验，中国实行了重工业优先发展的战略，这意味着需要投入大量的资金到重工业，而当时我国的资金相对比较匮乏，为此，政府需要采取一系列相应的制度安排和以"剪刀差"的方式从农业中积累发展工业所需要的原始资本，同时降低重工业成本。这其中最重要的制度就是人民公社制度、农产品统购统销制度和户籍管理制度，三者之间是相辅相成的。这些制度安排必然会导致工业化过程中对劳动力吸纳的减少，在一定程度上阻断了农村劳动力向城市的转移以及农村劳动力职业转换的渠道，使经济结构的变化滞后于经济总量的变化（张晓山，李周，2009）。重工业优先发展战略，以及相应的制度安排，势必造就一个相对发达的工业经济与比较落后的农业经济并存的二元经济结构。

二、改革开放以来我国农村劳动力政策的演变

改革开放前的农村劳动力管理体制使得我国农村劳动力长期的就业不充分和低收入，并抑制了农业的发展，这也为改革开放后通过实行家庭联产承包责任制促进农业发展，进而产生的农村劳动力向城市和非农业的大量转移积累了巨大的势能。1978 年 12 月 18 日，党的十一届三中全会在北京召开，会议重新确立了解放思想、实事求是的党的思想路线，并决定把全党的工作重点转移到经济建设上来，改革开放的大幕自此拉开。通过在相关领域进行体制改革，消除一系列制度性障碍，农村劳动力得以退出低生产率的农业就业，突破城乡边界进行跨地区、跨产业和跨越所有制的重新配置，这是 40 年中国经济改革的重要成果（蔡昉，2017）。数量巨大的农村劳动力外出就业，对改革开放以来我国经济的迅猛发展发挥了重要的作用，也是我国经济社会发展过程中一个独特而又鲜明的特点。总体来看，改革开放以来我国对于农村劳动力流动的限制程度不断降低，农村劳动力向城市和非农就业转移的数量大幅的增加。与此同时，农村劳动力向城市和非农就业的转移变化，伴随着我国土地制度和户籍制度的不断改革以及国家对于人口流动政策的调整，根据政策调整的不同，改革开放以来我国农村劳动力政策可以分为以下几个阶段。

（一）限制流动阶段（1978—1983 年）

党的十一届三中全会以后，党和国家开始对内进行改革、对外进行开放，并把全党的工作重心转移到经济建设上来。广大的农村地区开始摒弃原有的人民公社的集体经营体制，实施家庭联产承包责任制，农民也获得了对于农业剩余的索取权，这极大地调动了他们的生产积极性，农业生产力得到了大幅度的提高，随之也出现了大量农村剩余劳动力。到 1983 年底，全国已有约 95% 的农户实行了包产到户。然而，由于当时我国的农民尚处在通过农业生产追求温饱的阶段，城镇的物资供给压力依然很大，加之大批下乡知识青年返城以及大批下放的职工落实政策回城，全国约有 2 000 多万人需要安排就业，这无疑给城市带来了巨大的就业压力。为此，改革开放初期仍然延续着改革开放前的人口控制政策，限制农村劳动力流动和向城市转移的相关政策约束并没有放开，农民流入城市受到严格控制。

1980 年，中共中央、国务院发出了《进一步做好城镇劳动就业的通知》，通知指出各地政府要通过发展社队企业和城乡联办企业等方法来吸收农村的剩余劳动力，在此基础上，逐步建设新城镇；同时，要控制农村劳动力向城市的盲目流入，想方设法压缩并清退来自农村的计划外用工；对于确实需要从农村招工的企业，各级地方政府要进行严格的审批，满足相关条件。1981 年，中共中央、国务院出台的《关于广开门路，搞活经济，解决城镇就业问题的若干决定》中要求，对于农村的剩余劳动力，各级地方政府要通过兴办社队企业和发展多种经营的方式，就地安置，避免其大量涌入城镇，严格控制农村人口、劳动力流入城镇；同时，对于农村人口转移到城镇的要进行严格审批，公安、粮食、劳动等部门分工协作，避免政出多门；对于已经进入城镇的农村劳动力，如若是计划外用工，则应坚决进行清退。同年，中共中央、国务院进一步出台了《关于严格控制农村劳动力进城务工和农业人口转为非农业人口的通知》，通知指出各地方企业要严格控制招收来自农村的劳动力，清理企事业单位中正在使用的农村劳动力，进一步强化户口和粮食关系管理。1982 年 12 月，国务院批转了《公安部关于解决有关农村落户问题的请示的通知》，通知要求对待户口问题，各级地方政府应严格按照国家政策规定进行办理，决不允许随便开口子，在城镇户口上违反规定。到 1983 年底，我国的城镇人口达到了 22 274 万人，人口城镇化率也达到了 21.62%，比 1978 年增加了 5 029 万人，增幅达到了 29.2%，增长速度明显要快于人民公社时期，但仍处于相对较低的水平。与此同时，当时我国农村劳动力外出务工的就业数量仅为 200 万人左右，占当年我国乡村就业人员数量（3.47 亿人）的比例不足 0.6%，农村劳动力转移到城市和非农就业的比例相当低。这一时期改革主要集中在农村地区，城市地区的经济体制改革尚未展开，这使得城市对于农村剩余劳动力的吸纳能力相对有限，再加上知青返城的浪潮，国家仍然采取严格的户籍管理制度，以控制农村剩余劳动力大量涌入城市。

（二）允许农民流动（1984—1988 年）

家庭联产承包责任制的农村改革取得了巨大的成功，我国粮食产量实现了连年增长，1984 年，我国的粮食大丰收，产量达到了 40 730.5 万吨，比 1978 年增长了

33.6％。粮食产量的不断增加，不仅释放出越来越多的剩余劳动力，也为城市就业人数的增加创造了条件，原有"离土不离乡"的就业方式远远吸纳不了这么多的剩余劳动力，他们迫切希望能够到城镇寻找就业机会。与此同时，到 1984 年，城市的就业压力也有所缓解。鉴于此，国家开始考虑放松对农村人口流动的限制，准许他们以自筹资金、自理口粮的方式，有条件地向城镇和非农就业进行转移。

1984 年 1 月，中央发布了《关于 1984 年农村工作的通知》（中央 1 号文件），文件首次提出，各省、自治区、直辖市可以选择若干集镇进行试点，允许务工、经商、办理服务的农民自理口粮到集镇落户。从城镇基本不允许招收农村劳动力，到开始允许农民有条件地进入集镇从事生产生活，标志着我国实行多年的人口迁移流动限制政策开始有所松动。1984 年 10 月，国务院发布了《关于农民进入集镇落户问题的通知》，通知指出农村劳动力进入集镇务工、经商或办服务业，会繁荣城乡经济，促进集镇的发展，为此，各级地方政府对此应予以积极支持；凡申请到集镇务工、经商或办服务业的农民和家属，如若在集镇有固定住所，有经营能力或在乡镇企业单位长期务工的，公安部门应给予办理入户手续，准许他们落常住户口，并发给《自理口粮户口簿》，且将其统计为非农业户口；粮食部门也要做好加价粮油的供给工作，可发给他们《加价粮油供应证》；各地方政府也要为他们建房、买房或租房提供必要的方便；为了确保他们在集镇务工、经商或办服务业保持稳定，乡镇人民政府和村民居委会不得歧视对其留居农村的家属；除此之外，对于到集镇落户的农民，要事先办好他们的承包土地转让手续，以避免土地的撂荒，并且倘若他们因故返乡，当地政府应准许其迁回户口，不得以任何理由拒绝。

1985 年 1 月，中共中央国务院发布了《关于进一步活跃农村经济的十项政策》，政策指出，要进一步扩大城乡经济交往，允许农民进城开店设坊，兴办服务业，提供各种劳务，城市的相关部门要在用地和服务设施方面为其提供便利条件。1985 年 7 月，公安部出台了《关于城镇暂住人口管理的暂行决定》，决定指出要建立健全城市暂住人口管理制度和集镇暂住人口登记管理制度，对于在城市或集镇居住时间超过 3 个月的 16 周岁以上的农民，可允许其申领暂住证，对暂住时间较长的，可登记为住户，并发给其居住证。1986 年 7 月，国务院发布了《关于国营企业招用工人的暂行规定》，要求各国营企业在招收工人时，应当首先公布招工简章，坚持面向社会、公开招收、全面考核、择优录用的原则，除了符合报考条件的城镇人员外，对于国家允许的从农村招用的人员，均可报名。这一改革导向带动了城镇集体企业和民营企业对农村劳动力的使用。1988 年 7 月，劳动部和国务院贫困地区经济开发领导小组出台了《关于加强贫困地区劳动力资源开发工作的通知》，通知要求各地方政府将大力组织劳务输出，作为贫困地区劳动力资源开发的重点，按照"东西联合，城乡结合，定点挂钩，长期合作"的原则，组织劳动力跨地区流动；同时，沿海经济发达地区、大中城市的劳动部门要有计划地从贫困地区吸收劳动力，要动员和组织国营企业招用一部分贫困地区的劳动力，鼓励和支持大中型企业与贫困地区建立挂钩联系，共同创办劳务基地，发展长期劳务合作。

农村人口流动的限制政策的放松，导致我国农村劳动力外出务工的数量短期内大幅的增加。1988 年，我国的城镇人口数量达到了 28 661 万人，比 1983 年增加了 6 387 万人。外出务工农民工数量也达到了新高，1988 年达到了 2 600 万人，其中跨省农民工数量为 500 万人，比 1983 年增长了 10 多倍。1989 年，我国外出就业的农民工数量更是达到 3 000 万人，较 1988 年增加了 400 万人，其中跨省流动约为 700 余万人。据估计，1984—1990 年，约有 500 多万人通过自理口粮的方式在集镇成功落户。

（三）控制盲目流动（1989—1991 年）

短期内城市大量外出农民工的急速增加，给当地政府的管理带来了极大的挑战，加之 1989 年新一轮经济紧缩的到来，政府又开始重新加强对农村劳动力转移到城市的控制。外出务工经商的农民一方面给经济发达地区的民营经济源源不断地供应了低成本劳动力，给城镇居民的生活带来了极大的方便，但对交通、粮油供应、社会治安等也造成了新的压力（陈锡文等，2018）。每逢春节和重大节假日，大批量的外出农民工都会返乡，这无疑给当时本就紧张的铁路运输造成了巨大的压力。同时，随着城市经济体制改革的陆续展开，城镇的就业压力也开始不断增加，政府不得不开始对农村劳动力的外出就业和转移进行适当的调控。

1989 年 3 月，国务院办公厅发出《关于严格控制民工盲目外出的紧急通知》，通知要求各地人民政府必须采取有效措施，严格控制当地农村劳动力向城市的转移就业。紧接着，1989 年 4 月，民政部和公安部联合下发《关于进一步做好控制民工盲目外流的通知》的文件，要求各地人民政府采取有效措施，严格控制当地民工严格外流。1990 年 4 月，国务院下发《关于进一步做好劳动就业的通知》，通知要求"各地方政府对于农村富余劳动力，要引导他们'离土不离乡'，因地制宜地发展林牧副渔业，同时，沿着正确的方向办好乡镇企业，发展多种服务业，使农村剩余劳动力可以就地消化和转移，以防止出现大量农村劳动力盲目进城务工的局面；对于农村劳动力的进城务工，要搞好宣传教育，并运用法律、行政和经济的手段严格管理和有效控制；确定好一个时期内城市使用农村劳动力的规划，由劳动部门统一审批，并建立就业登记和临时务工许可证制度，加强对单位用工的监督检查；对现有计划外用工，要按照国家政策做好清退工作，重点清退来自农村的计划外用工，以使他们尽早返回农村劳动；要严格控制'农转非'过快增长，把'农转非'纳入国民经济与社会发展规划，实行计划指标管理，认真按照国家有关政策规定审批。对自行规定政策或放宽条件、扩大'农转非'范围的，要抓紧进行清理整顿"（陈妍，2013）。1991 年 2 月，国务院办公厅再次下发《关于劝阻民工盲目去广东的通知》，要求各地方政府从严或暂停办理农民工外出务工的手续；对于回乡过节的农民工，如他们没有签订续聘合同，就要想方设法劝阻他们不要再盲目地进粤寻找工作；对于返回工作岗位履约的外来农民工，也要告诫他们不要盲目带人到广东；对于大量南下在途的农民工，有关地区政府要积极组织力量，对他们进行就地劝阻并及时告知广东省人民政府。这些文件严格控制农村劳动力进城务工，强化对城市企业单位使用农民工的限制，强调解决农村劳动力过剩的根本办法是"离土不离乡"的就地转移（王小章等，2018）。这一时期的控制政策虽然在一定程度上限制了农村劳动力的盲目外出就业，但我国的外出农民工仍然不断增加，到 1993 年，全国外出农民工的数量达到了 6 200 万人，比 1988 年翻了一番，城镇人口的数量也增加到 1991 年的 31 203 万人。

（四）规范流动阶段（1992—2002 年）

1992 年春，在邓小平南方谈话的推动下，我国的改革开放又进入了新的高潮，中国的经济体制改革重上轨道，尤其是开始了城市经济体制的全面改革。中央确立了建设社会主义市场经济的发展目标，并大力支持民营经济的发展，这给城市经济的发展注入了新的活力，经济增长开始加速，对农民工的需求随之增加。在此背景下，中央逐渐放宽了对于农民外出务工和流动的限制，农民工进城务工出现了一个新的高潮。与之前不同的是，大规模跨地区的农民工流动逐渐取代了"离土不离乡"的乡镇企业吸纳农民务工就业的模式。

1993 年 11 月，劳动部先后发出了关于印发《再就业工程》和《农村劳动力跨地区流动有序化——"城乡协调就业计划"第一期工程》的通知，通知要求主要输入、输出地区间的农村劳动力流动就业要实现有序化，即输出有组织，输入有管理，流动有服务，调控有手段，应急有措施。1993 年 11 月，党的十四届三中全会通过了《中共中央关于建设社会主义市场经济体制若干问题的决定》，决议明确指出要鼓励、引导农村剩余劳动力，逐步向非农产业转移和地区间有序流动，同时，提出要逐步改革我国小城镇的户籍管理制度，给予农民进入小城镇务工经商的权利。1993 年 12 月，劳动部发布了《关于建立社会主义市场经济体制时期劳动体制改革总体设想》，设想指出"培育和发展劳动力市场的目标模式，是建立竞争公平、运行有序、调控有力、服务完善的现代劳动力市场。竞争公平，要打破统包统分配的就业政策，破除妨碍劳动力在不同所有制之间流动的身份界限，劳动者自主择业、自主流动，企业自主用人，劳动力供求主体之间通过公平竞争、双向选择确立劳动关系。从长远发展来看，建立公平竞争的劳动力市场，还要逐步打破城乡之间、地区之间劳动力流动的界限。要建立农村就业服务网络，合理调节城乡劳动力流动，逐步实现城乡劳动力流动的有序化。要在'九五'时期基本取消统包统分配，进一步放开城乡界限，取消职工身份界限，扩大公平竞争范围，争取在世纪末基本形成现代劳动力市场体系"。1994 年 11 月，劳动部颁布了《劳动力跨省流动就业管理暂行规定》，规定首次规范了流动就业证卡管理制度，明确了对用人单位跨省农村劳动力招收、跨省流动就业条件和要求、中介服务、职业培训、组织管理，并要求各地方在劳动输入和输出地区都要实行"外来人员就业证"和"外出人员就业登记卡"制度。

1995 年 9 月，中共中央办公厅和国务院办公厅联合转发了中央社会治安综合治理委员会《关于加强流动人口管理工作的意见》，意见要求各地方政府要切实推进农村剩余劳动力就地就近转移，农村劳动力转移的组织化和有序化；同时，在全国范围内实行统一的流动人口暂住证和就业证制度。1997 年 6 月，国务院批转公安部《小城镇户籍管理制度改革试点方案》，该方案指出要适时推进户籍管理制度改革，允许符合一定条件，并且已经在小城镇就业、居住的农村人口，在小城镇办理城镇常住户口，促进农村剩余劳动力就近、有序地向小城镇转移。对于经批准已经在小城镇落户的农村人口，应让其与当地原有居民享有同等待遇，包括子女的入学、就业、粮油供应、社会保障等，除此之外，各地方、各部门均不得再向他们收取城镇增容费及其类似的费用。1997 年

11月，国务院办公厅发布的《关于进一步做好组织民工有序流动工作意见》中指出，要加快劳动力市场建设，建立健全劳动力市场规则，明确供求双方、中介服务和市场管理的行为规范，按照统一、开放、竞争、有序的原则，制定劳动力市场的发展规划，同时，通过法律、行政、社会舆论监督等手段加强市场监管，坚决打击市场欺诈、非法职业介绍、牟取暴利等违法行为，维护劳动力市场的正常运行。1998年10月，党的十五届三中全会通过了《中共中央关于农业和农村工作若干重大问题的决定》，决定提出不断开拓农村的就业门路，同时要适应城镇和发达地区的客观需要，引导农村劳动力合理有序流动。2000年1月，劳动和社会保障部颁布的《关于做好农村富余劳动力就业工作的意见》指出，各地政府要建立劳动力流动就业信息预测预报制度，促进劳务输出的产业化，同时，发展和促进跨地区的劳务协作，开展流动就业专项监察，保障流动就业者合法权益。2000年6月，国务院下发了《关于促进小城镇健康发展的若干意见》，意见要求"凡在县级市市区、县人民政府驻地镇及县以下小城镇有合法固定住所、稳定职业或生活来源的农民，均可根据本人意愿转为城镇户口，并在子女入学、参军、就业等方面享受与城镇居民同等待遇，不得实行歧视性政策"。同年7月，劳动和社会保障部、国家纪委、农业部、科技部、建设部、国务院发展研究中心等联合下发了《关于进一步开展农村劳动力开发就业试点工作的通知》，提出要推进城乡分割体制的改革，逐步取消对农民进城就业的不合理限制。2001年3月，全国人大通过了《中华人民共和国国民经济和社会发展第十个五年计划纲要》，指出要"切实打破城乡分割体制，逐步建立起市场经济体制下的新型城乡关系，改革城镇户籍制度，形成城乡人口有序流动的机制，取消对农村劳动力进入城镇就业的不合理限制，引导农村富余劳动力在城乡、地区间有序流动。坚持城乡统筹的改革方向，推动城乡劳动力市场逐步一体化"。同样是在3月，国务院批转了公安部《关于推进小城镇户籍制度改革意见》，指出要切实保障小城镇落户的人员"在入学、参军、就业、社会保障等方面与当地原有的城镇居民享有同等权利和待遇，履行同等义务，各区县政府及各部门应对其一视同仁，不得歧视"，全面推进小城镇户籍制度的改革。在20世纪90年代，沈阳、厦门、上海、昆明、南京、深圳、武汉、广州、杭州等多个城市相继出台蓝印户口政策，其实施的对象主要包括投资、购房和聘用等三类群体，蓝印户口认为临时登记户口，在缴纳一定数量的城市增容费的情况下，转为常住户口，城市增容费额度因城市而异（陈锡文等，2018）。

从整体来看，这一阶段国家不断放宽了对农村劳动力向城市转移的限制条件，政府出台的相关政策文件，重在对农民外出务工的规范，以使农业劳动力的转移更有序和规范。得益于国家对农村人口限制条件的减少和社会主义市场经济建设的不断推进，我国农民工外出就业的人数有了一定程度的增加。2002年，我国城镇人口数量达到了50 212万人，比1993年增加了17 039万人，人口城镇化率也达到了39.1%，比1993年增长了11.1个百分点。1993年，我国外出农民工的数量为6 300万人，到2002年外出农民工数量达到了10 470万人，10年间增长超过了70%，其中约有70%的外出务工人员是在城市就业。据不完全统计，仅四川、安徽、湖南、河南、江西等省，1993年外出打工的劳动力就达到了2 400万人，其中，安徽省外出务工达到500万人，江西省达到300万人，两省外出务工劳动力数量已经占到全部农村劳动力数量的33%左右。然而，受国有企业大规模改革的影响，国有企业单位职工从 1993 年的 10 920 万人减少到 2002 年的 6 924 万人，降幅达到了 36.6%，这给农民工的外出就业带来了一定的冲击。对于农民工而言，外出打工付出的代价是沉重的，外出打工就意味着与自己的妻子和孩子分离，候鸟式迁徙也使得他们身心俱疲，还要忍受多种非议。

（五）加强服务阶段（2003—2012 年）

进入 21 世纪，特别是 2002 年中共十六大以后，我国的经济体制改革进入了全面建设社会主义市场经济的新时期，现代化进程也进入了全面建设小康社会的阶段，这就从客观上要求我们解决好现有的城乡二元分割的体制。与此同时，社会经济的发展在关注效率的同时，也更加注重公平，中央在 2003 年提出了"以人为本"的执政理念，标志着政府的执政理念逐步向构建服务型政府转变。此外，农村劳动力逐渐成为我国城市发展的不可或缺的组成部分，成为重要的产业工人。在此背景下，国家对于农村人口和劳动力的管理政策也发生了积极的变化，从之前阶段旨在促进农村劳动力的规范有序流动，转向更好地发挥政府在农村劳动力管理中的服务功能，对农村劳动力的转移坚持公平对待、合理引导。

1. 消除农村劳动力进城务工的限制，促进进城务工人员的就业平等

进入 21 世纪以来，政府开始大规模取消面向外来务工人员的各种收费，切实减轻进城务工人员的负担。2001 年 10 月，国家计委、财政部联合发布了《关于全面清理整顿外出或外来务工人员收费的通知》，通知要求各地要全面清理主要面向外出或外来务工人员的各种收费，取缔未经国务院和省、自治区、直辖市人民政府及所属财政、价格主管部门批准的行政事业性的收费项目，取消除证书工本费之外的行政事业性收费。坚决纠正各种对进城务工人员的强行服务、强制收费行为，为进城务工人员提供经营性服务的收费必须符合自愿有偿原则。2002 年，全国累计取消了暂住费、暂住（流动）人口管理费、计划生育费、城市增容费、劳动力调解费、外地务工经商人员管理服务费、外地（外省）建筑（施工）企业管理费等 120 多项收费，当年减轻务工人员负担 50 亿元（陈锡文等，2018）。2002 年，中共中央、国务院《关于做好 2002 年农业和农村工作的意见》明确要求，各地方政府要认真清理对农民进城务工的不合理限制和乱收费，纠正简单粗暴清退农民工的做法。

不断取消对农民进城务工就业的不合理限制。2003 年 1 月，国务院办公厅发布了《关于做好农民进城务工就业管理和服务工作的通知》，通知要求各地方要取消对农民进城务工就业的不合理限制，切实解决好拖欠和克扣农民工工资的问题，切实改善农民工的生产生活条件；严格执行《城市流浪乞讨人员收容遣送办法》的规定，不得对农民工强制遣送和随意拘留审查，杜绝发生强制收容遣送的恶劣现象。同样在 2003 年，劳动和社会保障部颁布的《关于农民工适用劳动法律有关问题的复函》中明确指出凡与用人单位建立劳动关系的农民工（包括农民轮换工），均适用《劳动法》与《企业职工工伤保险试行办法》。2004 年 12 月，国务院办公厅再次发出了《关于进一步做好改善农民进城就业环境工作的通知》，通知要求各地区、各有关部门继续清理对企业使用农民工的行政审批，进一步取消对农民进城就业的职业限制，不得干涉企业自主合法使用农民工；同时，千方百计做好农民进城就业的管理和服务工作，切实维护农民进城就业的合法权益，从而为长期困扰农民工的"市民待遇"问题的解决提供了有力保障。

促进进城务工人员的就业平等。2004 年 12 月，国务院办公厅发布了《关于进一步做好改善农民进城就业环境工作的通知》，该通知要求各流出地和流入地政府要加强对农民工的就业服务。从 2005 年春节后开始，劳动保障部也开始实施以进城务工的农村劳动力为对象的"春风行动"，并对登记求职的农村进城务工人员提供免费的信息咨询、职业指导和职业介绍。2006 年 1 月，国务院发布了《关于解决农民工问题的若干意见》，意见明确提出要逐步实行城乡平等的就业制度。2008 年 1 月开始实施的《中华人民共和国就业促进法》中明确规定，农村劳动者进城就业，依法享有与城镇劳动者平等的劳动权利，不得对农村劳动者进城就业设置各种歧视性限制。

2. 切实保护农民工的合法权益，保障农民工的合法收入

解决拖欠和克扣农民工工资问题，保障农民工取得合法收入的权利。在现实中，屡屡发生拖欠进城务工人员工资的问题，2004 年，建设部颁布《关于进一步解决拖欠农民工工资问题的紧急通知》要求各地政府采用法律、经济和必要的行政措施，督促拖欠农民工工资的企业尽快偿付。2006 年 3 月颁布的《关于解决农民工问题的若干意见》更加系统地提出要切实解决拖欠和克扣农民工工资问题，从而从根本上形成保障农民工权益的体制和制度，改善进城务工者的生产、生活条件。

3. 建设覆盖全民的公共服务体系，让农民工共享城市的服务

子女教育问题，是当前进城务工人员最为关心的问题之一。2003 年 1 月，国务院办公厅发布了《关于做好农民进城务工就业管理和服务工作的通知》，通知要求各地要做好农民工培训工作，多渠道安排农民工子女就学。同年 9 月，国务院办公厅下发了《关于进一步做好进城务工就业子女义务教育工作的工作意见》，要求各地区将进城务工就业子女义务教育纳入城市教育发展规划、学校建设规划，以及城镇政府的教育工作和财政支持之中，充分发挥全日制公办中小学的接收主渠道作用，加强对社会力量所办学校的扶持和管理相结合，建立经费筹措保障机制，对接收进城务工人员子女较多的学校给予补助，实行收费与当地学生一视同仁，做好转学、学籍管理等管理服务的工作。与此同时，在农村寄宿学校建设和落实农村义务教育保障机制的过程中，为"留守儿童"创造良好教育条件。在疾病预防控制和适龄儿童免疫、计划生育、社会保障、文化生活等方面，农民工的状况也显著改善。在保护农民工土地承包权益方面，明确不得以农民进城务工为由收回承包地，纠正违法收回农民承包地的行为。在参与流入地社区管理、企业管理、党员参与党组织活动等方面，对农民工的权益保护大为加强（陈锡文等，2018）。2006 年，国务院发布的《关于解决农民工问题的若干意见》提到，要对农民工实施属地管理，把农民工纳入城市的公共服务体系；输入地政府要转变思想观念和管理方式，在编制城市发展规划、制定公共政策、建设用地等方面，统筹考虑长期在城市就业、生活和居住的农民工对公共服务的需求，提高城市综合承载能力。同时，增加公共财政支出，逐步健全覆盖农民工的公共服务体系，千方百计健全维护农民工权益的保障机制，以积极稳妥的方式解决农民工社会保障问题。2010 年 1 月，中共中央、国务院

《关于加大统筹城乡发展力度进一步夯实农业农村发展基础的若干意见》中提出，要切实落实以公办学校为主、以输入地为主解决好农民工子女入学问题的政策，关心农村留守儿童。

4. 推进户籍制度改革，促进城乡一体化发展

2007 年 3 月，公安部表示全国已有 12 个省区市相继取消了农业户口和非农业户口的二元户口性质划分，统一了城乡户口登记制度，统称为居民户口，从而实现了农村居民与城市居民在身份法律意义上的平等。2010 年 1 月，中共中央、国务院发布的《关于加大统筹城乡发展力度进一步夯实农业农村发展基础的若干意见》指出，要深化户籍制度改革，加快落实放宽中小城市、小城镇特别是县城和中心镇落户条件的政策，促进符合条件的农业转移人口在城镇落户并享有与当地城镇居民同等的权益，统筹研究农业转移人口进城落户后城乡出现的新情况新问题。同年 5 月，国务院转批了发改委《关于 2010 年深化经济体制改革重点工作的意见》，该意见第一次提出了要在全国范围内逐步实行居住证制度，该制度对外来人口实行分层管理；对于拥有居住证的人口，可以通过积分制或相关管理制度申请办理落户。这一制度赋予了符合一定条件的外来人口的合法居住权，利于改善他们的生产生活条件和保障他们的权益，也为部分人提供了落户大城市和特大城市的机会。不过从实施这一制度的特大城市来看，目前通过这一制度实现落户的可能性很小（陈锡文等，2018）。2012 年 2 月，国务院办公厅发布了《关于积极稳妥推进户籍管理制度改革的通知》，通知明确提出在设区的市（不含直辖市、副省级市和其他大城市）有合法稳定职业满三年、有合法稳定的居住所（含租赁）、参加社会保险达到一定年限的人员，本人及其共同居住生活的配偶、未婚子女和父母可以在当地申请登记常住户口。文件提出探索建立城乡统一的户口登记制度，逐步实行暂住人口居住证制度。以后出台有关就业、义务教育、技能培训等政策措施，不与户口性质挂钩。

尽管受到 2008 年金融危机的影响，出现了约 2 000 万的农民工提前返乡，但这期间我国农村劳动力外出就业的数量仍然得到了大幅度的增加。2003 年，我国外出农民工的数量为 11 390 万人，而到 2006 年，这一数字增加到 13 212 万人，到 2012 年底，我国外出农民工的数量更是达到 26 261 万人，比 2003 年翻了一番还多，外出农民工的数量占农村总劳动力的人数超过了 50%。与此同时，本地农民工的数量和占比都稳步提升，2012 年，我国的本地农民工数量为 9 925 万人，已经占到全国农民工总量的37.8%。2012 年，我国的城镇常住人口达到了 71 182 万人，人口城镇化率为 52.3%，比 2002 年提高了 13.2 个百分点。

（六）城乡融合阶段（2013 年至今）

党的十八大以来，我国经济发展已经步入新常态，经济增长从高速增长转为中高速增长。同时，在继续城乡统筹的基础上，国家对农民工政策又进行了新的拓展。十八大提出、十八届三中全会重申，要加快户籍制度改革，推进农村转移人口的有序市民化，努力实现城镇基本公共服务常住人口的全覆盖，消除阻碍农村转移人口进入城市服务体系的户籍壁垒，进一步推进农村转移人口和城市居民平等共享城市的发展成果（张广胜，田洲宇，2018）。

2014 年 3 月，《国家新型城镇化规划（2014—2020 年）》出台，明确了城市发展规模与人口落户政策实行差别化措施。"差别化落户政策"根据不同城市规模，确定有区别的落户标准和差异化居住条件，合理引导农业人口向大中小城市的有序流动。规划提出要贯彻"以人为核心"的"新型城镇化"战略，有序推进农业转移人口市民化。2014 年 7 月，国务院正式出台《关于进一步推进户籍制度改革的意见》，宣布取消农业户口与非农业户口等性质区分，统一登记为居民户口，促进有能力在城镇稳定就业和生活的常住人口有序实现市民化，稳步推进城镇基本公共服务常住人口全覆盖，标志着进一步推进户籍制度改革进入全面实施阶段。从 2016 年 1 月 1 日实行的《居住证暂行条例》，标志着我国将彻底告别了暂住证的时代。2016 年 8 月，国务院印发了《关于实施支持农业转移人口市民化若干财政政策的通知》，通知对建立健全支持农业转移人口市民化的财政政策体系做出了具体的部署。2016 年 10 月，国务院办公厅印发《推动 1 亿非户籍人口在城市落户方案》，方案提出了推进 1 亿非户籍人口在城市落户的主要目标："十三五"期间，城乡区域间户籍迁移壁垒加速破除，配套政策体系进一步健全，户籍人口城镇化率年均提高 1 个百分点以上，年均转户 1 300 万人以上。到 2020 年，全国户籍人口城镇化率提高到 45%，各地区户籍人口城镇化率与常住人口城镇化率差距比 2013 年缩小 2 个百分点以上。2019 年中央 1 号文件提出，进一步促进农村劳动力转移就业，稳定农民工就业，保障工资及时足额发放，加快农业转移人口市民化，推进城镇基本公共服务常住人口全覆盖。

受经济进入新常态的影响，我国外出农民工的增速放缓，2015 年和 2016 年仅为 63 万人、50 万人，分别只增长 0.37% 和 0.30%。随着经济发展方式的转型升级，新产业新业态发展迅速，但农民工的知识和技能结构在短期内要实现相应转换却非常困难。2017 年，农民工数量为 28 652 万人，外出农民工数量为 17 185 万人。在这一阶段，中国新型城镇化的步伐明显加快。

三、近年来我国农村劳动力外出就业的特点

近年来，随着国际经济发展形势和经济社会管理体制的变化，我国农村劳动力的外出务工也发生了鲜明的变化，出现了新的特征。一方面，新生代农民工逐渐成为农村劳动力外出务工的主力，与老一代农民工相比，他们综合素质更高，生活和消费的偏好更接近城市居民。另一方面，农村劳动力外出务工的流向也发生了变化，农民工本地化的趋势明显。

（一）新生代农民工成为外出农民工的主体

外出农民工是农村最为活跃的群体。他们的整体文化素质、捕捉发展机会的能力、敢闯敢拼的干劲，都要比其他农村劳动力的平均水平明显要高。在 20 世纪 80 年代，外出务工的农民工主要是农村"50 后""60 后"。作为老一代的农民工，他们在挣得一份辛苦费的同时，也把他们的青春奉献给了流入地，现在"50 后"已经基本回乡，"60 后"也有过半返乡。具有劳动能力的返乡农民工，返回家乡后继续寻找各种劳动机会。

正因为这样，农民工的平均年龄目前仍处于上升趋势。监测表明，2009—2017年，农民工的平均年龄从34岁提高到39.7岁，平均每年提高0.71岁，而且这一趋势仍在继续。在农民工群体中，41～50岁、50岁以上的所占比重分别从2008年的18.6%、11.4%上升到2017年的26.3%、21.3%，分别提高了7.7个、9.9个百分点。特别是50岁以上的农民工，他们中有相当部分长期从事所在行业的工作，已经处于稳定状态，他们的业务能力和贡献，与企业中的城镇户籍员工并无明显差异。由于接受教育时间延长、外出就业难度增加、当地就业机会增加等原因，16～20岁、21～30岁的农民工所占比重分别从10.7%、35.3%下降至2.6%、27.3%，分别下降8.1个、8.0个百分点。与此同时，"80后"的农村劳动力进入21世纪以后开始进入劳动力市场，并成为外出农民工的主要部分。2017年，新生代农民工占农民工数量的比例达到50.5%，首次过半。

新生代农民工群体呈现出的特点如下：

1. 素质大大高于农村劳动力平均水平，也明显高于农民工整体水平

据调查，2004年，外出就业的农村劳动力平均年龄为30.1岁，比农村劳动力平均年龄低6.8岁。他们中初中文化程度和高中文化程度的比例分别达到63.3%和12.1%，分别比农村劳动力整体文化程度的比例高17.6个百分点和1.0个百分点。近十几年来，外出农民工的素质得到进一步提高。2017年，高中及以上文化程度的比重已经达到了30.8%，其中13.5%为大专及以上文化程度。而新生代外出农民工，他们的整体素质又明显比老一代外出农民工整体水平高。2013年，国家统计局农民工监测体系首次公布了这一方面的数据，当年新生代农民工初中及以下文化程度仅占6.1%，比老一代农民工低18.6个百分点；初中文化程度占60.6%，比老一代农民工低0.6个百分点；高中、大专及以上文化程度分别占20.5%、12.8%，分别比老一代农民工高8.2个、11.0个百分点。

2. 平均年龄大大低于本地农民工，也明显低于外出农民工

2010年，外出就业农民工的平均年龄为31岁，比本地农民工小5岁。近年来，两者之间的年龄差距扩大较快。2017年，外出农民工的平均年龄为34.3岁，比本地农民工小10.5岁。由于外出农民工年龄偏小，已婚比例也比本地农民工低得多。近年来，外出农民工的已婚比例持续提高，从2008年的56.0%提高到2017年的64.5%，但与本地农民工相比仍低很多，2017年低25.7个百分点。新生代农民工的年龄更小，2013年初次外出的平均年龄仅为21.7岁，比老一代农民工低14.2岁。

3. 八成以上选择外出就业，务工主要集中在东部地区及大中城市

2013年，80.3%的新生代农民工选择外出就业，从就业的地域分布看，64.8%在东部地区务工。从就业地点看，54.9%在地级以上大中城市务工，比老一代农民工高28.9个百分点。尤其需要注意的是，87.3%的新生代农民工没有从事过任何农业生产劳动。

4. 更倾向于就地消费，生活方式更为城市化

2013年，新生代农民工人均寄回、带回老家的现金为12 802元，比老一代农民工少29.6%；在外务工的月生活消费支出939元，比老一代农民工高19.3%。

（二）外出农民工流向发生重要变化

农民工外出务工经商，是跟着市场机会走的。由于大中城市的虹吸效应、产业结构调整、国家投资走向的变化、区域经济结构的调整等原因，农民工的流向出现了明显的变化。

1. 进一步向大中城市集中

据全国固定观察点数据，2004 年，在农业转移劳动力中，县域经济吸纳了约 65% 的人数；地级以上大中城市吸纳的比例只有 35%。而根据国家统计局的监测数据，2015 年，外出农民工流向直辖市、省会城市、地级市的数量分别为 1 460 万人、3 811 万人、5 919 万人，分别占外出农民工总量的 8.65%、22.57%、35.06%。流向地级市及以上城市的比重，已经达到 66.28%。而流向小城镇和其他地区的数量为 5 693 万人，仅占外出农民工数量的 33.72%。吸纳农民工的区域，从原来的县域为主已经转为大中城市为主。

2. 从跨省流动为主转向省内流动为主

据国家统计局的监测，2008—2017 年，外出农民工跨省流动数量、省内流动数量分别从 7 484 万人、6 557 万人增加到 7 675 万人、9 510 万人，分别增加了 2.55%、45.04%。由于跨省流动数量增长缓慢而省内流动数量增长迅速，使得吸纳外出农民工由主要跨省输出，转为主要依靠省内吸纳。2008—2017 年，跨省的农民工占外出农民工的比重从 53.30% 下降至 44.66%，下降了 8.64 个百分点；省内流动的农民工占外出农民工的比重从 46.70% 提高到 55.34%，上升了 8.64 个百分点。

3. 东部地区吸纳为主转化为中西部地区吸纳为主

长期以来，农民外出务工主要奔向长三角、珠三角等区域，东部地区是吸收外出农民工的主要地区。直到 2008 年，东部地区吸纳的外出农民工仍占到 70% 以上。但随着公共服务成本的增加和产业结构的转型升级，东部地区利用外出农民工低廉劳动力成本的动力在衰减。与此同时，为降低土地、劳动力等方面的成本，享受更多税收优惠政策，大量企业开始向中西部地区迁移。近年来，为推动区域协调发展，国家也加大了对中西部地区投资倾斜力度，给贫困地区更为优惠的政策，中西部地区吸纳劳动力的能力迅速增强，外出农民工的区域就业结构发生显著变化。2009 年，在东部地区的外出农民工为 9 076 万人，比上年减少 888 万人，吸纳的外出农民工数量占外出农民工总量的 62.45%，下降 8.5 个百分点。其中在长三角地区、珠三角地区外出农民工分别为 2 816 万人、3 282 万人，分别比上年减少 238 万人、954 万人，减幅分别为 7.8%、22.5%。当年在省内务工的外出农民工为 7 092 万人，比上年增加 535 万人，增幅达到 8.2%。近年来，这一趋势仍然得到保持。2017 年，在东部地区务工的农民工为 15 993 万人，占农民工总量的比重已经降至 55.8%。东部地区吸纳外出农民工的比重已经下降到 45% 以下。2017 年，在中部地区、西部地区、东北地区务工的农民工分别为 5 912 万人、5 754 万人、914 万人，分别占农民工总量的 20.6%、20.1%、3.2%，吸纳能力明显提升。西部地区的吸纳能力上升迅速，2017 年吸纳的农民工数量增幅达到 4.9%，比全国平均水平高 3.2 个百分点。

（三）收入和相关待遇明显改善

根据国家统计局有关数据估算，农民工月工资 1985 年为 98 元，1986 年、1992 年、1999 年、2004 年分别为 100 元、200 元、500 元、1 000 元，工资长期低下。在部分年份虽然增幅比较大，但增量很小。近年来，随着农村劳动力供给的明显减缓，农民工外出务工的工资收入呈现增速、增量"双高"的特征。2008—2017 年，外出农民工月工资收入从 1 340 元增加到 3 805 元，年均增加 274 元，年均增长速度达到 12.30%。

总体而言，进入 21 世纪以来，农民工工资水平相当低。2008—2017 年，东部、中部、西部地区的农民工月收入分别从 1 352 元、1 275 元、1 273 元增加到 3 677 元、3 331 元、3 350 元，分别增加 1.72 倍、1.62 倍、1.63 倍。不同地区的工资有明显的差异，东部地区的工资水平比中西部地区高出 10%。随着收入水平的提高，外出农民工的生活水平和生活方式也发生明显变化。2012—2015 年，外出农民工的月生活消费支出从 733 元提高到 1 012 元，3 年提高了 38.06%。居住支出提高速度很快，2015 年达到 475 元，占总支出的 46.94%。监测表明，进城农民工 2017 年对目前生活状况表示非常满意和比较满意的占 56.1%，已经占了多数。

除了收入水平外，农民工的权益保护得到明显加强。2017 年的监测表明，当权益受损时，有 32.7% 进城农民工向政府相关部分反映，有 28.3% 的通过法律途径解决，有 36.3% 与对方协商解决，担心被报复、不敢反映问题的局面已经有了根本性改观。农民工最怕的是干活拿不到钱。据估计，2003 年农民工被拖欠的工资上千亿元。随着工资保证金、最低工资等制度的建立，目前拖欠工资的现象已经很少。2009 年以来，被雇主或单位拖欠工资的已经低于 2%，且集中在建筑业和制造业。2011 年，这一比重已经下降到 1% 以下。

子女上学是外出农民工特别关心的问题之一。2017 年，义务教育年龄段随迁儿童的在校率已经达到 98.7%。小学年龄段随迁儿童有 82.2% 在公办学校就读、10.8% 在民办学校就读。初中年龄段随迁儿童有 85.9% 在公办学校就读、9.7% 在民办校就读。与此同时，外出农民工在流入地的就业服务、劳动关系管理、医疗卫生、社会保障、住房等方面的条件也明显改善。

四、当前我国农村劳动力管理存在的主要问题

农村劳动力向城市和非农产业转移的水平，是衡量一个国家改革发展和社会全面进步程度的一个重要指标。农村劳动力向城市的转移就业，将贯穿于中国全面建成小康社会、基本实现现代化、建成现代化强国的全过程。从 1978 年改革开放开始，我国就不断推进农村劳动力管理体制和机制的市场化改革，其管理方式也由限制、歧视农村进城务工者转变为引导并为农村劳动力的进城务工进行服务，农村劳动力进城务工的障碍逐渐消除，城乡一体化程度大幅度提高。然而，这不意味着当前我国的农村居民与城市户籍居民的差距完全消失，我国农村劳动力的管理体制依然存在不足，城乡二元的户籍制度依然存在，农民仍然无法自由在城市落户，农民工在他们奉献的地方有诸多方面尚未

受到公平公正对待。

（一）户籍制度改革依然滞后

虽然国家取消了农业户口与非农业户口的二元划分，实现了农村居民与城市居民在身份法律意义上的平等，户籍制度附带的歧视政策已基本取消，但农村居民到城市落户的户籍门槛依然很高，户籍制度造成的城乡二元分割的事实上依然存在，制约着农村劳动力市场改革进程。政府的公共服务和财政支出很难包括农民工在内的城市全部常住人口，农民工享受的公共服务仍然有限。农民工在城市就业，为城市的发展做出自己的贡献，但他们不能像城市户籍居民一样享受城市全部社会管理和服务。

（二）农民工子女在城市就学依然困难

保障农民工随迁子女平等就学升学权利，是推进新型城镇化和实现社会公平正义的内在要求。我国政府十分重视农民工随迁子女在城镇公平接受义务教育问题，教育政策先后经历了从"两为主"（以公办学校为主，以流入地政府为主）到"两纳入"（纳入城镇发展规划，纳入财政保障范围），再到"两统一"（统一以居住证为主要依据为随迁子女提供义务教育服务，统一随迁学生流动携带"两免一补"资金和生均公用经费基准定额资金）的演进，随迁子女在城镇就学升学状况得到了极大改善（邬志辉，李静美，2016）。但是农民工随迁子女在城市就学依然困难，具体表现在入读公校难，入学门槛繁多且难办；仍难在当地参加高考和中考等（纪韶，李小亮，2019）。

（三）农民工市民化的程度仍然偏低

目前，我国农村转移人口市民化仍然存在着制度性障碍。首先，资金不足阻碍着农业转移人口市民化，一方面，巨额的市民化公共成本支出是阻碍农业转移人口市民化的拦路虎；另一方面，市民化公共成本的分担机制需要进一步完善，市民化公共成本的区域分担结构需要完善。其次，户籍制度背后的福利分配制度提高了农民进入城市的门槛，一方面，二元户籍制度阻碍了农民工的身份认同，弱化了农民工对城市的认同感和归属感；另一方面，户籍制度背后的福利分配制度提高了农民进入城市的门槛。

五、完善我国农村劳动力管理

十九大报告提出了乡村振兴战略，其根本目标是实现农业农村的现代化。农民工是我国产业工人的重要组成部分，做好农村劳动力的管理工作，促进农村劳动力向城市和非农部门的转移，是实现我国工业化、城镇化和农业农村现代化的重要推动力。农村劳动力的管理政策是否得当不仅会影响我国工业化、城镇化的道路、方向、水平和质量，更将直接关系到我国农业农村现代化和乡村振兴的目标能否实现。

（一）进一步推进户籍制度改革，推进城乡一体化的就业体制

近年来，国家不断推进农村劳动力的市场化改革，但以户籍制度为核心的城乡二元

体制仍然存在，并阻碍着转移劳动力在城市稳定定居和就业。为此，国家应该进一步推进户籍制度改革，走有中国特色的农村劳动力就业转移道路，解决好城乡二元结构问题。一方面，推动城乡二元经济结构转向城乡一体化；另一方面，改变影响城乡二元经济结构的社会管理体制及由其造成的城乡居民权利不平等的二元社会结构。从根本上实现城乡一体化，就要不断破除城乡分割的二元经济体制阻碍，逐步建立和完善城乡一体化经济结构体制。

（二）创新农民工市民化的制度

像中国这样有着十几亿人口的国家要想实现现代化，就要不断促进农村人口向城市和非农就业转移，推进中国工业化和城镇化进程。为此，要不断创新农民工市民化的制度，围绕"进得来"的原则，降低农业转移人口进城落户门槛，完善农村转移人口市民化的成本分担机制，让有条件的农民工有序市民化。

（三）进一步深化农业现代化关键领域的改革

1. 确保承包土地权益，为农村劳动力的转移提供有效保障

土地作为农民工的最终保障，在整个工业化、城镇化过程中，都将发挥着稳定器的作用。为此，要不断深化土地制度改革，为农村劳动力的转移创造条件。同时，积极推进农地经营权流转，完善农地经营权市场，对于已经在城市有稳定就业门路、不愿返乡的农民工，允许并鼓励他们通过出租、参股、出让其土地经营权等方式，为其在城市购买住房或租赁门店提供资金支持，盘活其土地承包权。此外，禁止违法收回、调整、强迫农民转让承包地的做法，让农民工向城市的流动与迁移建立在自愿、自由的基础上，避免其他发展中国家快速城镇化过程中出现的大城市病和贫民人口在城市聚居问题。

2. 依法保护农村劳动力的就业权益

中国劳动力市场的发展是以农村剩余劳动力就业转移为主线的，目前城市和发达地区就业趋于饱和，加上国家实施经济调控等措施，劳动力流动已变得平缓。应朝着建立维护农民工就业合法权益的良好市场秩序努力，政府应做好公共就业服务，形成信息、中介、培训服务网络，降低而不是增加农民流动就业的成本。加强市场法制建设，维护农村劳动力流动就业中的合法权益，体现社会公正。

3. 进一步加强教育和技能培训，提高农民工综合素质和技术水平

要实现从"中国制造"向"中国创造"的转变，大幅度转移农村剩余劳动力和缩小城乡收入差距，都离不开农民工劳动技能和素质的提高。为此要加大对农民工培训的投入，整合分散的培训资金，积极构建以就业效果为评价标准的培训体制机制，由农民工自主选择培训机构，切实提高职业培训的质量和效果。在农民工的在职培训上，要根除"一厂两制"现象，主管部门要监督企业按规定提取 2%职工工资用于职工培训，参照企业职工中城市户口和农村户口的比例，将农民工的在职培训和晋升纳入企业的员工发展规划中，打通农民工在体制内的上升通道（李中建，2011）。

4. 扩大公共财政支出，通过农民工共享城市公共服务促进稳定迁移

流入地城市要将农民工的就业服务、子女教育、医疗卫生、计划生育、精神文化需求统筹考虑，在制定本市经济社会发展规划时，将农民工对公共服务的需求计算在内。通过财政持续投入的方式，加大对城市基础教育、医疗卫生、职业介绍服务方面的投资，使有稳定就业门路的农民工子女能受教育、夫妻能团圆、家庭能更完整、医疗卫生更有保障，实现从候鸟式流动向稳定转移的转变。这种转变对于城市年龄结构的年轻化，改善农民工状况，改善城市用工短缺和用工成本逐渐升高，都会起到积极的作用。

5. 创新支持农民工返乡创业的政策体系

近年来，农民工在流动就业上发生了新变化，返乡创业成为新热潮，引起了农村产业、就业、增收、脱贫的连锁反应，已经成为现阶段解决贫困问题的重要抓手。要准确把握新形势、新要求，完善支持返乡创业的政策体系，细化有针对性的融资、财税、用地等支持政策，创建创业园区、孵化基地、车间厂房等硬平台，完善技能培训、人才培育等软平台，加大交通、网络等基础设施建设投入，大力推行"一站式"的创业服务，为农民工返乡创业提供良好的配套条件。

6. 畅通农村流动劳动力转化为市民的渠道

建立起通畅、低成本的农村劳动力流动就业和农业人口转化为市民的体制机制及政策体系，深化户籍制度改革，让有意愿、有条件进城落户的农业人口顺利落户转为市民。在城镇普遍实行居住证制度，使农民工及其家属享有与当地市民同等的权利和义务。着力改善农村生产生活条件，加快推进公共基础设施、基本公共服务、基本社会保障制度的城乡均等化。

本章参考文献

蔡昉，2017. 改革时期农业劳动力转移与重新配置 [J]. 中国农村经济（10）：2 - 12.

陈锡文，罗丹，张征，2018. 中国农业改革 40 年 [M]. 北京：人民出版社：246 - 265.

陈妍，2013. 改革开放以来我国流动人口政策变迁研究 [D]. 西安：陕西师范大学.

纪韶，李小亮，2019. 改革开放以来农村劳动力流动就业制度、政策演进和创新 [J]. 经济与管理研究，40（1）：64 - 74.

江业文，2004. 新中国户籍制度的历史形成及历史地位探析 [J]. 广西社会科学（1）：130 - 133.

李中建，2011. 我国农民工政策变迁：脉络、挑战与展望 [J]. 经济学家（12）：70 - 76.

王素善，2002. 新中国户籍制度形成与演变过程的历史考察（1949—1978）[D]. 北京：中共中央党校.

王小章，冯婷，2018. 从身份壁垒到市场性门槛：农民工政策 40 年 [J]. 浙江社会科学（1）：4 - 9.

王跃生，2013. 中国当代人口迁移政策演变考察——立足于 20 世纪 50—90 年代 [J]. 中国人民大学学报，27（5）：103 - 111.

邬志辉，李静美，2016. 农民工随迁子女在城市接受义务教育的现实困境与政策选择 [J]. 教育研究，37（9）：19 - 31.

张广胜，田洲宇，2018. 改革开放四十年中国农村劳动力流动：变迁、贡献与展望 [J]. 农业经济问题（7）：23 - 35.

张晓山，李周，2009. 新中国农村 60 年的发展与变迁 [M]. 北京：人民出版社：283 - 312.

第七章　农业科技政策

　　农业科技政策是党和国家在一定历史阶段为保证农业科技的发展和应用，使科技更好地服务于农业经济和社会发展而制定的指导方针和行动准则（钟甫宁，2011）。我国农业科技政策体系的形成有其特定的历史背景。根据不同历史时期我国农业的发展特点与农业科技政策的目标导向，将农业科技政策演化分为 5 个阶段，即建设发展阶段（1949—1965 年）、"文革"时期遭遇挫折阶段（1966—1976 年）、整顿恢复阶段（1977—1984 年）、改革创新阶段（1985—2012 年）、全面深化阶段（2013 年至今）。

　　新中国成立以后，原有的农业科技体制模式由于性质、特点及目标差异，难以全面胜任新的农业科技发展需求，因而建立一种新的农业科技体制就成为历史的必然选择。新中国成立初期，我国在农业科技政策的出台、科研机构的创建、人才队伍的培养、农业技术的推广、研发成果的转化等方面，都取得了可喜的成绩，为中国农业科技的发展奠定了坚实的基础。十年"文革"使中国农业科技事业受到了严重破坏。这一时期，整个农业科技研发与推广工作基本处于停滞状态，甚至在许多方面出现了倒退。十一届三中全会以来，科技在经济社会发展中的重要性重新获得重视，农业科技事业在整顿中大步前进，在恢复中快速发展，取得了巨大的成就。自 1985 年《中共中央关于科学技术体制改革的决定》发布以来，我国农业科技政策先后进行了一系列重大改革，农业科研机构的运行机制发生了重大变化，出台了一系列有利于促进农业科技创新和推广转化应用的政策措施，使我国农业科技事业实现了快速发展。党的十八大以来，我国大力实施创新驱动发展战略，农业科技创新步伐明显加快，成果转化和推广不断加强，主要农作物良种基本实现全覆盖，畜禽品种良种化、国产化比例逐年提升，农业科技投入政策在保障粮食生产安全和农产品有效供给、农业增效、农民增收等方面做出了重要的贡献。

一、建设发展阶段（1949—1965 年）

　　新中国成立之初，百废待兴，农业生产条件很差，农业科技水平极其落后。新中国成立之时，从旧政权接收的农业科研机构只有中央农业实验所以及某些地方的农业试验场。新中国成立前建立和形成的农业科技政策体系与农业技术推广体制已经基本解体，新的政策体系尚未形成，农业科技投入基本处于空白状态。因此，党和政府高度重视农业科技研究与推广应用事业。当时，粮食稳定供给是政府经济工作和农业农村工作的头等大事，因此，农业科研的中心任务是恢复和发展生产。

　　在国家财政并不宽裕情况下，党和政府投入了大量财力、人力组建农业科技体系。

---

　　* 本章编写人员：孙川东。

新中国成立初期，农业科技政策体系的建设是随着中央人民政府农业部科技职能部门的建立和完善而展开的（朱世桂，2012）。在留用民国时期设置的科研机构的人员的基础上，按计划体制的集中模式，各大行政区和各省、直辖市以及自治区也相继着手改组和整顿旧政权留下的为数有限的研究、试验机构，并陆续组建新的科研机构，在较短的时间里，建立了比较完整的农业科研组织体系，奠定了新中国农业科学研究体制的发展基础。1949年5月1日，华北农业科学研究所在北京成立，随后，华中、华南、西南和西北相继建立了大区性的农业科学研究所，1957年3月1日，在华北农业科学研究所的基础上扩大成立了中国农业科学院。

1949年9月29日中国人民政治协商会议第一届全体会议通过的《中国人民政治协商会议共同纲领》首次提出了农业科技方面的内容。其中，第三十四条规定："要努力发展自然科学，以服务于工业、农业和国防建设。"其中对农业建设的要求是："注意兴修水利，防洪抗旱，恢复和发展畜力，增加肥料，改良农具和种子，防止病虫害，救济灾荒，并有计划地移民开垦。保护森林，并有计划地发展林业。保护沿海渔场，发展水产业。保护和发展畜牧业，防止兽疫。"这些政策，成为农业科技发展的指引。随后又提出"理论联系实际，科学为生产服务"的方针，制定了《1951—1955年农业科研计划》，把组织人力和物力培育推广良种、防治病虫害等作为农业科技工作的重点任务之一。这成为新中国成立初期我国农业科技工作的指针，农业科技发展的帷幕由此拉开。

1951年12月，中共中央在《关于农业生产互助合作的决议（草案）》中指出："提倡新旧生产技术的互教互学运动，普及和提高旧技术旧经验中的有用合理部分，逐步地与那些可能应用的新技术相结合，不断地改良农作法"，"每县至少有一个至两个国营农场，一方面，用改进农业技术和使用新式农具这种现代化大农场的优越性的范例，教育全体农民；另一方面，按照可能的条件，给农业互助组和农业生产合作社以技术上的援助和指导。"随后，农业部根据该决议精神，于1952年提出"以农场为中心、互助组为基础、劳模技术员为骨干组成技术推广网络"。由于受到当时生产条件、技术力量、管理水平都的限制，这一推广体制影响的范围相对较小，发挥的作用也比较有限。

1952年10月，为了适应农业迅速恢复和发展的形势，农业部在北京召开全国农业工作会议，并于1953年颁布了《农业技术推广方案（草案）》，要求各级政府设立专业机构，配备专职人员，开展农业技术推广工作。1954年，农业部拟定《农业技术推广站工作条例》，要求县以下建立农业技术推广站，对农业技术推广站的职能性质、任务、组织领导、工作方法、工作制度、人员配备、经费、设备等都作了具体规定。1955年4月，农业部发布《关于农业技术推广站工作的指示》，要求农业技术推广站在县以下的行政区设置，明确规定农业技术推广站是农业部门总结农民生产经验，推广农业科学技术，帮助农民提高产量、增加收入，促进农业合作化的基层组织；综合推广站的业务包括耕作技术、作物良种、病虫害防治、土壤肥料、新式农具、灌溉排涝、水土保持、畜牧兽医和会计辅导。该文件对技术推广站的选址、人员编制、工作方法、隶属关系、干部培训、表彰奖励等，都作了具体规定。各地根据农业部的指示，对农业技术推广站进行整顿，精简上层，充实基层，多数省份撤销了省、地、县三级农业技术推广机构，充实和新建区农业技术推广站。至此，农业技术推广站的建设从试办进入普及阶段。这一阶段的农业技术推广工作将力量集中在基层，同农民群众的联系更为密切，农业技术推广体制得到了一定完善和发展，为农业生产的发展发挥了积极的作用。但由于农业科研力量还很薄弱，农业技术推广主要是总结和推广老农、劳模的生产经验和农家品种，农业生产仍然维持在传统的科学技术水平上，而且，此时的农业技术推广体制并不健全，只有基层组织，没有上层机构，没有形成完整的体系。

1956 年，农村社会主义改造基本完成后，中共中央颁布了《1956—1967 年科学技术发展远景规划》（以下简称《十二年科技规划》），在全国范围内掀起了农业技术革命的高潮。《十二年科技规划》是我国第一个正式规定科研机构设置原则的权威性文件，确定了"重点发展，迎头赶上"的方针，提出了国家建设所需要的 57 项重要科学技术任务和 616 个中心问题，其中农业有 5 项科学技术任务："农业机械化、电气化和农业机械的制造问题""提高农作物单位面积年产量""荒地开发问题""扩大森林资源及森林的合理经营与合理利用""提高畜牧业、水产业和养蚕业的产量和质量问题"。规划的制定和实施不仅对我国农业科学技术的发展起了重要的推动作用，而且对我国农业科研机构的设置和布局、高等农业院校学科及专业的调整、农村科技队伍的培养方向和使用方式、科技管理的体系和方法以及我国农业科技体制的形成起了关键性的作用。

1955—1956 年，国家经济建设出现了忽视综合平衡的冒进势头。1957 年中央提出了"保证重点、适当收缩"的方针，经济从过热中开始回落。1958 年，毛泽东系统地提出了"土、肥、水、种、密、保、管、工"的"八字宪法"："土"是指要深耕、改良土壤，普查土壤和合理利用土地；"肥"指要增加肥料、合理施肥；"水"是指要兴修水利、合理用水；"种"即要求培育、繁殖和推广良种；"密"意指要合理密植；"保"即要进行植物保护、防治病虫害；"管"则要求加强田间管理；"工"则包含着对工具要实施改革。"八字宪法"随后被写入了八届六中全会通过的《关于一九五九年国民经济计划的决议》中。"八字宪法"科学地总结了我国农民丰富的生产经验以及新中国成立后农业技术改革的经验，开辟了农业依靠科技发展的道路，在当时促进了农业生产的发展。

1959—1961 年国家处于严重经济困难时期，科研机构被迫实行精简，各地的农业技术推广机构首当其冲。1960 年，国家科学技术委员会发布了《科研机构精简、迁移、合并、下放和撤销的意见》，各地农业科技研发与推广机构数量减少，人员下放或改行，科技人员的稳定性和科研工作的连续性受到一定影响，新中国成立后建立的农业科技政策体系遭受到第一次挫折。雪上加霜的是，1960 年 7 月苏联突然停止了对华援助。中苏关系的突变，要求我国必须自力更生，独立解决经济困难问题、尖端科技问题以及重大基础科学问题。为此，中央及时作出政策调整，提出了"调整、巩固、充实、提高"的方针，国家科学技术委员会和中国科学院共同制定了有"科技宪法"之称的《关于自然科学研究机构当前工作的十四条意见》（以下简称《科研工作十四条》）。《科研工作十四条》是调动广大科技工作者为社会主义建设服务，多出成果、多出人才的基本政策，对"大跃进"时期各种"左"的思想进行了初步清理，并对科技工作中的一些政策问题做了规定和澄清，重申了党对知识分子的重视，明确了科研机构的根本任务，纠正了科研机构精简过头的问题。《科研工作十四条》提出：要团结一切爱国的知识分子，鼓励科学技术人员走又红又专的道路；要整顿科学技术工作的规章制度，保证科学技术工作的正常秩序；要保证科学技术人员每周至少有六分之五的时间从事科学研究工作，不得以政治学习、社会活动或其他活动冲击业务工作时间。在"调整、巩固、充实、提高"的八字方针指导下，农业科技事业再度受到重视。1961 年 12 月，农业部召开全国农业工作会议，提出恢复、整顿"三站"（农业技术推广站、种子站、畜牧兽医站）。1962年春季开始，党中央、国务院组织各方面专家学者历时一年，制定了《1963—1972 年科学技术发展规划》（以下简称《十年科学规划》）。《十年科学规划》中关于农业科技提出要"采取单科性研究与综合性研究相结合、总结提高农民生产经验和祖国农学遗产与发展现代科学技术相结合、科学研究与推广普及相结合的方法"，"为农业增产提供各方面的科学技术成果，系统地解决现实农业技术改革中的科学技术问题"。12 月，农业部发出《关于充实农业技术推广站，加强农业技术推广工作的指示》，这一指示对设站方式、农业技术推广工作任务、工作方法、人员配备、生活待遇、奖励制度以及领导关系等作了进一步的明确规定。此后，全国各地对农业技术推广站进行了整顿、充实和加强。经国务院农林办公室批准，农业部成立了农业科技事业管理局，林业部、水产部、农垦部也相继成立了科技局或科学技术委员会，使农业科技工作的管理逐步得到了加强。

新中国成立之初，我国农业科技力量薄弱，对建立社会主义科技政策体系和科研管理体制缺乏经验，通过借鉴苏联高度集中的计划模式，充分地利用了当时国内有限的农业科技资源，在较短时间内提高了我国农业科研工作的水平，建立了与计划经济体制相适应的高度集中的农业科技投入政策体系，为我国农业科研事业奠定了重要的基础。总之，从新中国成立到 1965 年，我国建立了相对完整的农业科学研究、教育和推广体系，各级农业科研单位紧密联系生产实际，推广群众的先进生产经验、良种良法和改造低产田等技术，在统一规划下分工协作，科研工作进展较快，促进了农业科学技术的大面积应用。但这一阶段是我国国民经济的恢复和发展时期，国家财政支持的重点是工业，而对农业的投入相对较少。不仅如此，国家还通过采取农产品的统购统销等政策将农业剩余转移到工业以满足工业发展的资金需要。在农业财政投入政策上，投入重点放在农业基本建设和农林水利气象等事业费支出方面。尽管由于国家财政对农业的投入不足以及农业支持工业等因素，农业生产的物质、技术条件改善有限，影响了农业自身的发展活力，但这一时期的农业科技政策为我国农业科技事业的发展奠定了良好的基础。其特点：一是对农业科技工作体制、研发机构的设置、科技干部的使用、人才队伍的培养等做了一般性规定；二是强调了农业科技理论与群众生产实践经验结合的重要性，规定了农业科技发展的路径；三是确定了农业科技优先发展的领域，特别是要促进农业增产增收（黄敬前，2013）。

二、"文革"时期遭遇挫折阶段（1966—1976 年）

1966 年，国民经济的调整基本完成，国家准备开始执行第三个五年计划的时候，意识形态领域的批判运动逐渐发展成为政治运动，一场长达十年的"文革"开始了。

　　"文革"对我国农业科技事业造成了重大损害，农业科技政策偏离了农业发展规律与客观自然规律。人们否定科学技术研究的价值，贬低了科研机构和专家学者在促进农业生产、农村经济发展中的作用，片面强调依靠群众运动进行农业科学试验，农业科技研究机构被大面积解散，农业技术推广体系受到了严重影响，农技人员普遍被下放农村或弃业转行。科研机构拆解，技术人员下放，使科技资料、仪器设备、种子材料等遭到破坏损失，严重扰乱了正常的农业科研秩序，使我国农业科学基础工作和理论研究停顿了下来，拉大了我国农业科技同世界先进水平的差距。

　　在这种极端困难的条件下，农业科技战线的广大党员和群众仍旧坚持了一定的科研工作。为了解决农业生产中的技术问题，在过去农业技术推广站办过试验点的地方，部分基层农民技术骨干和插队落户的农技干部在社队领导的支持下积极扶持组织群众进行科技试验，建立了各种形式的试验组，开展新品种、新技术的试验、示范，引导农民科学种田。湖南省华容县于 1969 年开始创建"四级农业科学试验网"，简称"四级农科网"，即县办农科所、公社办农科站、大队办农科队、小队办实验小组。随后，"四级农科网"的经验在湖南省得到了推广。1974 年，经国务院批准，农林部和中国科学院在华容县召开"四级农科网经验现场交流会"。到 1975 年底，全国有 1 140 个县建立了"四级农科网"组织。"四级农科网"体制的领导主体是县、公社、大队、生产队的各级行政单位；投资主体是生产队，上级政府部门不承担农业科技推广经费负担；农技人员主要推广农业操作技术，在生产队中记工分、分粮食，年终结算时可以领取一部分盈余现金。这一体制被认为是一种实行自给制的行政主导的农技推广体制。在这一艰难时期，"四级农科网"结合了农业生产实践，部分解决了生产中遇到的基本问题，加强了农业科技推广体制建设，在普及农业科学技术、培养农村科研人才、提高农民科学意识等方面起到了不可低估的作用（樊启洲，2000）。

　　为了减轻"文革"对农业科技工作的干扰和破坏，周恩来等党和国家领导人采取了一些弥补措施。1972 年周恩来多次指示要加强自然科学的基础理论研究。农林部根据当时国务院领导批示，提出并组织了水稻雄性不育和杂种优势利用（杂交水稻）、马传染性贫血防治等 22 项全国重大农业科研协作攻关项目，取得了不同程度的进展与突破。1972 年 4 月，农林部召开了中国农林科技座谈会，并在全国农业展览馆展出了在此期间全国各地农林牧渔等方面所取得的部分科研成果。这次会议后，科研工作得到一定程度的恢复与加强。经国务院批准，1973 年 1 月农林部成立了科教局，加强对农业科技工作的组织和管理。1975 年在第四届全国人民代表大会第一次会议上，周恩来总理在《政府工作报告》中提出"全国实现农业、工业、国防和科学技术的现代化，使我国国民经济走在世界的前列"。1975 年邓小平主持中央工作期间，听取了胡耀邦关于科学院工作的《科学院工作汇报提纲》的说明，肯定了该汇报提纲中关于"科学技术也是生产力。科研要走在前面，推动生产向前发展"的观点，并要求对科技战线进行整顿。邓小平对科技战线存在的问题及改进办法作出了实事求是的深刻分析与建议，指出：要选党性好、组织能力强的人搞后勤，给科技人员创造好科研工作的条件。

　　总体而言，这一时期我国农业科技事业遭受到了重大打击，农业科技力量被严重削弱，但是从杂交水稻等重大科技项目的突破到"四级农科网"的推广，说明党和政府对农业科技事业仍然高度重视。联系到当时的时代背景，可以认为党和政府在这个特殊的历史时期下制定的农业科技政策为我国农业科技事业的后续整顿与恢复保存了力量。

三、整顿恢复阶段（1977—1984 年）

1977—1984 年，是我国农业科技政策的整顿恢复阶段，在这一阶段，农业科技研发与推广机构进入了一个新的发展时期，农业科技事业在整顿中恢复，在恢复中发展。

1976 年 10 月"文革"结束，科技在经济社会发展中的重要性开始重新获得重视，农业科技研究工作充满了生机，得到了快速恢复。1977 年中共中央和国务院批准了农林部《关于加强农林科教工作和调整农林科学、教育体制的报告》，原下放到各地的研究所全部搬回北京，下放到地方的研究所收回实行以部为主的领导体制。1978 年 12 月，中共中央召开了十一届三中全会，提出了把全党的工作重点转移到经济建设上来。这是中国历史上的一个伟大的转折点，也是全国科技政策体系演变的重大转折点。1978 年 3 月 18 日，被誉为"科学春天"的全国科学大会召开，这是我国科技事业的一次历史性转折。邓小平在大会开幕式上强调："没有科学技术的高速度发展，也就不可能有国民经济的高速度发展。"（邓小平，1994）大会通过了《1978—1985 年全国科学技术发展规划纲要》（以下简称《纲要》），《纲要》旗帜鲜明地提出："科学技术是生产力。四个现代化的关键在于科学技术现代化。"《纲要》要求集中力量，在农业等 8 个影响国家发展全局的综合性科学技术领域、重大新兴技术领域和带头学科，做出突出成绩。其中，关于农业科技提出了 17 项重点研究项目，要按照"以粮为纲、全面发展"的方针，进行农林牧副渔资源的综合考察，为合理区划和开发利用提供科学依据。《纲要》对农业科技的主要要求如下：发展与机械化相适应的耕作制度和栽培技术；解决南水北调工程及有关的科学技术问题；在改良低产土壤和治理水土流失、风沙干旱方面取得重大进展；全面提高良种的高产、优质和抗逆性能；发展复合肥料，实行科学施肥；研究生物和化学模拟固氮；尽快解决作物病虫害综合防治技术；加强林、牧、渔各业的科学研究；研制农、林、牧、渔业的各种高质量高效率的机械和机具；建立农业现代化综合科学实验基地；加强农业科学基础理论的研究。1979 年，农业部召开建立农业科学实验、推广、培训中心试点县座谈会，决定在全国 29 个省、自治区、直辖市各选择一个县作为改革试点，由国家和地方共同投资，把县农科所及农技推广、植保、土肥、经济作物等专业站和农业技术培训学校结合起来，实行统一组织领导、统一使用技术力量、统一布置工作、统一使用财力，建成全县的试验、示范、培训、推广相结合的农业技术推广中心。

为了加强对农业科技事业的宏观管理，1979 年 5 月，农业部重新组建了农业部科学技术委员会，发布了《农业部科学技术委员会组织纲要》，以加强农业科研和技术推广工作。明确了农业部科学技术委员会为咨询审议机构，任务主要是对农牧业科学技术的长远规划和年度计划进行审议，对农牧业科技成果和奖励进行审查和评议，对农牧业技术政策、体制及规章制度进行审议和提出建议，对技术推广、科学技术干部培养和对外科技交流计划进行审议，从而使农业科技工作能够在促进农业现代化中发挥更大的作用。1979年党的十一届四中全会通过的《中共中央关于加快农业发展若干问题的决定》提出，"要集中力量抓好农业技术改造，发展农业生产力。""要组织全国科学技术力量研究解决农业现代化中的科学技术问题……逐步形成门类齐全、布局合理的农业科学技术研究体系。"随后，1980年，国家农委与农业部发布了《关于加强农业科研工作的意见》，明确提出要组织技术力量研究解决农业现代化中的科学技术问题，中央要办好中国农业科学院等几所重点农业科学院和农业院校，各省、自治区、直辖市要根据农业区划办好一批农业科研机构；提出了调整各级农业科研单位的方向任务，使之各有侧重，形成特色。该意见还要求部属科研单位要面向全国，以应用研究和应用基础研究为主，也要重视开发研究，侧重解决生产上具有战略性、基础性、综合性的问题；省级农业科研单位以应用研究和开发研究为主，着重解决本省生产上需要解决的科技问题，并承担一部分全国性的科研任务；地、市级农业科研单位，要在本省统一规划下，以开发研究为主，有条件的也可以开展具有本地特色的应用研究工作；高等农业院校着重于应用基础研究和应用研究。同年，农业部还组织拟订了《农业科研工作条例》，印发了《关于加强农业技术推广工作的意见》，从此农业政策体系建设走上了积极探索农业科技体制改革发展的道路。在"经济建设必须依靠科学技术，科学技术工作必须为经济建设服务"的方针指引下，经过几年的调整建设，农林系统已初步形成了基本按照自然区划和经济特点设置、由中央和地方两级管理的农业科技研究体系。到1985年，全国农、林、牧、渔、农机化科研单位共1 428个，比1979年的597个增长了1.4倍。

1980年1月，农业部召开全国农牧厅（局）长会议，提出了《关于加强农业技术推广工作的意见》。1981年3月，国家农委召开农业科技推广座谈会。同年3月，国家农委、国家科委、农业部、林业部等12个单位共同发出《关于切实加强农业科技推广工作，加速农业发展的联合通知》，提出重点推广项目应该是当地生产急需的农业技术，投资少、见效快、收益高的技术，适应范围广、增产潜力大、能较快地在大面积上推广应用的技术。1982年，中共中央转发了《全国农村工作会议纪要》，该纪要指出，要恢复和健全各级农业技术推广机构，充实加强技术力量，重点办好县一级推广机构，逐步把技术推广、植保、土肥等农业技术机构结合起来，实行统一领导，分工协作，使各项技术能够综合应用于生产。自此，农业技术推广体系建设进入了新的发展时期。

1982年，中共中央1号文件提出，"恢复和健全各级农业技术推广机构"，"逐步把技术推广、植保、土肥等农业技术机构结合起来，实行统一领导，分工协作，使各项技术能够综合应用于生产"。1982—1986年，国务院连续颁布了5个中央1号文件，其中都强调了改进农业科学技术，改善农业生产条件。到1985年，全国建立县农业技术推广中心500个，"七五"时期末，县农业技术推广中心发展到2 000多个。至此，我国从中央到地方各级农业技术推广体系已基本建成，从事农业技术推广工作的人员近100万人。完善的农业科技研发及推广体系和庞大的科研队伍为我国农业的发展做了大量工作，为振兴农村经济发挥了重要作用。

20世纪80年代初，我国现代农业发展刚刚起步。为逐步完成从农业自给自足到农业生产商品化的转变，党和政府陆续出台了一系列包含农业科技政策的计划。20世纪中国最大的科技计划——"国家科技攻关计划"自1982年起开始实施，这是第一个国家科技计划，它始终坚持将农业科技放在首要位置进行全面部署。"九五"期间，围绕确保粮食等农产品有效供给、增加农民收入、改善农业生态环境、加快农业产业化等问题，我国共安排了 22 个项目、800 多个专题，共培育农作物新品种 664 个，开发新产品 988 项，建立试验基地 1 995 个、示范点 4 807 个。"国家科技攻关计划"极大地推动了农业科技的发展，大幅提升了农业科技的创新能力，显著提高了我国农业科技水平，为实现我国农产品由长期短缺到供求基本平衡、丰年有余的历史性转变，发挥了巨大作用。1982 年，经国务院科技领导小组批准，成立了由国家科委、国家计委、国家经委共同领导的"科技长期规划办公室"，组织 200 多名专家，成立 19 个专业规划组，编制了《1986—2000 年中国科学技术发展规划》，该规划在农业科技方面进行了突出强调，对农业科技具有指导意义，强调了农业科技与农村经济结合的重要性，促进了农业科技成果迅速广泛地应用于农业生产。1984 年，国务院批准了《关于当前整顿自然科学研究机构的若干意见》，对研究机构的领导体制、管理体制等提出了指导意见。随后国家科委和国家体改委发出了《关于开发研究单位由事业费开支改为有偿合同制的改革试点意见》，农牧渔业部随即组织了有关单位进行调查，批准部属的 8 个研究所作为第一批改革试点单位，各省、自治区、直辖市农业厅（局）、农业科学院也陆续开展了改革试点工作。同年，农牧渔业部在新疆召开了部分省、自治区、直辖市参加的农业科研体制改革试点单位座谈会，交流总结改革的经验；3 月 1 日，发布并实施了《农业技术承包责任制试行条例》，逐步改变了过去单靠国家事业费搞推广的办法。

党的十一届三中全会后，中国进入了新的历史发展阶段，农业科研工作的外部环境得到根本改善，各地科研机构很快得到恢复，农业科学事业掀开了新的一页。这一阶段农业科技政策的特点主要体现在两个方面：一是重新认识农业科技的地位、作用和影响，提出"科学技术是生产力。四个现代化的关键在于科学技术现代化"；二是在指明农业科技优先发展领域的同时，强调农业科技成果要迅速转化为农业生产力，并为此出台了专项规划，指明了农业科技发展的方向。

虽然各部门以及各级政府的农业科技力量获得了恢复发展，建立了一个完整的体系，但是，由于农村形势发生了根本性的变化，原来那种封闭式的科技体制难以适应新形势，主要表现在四方面：一是家庭联产承包责任制的实行，使科技工作的对象由公社、大队、生产队变为千家万户，要把科学技术真正送到农民手中，需要探索新的途径；二是经过产业结构的调整和商品经济的发展，农村越出了单一粮食种植的狭小天地，对农业科技提出了多方面的要求；三是由于农民享有充分的生产和经营自主权，过去那种单纯采用行政手段推广普及先进技术的模式已难以操作；四是随着农民学科学、用科学热潮的兴起，单纯靠国家花钱研究、推广新技术的体制也无法满足农民的需要了。在这种情况下，"四级农科网"纷纷解体，许多农民急需的先进适用技术成果不能很快应用于生产，影响和制约了农村经济的发展。

为了寻求适合农村新形势的科技发展路子，有些地方开始试点，实行国家、集体、个人并举，打破单靠国家统办统包科技的老模式：组织社会力量兴办科技事业，建立与发展多层次、多成分、多形式的技术开发和服务体系，同时鼓励运用经济杠杆，发展有偿技术服务，增加科技人员和科技机构的工作活力。这种新的科技体制和运行机制，为新技术、新成果在农村试验、示范和推广应用，发挥了积极的作用。

四、改革创新阶段（1985—2012 年）

随着市场经济的发展和农业生产结构的多元化，原来的科技政策体制表现出了明显的不适应性。1985 年 3 月，中共中央发布了《关于科学技术体制改革的决定》（以下简称《决定》），这标志着我国要逐步建立以市场为导向的农业科技政策体系运行机制，我国农业科技政策体系进入改革创新阶段。

《决定》指出，当前科学技术体制改革的主要内容是：在运行机制方面，要改革拨款制度，开拓技术市场，克服单纯依靠行政手段管理科学技术工作，国家包得过多、统得过死的弊病；在对国家重点项目实行计划管理的同时，运用经济杠杆和市场调节，使科学技术机构具有自我发展的能力和自动为经济建设服务的活力。在组织结构方面，要改变过多的研究机构与企业相分离，研究、设计、教育、生产脱节，军民分割、部门分割、地区分割的状况；大力加强企业的技术吸收与开发能力和技术成果转化为生产能力的中间环节，促进研究机构、设计机构、高等学校、企业之间的协作和联合，并使各方面的科学技术力量形成合理的纵深配置。在人事制度方面，要克服"左"的影响，扭转对科学技术人员限制过多、人才不能合理流动、智力劳动得不到应有尊重的局面，形成人才辈出、人尽其才的良好环境。

《决定》第五部分对农业科技体制改革做了专门叙述：

"改革农业科学技术体制，使之有利于农村经济结构的调整，推动农村经济向专业化、商品化、现代化转变。"

"各级政府对于重大的农业技术开发项目或区域开发项目，应打破部门、地区的局限，实行公开招标，择优委托。各地要围绕农林牧副渔的商品生产基地的建设，积极同各方面的科学技术力量，发展多种形式的联合。省以上农业科研机构和农业高等学校要加强合作，用较大的力量进行超前一步的研究和开发工作，并且建立科学技术成果综合运用的示范基地。要鼓励和推动城市各行各业的科学技术人员和科学技术机构向农村提供各种技术成果、信息和技术服务。"

"农业技术推广机构应同研究机构、高等学校密切合作，加强同乡镇企业、各种合作组织以及专业户、技术示范户、能工巧匠的结合，以点带面，积极做好供、产、储、运和加工等各方面的技术服务以及新技术的推广工作。要推行联系经济效益计算报酬的技术责任制或收取技术服务费的办法，使技术推广机构和科学技术人员的收入随着农民收入的增长而逐步有所增加。技术推广机构和研究机构可以兴办企业型的经营实体。农业技术推广机构和研究机构的事业费，仍可由国家拨给，实行包干制。应当鼓励和支持有条件的单位逐步做到事业费自给。"

为了贯彻执行《决定》的有关精神，国家先后出台了一系列政策法规及文件来规范和指导科研体制的改革。1986 年，我国第一次发表科技白皮书《科学技术政策指南》。随后，《中华人民共和国科学技术进步法》《中华人民共和国专利法》《中华人民共和国技术合同法》《中华人民共和国科学技术普及法》等颁布施行。值得一提的是，为推动中国科技体制改革，变革科研经费拨款方式，中国科学院 89 位院士致函中央，建议设立面向全国的自然科学基金，并很快得到了党中央和国务院的首肯。国务院于 1986 年 2 月 14 日批准成立国家自然科学基金委员会，并引入了科研经费分配的公平竞争机制。当年 7 月，农牧渔业部在吉林省召开第一次农业科技体制改革研讨会，讨论制定了《关于农业科技体制改革的若干意见（试行）》，对农业科技体制改革的指导思想，调整方向任务、充分发挥优势，简政放权、扩大研究所自主权，改革经费和计划管理，积极开拓农业技术市场，改革技术推广工作，加强科技队伍建设等方面作了具体规定。在该研讨会上，还讨论制定了《农牧渔业部关于贯彻〈国务院关于扩大科学技术研究机构自主权的暂行规定〉实施办法（试行）》《农牧渔业部关于科研事业费包干试行办法》两个文件，并与《关于农业科技体制改革的若干意见（试行）》一起，在 9 月以农牧渔业部文件下达，在部属院所试行，并供省、自治区、直辖市所属农牧渔业院所参照试行，农业科技体制改革全面启动。

1987 年 1 月，国务院发布了《关于进一步推动科技体制改革的若干规定》，提出了"放活科研机构，放活科技人员"的政策。1988 年 5 月，国务院发布了《关于深化科技体制改革若干问题的决定》，指出必须从社会主义初级阶段的实际出发，适应有计划商品经济的需要，以推行各种形式的承包经营责任制为重点，深化科技体制改革；鼓励和支持科技机构和科技人员以多种形式发展科技经营实体；改革农业科技推广工作的运行机制，开展全方位服务。为贯彻《关于深化科技体制改革若干问题的决定》，农牧渔业部和国务院科技领导小组办公室在进一步调查的基础上，共同提出了《关于进一步推动农业科技体制改革的若干规定》，确定了农业科技体制改革的重点是放活科研机构，放活科技人员，加强科技开发，促进科技生产的横向联合，兴办技术开发和服务实体，增加科技单位的经济收入。

1989 年国务院颁布的《关于依靠科技进步振兴农业加强农业科技成果推广工作的决定》中提出，"各级政府必须把依靠科技进步振兴农业作为一项重大战略措施，坚持不懈地抓下去。"这是我国在战略层面上首次正式提出"科技兴农"战略，农业科技工作得到极大重视。该决定还提出依靠教育振兴农业的政策主线，要"把对农村劳动者的文化教育和技术培训作为一项重要任务，努力抓出实效"。为贯彻该决定以及江泽民同志在国家科学技术奖励大会上发表的《推动科技进步是全党全民的历史性任务》重要讲话精神，农业部决定于 1990 年开展全国农业科技推广年活动，并组织了千人百题调查研究。

自 1990 年后，随着我国人口逐年增加，工业化和城镇化持续推进，生态环境恶化及耕地面积减少问题凸显，此时的农业科技政策坚持走可持续发展之路，坚持走科技兴农之路。1991 年 3 月，国家科委组织制定了《1991—2000 年科学技术发展十年规划和"八五"计划纲要》。1992 年，国务院审议通过了《国家中长期科学技术发展纲领》，并原则同意了《中长期科学技术发展纲要》和《中华人民共和国科学技术发展十年规划和"八五"计划纲要》，由国家科委发布实施。这些纲领性文件规定了此后 10 年农业科学技术发展的目标，提出要大力开发、推广科技成果和先进适用的生产技术；着力解决农、林、畜禽、水产良种繁育，农业区域综合开发治理，农业自然资源合理开发利用和保护，农业工程技术等一系列促进农业发展的重大科技问题。1991年党的十三届八中全会通过的《中共中央关于进一步加强农业和农村工作的决定》指出："推进农业现代化，必须坚持科技、教育兴农的发展战略"，"要牢固树立科学技术是第一生产力的马克思主义观点，把农业发展转移到依靠科技进步和提高劳动者素质的轨道上来。"这标志着我国农业科教兴农发展战略正式确立。1992年通过的《国务院关于积极实行农科教结合推动农村经济发展的通知》则进一步提出了实现科教兴农的具体形式，该通知提出，在科技、教育兴农工作中，积极实行农业（包括林业、水利等）、科技、教育相结合，有力地推动了农业生产和农村经济的发展。

1992年初，以邓小平南方谈话和党的十四大为标志，我国改革开放事业进入新的历史时期，党的十四届三中全会发布的《中共中央关于建立社会主义市场经济体制若干问题的决定》，对深化经济体制改革做出了全面部署。党的十四大进一步确定了农业科技体制改革的总体目标，即建立适应社会主义市场经济发展、符合科技自身发展规律、科技与经济密切结合的新型体制。为了推动科技体制向纵深发展，国家科委、国家体改委于1992年8月联合发布了《关于分流人才、调整结构、进一步深化科技体制改革的若干意见》，意见明确提出了"稳住一头，放开一片"的方针，并指出，深化科技体制改革的重点是调整科技系统结构，分流人才，进一步转变运行机制，真正从体制上解决科研机构重复设置、力量分散、科技与经济脱节的状况。同年9月，农业部、财政部、国家科委发布了《关于加强农业科研单位科技成果转化工作的意见》，同时，农业部还作出了《关于发展高产、优质、高效农业的决定》《关于进一步加强科教兴农工作的决定》，要求主要科技力量面向经济建设主战场，以各种形式加速科技成果转化为直接生产力；要求组织精干的科技力量，从事农业基础性研究、高技术研究和重大科技攻关研究，努力提高农业科技水平。

《中华人民共和国农业技术推广法》在1993年7月2日第八届全国人大常委会第二次会议上通过并颁布实施，该法提出，"国家依靠科学技术进步和发展教育，振兴农村经济，加快农业技术的普及应用，发展高产、优质、高效益的农业"，并强调，"为了加强农业技术推广工作，促使农业科研成果和实用技术尽快应用于农业生产，保障农业的发展，实现农业现代化，制定本法。"《中华人民共和国农业技术推广法》是我国农业技术推广工作发展的重要里程碑，标志着我国农业技术推广事业开始走上法制化轨道。同时通过的《中华人民共和国农业法》提出，"国家鼓励集体经济组织、国有企业事业单位和其他社会力量举办农业科技、教育事业。国务院有关部门应当对农业科技基础研究、应用研究和高技术研究统筹规划，组织重大项目的联合攻关，促进国际农业科技合作与交流。""国家扶持农业技术推广事业，促使先进的农业技术尽快应用于农业生产。"此后几年，有24个省（自治区、直辖市）相继颁布了农业技术推广法实施办法。随后国家对乡镇农业技术推广机构实行"三定"，明确其为国家在基层的事业单位。同时随着农业的发展，各地农业技术推广机构兴办经济实体的热潮兴起。

1994年，由国家计委、国家科委共同组织，并成立部际协调领导小组，开始编制《全国科技发展"九五"计划和2010年长期规划纲要》，该纲要提出将良种、植保、科学施肥、节水灌溉等成熟技术组装配套，以提高良种普及率和提高单产为目标，加快大面积推广应用；集中力量攻克一批已有一定基础的先进技术，加强中试环节，引进消化吸收国外先进农业科学技术，加速推广应用，为确保到 20 世纪末主要农副产品的稳定供给提供强大的技术支撑；研究农林副产品综合加工技术和装备技术，努力提高乡镇企业的技术水平，促进农村经济全面持续发展；大力发展高产、优质、高效农业，为 21 世纪前 10 年主要农副产品的有效供给、提高农民收入和改善生态环境提供技术储备。

随着中央政策精神的贯彻落实，农业科研机构内部改革也出现了新的势头，普遍引入市场机制和竞争机制，在改革、开放、联合、竞争中求生存、求发展。这一阶段的农业科技政策是以加强科技与经济的结合为目标，以加速成果转化为核心，以改革拨款制度为切入点，针对组织结构改革，主要是进一步鼓励科研机构以多种形式面向经济，特别提出了技术开发型科研机构进入经济建设主战场的模式。改革的主要特点是既强调市场竞争的作用，又要加强政府调控的作用，但主要是强调市场竞争的作用。可以看出，这时的政策是在农业科研原始创新能力较弱、成果储备不足且转化率不高的背景下出台的。因此，为了提高国家的农业科研创新能力和效率，农业科技体制改革的政策走向必须还要做出适当的调整，改革还有待深化。

在 1995 年 5 月召开的全国科学技术大会上，中共中央正式提出实施"科教兴国"的战略，号召全党和全国人民，全面实施科教兴国战略的伟大事业，加速全社会的科技进步，为胜利实现现代化建设的第二步和第三步战略目标而努力奋斗。这是继 1956 年号召"向科学进军"、1978 年全国科学大会之后，中国科技事业发展进程中第三个重要里程碑。同年，中共中央、国务院再一次对科技体制改革和科技政策进行了顶层设计，发布了《关于加速科学技术进步的决定》，指出中国科技工作的基本方针是：坚持科学技术是第一生产力的思想，经济建设必须依靠科学技术，科学技术必须面向经济建设，努力攀登科学技术高峰。同时，提出到 20 世纪末要初步建立适应社会主义市场经济体制和科技自身发展规律的新型科技体制的目标，对科技提出了很高的要求，即到 20 世纪末科技进步对经济的贡献份额达到 50%，科技要跃居世界先进水平。为了适应机构改革的需要、适应社会主义市场经济的需要、适应贯彻"科教兴农"和"科教兴国"战略的需要，为了发挥整体优势引导、带动整个农业技术推广体系，农业部将全国农业技术推广总站、全国植物保护总站、全国土壤肥料总站、全国种子总站合并，于 8 月 24 日正式成立了全国农业技术推广服务中心，从此形成了由全国农业技术推广服务中心、省级农业技术推广总站、县级农业技术推广中心、乡（镇）农业技术推广站组成的多层次的农技推广体系。9 月，农业部作出《关于加速农业科技进步的决定》，提出了到 20 世纪末，农业科技改革与发展的总体目标是：按照建立社会主义市场经济体制的要求，根据农业生产和农村经济的发展实际，遵循农业发展规律，建立起结构合理、学科配套、机制灵活，科研、推广、开发与生产密切结合的农业科技新体制，充分调动全体农业科技人员的积极性；加强农业教育培训，提高广大农民的科技文化素质；对农业发展具有重大影响的关键技术领域，在科研方面要取得重大突破，某些领域率先进入世界先进行列；大幅度提高农业科技成果推广应用率，使科学技术进步对农业的贡献率提高到 50%，先进地区和科技先导型试验区达到 60% 以上。

1996 年 1 月，中央召开农村工作会议，研究提出"九五"时期农业和农村工作需要解决的若干重大问题，要求实施科教兴农战略，大幅度增加农业科技含量，使科技进步对农业增长的贡献率由 35% 提高到 50% 左右，力争粮棉油等主要农产品单位面积产量提高一成。为贯彻《中共中央　国务院关于"九五"时期和今年农村工作的主要任务和政策措施》，农业部下大力气落实乡镇农业技术推广机构的"三定"工作。之后，农业科研机构紧密结合实际，推出了一系列深化科技体制改革的措施。在全国范围内，建立了一批以国家、部门重点实验室、国家工程技术中心、国家农作物改良中心等为支撑的中央和地方两级农业科研重点骨干体系，主要从事农业基础性研究、高科技和重大科技攻关研究工作，着重解决农业发展中全局性、基础性、关键性和方向性的重大科技问题。组织引导广大农业科研人员进入经济建设主战场，深入农业生产第一线开展技术开发和技术服务，鼓励有条件的农业科研单位以市场需求为导向，兴办各种科技企业和企业集团，开发、推广科技成果和技术产品。到 1996 年底，全国乡镇种植、畜牧、水产、农机、经营管理五个推广系统共有机构 16.6 万个，定编 75 万人，编内实有人员近 69.7 万人，而在岗不占编的人员超过 30 万人。之后，中央继续保持了稳定乡镇农业技术推广机构的政策。

1997 年召开的党的十五大提出，"大力推进科教兴农，发展高产、优质、高效农业和节水农业"。1998 年党的十五届三中全会通过的《中共中央关于农业和农村工作若干重大问题的决定》指出："实行农科教结合，加强农业科学技术的研究和推广，注重人才培养，把农业和农村经济增长转到依靠科技进步和提高劳动者素质的轨道上来"，"加强县乡村农业技术推广体系建设"。1998 年 11 月，农业部专门成立农业社会化服务领导小组，统筹协调乡镇农业技术推广机构建设。1999 年 8 月，国务院办公厅转发农业部等部门《关于稳定基层农业技术推广体系的意见》，在地方机构改革即将全面推开的特殊时期，重申了农业技术推广体系建设方面的有关政策。2000 年 10 月，农业部在北京召开全国农业技术推广体系建设经验交流会，围绕稳定和健全农业技术推广体系，总结经验，分析问题，研究改革思路与对策，推动农业技术推广体系更快、更好地发展。到 2000 年底，五个推广系统的四级农业技术推广机构共 21.8 万个，实有农业技术推广人员 126 万人。其中，乡镇机构 19.4 万个，实有人员 92 万人。

21 世纪以来，国家对于农业技术推广体系改革的指导思想发生了较大变化。2001 年 4 月 28 日，国务院发布《农业科技发展纲要（2001—2010 年）》，明确要建立国家扶持和市场引导相结合的新型农业技术推广体系，实行"推广队伍多元化、推广行为社会化、推广形式多样化"。2001 年 5 月，国家计委和科技部联合发布了《国民经济和社会发展第十个五年计划科技教育发展专项规划》。该规划提出，以农产品深加工为龙头，提高产前、产中、产后的技术水平；重点实施农产品深加工与转化技术、节水农业技术、优质高产高效农作物新品种培育、动植物重大病虫害防治技术、农业信息化、农药创制、高效畜牧业、生态农业、高效设施农业技术等重大项目；提高信息、生物等高新技术在农业生产中的应用水平，开展农业标准化工作。

自 2004 年至 2012 年，我国连续 9 年中央 1 号文件聚焦"三农"问题，并一直把科技作为推进农业农村发展的重要推动力。在每年的中央 1 号文件中，都用专门的篇幅对农业科技政策的各层面进行了部署，指引我国农业科技的发展方向。同时，每年中央 1

号文件强调的农业科技发展重点也有显著区别。在这一时期，党和政府对农业科技政策做出了全面调整。2004 年中央 1 号文件提出，"要围绕增强我国农业科技的创新能力、储备能力和转化能力，改革农业科技体制，较大幅度地增加预算内农业科研投入。" 2005 年中央 1 号文件提出，"要深化农业科研体制改革，抓紧建设国家农业科技创新体系"，"加强农业科技创新能力建设，加快改革农业技术推广体系"。2006 年中央 1 号文件提出，"大力提高农业科技创新和转化能力"，"深化农业科研体制改革，加快建设国家创新基地和区域性农业科技中心，在机构设置、人员聘任和投资建设等方面实行新的运行机制"。2007 年中央 1 号文件强调，"加强农业科技创新体系建设。大幅度增加农业科研投入，加强国家基地、区域性农业科研中心创新能力建设"，"建立鼓励科研人员科技创新的激励机制"。2008 年中央 1 号文件专门提出，"深入实施科技入户工程，加大重大技术推广支持力度，继续探索农业科技成果进村入户的有效机制和办法"，并首次提出"推动现代农业产业技术体系建设"。2009 年中央 1 号文件提出，"采取委托、招标等形式，引导农民专业技术协会等社会力量承担公益性农技推广服务项目，推进基层农业公共服务机构建设"。2010 年中央 1 号文件提出，"发展农业产学研联盟"，"抓紧建设乡镇或区域性农技推广等公共服务机构，扩大基层农技推广体系改革与建设示范县范围。积极发展多元化、社会化农技推广服务组织"。2011 年中央 1 号文件特别强调，"强化水文气象和水利科技支撑"。2012 年中央 1 号文件提出，对于农业科技创新，要明确方向、突出重点、完善机制、改善条件，还要不断提升农业技术推广能力，大力发展农业社会化服务，也再次强调了要坚持科教兴农战略。这些充分体现了党中央、国务院对农业科技工作的高度重视，也集中体现了农业科技工作在我国经济社会发展中的突出地位。

2006 年全国科技大会对国家中长期科技发展做出战略部署，中共中央、国务院公布施行了《国家中长期科学和技术发展规划纲要（2006—2020 年）》，提出"自主创新、重点跨越、支撑发展、引领未来"的方针，明确了科技工作的方向。根据《国家中长期科学和技术发展规划纲要（2006—2020 年）》，中共中央、国务院发布了《关于实施科技规划纲要增强自主创新能力的决定》，提出必须深化科技体制改革和经济体制改革，进一步消除制约科技进步和创新的体制性、机制性障碍，稳定支持从事基础研究、前沿高技术研究和社会公益研究的科研机构，建立健全现代科研院所制度。同时针对保障性经费投入不足的问题开始探索竞争性与保障性经费并存的模式。2007 年国家制定了《国家农业科技创新体系建设方案》《现代农业产业技术体系建设实施方案》两个方案，进行国家宏观层面的顶层设计，提出建设国家农业科技创新体系，农业科技体制改革取得重大进步。这是在对农业科技的性质和特点有了全新的认识后，所采取的符合经济规律和农业科技自身发展规律的制度安排，成为我国新时期农业科技体制改革创新的里程碑。两个方案的主导思想就是围绕国家粮食安全、生态安全和农民增收三大任务，按照优势农产品区域布局规划，为提升我国农业科技创新水平、增强农作物种业竞争力、满足建设现代农业的需要，依托具有创新优势的科技力量和资源，围绕产业发展需求，以农产品为单元、产业为主线，建设从产地到餐桌、从生产到消费、从研发到市场各个环节紧密衔接、环环相扣、服务国家目标的现代农业产业技术体系。加强农业科研基础设施、创新团队和制度文化三项建设，形成创新基地、区域创新中心和科技实验站三级网络体系。作为国家农业科技创新体系建设的重要组成部分，产业技术体系建设进展顺利，在凝聚合力、服务产业、创新管理等方面取得了积极成效，成为在我国目前科技体制下提高农业科技创新能力和创新效率的新机制（薄岚，2017）。实践证明，现代农业产业技术体系建设抓住了我国农业产业的特点，符合农业科技发展规律，有效引导和支持了农业科技创新要素向我国农业生产实际需要集中，使农科教结合、产学研协作更加紧密，推动了农业科技大联合、大协作，发挥了积极的导向作用，社会影响广泛。

2011 年 1 月国务院颁布了《关于加快推进现代农作物种业发展的意见》，要求以科学发展观为指导，推进体制改革和机制创新，完善法律法规，整合农作物种业资源，加大政策扶持，增加农作物种业投入，强化市场监管，快速提升我国农作物种业科技创新能力、企业竞争能力、供种保障能力和市场监管能力，构建以产业为主导、企业为主体、基地为依托、产学研相结合、育繁推一体化的现代农作物种业体系，全面提升我国农作物种业发展水平。2012 年 12 月 26 日，国务院办公厅印发了《全国现代农作物种业发展规划（2012—2020 年）》。该规划明确了重点任务：建立新型农作物种业科技创新体系，加强种业基础性、公益性研究，构建以企业为主体的商业化育种体系，做大做强种子企业，加强种子生产基地建设，严格品种审定与保护，强化种子市场监管，健全种子市场调控体系，提升农作物种业人才素质，加强种业国际交流与合作。

这一时期，中国农业科技工作在恢复整顿中前进，在深化改革中发展，取得了前所未有的突破性进展，国家颁布了大量涉及农业科技工作的政策性文件，厘清了农业科技工作的基本思路，形成了一套较为完善的农业科技政策体系。这充分体现了党中央、国务院对农业科技工作的高度重视，也集中体现了农业科技工作在我国经济社会发展中的突出地位。

五、全面深化阶段（2013 年至今）

"十二五"时期以来，我国按照"四化同步"的战略部署，以农业现代化为主攻方向，将改善农业设施装备条件和提升农业科技水平作为着力点，综合施策、持续发力，推动传统农业加速向现代农业转变，农业现代化建设取得显著成效，主要体现为农业科技创新步伐明显加快，成果转化和推广不断加强，主要农作物良种基本实现全覆盖，畜禽品种良种化、国产化比例逐年提升，在保障粮食生产安全和农产品有效供给、农业增效农民增收等方面做出了重要的贡献。

当前，我国农业发展进入转方式、调结构的新阶段，也迫切需要强化农业科技对产业发展的引领支撑，进而推动农业供给侧结构性改革。党的十八大以来，科技创新被摆在国家发展全局的核心位置。习近平总书记高度重视农业科技创新，2013 年在山东农业科学院考察时，对农业科技创新作出了重要指示，强调农业的出路在现代化，农业现代化关键在科技进步和创新；我们必须比以往任何时候都更加重视和依靠农业科技进步，走内涵式发展道路。为此，中央密集出台了体制机制改革、科技计划改革、成果处置改革等一系列重大举措。中央加快科技创新的坚强决心和一系列重大政策，为农业科技跨越式发展创造了前所未有的新机遇。

在新时代新思想的指导下，中国农业科技的自主创新能力进一步提高，在原始创新和基础研究、一些重大品种和技术方面都取得很好的进展，一些设施技术在改变农业生产方式方面发挥了很大作用。

种业是农业领域科技含量高的基础环节（韩瑞玺等，2018）。为充分调动科研人员积极性，保护科研人员发明创造的合法权益，促进产学研结合，提高企业自主创新能力，构建商业化育种体系，加快推进现代种业发展，建设种业强国，为国家粮食安全、生态安全和农林业持续稳定发展提供根本性保障，国务院办公厅于2013年12月颁布了《关于深化种业体制改革提高创新能力的意见》。党和政府以种业权益改革和良种联合攻关为突破口，紧紧扭住"硬骨头"攻坚克难，以激励科技创新、加速成果转化为主要目的，完善科技体制改革总体设计和制度框架，为农业科技创新创业清障搭台。

围绕农业科技重大问题，中共中央、国务院先后印发了《关于全面深化农村改革加快推进农业现代化的若干意见》《关于深化农业科技体制机制改革加快实施创新驱动发展战略的意见》《关于促进企业开展农业科技创新的意见》等文件，深刻把握中国特色农业现代化道路和农业科技创新规律，为加快农业科技创新提供了遵循依据。

2014年1月19日，中共中央、国务院印发了《关于全面深化农村改革加快推进农业现代化的若干意见》。该意见提出："深化农业科技体制改革，对具备条件的项目，实施法人责任制和专员制，推行农业领域国家科技报告制度。明晰和保护财政资助科研成果产权，创新成果转化机制，发展农业科技成果托管中心和交易市场。采取多种方式，引导和支持科研机构与企业联合研发。加大农业科技创新平台基地建设和技术集成推广力度，推动发展国家农业科技园区协同创新战略联盟，支持现代农业产业技术体系建设。加强以分子育种为重点的基础研究和生物技术开发，建设以农业物联网和精准装备为重点的农业全程信息化和机械化技术体系，推进以设施农业和农产品精深加工为重点的新兴产业技术研发，组织重大农业科技攻关。继续开展高产创建，加大农业先进适用技术推广应用和农民技术培训力度。发挥现代农业示范区的引领作用。加强农用航空建设。将农业作为财政科技投入优先领域，引导金融信贷、风险投资等进入农业科技创新领域。推行科技特派员制度，发挥高校在农业科研和农技推广中的作用。"

农业科技一度面临科研与经济"两张皮"问题，大量科技成果无法从实验室走向企业、走向市场（尉伟杰等，2016）。要破除科技管理中的制度藩篱，打通科技创新与经济社会的发展通道，体制机制改革势在必行。激发科技人员创新活力是科研体制改革的关键。2015年8月，农业部发布《关于深化农业科技体制机制改革加快实施创新驱动发展战略的意见》，文件提出："深入实施创新驱动发展战略，以保障国家粮食安全为首要任务，以转变农业发展方式为主线，以提高土地产出率、资源利用率、劳动生产率为主要目标，以增产增效并重、良种良法配套、农机农艺结合、生产生态协调为基本要求，强化顶层设计，优化科技资源布局、拓展科技创新领域、壮大农业科技力量、完善农业科技管理，构建适应产出高效、产品安全、资源节约、环境友好农业发展要求的技术体系，提升农业科技创新能力，为中国特色农业现代化建设提供强有力的科技支撑。"

科技强则农业强，科技兴则农业兴。"十三五"伊始，农业部编制了《"十三五"农业科技发展规划》，确立了我国农业科技发展"三步走"的战略目标。"十三五"乃至更长一段时期，我国将进一步加快调整科技创新方向、优化科技资源布局、拓展科技创新领域、壮大农业科技力量、深化科技体制改革，不断提升农业科技自主创新能力、协同创新水平和转化应用速度，为现代农业发展提供强有力的科技支撑。2017 年的中央 1号文件进一步强调了科技创新在发展农业现代化过程中的突出作用，将强化科技创新驱动视为农业供给侧结构性改革的一项主要任务，对农业科技的研发、推广应用等都作出了具体要求。同时，还要求通过进一步建立健全相关的体制机制来激发农业科技创新的积极性。

2017 年 6 月，科技部会同农业部等 15 个相关部门和单位，组织编制完成《"十三五"农业农村科技创新专项规划》。该专项规划紧紧围绕事关农业核心竞争力的公益性、战略性、基础性、前瞻性重大科学问题，重大共性关键技术和产品，重大国际科技合作等战略需求，统筹部署农业科技创新重大项目和重大工程，系统布局基地和人才团队建设、农业高新技术产业发展、国际科技合作、县域创新驱动发展、科技扶贫、精准脱贫等重大任务，引领中国特色现代农业发展。中共中央办公厅、国务院办公厅于 2017 年9 月印发并实施了《关于创新体制机制推进农业绿色发展的意见》。该意见明确了推进农业绿色发展的总体要求、基本原则、目标任务和保障措施，在体制机制层面作出一系列约束与激励并重的制度性安排，对实现农业可持续发展、加快农业现代化建设有着十分重要的推动作用。

2017 年 10 月 18—24 日，党的十九大在北京圆满召开。党的十九大报告中提出建设创新型国家、实施乡村振兴战略、推进绿色发展、着力解决突出环境问题等一系列重大战略部署，为我国农业农村发展和农业资源环境科技工作指引了方向、明确了重点、提出了要求。这是党中央对"三农"工作做出的一个新的战略部署、提出的一个新的发展要求，是决胜全面建成小康社会、全面建设社会主义现代化强国的一项重大战略任务。

2018 年 1 月 16 日，国务院办公厅印发《关于推进农业高新技术产业示范区建设发展的指导意见》，以实施创新驱动发展战略和乡村振兴战略为引领，以深入推进农业供给侧结构性改革为主线，以服务农业增效、农民增收、农村增绿为主攻方向，统筹示范区建设布局，充分发挥创新高地优势，集聚各类要素资源，着力打造农业创新驱动发展的先行区和农业供给侧结构性改革的试验区。1 月 22 日，科技部、农业部、水利部、国家林业局、中国科学院、中国农业银行共同制定了《国家农业科技园区发展规划（2018—2025 年）》，修订了《国家农业科技园区管理办法》，深入贯彻落实党的十九大报告关于实施乡村振兴战略精神和 2018 年中央 1 号文件关于提升农业科技园区建设水平要求，落实《"十三五"国家科技创新规划》和《"十三五"农业农村科技创新规划》要求，进一步加快国家农业科技园区创新发展。《国家农业科技园区发展规划（2018—2025 年）》定位于集聚创新资源，培育农业农村发展新动能，着力拓展农村创新创业、成果展示示范、成果转化推广和高素质农民培训的功能。

新中国成立 70 年以来，国家颁布了大量涉及农业科技工作的政策性文件，总结了历史经验，对未来我国农业科技的发展进行了有利探索，形成了一套较为完善的农业科技政策体系。通过以上五个阶段的回顾，关于我国农业科技政策的介绍基本完成。从历史的角度研究新中国成立以来党的农业科技政策，能够为深入研究我国未来的农业科技政策的发展与走向提供借鉴。通过农业科技政策的发展与完善，我国农业科研水平、科技推广应用能力、科技人才队伍建设等各方面均实现了长足进步。我国农业的快速发展，得益于农业科技政策的改革与创新。但是，我国的农业科技政策仍然存在许多不足。我国农业仍处于传统农业向现代农业转型的阶段，只有通过进一步深化改革，进一步完善和创新农业科技政策，发挥农业科技政策的积极作用，才能为"三农"发展提供强有力的科技支持，为农业全面升级、农村全面进步、农民全面发展注入活力。

◆本 章 参 考 文 献

薄岚，2017. 中国共产党发展现代农业政策研究（2002—2012）[D]. 长春：吉林大学.

邓小平，1994. 邓小平文选：第 2 卷 [M]. 北京：人民出版社：86.

樊启洲，2000. 农业技术推广体制改革研究 [D]. 武汉：华中农业大学.

黄敬前，2013. 我国财政农业科技投入与农业科技进步动态仿真研究 [D]. 福州：福建农林大学.

尉伟杰，夏志禹，王秀芳，2016. 供给侧改革背景下农业科技成果转化的供需研究 [J]. 北方农业学报（6）.

钟甫宁，2011. 农业政策学 [M]. 北京：中国农业出版社：153.

朱世桂，2012. 中国农业科技体制百年变迁研究 [D]. 南京：南京农业大学.

第八章　农产品流通体制

农产品流通体制是党和政府长期改革的重点工作。1978 年之前我国的农产品流通采取了高度集中的计划管理体制；改革开放特别是 1984 年党的十二届三中全会通过了《中共中央关于经济体制改革的决定》以来，农产品流通体制迈出了市场化改革的重要步伐。在相当长的一段时间内，农产品市场体系仍不完善，农民对市场经济的适应能力尚待提高，国家尚未建立一套完善的宏观调控体系，诸多因素都制约着我国农业的稳定发展。此次改革对农民生产积极性的提升带来了深远影响。首先，彻底改变了统购统销和统购包销的政策，农产品市场越来越开放；其次，多元化成为我国农产品流通的新特征，经过多年的改革与发展，逐渐形成了多渠道的流通体系及多元竞争的新局面（祁春节等，2008）。改革初期，农民进行农产品生产与流通的积极性受到了极大鼓舞，但随着市场不确定性和风险的增加，制度变迁所带来的积极影响也有所减弱。

一、新中国成立初期的农产品流通体制（1949—1952 年）

新中国成立之初，由于接连多年的战争，我国的工业生产受到了极大破坏，国家财政资金周转非常困难，交通运输业凋敝。当时农产品购销经营主体结构复杂，主要有以下几种商业成分：国营商业、合作社商业、民族资本主义商业、个体商业、国家资本主义商业。从农产品流通的方式来看，个体工商业购销是农产品流通的最主要方式。

（一）农产品流通政策的演变

1. 新中国成立初期我国经济贸易的基本政策

1949 年 9 月 29 日通过的《中国人民政治协商会议共同纲领》确定了新中国成立初期我国经济与贸易的基本政策："经济建设实行公私兼顾、劳资两利、城乡互助、内外交流的政策，以达到生产发展繁荣经济的目的。"

"凡属有关国家经济命脉和足以操纵国民生计的事业，应由国家统一经营。""凡有利于国计民生的私营经济事业，人民政府应鼓励其经营的积极性，并扶助其发展。""在国家统一的经济计划内实行国内贸易自由，但对于扰乱市场的投机商业严格取缔。"

在同年 3 月召开的党的第七届二中全会上，已经定下了新中国成立初期要迅速恢复国民经济的基调，党和国家的工作方针与政策制定都要围绕这个中心来展开。因此，在这样的历史大背景下，《中国人民政治协商会议共同纲领》所确定的经济工作的总方针

＊本章编写人员：迟亮。

也成为农产品购销制度的总原则。

2. 重要农产品流通政策与流通形式

新中国成立初期，受到国际环境影响，原本依赖进口粮食的部分城市也需要国内粮食供应。加之常年的战争破坏了中国的农业发展基础设施，农业生产对于气候的变化非常敏感，粮食的供给目标压力不断增大。因此，如何掌握关乎民生的重要农产品资源是新中国成立初期经济工作的重中之重。由于当时我国实行的是自由购销政策，为了进一步掌握米、面、粮、油等重要农产品资源，保证军需和民食，同时维持原有的流通体系正常运行，国家制定了一系列的流通政策措施。

（1）成立全国性的粮食和其他专业公司。1950年3月1日，成立中国粮食公司，由中央贸易部管理。从此，中央统一管理粮食批发价格、粮食及资产调拨、现金回笼三项工作。后期，陆续成立地方各级粮食公司。

（2）大力开展物资收购。在坚持自由购销的同时，积极通过国营商业和合作社商业在农村大力开展收购，各级商业部门配合筹集资金，实现多收、多调，从而进一步集中资源。同时，农业税也是国家当时控制粮食资源的重要手段。

（3）统一物资调度，将有限的资源充分利用。面对1949年4月以来的几次物价大幅波动，为了抑制市场物价，保障群众正常生活，国家组织国有商业积极调运物资，坚决打击投机行为。

（4）建立财政、物资统一管理体制。1950年3月3日，政务院颁布《关于统一国家财政经济工作的决定》，通过一系列政策举措建立财政、物资统一管理体制：①统一全国财政收入，使国家收入的主要部分集中到中央，用于国家的必要开支；②统一全国物资调度，使国家掌握的重要物资从分散状态集中起来，合理使用，以调剂余缺；③统一全国现金管理，一切军政机关和公营企业的现金，除留若干近期使用者外，一律存入国家银行，资金的往来使用转账支票经人民银行结算。

为了克服困难，党和国家在打击投机资本家控制市场物价的同时，还采取了统一全国财政经济的措施。所有仓库物资，由财政经济委员会统一调度；而国营贸易公司的物资调动，由中央人民政府贸易部统一指挥。这些措施使得全国的重要农产品的物资流通变得稳定有序，同时也稳定了物价。

（5）保障私营经济权益，调整公私经济关系。新中国成立初期，国有商业规模不足以取代私营经济，掌握控制全国的农产品流通、经营；同时，私营经济既是保障农产品流通的重要部分，也是解决就业的重要途径。为了稳定就业和维持国民经济增长，国家一方面打击投机倒把行为，另一方面重点保障私营经济的合法经营。全国统一国家财政经济工作以后，一些私营粮商经营受挫，农产品流通受到一定影响。此时，国家进行了两次调整，允许私营经济到农村收购农产品进城销售、参与联购联销或代购代销。新中国成立初期，对于粮、棉、油等商品的流通，除国营商业与合作社商业在农村直接收购运到城市销售外，还实行公私联购、赊购等多种购销形式（姚今观等，1995）。

3. 出口物资与工业原料等农副产品的流通政策与流通形式

这一时期，国家通过土产总公司等专业贸易总公司和其他贸易公司来管理全国棉麻、畜产品、茶叶等农副产品的流通。国家借助这些公司集中掌控重要的战略物资，加强对农副产品市场的监督、管理，提升风险调控能力。农副产品的采购工作一般都交由相应的国营公司或者供销社负责，中央贸易部只负责农副产品的调拨，产品采购权相对自由。在农村地区，出口物资与工业原料等农副产品的流通主要由合作社负责，同时也允许私营商业经营，但私营商业主要参与零售环节，采购、批发等流通环节主要由合作社与国营商业负责。

在流通形式上则与粮、棉、油等重要农产品类似，除了国营商业在农村地区进行现货收购外，还采取预购、赊购等多种形式辅助。1951 年春，全面推广麻、茶叶等农副产品的预购赊购。1952 年初，农副产品预购工作由供销合作社全面负责（姚今观等，1995）。

4. 一般农副产品的流通政策

除了上述关乎国计民生的主要农产品与若干主要经济作物和出口物资等农产品国家政策采取不同程度的流通管制，对于其他的绝大部分一般农副产品和土特产都采取自由流通的管理方法，鼓励工商业、合作社和农民自由经营。

（二）农产品流通经营主体的发展

1. 新中国成立初期农产品流通经营主体状况

私营工商业在新中国成立初期国民经济发展中起到重要作用，促进私营工商业发展对当时国民经济复苏具有重要意义。1949 年私营工业产值占工业总产值的 63.3%，1950 年占 51.8%，1951 年占 50.1%，1952 年仍占到 39.0%；私营商业所占比重更大，1950 年私营商业在批发总额中所占比重为 76.1%，在零售总额中占 83.5%，1951 年分别占到了 65.41% 和 74.52%，1952 年仍占到了 36.3% 和 57.8%（中国社会科学院等，1993）。私营工业的恢复和发展可以增加工业品的生产，私营商业的发展和繁荣可以活跃城乡间和地区间的物资交流，补充国营经济的不足，更好地满足人民生活和社会需要；私营工商业的发展还有利于增加国家财政税收，有利于维持和扩大劳动就业、减轻国家的财政负担。在农产品流通领域也是如此，私人商业占有极大的优势（李彩华，2014）。

新中国成立后，依托原有的公营商业建立了社会主义国营商业；依托原解放区合作社商业建立社会主义合作社商业，至此国内形成了五种经济成分的商业：国营商业、合作社商业、民族资本主义商业、个体商业和国家资本主义商业（北京商业管理干部学院，1989）。发展初期，国营商业和合作社商业比重较小，后期经过发展，其在商品经营中的比重逐步上升。

2. 国营商业与合作社商业的发展

（1）机构演变概况。新中国成立之后，成立中央人民政府贸易部，管理国内外贸易。各省市地区设立商业厅、商业局等职能部门。在农产品流通领域，明确贸易部为国家总领导机关。贸易部在 1950 年先后成立不同品类的农产品贸易总公司以及各大农产品的对外贸易公司。随着国内工农业生产的不断复苏与发展，农产品流通和对外贸易工作日益繁重，其中粮食供给矛盾凸显。1952 年 9 月 1 日，在贸易部中国粮食总公司的基础上，设立中央人民政府粮食部。同时，撤销贸易部，将国内贸易与国外贸易分开，分别成立中央人民政府商业部和中央人民政府对外贸易部。至此，重要农副产品均建立了各自的经营流通管理体系，国家逐步稳定并控制了重要农产品的经营流通。

1950年7月，成立中华全国合作社联合总社，负责统筹供销、消费、手工业等合作事业。随后，各地全面开展了合作社的建立、整顿与改造工作，初步建立了供销合作社的组织和管理系统，成为全国农产品流通的重要载体（姚今观等，1995）。

（2）主体地位的确立。新中国成立后，国家不断稳定物价、强化对农产品市场的领导，经过对私营工商业的两次调整和对国营商业的扶持发展，到1952年底，与新中国成立之初相比，国营商业比重不断上升，私营商业比重逐年下降，合作社商业比重实现翻倍，国营商业与合作社商业比重达42.6%。到1954年第一季度，全国已有基层供销合作社和消费合作社32 265个。自治区、直辖市和绝大多数县都建立了各级联合社，初步形成了一个网点遍布城乡、组织完整独立的合作社系统（姚今观等，1995）。至此，国家初步建立了稳定的农产品流通管理体系，掌握了核心农副产品的流通。与此同时，合作社商业在其他农副产品的流通经营活动中扮演着越来越重要的角色。

二、统购统销时期的农产品流通体制（1953—1977年）

新中国成立初期，由于国家发展战略优先发展工业以及气候变化导致的粮食产量波动等诸多因素，国家粮食供给出现问题。为了解决粮食供需平衡矛盾，维持社会稳定，1953年中共中央作出了《关于粮食的计划收购与计划供应的决议》，这标志着我国统购统销政策正式开始实施。从1953年开始直至1977年，统购统销政策不断强化，政策范围由粮食扩大到烤烟、茶叶等与日常生活息息相关的多种农副产品。

（一）农产品流通政策的演变

新中国成立初期，农产品主要是通过市场进行自由贸易流通，参与农产品流通的经营主体有多种经济成分。国家只对少数非常重要的农产品如粮、棉、油的流通采取了一定的限制与控制政策，另外对于部分出口的商品或者国内市场急需的商品，实行了统一的收购政策。

1. 统购统销政策的确立与深化

（1）统购统销政策的确立。新中国成立以后，结束了为期数十年的战乱，农业生产得到恢复，粮食产量逐步回升，但是由于城市粮食进口大幅减少等原因，国内粮食供给仍然十分紧张。为解决国内粮食供需平衡问题，1952年，成立中央人民政府粮食部。社会主义三大改造开始前，私商高度活跃，一度出现与粮食部争粮食的局面。

面对国内粮食供需的矛盾，中央财经委员会提出了8种方案，最终中央选择了统购统销方案。1953年10月16日，中共中央政治局讨论通过了《中共中央关于粮食的计划收购与计划供应的决议》。该决议规定："所有收购量和供应量，收购标准和供应标准，收购价格和供应价格等，都必须由中央统一规定或经中央批准。"

（2）统购统销政策的深化。粮食的统购统销政策受到了当时大多数领导的支持，尤其是对于缺粮的省份，是解决当时粮食收购和市场供应困难的必然选择。粮食的统购统销不仅解决了粮食供给问题，也为计划经济体制打下基础。随后，关乎民生的棉花、油料等其他重要农产品的流通，也先后实行了统购统销政策。随着统购统销政策的实施，粮食私商逐步消失，粮食的统购政策实际上已经替代了粮食市场交易。

1953 年之后，为了进一步控制农副产品，加速对私营工商业的改造，国家又进一步开始对茶叶、烟草等重要农副产品以及出口物资进行统一收购，规定只有国营专业公司接受或委托的供销合作社才有权收购（姚今观等，1995）。

2. 农产品派购政策的确立

1955 年开始实行农产品派购政策。农产品派购是国家计划收购农产品的一种形式，是由国家商业部门对人民生活需要和对外出口的重要农副产品、工业生产和基本建设的重要原料、材料，向农业生产者分派一定交售任务并进行计划收购的政策。1955 年派购政策首先从生猪开始，以后逐渐扩展，包括烤烟、麻类、茶叶、蚕茧、生漆、桐油、羊毛、牛皮、重要的中药材和集中产区的木材等。派购的品种在不同的省、自治区、直辖市不尽相同（何盛明，1990）。

3. 农村自由市场的短暂开放

1954 年 9 月 2 日，政务院通过《公私合营工业企业暂行条例》。条例规定："对资本主义企业实行公私合营，应当根据国家的需要、企业改造的可能和资本家的自愿。"合营企业中，社会主义成分居领导地位，私人股份的合法权益受到保护。"合营企业应当遵守国家计划。"生产资料由国家统一调配使用，资本家除定息外，不再以资本家身份行使职权。至此，全国的农副产品流通基本全部归由国营商业和供销合作社负责。国家依托国营商业和供销合作社建立起了国家统一市场，这一方面对于保障城乡供给、支援工业建设、稳定市场物价、维护社会秩序起到了正面效应；但另一方面，这种统一的市场并不是受价值规律作用而形成的市场，也日益暴露出一些弊端：作为垄断性市场主体的供销合作社，在统购统销的地方实践上，很难完全处理好粮食生产与收购之间的关系，在购销过程中有时缺乏合理的统筹安排，出现过违背客观规律的征购模式和超过预期的征购计划，从而侵害了农民利益、挫伤了农民的生产积极性（吴建征，2015）。

1956 年下半年，中央很快发现了这些问题，并通过一系列会议讨论、座谈后，决定再次开放农村自由市场。10 月，国务院发出了《关于放宽农村市场管理问题的指示》，在充分肯定了开放农村自由市场好处的前提下，提出了比较具体的管理农村自由市场的办法。

4. 农产品流通体制的分类管理与完善

1961 年 1 月，中共中央发布《关于目前农产品收购工作中几个政策问题的规定》，明确将农副产品分为三类，分别实行三种不同的收购政策：国家对粮食、棉花、食用油（第一类物资）实行统购统销政策，对其他重要农产品（第二类物资）通过合同进行派购，对第一类和第二类物资之外的农副产品通过协商价格收购（姚今观等，1995）。

对于第一类物资，凡是留给农民的部分，或者自留地生产的部分，可以由农民自己处理。如果农民愿意出卖，只能卖给国家商业部门，不准在农村集市上卖给其他单位和个人。对于第二类物资，在完成了国家的派购任务以后（完成任务的标准应当按合同分月、分季计算或者按主要生产季节计算），应当允许公社、生产队、生产小队将超产的部分或者派购以后剩余的部分在国家指定的农村集市上出售；对于社员个人留下自用的部分、个人自留地生产的部分、不占用集体劳动时间的家庭副业所生产的部分，也应当允许在国家指定的农村集市上出售。在农村集市上出售的农产品，可以由出售的人自己决定出售价格，可以买卖双方自由议价，国家收购这些产品，也应当按集市上自然形成的价格收购。对于第三类物资，国家不规定派购任务，允许公社、生产队、生产小队和社员个人在国家指定的农村集市上出售，可以自己决定出售价格，可以买卖双方自由议价。国营商业部门应当通过与生产队、生产小队或社员个人协商议价，在双方同意的基础上订立合同的方法，积极地组织生产，进行收购。

该文件还对三类农产品进行了大体划分。

第一类：统购统销物资。①品种：粮食、棉花、食油。②棉花以基本核算单位为单位，每人留自用皮棉一斤至一斤半。③食油：在集中产油区，对主要油料，如花生、菜籽、芝麻、胡麻籽、棉籽等，实行统购统销。对种植油料的农民，按照国家规定的标准，留下口油。除了出口的油料以外，原则上购油不购油料（棉籽在购买籽棉时购进，榨油后返还油饼）。但是由于各地具体情况不同，省、市、自治区党委认为必要时，也可以收购油料，榨油后返还油饼。④在油料作物零星、分散的地区，不实行统购统销，鼓励缺油地区生产食油自给。野生油料和零星小油料不统购，允许在农村集市上自由出售。

第二类：通过合同进行派购的物资。①品种：烤烟、麻类、甘蔗、茶叶、生猪、牛、羊、鸡蛋、鸭蛋、蔬菜、松脂、毛竹、棕片、皮张、羊毛、蚕茧、桐油、生漆、土糖、土纸、出口水果、出口和供应城市工矿区的重要水产品、重要中药材、重要木材。②在党委的统一领导下，由公社供销部或者县商业经营单位，代表国家同公社直接经营的生产单位、生产队、生产小队、社员个人签订合同进行派购。③在第二类物资中，也有一个集中产区和分散产区的问题。在甘蔗、麻类、烤烟、茶叶、蚕茧等重要经济作物集中产区，对派购有余的部分，除了应当留给农民的部分以外，也可以由国家统一收购，给以价格上的奖励。④生猪：人民公社、生产队、生产小队饲养的肉猪，派购大部分；农村公共食堂饲养的肉猪，少的时候不派购，多的时候酌量派购一部分；社员个人饲养的肉猪，以户为单位派购一部分，坚决实行留肉留油的政策。⑤蔬菜：只在城市工矿区附近和历史上有调出习惯的地区进行派购。⑥种猪、种蛋、果蔗不派购。种猪、种蛋商业部门基本上不经营，通过农村集市贸易进行调剂。如果当地党委需要商业部门经营，以便进行地区之间调剂的时候，数量也要力求少一点。

第三类：自由购销物资。①凡是不属于第一类、第二类的物资，都属于这一类。②废铜、废锡、废铅、废钢，作为第三类物资，不规定派购任务，适当提高收购价格，出卖的都由国家统一收购。

随后在1962年，国务院发布了更为详尽的产品目录，在此后相当长一段时间内，农产品统购统销的种类变化不大。总体来说，在这一历史阶段，农产品的流通采取了计划供应的方式。对于次要农副产品采取平价敞开供应策略，对于重要农副产品采取平价控制供应、高价敞开供应、议价敞开供应等策略。其中部分策略在这一时期贯穿始终，例如粮、油、猪肉、蛋等生活必需品的供应就采取平价凭票供应政策（姚今观等，1995）。

（二）农产品流通经营主体的发展

社会主义三大改造完成，使得国营商业与合作社商业的力量迅速壮大，并且随着社会主义经济不断发展，农产品流通越来越多地集中于国营商业与合作社商业。农产品流通经营主体向集体化发展。这一时期对于农产品流通经营主体的调整也极其频繁。到1956年底，国家基本完成对私营商业的社会主义改造，初步建立起以国营商业为领导、合作社商业为助手、个体商业（包括集市贸易）为补充的社会主义农产品流通主体结构。

1. 国营商业的发展

新中国成立初期，国营商业农产品流通经营体制存在诸多问题：管理体制不健全、农产品运输效率低下、机构职能重叠等。针对这些问题，国家对国营商业管理体制进行了政策调整。1952年8月，中央人民政府委员会第十七次会议决定，撤销贸易部，分别成立对外贸易部和商业部，同时成立粮食部。1955年9月，国务院设立农产品采购部。1956年5月，成立水产部，其前身是农业部水产局与商业部土产公司的水产业务机构。1956年12月1日撤销农产品采购部，成立城市服务部。至此，各个部门责权分明，各自分管相应产品贸易。例如，商业部主管棉花、茶叶等，水产部统一管理水产品的捕捞、加工、运输业务，从而实现产、供、销合一，极大地提高农产品流通效率。

2. 供销合作社的发展

1954年，中华全国合作社第一次代表大会在北京召开。会议决定，将中华全国合作社联合总社改名为中华全国供销合作总社。1955年12月27日，毛泽东对浙江省平湖县新仓供销合作社与农业生产合作社订立结合合同经验的文章作出批示，指出供销合作社和农业生产合作社订立结合合同应当普遍推行。1958年3月5日，中华全国供销合作总社与城市服务部合并成立第二商业部。1961年5月4日，中共中央、国务院发出《关于供销合作社几个问题的通知》，决定恢复全国供销合作总社。1970年7月，根据中共中央对国务院《关于国务院各部门建立党的核心小组和革命委员会的报告》的批示，全国供销合作总社与商业部、粮食部、工商行政管理局合并为商业部，其中省、地（市）、县供销社大都与国营商业合并，基层供销社仍保留不变。1975年2月，中共中央决定恢复成立全国供销合作总社。

3. 小商小贩的发展

新中国成立初期，小商小贩在农产品流通中起到了重要作用，他们主要集中于零售环节，而且也主要是为国营商业和合作社商业经销、代销、代购。对于小商小贩的管理主要有两种途径：对于大多数小商小贩，通过建立合作商店和合作小组，规范其经营管理；部分小商小贩通过代销、经销、代购等形式直接纳入国营商业与合作社商业体系。

三、过渡时期的农产品流通体制（1978—1984 年）

统购统销政策是粮食供求紧张、国家需要在农村取得大量工业化积累等历史条件下的产物。1978—1984 年是我国由计划调节向计划调节与市场调节相结合的过渡时期，农产品流通体制也开始突破传统的计划经济体制。在这一阶段，国家逐步减少了统购统销和限售的品种和数量，缩小了国家收购农产品的范围。

在过渡时期，由于政策的放宽，农民生产积极性增加，剩余农产品大量出现，农村集贸市场和传统农副产品市场也得到恢复和发展，成交金额增长迅速。党的十一届三中全会以后，与国家整个经济体制改革与转换的进展相适应，我国农产品流通体制和价格制度的改革主要是在计划管理体制下逐步搞活流通，改革不合理的价格制度，调放结合，以调为主。

（一）农产品流通政策的演变

这一时期，农产品流通政策经历了较大变动。在保证统购统销制度的前提下，农贸市场逐步开放，一些农产品的自由购销被逐步放开。按照 1978 年底召开的党的十一届三中全会的决定，从 1979 年起，国务院及有关部门对农产品统购统销的范围和品种进行了重新规定，统购统销的范围逐渐缩小。1981 年 7 月，国家物价总局、商业部等 8个单位联合颁发《农副产品议购议销价格暂行管理办法》，进一步减少了全国统一派购的商品种类。

随着统购统销范围的缩小，贸易市场也得到了进一步发展，更多的农副产品开始议购议销和自由购销。1979 年 4 月后，国家放宽对集市贸易的限制，规定三类农副产品和完成统购任务的一、二类农副产品，均可实行议购议销和上市自由购销。1983年中央政治局讨论通过《当前农村经济政策的若干问题》，议购议销和自由购销的范围明显扩大，议购议销和有限度议购议销的农副产品均可到集市上自由购销，农副产品经营渠道进一步多样化，农副产品由主管部门及所属企业独家经营的局面被打破。

1984 年 7 月 19 日，国务院批转国家体改委、商业部、农牧渔业部《关于进一步做好农村商品流通工作的报告》，该报告提出："继续减少统购、派购品种。将商业部系统现行管理的一、二类农副产品由二十一种减为十二种。统购品种仍为粮食（只管稻谷、小麦、玉米）、油脂油料（只管花生、菜籽、棉籽）和棉花（只管等内棉、棉短绒）三种。派购由十八种减为九种，即生猪、黄红麻、苎麻、茶叶（只管边销茶）、牛皮（只管国家屠宰部分）、绵羊毛、毛竹、篙竹、蔬菜（只管大中城市和主要工矿区）。将山羊皮、绵羊皮、羊绒、牛肉、羊肉、鲜蛋、苹果、柑橘、桐油等九个品种放开，自由购销。"

虽然部分农副产品集市贸易被放宽，市场调节起到了越来越重要的作用，但统购统销制度尚未取消。

(二) 农产品流通经营主体的发展

伴随着购销政策的调整，农产品流通经营主体的相关政策也进行了一系列调整，诸多新型流通主体快速发展，尤其是党的十一届三中全会后，以批发市场为代表的新型农产品流通经营主体在农产品流通中发挥了重要作用。

1. 集市贸易的恢复

农村集市贸易在古代早已产生，有效地促进了农产品的交易，拉动了农村商品经济的发展。农村集市贸易对于农村经济发展的重要意义主要体现在：缓解农村劳动力的就业压力，方便农民消费活动，加速农村产业结构的调整，规范农产品流通方式。1958年以来，集市贸易政策不断调整，经历了多次关闭与开放，仍未被完全取缔。但由于特殊历史时期的影响，其发展十分缓慢。党的十一届三中全会以后，随着农产品购销政策的改革，集贸市场的合法地位重新得到认可。

2. 个体经济的发展

这一时期，个体经济作为社会主义公有制经济的重要补充，逐渐得到认可。个体商户对鲜活商品及农副土特产品的购销行为逐步得到允许，但是禁止批发。随后，发展农民合作商业，鼓励农民直接参与流通，成为农产品流通体制建设的基础性政策。1983年4月，国务院发文，个体商业可以从事允许上市的农副产品的远途贩运和批量销售。1985年中央1号文件放开了绝大多数农产品的长途贩运和批量销售。

3. 一体化组织的崛起

随着农产品市场的逐步放开，根据经济发展的需要，原有的农产品加工企业通过向农业生产环节和商业经营环节延伸，或原有的商业企业通过与加工企业和农民联合，发展了一批跨部门、跨地区、跨行业、跨所有制的产销一体化经营组织。农民自己也通过自愿联合组建起一些产加销等组织。这些组织对于打破条块对农产品市场的分割、密切产销关系、减少流通环节、减轻市场波动、节省交易费用显示出非同寻常的作用（姚今观等，1995）。

4. 批发市场的迅速发展

1984年，第六届全国人大二次会议明确提出"广泛设置农产品批发市场"。自此，农产品批发市场开始蓬勃发展，数量激增，并涌现出一批像深圳布吉、北京大钟寺、山东寿光这样大规模的农产品蔬菜批发市场。伴随着批发市场数量的快速增长，管理制度逐渐完善，一大批规范化管理的农产品批发市场也相继建立。

四、价格双轨制时期的农产品流通体制（1985—1997 年）

1985年1月1日，中共中央、国务院发出1号文件《关于进一步活跃农村经济的十项政策》，使我国的农产品流通体制和价格制度迈出了市场化改革的重要步伐。多种农产品逐步走向自由流通体制，逐步建立起农产品市场调节机制，价格制度也转为计划和市场双轨调节，合同定购与市场收购两种交易方式并存（祁春节，2008）。

（一）价格双轨制政策的演变

价格双轨制是指同种商品国家统一定价和市场调节价并存的价格管理制度。价格双轨制因同时实行计划调节和市场调节两种运行机制而形成，主要涉及粮食价格及生产资料价格。粮食收购制度改为合同定购后，国家规定"倒三七"比例价格收购，属于国家定价，合同定购以外的粮食，由农民和粮食部门协商制定价格，属于市场调节价；生产资料作为商品进入市场后，属于计划调拨或计划统一分配的，由国家统一定价，继续实行指令性计划价格，而把计划内生产的允许自销的一定比例及超产部分的生产资料价格放开，实行市场调节价（何盛明，1990）。价格双轨制政策的演变主要经历了以下几个时期：1985—1991 年，农产品流通领域开始实行合同定购与市场收购的双轨制方式，极大加快了农产品流通体制的市场化改革进程。1992—1993 年，农产品购销走出双轨制，进入全面市场化的阶段。经过 10 多年的改革，粮食等农产品统购统销体制已经结束，适应市场经济要求的购销体制正式形成。1994—1997 年，农产品流通又回归双轨制模式。国家放开粮食购销体制后，以市场化为目标的农产品流通体制改革却并没有顺利付诸实施，并由此导致了粮食供需缺口的扩大，引发粮价大幅上涨。为保持社会稳定，国家再度强化了对市场的介入（祁春节，2008）。

1. 价格双轨制政策的实施背景

（1）经济结构失衡。长期注重工业发展的宏观经济政策导致一、二、三产业发展失衡，经济结构扭曲，市场矛盾突出。广大人民群众生产、生活所需的消费品和生活资料供给存在较多问题，部分商品供给困难，同时又有一些商品滞销。由于固定价格，商品供求关系紧张，长期处于供求失衡状态。

（2）管理制度落后。在新中国成立初期的特殊历史背景下，我国政府为了稳定国内农产品供需平衡与流通稳定，长期实行计划经济政策，通过行政方式来调控生产，导致在商品经济发展所需的政策制定和管理制度建设方面经验不足。随着商品市场的陆续开放，政府的调控手段捉襟见肘，出现了"放就乱，管就死"的局面。如果一味地放开价格，将会导致更多的矛盾，对经济发展非常不利。

2. 价格双轨制政策的出台过程

1979 年 7 月 13 日，国务院将《关于扩大国营企业经营管理自主权的若干规定》等五个文件发给各省、自治区、直辖市和有关部门，并在少数国营工、交企业组织试点。文件首次提出了"国有生产企业享有对其生产产品的自销权"。扩大企业自主权试点，是改革现行管理的一个重要步骤，对于调动企业和职工的积极性、搞活经济起到促进作用。1980 年 6 月底，全国试点企业已达 6 000 多个，这些企业上半年的产值和利润分别占全年的 60% 和 70%。1980 年 9 月 2 日，国务院批转国家经委《关于扩大企业自主权试点工作情况和今后意见的报告》，批准从 1981 年起，把扩大企业自主权的工作在国营工业企业中全面推开，使企业在人、财、物、产、供、销等方面拥有更大的自主权。

1984 年 5 月 10 日，国务院发出《关于进一步扩大国营工业企业自主权的暂行规定》，进一步下放生产经营计划、产品销售、产品价格、物资设置、人事劳动管理、工资奖金、联合经营等十个方面的权力。规定凡属于企业自销的生产资料和计划外的生产部分，在不高于计划价格的 20% 的幅度内由企业自行定价或由供求双方协议定价。即在同一时点上，同一产品按照计划内外实行两种不同价格：国家计划内的部分实行国家定价，国家计划外的部分实行市场调节价格。该规定的发布标志着价格双轨制政策的出台。

1984 年 10 月，党的十二届三中全会通过了《中共中央关于经济体制改革的决定》。该决定分析了我国当时的经济和政治形势，总结了我国城乡经济体制改革的经验，决定建立合理的价格体系。文件指出："我国现行的价格体系，由于过去长期忽视价值规律的作用和其他历史原因，存在着相当紊乱的现象，不少商品的价格既不反映价值，也不反映供求关系。""价格是最有效的调节手段，合理的价格是保证国民经济活而不乱的重要条件，价格体系的改革是整个经济体制改革成败的关键。""价格体系的不合理，同价格管理体制的不合理有密切的关系。在调整价格的同时，必须改革集中的价格管理体制，逐步缩小国家统一定价的范围，适当扩大有一定幅度的浮动价格和自由价格的范围，使价格能够比较灵敏地反映社会劳动生产率和市场供求关系的变化，比较好地符合国民经济发展的需要。"

1985 年 1 月 1 日，中共中央、国务院发布《关于进一步活跃农村经济的十项政策》，改革农产品统购派购制度。从 1985 年起，"除个别品种外，国家不再向农民下达农产品统购派购任务，按照不同情况，分别实行合同定购和市场收购。""取消统购派购以后，农产品不再受原来经营分工的限制，实行多渠道直线流通。农产品经营、加工、消费单位都可以直接与农民签订收购合同；农民也可以通过合作组织或建立生产者协会，主动与有关单位协商签订销售合同。任何单位都不得再向农民下达指令性生产计划。"

1985 年 1 月，国家物价局与国家物资局根据国务院的指示联合发出《关于放开工业生产资料超产自销产品价格的通知》。通知指出："工业生产资料属于企业自销的和完成国家计划后的超产部分，一般在不高于或低于国家定价 20% 幅度内，企业有权自定价格，或由供需双方在规定的幅度内协商定价。但由于不少品种加价 20% 与市场价格相差较大，不少中间环节转手倒卖、牟取厚利。""工业生产资料属于企业自销和完成国家计划后的超产部分的出厂价格，取消原定的不高于国家定价 20% 的规定，可按稍低于当地的市场价格出售，参与市场调节，起平抑价格作用。企业不得在价格之外加收费用。""农业生产资料、生活资料仍按国务院国发〔1984〕67 号文件规定执行。"这标志着我国生产资料价格双轨制政策的正式实施。

1985 年 9 月，党的全国代表大会通过了《中共中央关于制定国民经济和社会发展第七个五年计划的建议》。文件指出："逐步形成和完善市场体系的关键，是改革价格体系和价格管理制度。对消费资料，除极少数重要商品仍由国家定价外，一般商品要根据市场供求状况有计划地逐步放开。对重要生产资料，要逐步减少国家统一定价部分的比重，扩大市场调节部分的比重，同时有计划分步骤地调整计划价格，使计划与市场两种价格的差距逐渐缩小。""逐步形成少数商品和劳务实行计划价格、多数实行浮动价格和自由价格的统一性与灵活性相结合的价格体系，更好地发挥价格这个最重要、最有效的经济杠杆对生产、流通和消费的调节作用。""围绕着发展社会主义商品市场的要求，逐步缩小指令性计划的范围，认真搞好生产资料价格体系和价格管理制度的改革，进一步完善税制，改革金融体制。"文件还明确了价格改革的方向，即在生产资料价格双轨制的基础上，逐步实现计划价格和市场价格的并轨，最终实现价格市场化。从此，以生产资料价格双轨制为发端，我国开始了同一产品价格"调"和"放"同时进行的新的价格管理体制的改革。企业被赋予了更大的自主定价权，计划外的产品已经完全由市场定价，这对当时的经济带来了巨大的影响。

1991年4月4日，国务院出台《关于调整粮油统销价格的决定》，为进一步深化改革，逐步理顺粮油价格，搞活粮油流通，促进节约用粮，减轻财政负担，决定从1991年5月起，调整粮油统销价格：①适当提高粮油统销价格。三种粮食全国平均统销价每五百克提高一角；六种食用油实行购销同价，全国平均每五百克提高一元三角五分。②对职工给予适当提价补偿。为了使城镇大多数居民的实际生活水平不因粮油提价受到大的影响，决定按照国家、企业、个人共同负担的原则，给城镇居民适当补偿。③严格控制粮油提价连锁反应。为了尽可能缩小粮油提价的影响，各地区、各部门在粮油价格调整期间要严格控制出台其他提价项目，不得"搭车"涨价。该决定的出台实现了市场供给和需求的对接，切断了政府对消费者的补贴来源，使粮食购销由计划体制向市场体制过渡迈出了实质性的一步。

1992年以后，农产品购销政策进行了更加深入的改革，市场调节的农产品收购金额进一步扩大到90%以上。只对500亿千克国家定购粮食、棉花和烟叶保留着指令性流转计划，农产品购销政策进一步趋向自由购销。随后全国各地陆续开展了放开经营、放开粮价的试点。在统一政策的原则下，各地根据本地的经济状况和承受能力，选择适合本地的试点方案和改革模式。大致有三种情况：一是购销全部放开；二是稳住定购，放开销价；三是保留部分定购和农业税征实，定购价格随行就市，销价放开。1992年9月，全国有400多个县1.8亿人口的地区进行了放开试点。继广东全面放开粮价之后，浙江、江苏、安徽等地也宣布全面放开粮食价格，取消粮票。1993年底，全国59%以上的市县都完成了放开粮价的改革（张曙光，1995）。

1993年11月，党的十四届三中全会通过了《中共中央关于建立社会主义市场经济体制若干问题的决定》，推动粮食流通体制改革加快步伐。1993年底，中央农村工作会议做出了粮食定购、实行"保量放价"的决定，即保留粮食定购数量，价格随行就市，继续实行和改进粮食定购"三挂钩"政策，取消国家食油收购计划和食油定量供应政策，取消食油指令性调拨计划。同时，建立粮食收购保护价格制度和粮食风险基金制度。随着国家财力的增强，逐步提高保护价格水平，在条件具备时向支持性价格过渡。保护价的实施范围限于原国家定购和专项储备的粮食。

1993年，在生产资料价格上涨、粮食流通体制发生重大变革等诸多因素的共同作用下，虽然粮食产量未发生明显波动，但粮食和食品价格迅速上升。为了维持粮食市场价格稳定，1993年底，国家逐渐加强对粮食市场的管制，采取挂牌销售来稳定粮食价格。但是，挂牌销售的价格远远低于市价，很多地区只能定量销售（赵德余，2017）。

1994年6月，在加强粮食市场管制的基础上，粮食定购价格进一步提高。部分粮食定购价格同比增长 44.4%。1994 年下半年以后，国家加强宏观调控，增加对农业的投入，大幅度提高粮食收购价格。为保持宏观经济的稳定，政府对粮食政策进行了进一步调整。首先，实行粮食的省长负责制，规定省级政府必须对本省粮食的生产、流通和销售负起全面责任；其次，大幅度提高粮食的政府收购价。同时，在粮食流通各个环节，国家又重新处于主导位置。按照国有部门规划，在确保七成至八成的商品粮安全的前提下，计划外的粮食，其价格可以随行就市，这意味着放开的粮食价格又回到双轨运行的老路上。粮食销售中，依旧采取挂牌销售的方式，由中央政府调动粮食，确保粮食价格稳定。经历了短暂的价格放开后，1994 年下半年再次回到价格双轨制。

1995 年 4 月 2 日，国务院发布《关于深化粮食棉花化肥购销体制改革的通知》，提出实行粮食的省长负责制："全面落实粮食的省长负责制。省级政府必须保证稳定粮田面积，不断提高粮食单位面积产量，充分掌握商品粮源，建立完善粮食储备，管好用好粮食风险基金，适时组织省际粮食流通，严格执行粮食进出口计划，管好市场，确保供应和粮价稳定。首先要抓好粮食生产。无论产区还是销区，都要增加农业投入，稳定粮田面积，提高粮食产量。产区要努力提高粮食商品率，销区要努力提高粮食自给率，为全国粮食总量平衡做出应有的贡献。要在发展当地粮食生产的基础上，通过国内市场和进出口调剂，实现各地区的粮食供求平衡。粮食产销区之间要逐步建立起长期稳定的、规范化的购销关系。"

1997 年 7 月 9 日，全国粮食购销工作会议在北京举行。朱镕基出席会议并讲话，他指出：对于党中央、国务院作出的按保护价敞开收购议价粮的重要决策，各地区、各部门要统一思想，明确政策，统一行动，贯彻落实，为保持农业发展的良好势头和国民经济持续、快速、健康地发展，打下稳固的基础。会议认为，党中央、国务院关于按保护价敞开收购议价粮的决策是及时的、正确的，是在关键时刻作出的重大决策，得民心，顺民意，对于农业和整个经济的长远发展以及社会的稳定将发挥重要作用（财政部，2008）。

（二）价格双轨制对农业发展的影响

至 1993 年，国家定价的产品在农产品收购总额中的比重已由 1978 年的 92.6% 下降到 10.4%，市场调节价和国家指导价的比重由 1978 年的 7.4% 上升到 89.6%。国家定价的农产品已由 1986 年的 28 种减少到粮食、油料、棉花、蚕茧、烟叶 5 种。可以说，经过 10 多年的改革，农产品价格形成机制由过去单一的国家定价变为国家定价、国家指导价和市场调节价三种价格形式并存的局面，国家通过逐步缩小国家定价品种的范围，扩大国家指导价和市场调节价的范围，使由市场形成价格的机制在农产品价格形成中的主导地位基本确立。

价格双轨制改革期间，市场主要有以下三个特点。①市场扮演更加重要的角色。随着政策的调整，市场在农产品价格调整中的作用越来越大，通过市场调节价格的农产品种类、比重大幅提高，市场调节价格慢慢替代国家统一定价，成为农产品价格形成机制的主要方式。②充分体现供求关系。价格双轨制实行期间，农产品市场存在市场价格和挂牌价格两套价格。通过价格改革，促进了生产结构与消费结构的适应性提高，改善了供求关系。通过放活部分农副产品价格，适当拉开价格差异，促进优质、特色农副产品生产，对改善市场供应和调整产品结构有重要意义。③丰富农副产品市场。随着价格的放开，农副产品市场蓬勃发展，商品种类逐渐丰富，极大地提升人民生活品质。同时，合理的产品差价，对于农副产品质量提升具有重要促进作用。

总的来看，价格双轨制改革取得了很好的效果，极大地推动了农业生产的发展，盘活了农副产品的生产和流通，提高了城乡居民的生活水平。价格改革是经济体制改革的重要环节，价格双轨制改革为经济体制改革奠定了良好的基础。

五、深化改革与农业电商的发展（1998 年至今）

农产品流通体制改革是我国改革开放深入进行的必要条件，也是逐步建立社会主义市场经济的重要途径，更是解决"三农"问题的重要突破口。从 1998 年开始，农产品流通体制进入全面改革时期，多渠道流通并存。前期重点是对粮食流通领域进行改革，之后扩展到多元化的农产品流通体系建立和发展，特别是鲜活农产品流通领域的发展。

（一）农产品流通市场化发展阶段政策的演变（1998—2012 年）

1. 以粮食流通制度为核心的政策改革

1998 年 5 月《国务院关于进一步深化粮食流通体制改革的决定》（国发〔1998〕15 号）、2004 年 5 月《国务院关于进一步深化粮食流通体制改革的意见》（国发〔2004〕17 号）、2004 年 5 月《粮食流通管理条例》（国务院令第 407 号）等文件的出台，说明这一阶段的农产品流通体制改革的重点是在粮食领域。具体政策内容如下：

（1）《国务院关于进一步深化粮食流通体制改革的决定》（国发〔1998〕15 号）。实行政企分开、中央与地方责任分开、储备与经营分开、新老财务账目分开，完善粮食价格机制，更好地保护农民的生产积极性和消费者的利益，真正建立起适应社会主义市场经济要求、符合我国国情的粮食流通体制。①转换粮食企业经营机制，实行政企分开。②合理划分中央和地方的粮食责权，全面落实粮食省长负责制。③完善粮食储备体系，实行储备和经营分开。④建立和完善政府调控下市场形成粮食价格的机制。⑤积极培育粮食市场，促进粮食有序流通。⑥妥善解决粮食财务挂账，改进资金管理办法。⑦统一认识，加强领导，保证粮食流通体制改革顺利进行。

（2）《国务院关于进一步深化粮食流通体制改革的意见》（国发〔2004〕17 号）。随着国民经济市场化程度的提高、粮食流通体制改革的深入和农村税费改革的全面实行，进一步推进粮食购销市场化改革的条件已经基本具备。按照党的十六届三中全会精神，国务院决定，在总结经验、完善政策的基础上，2004 年全面放开粮食收购市场，积极稳妥推进粮食流通体制改革。2004 年 5 月 23 日，国务院发布《国务院关于进一步深化粮食流通体制改革的意见》（国发〔2004〕17 号），对粮食流通体制改革提出以下目标："在国家宏观调控下，充分发挥市场机制在配置粮食资源中的基础性作用，实现粮食购销市场化和市场主体多元化；建立对种粮农民直接补贴的机制，保护粮食主产区和种粮农民的利益，加强粮食综合生产能力建设；深化国有粮食购销企业改革，切实转换经营机制，发挥国有粮食购销企业的主渠道作用；加强粮食市场管理，维护粮食正常流通秩序；加强粮食工作省长负责制，建立健全适应社会主义市场经济发展要求和符合我国国情的粮食流通体制，确保国家粮食安全。"具体措施包括：①放开粮食收购和价格，健全粮食市场体系。②建立直接补贴机制，保护种粮农民利益。③转换企业经营机制，加快推进国有粮食购销企业改革。④改革粮食收购资金供应办法，完善信贷资金管理措施。⑤加强粮食市场管理，维护粮食正常流通秩序。⑥加强和改善粮食宏观调控，确保国家粮食安全。⑦加强组织领导，确保粮食流通体制改革稳步实施。

（3）《粮食流通管理条例》（国务院令第 407 号）。为了保护粮食生产者的积极性，促进粮食生产，维护经营者、消费者的合法权益，保障国家粮食安全，维护粮食流通秩序，国务院于 2004 年 5 月 26 日发布《粮食流通管理条例》。条例规定："鼓励多种所有制市场主体从事粮食经营活动，促进公平竞争。依法从事的粮食经营活动受国家法律保护。严禁以非法手段阻碍粮食自由流通。国有粮食购销企业应当转变经营机制，提高市场竞争能力，在粮食流通中发挥主渠道作用，带头执行国家粮食政策。""国家加强粮食流通管理，增强对粮食市场的调控能力。""粮食经营活动应当遵循自愿、公平、诚实信用的原则，不得损害粮食生产者、消费者的合法权益，不得损害国家利益和社会公共利益。""国务院发展改革部门及国家粮食行政管理部门负责全国粮食的总量平衡、宏观调控和重要粮食品种的结构调整以及粮食流通的中长期规划；国家粮食行政管理部门负责粮食流通的行政管理、行业指导，监督有关粮食流通的法律、法规、政策及各项规章制度的执行。国务院工商行政管理、产品质量监督、卫生、价格等部门在各自的职责范围内负责与粮食流通有关的工作。省、自治区、直辖市人民政府在国家宏观调控下，按照粮食省长负责制的要求，负责本地区粮食的总量平衡和地方储备粮的管理。县级以上地方人民政府粮食行政管理部门负责本地区粮食流通的行政管理、行业指导；县级以上地方人民政府工商行政管理、产品质量监督、卫生、价格等部门在各自的职责范围内负责与粮食流通有关的工作。"

纵观农产品流通体制改革的政策变迁路径，作为资源配置基础性手段的"计划"和"市场"的地位，发生了此消彼长的变化，即计划经济逐步退出，市场经济逐步占据主导地位。

2. 多元化的农产品流通体系建立和发展

自 1998 年以来，农产品市场由卖方市场逐步进入买方市场，终端消费市场需求变化较大。农产品流通主体的建设和扩展也成为重点，龙头企业、农民专业合作社等农业产业化组织发展较快。但由于物流配送、经营管理等诸多因素影响，大批电商企业（尤其是生鲜类）经营惨淡。农产品普通货物和常温快递物流发展迅速，但冷链物流及"最后一公里"配送等问题依旧是制约农产品电商发展的主要原因。该阶段，我国农产品多渠道流通模式发展迅速，随着电子商务的快速发展，渠道一体化、联盟化、电子虚拟渠道模式等开始出现，渠道成员彼此竞争与合作的关系更加微妙，电商企业和传统企业采取多样化的电商模式，加快布局线上、线下流通渠道；终端业态仍以批发市场为核心，但连锁超市、生鲜超市及以平台为中心的电商等新兴业态备受消费者青睐，发展势头强劲；交易方式以对手交易、拍卖交易、期货交易等形式相互补充。

为了适应农产品流通的发展，多部门积极鼓励多元化的农产品流通体系。2005 年 6 月《国务院关于促进流通业发展的若干意见》（国发〔2005〕19 号）要求："在流通领域树立和落实科学发展观，建设大市场，发展大贸易，搞活大流通，加快推进内外贸一体化和贸工农一体化，促进经济结构调整和经济增长方式转变。"2008 年 12 月《国务院办公厅关于搞活流通扩大消费的意见》要求："积极推动'农超对接'，支持大型连锁超市、农产品流通企业与农产品专业合作社建立农产品直接采购基地，培育自有品牌，促进产销衔接。"2010 年中央 1 号文件提出："要统筹制定全国农产品批发市场布局规划，支持重点农产品批发市场建设和升级改造"，"发展农产品大市场大流通"。2010 年 8 月 18 日的国务院常务会议要求："引导大型零售流通企业和学校、酒店等最终用户与产地蔬菜生产合作社、批发市场、龙头企业等直接对接，促进蔬菜产区和销区建立稳定的产销关系。"同年 11 月《商务部关于做好新时期蔬菜流通工作的指导意见》要求："科学规划、合理布局蔬菜批发市场、农贸市场和社区菜店，做好各类网点的布局调整。"2011 年 6 月 8 日的国务院常务会议提出："要加大对农产品批发市场、农贸市场的政府投入和政策扶持。"2011 年 8 月 2 日《国务院办公厅关于促进物流业健康发展政策措施的意见》要求："大力发展'农超对接'、'农校对接'、'农企对接'等产地到销地的直接配送方式，支持发展农民专业合作组织，加强主产区大型农产品集散中心建设，促进大型连锁超市、学校、酒店、大企业等最终用户与农民专业合作社、生产基地建立长期稳定的产销关系。"2011 年 9 月《农业部办公厅关于进一步加强产销衔接保障农产品市场稳定的通知》要求："加大改革力度，推动有关部门完善农产品地方储备，增强对市场突发异动的应对能力和调控能力。"政策文件逐步要求推进农产品产销衔接，大力发展农产品直接配送。

（二）农产品流通现代化发展阶段政策的演变（2012 年至今）

2012 年被称为"农产品电子商务元年"。随着国家对"三农"问题的关注，自 2012 年以来，国家相关政策文件中均不同程度地提到了农产品和农村电子商务的问题。自此，我国农产品流通政策不仅保持了与以往的连续性，还适应形势变化和发展要求，进行了深化和创新。

随着大数据、云计算、人工智能和互联网信息技术的广泛运用，整个流通产业步入大变革、大调整、大发展的阶段。该阶段的主要特征是：传统流通渠道模式与新型流通渠道模式相互交叉融合，渠道内信息价值不断提升；各环节渠道成员规模化、组织化程度加强，彼此联盟化、一体化趋势明显；渠道终端品牌化、连锁化趋势明显，物流配送效率大幅度提升。

2012 年中央 1 号文件《关于加快推进农业科技创新持续增强农产品供给保障能力的若干意见》要求："全面推进农业农村信息化，着力提高农业生产经营、质量安全控制、市场流通的信息服务水平。""充分利用现代信息技术手段，发展农产品电子商务等现代交易方式。"为降低农产品流通成本，2012 年国家和有关部委出台的农产品流通政策，进一步强调要降低农产品流通环节的费用。《国务院关于深化流通体制改革加快流通产业发展的意见》（国发〔2012〕39 号）要求，"积极创新流通方式。大力推广并优化供应链管理，鼓励流通企业拓展设计、展示、配送、分销、回收等业务。""创新网络销售模式，发展电话购物、网上购物、电视购物等网络商品与服务交易。统筹农产品集散地、销地、产地批发市场建设，构建农产品产销一体化流通链条，积极推广农超对接、农批对接、农校对接以及农产品展销中心、直销店等产销衔接方式，在大中城市探索采用流动售卖车。"《商务部关于加快推进鲜活农产品流通创新的指导意见》（商建发〔2012〕432 号）对于交易创新、管理创新、制度创新等提出了具体方向，并要求"形成以农批对接为主体、农超对接为方向、直销直供为补充、网上交易为探索的多种产销衔接的流通格局"。

随后，各部门均发文重申要加强互联网与农业相融合。国务院颁布的《关于促进农村电子商务加快发展的指导意见》（国发〔2015〕24 号）提出："到 2020 年，初步建成统一开放、竞争有序、诚信守法、安全可靠、绿色环保的农村电子商务市场体系"的目标。文件提出的十六字方针为电子商务发展奠定"安全、诚信"的基调，规范电子商务管理体制，加强配套设施建设。《2015 年电子商务工作要点的通知》（商办电函〔2015〕116 号）对电子商务工作提出了总的要求：全面贯彻落实党的十八大和十八届三中、四中全会精神，按照中央经济会议和全国商务工作会议部署，主动适应经济发展新常态，落实"互联网＋"行动计划，发挥电子商务拓市场、促消费、带就业、稳增长的重要作用，突出创新驱动，促进转型升级，配合国家"一带一路"建设、长江经济带和自贸区等发展战略，统筹考虑国内国际两个市场，构建统一开放竞争有序的电子商务市场体系，为加快商领域创新发展做出新贡献。2015 年农业部、国家发改委、商务部印发的《推进农业电子商务发展行动计划》中首次提出：完善农产品电子商务线上线下对接，建立农产品网络集货平台并实现其平台对接功能，重点支持"三品一标"产品网络推销，建立农产品网络信用，扎实推进农业电子商务快速健康发展。该文件同时提出要积极争取"政府购买公益服务支持"；"支持电子商务企业建立海外营销渠道，创立自有品牌，推动跨境农业电子商务发展"，推行模式创新行动；"培育农业电子商务市场主体，推动形成各类市场主体竞相发展农业电子商务的新格局"。后期又相继出台了《国务院办公厅关于促进跨境电子商务健康快速发展的指导意见》（国办发〔2015〕46 号）和《国务院办公厅关于促进农村电子商务加快发展的指导意见》（国办发〔2015〕78 号）。

近几年，电商扶贫政策也在积极制定和实施中。2016 年 5 月，国家发改委等八部门共同印发了《"互联网＋"现代农业三年行动实施方案》，出台支持农业电子商务发展的具体扶持政策，为贫困地区农业电子商务发展提供良好政策环境。2016 年 11 月，16个国家部委单位联合印发《关于促进电商精准扶贫的指导意见》，指出："在当地政府的推动下，引导和鼓励第三方电商企业建立电商服务平台，注重农产品上行，促进商品流通，拓宽贫困地区特色优质农副产品销售渠道和贫困人口增收脱贫渠道。"2018 年 8月，十三届全国人大常委会第五次会议表决通过《中华人民共和国电子商务法》，鼓励各类社会资源加强合作，促进农村电子商务发展，发挥电子商务在精准扶贫中的作用。2018 年 10 月，"2018 全国电商扶贫精准论坛"在北京举办，交流了进一步促进电商扶贫的实践经验，探索更精准、有效的电商扶贫方法。

◈本章参考文献

北京商业管理干部学院，1989. 商业行政管理［M］. 北京：中国商业出版社.

何盛明，1990. 财经大辞典［M］. 北京：中国财政经济出版社.

洪涛，程敏，2016. "十二五"时期我国流通政策的新亮点和理论突破［J］. 商业经济研究（5）：5-8.

纪良纲，等，2006. 中国农村商品流通体制研究［M］. 北京：冶金工业出版社.

姜长云，赵佳，2012. 我国农产品流通政策的回顾与评论［J］. 经济研究参考（33）：18-29.

李彩华，2014. 新中国成立初期对私营工商业的两次调整及其影响［J］. 史学月刊（2）：132-136.

祁春节，2008. 我国农产品流通体制演进回顾及思考［J］. 经济纵横（10）：45-48.

吴建征，朱汉国，2015. 统购统销制度中的"异动"：国家与农民博弈视角下的1956年前后农村自由市场短暂开放［J］. 兰州学刊（12）：12-19.

姚今观，纪良纲，1995. 中国农产品流通体制与价格制度［M］. 北京：中国物价出版社.

张曙光，1995. 放开粮价，取消粮票——中国粮食购销制度变迁研究［M］. 上海：上海人民出版社.

赵德余，2017. 中国粮食政策史［M］. 上海：上海世纪出版集团.

中国社会科学院，中央档案馆，1993. 1949到1952中华人民共和国经济档案资料选编［M］. 北京：中国社会科学出版社.

中华人民共和国财政部办公厅，2008. 1997年大事记［EB/OL］.［2008-06-23］（2019-06-10）. http://www. mof. gov. cn/mofhome/bangongting/zhuantilanmu/caizhengbudashiji/200806/t20080623_47785. html.

第九章 农产品价格政策

一个国家采取何种农产品价格政策，取决于其经济体制、国内外经济环境和人们对客观经济规律的综合认识与判断（王德章等，1995）。自新中国成立以来，我国农产品流通和价格改革历经坎坷之路，农业生产者为国家发展和国民生活做出了重大贡献。本章从农产品价格政策视角，梳理其70年变迁路径，介绍农产品价格政策改革的历史背景和成效。

一、新中国成立至改革开放前夕的农产品价格政策

1949年，新中国成立伊始，全国上下百废待兴，政府在传统的经济发展战略目标的指导下进行着社会主义建设，即高速推进以发展重工业为主要内容的社会主义工业化进程，也可以称之为"速度型"工业化发展战略。在这段时期，为实现工业化发展战略目标，政府对农产品采取了抑制性低价政策，通过工农产品的价格差，为加速推进我国社会主义工业化建设进程提供了大量的资金积累。这是我国在较长一段时期实行农产品低价政策的主要原因之一（周永，2000），也是我国粮食市场成为农产品价格政策调控重点领域的原因之一。本部分将重点讲述粮食市场相关价格政策的改革历程。

（一）探索时期

在当时特殊的历史背景和社会环境下，中国不仅缺少统一的顶层金融和商品市场，而且各地方、各行业普遍面临信息闭塞、地域割裂以及交易成本高昂等问题，商品市场的建立复杂而缓慢，阻碍重重。连年灾害和战争导致农业生产能力有限，农产品供给压力越来越大。随着人口规模上升，来自军队、政府人员和城镇居民等非农业生产者的粮食常规性需求不断增加。此外，受国际环境影响，农产品进口受阻。整体而言，处于农产品尤其是粮食作物供求关系比较紧张的时期，因此，很难杜绝粮食市场投机行为。市场一旦出现细微的变化，都有可能导致私人粮食企业或私商囤积居奇，哄抬和操纵市场价格以牟利。

除了需要应对农产品需求压力、价格市场波动压力之外，政府还需要保障在发生战争和自然灾难时，有足够的粮食储备。与此同时，粮食出口还持续发挥着为工业化发展提供资金积累的作用。在以上多重发展目标和现实压力的背景下，政策制定部门明确了农产品政策与工业化的关系，认识到国家发展的复杂局面，逐渐开始探索并运用各种宏观政策调控工具。

＊本章编写人员：邢璐瑶。

新中国成立初期，农产品生产能力有限，国营商业实力薄弱，全国农产品流通销售体制以自由贸易为主，城市的农产品供应基本被私商掌握，粮食等主要农产品市场秩序紊乱。为了调控市场，国家建立了由政府掌控粮源的粮食流通体制。1949 年，在财政部设立中央粮食管理机构——粮食管理总局；1952 年成立粮食部，统一负责全国粮食的征购、分配、供应和调拨工作；同时，自上而下成立国营粮食经营系统，对私营粮食企业实行利用、限制和改造。政府可以运用的主要调控措施包括增加粮食收购，储备以及调控粮食市场供应量，限制私人粮商的经营行为及其市场经营份额，对严重的操纵市场行为给予法律制裁等。可见，1949—1952 年，政府对粮食市场的干预措施主要是对市场交易关系的调整，没有采取具体的价格干预手段。政策工具没有改变或动摇市场交易的自愿性和竞争性，但相对改善了粮食市场的价格形成机制，稳定了社会对粮食价格的预期（赵德余，2017）。

从农产品总量和种类来看，粮食作物的储备和调运能力在很大程度上决定了政府能否有效地调控和稳定粮食市场的价格水平。为了加强国家粮食储备能力，1950 年 2 月、3 月，政务院相继颁布《关于统一国家财政经济工作的决定》和《关于统一国家公粮收支、保管、调度的决定》，要求各地相继建立各大行政区、省及省以下的市、县等各级粮食局和中央公粮库，规定全国各地所收公粮除地方附加粮之外，全部归财政部统一调度使用。1952 年初，政务院又进一步加强了公粮和贸易粮的统一调度工作，规定"1951 年各地政府超征的 13 亿斤公粮，除按比例上缴中央之外，其余粮食也要求不在自由市场上出售，保证全部售给国家"。

为了有效地引导和稳定粮食市场价格，政府不仅自建储备系统和调运机制，还通过国营粮食公司制定了一种具有导向性的国家粮食牌价，意在为粮食自由市场价格提供一个参照系，以促使自由市场价格围绕牌价有限度地波动，从而避免粮食价格的大起大落。一个地区具体的粮食价格调控机制是这样设计的：一般观察牌价和市价变动的背离幅度需要控制在一个可接受的限度或区域之内（具体幅度可根据供求关系情况灵活把握，多数以 5％为限），当粮食市价高于政府牌价 5％时，国营粮食公司就会抛售粮食；相反，当粮食市价低于政府牌价 5％时，国营粮食公司就从市场大幅收购粮食。这样通过粮食的购销吞吐促使粮食市价回归到政府牌价水平附近运行（赵德余，2017）。

价格调节机制的实际运行过程远比顶层设计复杂，中国粮食公司多次发出指示，要求"各级国营粮食商业部门坚决克服经营上的保守思想和官僚主义作风，做到该购的放手收购，该销的敞开销售，既不拒购，也不惜售"（赵发生，1988）。以上市场调控思路有效完善了粮食市场运转，基本没有破坏自然市场，并且打击了市场投机行为，在一定程度上助力了粮食产量快速增长，维护了粮食市场的稳定发展。

（二）由自由贸易向统购统销转变

1953 年 10 月，中共中央作出《关于实行粮食的计划收购与计划供应的决议》，决定实施粮食统购统销政策。文件指出，粮食问题已成为国家经济生活中的关键问题，如不设法解决，在粮食供求上将出现严重的脱节，以至牵动全面的物价，影响整个国家的经济建设计划。随后，中共中央又作出《关于在全国实行计划收购油料的决定》，对食用植物油也实行了计划收购和计划供应。11月，政务院发布《关于实行粮食的计划收购和实行计划供应的命令》，第一条规定："生产粮食的农民应该按国家规定的收购粮种、收购价格和计划收购的分配数量将余粮售给国家。农民在缴纳公粮和计划收购粮以外的余粮，可以自由存储和自由使用，可以继续售给国家粮食部门或合作社，或在国家设立的粮食市场进行交易，并可在农村间进行少量的互通有无的交易。"1954年9月，政务院通过《关于实行棉布计划收购和计划供应的命令》和《关于实行棉花计划收购的命令》，对棉花实行计划收购，对棉布实行计划收购和计划供应。我国农产品市场由自由贸易向统购统销转变。

1954年5月27日，中共中央发布《关于限期建立国家粮食市场给各地党委的信》，要求各地在6月份把应建立的初级粮食市场即国家粮食市场普遍尽快地建立起来。1956年下半年，为了缓解城乡农产品流通不畅的局面，政府决定开放农村小土特产自由市场。1957年10月11日，国务院发布《关于粮食统购统销的补充规定》，正式宣布取消国家粮食市场，在禁止粮食进入土特产自由市场交易的同时也关闭了国家粮食市场，从而在一定意义上清除了国家粮食征购政策实施中重要的价格激励障碍。随着粮食统购统销政策的开展，粮食价格剧烈波动的局面不再出现，基本消除了市场投机行为，节约了市场交易费用，从而更容易完成国家征购和调运任务。

在这一时期，国家开始实施农产品比价政策。一般的农产品价格政策调控靶向集中在粮食市场，中央政府很快便注意到：缺乏粮食之外其他经济作物、畜产品等农副产品的定价机制。由于价格政策在一定程度上可以起到刺激生产的作用，为了加强农业生产合作社的生产领导和组织建设，1956年中共中央、国务院发布相关指示，要求合理安排农产品比价，促进农副产品生产的全面发展。

农产品比价（这里指的是农产品收购方面的比价）不仅反映着农产品之间的价值比例关系，而且是制定消费品购销价格比例的基础，因为消费品销售价格（包括农产品和以农产品为原料的工业品）在很大程度上取决于农产品收购价格，也就是均以农产品收购价格为基础来制定消费品价格。粮食之所以能够成为农产品比价的中心，不仅因为它是居民最主要的基本生活要素，而且是全面发展农业生产的物质基础，只有粮食生产发展了，经济作物、畜牧业和其他农副产业才有发展的条件。普遍认为，如果国家对各种农产品收购价格制定适当，比价安排合理，就有利于促使农业生产者不仅关心自给性的生产，也关心商品性的生产；不仅重视粮食生产，也重视粮食以外的其他农作物特别是经济作物的生产，从而实现农业生产计划，贯彻农业生产方针，促进农业生产的全面发展。离开粮食价格中心这一基础，会不利于正确处理粮食作物与经济作物、畜产品等价格之间的比例关系，从而影响正确贯彻"以粮为纲、全面发展"的经营方针，妨碍实现农业生产全面发展的初衷。

（三）出台价格激励政策

1959年和1960年连续两年的粮食产量大幅下降，导致中国粮食市场进入一段异常困难的时期。为激励农业生产者的生产积极性，1958—1965年，中央政府逐步对粮食价格政策作出系统性和针对性调整，如先后四次提高粮食收购价格：①1958 年提高了东北、内蒙古与南方 6 省、自治区的粮食统购价格，相当于全国粮食统购价格提高 3.1％。②1960 年提高了南方 7 个稻谷产区的粮食统购价格，相当于全国粮食统购价格提高 2.6％。③从 1961 年夏季开始全面调整粮食统购价格，预计全国平均提高 20％，最后实际提高了 25.3％。根据有关部门估计，1961 年农民仅仅从粮食价格提高中就增加了 30 亿元收入。④1965 年再次提高南方 7 个稻谷产区的粮食统购价格，相当于全国粮食统购价格提高 1.5％。经过四次调整，1965 年与 1957 年相比，粮食统购价格平均提高 35％（赵发生，1988）。

1960 年和 1965 年，中央还采取了一种"加价奖励"的政策来鼓励农民粮食生产。1960 年 10 月，中央决定以生产队为单位，全年人均向国家交售的商品粮食（不包括大豆）按不同地区分别超过 50、100、150 千克的，超过部分按统购价加价 10％。1961 年由于全面提高粮食征购价格，"加价奖励"政策停止实施，直至 1965 年的夏粮收购时又被恢复。1965 年恢复的"加价奖励"政策规定：以生产队为单位，平均每人全年提供商品粮数量（不包括公粮）超过 50 千克的部分，加价 12％。随后，在 1965 年秋粮收购时，中央对该政策进行了调整，即在粮食征购实行的"一定三年"的政策背景下，对完成征购任务以后的超购部分的一半实行奖售农业物资，另一半则实行加价奖励，其加价幅度达到 30％～50％（赵德余，2017）。

（四）强化统购系统

在前期价格政策的基础上，为了进一步刺激粮食产量增长，中央政府持续强化了粮食价格激励和增产奖励的相关措施。1966 年 6 月 8 日，国务院将小麦、稻谷、谷子、玉米、高粱、大豆 6 种粮食的全国统购价格提高了 17.1％，统销价格提高了 13.07％，其中，粮食统购价格提高幅度比统销价格提高幅度高出约 4 个百分点。此后，1967 年 5 月，粮食部还规定在粮食收购中除了统购统销政策之外，采取奖售政策和超产超购政策（赵德余，2017）。虽然粮食奖售政策和超产超购政策是一种过渡办法，随着农业生产的发展，其奖售和超产超购的范围及数量逐步缩小，但从粮食产量规模和增长率上可见显著成效，1966—1976 年，全国粮食产量年均增加了 3.72％。

从粮食征购政策来看，中央政府十分清楚粮食政策可实现"优先促进产量增长，控制供需不平衡风险"等基本目标。但是，现实情况中诸多不确定性因素导致政策实施过程不够顺畅，甚至出现或多或少的扭曲。造成的后果是粮食市场的自我调节机制和修复功能弱化，政府粮食议购议价渠道减少。令人担忧的是，粮食产量的持续增长并没有解决粮食购销不平衡的问题。因此，在多种因素的作用下，政府作出政策调整，重要的调节措施之一就是提高粮食的统购价格而保持粮食的统销价格不变。这一举措导致了在 20 世纪 60 年代之前保持赢利的国营粮食系统开始出现亏损的情况。

据《广东省志·粮食志》记载："1961 年，广东省粮食商业共亏损 2 681 万元，粮油企业实现利润 383 万元，两者相抵之后广东省粮食企业仍然净亏损 2 298 万元；而到了 1962 年，全省的粮食企业系统亏损快速上升到 8 988 万元；随后 1963 年 9 月和 1965 年 4 月，农村粮食统销价格和市镇定量供应的粮食统销价格分别被调高到和统购价格一致的水平，国营粮食企业才摆脱了购销价格倒挂引起的亏损，而粮食经营费用成了亏损的主要来源，这期间全省粮食企业系统每年扣除粮食工业得利之后仍然净亏损 3 538 万元。亏损情况出现之后，1966 年统购价再次调高，四级大米的统购价格由每 50 千克 12元提高到 13.77 元，统销价格也相应地由 12.05 元提高到 13.84 元，购销价格基本持平，且此粮食购销价格一直沿用至 1978 年。"

在此期间，为改变粮食系统经营费用过高带来的亏损，国家将粮食部门列为税制改革的试点，免征粮食商业企业各种税金。除此之外，政府对粮食系统的补贴非常多，包括经营亏损补贴、超购加价补贴、预定定金贷款利息补贴、国家粮食储备费用补贴、平价粮食费用定额补贴等，但其中最主要的两个部分是对粮食经营的政策性亏损和超购加价的补贴（赵德余，2017）。政府从 1964 年起对征购基数外超购的粮食实行在统购价基础上加价的政策，对粮食超购加价的补贴支出在 1974 年之前纳入平价粮油盈亏中营业外项目核算，而从 1974 年之后，粮油加价款则由中央财政另行拨付。

长期执行粮食补贴政策导致国家财政压力加大，"以粮为纲"政策带来多种经营萎缩等现实情况。随着统购统销政策的推行，粮食生产的微观组织制度形式也开始不断发生变化，由传统的以农户家庭为最小生产单位的制度，变成合作化程度越来越高的人民公社体制。粮食价格激励的强度是由市场制度的限制性政策和价格干预政策所共同决定的，"文革"之后，地方粮食交易市场被关闭或取缔，这无疑切断了农民和地区之间的粮食交易关系以及粮食价格对粮食供求的引导机制，客观来看，粮食价格对公社体制下粮食生产的激励效应已经变得非常弱了（赵德余，2017）。

二、双轨制背景下的农产品价格政策

党的十一届三中全会以后，我国开始朝着改革开放的方向迈进，逐渐认识到实现工业化不等于实现现代化，只有工业化与城市化同步、工业现代化与农业现代化并举，才能真正迈开现代化前进的步伐。随着传统计划经济体制受到冲击，经济发展战略也开始转变，从传统的速度型转向效益型，从单纯追求工业化转为与城市化和农业现代化同步发展（周永，2000）。同时，政府也意识到需要对传统的农产品低价政策作出相应的调整和改革。1978 年政府工作报告中提出："要在国家统一计划的指导下，自觉利用价值规律。要认真研究工农业产品比价，原材料、燃料和加工工业产品的比价。适当提高农产品的收购价格，在降低成本的基础上适当降低工业品特别是支农产品的销售价格，以促进生产发展。"由此可以看出，重视价值规律的商品经济思想已经引导决策层开始考虑市场经济的发展方向。

1978 年是标志着我国粮食生产组织体制与土地政策发生重大变革的年份，创发于安徽省小岗村的家庭联产承包责任制经中央认可后迅速扩散至全国。作为具有划时代意义的年份，1978 年后的制度变化较之前有很大区别，大致可以划分为以下几个阶段：第一阶段为 1978—1984 年，即为统购统销和价格双轨制并存时期。第二阶段为 1985—1986 年，即为取消统派购制度，进行粮食合同制改革时期。第三阶段为 1987—1991年，是价格双轨制时期。其中，1989—1991 年，长期缺粮的局部地区率先对粮食统销体制进行了某些改革，而后发展为全国统一实行购销同价。第四阶段为1992—1993年，为价格自由化改革尝试时期，即由价格双轨制向定价单轨制转变的阶段（张曙光，1995），直至1993年底全国98%的县市放开了粮食购销价格。第五阶段为1994—1997年，即回归双轨制或后双轨制时期（赵德余，2017）。

伴随着市场机制的引入，我国开放了农产品自由市场，形成了农产品计划价格和市场价格"双轨制"的局面，一定程度上矫正了农产品价格严重低于其价值的背离状态，也矫正了农产品价格严重脱离市场的不正常现象（周永，2000）。一直以来，农产品价格政策只限于粮食、棉花等几种关乎国计民生的品种，主要有两个原因：一是政府财力有限，难以达到全面保护的目的；二是农产品中的大部分品种可以根据市场供求自发运动达到平衡，只有小麦、水稻等少数几种需政府进行宏观调控（安乔治等，2002）。

（一）统购统销与价格双轨制并存

在以实施家庭承包制为主的农村经济体制改革的初期，粮食仍实行统购统销，粮食流通部门的主要任务是配合农村改革，增加农民收益，以调动农民农业生产经营的积极性，粮食流通政策调整还不能算是真正的粮食流通体制的改革，在市场化方面仅仅适当放宽了粮食集市贸易，重点是对收购制度的部分调整（彭新万，2009）。鉴于当时粮食价格显著低于经济作物价格，国务院陆续大幅度地调整了粮食、食油、生猪等18种重要农副产品的收购价格，逐步实行超购加价政策，采取多重价格体系，有收购平价和超购加价，还有议价和市价，并调整各种农产品比价，从而形成一物多价。

1979年夏粮上市起，中央掌握6种粮食（小麦、稻谷、谷子、玉米、高粱、大豆）加权平均价格，每千克提高20.86%，粮食超购部分的加价幅度从30%扩大到50%；棉花收购价格提价幅度为24.9%，生猪收购价格提高24.6%，加上其他农副产品（糖、麻、茶等）收购价格的调整，18种农副产品的收购价格平均提高24.8%，从而极大地刺激了农业的发展，有力地推动了农产品价格形成机制市场化的进程（王德章，1992）。1979—1982年，国家向农民收购的农副产品（不包括购自国营农场的产品和征收的农业税）中，统购牌价所占比重逐年下降，从1978年的88.14%下降到1982年的60.17%；棉花和植物油料价格变化也有类似情况。1981年的农产品收购总价格比1978年提高了约38%，此后每年还有不同程度的提高，单就粮食来说，1981年、1982年、1983年和1984年分别提高了5.9%、2.2%、4.4%和4%。1983年后，许多地方的超购加价水平已超过了当地市场价格。

在粮食统销价格方面，除了农村周转粮、借销粮、种子粮（不包括优质品种）、奖售粮、兑换粮、代队储备粮和过头粮退库等实行购销同价外，其他统销价格保持不变，购销差价由中央财政补贴。同时，粮食征购数量从1979年起减少25亿千克；水稻生产地区口粮在200千克以下、杂粮生产地区口粮在150千克以下的，一律免征。1982年1月，国务院下达《关于实行粮食征购、销售、调拨包干一定三年的通知》，决定从1982年至1984年，生产队、小组和农民在完成征购任务后，有权处理多余的粮食。至此，在中国实行长达30年之久的粮食统购统销政策开始松动（赵德余，2017）。

上述统购统销制度调整的绩效是非常明显的。据测算，1979—1984 年，粮食生产增长 33.58%，平均每年递增 4.94%，而提高粮食收购价格的政策对粮食增产的贡献份额为 32.20%（郑有贵，1998）。农民人均纯收入 1953—1978 年平均每年仅增加 2.88 元；1979—1982 年，因提高收购价格，农村人均增加收入 92.3 元（商业部商业经济研究所，1984）。1982 年，农村居民年人均纯收入为 270.1 元，农村居民收入因统购统销制度的初步改革增收约 1/3。

实际上，广泛而分散的农户生产组织与传统体制遗留的国有粮食流通部门（企业）之间存在着严重的治理机制缺陷，导致价格双轨制政策难以使政府实现复杂的粮食政策目标。于是，20 世纪 80 年代中期以后，政府先后三次推行粮食部门的市场化改革（赵德余，2017）。

~~~~/ 案例 /~~~~

广东省农副产品价格改革（1979—1984 年）

广东是沿海省份，毗邻香港、澳门，是我国历史上商品性农业最发达的地区之一。但在 20 世纪 50 年代中期以后的 20 多年里，农副产品长期供不应求。在 1979 年部分地区和部分方面改革的基础上，1980 年 9 月，广东在全省实行了一系列放宽农副产品购销政策、改革农副产品流通体制的措施。放宽农副产品购销政策的主要内容有：①将一、二类农副产品由 111 种减少为 16 种，其他都改为三类；②减少或固定二类农副产品的派购任务，完成任务后的剩余产品可自由上市；③允许国营商业和供销社对二类农副产品完成任务后的部分和三类农副产品实行议购议销。

通过改革，议购议销与集市贸易成交比重不断上升，出现了国家、集体、个体"三足鼎立"，国营商业、供销社、城乡集体商业、个体商贩和集市贸易"五子登科"的局面；初步形成了国家只对一部分最重要的农产品的购销实行直接控制、对于大部分农副产品实行间接调节与市场调节，以国营商业和供销合作商业为主体、各种经济形式的商业组织相互竞争、相互补充的农副产品流通体系。

省会广州市的情况可以集中地反映改革后的变化。1984 年，广州市实行统派购的农副产品已由 1978 年的 111 种减少到 12 种，议购的限价品种从 60 种减少到 4 种，市区先后恢复和开放了 31 个农贸市场、8 个批发交易市场，恢复和新设农村集市 200 多个，外省外地来市设立农产品批发、展销部 58 户，发展了 2 800 多户经营农副产品的个体商贩和 2 万～3 万人的城乡个体贩运队伍。到 1983 年，在市区的猪、牛、羊、禽、蛋、鱼的总销售量中牌价占 49.8%，议价占 32.2%，集市贸易占 18%（高小蒙等，1992）。

~~~~~~~~~~~~~~~~~~~~~~~~~~~~~~

（二）粮食合同制改革

1985—1986 年，进入以改革农产品价格管理体制为主的第二阶段。考虑到当时的国家财政负担能力、企业消化能力和群众承受能力，经过多方面的权衡比较和认真测算，中央决定采用放调结合、小步前进的方针，对价格体系进行改革，并在 1985 年政府工作报告中要求："在改革中，必须根据实际情况，认真贯彻价格'有升有降'的原则，努力保持物价总水平的基本稳定。"与此同时，在沉重的财政补贴负担和农民"卖粮难"的双重压力下，中央接受了 1984 年中国农村发展问题研究组的建议，对长期以来的粮食统购统销政策也进行了重大改革。

1985 年的中央 1 号文件和政府工作报告中都提到了关于价格体系改革的相关内容。其中，农产品价格改革的主要内容是：合理调整农村粮食购销价格和棉花收购价格并实行合同定购，把其余农副产品的价格逐步放开，实行市场调节，推动农村商品经济的发展和农业生产结构的调整。即从 1985 年起，除个别品种外，国家不再下达农产品统派购任务，按照不同情况，分别实行合同定购和市场收购。合同定购的粮棉实行固定比例加价，合同外的粮棉自由上市，价格随行就市；其他统派购的产品也分品种、分地区逐步放开，自由上市，自由成交，随行就市，按质论价。

这一阶段农产品价格改革的任务主要是解决第一阶段改革中存在的问题，以稳定粮棉收购价格为主，来控制国家财政补贴过快增长，放开大部分农产品价格，更多地引入市场机制。此次价格政策改革的特点如下：

（1）改革的基本形式是合同定购。合同定购的最重要条款是粮食的价格与数量，新的合同价格是按"倒三七"计算的固定比例价格。与原来政府收购价格相比，新的合同价格比原来的统购价高，但却比超购价低（赵德余，2017）。

（2）改革的保障条件之一是为农民设置合同价格的下限。1985 年的粮食改革方案设置了两个重要的保障条款：一是对城镇消费者的保护；二是为农民设置合同价格的下限，即当市场价格低于统购价时，国家承诺按原统购价敞开收购农民手中的余粮。虽然20 世纪 80 年代的粮食市场价从未低于统购价，此保障措施并未实际运用过，但为合同价格设置下限却是我国农业政策历史上第一次提出价格保护的问题（卢锋，1999）。

1985 年上半年调整了粮食和生猪的收购价格。其中，粮食合同收购价格如山东的小麦、玉米合同定购价格比上一年统购、超购混合平均价格分别下降了 3％和 4.4％（山东省地方志编纂委员会，1994）。与粮食合同价格变动相似，粮食市场价格在 1985年下半年虽有微弱回升，但全年平均水平仍比 1984 年略有下降，由 0.49 元/千克降到0.48 元/千克，由于通货膨胀高达 8.8％，实际粮价下降到 0.37 元/千克（1978 年不变价格），降幅高达 11.9％（卢锋，1999）。随着上述两种粮食价格的同步下降，1985 年的粮食产量也下降 2 820 万吨，是 1978 年改革之后第一次出现较大幅度的减产，幅度达到 6.92％。另外，在 1986 年，由于平价粮食收支缺口较大，政府在合同定购中对各省加了一部分粮食收购任务，称之为委托代购。年初规定其价格不能超过原超购价（上半年实际是按超购价收购的），秋天又将其价格水平上调（每 50 千克提高 2.4 元）。这种价格形式只存在了一年，当时占政府收购量的 9.4％。

1985 年的粮食合同制改革带来了两个重要后果：其一就是粮食价格（市场价格和合同定购价格）以及粮食产量的下降；其二是粮食定购合同的可实施性面临挑战，自愿的商业合同最终为国家定购所取代，最终导致市场化的改革试验迅速步入了双轨制时期

（赵德余，2017）。

（三）进入稳定的价格双轨制时期

20 世纪 80 年代，农产品的微观生产组织制度由家庭联产承包责任制取代了人民公社体制，极大地提高了农民从事粮食生产的积极性。政府也同步出台一系列粮食"减购""压销"政策，不断尝试弱化定购机制的影响，同时注重引入和培育市场机制。虽然 1985 年的粮食合同制改革没有取得预期的目标，但是政府在粮食政策改革过程中也在不断地学习如何谨慎地处理计划和市场的关系，积累驾驭市场制度的经验，而这一点在 20 世纪 90 年代初政府推进粮食市场化改革的决心中体现得尤为明显（赵德余，2017）。

1987 年召开的党的十三大确立了社会主义初级阶段的基本路线。作为实现党确定的"三步走"经济发展战略的重要基础，农业发展问题被提高到关系建设和改革全局的极端重要的位置。面临粮食减产和通货膨胀的压力，政府将粮食产量增长和提高农民收入的政策目标放在重中之重的位置，而政策设计仍然体现在"减购""压销""提价"三个方面。

1988 年开始，中国经济出现明显的通货膨胀，1988 年和 1989 年连续两年社会物价水平以两位数的增长率攀升。宏观经济环境的变化使中央不仅放缓了对价格双轨制的自由化改革，而且还产生了对此的审慎的态度。党的十三届三中全会报告中指出："对极端重要并将长期短缺的初级产品和原材料，包括粮食、油料等农产品……不能硬性地过早取消双轨制。这些产品，如果没有市场调节这一轨，整个经济就无法搞活，特别是占工业产值 1/4 的乡镇企业就无法生存；但如果没有国家定价这一轨，就会造成包括人民生活必需品在内的众多产品的价格全面暴涨，物价上涨就无法控制，并将大大提高整个工业生产成本，使我国工业在国际市场上很快丧失竞争力。价格双轨制是我国一定实力条件下的产物，在商品经济还很不发达，市场远未发育的情况下，硬性取消看来是行不通的。"

1988 年，作为当时分管农业和农村工作的国务院副总理，田纪云在全国粮食工作会议上指出："要落实和服从十三届三中全会的精神和对粮食问题的研究决策。粮食部门在贯彻落实治理经济环境、整顿秩序的决策上肩负着重要任务，一定要努力抓好粮油收购工作，加强调度，搞好粮油余缺调剂，妥善安排各方面的合理需要，切实整顿好粮油流通环节的混乱现象，保证粮食不出大的问题，力争市场的基本稳定和粮食价格不出现大的波动。"

1988 年开始，中国局部地区进行了以"减购"（减少合同定购数量）、"压销"（压缩平价粮销售数量）、"提价"（提高合同定购价格和统销价格）和"放开"（放开购销价格）为基本内容的粮食购销体制的改革（隆国强，1999）。到 1990 年底，国务院还下达了关于粮食流通领域的粮食收购和销售（数量和价格）由各省自行调整的决定。

在粮食定购价格方面，政府对主要粮食品种仍然实行"倒三七"比例价格。1986年 3 月，政府决定将黑龙江、吉林、内蒙古、辽宁的大豆合同价格从每千克 0.6 元提高到 0.69 元，豆油从每千克 2.60 元提高到 3.30 元。10 月 8 日，又宣布调整东北、内蒙古玉米价格，每千克提价 0.027 元。从 1987 年至 1989 年，政府连续 3 年对粮油定购价格做了部分或全面调整，小麦定购价格由每 50 千克 22.55 元提高到 25.7 元，籼稻由每 50 千克 15.7 元提高到 22.2 元，粮食提价幅度在 10%～40%。定购价格提高以后，统销价格基本保持不变（赵德余，2017）。

在粮食统销数量和统销价格方面，从 1988 年开始，山西、广东、福建等省份分别率先发起"压减"统销粮食数量和提高统销粮食价格的改革试验，朝价格市场化改革方向迈出重要的一步。继上述几省之后，1989 年黑龙江、辽宁、河北、山东、河南、浙江和江西等省份也开始压缩平价粮油销售，1990—1991 年，按照"三先三后"（即先农村后城市，先中小城市后大城市，先与人民生活关系不密切的、后与人民关系密切的）原则，各地分头决策，采取了一系列压缩平价粮销售的措施（张曙光，1995）。除了压缩平价粮食的销售之外，地处沿海经济发达地区的广东、福建两省，不仅提高了稻谷合同定购价格（由每千克 19.16 元提高至 25 元），还大幅度提高了城镇统销大米价格，对城镇居民的补贴由暗补改为明补，基本实现了购销同价（赵德余，2017）。

由于粮食购销价格的变动，粮食市场价格在 1985—1990 年持续上涨。以小麦的市场价格为例，小麦的合同定购价格在 1985—1987 年连续 3 年保持不变，直到 1988 年每 50 千克由 24.4 元上升到 26.2 元，提高了 6.56%，1989 年又进一步提高 5.77%。相比之下，小麦的市场价格在 1985—1989 年一直在上升，而且上涨的幅度远高于合同定购价格。1986—1989 年，小麦的市场价格分别为每 50 千克 25.84 元、28.80 元、35.24 元和 48.94 元，分别比上年上涨 10.8%、1.45%、22.36% 和 38.88%。1989 年小麦的市场价格已经远远高于定购价格，幅度达 74.5%。稻谷、玉米、大豆和棉花的情形也大体相似（赵德余，2017）。

在农副产品方面，1991 年 5 月 1 日出台了《国务院关于调整粮油统销价格的决定》（国发〔1991〕18 号），将三种粮食（面粉、大米、玉米）中等质量标准品的全国平均统销价格由每 50 千克 14.7 元提高到 24.7 元，平均提价幅度为 68%，这是 20 世纪 60 年代中期以来第一次调整粮食统销价格；食油则实现购销同价，六种食油平均每 500 克售价提高 1.35 元，提价幅度达 170%（吴承明，2010）。此外，定购以外的棉花也允许农民上市自销。生猪、水产品和大中城市、工矿区的蔬菜，逐步取消派购，自由上市，自由贸易，按质论价。1991 年，国家定价的农产品收购价有 9 种，国家指导价有 19 种；国家定价的农产品调拨价有 8 种，国家指导价有 4 种；国家定价的农产品销售价有 7 种，国家指导价有 10 种。农产品收购价格也由原来较为单纯的国家定价转变为国家定价、国家指导价和市场价格三种形式。

可见，在农产品价格的决定机制上市场的作用已经超过计划的作用，农产品价格形成的市场制度雏形已经开始形成，构成了我国农产品流通体制改革在特定时期内的"双轨制"。这次改革，尚未彻底解决粮油购销价格倒挂问题，但是，为取消凭票定量供应、进一步实行敞开供应建立了良好的开端。

（四）价格自由化改革尝试

20 世纪 90 年代，粮食生产、宏观经济环境的收缩及政治决策层价值观念的变化迅速而深刻地改变了粮食政策目标的优先序组合。1990 年全国粮食产量接近 4.5 亿吨,1991 年和 1992 年的全社会零售物价指数均低于 10%,短期内国内粮食产量和通货膨胀的双重压力有所降低(赵德余,2017)。1992 年,邓小平南方谈话确定了社会主义市场经济体制的目标,相对于前期的粮食产量目标和市场价格稳定化目标而言,粮食经营与价格的市场化、减轻财政压力、提高资源配置效率和扭转国有粮食企业亏损等政策目标的重要性迅速凸显。

关于粮食部门的改革,引入市场配置机制成为最重要的政策目标。为迅速实现粮食经营的市场化(即价格自由化或并轨),应对粮食的财政补贴的压力,中央决定从 1992 年 4 月起再次提高粮食统销价格,实现购销同价,全国平均粮食价格每千克提高 0.22 元,每个职工每月补贴 5 元。随后,全国各地陆续展开"放开经营、放开粮价"的试点。在统一政策的原则下,各地因地制宜地选择试点方案和改革模式。第一种模式是购销全部放开,如广东;第二种模式是稳住定购(定购任务和价格均按国家规定),放开销价,如陕西汉中市;第三种模式是保留部分定购和农业税征实,定购价格随行就市,销价放开,如四川广汉市、河南三门峡市等。截至 1992 年 9 月,全国有 40 多个县进行了放开试点。国务院总结提出:"要抓紧当前有利时机,加快粮食购销体制改革,进一步向粮食商品化、经营市场化的方向推进。"要求各地根据自己的情况,因地制宜,分散决策,在考虑各方面承受能力和各项保证措施配套的前提下,凡有条件放开的省、自治区、直辖市,可以提出方案报国务院批准实施。

1993 年 2 月 15 日,国务院发出《关于加快粮食流通体制改革的通知》,提出争取在 2~3 年内放开粮食价格并减少对粮食的财政补贴。继广东全面放开粮价后,浙江、江苏、安徽、福建、江西和上海也宣布全省(市)粮食价格全面放开,取消粮票。5 月 1 日,北京市也采取了类似措施(赵德余,2017)。1993 年底,全国 59% 以上的市县完成了放开粮价的改革(张曙光,1995)。

1992—1993 年,价格自由化改革初次尝试,预示着中国实行了 40 多年的定量供给制度即将结束,价格开始随行就市。1993 年底中央农村工作会议作出了粮食定购实行"保量放价"的决定,即保留定购数量,放开收购价格,同时,粮食实行最低保护价,农业生产资料实行最高限价,改"粮棉三挂钩"为"价外加价",改"省间粮食计划调拨"为"市场交换",并调低农林特产税率等,这一系列配套政策的实施有效地提高了粮食生产和交易的市场化程度。

1993 年底,政府重新对粮食流通加强控制,并实行统一定价、挂牌销售以平抑市场价格。1994 年 3 月,国务院发出《关于深化粮食购销体制改革的通知》,宣布"国有粮食部门要掌握市场粮源的 70%~80%"等政策。实施不久的"保量放价"也正式转换成"提价定购"。1994 年 6 月,政府大幅度提高粮食定购价格,四种粮食定购价格比上年平均提高 44%,定购任务以外的粮食价格随行就市。随后,各地恢复对粮食部门和粮食市场的行政控制,停止挂牌抛售,将定购粮用于对城镇居民的定向、定量和定价销售。至此,短暂的价格自由化尝试告一段落,1994 年下半年又回归到价格双轨制。

（五）后双轨制时期

1995 年，中央政府推出一个重要举措，即实行粮食省长负责制，要求各省、自治区、直辖市自行负责本地区粮食总量平衡。主要内容：一是要保证粮食播种面积；二是要提高单产，增加粮食产量；三是要负责收购掌握 70%～80% 的商品粮源；四是要积累和管理地方储备粮；五是要在 1995 年建立和管理粮食风险基金；六是要负责完成地方进口粮食任务；七是要负责组织省际粮食调剂。中央政府则集中国力搞好全国粮食市场的宏观调控，对全国粮食总量平衡负责，主要任务之一就是管好国家储备粮，以用于应对重大自然灾害和平抑全国性的市场粮价波动。

为促进粮食生产，1996 年，政府在 1994 年大幅提价的基础上再次提高了粮食收购价格，幅度达到 40% 以上，表明了中央政府加强粮食生产和增加农民收入的决心。1996 年 1 月 7 日，国家计委发布《关于安排 1996 年粮食定购价格的通知》，提出从 1996 年新粮上市起，粮食定购价格实行中央指导下的省（自治区、直辖市）人民政府再定价。同年，粮食产量突破 5 亿吨，此后两年也在 4.9 亿吨以上。由于国家两次较大幅度地提高棉花、蚕茧等的收购价格，农民收入实现了恢复性增长，年均增长率高达 22.2%，剔除物价上涨因素，农民收入的年人均实际增长率为 7.9%。

1997 年 7 月，国务院召开粮食购销会议，对保护价政策进行修改，其中之一是降低保护价水平，以定购粮的基准价为新的保护价。粮食购销价格制度的基本内容有：一是合理定价。由国家根据粮食市场供求状况，按照调动农民种粮积极性、缩小工农产品价格"剪刀差"、城镇居民能承受的原则合理加定价，同时合理安排地区差价、品种差价、季节差价、质量差价；议购价随行就市。二是健全调控。政府用经济手段对粮食市场和价格进行调控，即建立健全完善的储备调节制度，如粮食储备体系、粮食风险调节基金等。

因此，地方政府具有更大的定价权，可以在定购价格上浮 10% 的范围内确定当地定购价格，且省级政府可以自行决定定购粮食的处置，而这在以前都是不被允许的（赵德余，2017）。

三、新一轮粮食改革下的价格政策

1996 年 10 月 24 日，国务院新闻办公室发表的《中国的粮食问题》中提出："首要改革就是尽快形成以市场定价为主的粮食价格形成机制，进一步发育和健全粮食市场体系，将粮食的地区间计划调拨逐步改为产、销区通过市场流通来实现各地区平衡。"同年的政府工作报告也强调："进一步理顺农产品和农业生产资料价格，建立健全以批发市场为中心的农产品市场体系。"

（一）确定新阶段粮食改革政策

1997 年，中央政府认为通货膨胀的压力仍然存在，控制物价涨幅的工作绝不能放松，理顺价格关系是一项长期的任务，既要积极，又要稳妥。当年的政府工作报告强调:"调价的项目和幅度要从严控制,根据各方面的承受能力确定有限目标,避免引起大的震动。继续实行价格调控目标责任制,加强市场物价监管。提高粮食定购价格……做好农业生产资料的生产和供应工作,稳定价格。坚持'米袋子'省长负责制,'菜篮子'市长负责制。"

1997 年 8 月 6 日,国务院发出《关于按保护价敞开收购议购粮的通知》,要求粮食部门必须坚决按保护价收购议购粮,做到不拒收、不限收、不停收、不打白条,并不得代扣各项提留款。议购粮食收购保护价按定购基准价执行。同年 9 月 12 日,党的十五大明确提出:"从现在起到下世纪的前十年,是我国实现第二步战略目标、向第三步战略目标迈进的关键时期……要坚持社会主义市场经济的改革方向,使改革在一些重大方面取得新的突破……"会议提出的农业发展和改革的政策原则对此后粮食价格政策的设计产生了重大的指导意义。

1998 年的政府工作报告指出:"以指导性计划为主的计划调控方式不断完善,价格进一步放开,绝大部分消费品和生产资料的价格已经由市场决定,市场机制对增加供给、调节需求、丰富人民生活所起的作用越来越明显。"并再次强调:"坚持和完善'米袋子'省长负责制,'菜篮子'市长负责制。粮食购销体制改革是今年的一件大事,要精心组织实施。坚持按保护价收购粮食的政策。"

随后,1998 年 3 月 17 日,时任国务院总理朱镕基在九届全国人大一次会议记者招待会上提出要推进五项改革,其中一项就是进一步深化粮食流通体制改革,并且再次强调市场对资源配置的基础性作用,指出粮食购销体制改革必须实行合理的价格政策。

同年 5 月,朱镕基前往安徽考察粮食工作,提出:进一步深化粮食流通体制改革的重点是实行保护价敞开收购农民余粮、粮食购销企业顺价销售粮食、粮食收购资金封闭运行的政策,并加快国有粮食企业自身改革,即"三项政策,一项改革"。只有按保护价敞开收购农民的余粮,才能保护农民种粮的积极性,才能实现粮食顺价销售;只有实行顺价销售,国有粮食收储企业才能不再发生新的亏损并逐步消化老的亏损挂账;只有实行收购资金封闭运行,才能约束国有粮食收储企业不低价亏本售粮、防止发生新的挤占挪用、保证收购资金及时供应;只有加快粮食企业自身改革,下岗分流、减人增效,降低流转费用,三项政策才能落到实处(苗富春等,1998)。

1998 年 10 月召开的党的十五届三中全会,审议通过了《中共中央关于农业和农村工作若干重大问题的决定》,不仅提出农业、农村和农民问题是关系我国改革开放和现代化建设全局的重大问题,还提供了深化粮食流通体制改革的基本思路"四分开、一并轨",即政企分开、储备和经营分开、中央和地方责任分开、新老挂账分开,价格并轨(赵德余,2017)。为了保护农民利益,有效解决国有粮食企业亏损挂账急剧增加和财政负担过重的问题,提高国有粮食收储企业的市场竞争能力,我国从 1998 年正式开始启动市场化取向的粮食改革,主要内容是"三项政策、一项改革",原则是"四分开、一完善"。

1998 年,国务院颁布《粮食收购条例》,不仅规定了国有粮食收储企业向农民(生产者)收购粮食的相关要求,而且还制定了收储企业销售粮食的价格下限,即必须"顺价销售",不得亏损和降价出售粮食。

比如，《粮食收购条例》第四条规定：收购粮食必须严格执行国家的价格政策。国家对粮食收购实行保护价制度，以保障农民和其他粮食生产者出售粮食，能够补偿生产成本，并得到适当的收益。保护价的原则由国务院确定，保护价的具体水平由省、自治区、直辖市人民政府制定，报国务院备案。定购粮食的收购价格，由省、自治区、直辖市人民政府依据下列原则确定：①市场粮价高于保护价时，参照市场粮价确定。②市场粮价低于保护价时，按照不低于保护价确定。农民和其他粮食生产者完成国家粮食定购任务并留足自用和自储粮食后出售的余粮，按照市场价格收购；但是，市场价格低于保护价时，应当按照保护价收购。

《粮食收购条例》第十二条规定：国有粮食收储企业销售粮食，必须顺价销售，不得低价亏本销售。

随着一系列配套措施的运行，1998 年的粮食改革政策取得了一定的成效。1999 年成立国家粮食局作为负责粮食宏观调控的行政机构，2000 年组建中国储备粮管理总公司，作为调控政策的执行主体，逐步形成现行粮食宏观调控的基本构架。不仅推动粮食部门政企分开，还突破了原有的粮食储备制度。农产品综合生产能力明显提高，粮食等主要农产品实现了由长期短缺到总量平衡、年年有余的历史性转折。同时期，1999 年也放开了棉花购销价格，国家不再对棉花收购价格、销售价格进行统一，收储制度从计划收储向市场化收储转变。

（二）市场化改革初期

中央政府意识到保护价收购的弊端后，为了缓解政府库存压力和财政压力，2000 年 2 月 2 日，国务院办公厅发出《关于部分粮食品种退出保护价收购范围有关问题的通知》，提出：1999 年国务院《关于进一步完善粮食流通体制改革政策措施的通知》已明确规定"黑龙江省、吉林省、辽宁省以及内蒙古自治区东部、河北省北部、山西省北部的春小麦和南方早籼稻、江南小麦，从 2000 年新粮上市起退出保护价收购范围"，上述地区要按照国务院已经确定的政策，从 2000 年新粮上市起使这些粮食品种退出保护价收购范围。长江流域及其以南地区的玉米从 2000 年新粮上市起也退出保护价收购范围，具体办法和步骤由有关省级人民政府根据当地实际情况确定。

2001 年春，国务院针对 1998 年粮食改革政策设计和实施中出现的缺陷，将浙江省作为全国第一个实行购销市场化改革的地区。主要内容是：指令性种植计划和粮食定购任务全部取消，农民可以放手按照市场导向从事各种农业生产；粮食市场全面放开，允许并鼓励多种所有制主体参与粮食经营；粮食定购补贴取消，粮食价格随行就市。最关键的两项配套改革措施是：粮食行政管理部门与下属经营性企业全部脱钩，行政领导不允许兼任粮食企业领导；国有粮食企业通过拍卖、股份合作兼并、租赁和破产等形式，全面改制。2001 年下半年，浙江省国有粮食企业改革取得了突破性进展，粮食实现真正地市场自由流通（赵德余，2017）。截至 2001 年，除了粮食、蚕茧、烟叶等少数农产品仍不同程度地接受国家计划收购外，大多数农产品市场均已放开，受市场调节。

鉴于浙江省粮食改革初获成效，国务院在同年正式出台《关于进一步深化粮食流通体制改革的意见》，将改革范围扩大至全国，重点是浙江、上海、广东、福建、海南、江苏、北京、天津八省（直辖市）。提出 16 字改革要意——"放开销区、保护产区、省长负责、加强调控"，逐步放开粮食主销区以及部分产销平衡区的粮食收购市场，同时放开一些主产区部分粮食品种的收购市场（周洲等，2018）。2003 年国家专门成立了中国储备棉国家总公司，通过储备吞吐调节来抑制市场价格大幅波动，稳定棉花生产。至 2003 年 6 月，全国有 16 个省（自治区、直辖市）粮食价格完全放开。2004 年颁布的《粮食流通管理条例》，标志着中国粮食政策进入一个新的时代，粮食流通体制市场化改革方向不可逆转。

四、全面粮食改革中的价格政策

2004 年中央 1 号文件提出："从 2004 年开始，国家将全面放开粮食收购和销售市场，实行购销多渠道经营。有关部门要抓紧清理和修改不利于粮食自由流通的政策法规。加快国有粮食购销企业改革步伐，转变企业经营机制，完善粮食现货和期货市场，严禁地区封锁，搞好产销区协作，优化储备布局，加强粮食市场管理和宏观调控……为保护种粮农民利益，要建立对农民的直接补贴制度。2004 年，国家从粮食风险基金中拿出部分资金，用于主产区种粮农民的直接补贴。其他地区也要对本省（自治区、直辖市）粮食主产县（市）的种粮农民实行直接补贴。"

2004 年 6 月，国务院发布《关于进一步深化粮食流通体制改革的意见》（国发〔2004〕17 号），这既是对几年来粮食市场化改革的确认，也成为 2004 年后农民收入稳步增长的重要制度保障。也正是由于 2004 年全面放开了粮食购销市场和价格，国家开始逐步实行不同品种农产品的最低收购价、竞价拍卖、临时收储等价格支持政策。

（一）最低收购价政策

为应对粮价波动，保护粮农利益，促进粮食生产，保障粮食安全，国家从 2004 年新粮上市起，进一步放开粮食收购价格，由取得经营资格的企业随行就市收购。同时，对重点粮食品种实行最低收购价格制度，在重点粮食品种市场价格低于最低收购价格时，指定部分粮食经营企业按照最低收购价格敞开收购。其基本机制是：当规定品种的市场粮价低于政府确定的最低收购价或临时收储价时，政府委托政策执行主体启动干预性收储措施（亦称托市收购），以减少粮食市场流通量，支持市场粮价保持在一定水平，保护和提高农民种粮积极性，保持粮食生产稳定发展；如果市场粮价高于政府制定的支持价格，则不启动或需及时退出托市收购。

粮食最低收购价政策其实不是一个全新的政策工具，而是 1985 年出台的粮食保护价政策的延续。1985 年 1 月 1 日中共中央、国务院发布的《关于进一步活跃农村经济的十项政策》中提出，"定购以外的粮食可以自由上市。如果市场粮价低于原统购价，国家仍按原统购价敞开收购，保护农民的利益。"此时的统购价已经具备了粮食保护价的功能，这应该是粮食最低收购价政策的雏形。1990 年出台的《国务院关于加强粮食购销工作的决定》首次明确提出"由各省、自治区、直辖市参照中央议购指导价格，制定本地区议购粮食的最低保护价"。由于统购价和议购指导价一般低于市场价，以上两文件确定的保护价并没有真正起到"保护"作用。保护价真正起作用发生在1996—1997年，当时政府制定的保护价明显高于市场均衡价，起到明显的托市效果，但也造成了粮食的阶段性过剩。因此，2004年5月26日国务院颁布《粮食流通管理条例》，第一次明确提出"最低收购价格"，以区别于以往的保护价（王士海，2011），并逐步明确政策实施的几项内容：

（1）最低收购价标准的制定。国家发改委、财政部和国家粮食局等相关部门会在每年粮食收获之前根据国内外粮食供求情况、粮食生产成本和国内粮食价格制定粮食的最低收购价，报请国务院批准后，向社会发布执行预案。各粮食品种的最低收购价会根据市场行情逐年调整，不同质量的粮食品种会体现一定差价。

（2）实施时间。针对粮食的最低收购价政策，一般将实施时间限定在粮食收获后的几个月里。通常情况下，粮食收获初期应该是价格最低时，在这个时间实施可起到托市的效果。如果预案制定的最低收购价标准低于当时市场价，则最低收购价预案不得执行。

（3）实施主体。包括中国储备粮总公司、地方储备粮公司（或单位）和中国农业发展银行。中国农业发展银行负责向中国储备粮总公司和地方储备粮公司（或单位）发放贷款，保障其具有按照最低收购价收购粮食的资金。中国储备粮总公司和地方储备粮公司（或单位）在实施区域、实施期限内按照预案规定的最低收购价敞开收购粮食。中国储备食总公司收购的粮食粮权归国务院所有，未经国家批准不得动用。地方储备粮公司（或单位）收储的粮食作为地方储备。

（4）实施品种及区域。最低收购价政策实施对象仅包括稻谷和小麦，稻谷包括早籼稻、中晚籼稻和粳稻，小麦包括白小麦、红小麦和混小麦。该政策对农产品市场价格进行了干预，属于WTO《农业协议》中的"黄箱"政策。惯用的办法是在上一年就宣布最低收购价标准以起到引导农民种粮的效果。

最低收购价政策实施以来，小麦和稻谷执行预案确定的最低收购价有了较大提高。

稻谷最低收购价执行预案情况：2005年国家首次启动籼稻最低收购价执行预案，最初早籼稻的实施区域只有江西、湖南、湖北、安徽4个主产省份，中晚籼稻在吉林、黑龙江、安徽、江西、湖北、湖南、四川7个省份实施，2008年早籼稻扩大至安徽、江西、湖北、湖南、广西5个省份，中晚籼稻扩大至江苏、安徽、江西、河南、湖北、湖南、广西、四川、辽宁、吉林、黑龙江11个省份。据统计，2004年，早籼稻最低收购价格为每50千克70元，中晚籼稻最低收购价格为每50千克72元，粳稻最低收购价格为每50千克75元。但是，由于当年市场价格高于最低收购价，最低收购价执行预案没有启动。当年数据显示，集贸市场上相应的籼稻价格为每50千克75.5元，粳稻为每50千克86元。2005年、2006年中央1号文件继续要求执行稻谷最低收购价政策，国家依据稻谷各品种最低收购价，相继在主产省启动托市收购执行预案，带动了稻谷价格回升至最低收购价水平，有效地保护了农民利益，稳定了市场价格（孔祥智等，2017）。从收购量看，稻谷的收储规模远小于小麦（王士海，2011）。

小麦最低收购价执行预案情况：2006年小麦最低收购价执行预案成为国家粮食调控的着眼点，实施区域包括河北、江苏、安徽、山东、河南、湖北6省小麦主产区。预案规定，自 2006 年 6 月 1 日起至 2006 年 9 月 30 日执行最低收购价政策，其余时间仍然全面实行市场价收购。2006 年最低收购价收购执行的责任主体为中国储备粮管理总公司，过去保护价收购执行的主体为各级粮食行政主管部门和国有粮食购销企业。同稻谷类似，小麦最低收购价执行预案收购价格也逐年提高。

2009 年的中央 1 号文件中，仅要求各地"提高粮食最低收购价格"；而从 2010 年中央 1 号文件开始，政策已明确指出要"落实小麦收购价政策，继续提高稻谷最低收购价"；2012 年中央 1 号文件再次强调要"稳步提高小麦、稻谷最低收购价"。因此，稻谷和小麦的最低收购价政策趋于连续且逐年提高，以期稳定粮食生产能力。到 2013 年，中央 1 号文件继续要求："充分发挥价格对农业生产和农民增收的激励作用，按照生产成本加合理利润的原则，继续提高小麦和稻谷最低收购价。"据统计，2004—2012 年，早籼稻价格累计提高 71.4%，中晚籼稻价格累计提高 73.6%，粳稻价格累计提高 86.7%。2006—2012 年，小麦的最低收购价从每 50 千克 72 元提高到 102 元。白小麦最低收购价累计提高 41.7%，红小麦和混合麦均累计提高 47.8%。

此后，2014—2017 年的中央 1 号文件连续提出："坚持并完善稻谷、小麦最低收购价政策，合理调整最低收购价格，形成合理比价。"2019 年中央 1 号文件依然明确要求："按照更好发挥市场机制作用取向，完善稻谷和小麦最低收购价政策。"

（二）政策性粮食竞价拍卖政策

国家通过批发市场拍卖政策性粮食，强化了政府调控市场的能力，保证了市场的供应，同时避免了市场价格的大起大落，成为政府运用临时收储方式实现供需均衡的主要手段。2004 年发布实施的《粮食流通管理条例》指出："国家实行中央和地方分级粮食储备制度。粮食储备用于调节粮食供求，稳定粮食市场，以及应对重大自然灾害或者其他突发事件等情况。"

当时国家并没有对如何销售储备粮制定明确的方针，直到 2006 年国家发改委、财政部、国家粮食局、中国农业发展银行和中国储备粮管理总公司五部门联合发布《国家临时存储粮食销售办法》，提出要采取竞价销售，并要求："根据市场需求情况，安排临时存储粮在粮食批发市场上常年公开竞价销售，保证市场供应；保持市场粮价在合理水平上基本稳定，根据国家宏观调控需要和市场供求状况确定销售底价，保护农民种粮积极性；方便企业购买，提前向社会公布每批销售数量、粮食品质和交割地点，同时加强监管，维护正常的流通秩序。"临时存储粮竞价销售底价原则上由财政部按照最低收购价加收购费用和其他必要费用确定，并根据国家宏观调控需要和市场供求情况择机调整。实际交易价格不得低于公布的销售底价。

该文件出台后，国家粮食局要求有关机构建立全国粮食现货竞争交易系统，以安徽省国家粮食交易中心为中心市场，山东、江苏等主产省粮食批发市场为分市场，构建全国跨地区粮食现货交易平台。同时郑州粮食批发市场和河南省粮食交易物流市场独立承担河南省最低收购价小麦销售任务。全国粮食竞价交易平台面向全国客户提供多市场交易服务，具有强大的远程交易功能。

根据市场需求状况，通过承担临时存储粮竞价销售的粮食批发市场，先后组织了多次拍卖。2006 年共组织 24 次稻谷拍卖，累计销售 845 万吨；组织 7 次小麦拍卖，累计销售 505 万吨。2007 年加大销售力度，抑制粮价过快上涨，销售小麦 3 240 万吨，稻谷 1 010 万吨。2008 年销售小麦 3 308 万吨，稻谷 539.5 万吨。截止到 2008 年，累计销售粮食 11 125 万吨。2012 年 9 月国家粮食局安排东北地区国家临时存储粳稻竞价销售 15 万吨，成交均价每吨 3 092 元；安排第 286 批小麦竞价销售，共计 299.9 万吨，成交均价每吨 2 094 元。通过公开竞价销售，稳定了市场，保证了市场供应，满足了企业需求，避免了粮食价格的急剧波动，维护了广大生产者和消费者的经济利益。

2008 年之前，棉花收储主要采取竞价成交方式，即先确定一个最高到库价格，实际成交中按竞价当日卖方报出的最低价格成交。如 2008 年 8 月底收储棉花时，确定新疆库点最高到库价为 13 400 元/吨，内地库点为 13 600 元/吨，最后实际成交均价新疆库点为 13 398 元/吨，内地库点为 13 597 元/吨，均低于最高到库价（涂圣伟等，2015）。从 2008 年第三批收储开始，国家收储主要采用固定价格成交方式，收储按照事前确定的价格成交，不再实行竞价。2011 年，棉花也加入临时收储政策实施行列。

（三）临时收储政策

2008 年，受金融危机的影响，国际粮价持续走低，为了保护农民利益和生产积极性，避免粮价过度下跌，国家开始分批次对稻谷、玉米、大豆、棉粕和油菜籽主产区实施国家临时存储收购，实际上是将玉米和大豆再次纳入政策调控范围。收储政策实施范围主要涵盖两类产品：一是对市场供给和稳定具有重要影响的农产品，如稻谷、玉米等饲料粮和猪肉；二是对进口比较敏感的农产品，如大豆、棉花和油菜籽。与粮食最低收购价政策相比，粮油临时收储政策有两个特点：一是农产品的市场国际化程度比较高；二是收储价格是在产品快上市时才确定，能够保证制定的价格与市场价格较为接近。收储价格由国家根据市场价格制定，收购和销售由中国储备粮管理总公司、中粮集团有限公司等国有企业负责，中央财政向企业支付相关储备利息费用。2008 年以后，国家收购小麦、稻谷、玉米的最低（临储）价格呈逐年上升趋势，直到 2015 年。

1. 稻谷临时收储政策

国家发改委、国家粮食局、财政部和中国农业发展银行等部门，在稻谷主产区启动了国家临时存储粮食收购计划。稻谷的临时收储主体和最低收购价政策实施主体一致，均为中国储备粮管理总公司，主要负责组织在粮源比较集中的地区合理布设收储库点。临时存储收购方式也一致，即各指定库点按照价格公开挂牌收购，收购入库的稻谷为 2008 年生产的新粮。临时存储收购的规模是限定的，完成任务收购即告结束。该政策属于"绿箱"政策中的以粮食安全为目的的公共储备措施。

2008 年 11 月至 2009 年 3 月底，在东北和南方地区执行稻谷临时存储收购，东北地区计划收储稻谷 400 万吨（黑龙江 240 万吨、吉林 120 万吨、辽宁 40 万吨），临时存储收购价格平均每千克 1.86 元，高于上半年最低收购价格上涨后的中晚籼稻每千克 1.58 元和粳稻每千克 1.64 元水平；南方稻谷产区收购国家临时存储稻谷 500 万吨，收储价格不低于每千克 1.88 元。2008 年的稻谷临时收储规模占到当年稻谷产量的 11.7%。

2. 玉米临时收储政策

2008 年，中国粮食实现连续 5 年增产，玉米总产量达 16 591.4 万吨，其中东北地区玉米产量高达 5 094 万吨，占当年全国玉米产量的 30.7%。面对玉米增产和需求下降的形势，为了保证农民增产增收，防止玉米市场价格过快下跌以及出现卖粮难的问题，当年国家先后三次下达了粮食临时收储计划，共计 5 050 万吨，其中，玉米临时存储收购计划 3 000 万吨。2009 年又下达了第四批玉米临时存储收购计划 1 000 万吨，连续两年共计临时存储收购玉米 4 000 万吨。

按照国家粮食临时存储收购计划，2008 年第一批玉米临时存储收购价格为每吨 1 480 元，而收购期间市场最低价格为每吨 1 350 元，临时存储收购价格高出市场价格 9.6%。第二批、第三批临时存储收购价格调整为每吨 1 500 元和每吨 1 520 元。2009 年国家发布的玉米临时存储收购价格依然为每吨 1 520 元，且敞开收购。由于 2009 年玉米减产 194 万吨，市场价格出现回升，政府的实际临时存储收购价格低于市场价格。2011 年国家临时存储玉米挂牌收购价格（国标三等质量标准）为：内蒙古、辽宁每千克 2 元，吉林每千克 1.98 元，黑龙江每千克 1.96 元。价格水平依然低于每千克 2.2 元的批发市场价格。2012 年、2013 年价格上升，2014 年持平，2015 年开始下降，2016 年取消了玉米临时收储政策。

3. 猪肉临时收储政策

2008 年，国内生猪价格过度下跌，养猪户的利益损失非常大，引起政府的重视。为了建立保障生猪生产稳定发展的长效机制，防止生猪价格过度下跌，稳定生猪生产，维护生猪养殖户利益，2009 年政府制定了《防止生猪价格过度下跌调控预案（暂行)》，预案中预先选择了预警目标，划分了预警区域，制定了相应的响应机制及配套措施。主要是以"猪粮比价"作为基本指标（不得低于 5.5∶1）；同时参考仔猪与白条猪价格之比（不低于 0.7∶1）、生猪存栏（不低于 4.1 亿头）和能繁母猪存栏（不低于 4 100 万头）的情况，再根据生猪生产方式、生产成本和市场需求变化等因素，适时调整预警指标及具体标准。但是，预案中的预警区域仅设置了价格过快下跌的预警点，没有价格过快上涨的预警点。响应机制也仅包括价格过快下跌时的三级响应。

由于生猪生产既关系到生产者利益，也关系到消费者利益，2012 年政府又出台了完善后的《缓解生猪市场价格周期性波动调控预案》，兼顾多方利益，不但防止生猪价格过度下跌，也防止生猪价格过快上涨。《防止生猪价格过度下跌调控预案（暂行）》和《缓解生猪市场价格周期性波动调控预案》的主要目标不尽相同，后者的调控目标是"猪粮比价"处于绿色区域（6∶1～8.5∶1），辅助目标是能繁母猪月存栏量同比变化率在 −5%～5%。其预警区域既设置价格过快下跌的预警点，也有价格过快上涨的预警点；响应机制不但包括价格过快下跌时的三级响应，也包括价格过快上涨时的三级响应；既明确了正常情况下政府冻猪肉的储备规模，也提高了政府冻猪肉收储规模的上限；从过去的单一调控目标，完善为双向调控目标，使之更加符合经济发展和市场需要（涂圣伟等，2015）。该政策属于"绿箱"政策中的以粮食安全为目的的公共储备措施。

4. 棉油糖作物临时收储政策

为了确保粮食市场价格稳定，保护和提高农民的种植积极性，2008 年开始，国家对大豆和油菜籽采取临时收储政策。2010 年中央 1 号文件提出："适时采取大豆、油菜籽等临时收储政策，支持企业参与收储，健全国家收储农产品的拍卖机制，做好棉花、食糖、猪肉的调控预案，保持农产品市场稳定和价格合理水平。"随后，2012 年和 2013 年的中央 1 号文件连续强调："准确把握国内外农产品市场变化，采取有针对性的调控措施，确保主要农产品有效供给和市场稳定，保持价格合理水平……适时启动大豆、油菜籽、棉花和食糖等临时收储，健全粮棉油糖等农产品储备制度。"

（1）油菜籽。自 2008 年国家实施油菜籽临时收储政策以来，油菜籽生产基本稳定。2009 年完善了油菜籽托市收购政策，参与托市收购的市场主体增加，方式更为灵活。2011 年 5 月下旬，国家发改委、国家粮食局等部门联合发布了《关于开展全国食用植物油库存检查工作的通知》，主要是为了摸清食用油国有库存情况。油菜籽临时收储政策对促进油菜籽生产稳定发展和保护农民利益发挥了积极作用，但也逐渐产生和积累了一些矛盾和问题。

为了进一步完善油菜籽价格形成机制，充分发挥市场在资源配置中的决定性作用和更好地发挥政府宏观调控作用，促进油脂油料市场顺畅有序流通，推动油菜籽产业上下游协调发展，2015 年有关部门调整了实行多年的油菜籽收储政策（王辽卫等，2016），开始由地方政府负责组织各类企业进行油菜籽收购。中央财政对湖北、四川、湖南、安徽、江苏、河南、贵州等油菜籽主产区，将适当予以补贴。通过产油大县奖励政策继续支持各地发展油料产业，并重点向油菜籽产区倾斜（刘慧，2015）。这意味着油菜籽临时收储政策被取消。

（2）食糖。2011 年 10 月，国家发改委发布了《关于完善糖料收购价格政策的通知》，要求广西、广东、云南、海南和新疆五个糖料主产区，实行糖料收购价由各省（自治区）政府统一定价，并且纳入地方政府定价目录。2013/2014 榨季，食糖价格长期低于生产成本运行，全国制糖企业生产经营出现严重困难。为保障食糖市场运行基本稳定，商务部、国家发改委、工信部、财政部、中国人民银行联合发布《关于下达2013/2014 年度制糖企业临时储存计划的通知》，中央财政通过银行贷款贴息方式，统一按照 5 100 元/吨的价格全额贴息地方贷款收储白砂糖，利息按照 6 个月银行基准贷款利率和时间计算。2014/2015 榨季，中央财政继续全额贴息收储 300 万吨国储糖。

（3）大豆。随着我国大豆市场的开放和进口大豆在国内市场的比重稳步提高，国际市场逐渐成为国内市场的风向标，直接决定了国产大豆价格的走势。2008 年第四季度以来，大豆临时收储政策的实施，使得国际市场对国产大豆价格的影响明显减弱。

为进一步保障农民收益，2014 年中央 1 号文件提出："完善粮食等重要农产品价格形成机制。继续坚持市场定价原则，探索推进农产品价格形成机制与政府补贴脱钩的改革，逐步建立农产品目标价格制度，在市场价格过高时补贴低收入消费者，在市场价格低于目标价格时按差价补贴生产者，切实保证农民收益。启动东北和内蒙古大豆、新疆棉花目标价格补贴试点……继续执行稻谷、小麦最低收购价政策和玉米、油菜籽、食糖临时收储政策。"并要求："健全农产品市场调控制度。综合运用储备吞吐、进出口调节等手段，合理确定不同农产品价格波动调控区间，保障重要农产品市场基本稳定。"至此，大豆临时收储政策被目标价格政策所取代。

（4）棉花。棉花是国内重要的经济作物，尤其在主产区新疆的农业经济中占据重要地位。与粮油、猪肉和食糖的临时收储政策不同，国家储备棉的价格主要由政府决定。2010 年度棉花市场价格大起大落，为稳定棉花生产者、经营者和用棉企业市场预期，保证市场供应，国家决定 2011 年起实施棉花临时收储政策。2012 年，临时收储实际成交棉花约 651 万吨，占棉花产量的 95.1％；2013 年，临时收储的棉花占棉花产量的 85％以上。

由于国内棉花绝大部分进入收储，市场中流通的现货棉花，尤其是中高等级棉花供不应求。为满足市场需求，国家于 2013 年 1 月 14 日至 7 月 31 日向市场投放国家储备棉，累计投放 371.6 万吨；2013 年 12 月 20 日至 2014 年 8 月 31 日再次启动储备棉投放政策。2014 年，棉花在新疆实施目标价格补贴政策，同时取消了临时收储政策。即使陆续取消了部分农产品的临时收储措施，2015 年的中央 1 号文件仍然要求"完善重要农产品临时收储政策"，以完善农产品价格形成机制。

（四）蔬菜价格调控政策

除了粮食作物之外，关于其他农产品的价格政策也陆续出台。鲜活农产品更加不易储藏，容易腐烂变质，对运输环境和运输的及时性有较高要求，相对而言更容易出现断档脱销或价格大涨大落的问题。大幅度频繁波动的蔬菜价格对消费者和生产者都会产生较大影响，"菜贱伤农""菜贵伤民"现象时有发生。

为了防止蔬菜价格大幅波动，国家和地方相继出台了一系列的政策与办法，其中最主要的政策就是"菜篮子"工程，已有 20 余年历史。2010 年 8 月 27 日，国务院发布《关于进一步促进蔬菜生产保障市场供应和价格基本稳定的通知》。2011 年 5 月 10 日，国家发改委发布《关于完善价格政策促进蔬菜生产流通的通知》，要求："各地价格主管部门要积极研究完善相关价格政策，降低生产经营成本，促进蔬菜生产供应。对蔬菜生产过程中的用水、用电价格，要按照农业用水、用电价格执行。大型农贸市场用电、用气、用热价格实行与工业同价。大型农贸市场的用水价格，已按要求简化用水价格分类的地区，应当执行非居民用水价格，有条件的可以执行居民用水价格；尚未简化分类的，应当按照工商业用水中较低标准执行。蔬菜冷链物流中的冷库用电要实行与工业用电同价。严格执行鲜活农产品运输绿色通道政策，将免收道路通行费措施落实到位，各地可以根据情况进一步扩大蔬菜运输免收道路通行费的品种范围。……各地价格主管部门要强化监管力量，及时受理和处置群众的举报。要重点检查水电支持性价格政策、鲜活农产品绿色通道政策、利用价格调节基金扶持蔬菜生产流通的执行情况，以及农贸市场利用优势地位违反法律法规或经营合同向经营户乱收费和乱摊派行为等。要继续保持对捏造散布涨价信息、恶意囤积、哄抬价格、串通涨价等各类价格违法行为的高压打击态势，依法严肃查处，纠正违法行为。对社会影响较大的典型案件，要公开曝光。加强农产品电子交易市场监管，严厉打击操纵合约价格等违法行为。"

2011 年 12 月 13 日，国务院出台《关于加强鲜果农产品流通体系建设的意见》，明确要求加强部门协作，完善市场监测、预警和信息发布机制。建立健全重要农产品储备制度，完善农产品跨区调运、调剂机制。各城市要根据消费需求和季节变化，合理确定耐贮蔬菜的动态库存数量，保障应急供给，防止价格大起大落。加快鲜活农产品质量安全追溯体系建设。

2011 年 5 月 10 日，国家发改委发布《关于完善价格政策促进蔬菜生产流通的通知》，同年 12 月 23 日，国务院办公厅出台《关于加强鲜活农产品流通体系建设的意见》，提出："以加强产销衔接为重点，加强鲜活农产品流通基础设施建设，创新鲜活农产品流通模式，提高流通组织化程度，完善流通链条和市场布局，进一步减少流通环节，降低流通成本，建立完善、畅通、安全、有序的鲜活农产品流通体系，保障鲜活农产品市场供应和价格稳定。"

2012 年 1 月 16 日，国家发改委出台了《全国蔬菜产业发展规划（2011—2020年)》，明确提出编制和实施的目的之一是"加强体制机制建设，抑制市场和价格波动"。2012 年中央 1 号文件《中共中央 国务院关于加快推进农业科技创新持续增强农产品供给保障能力的若干意见》中也强调："抓紧完善鲜活农产品市场调控办法，健全生猪市场价格调控预案，探索建立主要蔬菜品种价格稳定机制。"此外，地方政府也通过建立农民专业合作社联合社、建立农超对接模式和蔬菜直供直销模式，提升城镇的蔬菜生产能力及自给率，创设蔬菜价格保险制度和保障市场供应能力等来对蔬菜的价格进行调控（卞靖，2013）。2014 年中央 1 号文件《关于全面深化农村改革加快推进农业现代化的若干意见》同样指出：健全"菜篮子"市长负责制考核激励机制，完善生猪市场价格调控体系，抓好牛羊肉生产供应。

（五）目标价格政策

中央提出完善农产品价格机制，目的就是要通过农产品特别是粮食价格政策改革，形成更加具有针对性、有效性和可操作性的政策措施，以既能有效保护和提高农民种粮利益，又能减少市场扭曲、缓解财政压力、符合国际规则要求。2014 年是新时代价格政策的转折点，国内农业生产成本快速攀升，大宗农产品价格普遍高于国际市场，如何在"双重挤压"下创新农业支持保护政策、提高农业竞争力，是必须面对的一个重大问题。

面对严峻的国内外形势，2014 年，国家率先对托市收购政策进行了改革，取消了大豆和棉花的临时收储政策，对东北三省、内蒙古的大豆和新疆的棉花进行目标价格补贴政策试点。随后，2016 年对玉米临时收储制度进行改革，2017 年进一步调整大豆目标价格政策。

目标价格政策是指在已形成的农产品市场价格基础上，政府根据市场供求和运行情况设定一个目标价格，通过差价补贴保护生产者利益的一项农业支持政策。当市场价格过高时以此标准补贴低收入消费者，反之以此价格补贴生产者。完善价格形成机制的方向是更加尊重市场规律，更好地发挥政府作用，减少对市场流通环节的直接干预，为充分发挥市场机制作用腾出空间，同时实行分类管理和差异化的政策工具。

1. 大豆和棉花目标价格政策

2014 年，《关于全面深化农村改革加快推进农业现代化的若干意见》中要求："完善粮食等重要农产品价格形成机制。继续坚持市场定价原则，探索推进农产品价格形成机制与政府补贴脱钩的改革，逐步建立农产品目标价格制度，在市场价格过高时补贴低收入消费者，在市场价格低于目标价格时按差价补贴生产者，切实保证农民收益。……探索粮食、生猪等农产品目标价格保险试点，开展粮食生产规模经营主体营销贷款试点。"

2014 年 4 月 5 日和 5 月 17 日，国家发改委、财政部和农业部联合发布了棉花、大豆目标价格水平，分别为每吨 19 800 元和 4 800 元。生产者按市场价格出售棉花和大豆，当市场价格低于目标价格时，根据二者之差和种植面积、产量或销售量等因素，对生产者给予补贴；反之，则不发放补贴。2015 年，国家继续在新疆、东北三省和内蒙古开展棉花、大豆目标价格改革试点，要求："总结新疆棉花、东北三省和内蒙古大豆目标价格改革试点经验，完善补贴方式，降低操作成本，确保补贴资金及时足额兑现到农户。积极开展农产品价格保险试点。"4 月 7 日和 4 月 28 日，国家发改委公布了新疆棉花目标价格为 19 100 元/吨，大豆目标价格为 4 800 元/吨。棉花的补贴方式改为年度可用补贴总额的 10% 对南疆地州按面积补贴，90% 对全区实际种植者按交售量补贴。2014—2015 年度，山东、湖北、湖南、河北、江苏、安徽、河南、江西和甘肃 9 省每吨棉花补贴 2 000 元，以后年度的补贴额将根据新疆目标价格补贴标准的 60% 测算，上限为每吨 2 000 元。为了不给新棉市场带来压力，国家决定从 8 月 31 日起停止储备棉抛售。

2016 年中央 1 号文件中强调："改革完善粮食等重要农产品价格形成机制和收储制度。坚持市场化改革取向与保护农民利益并重，采取'分品种施策、渐进式推进'的办法，完善农产品市场调控制度。"要求深入推进新疆棉花、东北地区大豆目标价格改革试点。2016 年，新疆棉花目标价格为 18 600 元/吨，大豆目标价格仍为 4 800 元/吨。

经过三年时间，新疆棉花试点改革比较成功，基本建立起市场价格形成机制，国内外差价大幅缩小（杜鹰，2016）。2017 年，国家提出深化棉花目标价格改革，调整完善新疆棉花目标价格政策，改进补贴方式。对新疆棉花补贴数量进行上限管理，目标价格按照近三年生产成本加合理收益确定，并且由一年一定改为三年一定。

而大豆试点改革虽然基本实现了市场定价，但种植大豆的比较效益较低，农户种植意愿不强，种植面积与总产量都有所下降（张晶等，2016）。因此，2017 年国家坚持进一步调整大豆目标价格政策，建立生产者补贴制度，实行市场化收购加补贴机制，鼓励增加大豆种植，合理调减非优势产区玉米生产，充分发挥价格对生产的调节引导作用。

2. 玉米目标价格政策

面临玉米库存的突出问题，2015 年政府出台了关于"镰刀弯"地区玉米结构调整的指导意见，对玉米临时收储价格作出重大调整，从 2014 年的 2.24 元/千克降到 2 元/千克，旨在鼓励和引导农户调减玉米种植面积。

2016 年，政府针对玉米价格倒挂、库存高企以及进口压力不断增大的现实困境，对玉米临时收储政策进行了改革，要求"按照市场定价、价补分离的原则，积极稳妥推进玉米收储制度改革，在使玉米价格反映市场供求关系的同时，综合考虑农民合理收益、财政承受能力、产业链协调发展等因素，建立玉米生产者补贴制度"，从而将东北三省和内蒙古的玉米临时收储政策调整为"市场化收购加补贴"的新机制，以解决卖粮难和高库存问题。

2017 年，国家在东北地区"坚定推进玉米市场定价、价补分离改革，健全生产者补贴制度，鼓励多元市场主体入市收购，防止出现卖粮难。采取综合措施促进过腹转化、加工转化，多渠道拓展消费需求，加快消化玉米等库存"。经过两年时间，玉米"市场化收购加补贴"改革成效显著，玉米市场价格形成机制现已初步形成，2017 年玉米新粮上市以后，东北地区玉米价格恢复性上涨，且出现了种植结构优化、加工企业全面激活、产业竞争力明显提高的局面（李亚飞，2018）。

2018 年中央 1 号文件《中共中央 国务院关于实施乡村振兴战略的意见》要求："深化农产品收储制度和价格形成机制改革，加快培育多元市场购销主体，改革完善中央储备粮管理体制。通过完善拍卖机制、定向销售、包干销售等，加快消化政策性粮食库存。落实和完善对农民直接补贴制度，提高补贴效能。健全粮食主产区利益补偿机制。探索开展稻谷、小麦、玉米三大粮食作物完全成本保险和收入保险试点，加快建立多层次农业保险体系。"由此可以看出中央政府全方位深化改革价格体系的持久决心和信念。2019 年《中共中央 国务院关于坚持农业农村优先发展做好"三农"工作的若干意见》中重申了改革的方向，强调要求：按照更好发挥市场机制作用取向，完善稻谷和小麦最低收购价政策。完善玉米和大豆生产者补贴政策。健全农业信贷担保费率补助和以奖代补机制，研究制定担保机构业务考核的具体办法，加快做大担保规模。按照扩面增品提标的要求，完善农业保险政策。推进稻谷、小麦、玉米完全成本保险和收入保险试点。扩大农业大灾保险试点和"保险＋期货"试点。探索对地方优势特色农产品保险实施以奖代补试点。

◈本章参考文献

安乔治，赵向鸿，2002. 农产品价格政策 [J]. 中国农业信息（3）：6-8.

陈云，1984. 陈云文选（1949—1956）[M]. 北京：人民出版社.

杜鹰，2016. 完善农产品价格形成机制 [J]. 中国经济报告（12）：25.

高小蒙，向宁，1992. 中国农业价格政策分析 [M]. 杭州：浙江人民出版社.

广东省地方史志编纂委员会编，1996. 广东省志·粮食志 [M]. 广州：广东人民出版社.

韩鹤忠，2002. 粮食流通体制改革：何为大思路——粮食流通体制改革面临的主要问题与政策取向 [J]. 调研世界（9）：7-11.

韩宏华，2001. 我国农产品价格政策的目标及措施分析 [J]. 江西农业大学学报（3）：434-437.

孔祥智，张效榕，2017. 新一轮粮食价格改革：背景和方向 [J]. 价格理论与实践（1）：15-19.

李亚飞，2018. 粮食收储改革向稻麦进发 [J]. 瞭望新闻周刊（2）：15-16.

林光彬，郑川，2018. 农产品价格管理政策的中国理论与中国方案 [J]. 经济与管理评论（2）：33-50.

刘慧，2015. 农产品目标价格改革试点进展情况研究 [M]. 北京：中国农业出版社.

刘志仁，1996. 关于"布朗旋风"与中国粮食战略的选择 [J]. 改革（2）：23-27.

隆国强，1999. 大国开放中的粮食流通：1953—1996 年中国粮食价格分析 [M]. 北京：中国发展出版社.

卢锋，1999. 应当实事求是地认识粮食过剩问题——对"粮食无过剩"观点的质疑 [J]. 管理世界（3）：168-175.

苗复春，唐忠，1998. 国以"食"为天——中国粮食问题的探讨与改革 [M]．桂林：广西师范大学出版社．

彭新万，2009. 粮改 30 年：新制度经济学视域中的制度演进与农民收入变动 [J]．江西财经大学学报（1）：54 - 60.

山东省地方史志编纂委员会，1994. 山东省志·粮食志 [M]．济南：山东人民出版社．

商业部商业经济研究所，1984. 新中国商业史稿：1949—1982 [M]．北京：中国财政经济出版社．

石太林，朱泽，等，1999. 粮食流通体制改革 [M]．北京：中国人民大学出版社．

石小敏，刘吉瑞，1989. 经济学家首先要尊重历史和事实——评华生等《中国改革十年（回顾篇）》[J]．经济研究（2）：9 - 32.

涂圣伟，蓝海涛，等，2015. 中国重要农产品价格波动和调控新机制 [M]．北京：中国计划出版社．

王德章，1992. 我国农产品价格政策回顾与评析（1979—1988 年）[J]．商业研究（1）：10 - 13.

王德章，周游，1995. 我国粮食价格及其走势 [J]．商业研究（3）：12 - 15.

王辽卫，等，2016. 我国油菜籽临时收储政策改革评价及探索 [J]．中国经贸导刊（8）：38 - 29.

王士海，2011. 中国粮食价格调控政策的经济效应——基于政策工具有效性的分析 [D]．北京：中国农业科学院．

王为农，2013. 完善粮食价格调控机制的政策建议 [J]．宏观经济管理（4）：37 - 39.

吴承明，董志凯，2010. 中华人民共和国经济史 [M]．北京：社会科学文献出版社．

袁永康，1994. 农业生产组织弱化的后果及出路 [J]．中国农村经济（4）：62 - 63.

张晶，王克，2016. 农产品目标价格改革试点：例证大豆产业 [J]．改革（7）：42 - 43.

张曙光，1995. 放开粮价，取消粮票——粮食购销制度变迁研究 [J]．中国社会科学季刊（冬季卷）（8）：5 - 13.

张学兵，2007. 粮食统购统销制度解体过程的历史考察 [J]．中共党史研究（3）：54 - 60.

赵德余，2017. 中国粮食政策史 [M]．上海：上海人民出版社．

赵发生，1988. 当代中国的粮食工作 [M]．北京：中国社会科学出版社．

郑有贵，1998. 粮食流通体制改革：政策演变及其绩效分析 [J]．当代中国史研究（4）：12.

中华人民共和国国家统计局，2011. 中国农产品价格调查年鉴 2010 [M]．北京：中国统计出版社．

中华人民共和国国家统计局，2012. 中国农产品价格调查年鉴 2011 [M]．北京：中国统计出版社．

周永，2000. 略论我国农产品价格政策的演进 [J]．上海大学学报（社会科学版）（1）：76 - 81.

周洲，石奇，2018. 托市政策下我国粮食价格波动成因分析 [J]．华南农业大学学报（社会科学版），65（1）：31 - 40.

第十章 中国贸易政策演变与农业对外贸易

新中国成立至今，中国农业贸易已有 70 年的发展历程，大体可以划分为五个阶段，即计划管理下的对外贸易阶段、计划管理下的逐步开放阶段、加入 WTO 推动下的加速开放阶段、加入 WTO 后的全面开放阶段以及新时期的开放升级阶段。新中国成立以后，为了满足优先发展重工业的需要，确立了对外贸易部统一领导和管理、各外贸专业公司统一经营的高度集中的对外贸易体制，实行指令性计划和国家统负盈亏。1978 年党的十一届三中全会做出改革开放的战略决策，国家高度统制的对外开放政策演变为计划管理下的逐步放开。2001 年 12 月 11 日，中国正式加入 WTO，开始运用 WTO 规则参与全球竞争与合作，农业对外贸易发展由"起飞"转入"腾飞"阶段。2008 年，美国次贷金融危机席卷全球，重创世界各主要经济体，"四万亿投资计划"等举措助推中国率先走出"阴影"。为了解决前期积累的一些问题，中国开启了供给侧结构性改革，经济由高速增长转入高质量发展阶段。新阶段，通过"一带一路"倡议、双边和多边自由贸易区建设等新战略，中国以更加开放的视角融入世界。中国对外贸易飞速发展，贸易额由 1950 年的 11.35 亿美元跃升至 2018 年的 4.62 万亿美元，年均增速达到 13.0%，且自 2009 年起，9 年蝉联世界第一出口国和第二大进口国的地位，成为 120 多个国家（地区）的最大贸易伙伴。中国不断调整对外贸易政策，农业贸易在"质"与"量"方面均有了极大提升。截至 2018 年，中国农业贸易额达到 2 168.1 亿美元，稳居世界第一。农业贸易的快速增长为农业产业结构的调整、农民增收、国民经济的平稳发展发挥了重要作用。

一、计划管理下的对外贸易阶段（1949—1977 年）

（一）对外贸易的恢复与发展

新中国成立前夕，中国共产党第七届二中全会在对外贸易方面确定了"内外交流"和"贸易统制"的基本政策，并于 1949 年 9 月通过了《中国人民政治协商会议共同纲领》（以下简称《共同纲领》）。《共同纲领》规定："中华人民共和国可在平等和互利的基础上，与各外国的政府和人民恢复并发展通商贸易关系。"

新中国成立以后，中央着手就全国范围内建立统一的外贸管理机构和统一的对外贸易制度采取了以下措施：一是设立海关总署。1949 年 10 月 25 日，收回被帝国主义控制的海关，设立海关总署管辖海关事务；设立贸易部管理国内外贸易。二是颁布对外贸

＊本章编写人员：李新兴。

易法律法规。1951 年先后颁布《中华人民共和国海关法》《中华人民共和国海关进出口税则》[①]，将进出口事务纳入法律框架之下，力求对外贸易与海关管理有法可依。三是没收官僚、资产阶级的进出口企业，逐步建立起由政府统一领导的国营对外贸易；外资企业在中国对外贸易中处于拾遗补漏的地位[②]。四是进一步完善贸易管制制度。1950 年 2 月，贸易部下发《关于出口货物统购统销的决定》，以强化对进出口业务的管理。上述政策的出台，大大促进了中国对外贸易的发展，1950 年中国出口贸易实现了 1937 年以来的最高水平，也结束了长达 70 年的贸易"入超"的局面。

朝鲜战争以后，中国面临的国际环境发生重大转变。第二次世界大战结束以后，东西方意识形态逐渐形成对峙的局面，出于国际战略、政治同盟的考虑，中国共产党主张新中国的贸易伙伴应当以苏联、东欧等社会主义国家（地区）为主，而非西方资本主义国家（地区）[③]。朝鲜战争爆发以后，西方国家加紧了对中国的经济封锁和贸易禁运，私营和外资企业原有的贸易渠道已经中断，对外贸易陷入僵局状态。

为了打破该僵局，一方面，中国强化了与社会主义阵营国家的合作，与苏联、波兰、捷克斯洛伐克、朝鲜、民主德国、匈牙利、罗马尼亚等国签订了政府间贸易协定。另一方面，中国积极开拓与西方资本主义国家之间的贸易，为此，采取了五个方面的措施：第一，将对资本主义国家的贸易方式由"结汇"改为"易货"，实行先进口后出口的策略；第二，使用现汇优先购买急需的战略物资和工业物资，确保已经购买到手的物资能够快速、安全地运往中国；第三，有意扩大封锁实施国的物资进口，积极利用西方国家之间的矛盾，各个击破[④]（董志凯，1993）；第四，积极发展与亚非拉发展中国家的政府间贸易和与西方国家的民间贸易；第五，强化进出口管理。1950 年先后颁布《转知今后免征关税及禁出禁入货物至批准手续的决定》和《对外贸易管理暂行条例》，将进出口商品分为准许进出口类、统购进出口类、禁止进出口类和特许进出口类，对进出口的商品全面实行许可证制度。

以上措施取得了良好的效果。通过易货贸易，中国用大米换取了锡兰（今斯里兰卡）的橡胶[⑤]（中国经济发展史编写组，2014），打破了西方国家禁止向中国出口重要战略物资的局面；通过"抢购""抢运"，在美国操纵联合国通过对华禁运法案之前，中国已经购进、运回绝大部分订购的货物和重要物资，甚至由于抢购的实施，1951—1952 年中国对外贸易再次出现"入超"的局面[⑥]；通过与瑞士、瑞典、丹麦、挪威等国家开

---

① 《中华人民共和国海关进出口税则》充分体现了中国的贸易保护政策：对于国内能大量生产的工业品及半成品征收高关税；对于非必需品、奢侈品征收高关税；对于国内不能生产或国内生产生活急需的粮食、种子、化肥、农药等商品征收较低的关税或者免税；进口来自与中国签订贸易协定或条约国家的商品，以正常关税率征税，对来自其他国家的商品征收高于正常税率的进口税；对于鼓励出口的本国商品征收较低的出口税或者免税。

② 1950 年在华外商进出口企业有 540 余家，其进出口总额占中国对资本主义进出口市场份额的 6.52%。

③ 1949 年，中国的最大的贸易伙伴为中国香港，其次是美国，苏联位列第三。

④ 1957 年英国宣布放宽对华贸易限制之后，参加"巴黎统筹委员会"的大部分西方国家纷纷效仿，1958 年 9 月美国宣布在对华战略物资货单方面再作放宽，事实上，其"全面禁运"的战略陷于破产。

⑤ 中国开始抗美援朝后，美国大量囤积橡胶等军用物资，积极对中国实行封锁和贸易禁运，并先后迫使马来西亚、泰国、菲律宾等国与中国断绝贸易关系，实行禁运。

⑥ 1952 年中国进出口贸易额为 19.41 亿美元，其中，进口额 11.18 亿美元，出口额 8.23 亿美元，逆差额为 2.95 亿美元。

展政府间贸易，中国与西方国家贸易额逐渐回升。新中国成立之初，中国将社会主义国家作为贸易的主要发展对象，至 1952 年，中国与苏联以及其他社会主义国家的贸易占比已经由 1950 年的 32.4% 上升至 72%（中国经济发展史编写组，2014）。此外，由于进出口商品分类管理和许可证管理制度的实施，实际上取消了私营外贸企业对一些关系国计民生大宗商品的进出口，确立了国营企业在对外贸易中的主导地位①。

1952 年底，国民经济恢复任务基本完成，党中央从中国实际情况出发，提出了党在过渡时期的总路线，即"要在一个相当长的历史时期内，基本上实现国家工业化和对农业、手工业、资本主义工商业的社会主义改造"。随着社会主义改造步伐的推进，公有制经济在国民经济中所占比重日益增大，1954 年国营外贸所占的比重达到 97%，以统购统销为特征的对外贸易体制逐步建立。

统筹国内外贸易，更加注重出口的作用。1953 年，中共中央指示对外贸易部"密切内外销结合，扩大内外交流，保证供应工业建设的需要"。"凡对国计民生关系重大的商品（如粮食、大豆、植物油等），保证国内供应是需要的，但不能只强调这一方面……还必须想尽一切办法挤出来，以供出口。凡对国计民生关系较小的商品，应积极组织出口；有些商品（如肉类、花生）更可适当节减国内消费，以满足出口需要。"陈云主持起草的《关于加强市场管理和改造私营商业的指示》中指出，"关于各种商品国内市场销售和出口的关系，除粮食、油料等物资特殊规定限量出口外，其他物资在今后一个相当长的时期内的一般方针，应当是国内市场的销售服从出口的需要。有些商品如肉类应该压缩国内市场的销售，保证出口。有些商品如水果、茶叶和各种小土产，应尽量先出口，多余的再供国内市场销售……"

（二）对外贸易的"调整、巩固、充实、提高"

"一五"时期以后，进出口指标被不断调整。中央在《国务院关于编制 1958 年度国民经济计划草案的指示》中将 1958 年进出口贸易计划定为 93.9 亿元，1958 年 2 月将该指标调整为 110 亿元，将第二个五年计划的第一本账进口额和出口额分别调整为 410 亿元和 470 亿元，第二本账的进口额和出口额分别调整为 440 亿元和 500 亿元。1958 年 3 月，对外贸易部对 1958 年进出口计划的第一本账和第二本账再次做出调整，调整后的额度分别达到 120 亿元和 137 亿元，与初始计划相比增加了 27.80% 和 45.90%。1958 年 10 月，对外贸易部在对进出口货单审查的基础上，提出了下一年度的暂定目标：进口 77.11 亿元、出口 90 亿元。为了使该计划具有可执行性，中央对该指标又进行了调减，但调减后的指标依然脱离工农业生产。

1958 年开始连续三年粮食减产，1961 年与 1962 年粮油的进口约占总进口的 35.8% 和 41.3%，在急需的物资中，粮食进口已经排在首位。为了保证粮食进口，针对小麦价格低于大米的事实，中国政府曾经采取大米换购小麦的方式来增加国内粮食供应。周恩来指出，"出口大米和大豆，换回小麦，不但补偿了部分消费，还增加了储备。"

---

① 国营外贸比例已经由 1950 年的 68.4% 上升至 92.8%。

1959 年之后，外贸追求高指标的现象愈发突出。1958 年与 1959 年外贸领域取得了 24.8% 和 13.2% 高速增长，但随后增长幅度开始放缓（图 10-1），此时，工农业产值的比例出现严重失调，由 1957 年的 57：43 演变为 1960 年的 80：20。工业与基本建设严重超越了农业的负担能力，不仅国民经济发展举步维艰，而且以国民经济为基础的对外贸易难以为继。

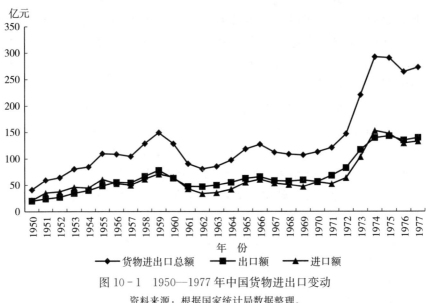

图 10-1　1950—1977 年中国货物进出口变动

资料来源：根据国家统计局数据整理。

1960 年 7 月至 1961 年 8 月，中国经贸步入调整轨道。1960 年中共中央在转发国家计委党组《1961 年国民经济计划控制数字的报告》的批语中提出，"把农业放在首要地位，使各项生产、建设事业在发展中得到调整、巩固、充实和提高"，自此，"调整、巩固、充实、提高"作为国民经济调整的"八字方针"被确立下来。在外贸计划管理体制方面，中央进行了相应的调整，包括收回下放的管理权，强调对外贸易统一领导、统一管理、外贸各专业公司统一经营；坚持"以出定进，以进养出，进出平衡"的原则安排外贸计划；取消"两本账"制度，恢复自上而下与自下而上相结合的计划编制程序；强调正确处理内外销关系，努力组织出口货源，增加外汇收入；集中使用外汇，优先保证粮食、支持农业和市场等急需物资的进口。

中苏关系恶化之后，中国对外贸易伙伴发生重大变化。1960 年 7 月，苏联单方面撕毁合同并撤回援华专家，同时向中国施加追偿债务的压力，偿还债务成为当时对外贸易的重要任务。为了完成出口任务，中央确立了"五先"的原则，即对出口商品应当安排在先、生产在先、原材料和包装材料供应在先、收购在先和运输在先，同时提出"少出口原料，多出口成品，更多地进口原料，加工成品出口，并且进一步增加出口商品的品种，提高规格质量"的对外贸易方针。1961 年，中央扩大"以进养出"的做法，更加重视通过进口原料、加工成品出口赚取外汇。中苏关系恶化之际，部分西方国家出于自身利益的考虑，借机发展与中国的对外贸易关系。相关资料显示，1961 年中国对资本主义国家的出口比例由 1960 年的 23.5% 上升至 33.1%，在进口贸易中，来自资本主义国家的货物比例则由 29％上升至 50.6％，中国贸易伙伴构成发生转变。1963 年召开的对外贸易计划会议通报，随着中国对苏联和东欧各国出口商品的减少，今后组织出口的指导思想应当是大力发展适合对资本主义市场出口的商品生产（李志宁，1988）。

自 1967 年开始，对外贸易受到挫折，贸易额连续三年下滑，累计下降幅度达到 12.7 个百分点。香港作为中国对外贸易的重要窗口亦受到严重影响。

20 世纪 70 年代初，趋好的国内外环境奠定了对外贸易发展的基础。1971 年周恩来开始主持中央日常工作，其在外贸领域推行"外贸促生产、促内贸、促科研"的方针，通过整顿，中国外贸形势出现好转。1971 年联合国大会第二十六届会议恢复了中国在联合国的一切合法权利，自此之后，中西方外交关系得到明显改善。

20 世纪 70 年代中期，邓小平接替周恩来主持中央工作。邓小平在国务院讨论国家计委起草的《关于加快工业发展的几条意见》时的谈话中提出"引进新技术、新设备、扩大进出口"作为加快工业发展的重要措施，同时主张"要争取多出口一点东西，换点高、精、尖的技术和设备回来，加快技术改造，提高劳动生产率"。这些主张直接推动了新中国成立以来的第二批大规模引进。与 20 世纪 50 年代大规模引进相比不同的是，此次引进对象为成套设备，而成套设备的进口来源地为曾经对中国实施贸易禁运和封锁的西方国家。

（三）改革开放前我国对外贸易的主要特征

为了迅速改变贫穷落后的经济面貌，中国在 1949 年后将近 30 年的时间里效仿苏联确立了优先发展工业的战略，在外贸领域，确立了国有外贸公司垄断经营[①]、国家财政统负盈亏的外贸经营与管理体制[②]，"互通有无，调剂余缺"是中国对外贸易的基本原则。在外贸经营方面，进出口权被授予国有外贸专业公司及其所属口岸分公司。在出口方面，实行严格的出口收购制：对外贸易公司以买断的方式，通过政府采购价或者出厂价购进产品，然后与外商洽谈出口业务，供货部门对出口产品的价格、盈亏、质量不承担责任。在进口方面，对外贸易公司按照国家计委、对外贸易部下达的指令办理订货、承付、托运、验收等业务，然后调拨、转交给用货部门，用货部门与外商既不发生合同关系，也不承担进口产品质量与效益的责任。

为保证工业发展所需资金，农业贸易成为出口创汇的重要来源。尽管该时期国内农产品总量供给短缺，但以农副产品及其加工品为主的出口贸易结构一直延续至改革开放前夕（表 10-1、表 10-2）。在进口贸易中，工业品特别是成套设备和技术、机械仪器与化工商品是中国进口的主要产品，由于进口资金主要源自出口创汇，在不能够保证支付进口所需的外汇时，计划部门通过削减国内消费以节省出的产品换取外汇，新中国成

---

① 在全部对外贸易业务中，国有对外贸易经营比重由 1950 年的 66.8％上升至 1957 年的 99.9％。资料来源：夏英祝. 中国对外贸易［M］. 北京：人民邮电出版社，2014：130.

② 1959 年 2 月，对外贸易部发布《关于执行进出口货物许可证签发办法的综合指示》，规定，"各进出口的总公司及其分支机构进出口的货物，凭对外贸易部下达的货单或通知单为进出口许可证"，实际上基本取消了进出口许可管理制度，代之以国家计划管理和行政命令，对外贸易的管理职能与进出口业务经营融为一体，从而确立了国家统制的贸易管理体制。

立后头十年农产品进口几乎被排斥在外，曾充斥一时的奶粉、罐头、饼干等食品类舶来品已经销声匿迹。

表 10 - 1　改革开放前中国农产品进出口情况

单位:%

年　份	农副产品出口占 出口产品的比重	农副产品加工品占 出口产品的比重	生产资料进口占 进口的比重	中国总出口占 世界总出口的比重
1950	57.5	33.2	83.4	0.91
1952	59.3	22.8	89.4	—
1957	40.1	31.5	92.0	—
1962	19.4	45.9	55.2	—
1965	33.1	36.0	66.5	1.19
1970	36.7	37.7	82.7	0.72
1975	29.6	31.1	85.4	0.83
1978	27.6	35.0	81.4	0.75

资料来源：党校政治经济学教材联合编写组，1984. 中国社会主义经济建设文献资料选编［M］. 北京：新华出版社：472-473.

表 10 - 2　改革开放前后中国出口商品构成（按照国际贸易标准分类）

单位:%

类　别	1953 年	1957 年	1981 年
初级产品	79.4	63.6	49.6
食品	30.9	27.2	14.7
饮料及烟草	7.9	3.9	0.4
非食品原料	33.3	28.3	9.9
矿物燃料	0.8	1.1	24.2
动植物油脂及蜡	6.5	3.1	0.4
工业制成品	20.6	36.4	50.4
重化工产品	8.3	10.1	18.2
轻纺产品	12.3	26.3	32.2

资料来源：根据国家统计局数据整理。

"高度统制"的对外贸易为保卫新生政权、减少外部经济冲击发挥了重要作用。首先，国家统制的对外贸易政策抵御了西方势力对中国经济的侵袭，粉碎了其通过封锁、禁运、贸易歧视扼杀新生政权的图谋。正如列宁所言，"我们的边境与其说是靠关税保护或边防军保护的，不如说是靠存在着对外垄断制而守住的。"其次，"出口收购制"和"进口拨交制"人为地阻断了国际市场和国内市场的联系，减轻甚至免除了资本主义经济危机对中国经济的影响，为利用世界性经济危机开展社会主义经济建设发挥了重要作用。再次，"高度统制"的贸易政策可以保证将外汇优先用于工业建设，对中国实行进口替代战略乃至工业化起到了促进作用。此外，伴随着资本主义由自由竞争走向垄断，国家统制的外贸体制对于跨国公司的渗透、控制和扩张起到了较好的防御作用。

国际环境是中国选取贸易伙伴的最重要因素。新中国成立之初，中国的贸易伙伴以西方资本主义国家为主，但随着社会主义和资本主义意识形态的对立，以美国为首的西方国家加紧了对中国的封锁和禁运，中国的贸易伙伴开始由以资本主义国家为主转向以苏联、东欧社会主义国家为主。20世纪60年代以后，中苏两国关系恶化，中国与苏联、东欧贸易额急剧下降，进入70年代，随着中国重返联合国以及中美、中日关系的改善，中国对外贸易得到飞速发展（图10-1）。1973年陈云指出，"和资本主义打交道是大势已定了……过去我们的对外贸易是75%面向苏联和东欧国家，25%对资本主义国家；现在改变为75%对资本主义国家，25%对苏联、东欧，新的对外贸易的格局正好是倒了一个个儿。"（中共中央文献编辑委员会，1995）

二、计划管理下的逐步开放阶段（1978—1991年）

国家统制下的对外贸易体制为出口创汇做出了重大贡献，但随着经济贸易的发展，这种体制的弊端逐渐显现。首先，国家统制下的对外贸易管理体制限制了比较优势的发挥。国家通过对外贸易公司统一经营业务，单一的贸易渠道和贸易形式并没有反映出中国农业贸易的比较优势，换言之，中国出口的农产品并非具有比较优势的产品。其次，国家统制下的对外贸易管理体制抑制了农业贸易特别是农业进口贸易的发展。由于进口所需资金主要来源于出口，有限的出口规模反过来削弱了进口能力。从贸易份额来看，1953—1977年，中国贸易额在世界中的占比由1.53%下降至0.6%，几乎没有参与第二次世界大战后世界贸易的高速增长（尼古拉斯·R.拉迪，1994）。再次，国家统制下的对外贸易管理体制抑制了外贸企业的发展。改革开放前，高度集中和垄断的贸易体制之下，进出口经营权仅被授予全国130余家外贸专业总公司及其所属分公司，外贸专业总公司及其所属分公司经营权受到严格的干预：外贸的收购、调拨、出口、进口、外汇收支及各项经营活动严格按照指令性计划进行，外贸企业自主权受到极大限制。

1978年12月，党的十一届三中全会确立了"解放思想、实事求是"的思想路线，并在总结经济建设经验与教训的基础上做出改革开放的战略决策。1982年12月，第五届全国人民代表大会第五次会议将"对外开放"写入宪法，并将其确立为基本国策，1988年修宪又将"私营经济"的地位定义为"社会主义公有制经济的补充"，通过立法的方式为对外贸易的发展扫除了障碍。该阶段，中国将对外贸易的指导思想进行了调整，由"依靠农产品和原料产品创汇来进口工业建设（尤其是重工业和军事工业）需要的物资"调整为"提高人民生活水平和着重发展影响经济持续发展的基础建设（如交通、能源和材料）"。

（一）实施沿海开放战略

1979 年党中央、国务院决定广东与福建两省实行特殊的政策，并决定在深圳、珠海、汕头、厦门设置"出口特区"，即建立"经济特区"，同年 10 月，批准设立厦门经济特区。邓小平指出，"特区是个窗口，是技术的窗口，管理的窗口，知识的窗口，也是对外政策的窗口"，特区设立的主要目的在于利用靠近港澳的优势，更好地吸引国外的资金和技术，通过对外贸易发展经济[①]。1984 年，中央做出进一步开放天津、上海、大连等 14 个沿海港口城市的决定，1988 年，设立海南经济特区。1985 年，国务院决定将长江三角洲、珠江三角洲和闽南厦漳泉开辟为沿海开放区；1988 年，国务院将辽东半岛和胶东半岛等一些沿海市、县纳入经济开放区。由此，逐渐造就了一个由经济特区—沿海开放城市—沿海开放地带构成的对外开放格局。

（二）改革对外贸易体制

改革开放以前，以垄断贸易为主要特征的对外贸易基本适应了当时的贸易对象和贸易方式，但在对外开放与经济体制改革之后，该体制越来越难以适应经济贸易发展的需要。

1. 增设对外贸易口岸，下放对外贸易管理权

1979 年 10 月，邓小平指出，"过去我们统得太死，很不利于发展经济。有些肯定是我们的制度卡得过死，特别是外贸。好多制度不利于发展对外贸易，对增加外汇收入不利。"（中共中央文献编辑委员会，1994）基于此，国家批准由中央各部门和地方省市成立各类外贸公司，省、自治区、直辖市、计划单列市以及经济特区均设立了可以直接开展进出口贸易的口岸，贸易专业公司、工贸公司等出口企业数量呈现跨越式增长（表10-3）。

表 10-3　中国有权从事对外贸易的国内公司数量（1978—2001 年）

单位：个

年　份	公司数量	年　份	公司数量
1978	12	1997	15 000
1985	800	1998	23 000
1986	>1 200	1999	29 258
1988	>5 000	2000	31 000
1996	12 000	2001	35 000

资料来源：尼古拉斯·R. 拉迪，1994. 世界经济中的中国［M］. 华盛顿：国际经济研究所.

[①]　特区的特殊政策主要体现在两个方面：第一，对于特区的投资商予以税收、土地、入境管理等优惠与方便；第二，特区经济以市场调节为主，并给予市场主体较多的经济活动自主权。

2. 探索建立工贸、技贸、农贸相结合的发展道路

批准中央有关部委组建进出口公司、工贸公司，尤其负责接管原先由外贸专业公司经营的部分商品的进出口业务。同时，为了解决产销问题，实行生产企业和外贸企业"四联合，两公开"。所谓"四联合"，即生产企业和外贸企业联合考察市场、联合安全生产、联合对外谈判以及联合办公；所谓"两公开"，即生产企业向外贸公司公开生产成本，外贸公司向生产企业公开换汇成本。通过"四联合，两公开"，让国内生产企业直面国际市场，更为广泛地参与国际竞争。

3. 建立以承包责任制为特征的外贸体制

为了进一步加快和深化对外贸易体制改革，自 1987 年起，对外经贸部对所属对外贸易专业总公司实行出口承包经营责任制，即对外经贸部向对外贸易专业总公司发包外贸业务，对外贸易专业总公司承包后在公司系统内逐级分包到分公司、子公司，承包期订立后三年不变，实行超亏不补，减亏留用，增盈对半分成，并按承包指标完成情况实施出口奖励。在实行外贸承包经营责任制时，对进出口商品实行分级管理、分类经营：对于关系国计民生、大宗、敏感性商品，如粮食、化肥、木材、橡胶、食糖等，由指定的进出口总公司统一代理对外订货，对于少量、急需进口的商品，在经贸部或各地特派员办事处批准后可以自行办理；对于国际市场供应相对集中、价格敏感、国内紧缺、国内外价差较大的商品，如羊毛、农药、重要化工原料等，由经贸部批准的有该类商品进口经营权的外贸企业联合成交；上述两类商品之外的其他进口商品为放开经营的商品。为了充分调动地方发展外贸的积极性，1988 年 2 月，国务院颁布《关于加快和深化对外贸易体制改革若干问题的规定》，全面推行对外贸易承包经营责任制。1990 年 12 月，国务院发布《关于进一步改革和完善对外贸易体制若干问题的决定》，改革外汇留成制度[1]和进出口管理制度[2]，自此，对外贸易改革朝着"平等竞争、自主经营、自负盈亏、工贸结合、推行代理制"方向发展。

4. 推行进口限制政策和出口导向性战略

1986 年，中国向关税和贸易总协定提交了《中国对外贸易制度备忘录》，声明"由于相关条件的制约，中国在确定进口商品结构时，只能依据有利于提高出口能力、促进国内技术进步以及节约使用外汇的基本原则"（谭祖谊，2008）。在该文件的引导下，中国在进口方面推行进口限制政策，在出口方面主张出口导向战略。为配合外贸公司实施"走出去"，对外经贸部先后在日本、英国、法国等地区设立了中国进出口公司代表处，在美国、巴拿马、德国等地区设立了拉美中国贸易中心、西欧中国贸易中心，此外，对外经贸部还批准设立了众多的贸易公司，负责对外销售、进口订货等相关工作。

5. 建立自负盈亏机制的财务制度

为了鼓励出口，中国曾对初级产品出口给予补贴，1987 年的出口补贴为出口额的

---

① 为消除地区间不平等竞争，推动市场有序发展，实行按商品大类统一比例外汇留成制度。

② 在出口方面，完善出口管理制度，取消原有出口商品分类经营的相关规定，缩减国家对商品进行管理的范围，规定除少数需要由国家组织统一经营的特殊商品出口以外，各相关外贸企业对其余商品出口实行自负盈亏、开放经营。在进口方面，通过降低进口关税、简化某些商品的进口补贴、缩减进口许可证管理商品的品种范围、简化进口行政审批手续等加快进口管理制度改革步伐，积极推动进口贸易的发展。

4%。自 1991 年开始中央取消出口补贴，实行企业自负盈亏，并改变过去按照地区差别外汇留成比例的做法，实行以大类商品区分的全国统一的外汇留成机制；减少行政干预，注重发挥市场的调节作用，运用汇率、关税等经济手段调节对外贸易；改变进出口商品原有的征税办法，全面调整进口商品征税以及出口商品退税的范围；执行财政部企业基金的规定，促使企业注重提升自身经济效益（中国外贸体制改革的进程、效果与国际比较课题组，2006）。

（三）改革对外贸易管理机构与政策

1. 改革对外贸易管理机构

1979 年第五届全国人大常委会第十次会议通过决议，成立中华人民共和国进出口管理委员会和外国投资管理委员会；次年，国务院将海关管理局改组为中华人民共和国海关总署，将全国商品检验总局改组为中华人民共和国进出口商品检验局；1982 年，第五届全国人大常委会第二十二次会议通过决议，将对外贸易部、对外经济联络部、国家进出口管理委员会、国家外汇投资管理委员会合并为对外经贸部，并由其领导和管理对外贸易业务；1993 年，将对外经贸部改组为对外贸易经济合作部，同时，为适应职能的转变，在原有组织机构的基础上增设了经贸政策和发展司、经济协调司等宏观管理机构，并撤销了进出口司等微观管理机构。

2. 改革对外贸易政策

自 1985 年起，对外经贸部不再编制和下达出口收购计划和进口调拨计划，同时缩小了指令性计划范围，扩大了指导性计划和市场调节范围，在关系国计民生的重要农产品方面，重新实行出口许可证和配额制度。随着改革的推进，逐步从数量为基础的计划体制向以价格为基础的市场调节转变[①]（表 10 - 4），进口商品定价机制[②]随之发生转变，除少数重要农产品（主要是关系国计民生的粮棉油糖等产品）外，商品价格开始围绕价值上下波动。

表 10 - 4 1978—1999 年中国农产品价格形成情况

单位：%

年　份	市场价占比	政府指导价占比	政府指令价占比
1978	6	2	93
1985	40	23	37
1987	54	17	29
1991	58	20	22
1995	79	4	17
1999	83	7	9

资料来源：尼古拉斯·R. 拉迪，1994. 世界经济中的中国 [M]. 华盛顿：国际经济研究所.

---

① 政府指令价占比由 1978 年的 93% 迅速下滑至 1987 年的 29%，市场价占比逐渐上升。
② 由于汇率固定在一个高估的水平，实际上进口商品的价格是受到补贴的。

（四）这一阶段对外贸易的主要特征

1. 贸易规模不断扩大，贸易地位明显提升

随着对外开放政策的推进，中国出口额和进口额分别由 1978 年的 97.50 亿美元、108.90 亿美元增长至 1993 年的 917.44 亿美元和 1 039.59 亿美元，除个别年份[①]外，绝大多数年份进出口呈现快速增长态势；中国在世界贸易中的排名由 1978 年的第 32 位上升至 1993 年的第 11 位；中国与美国、苏联、日本、欧盟的对外贸易进入蓬勃发展时期，1985 年内地成为我国香港的最大贸易伙伴。1987 年我国香港成为内地的最大贸易伙伴。内地与港澳地区经贸的发展，为改善祖国大陆与台湾的两岸关系、推动两岸经贸发展起到了良好的示范作用。

2. 农业贸易比重迅速下滑

1979 年中国农业贸易总额突破 100 亿美元，1994 年达到 215.92 亿美元，年均增速达到 5.27%。由于非农产品贸易的快速增长，农产品进出口比重由 1979 年的 30.20% 迅速下滑至 1993 年的 7.87%，出口与进口比重分别下降至 12.48%、3.80%，彻底改变了以农副产品进出口为主的贸易格局。

3. 农业贸易顺差增长明显

1979 年农业贸易顺差额为 23 亿美元，1993 年农业贸易顺差额增长至 75 亿美元，水产品、园艺蔬菜、畜产品在出口创汇中的作用日益突出。

4. 农业贸易地区结构与对外开放布局基本一致

在中国对外开放过程中，东部地区开放相对较早，通商口岸相对较多，对外进出口贸易公司云集，而中西部地区刚好相反。随着中国对外开放战略的推进，中国对外贸易格局逐渐由东部向中西部演进，实现了由点到线、由线到面的升级，该演进大致体现了中国对外开放的基本布局。

三、加入 WTO 前的加快开放阶段（1992—2001 年）

邓小平南方谈话以及党的十四大的召开使中国真正摆脱了意识形态的束缚，确立了社会主义市场经济的地位，标志着中国经济进入了全面发展阶段。为深化改革，扩大对外开放，中国对外贸易政策开启了新一轮的调整。

（一）关税与汇率制度改革

1992 年，国务院决定改革进口管理体制，建立以经济手段与法律手段为主、以行政手段为辅的进出口管理体制。

1. 削减关税与非关税贸易壁垒，强化进出口管理

关税与贸易总协定的宗旨之一是削减关税和其他贸易壁垒。经过 7 轮谈判，工业化国家的平均加权关税下降至 4%～5%，发展中国家平均关税率下降至 13%～14%，但

---

① 1983 年出口额较上一年小幅下降；1982 年和 1990 年进口额较上一年小幅下降。

根据乌拉圭回合谈判要求，各成员需将关税再削减 1/3。1992 年中国加权平均关税率达到 22.5％。长期高关税不仅增加了中国进口商品的成本，而且推动了国内物价上涨。此外，中国粮食等农产品与工业品价格普遍低于国际市场价格①，但是在高关税的保护之下，国家计划定价被掩饰。自 1992 年起，中国连续多次下调关税税率，其中，农产品关税率由 1992 年的 51％下调至 2001 年的 21％，并逐步取消了非关税贸易壁垒。为进一步规范农产品进出口市场，严厉打击走私农产品活动。此外，还通过建立动植物卫生检验检疫制度强化安全生产，通过积极开展双边贸易谈判和反倾销调查等活动强化对农业贸易的保护。

2. 深化外汇体制改革

1993 年 11 月，党的十四届三中全会通过《关于建立社会主义市场经济体制若干问题的决定》，明确要求"改革外汇管理体制，建立以市场供求为基础的、有管理的浮动汇率制度和统一规范的外汇市场，逐步使人民币成为可兑换货币"。按照此要求，中国人民银行于 1994 年进行了一系列外汇管理体制改革，包括实行以市场供求为基础，单一的、有管理的浮动汇率制度，改进汇率形成机制，保持相对稳定的人民币汇率；在外汇管理方面，取消原有各类外汇留成、出口企业外汇上缴和额度管理办法，实行银行售汇制，人民币在经常项目下可以有条件兑换；取消外汇收支的指令性计划。通过汇率改革，单一的汇率制度不仅降低了交易成本，而且提高了商品流通效率，促进了进出口贸易的发展。汇率改革之后，出口外汇比重显著上升，进口业务中的逃汇现象大幅减少，外汇储备增加较为明显②。

(二) 调整对外贸易管理体制，进一步完善对外贸易法律体系

1. 建立适应国际经济通行规则的运行机制

为了实现该目标，外贸体制进行了两个方面的调整：一是以"汇率—价格"为主体调控进出口流量，以关税为手段调控商品结构，以信贷扶持为抓手鼓励出口，建立了汇率、税收、信贷三者相结合的宏观调控体系；二是加快进口管理体制改革，继续增强外贸制度的统一性和透明度，进一步规范进出口管理制度。1998 年，中国在外贸管理体制改革方面出台了新的举措，包括建立健全进出口商品管理体系；完善出口商品配额分配机制；调整部分商品的出口配额和许可证管理；继续完善配额招标工作等。

2. 推行"大经贸"战略

为加快构建多元化经营主体的外贸格局，1994 年对外贸易经济合作部提出以进出口贸易为基础，商品、资金、劳务合作与交流相互渗透和相互协调发展的"大经贸"战略。"大经贸"战略的实施，彻底改变了国有外贸公司垄断经营进出口贸易的状况。

3. 完善对外贸易法律体系

自 1994 年起，先后制定了《中华人民共和国对外贸易法》《关于设立中外合资对外

---

① 按照综合平均价格算，中国有 73％的产品低于国际市场价格；若按计划价格算，中国则有 81％的商品低于国际市场价格。

② 1993 年中国外汇储备为 210 亿美元，汇改第一年即 1994 年外汇储备达到 517 亿美元，1995 年为 736 亿美元，1998 年达到 1 449 亿美元。

贸易公司试点暂行办法》《中华人民共和国反倾销和反补贴条例》等法律法规，将对外贸易纳入 WTO 框架之下。2001 年底，基本完成了涉外法律、法规的修订工作。

4. 改革对外贸易行政管理制度

放宽对外贸易经营主体的审批标准和商品经营范围，扩大蚕丝、茶叶等农产品经营企业数目和业务经营范围。采用配额加许可证、配额有偿招标、拍卖和规范化分配或者核定经营的办法管理农业贸易，强化对大宗和敏感商品的管理，将粮食、油菜籽、食糖、烟草、化肥和棉花等对外贸易权限定于国有外贸公司，年度进口量由国务院批准。

（三）应对亚洲金融危机

1997 年 7 月 2 日，以泰国政府被迫放弃联系汇率制为导火线，东南亚金融危机爆发并迅速蔓延至日本、韩国、俄罗斯等国，中国也未能幸免。为应对这场金融危机，中国政府除加强对金融系统的安全监管之外，还采取了以下几方面措施。第一，承诺保持人民币币值稳定。第二，进一步深化外贸体制改革。从 1998 年 4 月 1 日起，取消了 27 种商品的出口配额与许可证管理；同时，将许可证管理的商品种类由 115 种减少至 58 种，将商品编码由 707 个减少至 395 个；配额分配进一步向有实力的生产企业、品牌产品倾斜。第三，削减关税，提高出口退税率。1997 年 10 月 1 日，将进口关税总水平由 23% 进一步削减至 17%，并自 1999 年 1 月 1 日起，将机电产品、农产品的出口退税率分别提高到 17% 和 5%，整体出口退税率提高到 12.56%。第四，综合运用财政、货币政策，加大投资力度。第五，调整信贷政策，增加出口信贷和担保额度，落实援外优惠贷款项目。第六，开拓欧美市场，实行市场多元化战略。

（四）本阶段农业对外贸易的主要特征

通过调整，高度统制的国家管理模式逐渐退出，政府在对外经贸活动中的干预逐渐减少，市场的作用不断增强，企业自主权趋于回归，一个相对自由化的对外贸易制度基本建立。在此过程中，中国对外贸易的世界排名继续上升，外贸依存度不断增加[①]。该阶段，农业对外贸易呈现以下特点：

1. 农业贸易整体呈现增长趋势，农业贸易在对外贸易中的占比继续下降

1993—2001 年，中国农业贸易额由 154.08 亿美元增长至 280.42 亿美元，其中，出口额由 114.54 亿美元增长至 160.29 亿美元，进口额则由 39.54 亿美元增长至 120.13 亿美元（图 10-2）。与进口相比，农产品出口贸易波动较缓。由于出口基数相对较大，尽管进口增长较快，但农业贸易依旧呈现顺差态势。非农贸易特别是加工贸易的崛起[②]，使得农业贸易在对外贸易中的占比由 1994 年的 9.13% 迅速下滑至 2000 年的 5.71%，农业贸易地位显著下降。

---

① 中国的外贸依存度已经由 1980 年的 11.9% 上升至 1996 年的 35.6%，其中，1994 年曾达到 46.6%。
② 该阶段，农业贸易年均增速为 3.8%，非农贸易年均增速达到 12.98%。

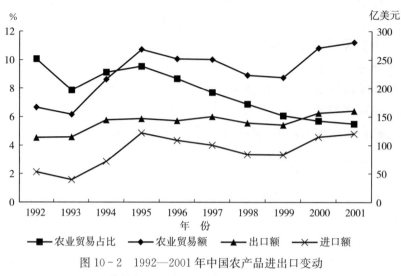

图 10-2　1992—2001 年中国农产品进出口变动

资料来源：根据 WITS 数据库数据整理。

2. 产品优劣势逐渐分化

从表 10-5 中可以看到，水产品、蔬菜和饮料品为中国前三大净出口农产品，而且顺差额呈现增长态势，可以看出三者在国际贸易中具有一定的优势。随着经济的发展，国内对畜禽产品的消费逐渐增加，导致畜禽产品进口量大幅增加；畜禽产业的增长导致食用油籽（特别是大豆）进口大幅增长。食用油籽对食用植物油具有一定的替代作用，在一定程度上解释了食用油籽净进口大幅增长而食用植物油净进口大幅下降的现象。

经济效益诱发农民自主进行种植结构调整。比较优势是国际贸易的基础，早期政府通过提高收购价的方式激励农民发展粮食生产，不可否认，该政策对于维护粮食安全以及促进农民增收发挥了重要作用。20 世纪 90 年代中期粮价改革后，农民种粮收益逐渐下降，引发农民对种植结构进行调整：削减粮食种植，增加蔬菜、水果等高附加值作物种植。

表 10-5　中国农产品净出口状况

单位：亿美元

品　种	1994 年	1995 年	1996 年	1997 年	1998 年	1999 年	2000 年	2001 年
谷物	2.82	−34.70	−22.08	4.03	8.58	6.62	11.03	4.68
棉花	−7.73	−14.38	−12.62	−14.05	−3.22	1.81	1.70	−0.35
食用油籽	7.25	5.33	2.80	−4.31	−8.02	−10.11	−23.04	−24.92
食用植物油	−12.70	−19.74	−12.70	−10.47	−11.03	−10.37	−6.18	−4.39
食糖	−0.87	−7.10	−1.45	−0.96	−0.16	−0.07	−0.32	−2.57
蔬菜	17.02	21.53	20.51	19.24	18.93	18.90	20.03	22.57

（续）

品　种	1994 年	1995 年	1996 年	1997 年	1998 年	1999 年	2000 年	2001 年
水果	3.18	4.49	3.39	3.59	3.20	3.54	3.11	4.08
畜产品	10.57	13.65	14.52	13.70	11.34	3.81	−0.82	−1.23
水产品	17.33	23.28	18.27	19.32	18.17	18.33	19.80	22.99
饮料品	6.01	5.84	5.91	7.25	6.96	6.25	5.69	6.48
烟草	6.54	6.40	5.19	4.03	4.72	2.49	0.97	1.19
其他	23.45	20.40	12.84	8.77	5.67	11.03	10.12	11.61
合计	72.87	25.00	34.58	50.14	55.14	52.23	42.09	40.14

资料来源：根据 WITS 数据库数据整理。

四、加入 WTO 后的全面开放阶段（2002—2011 年）

（一）改革外贸调控体系与法律框架

2001 年 12 月 11 日，中国正式融入世界多边贸易体系之中，成为 WTO 的第 142 个成员。中国在享受多边贸易优惠安排的同时，更加注重遵循 WTO 规则开展对外贸易业务。尽管前期已经对对外贸易制度进行了一系列改革，但与 WTO 标准相比，依然有许多需要完善的地方。为此，中央除了将"重出口、轻进口"的指导思想转变为"进出口平衡"之外，还进行了如下调整：

1. 改革外贸行政管理机构和宏观调控体系

2003 年 3 月，国务院撤销对外贸易经济合作部，组建商务部，并由商务部负责管理对外经贸活动、研究和拟定对外贸易发展相关法律法规。为调动企业出口积极性，自 2004 年起，中央逐步建立由中央和地方共同负担的出口退税新机制。鉴于雄厚的外汇储备以及浮动汇率制下所存在的各种弊端（比如货币政策灵活性降低，外汇管理成本上升、风险增加等），2005 年中央决定"以市场供求为基础，参考一篮子货币，形成有管理的、更富弹性的人民币汇率机制"。行政管理机构改革以及对外宏观调控体系调整，为建立健全统一、开放、竞争、有序的市场体系奠定了体制基础。

2. 完善进出口管理法律框架

依照 WTO 规则，中国对原有对外贸易法律体系规则进行了"立、改、废"，清理了一系列的法律法规、部门规章。2004 年第十届全国人民代表大会常务委员会第八次会议审议并通过了《中华人民共和国对外贸易法》，中国对外贸易法律框架体系初步建立。

（二）履行加入 WTO 承诺

根据《农业协定》《中国加入 WTO 议定书》《中国加入 WTO 工作组报告》及所附

减让承诺表等法律文件，中国逐步兑现"取消对外贸易经营权的审批制，实行对外贸易经营依法登记制"承诺，对所有的经济实体提供进出口贸易权，并在市场准入、国内支持限制、出口竞争等方面积极履行相应的义务，包括以下几个方面：

1. 削减关税

2004 年，农产品平均关税率由 2001 年的 21% 削减至 15.8%，其中，牛肉、猪肉、禽肉、柑橘、奶酪等产品关税分别由上阶段的 40%、20%、20%、40% 和 50% 削减至 12%、12%、10%、12% 和 12%。2010 年，再次下调农产品平均关税率至 15.2%，该关税率仅为世界农产品平均关税的 1/4，远远低于发展中经济体 56% 和发达经济体 39% 的平均关税水平（表 10-6）。

表 10-6 中美、中欧协议中中国对农产品关税减让的承诺（1999—2004 年）

单位：%

产　品	1998 年优惠关税	调整后关税	
		中美协议	中欧协议
大豆	114	3	—
豆饼	25	<5	—
油菜籽	85	—	9
大麦	91.2	9	—
面食	—	25	15
葡萄酒	65	20	14
橄榄	25	—	10
牛肉	45	12	—
猪肉	20	12	—
禽肉	20	10	—
奶酪	50	12	—
黄油	50	—	10
奶粉	25	—	10
柑橘	40	12	—
葡萄	40	13	—
苹果	30	10	—
总体平均水平	21.2	17	

资料来源：倪洪兴，2011. 开放条件下的农业贸易政策选择——入世 10 年思考与回望 ［M］. 北京：中国农业出版社：29.

2. 重要农产品实行关税配额管理制度[①]

根据《农业协定》要求，取消农产品进口许可和数量限制等措施，对小麦、玉米、大米、豆油和棉花等重要农产品实行配额管理（表 10 - 7、表 10 - 8），其中，配额内小麦、玉米、大米和棉花的关税率为 1%，配额外关税率为 10% ~ 65%；小麦、玉米和大米配额量分别由基准阶段消费量的 6.1%、4.7% 和 1.4% 提高到过渡期后的 7.8%、6.4% 和 2.7%[②]。改变长期以来国有进出口贸易公司对小麦、玉米、大米和棉花的垄断，将部分进口贸易份额分配给私人进出口商，小麦作为中国最为敏感的农产品，分配给私人的配额相对较低，而且不会增加，但允许国有贸易公司将没有使用完的小麦配额分配给私人小麦贸易商。为避免国际市场价格波动造成国内价格的不稳定，最大限度地保护国内棉农和棉花产业利益，2005 年 5 月决定对配额外棉花采用滑准税的征税模式。

表 10 - 7　2000—2004 年中国关于关税配额及其管理的承诺

单位：万吨，%

品　种	2000 年初始配额	2004 年配额	私营部门比例	优惠税率	配额内关税
小麦	730.0	963.6	10	114	1
玉米	450.0	720.0	25 ~ 40	114	1
大米	266.0	532.0	50	114	1
豆油	171.8	311.8	50 ~ 90	121.6	9
棉花	74.3	89.4	67	—	1

资料来源：①倪洪兴，2011. 开放条件下的农业贸易政策选择——入世 10 年思考与回望 [M]. 北京：中国农业出版社.

②对外贸易经济合作部世界贸易组织司，2002. 中国加入世界贸易组织法律文件 [M]. 北京：法律出版社.

表 10 - 8　重要农产品关税配额与产量之比

单位：万吨，%

项　目	小麦	玉米	大米	棉花
2000 年配额	730.0	450.0	266.0	74.3
2000 年产量	9 963.6	10 600.0	18 790.8	441.7
配额占产量之比	7.3	4.2	1.4	16.8

资料来源：对外贸易经济合作部世界贸易组织司，2002. 中国加入世界贸易组织法律文件 [M]. 北京：法律出版社.

3. 国内农业支持限制与取消出口补贴

长期以来，中国对农业的支持水平非常有限，1999 年对农产品的补贴额约为农业

---

① 对于基准时期（1986—1988 年）进口量低于国内总消费量 5% 的产品，最低准入量从基准时期总消费量的 3% 开始，在过渡期结束后提高到基准时期总消费量的 5%；对于进口量高于基准时期国内总消费量 5% 的产品，成员需将最低准入量保持与基准时期产品进口量相等的水平。

② 中国玉米和小麦市场准入承诺高于《农业协定》规定的最低市场准入标准，而大米的最低准入量远远小于 WTO 规定的最低市场准入标准。随着过渡阶段中国配额的增加，中国所承诺的玉米、小麦和大米最低准入增长量高达 740 万吨，约为世界其他地区配额增量（364 万吨）的两倍。

产值的 3.5％ (约 500 亿元)，远远低于发展中国家 10％的补贴限额。加入 WTO 以后，中国对特定产品和非特定产品的微量支持量始终限定在农业产值的 8.5％以下。在出口补贴方面，除最不发达成员外，发达成员和发展中成员同意分别将出口补贴削减 36％和 24％，中国政府承诺取消玉米、大米和棉花出口补贴，远远超出 WTO 成立时的出口补贴削减承诺[①]。实际上，2015 年 12 月第十届部长级会议上，WTO 成员才做出全面取消农产品出口补贴的承诺。

(三) 开展双边、区域经贸合作

2002 年，自中国与东盟签署《中国-东盟全面经济合作框架协议》之后，自贸区谈判进入密集期，中国陆续与中国香港、中国澳门、智利、巴基斯坦、新西兰、新加坡、秘鲁等国家和地区签署了自由贸易协定。2009 年，中国依据已达成的双边自由贸易协定，对原产于东盟十国、智利、巴基斯坦、新加坡、新西兰、韩国、印度、斯里兰卡、孟加拉国等国家的部分进口商品实施更为优惠的协定税率，同时，继续对原产于老挝、苏丹、也门等 41 个国家的部分产品实施特惠税率。通过双边与区域贸易协定的签署，中国强化了全球范围内的资源配置效率，在开拓国际市场的同时，也丰富了农业贸易品种、农业贸易来源，有效地调剂了农产品的余缺。

(四) 本阶段农业对外贸易的主要特征

加入 WTO 堪称中国的第二次改革开放，伴随着中国对外贸易政策的调整，中国农业贸易呈现以下特点:

1. 农业贸易进入逆差期，逆差额呈现逐年扩大趋势

自 2004 年起，中国农业贸易全面进入逆差阶段，2005—2006 年有所回落，2008 年金融危机期间贸易逆差额猛增至 184.57 亿美元，2010 年和 2011 年逆差额连续突破 200 亿美元和 300 亿美元大关，分别达到 233.41 亿美元和 343.90 亿美元。就整个逆差期来看，农业贸易逆差额年均增速达到 31.79％。该阶段，与非农产品贸易相比，农业贸易出口创汇能力已经显得微不足道，但农业贸易在"提高人民生活水平和促进经济持续发展"方面依旧发挥着重要作用。

2. 土地密集型农产品净进口与劳动密集型农产品净出口趋势较为明显，但面临严峻挑战

棉花、食用油籽和食用植物油净进口量呈现增长态势;谷物贸易自 2009 年开始由净出口变为净进口，并且逆差额逐年扩大 (表 10 - 9)。农业税的取消以及国内支持 (包括基础设施建设、补贴等) 的增加虽然在一定程度上调动了农民发展农业生产的积极性，但日益上涨的生产要素价格与持续低走的国际市场价格，使得中国农业生产面临"地板"和"天花板"的双重挤压。以蔬菜、水产品和畜产品为代表的劳动密集型产品是中国具有比较优势的产品 (表 10 - 10)，其净出口额呈现逐年增长态势，但随着人口红利的消逝，劳动密集型产品生产优势正在减弱甚至消失。

---

① 发达国家和发展中国家承诺将出口补贴削减 36％和 24％，但均未承诺取消出口补贴。

表 10-9　2002—2011 年中国农产品净出口状况

单位：亿美元

	2002 年	2003 年	2004 年	2005 年	2006 年	2007 年	2008 年	2009 年	2010 年	2011 年
谷物	12.28	22.13	−13.88	1.23	3.32	16.73	0.51	−1.59	−8.35	−12.33
棉花	−0.27	−10.84	−32.25	−32.37	−49.48	−35.42	−35.20	−21.91	−58.36	−95.97
食用油籽	−19.11	−46.07	−62.10	−68.50	−68.29	−106.34	−210.50	−192.78	−250.03	−295.56
食用植物油	−12.68	−25.15	−35.94	−26.57	−29.17	−60.81	−85.84	−65.08	−70.12	−87.90
食糖	−1.59	−1.45	−2.50	−2.73	−4.88	−3.31	−2.91	−3.45	−8.42	−18.92
蔬菜	25.51	29.95	36.98	44.04	53.23	60.13	62.45	65.83	95.64	112.64
水果	5.39	7.86	9.61	12.51	15.70	26.16	28.70	20.52	21.43	21.37
畜产品	−3.15	−6.41	−8.36	−5.95	−8.16	−24.01	−33.07	−26.97	−49.18	−74.21
水产品	24.09	29.89	37.09	37.41	50.22	49.83	51.78	54.40	71.81	95.94
饮料品	6.63	6.39	7.32	5.52	7.85	2.59	0.01	−0.23	−4.59	−11.36
烟草	1.90	1.86	2.22	1.53	1.02	0.98	−0.46	0.34	2.30	0.03
其他	15.83	13.93	12.00	21.50	20.75	28.52	39.96	38.85	24.45	22.37
合计	54.83	22.09	−49.81	−12.38	−7.89	−44.95	−184.57	−132.07	−233.42	−343.90

资料来源：根据 WITS 数据库数据整理。

表 10-10　加入 WTO 以来中国农产品进出口结构

单位：%

	出　口				进　口			
	2001 年	2006 年	2011 年	2017 年	2001 年	2006 年	2011 年	2017 年
谷物	6.88	3.74	1.34	1.05	5.29	2.61	2.15	5.21
棉花	0.51	0.08	0.13	0.05	0.97	15.47	10.17	1.89
食用油籽	4.51	3.58	3.04	2.91	26.76	24.73	33.01	34.64
食用植物油	0.29	0.76	0.35	0.28	4.04	9.82	9.46	4.56
食糖	0.35	0.19	0.08	0.12	2.61	1.71	2.04	0.87
蔬菜	14.85	17.47	19.11	20.49	1.02	0.49	0.36	0.45
水果	4.67	7.44	8.58	8.77	2.84	2.37	3.23	4.89
畜产品	16.40	11.80	9.75	8.25	22.91	14.04	14.02	15.84
水产品	26.04	29.71	28.95	27.34	15.60	13.36	8.40	8.74
饮料品	5.53	5.13	3.72	5.46	1.98	2.56	3.57	5.26
烟草	2.41	1.80	1.88	1.76	2.23	1.44	1.20	1.41
其他农业部门	17.56	18.29	23.07	23.52	13.76	11.39	12.38	16.23

资料来源：根据 WITS 数据库数据整理。

3. 进口来源地和出口目的地集中，市场依赖程度上升

就出口而言，日本、美国、韩国是中国前三大农产品出口市场。就进口市场而言，美洲是中国最大的土地密集型农产品进口来源地，亚洲次之，两者市场份额占比高达

75％，美国、阿根廷和澳大利亚是中国前三大农产品进口来源地。从出口目的地和进口来源地可以发现，中国的进出口市场相对集中。市场集中虽有利于大宗商品的采购，但一定程度上削弱了中国进口的议价能力，同时也在一定程度上加剧了对特定地区、特定商品的依存度和风险性。

4. 农业贸易保护主义措施更具隐蔽性、歧视性和针对性

中国加入 WTO 以后，伴随着中国对外贸易增长，来自发达成员的贸易歧视与保护也与日俱增[1]，动物源性产品（水产品、畜产品、乳制品、禽肉等）、植物产品（茶叶、花生、蔬菜、水果、干果等）、加工产品均面临不同程度的绿色贸易壁垒与技术性贸易壁垒。

五、新时期的开放升级阶段（2012 年至今）

2008 年发源于美国的次贷危机迅速席卷全球，并重创世界经济，之后全球经贸进入调整修复期。2012 年中国经济结束了近 20 年的两位数增长，步入"增长速度换挡期、结构调整阵痛期、前期刺激政策消化期"阶段。面对国内严重的产能过剩等问题，新一届政府锐意进取，在外交策略上变"韬光养晦"为"韬光养晦，有所作为"。

（一）"一带一路"建设

在经济缓慢复苏的背景下，2013 年 9 月至 10 月，习近平总书记在访问中亚和东南亚期间提出共建"丝绸之路经济带"和"21 世纪海上丝绸之路"的构想。该构想一经提出，便得到有关国家的积极响应和国际社会的高度认可。2015 年 5 月，中共中央、国务院发布《关于构建开放型经济新体制的若干意见》，提出在深化改革的基础上构建开放型经济体制总目标，以"一带一路"建设为契机，加大海外投资力度，鼓励中国企业"走出去"，加快推进国内优势产业转移，推动产业结构升级。

（二）筹建自由贸易试验区

自 2002 年中国与东盟签署第一个自由贸易协定以后，自由贸易区谈判如火如荼展开（表 10‐11），党的十七大、十八大将自由贸易区建设上升为国家战略，党的十九大将开放的贸易政策表述为"中国支持多边贸易体制，促进自由贸易区建设，推动建设开放型世界经济"。习近平总书记强调，"加快实施自由贸易区战略，是我国积极参与国际经贸规则制定、争取全球经济治理制度性权力的重要平台，我们不能当旁观者、跟随者，而是要做参与者、引领者，善于通过自由贸易区建设增强我国国际竞争力，在国际规则制定中发出更多中国声音、注入更多中国元素，维护和拓展我国发展利益。"

---

[1] 1995—2005 年，中国连续 11 年被列为全球反倾销头号目标国，遭受反倾销调查 441 起。

表 10 - 11　中国自由贸易区建设进展

阶段	自由贸易区
已签协议	中国-马尔代夫、中国-格鲁吉亚、中国-澳大利亚、中国-韩国、中国-瑞士、中国-冰岛、中国-哥斯达黎加、中国-秘鲁、中国-新加坡、中国-新西兰、中国-智利、中国-巴基斯坦、中国-东盟、内地与港澳更紧密经贸关系安排、中国-东盟（"10＋1"）（升级）、中国-智利（升级）、中国-新加坡（升级）、中国-巴基斯坦（第二阶段）
正在谈判	中国-海湾阿拉伯国家合作委员会、中日韩、中国-斯里兰卡、中国-以色列、中国-挪威、中国-新西兰（升级）、中国-毛里求斯、中国-摩尔多瓦、中国-巴拿马、中国-韩国（第二阶段）、中国-巴勒斯坦、中国-秘鲁（升级）
正在研究	中国-哥伦比亚、中国-斐济、中国-尼泊尔、中国-巴布亚新几内亚、中国-加拿大、中国-孟加拉国、中国-蒙古国、中国-瑞士（升级）

资料来源：中国自由贸易区服务网。

　　为进一步提升贸易自由化和贸易便利化，营造更具竞争力的国际商业环境，2013年党中央、国务院决定在上海进行自由贸易试点，以优惠税收和海关特殊监管政策为主要手段，在没有海关"干预"的情况下允许货物进口、制造、再出口，推行"境内关外"的政策①。2016 年 8 月，国务院批准辽宁、浙江、河南、湖北、重庆、四川、陕西、海南等地设立自由贸易试验区，自由贸易试验区建设步入新阶段。

（三）本阶段农业对外贸易的主要特征

　　后危机时代，中国农业与世界农业更加紧密地联系在一起，中国农业政策的调整也已经由消极应对转向积极保护，全面普惠式的农业保护政策逐渐向重点保护转变，农业贸易呈现以下特点：

1. 农业贸易增速明显放缓

　　如图 10 - 3 所示，2012 年以前，中国农业贸易基本保持两位数的增长速度，2013

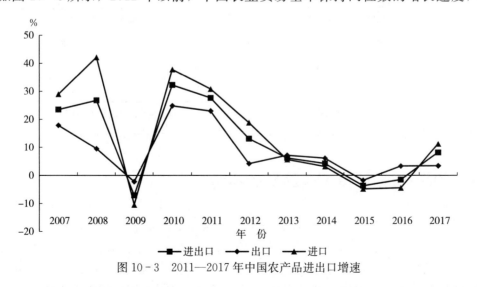

图 10 - 3　2011—2017 年中国农产品进出口增速

---

①　明显区别于国际上放开一线（国境线）、管住二线（与非自由贸易园区的连接线）的"境内关外"的政策。

年以后，农业贸易增长速度明显降低，2015—2016 年，农业贸易呈现负增长，2017 年虽有所回升，但与上阶段增速相比仍存在较大差距。

2. 以粮食为代表的土地密集型产品价格呈现倒挂态势

如表 10 - 12 所示，国产小麦、稻谷、玉米三大粮食作物价格明显高于国际市场价格，2014—2015 年国内外价差达到顶峰，2016—2017 年有所回落。以大豆为例，2013—2017 年国产大豆价格显著高于国际市场价格。大豆进口量持续增长原因较多，强劲的国内需求以及较大的国内外价差是主因。

表 10 - 12　2012—2017 年主要农产品国内外价格及进口量变化

单位：元/千克，万吨

种　类	项　目	2012 年	2013 年	2014 年	2015 年	2016 年	2017 年
小麦	国内价格	2.15	2.44	2.50	2.97	1.42	1.47
	进口价格	2.06	1.94	1.87	1.99	0.92	1.07
	国内外价差	0.09	0.50	0.63	0.98	0.50	0.40
	进口量	368.86	550.67	297.12	297.17	337.43	429.65
稻谷	国内价格	3.80	3.94	4.00	4.16	2.07	2.11
	进口价格	3.45	3.22	2.56	2.60	1.56	1.59
	国内外价差	0.35	0.72	1.44	1.56	0.51	0.52
	进口量	234.46	224.43	255.65	334.99	353.39	399.28
玉米	国内价格	2.29	2.26	2.33	2.38	0.92	0.88
	进口价格	1.87	1.61	1.25	1.60	0.81	0.84
	国内外价差	0.42	0.65	1.08	0.78	0.11	0.04
	进口量	520.71	326.49	259.85	472.86	316.66	282.56
大豆	国内价格	3.94	4.80	4.42	3.84	3.41	3.74
	进口价格	4.45	4.19	3.90	3.07	3.33	3.34
	国内外价差	−0.51	0.61	0.52	0.77	0.08	0.40
	进口量	5 838.26	6 337.78	7 140.31	8 168.97	8 391.33	9 553.42

注：小麦、稻谷、玉米国内价格为国内平均批发市场价格，价差为国内价格与国外价格的差额。

资料来源：价格数据来源于 Wind 数据库，进口量根据 WITS 数据库数据整理。

六、农业贸易政策演变的历史经验

综观新中国成立 70 年农业对外贸易发展历程，中国农业对外贸易政策经历了由高度计划管理到逐步开放，再到新时期的开放升级的演变。中国在融入世界体系的过程中，一方面积极利用国内外市场，通过国际合作优化资源配置；另一方面按照国际规则，积极参与竞争。中国经济在融入世界的过程中，取得了瞩目成就，而成就的背后有很多经验值得总结和借鉴。

1. 转变政府职能，发挥市场机制作用

新中国成立初期，农业贸易体制以"高度集中""国家统购统销""大包大揽"为主要特点，政府在外贸管理中发挥着决定性作用。十一届三中全会以后，市场对资源配置的作用不断强化，市场机制所扮演的角色从"辅助性作用"（1979—1984 年）到"基础性作用"（1999—2011 年），再到"决定性作用"（2012 年以后），其对生产力的发展和人民生活水平的提升发挥了重要作用。发挥市场对资源优化配置作用的过程，同时也是政府职能不断调整的过程。

2. 坚持开放促改革，在改革中强化对农业贸易的关注

在农业贸易政策的调整过程中，数量型的政府管控模式逐渐让位于市场价格，农业贸易指导思想由"出口创汇""调节国内余缺"调整为"提高人民生活水平和发展影响经济持续发展的基础建设"，国家管控的农业贸易政策逐渐转变为"放开"，"积极主动"取代了"被动应对"，粮棉油糖等关系国计民生的农产品成为农业"重点"关注的产品。改革是一个不断发现问题、认识问题、解决问题的过程，坚持在开放中发现问题，在改革中解决问题。

3. 坚持多元化的自由贸易方向

新中国成立初期，由于当时的政治、经济和社会环境，中国农业对外贸易的伙伴集中于苏联以及东欧、亚非拉的发展中国家，随时面临着封锁、贸易禁运的风险；而就贸易的产品而言，也多为农副土特产品和原材料等初级产品，贸易影响力极为有限。改革开放以后，特别是加入 WTO 以后，中国与世界上绝大多数国家建立了贸易关系，而且在农业贸易的数量和质量两个方面均有较大的提升。"一带一路"建设使得中国农业贸易结构得到优化，同时也为破解贸易保护主义、贸易歧视等难题提供新的思路。

4. 坚持经济市场化和贸易自由化

中国对外贸易向市场化转变，是从放松对外贸易计划、减少对外贸易商品数量方面开始的。随着市场化改革的深入，数量控制的范围与程度逐渐减弱直至取消。市场化与贸易自由化是一个不断消除市场扭曲、创造公平竞争环境的过程，市场化和自由化的精髓在于其激活了市场要素的活力。未来，中国经济改革的方向仍需要朝着市场化和自由化的方向迈进。

◈本章参考文献

党校政治经济学教材联合编写组，1984. 中国社会主义经济建设文献资料选编 ［M］. 北京：新华出版社：472 - 473.

董志凯，1993. 跻身国际市场的艰辛起步 ［M］. 北京：经济管理出版社：177.

对外贸易经济合作部世界贸易组织司，2002. 中国加入 WTO 法律文件 ［M］. 北京：法律出版社.

李志宁，1988. 中华人民共和国经济大事典 1949.10—1987.1 ［M］. 长春：吉林人民出版社：400.

廖庆新，廖力平，2007. 现代中国对外贸易概论 ［M］. 3 版. 广州：中山大学出版社.

尼古拉斯·R. 拉迪，1994. 世界经济中的中国 ［M］. 华盛顿：国际经济研究所.

倪洪兴，2011. 开放条件下的农业贸易政策选择——入世 10 年思考与回望 ［M］. 北京：中国农业出版社：29.

谭祖谊，2008. 中国经济结构演进中的贸易政策选择 [M] 北京：人民出版社：124.

武力，2010. 中华人民共和国经济史 [M]. 北京：中国时代经济出版社：1531.

中共中央文献编辑委员会，1994. 邓小平文选：第 2 卷 [M]. 北京：人民出版社：199 - 200.

中共中央文献编辑委员会，1995. 陈云文选：第 3 卷 [M]. 北京：人民出版社.

中国经济发展史编写组，2014. 中国经济发展史（1949—2010）：第 2 卷 [M]. 上海：上海财经大学出版社：1125.

中国社会科学院，中央档案馆，2011.1958—1965 中华人民共和国经济档案资料选编（对外贸易卷）[M]. 北京：中国财政经济出版社：12 - 22.

中国外贸体制改革的进程、效果与国际比较课题组，2006. 中国外贸体制改革的进程、效果与国际比较 [M]. 北京：对外经济贸易大学出版社：24.

第十一章　农业综合开发

新中国刚成立时，农业产值约占整个国民经济的 70%，但农业生产基础却极其薄弱，使得包括最广大农村在内的整个国家面临着巨大的发展难题。当时，全国耕地面积合计 9 788.13 万公顷，其中水田及水浇地合计 2 604.73 万公顷，仅占总耕地面积的 26.6%，而同期全国总人口为 54 167 万人，其中农业人口 44 726 万人，占总人口的 82.6%，即全国平均每人占有耕地 2.71 亩，平均每个农业人口占有耕地 3.28 亩。这就是当时中国农业农村最基本的现实。由于受限于当时极其落后的生产力发展水平，包括粮食生产在内的整个农业生产均极其不足，人均粮食占有量不仅远低于当今水平。因此，摆在中国共产党面前最为紧迫的任务就是如何快速恢复生产并扩大生产。

新中国成立后，在快速推进土地改革、彻底消灭封建地主土地所有制的同时，中国共产党也开始组织大量的人力和物力，并出台一系列支持扶持政策，拓展耕地空间，改良土地质量，兴修农田水利，发展农业生产，提高农业农村生产生活条件，拉开了大规模农业开发的序幕。

由于国家正式开始立项实施农业综合开发的时间是在 1988 年，因此早期的农业综合开发实践并没有进行具体的项目分类。根据国家农业综合开发办公室在 2016 年度对农业综合开发的定义，农业综合开发是指中央政府为支持农业发展，改善农业生产条件，优化农业和农村经济结构，提高农业综合生产能力和综合效益，设立专项资金对农业资源进行综合开发利用和保护的活动。主要任务是加强农业基础设施和生态建设，转变农业发展方式，推进农村一二三产业融合发展，提高农业综合生产能力，保障国家粮食安全，带动农民增收，促进农业可持续发展和农业现代化[①]。从 70 年的实践来看，在不同时期，我国农业综合开发的项目时有变化、不尽一致。本章将从农田水利建设、土地资源开发、治理及"两区"建设，公路、电力、邮电等基础设施建设三个方面对新中国成立 70 年来我国农业综合开发的政策及实践情况进行梳理。

一、农田水利建设

水利是农业的命脉。由于中国大部分地区气候受季风影响，降水分布不均，旱涝灾害频发，这就给农业生产带来了极大的不稳定性。以 1950 年为例，当年全国水灾受灾面积达 656 万公顷，其中成灾面积 471 万公顷，占受灾面积的 71.8%，其中发生在淮河流域的水灾尤为严重，河南、安徽两省受灾面积超过 267 万公顷，受灾人口达 1 300 万

＊本章编写人员：江渊博。

① 国家农业综合开发办公室，2018. 农业综合开发主要统计指标解释（2016 年度）[EB/OL]. （01 - 29）[2019 - 07 - 30]. http://nfb. mof. gov. cn/zhengwuxinxi/jiaocaijieshao/201801/t20180129 _ 2800795.html.

人。面对如此灾情，毛泽东同志对如何从根本上治理淮河作了大量思考，并在两个月内连续下达四次关于治理淮河的指示。1950 年 10 月 14 日，政务院作出了《中央人民政府政务院关于治理淮河的决定》，确定了"蓄泄兼筹，以达根治之目的"的治淮方针，提出："上游应筹建水库，普遍推行水土保持，以拦蓄洪水发展水利为长远目标，目前则应一方面尽量利用山谷及洼地拦蓄洪水，一方面在照顾中下游的原则下，进行适当的防洪与疏浚。中游蓄泄并重，按照最大洪水来量，一方面利用湖泊洼地，拦蓄干支洪水，一方面整理河槽，承泄拦蓄以外的全部洪水。下游开辟入海水道，以利宣泄，同时巩固运河堤防，以策安全。"在此后的 3 年间，淮河流域共建成水库 3 座、蓄洪拦洪工程 15 处，可控制洪水 100 亿立方米，修复干支流堤防 2 190 千米，完成疏浚工程 2 800余千米。这是新中国成立后第一个大规模、全流域的治水工程，大大减轻了淮河流域的水患威胁，为淮河流域的农业生产提供了坚实的保障。

淮河流域的治理只是新中国在水利建设上努力的一个缩影。据统计，仅在新中国成立的头三年，水利工程建设调动人员就达 2 000 万人，完成土石方 17 亿立方米，扩大灌溉面积 333 万公顷，另外还使 1 227 万公顷农田在改善了水利条件后免于旱灾。

1955 年 7 月 30 日，"一五"计划经一届全国人大二次会议审议通过。在"一五"计划的安排中，水利建设占据着重要地位，提出"第一个五年计划期间主要是继续有重点地治理为害严重的河道，加固重要河流的堤防，大力地进行防汛工作，并积极地兴修农田水利"。同时，"一五"计划也对要在淮河、黄河、长江、海河和辽河等流域开展的具体的水利建设工作做出了明确部署，并强调要发挥地方国家机关和人民群众的力量，积极兴修小型农田水利，改善原有灌溉设施。

在淮河流域，"一五"计划明确提出要在五年内建成南湾、薄山、佛子岭、梅山四个大型水库。实践证明，党和人民出色地完成了既定计划，其中南湾水库于 1955 年 11月建成，薄山水库于 1954 年 5 月建成，佛子岭水库于 1954 年 11 月建成，梅山水库于1956 年 4 月建成。与此同时，政府还组织大量的群众兴建了不少湖泊洼地蓄洪工程，进行了大量的堤防修复工程。这些工程的顺利完工，大大减轻了发生在淮河流域的洪涝灾害。

在黄河流域，"一五"计划提出：积极地进行黄河流域的勘测、规划、设计，完成流域规划；大力地调配和组织施工力量，开始建设三门峡水利、水力枢纽工程，争取到1960 年能够起拦洪作用，1961 年能够开始发电，并发展下游的灌溉和航运，根除黄河历史性的水患。在水土流失严重地区，依靠群众积极地进行保持水土的工作，控制泥沙，增加农业生产。根据计划，黄河规划委员会于 1954 年提出了《黄河综合利用规划技术经济报告》，并将三门峡枢纽工程列入其中。三门峡枢纽工程是苏联援助中国的156 项工程中唯一的水利工程，于 1957 年 4 月 13 日正式开工，经过 4 年的建设，主体工程最终在 1961 年 4 月基本竣工。三门峡枢纽工程虽然在竣工后饱受泥沙淤积的困扰，并经历多次改建，但其无疑是新中国在大型水利枢纽工程建设上进行的有益尝试，而且也的确在后期对地方经济发展发挥了巨大作用。此外，"一五"期间，在治理黄河水土流失方面也取得了巨大的成绩。截至 1957 年底，黄河流域初步完成水土流失控制面积78 800 平方千米，其中甘肃省控制面积 34 000 平方千米，陕西省控制面积 19 501 平方千米，山西省仅 1956 年就控制了 11 400 平方千米。由于水土保持工作大大地改变了过去土地贫瘠的状况并拓展了农业播种面积，农业生产能力得到了巨大提升。甘肃省的粮食总产量由 1949 年的 206 万吨增加至 1957 年的 315 万吨，陕西省的粮食总产量由 1949 年的 331 万吨增加至 1957 年的 444 万吨，山西省的粮食总产量由 1949 年的 259.5 万吨增加至 1957 年的 356.5 万吨，河南省的粮食总产量由 1949 年的 713.5 万吨增加至 1957 年的 1 180 万吨。

在长江流域，"一五"计划提出要"巩固长江堤防"。工程主要分为两大部分：第一部分为荆江分洪工程，第二部分为汉江分洪工程。荆江分洪第一期工程于 1952 年 6 月 20 日竣工，第二期工程于 1953 年 4 月 25 日竣工，汉江分洪工程的主体杜家台分洪工程于 1956 年 4 月 26 日提前完工。两大工程的完工大大减轻了长江流域的水患威胁，有效保证了江汉平原和洞庭湖区的农业生产。

在海河流域，"一五"计划对永定河开发、子牙河治理、南运河和大清河治理提出了要求。永定河为海河水系主要干流之一，流经黄土地区，含沙量较大，素有"小黄河"之称，下游受泥沙淤积困扰，常泛滥成灾。为根治永定河，政府决定兴修官厅水库，并最终于 1954 年 5 月 5 日建成。官厅水库的建成不仅有效减小了上游下泻的洪峰，而且拦截了大量泥沙，使永定河得到了根治，并在防洪、发电和灌溉等方面一直发挥着重要作用。在子牙河、南运河和大清河等区域，政府也组织动员人民群众积极修建水库，巩固堤防。这些工程的完工有效减轻了海河流域的水患威胁，也为后期继续根治海河水系奠定了坚实基础。

在辽河流域，"一五"计划重点提出要"修建浑河大伙房水库"。浑河曾是辽河最大的支流。由于人为破坏和气候影响等多重原因，辽河流域水灾频发。为了根治浑河并综合开发浑河水利资源，政府决定从 1953 年开始在抚顺市大伙房村附近修建大伙房水库。大伙房水库最终于 1958 年竣工，是当时全国第二大水库。水库建成后可以控制流域面积 5 563 平方千米，有效保障了下游的农业生产。

同时，各地政府大规模组织群众投入到小型农田水利建设的事业中去。水田及水浇地面积由 1952 年的 3 074.3 万公顷增至 1957 年的 3 821.7 万公顷，超额完成了"一五"计划提出的 3 354.2 万公顷的目标。有效灌溉面积由 1952 年的 1 995.9 万公顷增至 1957 年的 2 733.9 万公顷，超额完成了"一五"计划提出的扩大灌溉面积 480 万公顷的目标，其中机电灌溉面积由 1952 年的 31.7 万公顷增至 1957 年的 120.2 万公顷，增长 2.8 倍。

可以看出，"一五"计划提出的水利建设项目基本上都被很好地完成了。这些项目是在当时机械设备、资金技术极其缺乏的状况下完成的，其中许多项目即使时至今日也丝毫不显落后，而且至今仍对当地农业生产发展起着重要作用。这无疑要归功于中国共产党强大的组织动员能力和人民群众对新中国建设的衷心支持。

同时，也正是由于前期计划指标的超额完成极大地鼓舞了政府和人民群众的生产热情，以至于产生了冒进情绪。中国农村经济从 1958 年开始进入调整时期，并从 1966 年起，由于一系列阶级斗争政策和经济政策影响，农业生产力的发展受到了一定程度的束缚。但由于党和国家领导人在此期间也注意到了问题的存在并做出了相应的政策调整和改变，农民也以自己的方式对一些不合时宜的政策进行了有效的规避或者变通，包括农田水利建设在内的农业发展仍取得了很大进展。

从总体上来看，在 1958 年起直至 1978 年的 20 年时间内，大型水利水电工程接连上马，小型农田水利建设不停推进。比如，在淮河流域，淠史杭灌区工程于 1958 年开工兴建并于 1972 年基本建成通水，大大增加了河南省和安徽省控制灌溉面积；在黄河流域，青铜峡水利枢纽工程于 1958 年 8 月开工建设并于 1967 年 12 月投产发电，刘家峡水利枢纽工程于 1958 年 9 月开工建设并于 1969 年 3 月并网发电；在长江流域，仅在20 世纪 70 年代初就完成了数以万计的小型水利工程和 500 多座大、中型水库；在海河流域，黑龙港流域的排水工程、子牙河工程和北四河工程先后于 1966 年、1967 年和1973 年完工。此外，农村内部也极大地发挥了集体动员优势，许多地方动员数万甚至数十万人参与建设。在此期间，数以百万计的小型水库、水渠和水井等灌溉工程（红旗渠工程即是其中的典型代表）兴建并完工，为农业增产提供了坚实基础。一些在几十年后的今天仍在发挥巨大作用的大型水利水电工程和现今在农村仍随处可见的沟渠塘堰有相当一部分均是在此期间修造完工的。

从数据上来看，农田水利建设的成效也是显著的。全国水田及水浇地面积由 1957年的 3 821.7 万公顷增至 1978 年的 4 796.8 万公顷，水田及水浇地占耕地面积的比例由1957 年的 34.2% 增至 1978 年的 48.3%。有效灌溉面积由 1957 年的 2 733.9 万公顷增至 1978 年的 4 496.5 万公顷，其中机电灌溉面积由 1957 年的 120.2 万公顷增至 1978 年的 2 489.5 万公顷，增长近 20 倍；农用排灌动力机械更是由 1957 年的 4.1 亿瓦增至1978 年的 482.3 亿瓦，增长超 100 倍。灌溉面积的不断增加自然带来了粮食总产和单产的提高，全国粮食总产量由 1957 年的 19 505 万吨提高到 1978 年的 30 475 万吨，其中小麦、玉米和稻谷的亩产量也由 1957 年的 57 千克、96 千克和 180 千克分别提高到1978 年的 123 千克、187 千克和 265 千克。

改革开放后，全国的农田水利建设事业进入了一个新的发展时期。农田水利建设开始由过去的主要依靠国家或集体筹资筹劳模式向市场化模式过渡。1982 年中央 1 号文件就提出："今后，大型水利建设，必须根据总体流域规划，按择优原则和基建程序进行，花钱多效益小的缓办，无效益的不办。已建成又有效益的，要搞好配套，建一处成一处。投入使用的，要抓好科学管理。小型农田水利建设要继续积极量力进行，讲求实效。"当然，这并不是说要完全放弃过去的筹资筹劳机制，而是要本着效益导向、量力而行的原则去进行农田水利建设。这也正如 1983 年中央 1 号文件再次强调的那样，"不论办什么事情，凡需动用民力的，都必须坚持量力而行的原则，切不可重复过去一切大办的错误做法。"

1989 年 10 月 15 日，国务院发布《国务院关于大力开展农田水利基本建设的决定》，对在过去几年形成的比较符合实际的关于农田水利基本建设的政策进行了总结，并提出，近几年农田水利基本建设的重点，要放在维修、恢复、配套、改造、提高上，尽快恢复现有水利设施的效益。但由于"兴修农田水利，是一项关系群众切身利益的大事，又是一项具有广泛群众性的事业，组织工作量大，政策性强"，因此要继续发动群众参与农田水利建设，但必须要建立健全更为科学合理的劳动机制。为此，文件提出要建立和完善劳动积累工制度，每个农村劳动力投于农田水利基本建设的，每年平均10～20个工日，有条件的地方可适当多搞一些。这样，全国就又很快地掀起了农田水利建设的小高潮。1996年1月，国务院发布《国务院关于进一步加强农田水利基本建设的通知》，提出要继续发动和依靠群众，加大资金投入，加强对农田水利基本建设的组织领导，坚持不懈地大干5年到10年，使我国的农业生产条件和生态环境有一个大的改善。到2000年底，全国共建成5 683处灌区、85 120座水库，有效灌溉面积达5 380万公顷。

21世纪以来，党中央贯彻落实"多予、少取、放活"的"三农"工作新方针，出台多项举措切实为农民减负，并从2004年起取消了"两工"制度，转而加大对农田水利建设的财政支持力度。"十五"期间，国家累计完成水利固定资产投资3 625亿元，相当于1949—2000年的总量，对306个大型灌区、99个中型灌区进行续建配套与节水改造，建设了1 100多个县级节水增效示范区。全国净增有效灌溉面积153万多公顷，新发展节水灌溉工程面积493万多公顷，农业灌溉水有效利用系数达到0.45，有效应对了部分地区的旱情，平均每年挽回粮食损失500亿千克，减少经济作物损失436亿元。"十一五"期间，国家进一步加大了对水利建设的投入力度，全国水利建设投入达7 000多亿元，全国农田水利基本建设完成投资4 865亿元，启动实施850个小型农田水利重点县建设，新增有效灌溉面积333.3万公顷，先后战胜了2006年川渝大旱、2009年冬麦区大旱、2010年西南特大干旱等严重旱灾，年均挽回粮食损失435亿千克，解决了2 628万人、1 933万头大牲畜的因旱饮水困难。

党的十八大以来，习近平总书记就水利建设作出一系列重要论述和重大部署，开启了治水兴水的新局面。2014年3月，在中央财经领导小组第五次会议上，习近平总书记从党和国家发展全局的战略高度出发，提出了"节水优先、空间均衡、系统治理、两手发力"的治水思路。在党中央的总体部署和总书记的治水兴水新思想指引下，2016年4月27日，国务院通过《农田水利条例》，提出发展农田水利，要坚持政府主导、科学规划、因地制宜、节水高效、建管并重的原则。这是新中国第一部关于农田水利的行政法规，将对加快农田水利发展、提高农业综合生产能力产生积极影响。2016年7月2日，全国人大又修订了《中华人民共和国水法》，为合理开发、利用、节约和保护水资源，防治水害，实现水资源的可持续利用，适应国民经济和社会发展的需要提供了基本遵循。在具体工作上，"十三五"规划纲要提出，要推广节水灌溉技术，将工程节水、品种节水、农艺节水、管理节水作为重点项目来抓，并要加快实施东北节水增粮、西北节水增效、华北节水压采、南方节水减排等区域规模化高效节水灌溉工程，争取到2020年，新增高效节水灌溉面积1亿亩，农田灌溉水有效利用系数提高到0.55以上。从目前实践情况来看，2016年、2017年，全国水利建设完成投资分别达到6 099.6亿元、7 132.4亿元，其中2016年，安排中央投资用于灌溉建设与节水改造161.5亿元、小型农田水利建设与管护资金366.9亿元；2017年，安排中央投资用于灌溉建设与节水改造154亿元、小型农田水利建设与管护资金327.9亿元。截至2017年底，全国灌溉面积达到7 394.6万公顷，其中耕地灌溉面积6 781.6万公顷，全国节水灌溉工程面积3 431.9万公顷，农田灌溉水有效利用系数达到0.548。

总的来看，经过 70 年的建设，中国水利事业取得了举世瞩目的成就，农业生产条件得到了根本性的改观。在此过程中，党和政府审时度势，出台了一系列的支持政策和法律法规，为我国水利建设提供了决定性的制度支撑，不仅在当时促进了水利事业发展，也对未来中国水利建设产生着深远影响。

二、土地资源开发、治理及"两区"建设

中国国土面积位居世界第三，但耕地面积长期以来仅能占到国土面积的 10%～15%。而解决耕地面积不足的办法要么就是外延式扩大，要么就是内涵式开发，这就决定了中国必须将土地资源开发及治理作为发展农业生产的必要手段。

在新中国成立的 1949 年，全国耕地面积为 9 788.13 万公顷，粮食作物总产量为 11 320 万吨，亩产仅为 69 千克，人均粮食占有量仅为 209 千克；经济作物产量同样低下，棉花和油料的人均占有量分别仅为 0.82 千克和 4.7 千克。因此，如何快速发展农业生产就成了当时的紧要任务。在加快农田水利建设的同时，各级党组织和政府也开始组织人力、物力对土地进行开发、改造、平整或复垦等，以扩大耕地面积并提升地力。

虽然在 1949—1952 年进行的土地改革过程中，全国各地普遍丈量了土地，但并没有形成系统性的数据。为厘定农业税，财政部于 1951 年 7 月 5 日发布《农业税查田定产工作实施纲要》，要求在全国范围内查田定产。后期查田定产的数据显示，1953 年全国耕地面积为 10 853 万公顷。根据前期和后期一些资料的佐证，可以认为，这一数据虽然受限于当时的测量条件，但仍具有相当的可靠性，可成为新中国成立初期中国实际耕地面积的一个基本参考。可以看出，在新中国成立后三年左右的时间内，全国耕地面积增加了约 1 000 万公顷。

为进一步扩大耕地面积，恢复农业生产，"一五"计划提出：五年内，将扩大耕地面积 257.67 万公顷，到 1957 年达到 11 049.67 万公顷。耕地面积的扩大，主要的是组织农民开垦小片荒地，同时使用机器开荒，移民耕种，并加强国营机械农场、军垦农场和地方国营农场的开荒工作。国家将尽可能地从缩减非生产性建设的支出和行政机关的经费等方面，来节约资金，适当地增加农业的投资，开垦更多的荒地。经过全国上下共同的艰苦奋斗，"一五"计划提出的扩大耕地面积的目标被超额完成，期末全国耕地面积达到 11 183 万公顷，比 1952 年增加了 391.13 万公顷，更比 1949 年增加逾 1 333 万公顷。这其中当然有土地改革激发了农民生产积极性的缘故，但农垦系统在其中发挥的作用同样不可忽视。

其实，早在 1949 年 12 月 5 日，中央就发出了《中央人民政府人民革命军事委员会关于一九五〇年军队参加生产建设工作的指示》，号召全军，除继续作战和服勤务者外，应当负担一部分生产任务，使人民解放军不仅是一支国防军，而且是一支生产军，借以协同全国人民克服长期战争所遗留下来的困难，加速新民主主义的经济建设。这一重要指示标志着新中国的农垦系统即将进入一个快速发展的时期。新疆、东北和华南等地区的人民军队均很快就投入到了大规模的军垦中去。与此同时，各省也开始纷纷创办地方国营农场，尤其是中共中央在 1951 年 12 月 15 日正式印发《中共中央关于农业生产互

助合作的决议（草案）》后，地方的国营农场建设开始快速推进。这种高速有序的发展态势一直持续到"文革"前夕。据统计，到 1966 年，全国共建成国营农场 1 958 个，比 1949 年增加 1 900 个；拥有职工 292.77 万人，比 1949 年增加逾 290 万人；拥有耕地面积 345.46 万公顷，比 1949 年增加 342.05 万公顷。

"文革"期间，农垦系统受到了冲击，管理体制也屡遭改变。同时，全国各地知识青年响应"知识青年到农村去，接受贫下中农再教育"的号召，纷纷走进农村，参与到农场的开发建设中去。知识青年的大量涌入，使得农垦系统的职工人数由 1966 年的 283.95 万人大幅增加至 1976 年的 498.43 万人，这大大超过了农垦系统的安置能力，农业的劳动生产率也因此受到显著影响。但是，在广大知识青年和原有职工的共同奋斗下，农垦事业仍在曲折中取得了一定的进步，到 1976 年，耕地面积比 1966 年增加了约 67 万公顷，粮豆产量也由 1966 年的 404.32 万吨增加至 1976 年的 602.59 万吨。

总的来看，在改革开放前的 30 年间，中国农垦事业取得了长足的发展。据统计，1949—1979 年，国家投入农垦系统的基本建设投资累计 103.47 亿元，国营农场共开荒 584.78 万公顷，产出粮豆 893.42 亿千克、棉花 2 485.64 万担、油菜籽 859.12 万担、甜菜 7 142.41 万担等。

在国营农场引领中国农业朝着社会主义大农业发展的同时，农村集体内部也在不断发生复杂深刻变革。

新中国成立初期，中共中央、政务院及有关部门先后出台多个文件，鼓励农民开荒复垦，扩大生产。比如在 1951 年 2 月审议通过的《政务院关于一九五一年农林生产的决定》就规定，垦种生荒免纳公粮三年至五年，并且鼓励开展群众性的劳模运动和群众性的生产竞赛，对产量显著超过当地一般生产水平的，给以物质和名誉奖励。这样，一场轰轰烈烈的爱国丰产运动便在农村开展起来了。

1958 年后，农村经济进入调整时期。尤其是在三年困难时期，全国粮食供需出现重大缺口。党和政府很快意识到问题的严重性并开始对政策进行调整，将人民公社的基本核算单位下放到生产队并加大国家财政支农力度。中共中央在 1970 年 12 月 11 日批准了《国务院关于北方地区农业会议的报告》，第一次正式提出要大搞农田基本建设。

经过 30 年的艰苦奋斗，中国实际耕地面积同新中国成立初期相比已有大幅的增加。有学者对新中国成立以来中国实有耕地面积的增减变化进行了分析，认为除"大跃进"时期外，1980 年前我国耕地面积基本上是不断增加的，其中 1953—1980 年，由于开荒、复垦和农田基本建设工作，我国耕地增量在 2 889 万公顷以上，而因基本建设占用、农业用地结构调整占用、灾害毁地和弃耕等原因造成的耕地减量不超过 2 100 万公顷，前者远高于后者。也就是说，即使按最保守的估计，1953—1980 年，中国实际耕地面积增加至少 700 万公顷。后期一些国家机关和科研机构的测量数据也佐证了这一判断，20 世纪 80 年代初期我国实际耕地总面积在 1.33 亿公顷上下，不仅远高于新中国成立初期的水平，也高于 1957 年的水平，显示了在新中国成立后的 30 年时间内，中国在土地资源开发方面取得了相当大的成就。

此外，在 30 年时间内，我国在中低产田改造、盐碱地治理方面也付出了巨大的努力，并积累了丰富的经验。例如，在我国盐碱地最为集中的黄淮海平原，早期的治碱方法传统落后，不但没有治理好盐碱地，盐碱地面积反而一度扩大。在 20 世纪六七十年代，这一地区的人民将治碱和水利建设结合起来，形成了独特的旱涝碱综合治理模式。到 1975 年，就有一半的盐碱地得到了有效治理，到 80 年代，这一地区更是成了我国的商品粮主产区。

改革开放后，由于农业产业结构调整、非农建设用地需要急速增加等原因，我国耕地面积不断受到挤压，粮食生产能力日益受到影响。为确保粮食安全，国家从 1983 年开始在 11 个省（自治区）选择 60 个自然条件较好、粮食增产潜力较大的县（市、旗）作为首批国家商品粮基地建设试点，正式开启了持续至今的国家商品粮基地建设。

同时，国家在立法上也开始采取行动，将耕地保护纳入法制化轨道。1986 年 6 月 25 日，第六届全国人大常委会第十六次会议通过《中华人民共和国土地管理法》，对土地用途进行了管制，严格限制农用地转为建设用地，并规定各级人民政府应当采取措施，保护耕地，维护排灌工程设施，改良土壤，提高地力，防治土地沙化、盐渍化、水土流失，制止荒废、破坏耕地的行为。国家建设和乡镇村建设必须节约使用土地，可以利用荒地的，不得占用耕地，可以利用劣地的，不得占用好地。1994 年 8 月 18 日，国务院进一步发布《基本农田保护条例》，将根据一定时期人口和国民经济对农产品的需求以及对建设用地的预测而确定的长期不得占用的和基本农田保护区规划期内不得占用的耕地定为基本农田，并对基本农田保护区的划定、保护和监督管理等做了规定。

耕地保护绝非一朝一夕的事情，而是一件久久为功的事业，因此，尽管国家也接连出台了一系列法律法规和政策举措，耕地面积在此期间仍时有减少，粮食安全形势仍不容乐观。这引起了中国政府和社会的高度重视。此后，一系列更系统、更严格的关于耕地保护的法律法规密集出台，在加大对乱占乱用、破坏耕地行为的惩罚力度的同时，对土地的利用管理进行了更为细致和严苛的规定，基本上形成了一套相对科学完备的耕地保护体系。

在 20 世纪 90 年代后期，由于国家主动推进生态退耕战略部署，耕地面积受到结构性调整，加之在进入 21 世纪后，随着经济快速发展，城乡建设用地需要激增，耕地保护再次成为事关国家粮食安全的政治任务。在这种形势下，国务院于 2004 年 10 月下达了《国务院关于深化改革严格土地管理的决定》，要求建立完善耕地保护和土地管理的责任制度，将耕地保护纳入对地方政府考核体系，并建立追责机制，对违反法律规定擅自修改土地利用总体规划的、发生非法占用基本农田的、未完成耕地保护责任考核目标等情况要严肃追究相关责任。2006 年 8 月，国务院再次下达《国务院关于加强土地调控有关问题的通知》，进一步明确了土地管理和耕地保护的责任，要求地方各级人民政府主要负责人应对本行政区域内耕地保有量和基本农田保护面积、土地利用总体规划和年度计划执行情况负总责。此外，对本行政区域内发生土地违法违规案件造成严重后果的，对土地违法违规行为不制止、不组织查处的，对土地违法违规问题隐瞒不报、压案不查的，应当追究有关地方人民政府负责人的领导责任。2008 年 10 月，党的十七届三中全会审议通过了《中共中央关于推进农村改革发展若干重大问题的决定》，提出："坚持最严格的耕地保护制度，层层落实责任，坚决守住十八亿亩耕地红线。划定永久基本农田，建立保护补偿机制，确保基本农田总量不减少、用途不改变、质量有提高。"在一系列政策组合拳的出击下，我国的耕地保护取得了显著成效，侵占耕地的行为显著减少。

为进一步夯实粮食生产能力，在严肃耕地保护奖惩机制的同时，党中央和国务院主要领导登高望远，审时度势，将高标准农田建设和"两区"（粮食生产功能区、重要农产品生产保护区）建设纳入战略规划。

在高标准农田建设上，早在 2003 年，中央 1 号文件就提出，从 2004 年起，国家将实施优质粮食产业工程，选择一部分有基础、有潜力的粮食大县和国有农场，集中力量建设一批国家优质专用粮食基地。要着力支持主产区特别是中部粮食产区重点建设旱涝保收、稳产高产基本农田。扩大沃土工程实施规模，不断提高耕地质量。同时，从 2004 年起，确定一定比例的国有土地出让金，用于支持农业土地开发，建设高标准基本农田，提高粮食综合生产能力。2008 年 3 月时任国务院总理温家宝在《政府工作报告》中首次提出"加大土地开发整理复垦力度，搞好中低产田改造，提高耕地质量，建设一批高标准农田"。党的十七届三中全会审议通过的《中共中央关于推进农村改革发展若干重大问题的决定》再次提出："要大规模实施土地整治，搞好规划、统筹安排、连片推进，加快中低产田改造，鼓励农民开展土壤改良，推广测土配方施肥和保护性耕作，提高耕地质量，大幅度增加高产稳产农田比重。"2009 年和 2010 年的中央 1 号文件又分别提出要"加快高标准农田建设"和"大力建设高标准农田"。根据党中央和国务院的相关部署，高标准农田建设被写入"十二五"规划纲要，要求"加强以农田水利设施为基础的田间工程建设，改造中低产田，大规模建设旱涝保收高标准农田"。随后，相关部门加紧了对高标准农田建设的标准和路线图制定。2013 年 11 月 7 日，国家发改委发布《全国高标准农田建设总体规划》，提出到 2020 年，建成集中连片、旱涝保收的高标准农田 8 亿亩，亩均粮食综合生产能力提高 100 千克以上，其中，"十二五"期间建成 4 亿亩。

在"两区"建设上，2015 年中央 1 号文件提出要"探索建立粮食生产功能区，将口粮生产能力落实到田块地头、保障措施落实到具体项目"。2017 年中央 1 号文件进一步提出要以主体功能区规划和优势农产品布局规划为依托，科学合理划定稻谷、小麦、玉米粮食生产功能区和大豆、棉花、油菜籽、糖料蔗、天然橡胶等重要农产品生产保护区，功能区和保护区内地块全部建档立册、上图入库，实现信息化、精准化管理。2017 年 4 月 10 日，国务院发布《关于建立粮食生产功能区和重要农产品生产保护区的指导意见》，提出力争用 3 年时间完成 10.58 亿亩"两区"地块的划定任务，做到全部建档立卡、上图入库，实现信息化和精准化管理；力争用 5 年时间基本完成"两区"建设任务，形成布局合理、数量充足、设施完善、产能提升、管护到位、生产现代化的"两区"，国家粮食安全的基础更加稳固，重要农产品自给水平保持稳定，农业产业安全显著增强。

由于高标准农田建设和"两区"建设在地理区间上有重叠，在工作安排上有交叉，因此不能分开搞建设。"十三五"规划纲要就明确，在"十三五"期间，要以粮食主产区为重点，优先建设确保口粮安全的高标准农田，开展农田灌排设施、机耕道路、农田林网、输配电设施和土壤改良等田间工程建设，确保建成高标准农田 8 亿亩、力争 10

亿亩，实施耕地质量等级评定与监测工程。2019 年中央 1 号文件再次重申要全面完成粮食生产功能区和重要农产品生产保护区划定任务，高标准农田建设项目优先向"两区"安排。到 2020 年确保建成 8 亿亩高标准农田。这都是具有约束性的硬任务和硬性指标，届时中国高标准农田的最低保有量将达到 8 亿亩，"两区"地块面积将达到 10.58 亿亩，中国的粮食生产能力将得到强力支撑。

　　总的来看，新中国成立 70 年来，在工业化和城镇化快速发展，不得不挤压耕地的情况下，国家出台一系列支持政策，通过外延式的土地资源开发和内涵式的土地质量治理，保持了耕地面积的稳定，保障了粮食生产能力，基本实现了习近平总书记一再强调的"中国人要把饭碗端在自己手里，而且要装自己的粮食"的要求。

三、农村基础设施建设

　　农村基础设施建设是影响农村经济发展、直接关系农民生活质量的关键因素。在新中国成立之前，由于常年战乱及投资匮乏，中国农村的基础设施建设乏善可陈，农民生活也极其不便。新中国成立后，国家加强了对农业农村基础设施建设的投资力度，农村的生产生活条件开始改观。

（一）公路建设

　　新中国成立之初，中国公共交通设施极其落后。在 1949 年底，全国公路通车里程 8.07 万千米，其中有路面的公路仅 3.2 万千米。由于当时并未将公路进一步划分为国道、省道和县乡道，因此农村公路的准确里程并不确定。但是根据经验判断，当时中国农村公路里程几乎是微不足道的。经过 3 年的恢复和发展，到 1952 年底，全国公路通车里程为 12.67 万千米，比 1949 年增长 57%；其中有路面的公路 5.53 万千米，比 1949 年增长 73%。由于在此期间，国家公路建设的重点是对原有公路进行整修，并在边疆地区开始修建公路，因此农村公路的增量仍然十分有限。

　　为改变落后的交通状况，"一五"计划提出要发挥我国人民修桥补路的优良传统，并根据地方需要和民力、财力的可能，重点地整修运输繁忙的公路，新建和整修适合当地运输工具需要的道路。根据计划，在"一五"期间，国家重点修建了西南少数民族地区的公路和边疆、沿海地区的重要公路。这些公路贯穿的区域大部分都是农牧区，尤其是以川藏公路和青藏公路为代表的大型公路工程的完工，不仅加深了地区间的联系，也极大地促进了当地农牧业经济的发展。同时，为了满足农业农村的短途运输需要，全国各地在 1955 年前后掀起了一股县乡农村公路建设的高潮，全国不通公路的县很快由 1955 年的 336 个减少到 1957 年的 151 个，传统的人背肩挑式的农村运输方式开始发生改变。

　　随着人民公社化运动在农村的快速推进，党和政府认为由于农业大丰收和全国各地大办工业，当前的交通运输能力已不能满足工农业的需要，必须大力发展交通运输，尤其是公路交通。在"依靠地方，依靠群众，普及与提高相结合，以普及为主，发展地方公路交通"的方针指引下，从 1958 年起，全国上下很快掀起了"全党全民办交通"的高潮，3 年新增公路通车里程 25.54 万千米，超过 1957 年以前公路通车里程总和。但由于受"大跃进"的影响，各地在公路建设中操之过急，一些地方为了追求数量，修建的公路是一些简易公路或者仅是土路，公路质量总体较差。为了纠正"大跃进"造成的负面影响，交通运输部在"调整、巩固、充实、提高"的方针指引下，从 1961 年起，对大量的低级公路进行升级改造，同时加强新增公路的质量建设。到 1965 年底，由于主动性的调整，全国公路通车里程同 1960 年相比变化不大，但质量却得到了明显的提高，公路铺面率由 1960 年的 51% 提高到 1965 年的 59.2%。

"文革"期间，公路运输业的发展受到冲击和干扰。但在"四五"时期，由于国家加大了对农村的基本建设支出，尤其是在北方地区农业会议后，大规模的县乡公路建设高潮再次出现。总的来看，"文革"期间公路建设仍取得了一定成绩，全国新增公路大约 30 万千米，到 1976 年底，全国公路通车里程达到 82.34 万千米，比 1965 年增长 60%；其中有路面的公路为 57.89 万千米，高级、次高级路面的公路为 10.77 万千米，分别比 1965 年增长 89.9% 和 18.6 倍。

改革开放后，我国公路运输业迎来了新的发展机遇。在 1978 年，中国农村公路里程只有 58.6 万千米，且大部分公路是等外公路，养护和绿化公路很少，大量乡镇和村庄也都未通公路。随着经济体制改革在农村的顺利推进，农副产品日渐丰富，商业、手工业开始发展，运输工具不断增多，农村客货运输量迅速增长，广大群众对交通的需求越来越迫切。国务院从 1984 年到 1994 年先后实施粮棉布以工代赈、中低档工业品以工代赈、工业品以工代赈、粮食以工代赈等以工代赈计划，加强了基础设施建设，有力地促进了县乡公路发展。1994 年，国务院印发《国家八七扶贫攻坚计划》，决定从 1994 年起，再增加 10 亿元以工代赈资金、10 亿元扶贫贴息贷款，执行到 2000 年。以后随着财力的增长，国家还将继续增加扶贫资金投入，其中相当一部分资金要投入到基础设施建设上去。计划还提出了到 2000 年实现绝大多数贫困乡镇和集贸市场、商品产地的地方通公路的目标。经过 20 多年的建设，到 2000 年底，全国公路总里程已达到 140.27 万千米，其中县道 40.67 万千米、乡道 62.35 万千米，全国通公路的乡（镇）和行政村的比重分别达到了 98.3% 和 89.5%。

21 世纪以来，国家加大了对农村公路建设的投资力度，农村公路建设进入了一个快速发展的时期。2003 年，交通运输部提出了"修好农村路，服务城镇化，让农民兄弟走上油路和水泥路"的口号，国家开始系统性地实施"东部地区通村、中部地区通乡、西部地区通县"工程。仅不到 3 年时间，全国就新改建农村沥青（水泥）路 30 多万千米，农村沥青（水泥）路总里程发展到 63 万千米。到 2005 年底，全国县道、乡道里程已达到 147.57 万千米，全国公路密度为每百平方千米 20.1 千米，比"九五"期末每百平方千米提高 2.6 千米。全国通公路的乡（镇）占全国乡（镇）总数的 99.81%，比"九五"期末提高 1.5 个百分点。通公路的行政村占全国行政村总数的 94.3%，比"九五"期末提高 4.8 个百分点。但全国仍有 75 个乡镇和 38 426 个行政村不通公路。

随着公路设施建设的初步改观，国家开始着手制定全国公路建设的中长期规划。2005 年，国务院通过了《全国农村公路建设规划》，要求到"十一五"期末，基本实现全国所有具备条件的乡（镇）通沥青（水泥）路（西藏自治区视建设条件确定）；东、中部地区所有具备条件的建制村通沥青（水泥）路；西部地区基本实现具备条件的建制村通公路。到2010年，全国农村公路里程达到310万千米。到2020年，具备条件的乡（镇）和建制村通沥青（水泥）路，全国农村公路里程达370万千米，全面提高农村公路的密度和服务水平，形成以县道为局域骨干、乡村公路为基础的干支相连、布局合理、具有较高服务水平的农村公路网，适应全面建设小康社会的要求。

根据《全国农村公路建设规划》提出的任务要求，交通运输部从2006年起组织实施了"五年千亿元"工程，中国农村公路建设步入历史上最快的发展时期。"十一五"期间，中央对农村公路建设投入资金达1 978亿元，全社会共计完成投资9 500亿元，新改建农村公路186.8万千米，其中新增农村公路52.7万千米，农村公路里程达到345万千米，超额完成《全国农村公路建设规划》提出的310千米的目标。在"十二五"期间，国家继续加大对农村公路建设的投资力度，中央投资农村公路超过3 200亿元，带动全社会总投资约1.3万亿元，比"十一五"期间增长约40%，新改建农村公路里程超过100万千米。截至2015年底，全国农村公路总里程达到了398万千米，提前完成《全国农村公路建设规划》提出的"到2020年，全国农村公路里程达370万千米"的目标。到2017年底，全国农村公路里程已达到400.93万千米，占全国公路总里程的84%，其中县道55.07万千米，乡道115.77万千米，村道230.08万千米。这充分证明了国家对农村基础设施建设的高度重视。此外，在2017年末，全国通公路的乡（镇）占全国乡（镇）总数的99.99%，其中通硬化路面的乡（镇）占全国乡（镇）总数的99.39%；通公路的建制村占全国建制村总数的99.98%，其中通硬化路面的建制村占全国建制村总数的98.35%，基本实现了《全国农村公路建设规划》提出的"到2020年，具备条件的乡（镇）和建制村通沥青（水泥）路"的目标。

在完成"量"的增长的同时，国家也对农村公路建设及维护提出了更高的"质"的要求。习近平总书记在2014年3月4日首次提出"四好农村路"的建设要求，要求农村公路建设要因地制宜、以人为本，与优化村镇布局、农村经济发展和广大农民安全便捷出行相适应，要进一步把农村公路建好、管好、护好、运营好，逐步消除制约农村发展的交通瓶颈，为广大农民脱贫致富奔小康提供更好的保障。此后，总书记又在多个场合提及"四好农村路"。为深入贯彻落实党中央、国务院对"三农"工作部署和习近平总书记对农村公路的重要指示精神，交通运输部制定了《关于推进"四好农村路"建设的意见》。《文件》提出，到2020年，全国乡镇和建制村全部通硬化路，养护经费全部纳入财政预算，具备条件的建制村全部通客车，基本建成覆盖县、乡、村三级农村物流网络，实现"建好、管好、护好、运营好"农村公路的总目标，并确保到2020年实现乡镇和建制村通硬化路率达到100%，县、乡道安全隐患治理率基本达到100%，县、乡级农村公路管理机构设置率达到100%，具备条件的建制村通客车比例达到100%等"四好农村路"建设目标。

总的来看，中国农村公路建设在70年的时间内取得了举世瞩目的成就。密集的农村公路网极大地改变了农民的出行条件，也有力地带动了农村的经济发展。

(二) 电力建设

在新中国成立之初，全国发电装机总量仅有 185 万千瓦，年发电量为 43 亿千瓦时。农村的年用电量为 2 000 万千瓦时，平均每个农民年用电量为 0.05 千瓦时。经过 3 年的国民经济恢复，到 1952 年，整个农村的用电量也仅为 5 000 万千瓦时，仅占全国发电量的 0.69%，无论是绝对量还是相对量都极其低下。

在"一五"计划期间，国家加大了电力建设力度，但电力建设的发展主要是要适应工业发展特别是新工业地区建设的需要，正如"一五"计划写明的那样："上述电站的建设和电力网的形成，将在主要的经济区域内初步地奠定动力基地，逐步地使各该地区的工业得到安全的、廉价的、充分的电力供应，为今后国家经济建设的进一步发展准备动力条件。"因此，到 1957 年底，农村用电量虽有增长，达到 1.4 亿千瓦时，但仍仅占全国发电量的 0.72%。

从 1958 年起，为了满足工农业生产"大跃进"的需要，当年 8 月，农业部在天津召开全国农村水电会议，提出要根据各省份的具体情况，选择 5 个县和另外 100 个农业社实现农村初步电气化，然后以点带面，不断发展。农村由此掀起了排灌用电建设的热潮。1961 年后，国家开始对农村电力建设进行调整，当年全国发电量就比 1960 年减少近 20%。在调整后期，国家再次加强了农村电力建设力度，仅 1963 年国家在农村电力建设上就投资 2.4 亿元，而同期整个电力工业的基建投资不过 2.5 亿元，农村电力设施因此快速增长。到 1965 年底，整个农村的用电量达到 37.1 亿千瓦时，比 1962 年的 16.1 亿千瓦时增长一倍多，占全国发电量的 5.62%。

"文革"期间，电力建设也不可避免地受到冲击，尤其是在 1967 年和 1968 年间，电力工业的生产秩序受到了破坏，发电量连续两年出现下降。但由于国防建设、大三线建设贯穿"文革"始终，电力建设仍在高指标的重压之下取得了发展，到 1976 年底，全国发电量达到 2 031 亿千瓦时，其中农村用电量达到 204.8 亿千瓦时，占全国发电量的 10.09%。

总体来讲，从新中国成立伊始到改革开放之前，农村电力建设经历了曲折的发展过程，但取得了显著的成就。到 1978 年，农村用电量达到 253.1 亿千瓦时，占全国发电量的 9.87%，无论是绝对量还是相对量都远超 1949 年时的水平。但全国性的缺电现象仍然存在，农村电力的需要仍远未得到满足，不少农民仍过着"耕地靠牛、照明靠油、用水靠挑、碾米靠推"的无电生活。

改革开放后，我国农村电力发展进入了一个新的历史时期。1979 年，水利电力部召开全国农村电网整改会议，决定安排 2.5 亿元资金，对农村低压电网进行改造，大规模农村电网改造由此启动。1981 年的《政府工作报告》提出，电的生产和建设，要因地制宜地发展火电和水电，逐步把重点放在水电上，有水力资源的农村要发展小水电，以解决能源短缺的问题，减少环境污染，降低发电成本。1982 年，胡耀邦、邓小平等党和国家领导人在视察工作中对农村自建、自管、自用小水电给予了充分肯定。1983 年国务院同意水利电力部提交的《关于积极发展小水电建设中国式农村电气化试点县的报告》，认为农村电气化是八亿农民的大事。在国家兴办大中型电力建设的同时，应当在那些水利资源较好的地方，提倡以地方和群众自力更生为主，积极发展小水电建设，实现电气化。有关部门要在技术和资金等方面给予指导和资助。全国已选定的 100 个试点县要加强领导，及时总结经验，起示范、带头作用，为推进中国式的农村电气化事业做出贡献。1985 年国务院同意国家经委等部委制定的《关于鼓励集资办电和实行多种电价的暂行规定》。该规定指出，为了加速电力建设，搞活电力工业，用经济办法管理发电供电工作，遵照国务院领导同志指示，决定把国家统一建设电力和统一电价的办法，改为鼓励地方、部门和企业投资建设电厂，并对部分电力实行多种电价的办法，以适应国民经济发展的需要。此后，国家在第一批 100 个农村电气化试点县成功的基础上又分别在"八五""九五"期间相继开展了第二批 200 个、第三批 300 个农村水电初级电气化县建设。在此期间，各级政府尤其是地方政府、相关部门以及其他投资方也在不间断地建设发电和配电设施，满足日益增长的电力需求。到 1997 年底，乡村办水电站装机容量达到 562.4 万千瓦，农村用电量达到 1 980.1 亿千瓦时，分别是 1978 年的 2.46 倍和 7.82 倍，全国农户通电率达到 96.8%。

为了解决农村电网存在的一些问题，改革农村供电管理体制，1998 年 10 月，国务院办公厅转发《国家计委关于改造农村电网改革农村电力管理体制实现城乡同网同价的请示》，提出"改革农村电力管理体制，改造农村电网，实现城乡同网同价"（简称"两改一同价"）的基本思路，要求尽快理顺县级供电企业与省级电力公司的关系，坚决取消各种违反规定加收的基金、附加等费用，在改造农村电网、改革农村供电管理体制的基础上，力争用三年时间，统一城乡用电价格，实现同网同价。当年 12 月，国家经贸委按照党中央、国务院的部署，制定了《关于加快农村电力体制改革加强农村电力管理意见的通知》，具体部署农村电力体制改革工作，要求用三年左右时间，理顺并建立符合我国农村经济发展水平的农村电力体制，完成农村电网的建设与改造，规范农村用电秩序，促进农村电气化事业的发展。在农村电力管理体制上，原则上一县一公司（企业实体）并实现县（市）乡（镇）电力一体化管理。在农村电网改造上，要使农村电网技术装备水平上一个台阶，损耗降到合理水平，实现安全可靠供电。在农村电力营销管理上，逐步实现电力企业销售到户、抄表到户、收费到户、服务到户的"四到户"管理。坚决杜绝"人情电、权力电、关系电"的现象。在农村电价管理上，实行农村电价与城市电价的统筹安排，社会公平负担，首先实现城乡居民生活用电同网同价，然后实现其他用电同网同价。随着"两改一同价"工作的顺利推进，农村电网在几年之间发生了质的改变，农村供电能力显著增强，农民用电价格有了实质性的降低，农村电网建设的资金来源也由过去的主要依赖地方投资、集体集资转变为主要依靠国家政策扶持和电网企业融资，农村电网建设自此得到了切实的资金保障和更加有力的政策支持。

2005 年，党的十六届五中全会提出了建设社会主义新农村的任务和要求。此后，国家电网公司制定了"新农村、新电力、新服务"的农村电力发展战略，实施"户户通电"工程，启动新农村电气化建设；南方电网公司制定了"加快农电发展，服务新农村建设"的实施纲要，计划在"十一五"期间，通过电网延伸解决 41 万户无电人口用电问题，实现公司供电区域内行政村的村村通电。经过五年的艰苦奋斗，无电户和无电人口大幅减少。据统计，"十一五"期间，国家电网公司累计完成农村电网建设与改造投资 3 075 亿元，实施农村"户户通电"工程，累计投入资金 158.6 亿元，为 134.1 万户无电户、508.9 万无电人口解决了通电问题，极大改善了边远落后地区生产生活条件；南方电网公司累计完成农村电网建设改造投资 691 亿元，解决了 206 个行政村、43.8 万户无电人口用电问题，实现了绝大部分电网覆盖范围内"户户通电"。到 2012 年 10 月，南方电网公司比计划提前三年全面实现了电网覆盖范围内的"户户通电"。但截至 2012 年底，全国还有 273 万无电人口，主要分布在新疆、西藏、四川、青海等省（自治区）偏远少数民族地区，涉及 40 个地市 240 多个县 1 500 多个乡镇约 8 000 多个行政村，其中绝大部分属国家电网公司大电网延伸覆盖范围。2013 年，国家能源局制定了《全面解决无电人口用电问题三年行动计划（2013—2015 年）》，提出了到 2015 年底全部解决最后 273 万无电人口用电问题的目标。到 2015 年 6 月，随着四川省甘孜州丹巴县丹东乡二道桥村成功通电，国家电网公司大电网延伸覆盖范围内无电人口的用电问题最终全面解决，标志着国家电网公司提前半年完成国家能源局下达的《全面解决无电人口用电问题三年行动计划（2013—2015 年）》确定的无电人口通电任务。在彻底解决无电人口用电问题的同时，国家在电网原覆盖区域也加大了对农村电网的投资、改造、升级和扩能力度，到"十二五"收官之年，农村用电量已达 9 026.9 亿千瓦时，分别是 2005 年、1978 年的 2.06 倍、35.67 倍。

从 2016 年起，国民经济进入"十三五"时期，国家启动了新一轮的农村电网改造升级工程。国家发改委制定的《关于"十三五"期间实施新一轮农村电网改造升级工程的意见》要求：到 2020 年，全国农村地区基本实现稳定可靠的供电服务全覆盖，建成结构合理、技术先进、安全可靠、智能高效的现代农村电网，电能在农村家庭能源消费中的比重大幅提高。三年来，国家稳步推进农村电网改造升级工程，共计投资 3 000 亿元左右，进一步巩固了农村地区的供电能力，完善了农村地区的供电服务。

总的来看，新中国成立 70 年来，中国农村电力建设取得了巨大的成就，农村用电量增长了数万倍。电力的快速发展不仅使过去老百姓憧憬的电灯、电话走进了寻常百姓家，也极大地改善了农业的生产条件，提高了农业的生产效率，拓展了农业的生产边界。

（三）农村邮电事业发展

新中国成立初期，中国邮电业十分落后，邮路覆盖面很小，电报电话设备短缺且落后，县及以下的农村区域运输邮件基本全靠人力、畜力及简单车船等，农村内部电报电话更是一片空白。因此，党和国家领导人一开始就将邮电事业发展放在一个战略性的高度。1949 年 11 月 1 日，邮电部正式宣告成立。很快，邮电部就召开了第一次全国邮政会议，确定了以北京为中心，恢复和整顿全国各种邮路的工作思路。经过三年的恢复和整顿，到 1952 年底，全国共有邮电局所 49 541 处，邮路总长度 1 289 727 千米，电报电路 4 460 路，长话电路 3 777 路，市话容量 394 694 门。虽然邮电设施设备数量均大幅增加，但由于基数太小，邮电业仍远未摆脱落后状态，农村地区更是如此。

到"一五"时期，为适应农业合作化和农村经济文化的发展，"一五"计划提出要积极地整顿并稳步地发展乡村的通信事业。县内电话应该以整顿现有的设备为主，加强维护检修工作，只有在地方财力可能和确实需要的情况下，才可以适当地进行改建和新建。重点地设置乡镇邮政营业所，并逐步地把现有的私商代办所改由供销合作社等机构代办。依靠地方的力量，逐步地发展义务乡邮站，并试行"农业生产合作社邮递员"制度。1956 年，毛泽东主席主持制定了《一九五六年到一九六七年全国农业发展纲要》，为农业的发展确立了一个长期奋斗的目标，提出要从 1956 年开始，按照各地情况，分别在 7 年或者 12 年内，建立乡和某些合作社的电话网，有些地区可以设置无线报话器。在 12 年内，基本上普及农村邮政网，做好邮电传递工作。经过持续的建设，到 1957 年底，以北京为中心的全国通信网已初步形成，全国共有邮电局所 45 375 处，邮路总长度 2 222 620 千米，电报电路 4 964 路，长话电路 4 684 路，市话容量 658 000 门。其中，全国农村邮路及投递路线达到 170 余万千米，实现了 96％的乡和 80％的社通邮；乡村电话线路达到 70 万千米，乡村电话交换设备约 32 万门，实现了近 70％的乡通话。

"大跃进"期间，农村很快掀起了邮电网络建设的高潮，农村在通电和通邮方面取得了显著进步。但由于在建设过程中操之过急，再加之自然灾害等原因，到 20 世纪 60 年代初期，农村部分邮电网络出现了断线、倒杆、拆机和撤点等现象，农村的邮电通信质量有所下降。为解决前期邮电工作过快发展遗留下来的问题，1961 年 6 月，邮电部门召开了第十一次全国邮电工作会议。会议要求各地进一步贯彻"调整、巩固、充实、提高"的方针，切实加强企业管理，切实保证通信的准确和安全，强调必须从实际出发，做好设备维修工作，建立起各级行政和生产上的责任制，决定先把县局收回，由省市区局统一管理，并决定缩短战线，精简人员。根据会议精神，到 1961 年底，全国就撤销合并了 2 700 多个邮电机构，停建缓建了 202 个基建项目。1963 年 3 月，第十三次全国邮电工作会议再次强调在改进企业经营管理的同时，要继续整顿和改进农村通信工作，加强对农村工作的领导，广泛开展职工的业务技术教育，加强基层干部的培训工作。经过为期数年的调整、巩固、充实和提高，农村的邮电状况得到了好转。到 1965 年，全国公社通话和生产大队通邮的比重分别达到 95.6％和 94％，通信质量也得到了基本保证，基本实现了 1956 年提出的"乡乡要有电话，社社要通邮路"的目标。

"文革"期间，邮电系统也受到了冲击，经营管理体制遭到反复变更，邮电工作受到了很大影响。但在广大邮电工作者的努力下，邮电工作尤其是电信工作仍取得了不小的进步。1974 年 10 月 1 日，中央广播事业局首次租用邮电部微波干线，由北京向部分对外广播发射中心传送电视节目，解决了过去单靠短波传送带来的一系列问题。各地的记者站也开始通过微波与北京通话或传递稿件，极大地改善了地区间的信息传递。1976 年 4 月 21 日，京沪杭中同轴电缆 1800 路载波通信干线建成投产。该系统可同时实现传输电话、电报、传真、广播等业务，是我国在掌握大容量模拟传输技术方面的一个飞跃，为以后我国发展远距离、大容量的通信工程奠定了坚实的技术基础。就农村而言，农村的邮电业在此期间虽有发展，但发展缓慢，广大农村居民仍难以享受到现代化通信的便利。

党的十一届三中全会以后，全党的工作重点开始转移到社会主义现代化建设上来，邮电业开始进入了一个新的发展时期。1979 年 3 月 30 日至 4 月 23 日，第十七次全国邮电工作会议在北京召开。会议贯彻了党的十一届三中全会决议精神，从理论上破除了邮电"专政工具论"，认为邮电部门既是党和国家的通信服务部门，又是社会生产力的重要组成部分。因此，必须充分认识邮电通信的重要作用，大力发展邮电通信事业，以适应四个现代化的需要。不过，由于在农村推广生产责任制初期，一些干部放松了对农村工作的领导，再加上一些改革措施尚未落实到位，农村的邮电设施出现了供给不足的现象，一些地方甚至出现盗窃电杆、破坏线路和拆除话机的乱象。到1982年底，设在农村的邮电局、所共计42 558处，比1978年减少513处；农村邮路及投递线路共计406.7万千米，比1978年减少19.9万千米；农村装用电话机数共计132.1万部，比1978年减少0.3万部；农村电话交换机总容量和农村装用电话户数虽有增加，但增幅均不超过10%。党的十二大报告因此指出，当前我国邮电通信设施很落后，要保证国民经济以一定的速度向前发展，必须大力加强邮电通信的建设。1984年的中央1号文件也提出，农村邮电通信作为传递商品信息的重要手段，要不断发展，逐步形成普及的比较灵活的传递网。为此，国家先后出台一系列优惠政策。在税收上，国家出台"三个倒一九"政策，即邮电部门所得税上缴10%，非贸易外汇收入上缴10%，预算内拨改贷资金偿还10%本息。这一政策极大地缓解了邮电业的资金负担。1986年4月，国家又对邮电通信的技术改造项目推出了海关半税政策，同时，对使用外国政府贷款、世界银行和亚洲开发银行贷款购买的通信设备实行全免关税政策，对一些急需的通信设备实行特批全免关税政策。此外，为改变过去邮电业主要依靠国家投资而造成的投资不足问题，国家先后提出了"国家、地方、集体、个人一起上"和"统筹规划、条块结合、分层负责、联合建设"的方针，多方支持办邮电的大好局面开始形成。1988—1998年，邮电业又利用国家制定的初装费政策和利用外资加速折旧，有效解决了基本建设的投资问题，通信建设因此得到了极大的发展，使我国仅用十几年时间就走完了发达国家几十年的发展历程。进入长话自动网的乡（镇）比重和通电话的乡（镇）比重分别在1999年和2000年首次达到100%。到2000年底，全国邮路总长度达到3 073 331千米，是1985年的2.17倍；乡村电话用户达到5 171.3万户，是1985年的55.6倍；乡村住宅电话数达到4 597.8部，是1985年的2 243倍。无线寻呼用户、移动电话用户、电子信箱用户、国际互联网络用户也呈现出爆炸式增长的态势，电信业务总量同邮政业务总量的比值由1985年的1.42扩大到2000年底的19.6，包括农民在内的广大人民群众的通信便利性得到了质的提高。

　　21世纪以来，国家更加重视邮电业的发展。党的十六大更是将大力推进信息化作为21世纪头20年经济建设和改革的主要任务之一。到2006年底，全国固定电话用户达到36 778.6万户，是2000年的2.54倍，此后，固定电话用户数开始连年下降，到2017年底，固定电话用户为19 375.7万户，同2006年相比缩减了近一半。农村固定电话用户的发展趋势也大概如此，到2007年底，农村固定电话用户达到11 704万户，是2000年的2.26倍，此后，农村固定电话用户数量开始连年下降，到2017年底，农村固定电话用户为4 644.9万户，缩减了一半多。而移动电话用户在2006年达到46 105.8万户后继续大幅增加，到2017年底，达到141 748.7万户，其中3G移动电话用户在2014年达到48 525.5万户，是2009年的近40倍；4G移动电话从2014年开始延续了3G移动电话之前的增长态势，用户数在2017年底达到99 688.9万户，是2014年的10

多倍。互联网宽带接入用户则在 2017 年底达到 34 854 万户,是 2005 年的 9.33 倍,其中农村宽带接入用户在 2017 年底达到 9 377.3 万户,是 2010 年的 3.8 倍。这一系列数字反映了 21 世纪以来通信方式发生的深刻变革。

邮电业的快速发展既是经济快速发展的成果,更为未来经济的持续健康发展奠定了坚实的物质基础。为解决当前农业农村存在的一些问题,"十三五"规划提出要推动信息技术与农业生产管理、经营管理、市场流通、资源环境等融合。实施农业物联网区域试验工程,推进农业物联网应用,提高农业智能化和精准化水平。推进农业大数据应用,增强农业综合信息服务能力。鼓励互联网企业建立产销衔接的农业服务平台,加快发展涉农电子商务。2019 年中央 1 号文件又提出要实施数字乡村战略。深入推进"互联网+农业",扩大农业物联网示范应用。推进重要农产品全产业链大数据建设,加强国家数字农业农村系统建设。继续开展电子商务进农村综合示范,实施"互联网+"农产品出村进城工程。全面推进信息进村入户,依托"互联网+"推动公共服务向农村延伸。此外,为进一步将邮电通信的发展成果惠及每一个贫困地区和每一个贫困家庭,中央网信办、国家发改委、国务院扶贫办于 2016 年 10 月联合印发《网络扶贫行动计划》,决定实施网络覆盖工程、农村电商工程、网络扶智工程、信息服务工程、网络公益工程五大工程,提出到 2020 年,网络扶贫要取得显著成效,建立起网络扶贫信息服务体系,实现网络覆盖、信息覆盖、服务覆盖。宽带网络覆盖 90% 以上的贫困村,电商服务通达乡镇,带动贫困地区特色产业效益明显,网络教育、网络文化、互联网医疗帮助提高贫困地区群众的身体素质、文化素质和就业能力,有效阻止因病致贫、因病返贫,切实打开孩子通过网络学习成长、青壮年通过网络就业创业改变命运的通道,显著增强贫困地区的内生动力,为脱贫摘帽和可持续发展打下坚实基础。

总的来看,新中国成立 70 年来,中国的邮电事业取得了巨大的成就,农村的邮电通信条件也得到了质的飞跃。从新中国成立初期的主要依靠人力、畜力来传输邮件,发展成如今的由四通八达的物流网络、遍布各地的服务网点组成的邮政网络,农村现代通信由新中国成立初期的一片空白,发展成如今的由宽带互联网、移动电话、固定电话组成的强大电信网络。农民的生产和生活条件得到了极大的提高,不仅可以和远在千里之外的亲朋随时联系,更可足不出户,尽知天下事,充分利用外界的信息、知识,为农业生产提供科学决策服务。

本章参考文献

毕于运,郑振源,2000. 建国以来中国实有耕地面积增减变化分析 [J]. 资源科学,3 (2): 8-12.

陈锡文,罗丹,张征,2018. 中国农村改革 40 年 [M]. 北京:人民出版社.

陈锡文,赵阳,陈剑波,等,2009. 中国农村制度变迁 60 年 [M]. 北京:人民出版社.

韩朝华,2016. 新中国国营农场的缘起及其制度特点 [J]. 中国经济史研究 (1): 23-38.

马振业,1997. 从诸城外贸看实施贸工农一体化的意义 [J]. 山东对外经贸 (10): 25-28.

农业部产业政策与法规司,1999. 中国农村 50 年 [M]. 郑州:中原农民出版社.

吴传钧,1998. 中国经济地理 [M]. 北京:科学出版社.

《中国经济发展史》编写组,2014. 中国经济发展史 (1949—2010) [M]. 上海:上海财经大学出版社.

第十二章　农业补贴政策

自从美国在 20 世纪 30 年代开始对农业采取系统的支持政策以来，世界主要发达国家在其工业化达到一定发展阶段后普遍采取了保护本国农业发展的手段和政策。乌拉圭谈判结束后，世界农业格局进入一体化融合阶段，主要发达国家不同程度地调整了农业补贴方式、降低了农业补贴力度，但补贴仍然使这些国家的农业经营者在世界农产品贸易中占据优势地位。现在，对农业实行补贴仍然是世界各国的通行做法。世界各国的农业支持保护也具有明显的阶段性特征，即往往在工业化、城镇化发展到一定阶段后才会逐渐加强对农业的补贴与保护。同世界其他国家类似，中国的农业补贴政策也是随着工业化和城镇化的发展而逐步建立和完善的。农业补贴政策本质上是国民收入在不同部门之间的再分配，即将非农领域的税收通过财政转移支付手段用于支持农业的发展和农民的增收，最终实现居民的收入均衡。

一、中国农业补贴政策的历史演变

中国的农业补贴政策可以追溯到 20 世纪 50 年代的计划经济体制时期，在当时优先发展重工业的赶超战略背景下，农业补贴政策是为了维持农业的供给能力而进行的必要补偿。将近半个世纪的时间里，中国经济发展一直采取农村支持城市、农业支持工业的发展战略，农业发展更多是负重前行，国家对农业补贴的水平和力度有限，也没有形成规范的农业补贴制度体系。进入 20 世纪 90 年代后期，中国经济发展进入工业化中期阶段，"三农"问题受到越来越多的关注，农业补贴制度建设也有了一定程度的发展。2004 年，《中共中央　国务院关于促进农民增加收入若干政策的意见》中明确提出了要强化对农业支持保护，并提出了扩大良种补贴范围、建立对农民直接补贴制度等一系列措施。2004—2019 年，16 年间有 15 个中央 1 号文件聚焦"三农"，中国的财政支农资金量逐渐提高、增长机制逐渐稳定，农业补贴政策体系不断完善。回顾新中国成立以来农业补贴政策的变迁，可以分为以下三个发展阶段：

（一）1949—1978 年：传统计划经济时期的农业政策

新中国成立初期，中国实行优先发展重工业的工业化战略。当时，新中国满目疮痍、百废待兴，工商业遭到战争的严重破坏，发展几近停顿甚至倒退。农业剩余成为工业化原始资本积累的唯一源泉（程国强，2011）。为了实现整个国家的低物价、低工资、低福利，将工商业产生的利润更多地转化为国家的工业化建设资金，政府只能选择压低

＊本章编写人员：陶畅。

农产品购销价格，牺牲部分农业利益。在此背景下，改革开放前的计划经济时代，中国对农业实行全面管制。这一时期农业政策的主要目的是确保农业能为工业化发展持续做出贡献，几乎所有农产品都是由政府来分配。而农业自身发展也面临着生产规模狭小、资金匮乏和技术缺失的艰难处境，粮食大幅增产非常困难。与此同时，中国人口激增，尤其是城镇人口迅速扩大和以粮食为原料的工业发展致使对粮食的需求大幅度增加，粮食供求矛盾十分尖锐，仅 1952—1953 年一个粮食年度内国家粮食收支就出现了 20 亿千克的缺口。

1953 年，为适应工业化建设和保障城镇居民粮食供应的需要，中国政府选择对粮食等主要农产品实行统购统销政策[①]。一方面国家借助强制力量对农民的余粮以统一价格收购，再以低价向全社会统一供应粮食；另一方面保持工业企业低工资和原料低成本，提高了各种工业活动的利润水平，形成工业化建设的原始资本积累。1962—1978年，中国粮食价格只调整过 3 次，总体提高幅度不到 20%。对农业部门征税是国家财政支持工业化建设资金的另一个重要来源。1950 年，全国农业各税收入 19.1 亿元，占当年全国总税收的 39%；自此至 1978 年，农业各税基本维持在每年 30 亿元左右，累计为国家提供税收 821 亿元。

随着统购统销政策的全面实行，农民生产积极性受到很大影响。为了确保国家粮食安全、避免社会动荡，政府在从农业抽取资金的同时也采取一系列财政支持政策以鼓励农业发展。在这一背景下，中国农业补贴政策保障粮食安全和农产品价格稳定的目标逐渐形成。这一时期的农业补贴政策主要有三项：

第一项是对一般性农业生产服务直接投资。新中国成立以来，国家一直对建设农田水利、提高农业机械化水平和发展农药化肥等农用工业高度重视，试图通过改善农业基础设施、扩大种植面积和提高生产力水平来增加粮食产量。1950—1978 年，国家财政在一般性农业生产服务支出投入资金总计达到 1 348.8 亿元。其中，基本建设支出投入639.8 亿元，占 47.4%，主要用于水利建设和耕地扩张；农林水利气象部门事业费332.1 亿元，占 24.6%，主要用于涉农行业的技术推广、良种推广、事业管理费等；支援农村生产支出 299.4 亿元，主要是小型农田水利和水土保持补助费和支援农村合作生产组织经费。

第二项是对农业生产资料的低价销售和亏损补贴。国家在直接投资农业的同时，对农用生产资料提供了形式多样的补贴。从具体措施来看，始于 20 世纪 50 年代末国营拖拉机站的"机耕定额亏损补贴"，之后逐渐扩展到农用生产资料的价格补贴、农业生产用电补贴、贷款贴息补贴等方面（何忠伟等，2003）。这一时期，我国农用生产资料补贴品种主要包括化肥、农药、农用柴油、农用薄膜、农业用电等。补贴方法主要有两种：一是降低农资生产企业成本进而降低农用生产资料价格的价格优待；二是以低价销售农用生产资料，然后对经营环节给予进销差价补贴和经营管理费用补贴。价格优待以

---

① 随着计划经济体制的建立，国家依据重要程度将所有产品分为三类，实行分级管理。最重要的粮、棉、油属于一类商品，实行统购统销。次重要的属于二类产品，如生猪、烤烟、麻类、茶叶、羊毛、牛皮等重要的副食品和工业原料，实行派购。统购统销和派购的数量和价格都是指令性的。其余剩下的是三类商品，实行议购议销，价格和数量均由生产者议定。

农用柴油最为典型，1956 年起国家对拖拉机和联合收割机田间作业用的轻柴油，按照当地批发牌价扣减 24％的价格供应给农民。在 1982 年农用柴油价格补贴取消之前，国家通过商业系统对农用柴油价格补贴的开支累计达到 80 多亿元。低价销售以化肥销售最为典型，1950—1978 年，中央统一定价的化肥出厂价格降低 7 次，降价总额达 26 亿元；农药销售价格降低 9 次，降价总额 5.5 亿元；农机产品价格降幅超过 40％；农用柴油、农用薄膜也多次降价。

第三项是农产品价格补贴类政策。为了维持农产品长期稳定的购销低价，政府对粮食、食用植物油、肉类、蔬菜、棉花等重要的农产品给予了大量的价格补贴。1953—1978 年，这一补贴由 0.5 亿元攀升至 93.5 亿元。这一时期农产品价格补贴主要有两方面：一是对城市居民和农产品流通企业的亏损和价差补贴，即对农产品在流通过程中所发生的商品流通费等亏损给予的补贴，对农产品统销价低于统购价的销售价差给予补贴。1961 年，我国首次出现粮食价格购销倒挂，此后粮食、食用油、棉花等都出现过购销价格倒挂；1978 年，粮油和棉花的亏损和价差补贴达到 26.7 亿元。二是对农民的超购加价补贴。在粮食极为紧张的情况下，政府 1960 年、1965 年两次对生产队交售粮食每人平均超过一定数量的部分实行加价奖励。1964 年起，超购油菜籽实行加价奖励。1966 年政府将稻谷、小麦、玉米、高粱、谷子、大豆 6 种主要粮食的平均收购价格提高 17％，至 0.216 元/千克，并在到 1978 年的 12 年间保持不变。1974 年起政府又实行了粮食超购加价 30％的政策，一半奖现金，一半奖售物资（主要是化肥）。

在这一时期，中国的农业补贴政策，在粮食增产方面取得了一定成就。1952—1978 年，在粮食播种面积基本稳定的状况下，粮食总产量上升了 86％，年均增长速度（2.5％）超过了人口年均增长速度（1.9％），为提高国民人均食物占有量做出了贡献。但是受到国家整体经济发展战略的制约及政策本身的制度性缺陷等因素的影响，这些政策的实际效果并不尽如人意，对农业生产结构调整和农民增收的作用收效甚微。

（二）1979—1999 年：改革起步阶段的农业政策

1. 主动缩小工农业产品价格差距（1979—1984 年）

改革开放前，国家获取农业剩余、忽视农民利益的农业政策安排，最终被农民自发实践的"分田到户"打破，农业成为中国经济改革的突破口。1978 年，党的十一届三中全会通过《中共中央关于加快农业发展若干问题的决定（草案）》，明确提出要加快农业发展，提高农业生产力，缩小工业产品与农业产品比价。1979 年，从新粮上市开始，6 种粮食的国家统购价格提高 20％，超购加价幅度由多年未变的 30％提高到 50％。随后，国家陆续提高了粮、棉、油等主要农副产品的统一收购价格。这表面上是政府的粮食收购价在向市场价逐步靠拢，实际上则意味着工农业产品价格"剪刀差"开始缩小。

新的历史背景下，中国经济发展战略从优先发展重工业转向产业间的平衡协调发展。随着市场经济体制改革的逐步深化，政府越来越倾向于应用市场化的价格机制作为干预农业发展的手段，价格支持政策逐渐成为农业补贴政策的主要方式。1978—1984 年我国农副产品的收购价格提高了 53.7％，年均增长 7.4％；收购总额从 557.9 亿元增加到 1 440 亿元，增长了 1.58 倍。因粮食销售低价不变，收购价格提高而导致的购销差价和粮食购销企业经营费用则由国家补贴。1979—1984 年，国家对于价格倒挂的补贴合计达 839.9 亿元。农业经营制度的重大转变和国家的价格支持政策极大地激发了农民的生产积极性，对农业发展、粮食增产和农民增收起到了积极的促进作用。1979—1984 年我国农村生产年均增长 4.8%，为 1952—1978 年平均增长率的 2 倍；粮食总产量从 1978 年的 30 476.5 万吨飞跃到 1984 年的 40 730.5 万吨，极大缓解了粮食供需矛盾。与此同时，国家对一般性农业生产服务的直接投资也在增加，5 年内共投入 800.2 亿元。其中，支援农村生产支出和农田水利气象等部门的事业费 508.4 亿元，占比 63.5%；农业基本建设支出 231.8 亿元，占比 29.0%；农业科技三项费用支出 9.1 亿元，占比 1.1%。

但是，这一阶段国家对农用生产资料价格补贴开始减少。1978 年，我国农用生产资料补贴为 23.9 亿元，至 1985 年已经减少到 7.41 亿元。改革开放前执行的农资降价政策转变为浮动价格和综合价格，生产资料价格不断上涨；部分农资价格优惠政策也随之取消，1982 年取消了农用柴油的优惠价格，1984 年取消了农资生产企业的价格补贴和倒挂补贴（程国强，2011）。

2. 积极向"正保护"转变（1985—1999 年）

1985 年，在农业生产连年增长的基础上，中央 1 号文件正式提出取消粮食统购，改为合同定购，定购以外的粮食可以自由上市；如果市场粮价低于原统购价，国家仍按原统购价敞开收购。中国粮食流通进入了"双轨制"运行阶段。1985 年，市场价格大大高于定购价格，政府征购粮食极为困难。1989 年，全国粮食平均提价 18%。1990 年，粮食丰收，但农产品价格下跌 6.8%，为避免"谷贱伤农"，政府将合同定购改为国家定购，即以一个比较高的价格水平实行粮食的统购，同时开始对粮食实行最低保护价制度和粮食专项储备制度。随后，国家先后提高城镇居民粮食销售价格和定购价格，基本实现了购销同价。1991 年，国家对城镇居民定量供应的粮食销售价格提高了 67%，对定量内的食用植物油一次提价 170%。1992 年，粮食统销价格再次提高，提价幅度平均为 43%。到 1993 年底，全国 98% 以上县（市）都放开了粮价，粮食统购统销制度退出中国历史舞台，粮油价格开始随行就市（陈锡文等，2018）。与此同时，国家建立粮食风险基金和粮食储备体系，把中央和地方财政减下来的粮食加价、补贴款全部用于建立粮食风险基金。此时农业补贴方式已经发生变化，开始以粮食风险基金为重要形式补贴粮食企业等流通环节，替代了前期补贴粮食企业经营费用和购销差价的方式。

1993 年底，粮食市场价格出现异常波动。受宏观经济过热的影响，随后两年间包括农业生产资料在内的全部商品几乎都在涨价。为保障国家粮食安全，国家于 1994 年和 1996 年先后两次调高粮食定购价格，增幅分别达到 42% 和 40%，大大刺激了粮食生产。1997 年，我国从夏粮收购开始实施以粮食保护价敞开收购农民余粮措施，所需资金从粮食风险基金中支付。1996—1999 年，粮食平均年产量达到了 50 484.7 万吨。连年高产自然导致了粮食供过于求的局面，市场粮价持续下降。然而粮食收购价格却不敢轻易下降，国有粮食企业购销价格倒挂，亏损挂账严重。国家用于粮、棉、油的价格补贴从 1995 年 228.9 亿元迅速增加至 1999 年 492.3 亿元（表 12 - 1）。

表 12 - 1　1978—2006 年中国财政用于粮、棉、油价格补贴

单位：亿元

年份	粮、棉、油价格补贴	年份	粮、棉、油价格补贴	年份	粮、棉、油、价格补贴
1978	11.1	1988	204.0	1998	565.0
1979	54.9	1989	262.5	1999	492.3
1980	102.8	1990	267.6	2000	758.7
1981	142.2	1991	267.0	2001	605.4
1982	156.2	1992	224.4	2002	535.2
1983	182.1	1993	224.8	2003	550.2
1984	201.7	1994	202.0	2004	660.4
1985	198.7	1995	228.9	2005	577.9
1986	169.4	1996	311.4	2006	768.7
1987	195.4	1997	413.7		

资料来源：①国家统计局，2001. 中国统计年鉴 2001 [M]. 北京：中国统计出版社.

②国家统计局，2007. 中国统计年鉴 2007 [M]. 北京：中国统计出版社.

在农用生产资料补贴方面，1987—1988 年，为了保护和调动农民生产及交售粮、棉的积极性，国家开始实施粮食合同定购与供应平价化肥、柴油和预发预购定金挂钩的"三挂钩"政策，定购每 50 千克粮食奖售 20 千克化肥、5～7 千克柴油。但在执行过程中手续烦琐、落实困难，也打乱了农用物资按生产需要进行分配供应的计划，以至于中低产地区虽然化肥增产效益更高，却因产量低、挂钩化肥少而难以获得充足的化肥供应，基层干部、农民以及粮食、农资部门意见都很大，纷纷建言改革。1993 年，国务院宣布用现金形式的生产资料补贴代替化肥和柴油的实物供应，并允许省级政府在国家制定的标准基础上提高补贴率。1994 年粮食收购价格提高后，中央停止了对生产资料提供的现金补贴，并允许省级政府继续选择对工业制造的农用生产资料进行补贴。但在 1994 年和 1998—1999 年，各省份都陆续取消了这一补贴。

1985—1997 年，中央财政用于农业的支出为 5 060.2 亿元。其中，支援农村生产支出和农田水利气象等部门的事业费 3 673.9 亿元，占比 72.6%；农业基本建设支出 1 059.2 亿元，占比 20.9%；农业科技三项费用支出 40.3 亿元，占比 0.8%；农村救济费 286.8 亿元，占比 5.7%。1998 年，以国家实施积极的财政政策为契机，当年增发的 1 000 亿元国债中，35% 用于农林水利和生态工程建设。财政用于农业的支出比 1997 年激增 388.4 亿元达到 1 154.8 亿元，其中农业基本建设支出增加 301 亿元，占增量部分的 77.5%。

这一阶段的农业补贴虽然快速增加，但农业生产成本上升和农民负担加重抵消了补贴政策效果。按 1950 年不变价格计算，1978—1993 年农业生产资料价格上升了 191%，部分抵消了粮、棉、油等农副产品价格上升给农民带来的利益。1985—1996 年，虽然粮食定购价格多次提高，但高于市场价格的仅有 2 年，即农民以定购价交售粮食的损失远远大于市场交易之所得（熊良春，1997），粮、棉、油价格补贴的主要受益者是城镇居民。与此同时，农民税费负担不断加重。一方面农业各税从 1991 年 90.7 亿元增加至

1999 年 423.5 亿元，年均增长速度 23.3%[①]。另一方面，从家庭联产承包责任制实行开始，"三提五统"[②] 及其他收费使农民负担日益增加，1990—1999 年从 381 亿元攀升到 1 114 亿元。20 世纪 90 年代，我国农业政策逐步向支持补贴转型转变，尽管国家仍然通过征收税费等方式汲取农业剩余，但财政用于农业的转移支付也快速增加，对农业的取予渐趋平衡（表 12 - 2）。

表 12 - 2 1999 年中国农民负担基本情况

项目	农业税及附加	农业特产税及附加	屠宰税	"三提五统"	农村教育集资	清理政府性收费基金	"两工"以资代劳	其他社会负担	总计
金额（亿元）	190	116	30	620	36	200	58	200	1 450
比重（%）	13.1	8.0	2.1	42.8	2.5	13.8	4.0	13.8	100

资料来源：谢旭人，2008. 中国农村税费改革 [M]. 北京：中国财政经济出版社：41.

（三）2000 年至今：取消农业税，开启农业补贴新纪元

进入 21 世纪，中国农业补贴政策开始完善。一是工农业长期失衡积累的"三农"问题已经成为社会问题的重中之重，工农和城乡矛盾亟待解决；二是中国进入工业化中期，已经具备了较强的工业自生能力和相当的财政实力，"工业反哺农业、城市支持农村"的条件基本成熟（程国强，2011）；三是加入 WTO 后做出的承诺、面临的规则约束以及全球一体化贸易格局，也要求国家加快调整与改革农业补贴政策。2000 年我国开始试行农村税费改革以减轻农民负担。2002 年开始试行粮食直补政策。2004 年起，出台的 15 个事关"农业、农村、农民"的中央 1 号文件，以及 2018 年党的十七届三中全会通过的《中共中央关于推进农村改革发展若干重大问题的决定》，共同构成新时期我国农业政策的制度框架。

1. 从农村税费改革到取消农业税，切实减轻农民负担

农村税费改革是政府与农民之间分配关系的重大调整，是从根本上减轻农民负担的重要举措，是国家对农业、农民实现由取到予的关键转折。农村税费改革在 2000 年首次试点；2002 年，在前期经验积累和政策完善的基础上稳步推进；2003 年起，各省份开始积极进行农村税费改革。然而，这一阶段的税费改革更多的是关注减轻农民负担，变散乱杂费为单一农业税，对农业税收制度本身的改革措施很少。

2004 年的中央 1 号文件明确提出降低农业税税率，并取消了除烟叶外的农业特产税。当年，中央选择黑龙江省、吉林省进行全部免征农业税试点。截至 2005 年底，全国 28 个省份及河北、山东、云南 3 省的 210 个县（市）全部免征农业税。同年召开的十届全国人大常委会第十九次会议上，国务院关于取消农业税的提议获得高票通过，自

---

① 资料来源：中华人民共和国国家统计局，2000. 中国统计年鉴 2000 [M]. 北京：中国统计出版社.

② "五统筹"包括计划生育统筹、义务教育统筹、民兵训练统筹、军烈属优抚经费统筹、农村架桥修路经费统筹，主要用以弥补计划生育、教育、民兵训练、军烈属优抚及架桥修路方面的资金缺口。"三提留"是指村里因土地承包而向农民收取的公积金、公益金和共同生产管理费。"两工"是指义务工和积累工，义务工是战争时期解放区农民对前线的支援，积累工是没有货币投入的情况下用人的劳动来积累社会财富的一种模式。

2006 年 1 月 1 日起废止《中华人民共和国农业税条例》。至此，在我国实行了 2 600 多年的"皇粮国税"宣告终结，中国从真正意义上对农业开始了支持保护（陈锡文等，2018）。

2. 建立和完善中国农业补贴体系

农业是一个非常独特的复合型产业，综合了生态、环境、资源、经济、社会、政治等诸多属性。从经济增长的国际经验来看，经济发展到一定阶段后基于本国农业发展的需要，大多数国家会从对农业征税转向对农业补贴，为农业发展提供巨大的支持。一是经济增长引起农产品供求格局变化，对一国粮食安全提出了现实性要求。二是由于以工业为中心的现代产业生产率提高速度远高于农业，农业失去比较优势，相对其他产业利润具有弱质性，需要政府扶持。三是农业作为独特的复合型产业，其自身具有环境和生产的不稳定性、生态和就业的外部性，以及影响社会基本治理结构的政治属性等特性，需要政府予以支持。

进入 21 世纪以后，中国已进入工业化中期向后期过渡的阶段。2003 年，GDP 达到135 822.8 亿元，人均 GDP 为 10 542 元，已经超过 1 500 美元（按购买力平价计算将会更高）。同时，第一产业增加值占 GDP 比重下降至 12.8%，就业人数下降至 49.1%，达到了工业化中期阶段的经济体判定标准。从整体发展水平看，中国已经初步具备了非农产业反哺农业、城市支持农村的条件。而且，随着分税制改革的完成，中央财政实力得到明显的增强。1993 年全国财政收入 4 349 亿元，中央财政收入 958 亿元，仅占22%；1994 年全国财政收入 5 218 亿元，中央财政收入则达到 2 907 亿元，占比55.7%；2017 年全国财政收入 172 592.8 亿元，其中中央财政收入 81 123.4 亿元，占47.0%。支出方面中央和地方则恰恰相反，2017 年财政总支出为 203 085.5 亿元，其中中央只有 29 857.2 亿元，占总支出的 14.7%。中央财政转移支付能力逐渐增强，为从顶层推动农业补贴政策制度构建与实施提供了可靠保障。

与此同时，2003 年，全国粮食总产量为 43 069.5 万吨，与 1991 年相当；但全国人口已逼近 13 亿人，增长了 11.6%；中国由粮食净出口国转变为净进口国，净进口数量53 万吨。人口增长和收入水平提升带来的食品消费结构升级，给国家粮食安全和主要农产品供给带来巨大压力。如何调动农民的生产积极性，实现粮食产量的提升，弥补供需存在的巨大缺口成为当时中国农业发展面临的主要问题。而且，中国农业作为自然再生产与社会再生产交织的高风险产业还面临资源约束的挑战。一是中国耕地总面积不足世界的 7%，人均耕地面积和人均淡水资源分别只有世界平均水平的 40% 和 25%，有限的自然资源对粮食生产的约束增强。二是农业经营比较效益的降低，青壮年劳动力、土地、资金等生产要素加速流向非农产业（李先德等，2012）。然而，农业是确保国家粮食安全、保持社会稳定和经济发展的基础支撑；粮食价格更是百价之基，是消费者价格指数（CPI）的重要组成部分，粮价上涨会带来许多农产品和加工品价格上涨。在工业化、城镇化深入发展的关键阶段，粮食安全一旦出现问题，将直接影响到经济增长和社会稳定（陈锡文等，2018）。

2001 年，中国加入 WTO。根据 WTO《农业协定》的规则和中国加入 WTO 的承诺，中国逐步放开农产品市场，在国内支持方面可以享受的权利主要有"绿箱"政策、不超过 8.5％微量允许标准①的"黄箱"政策和"蓝箱"政策，放弃享受给予发展中成员的特殊和差别待遇的权利②，不得提供任何出口补贴③。然而，种植业方面，由于中国自然资源禀赋相对较低，在粮、棉、油等土地密集型农产品的国际贸易中，竞争不过美国、澳大利亚、巴西等耕地资源丰富的成员；在畜牧业及园艺等劳动密集型产业方面，常常面对发达成员苛刻的卫生、质量等技术壁垒出口限制（李先德等，2012）。另外，由于美国和欧盟等经济发达国家（组织）普遍采取支持水平较高的农业补贴政策，而中国的农业补贴政策尚未正式形成，在国际农产品贸易市场上处于不利的竞争地位。

通过规范农业补贴制度、加大农业补贴支持强度，来强化农业发展基础、提高农业综合生产能力、促进粮食生产稳定发展、保障国内粮食供求平衡和市场稳定、增强农产品在国际市场的竞争力，迫在眉睫、势在必行。中央对此高度重视，经过一段时间的探索实践，我国的农业补贴框架初步建立，共实施具体农业补贴政策 50 多项（黄汉权等，2016），既包括对农作物和养殖业的生产补贴、农民收入支持补贴、农业保险补贴，也包括农业生产技术推广、资源和生态补贴以及农民生活补贴等政策，惠及几乎所有重要农产品和农业生产者。

（1）对农产品生产的补贴政策。2002 年，国家启动了大豆良种补贴政策试点工作，逐步扩大到水稻、小麦、玉米、油菜、棉花、马铃薯、花生、青稞、生猪、奶牛等品种，其中水稻、小麦、玉米和棉花良种补贴实现了全覆盖。2004 年的中央 1 号文件提出，"为保护种粮农民利益，要建立对农民的直接补贴制度。2004 年，国家从粮食风险基金中拿出部分资金，用于主产区种粮农民的直接补贴。其他地区也要对本省（区、市）粮食主产县（市）的种粮农民实行直接补贴""提高农业机械化水平，对农民个人、农场职工、农机专业户和直接从事农业生产的农机服务组织购置和更新大型农机具给予一定补贴"。随即，中央财政设立农业机械购置补贴专项资金，鼓励和支持农民使用先进适用的农业机械；出台了粮食直补政策，从粮食风险基金中拿出 103 亿元，主要对 13 个粮食主产区种粮农民实行直接补贴，鼓励主产区农民发展粮食生产。2006 年，针对农业生产资料价格不断上涨、种粮成本增加的情况，中央财政增设了农业生产资料综合补贴。由此，我国基本构建了以"四项补贴"为主体的农业补贴框架。2004—2016 年，"四项补贴"从 146 亿元增加到 1 653 亿元，累计补贴金额 14 322 亿元，增长了 10.3 倍，年均增长 25.7％。

这些对农业生产补贴的政策，对促进粮食生产和农民增收、推动农业农村发展发挥了积极的作用，但随着农业农村形势的深刻变化，其政策效应递减，政策效能逐步降

---

① 中国针对特定产品和非特定产品支持的微量允许水平不能超过相关年度一基本农产品生产总值或中国农业生产总值的 8.5％；这一水平介于 WTO 发达成员 5％与发展中成员 10％的标准之间。

② 即《农业协定》第六条第二款给予发展中成员特殊豁免的三项措施开支，如为了鼓励农业和农村发展，给予所有农民的一般性补贴、给予资源贫乏地区农户的投入补贴和引导农民停种非法麻醉作物的补贴；如果中国政府提供上述三方面的支持措施，将被计入中国关于综合支持量（AMS）的计算中。

③ 按照中国加入 WTO 时的相关法律文件，中国农业补贴水平确定的基期为 1996—1998 年，期间中国的产品出口补贴水平为零，因此无须承担任何出口补贴削减义务，也不得对农产品提供任何出口补贴。

低。2015 年国务院选择 5 个省份作为试点，将粮食直补、良种补贴、农资综合补贴合并为"农业支持保护补贴"，政策目标调整为支持耕地地力保护和粮食适度规模经营。这也是我国农业补贴政策基于 WTO 规则进行的积极尝试与调整。

（2）对农产品价格的支持政策。为确保口粮绝对安全，2004 年 5 月国务院出台了《关于进一步深化粮食流通体制改革的意见》，提出"当粮食供求发生重大变化时，为保证市场供应、保护农民利益，必要时可由国务院决定对短缺的重点粮食品种，在粮食主产区实行最低收购价格"。2004 年，稻谷最低收购价政策开始在 11 个省份实行，2006年小麦最低收购价政策开始在 7 个省份实行。最初确定的最低收购价低于市场价，对农民而言更多的是发挥心里托底作用。2007 年，政府出台了临时收储政策，在东北三省和内蒙古实施大豆和玉米临时收储，新疆实施棉花临时收储，长江中下游地区实施油菜籽临时收储，以保障这几类重要农产品的收益。2004 年我国粮食产量扭转了连续滑坡的被动局面；2008 年全国粮食产量 53 434.3 万吨，年度增长率高达 6.0%，人均粮食占有量达到了 400 千克的自足水平。

然而 2008 年美国金融危机波及全球，中国宣布实施适度宽松的货币政策和积极的财政政策，农业生产资料价格随之快速攀升，农业生产成本不断上升。在国内粮食供求矛盾已经缓解的情况下，粮食等重要农产品靠市场力量提高价格的空间较小。于是中央政府在 2008—2014 年不断提高最低收购价格和临时收储价格，覆盖农业生产成本。与基期相比，2014 年早籼稻、中晚籼稻、粳稻最低收购价分别增长了 92.9%、91.7%、106.7%；白小麦、红小麦和混合麦最低收购价分别增长了 63.9%、71.0%、71.0%（表 12-3）。到 2014 年中央财政累计用于最低收购价的资金合计为 6 414.3 亿元。2005—2014 年，收购量和收购资金累计增长 10.2 倍和 18.4 倍，年均增长 30.8% 和 39.0%。这对稳定国内粮食生产、促进农民收入增长和提高我国抵御国际金融危机做出了重要贡献。2015 年，全国粮食总产量达 66 060.3 万吨，人均粮食占有量达到历史最高的 480.6 千克。最低收购价、临时收储和目标价格等政策，充分体现了政府应用价格支持手段、调控引导农业生产、稳定市场供需、保护农民利益的重要作用（黄汉权等，2016）。面对国内外供求形式的变化，国家推动了价补分离改革，2014年取消了大豆、棉花临时收储政策，将油菜籽等临时收储下放给地方自行决定和实施，同时在新疆、东北三省和内蒙古启动棉花、大豆目标价格补贴试点，变"暗补"为"明补"。2016 年国家取消了玉米临时收储，改为"市场化收购+生产者补贴"（彭超，2017）。

表 12-3 2004—2018 年稻谷、小麦最低收购价格变化

单位：元/千克

年份	稻谷最低收购价			小麦最低收购价		
	早籼稻	中晚籼稻	粳稻	白麦	红麦	混麦
2004	1.40	1.44	1.50	—	—	—
2005	1.40	1.44	1.50	—	—	—
2006	1.40	1.44	1.50	1.44	1.38	1.38

（续）

年份	稻谷最低收购价			小麦最低收购价		
	早籼稻	中晚籼稻	粳稻	白麦	红麦	混麦
2007	1.40	1.44	1.50	1.44	1.38	1.38
2008	1.54	1.58	1.64	1.54	1.44	1.44
2009	1.80	1.84	1.90	1.74	1.66	1.66
2010	1.86	1.94	2.10	1.80	1.72	1.72
2011	2.04	2.14	2.56	1.90	1.86	1.86
2012	2.40	2.50	2.80	2.04	2.04	2.04
2013	2.64	2.70	3.00	2.24	2.24	2.24
2014	2.70	2.76	3.10	2.36	2.36	2.36
2015	2.70	2.76	3.10	2.36	2.36	2.36
2016	2.66	2.76	3.10	2.36	2.36	2.36
2017	2.60	2.72	3.00	2.36	2.36	2.36
2018	2.40	2.52	2.60	2.30	2.30	2.30

资料来源：陈锡文，罗丹，张征，2018. 中国农村改革 40 年 [M]. 北京：人民出版社：198.

（3）促进农业生产的其他支持政策。2004 年以来的中央 1 号文件都对农业保险发展提出了指导意见。从 2007 年开始，中央财政在吉林、内蒙古、新疆、江苏、四川、湖南 6 个省份实施了种植养殖业保险保费补贴政策试点工作。之后农业保险保费补贴区域扩展到全国，补贴品种也由最初的 5 个种植业品种扩大至种植业、养殖业、林业三大类 15 个品种，基本覆盖了主要的大宗农产品，农业保险保费补贴金额逐年提高。到 2017 年，中央安排的农业保险保费补贴资金已经达到 179.1 亿元，翻了三番。农业保险在防范农业风险、稳定农业生产尤其是粮食生产、促进农业转型升级和稳定农民收入等方面发挥了积极的作用，已经成为国家对农业支持和保护的重要手段。

为了解决日益严重的生态环境问题，应对全球气候变化、促进农业可持续发展，国家对资源和生态补贴制度也进行了完善。2002 年退耕还林工程全面启动，2003 年退牧还草工程开始试点，2005 年开展测土配方施肥工作，2006 年逐步推进包括秸秆还田、绿肥种植、增施商品有机肥和土壤改良培肥等措施在内的提升土壤有机质（耕地保护与质量提升）项目。多年来在推进山水林田湖草系统治理，推动农业农村绿色发展方面取得了不小的成绩。如退耕还林项目，截至 2006 年底已累计完成退耕地造林 926.67 万公顷，惠及 25 个省（自治区、直辖市）和新疆生产建设兵团的 3 200 万农户 1.24 亿农民。

（4）一般农业服务支持方面。2004—2017 年，国家财政用于农业的支出由 2 337.6 亿元攀升至 19 089.0 亿元，增长了 7.2 倍。"十二五"以来国家支农资金占财政支出的比重稳定在 9% 以上，相继实施了新增千亿斤粮食田间工程、农业科技创新能力条件建设、农产品质量安全检验检测体系建设、农村沼气工程等 30 多个重大项目，农业基本建设投资总额达到 1 460 亿元。2019 年中央 1 号文件继续高度重视对农业基础设施建设的支持，提出要完成高标准农田建设任务、实施村庄基础设施建设工程。

总体来看，新时期经过十多年的农业补贴制度调整，基本形成了适应中国国情农情的补贴体系。农民普遍从补贴政策中获得了收益，这对增加农民收入、提升农民生产积极性、保障重要农产品的有效供给做出了巨大的贡献。2015 年以来，农业补贴政策配合农业供给侧结构性改革逐步进行调整，在一定程度上促进了我国农业发展的结构优化调整。

二、新时期中国农业补贴政策的构成

一国政府对国内弱质行业给予补贴是当今世界许多国家，特别是发达国家和地区普遍存在的现象。但世界各国对补贴的界定都是按照本国的意愿和利益考虑，因此争议颇多。直到 1994 年乌拉圭多边贸易谈判达成了《补贴与反补贴措施协定》将补贴定义为：由一国政府或任何公共机构提供的，使接受者获得利益的财政资助。这种关于补贴的界定在内容和形式上都很宽泛，适用包括农业在内的所有产业补贴（马述忠等，2010）。

国际上通常把对农业的支持保护政策分为三大类型：一是对农业的一般性服务支持措施，即政府公共财政对整个农业的支持和帮助，这种支持方式不针对农民和特定农产品，包括农业基础设施建设、农业科技研发和推广、农产品市场营销、粮食储备调控、农业灾害救济、农民培训、地区发展补助、资源环境保护等方面的支出。二是对农业生产者的直接补贴措施，即按照一定标准和条件直接给予农民补贴，补贴支出由政府承担。这种支持措施又分为挂钩补贴和脱钩补贴两种补贴方式。挂钩补贴主要是与农作物面积或产量、牲畜头数、农户经营收入，以及种子、化肥、农药、灌溉等农业投入品数量等政策目标要素挂钩的直接补贴。脱钩补贴则是直接支付给生产者的收入补贴，与农产品的面积产量以及投入品的多少等没有关系。三是市场和价格支持，主要是通过价格政策、市场干预、流通支持等措施，稳定农产品价格，保证农民得到一定利润的收益。补贴成本由政府财政和农产品消费者共同承担（陈锡文等，2018）。我国农业补贴制度自 2004 年开始建立以来，主要采取了以下政策措施：

（一）对农作物生产的补贴

1. 种粮直补

2000 年政府提出建立粮食直接补贴制度的初步设想，并于 2002 年在吉林的东丰以及安徽的天长、来安 3 县进行了粮食直接补贴改革的试点，拉开了全国粮食直接补贴方式改革的帷幕。2003 年，粮食直补政策推广到 13 个粮食主产区[①]。2004 年，以中央 1 号文件和《国务院关于进一步深化粮食流通体制改革的意见》两个文件的发布为标志，全国粮食主产区开始全面推行粮食生产补贴政策。截至 2004 年底，全国共有 29 个省（自治区、直辖市）实行了种粮直接补贴政策，当年补贴规模为 116 亿元。到 2006 年，

---

① 我国粮食主产区总体上包括河北、内蒙古、辽宁、吉林、黑龙江、江苏、安徽、江西、山东、河南、湖北、湖南和四川共 13 个省、自治区。按照玉米、小麦和稻谷三大粮食品种分类，我国粮食主产区相应分为玉米主产区、小麦主产区和稻谷主产区。玉米主产区有：吉林、黑龙江、辽宁、内蒙古 4 省、自治区。小麦主产区有：河南、山东、河北、黑龙江和新疆 5 省、自治区。稻谷主产区有：安徽、江西、湖南、湖北、江苏、四川、黑龙江和吉林 8 省。

我国种粮直接补贴范围扩大到全国全部省（自治区、直辖市），补贴品种也涵盖了我国主要的粮食作物。由于各粮食主产区自然条件存在差异，在执行粮食直补政策时补贴的粮食品种各不相同。各省份具体的补贴品种及补贴标准各不相同。例如，江苏、湖南、江西、上海等几个省（直辖市）只对种植水稻的农民进行补贴；而补贴品种最多的辽宁省，分别对水稻、小麦、玉米、高粱和小杂粮进行补贴。具体补贴标准按照计税土地面积、计税常年产量或粮食种植面积设定，各省份也各不相同。2004—2016 年，国家粮食直接补贴金额累计达到 1 888 亿元，其中 2007—2014 年粮食直接补贴资金达到最高，每年 151 亿元。

2. 良种补贴

良种补贴是国家对农民选用优质农作物品种而给予的补贴。目的是支持农民积极使用优良作物种子，提高良种覆盖率，增加主要农产品特别是粮食的产量。2002 年，我国开始组织实施良种推广补贴项目，中央财政投入 1 亿元对大豆良种进行补贴。2004年，良种补贴政策进一步扩大到小麦、大豆、水稻、玉米 4 个品种，中央投入资金 29亿元。2007 年，新增棉花、油菜 2 个补贴品种。2010 年新增青稞的良种补贴。从补贴范围来看，水稻、小麦、玉米、棉花良种补贴在全国 31 个省（自治区、直辖市）实行全覆盖；大豆良种补贴在辽宁、吉林、黑龙江、内蒙古 4 个省（自治区）实行全覆盖；油菜良种补贴在江苏、浙江、安徽、江西、湖北、湖南、重庆、四川、贵州、云南及河南信阳、陕西汉中和安康地区实行冬油菜全覆盖；青稞良种补贴在四川、云南、西藏、甘肃和青海等省（自治区）的藏区实行全覆盖。良种补贴金额逐年上涨，最高达到2013 年的 226 亿元。2014 年开始下降，2016 年已降到 203.5 亿元。

3. 农机具购置补贴

农机具购置补贴是始于 1998 年中央财政设立大中型拖拉机及配套农具更新补贴专项资金，主要是鼓励和支持农民使用先进适用的农业机械；2001 年，更名为"农业机械装备结构调整补助费"，补贴范围在黑龙江、吉林、辽宁、山东、河南、内蒙古和新疆 7 省（自治区）基础上增加陕西和湖北 2 省；2003 年结合优势农产品区域布局规划更名为"新型农机具购置补贴项目"，实施范围增加湖南省和重庆市。期间，中央财政投资总规模保持 2 000 万元/年，为农机购置补贴政策在全国顺利实施奠定了良好基础。

2004 年中央 1 号文件，明确提出要"提高农业机械化水平，对农民个人、农场职工、农机专业户和直接从事农业生产的农机服务组织购置和更新大型农机具给予一定补贴"，并且将农机具购置补贴项目上升为中央"两减免、三补贴"的重大支农惠农政策。当年，中央财政安排 7 000 万元在 16 个省的 66 个粮食大县建立起了补贴制度。同年 11月我国首部关于机械化的专门法律——《中华人民共和国农业机械化促进法》颁布实施，标志着我国农业机械化进入了一个全新的发展阶段。此后，中共中央、国务院发出的历年 1 号文件都对增加农民购置农机具补贴提出政策措施，2008 年补贴资金达到 40亿元，覆盖全国所有农牧业县。到 2016 年，中央对农机具补贴最高达到 238 亿元，2017 年按照推进农业供给侧结构性改革和建立绿色生态导向农业补贴制度改革的新要求做出调整，降低到 186 亿元。2018 年是新一轮农机购置补贴政策实施的启动年，政府计划通过补贴加快农机新产品的运用推广和农机化新技术的升级换代，并决定在补贴范围内推行敞开补贴。农机具购置补贴政策对全国农业机械化的推广、农机合作社的快速发展，以及社会化农业机械服务的普及都起到了很大的推动作用。

4. 农业生产资料价格综合补贴

农业生产资料价格综合补贴是政府对农民购买农业生产资料（包括化肥、柴油、种子、农机）实行的一种直接补贴制度，目的是保证农民种粮收益的相对稳定。2004 年在原油价格暴涨的背景下，农业生产资料价格大幅度上涨。2006 年政府提出对农业生产资料价格给予补贴，弥补化肥、柴油等农资预计全年价格变动对农民种粮的可能增支影响。2009 年财政部、国家发展改革委和农业部共同发布了《关于进一步完善农资综合补贴动态调整机制的实施意见》，在综合考虑粮价变动、促进农民增收的基础上，农业生产资料价格综合补贴与农业生产资料价格变动挂钩；中央财政合理安排农资综合补贴资金，实行动态调整，补贴规模只增不减。农资综合补贴的初始基期参考 2008 年农资价格水平。2006—2016 年，中央财政安排的农资综合直补从 120 亿元增至 1 071 亿元，年均增长 26.5%（表 12 - 4）。

表 12 - 4　2004—2016 年中央财政农业"四项补贴"及比例变化

年份	总计		粮食直补		良种补贴		农资综合补贴		农机购置补贴	
	数额（亿元）	比例（%）	数额（亿元）	比例（%）	数额（亿元）	比例（%）	数额（亿元）	比例（%）	数额（亿元）	比例（%）
2004	145.7	100	116	79.6	29	19.9	—	—	0.7	0.5
2005	174	100	132	75.9	39	22.4	—	—	3	1.7
2006	319	100	151	47.3	42	13.2	120	37.6	6	1.9
2007	514	100	151	29.4	67	13.0	276	53.7	20	3.9
2008	950	100	151	15.9	121	12.7	638	67.2	40	4.2
2009	1 152	100	151	13.1	155	13.5	716	62.2	130	11.3
2010	1 341	100	151	11.3	200	14.9	835	62.3	155	11.6
2011	1 406	100	151	10.7	220	15.6	860	61.2	175	12.4
2012	1 668	100	151	9.1	224	13.4	1 078	64.6	215	12.9
2013	1 666	100	151	9.1	226	13.6	1 071	64.3	218	13.1
2014	1 680.5	100	151	9.0	214.5	12.8	1 078	64.1	237	14.1
2015	1 652.5	100	140.5	8.5	203.5	12.3	1 071	64.8	237.5	14.4
2016	1 653	100	140.5	8.5	203.5	12.3	1 071	64.8	238	14.4
累计	14 321.7		1 888		1 944.5		8 814		1 675.2	
增长	10.3 倍		21.1%		6.0 倍		7.9 倍		339 倍	
年均增长	25.7%		1.8%		20.2%		26.5%		87.7%	

资料来源：2015 年以前数据来源于黄汉权等（2016），2015 年及以后数据根据网络数据整理。

这些补贴政策在运行了十多年后，需要根据农业农村发展形势和运行中的问题进行进一步的调整和优化。面对新型农业经营主体快速兴起、农地规模经营比例日益提高、农业生产方式需要向绿色可持续转型、农业直补政策面临补贴对象的争议，2015 年，经国务院同意，财政部、农业部印发了《关于调整完善农业三项补贴政策的指导意见》，在全国范围内从农业生产资料价格综合补贴中调整 20％的资金，加上种粮大户补贴试点资金和农业"三项补贴"增量资金，统筹用于支持粮食适度规模经营，重点用于支持建立完善农业信贷担保体系，同时选择部分省开展试点，将农作物良种补贴、种粮农民直接补贴和农业生产资料价格综合补贴合并为农业支持保护补贴，政策目标调整为支持耕地地力保护和粮食适度规模经营。

2016 年起，全国全面推开农业"三项补贴"改革，以绿色生态为导向，推进农业"三项补贴"由激励性补贴向功能性补贴转变、由覆盖性补贴向环节性补贴转变，提高补贴政策的指向性、精准性和实效性。当前，各项补贴合在一起，总量接近 1 700 亿元，这里面 80％是耕地地力保护补贴，通过直接打卡的形式补给普通农户，其余部分是对适度规模经营进行补贴，农业生产资料价格综合补贴 20％和新增加的补贴主要用于扶持规模经营户（陈锡文等，2018）。

（二）对养殖业生产的补贴

随着人民生活水平的提升、饮食结构的快速升级，为满足人民日益增长的对动物蛋白的需求，国家对养殖业也进行了扶持。

1. 畜牧良种补贴

畜牧良种补贴是国家为支持农牧民积极使用良种精液配种，提高良种覆盖率，加快推进畜产品品种改良而对农牧民选用优质畜禽品种给予的补贴。畜牧良种补贴项目从2005 年开始试点，补贴资金不断增加，补贴畜种不断增多，补贴规模不断扩大。项目资金从最初的 1 500 万元增加到 2015 年的 12 亿元，累计投入近 80 亿元，补贴畜种从奶牛扩大到生猪、肉牛、绵羊，补贴范围从试点的 15 个县扩增到对奶牛的全面覆盖和其他畜种的 600 多个县。

（1）奶牛。2005 年中央在黑龙江、内蒙古、河北和山西 4 个省（自治区）15 个项目县开展奶牛良种繁育补贴项目试点。2009 年中央财政对奶牛良种补贴资金增加至 2.6亿元，补贴规模覆盖全国；补贴品种由荷斯坦牛扩展至奶水牛、褐牛、牦牛、乳用西门塔尔牛和三河牛。与此同时，2007 年《国务院关于促进奶业持续健康发展的意见》提出开始实施后备母牛补贴政策，对进行了良种受精的母牛产下的犊牛进行补助。2008年，中央财政开始落实奶牛生产性能测定补贴项目[①]，当年有近 600 家牛场 25 万头奶牛参与测定。通过项目的推动，参测牛群产奶量、乳脂肪率、乳蛋白率等都有显著提高，乳房炎等疾病发病率有明显下降，给奶农带了实实在在的效益。

（2）生猪。2007 年，发生高致病性蓝耳病后，国务院下发了《关于促进生猪生产发展稳定市场供应的意见》（国发〔2007〕22 号），提出建立能繁母猪[②]补贴制度[③]和完

---

① 中国的奶牛生产性能测定工作起始于 1992 年，2008 年以前年参加测定的奶牛数量较少，全国每年参与测定的奶牛数量为 7 万～8 万头。农业部和财政部根据《全国奶牛优势区域布局规划》和《中国奶牛群体遗传改良计划》，确定各地奶牛生产性能测定补贴数量，按每头奶牛 70 元的标准实施补贴，主要用于采集运输、仪器维修、试剂消耗等。

② 纳入补贴范围的能繁母猪是指产过一胎仔猪、能继续繁殖仔猪的母猪，也称成年母猪或基础母猪。

③ 国家按每头 50 元的补贴标准，对饲养能繁母猪的养殖户场给予补贴。

善生猪良种繁育体系[①]；同年，财政部、农业部制定《生猪良种补贴资金管理暂行办法》并安排了 1.8 亿元的财政专项资金，25 个省 200 个生猪养殖大县（区、农场）的 900 多万头能繁母猪用上了补贴精液配种。2011 年实施生猪良种补贴任务的项目县增加至 420 个，补贴数量 1 625 万头。2017 年国家暂停了施行 10 年的生猪良种补贴项目。

（3）肉牛、绵羊等其他反刍类动物。2009 年，肉牛、绵羊等品种被纳入良种补贴范围，其中肉用能繁母牛主要在河南、四川、吉林、山东、内蒙古、新疆、甘肃、云南、辽宁和宁夏 10 个省（自治区）开展补贴试点，绵羊种公羊主要在内蒙古、新疆、青海、河北、甘肃、黑龙江、吉林、宁夏和西藏 9 个省（自治区）及新疆生产建设兵团开展补贴试点。2011 年，山羊也被纳入补贴范围。2012 年，国家继续扩大补贴实施范围，辽宁、安徽、山东、河南、湖北、湖南、广西、贵州等 8 省（自治区）纳入绵羊、山羊的补贴实施范围；肉牛良种补贴政策实施范围新增河北、山西、黑龙江、安徽、江西、湖北、湖南、广西、重庆、贵州、陕西等 11 省（自治区、直辖市）。2013 年，肉牛良种补贴实施范围又增加了江苏省，并在四川、西藏、甘肃、青海、新疆 5 个牧区省份对国家批准引进和自主培育的牦牛品种实施良种补贴项目，其中新疆含褐牛。

（4）蛋禽。为提升蛋鸡自主育种能力，增强蛋鸡生产可持续发展的种源基础，国家将蛋鸡新品种配套系选育纳入国家科技支撑计划，支持企业和科研院校积极开展蛋鸡新品种培育工作，对符合条件的种鸡场（祖代）建设项目提供一次性中央财政补助投资。2008 年中央财政投入 3 800 万元对全国 38 万套祖代蛋种鸡每套一次性补贴 100 元。2013 年，受人感染 H7N9 禽流感病例等事件影响，祖代种鸡企业因种苗禁运滞销，种鸡生产能力受到严重破坏。为保护种禽生产能力，中央财政对在产祖代种鸡给予一次性生产补贴，补贴标准为每只 50 元。

2. 规模化养殖

为提高畜牧业饲养水平，转变畜牧业饲养方式，促进产业健康发展，国家对标准化规模化的养殖场建设给予支持。2007—2014 年，中央财政每年投入 25 亿元，扶持生猪标准化规模饲养场（小区）和生猪扩繁场改扩建项目。2008 年国家安排 2 亿元中央财政预算内专项资金，扶持北京、天津、河北、内蒙古、上海、黑龙江、新疆、云南省标准化奶牛规模养殖小区（场）建设，养殖小区（场）改扩建后必须达到《奶牛标准化规模养殖生产技术规范（试行）》。2014 年，奶牛标准化规模养殖补贴资金已达到 10 亿元，规模化养殖水平大幅提升。同年，中央财政安排 3 亿元支持内蒙古、四川、西藏、甘肃、青海、宁夏、新疆以及新疆生产建设兵团肉牛肉羊标准化规模养殖场（小区）建设。支持资金主要用于养殖场（小区）水电路改造、粪污处理、防疫、挤奶、质量检测等配套设施建设等（陈海燕，2014）。

3. 渔业柴油补贴

渔业油价补助政策是我国迄今为止渔业领域覆盖范围最广、渔民受益最直接、资金规模最大的中央财政补助政策。2007 年中央财政共发放补贴 31.78 亿元，对渔民给予

---

① 国家对重点原良种猪场、扩繁场、省级生猪改良繁育中心给予适当支持，在生猪主产区推广良种猪人工授精技术，促进生猪品种改良，对购买良种猪精液给予补助。

渔业柴油补贴，降低捕捞成本。至 2012 年，渔业柴油补贴规模增至 200 多亿元。2009年 12 月 31 日，为加强渔业成品油价格补助专项资金管理，保障渔业生产者合法权益，确保国家成品油价格和税费改革顺利实施，财政部和农业部专门下发了《渔业成品油价格补助专项资金管理暂行办法》。2018 年，中央财政下达的渔业柴油补助资金已达728.8 亿元。渔业油价补助政策的实施，有效降低了渔业生产成本，同时也强化了渔民守法意识，促进了渔业船舶规范化管理，使渔船管理由过去强制登记、检验，转变为渔民主动要求纳入管理，渔船登记率和受检率大幅提高，促进了渔业可持续健康发展。

4. 动物疫病防治

2004 年以来，中央出台的涉农 1 号文件都对畜禽防疫工作提出了明确要求。目前，我国已形成以重大动物疫病强制免疫补助、畜禽疫病扑杀补贴、基层防疫工作补助为主要内容的动物防疫补贴政策。2018 年，中央财政预算安排地方动物防疫等补助经费达60.1 亿元。我国动物防疫补助政策主要包括以下四个方面：一是对高致病性禽流感、口蹄疫、高致病性猪蓝耳病、猪瘟、小反刍兽疫等动物疫病实行强制免疫，疫苗由省级政府组织招标采购，经费由中央财政和地方财政共同按比例分担。二是对高致病性禽流感、口蹄疫、高致病性猪蓝耳病、小反刍兽疫发病动物及同群动物和布鲁氏菌病、结核病阳性奶牛实施强制扑杀，强制扑杀补助经费由中央财政、地方财政和养殖场（户）按比例承担。三是用于对村级防疫员承担的为畜禽实施强制免疫等基层动物防疫工作的劳务补助。四是对养殖环节和屠宰环节病死猪无害化处理提供补贴，经费由中央和地方财政共同承担；2015 年，病死猪无害化处理补助范围由规模养殖场（区）扩大到生猪散养户。

（三）促进农业生产的其他补贴

1. 农产品生产大县奖励

农产品生产大县奖励政策是对产粮（油）大县和生猪调出大县实行奖励。

（1）产粮（油）大县奖励。为调动地方政府重农抓粮的积极性，2005 年中央 1 号文件规定，从 2005 年起，中央财政根据粮食播种面积、产量和商品量等因素，对产粮大县给予奖励和补助。2008 年财政部下发了关于《2008 年中央财政对产粮（油）大县奖励办法》的通知，统筹考虑对产油大县的奖励。自产粮（油）大县奖励政策实施以来，中央财政不断完善奖励机制，逐年加大奖励力度，2010 年产粮大县奖励资金规模约 210 亿元，奖励县数达到 1 000 多个。2018 年奖励资金已经翻一番达到 426.4 亿元。

（2）生猪（牛羊）调出大县奖励。2007 年《国务院关于促进生猪生产发展稳定市场供应的意见》（国发〔2007〕22 号），明确提出对生猪调出大县（农场）进行奖励，中央财政设立生猪调出大县奖励资金。2015 年，财政部制定了《生猪（牛羊）调出大县奖励资金管理办法》，对各省（自治区、直辖市）和生猪（牛羊）调出大县给予奖励。奖励资金由当地政府统筹安排用于支持本省（自治区、直辖市）、县的生猪（牛羊）生产流通和产业发展，支持范围包括：生猪（牛羊）生产环节的圈舍改造、良种引进、粪污处理、防疫、保险、牛羊饲草料基地建设，以及流通加工环节的冷链物流、仓储、加工设施设备等方面的支出。2018 年，中央财政安排奖励资金 30 亿元，其中省级统筹奖励资金 3 亿元、生猪调出大县奖励资金 23 亿元，牛羊调出大县奖励资金 4 亿元。

2. 农业保险保费补贴

中国早在 1934 年就曾试办过农业保险。1978 年改革开放后国务院决定恢复农业保险，并于 1982 年安排中国人民保险公司重新开始试办农业保险。但在相当长的时间内农业保险在保险公司内部和商业保险混业经营，且赔付率高、缺乏政府补贴，发展制约因素较多。直到 2003 年，党的十六届三中全会提出探索建立政策性农业保险制度，2004 年中央 1 号文件明确要求加快进程，选择部分农产品和部分地区率先试点，有条件的地方可以对参加种植养殖业保险的农户给予一定的保费补贴。当年黑龙江、吉林、上海、内蒙古等 9 个省（自治区、直辖市）就率先开展了农业保险改革试点。2007 年，中央财政首次列支 21.5 亿元的预算额度，在全国 6 个省（自治区）推行政策性农业保险保费补贴试点，揭开了中央政府补贴农业保险的序幕。2008 年，财政部颁布《中央财政种植业保险保费补贴管理办法》及《中央财政养殖业保险保费补贴管理办法》，为农业保险补贴制定了具体的实施细则。同时，中央财政支持的农业保险试点由 6 省、自治区扩展到 16 省、自治区以及新疆生产建设兵团。2012 年，国家在进一步加大对农业保险的支持力度，增加保费补贴品种、扩大保费补贴区域、支持提高保障水平的同时，还选择了在四川、内蒙古、安徽和江苏 4 省（自治区）开展农业保险保费补贴绩效评价试点工作。

目前，中央财政提供农业保险保费补贴的品种有玉米、水稻、小麦、棉花、马铃薯、油料作物、糖料作物、能繁母猪、奶牛、育肥猪、天然橡胶、森林、青稞、藏系羊、牦牛等共计 15 个。中央财政农业保险保费补贴政策覆盖全国，2017 年补贴资金达到 179.1 亿元，年均增长 23.6%。在中央的带动下，地方对农业保险的财政补贴也迅速由 2007 年的 17.1 亿元增长到 2016 年的 155.8 亿元，年均增长 27.8%，补贴品种达到 200 多个（陈锡文等，2018）。2018 年，国家开始在 13 个粮食主产省的 200 个大县深入实施农业大灾保险试点，启动实施三大粮食作物完全成本保险试点。

3. 生产技术推广

为了提高肥料利用率、保护农业生态环境、改善耕地养分状况、实现农业可持续发展，中央财政 2005 年、2006 年先后启动了测土配方施肥和提升土壤有机质项目。测土配方施肥是一项基础性、公益性、长期性的工作，主要围绕"测土、配方、配肥、供肥、施肥指导" 5 个环节，开展土壤测试、田间试验、配方设计、校正试验、配肥加工示范推广、宣传培训、效果评价、技术研发等 8 项工作。2005 年，农业部和财政部在全国选择 200 个县开展测土配方施肥试点工作，项目区实施测土配方施肥面积达到533.33 万公顷，辐射带动 1 333.33 万公顷。2010 年，测土配方施肥项目开始全面推动和深化。2015 年，中央财政投入资金 7 亿元，为 1.9 亿农户提供测土配方施肥技术服务，推广测土配方施肥技术 1 亿公顷以上。项目实施过程中，粮食作物科学施肥技术体系不断完善，经济园艺作物科学施肥技术体系逐步建立起来。

提升土壤有机质项目的补贴内容有 4 项：秸秆还田补贴、绿肥种植补贴、增施商品有机肥补贴和土壤改良培肥补贴。2006 年，中央财政启动土壤有机质提升补贴项目，试点区域集中在四川、广西、江苏、江西、湖北和湖南6省（自治区）18个县[①]，每个县实施面积约2 800公顷，主要推广稻田秸秆还田腐熟技术。2009年，在大面积推广稻田秸秆快速还田腐熟技术的同时，开始适度恢复绿肥种植规模，并启动了增施有机肥补贴试点。2011年中央财政增加了土壤改良培肥补贴项目，对项目县（区）应用酸性土壤改良技术和盐碱地改良技术的农民，给予购买土壤调理剂补贴。2014年，"土壤有机质提升项目"改为"耕地保护与质量提升项目"。2015年中央财政安排8亿元资金，鼓励和支持种粮大户、家庭农场等新型农业经营主体及农民参与项目，并在东北三省和内蒙古开展黑土地保护试点工作，综合集成技术模式着力改善黑土设施条件，全面提升黑土地质量。项目实施以来，在增加土壤有机质含量、减少废弃物污染、降低农业生产成本、促进有机肥资源转化利用、改善农村生态环境，促进粮食和农业持续稳定发展方面都发挥了积极作用。

4. 农村公益建设事业

（1）小型农田水利工程。小型农田水利设施是农业基础设施的重要组成部分。早在1987年，财政部、水利电力部就出台了《小型农田水利和水土保持补助费管理的规定》，提供农村小型农田水利建设补贴。2005年，中央财政又设立了小型农田水利工程建设补助专项资金，以"民办公助"方式支持各地开展小型农田水利建设，重点支持粮食主产区小型水源、渠道、机电排灌站等工程设施的修建、新建、续建与改造。2011年中央1号文件《中共中央 国务院关于加快水利改革发展的决定》（中发〔2011〕1号）明确提出要从土地出让收益当中提取10%用于农田水利建设，并力争到2020年，基本完成大型灌区、重点中型灌区续建配套和节水改造任务。2015年，为进一步加强和规范中央财政农田水利设施建设和水土保持补助资金管理，财政部、水利部颁布了《农田水利设施建设和水土保持补助资金使用管理办法》。2016年，中央财政安排农田水利设施建设和水土保持补助资金392.4亿元。

（2）"六小工程"。农村"六小工程"是指节水灌溉、人畜饮水、农村沼气、农村水电、乡村道路和草场围栏等农村小型基础设施建设工程。农业和农村基础设施建设既是促进农民增收的基础条件，也是带动农民直接增收的重要途径。2001年的中央经济工作会议和中央农村工作会议，明确将农村"六小工程"建设作为增加农民收入的一条重要措施提出来。2001年，用于"六小工程"的中央投资有100亿元，2002年增加到135亿元，2003年进一步增加到276亿元，2004年又增加到280亿元。截至2004年底，全国已累计解决了6 000万农村人口的饮水困难和280万人的饮水不安全问题，改善灌溉面积746.67万公顷，完成草场治理1 266.67万公顷，207万农户用上了沼气池，全国农村90%以上的地区已形成了初步的道路体系，广大农民"出行难"问题得到明显缓解（何忠伟，2014）。

（四）资源和生态补贴

1. 退耕还林

1999年，国务院在四川、陕西、甘肃3省率先进行退耕还林政策试点，当年即完

成退耕地造林 38.15 万公顷，宜林荒山荒地造林 6.65 万公顷。2000 年，退耕还林试点工作正式启动，范围涉及 17 个省（自治区、直辖市）和新疆生产建设兵团。2002 年，退耕还林工程全面启动，工程范围扩大到 24 个省（自治区、直辖市）和新疆生产建设兵团。截至 2006 年底，全国累计完成退耕地造林 926.67 亿公顷，惠及 25 个省（自治区、直辖市）和新疆生产建设兵团的 3 200 万农户 1.24 亿农民。

2014 年，为解决中国水土流失和风沙危害问题、增加中国森林资源、应对全球气候变化，国家批准实施《新一轮退耕还林还草总体方案》。2016 年，中央财政发放退耕还林专项资金 212.1 亿元。2017 年 5 月，国务院批准了国家林业局等部门提出的要进一步扩大退耕还林还草规模的请示，同意调减云南等 18 个省（自治区）246.67 万公顷陡坡耕地基本农田用于退耕还林还草，自 2014 年开始的新一轮退耕还林总规模扩大到近 533.33 万公顷。

2. 退牧还草和草原生态保护补助奖励

为了促进转变食草畜牧业发展方式，逐步实现草原生态保护和牧民持续增收的双赢目标，2003 年国家在内蒙古、新疆、青海、甘肃、四川、西藏、宁夏和云南 8 省（自治区）及新疆生产建设兵团启动了退牧还草工程。2006 年治理重点圈定在蒙甘宁西部荒漠草原、内蒙古东部退化草原、新疆北部退化草原和青藏高原东部江河源草原，先期集中治理的 6 666.67 万公顷草原约占西部地区严重退化草原的 40%。截至 2010 年，中央累计投入基本建设投资 209 亿元，安排草原围栏建设任务 5 186.67 万公顷，配套实施重度退化草原补播 1 240 万公顷，惠及 181 个县（团场）90 多万农牧户；工程区平均植被覆盖度为 71%，比非工程区高出 12 个百分点，草群高度、鲜草产量和可食性鲜草产量分别比非工程区高出 37.9%、43.9% 和 49.1%。

2011 年，国家在 8 个主要草原牧区省（自治区）和新疆生产建设兵团，全面建立草原生态保护补助奖励机制，5 年为一周期。内容主要包括实施禁牧补助、草畜平衡奖励、给予牧民生产性补贴，2011 年累计发放补助奖励资金 136 亿元。2012 年，草原生态保护补助奖励政策实施范围扩大到山西、河北、黑龙江、辽宁、吉林等 5 省和黑龙江农垦总局的牧区半牧区县，全国 13 省（自治区）所有牧区半牧区县全部纳入了政策实施范围。2015 年，中央财政投入的补奖资金达到了 166.49 亿元。随着政策实施的推进，草原生物多样性、群落均匀性、饱和持水量、土壤有机质含量均有提高，草原涵养水源、防风固沙等生态功能增强。2016 年 3 月，财政部办公厅、农业部办公厅发布《新一轮草原生态保护补助奖励政策实施指导意见（2016—2020 年）》，继续实施新一轮草原补奖政策。

3. 渔业资源保护和渔民转产转业

为吸纳和帮助渔民就业、带动渔区经济发展、改善海洋渔业生态环境，国家实行了渔民转产转业和渔业资源保护项目，主要包括水生生物增殖放流、海洋牧场示范区建设和沿海渔民减船转产。2002 年，国家开始对渔民转产转业实行补贴，安排 2.7 亿元资金用于渔民的转产转业和淘汰报废渔船。2010 年，在党的十七届三中全会提出的"加强水生生物资源养护，加大增殖放流力度"指导下，中央和地方共投入增殖放流资金 7.1 亿元，放流苗种 289.4 亿尾；共压减渔船 650 艘，核减功率 49 342 千瓦，全国建设人工鱼礁超过 3 151 万米，形成海洋牧场面积超过 4.6 万公顷，进一步加大了对水生生物资源的养护和修复力度。2012 年，国家安排 42 亿多元用于海洋渔船更新改造，形成到较远海域作业的能力。2013 年，中央开始对以船为家渔民上岸安居给予补助，改善以船为家渔民居住条件，推进水域生态环境保护。2018 年，国家继续在流域性大江大湖、界江界河、资源退化严重海域等重点水域开展渔业增殖放流，推动海洋捕捞减船转产工作，支持渔船更新改造、渔船拆解、人工鱼礁、深水网箱、渔港及通信导航等设施建设。

（五）农民生活补贴

为改善农民生活品质，唤醒农村消费活力，国家实施了财政补贴家电下乡和汽车摩托车下乡政策。2007 年 12 月起国家在山东、河南、四川、青岛 3 省 1 市进行了家电下乡试点，对彩电、冰箱（含冰柜）、手机三大类产品给予产品销售价格 13% 的财政资金直补。2008 年，家电销售及售后服务网络相对完善、地方积极性较高的内蒙古、辽宁、大连、黑龙江、安徽、湖北、湖南、广西、重庆和陕西纳入推广地区范围。2009 年家电下乡开始向全国推广，补贴范围逐渐扩展到彩电、冰箱（含冰柜）、手机、洗衣机、空调、电脑、热水器、微波炉、电磁炉和电动车等 10 种。同年，由中央财政和省级财政共同负担的汽车、摩托车下乡项目在全国正式拉开帷幕；其中中央财政负担 80%，省级财政负担 20%。新疆、内蒙古、宁夏、西藏和广西 5 个自治区以及国家确定的"5·12 汶川地震"51 个重灾县地方财政应负担的补贴资金由中央财政全额承担。实施家电下乡和汽车、摩托车下乡政策，既是实现惠农强农目标的需要，也是拉动消费带动生产的一项重要措施；在加快农村消费升级，改善农民生产生活条件等方面做出了积极贡献。

三、基于 WTO 国际规则下的农业补贴政策调整

中国加入 WTO 后，在世界贸易格局趋于一体化的环境中，中国农业补贴制度问题变得更为复杂。此时，我国的补贴制度不仅要符合中国国情，还要与 WTO 规则相协调。在 WTO 农业多边协定框架下，农业补贴政策可以分为支持性农业补贴和保护性农业补贴。支持性农业补贴是政府对农业部门的投资或支持，不针对农民和特定农产品，体现为"绿箱"补贴措施，不会或很少对农业生产和贸易产生显著性的扭曲作用。保护性农业补贴会对农产品生产和贸易产生直接显著的扭曲作用，在 WTO《农业协定》中是被限制和削弱的，具体体现为"黄箱"补贴措施、"蓝箱"补贴措施（"黄箱"中的特例）和出口补贴措施。其中，"黄箱""蓝箱""绿箱"政策又统一归为国内支持政策；出口补贴是各成员为鼓励出口、增加农产品国际竞争力而对农产品给予的保护措施，很容易形成倾销，引起贸易纠纷，直接对农产品市场造成扭曲（图 12-1）。WTO《农业协定》在实际处理农业补贴问题时，从反对"贸易保护"的角度，以是否对贸易产生扭曲作用作为判断标准，要求削减并最终禁止农产品出口补贴，限制"黄箱"补贴、允许"蓝箱"补贴、鼓励"绿箱"补贴。我国在加入 WTO 时已经承诺放弃使用农产品出口

补贴措施。

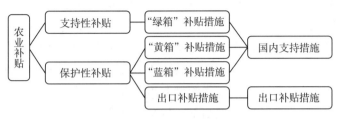

图 12-1　农业补贴政策划分

"绿箱"政策是指政府提供、其费用不转嫁给消费者，且对生产者不具有价格支持作用的政府服务计划。这些措施没有或很少对贸易和生产产生扭曲作用，因此不受WTO 规则约束，其支持水平取决于政府的财政实力。"绿箱"支持项目主要包括十一大类，分别是：政府的一般农业服务、粮食安全公共储备、国内食品援助、与生产不挂钩的收入补贴、收入保险计划、自然灾害救济补贴、农业生产者退休或专业补贴、农业资源储备补贴、农业结构调整投资补贴、农业环境保护补贴、地区援助补贴。其中，"不挂钩的直接补贴"是指直接发放给生产者的补贴要以收入水平等与农业生产没有直接关系的客观要素来确定获得补贴的资格，不能与农产品种类、产量、种植面积或国内外价格等农业生产要素挂钩，也不能有"种植要求"。而"粮食安全储备补贴"如果要计入"绿箱"政策，则需要设置预定指标，并按照市场价格进行采购。发展中成员为实现粮食安全目的进行的公共储备，如果按照政府确定的管理价格收购，也属于"绿箱"政策，但管理价格和外部参考价差要计入"黄箱"政策。

"黄箱"政策是指那些有利于农产品生产者，会对农产品生产和贸易产生扭曲作用的政策措施。"黄箱"政策主要包括对农产品的价格支持，种子、肥料、灌溉等投入品补贴，营销贷款，按产品种植面积给予的补贴和牲畜数量补贴等，由于其直接改变了农业生产者的成本和农产品价格，因而对农产品的国际贸易扭曲作用较大，受到 WTO 规则约束。WTO《农业协定》规定："各成员必须用综合支持量（Aggregate Measurement Support，简称 AMS）来反映各种国内农业支持措施的货币价值。"AMS 是指以货币表示的向某一特定农产品提供的，并有利于该农产品生产者的年度支持水平；或不是向某一特定农产品提供的，但有利于广大农业生产者的年度支持水平。其中，低于微量允许标准的部分不需要减让。如果特定农产品的 AMS 不足该产品生产总值的 5%，或非特定农产品不足全部农业生产总值的 5%，则不必计入综合支持总量中，也不需要削减。按照 WTO 规定，发达成员"黄箱"补贴量是整个农业生产总值的 5% 以下，发展中成员"黄箱"补贴量可在农业生产总值的 10% 以下。需要特别注意的是，WTO 口径下的农业与农业统计手册中的农业存在差异，只针对种植业和畜牧业，而不包括林业和渔业。

"蓝箱"政策是"黄箱"政策的特例，是指对生产虽然有一定的扭曲作用，但是在限产计划下实施的直接支付措施。根据 WTO 的规定，限产计划还要满足三个条件之一，才属于"蓝箱"政策：一是补贴基于固定生产面积或者产量提供；二是获得补贴的产量不能超出历史固定基期产量的 85%，基期可由成员自选，但一经选定就不能改变；

三是补贴与牲畜固定头数挂钩，一经选定不再改变。这样的直接补贴支持可以不计入 AMS。目前 WTO 未明确定义"限产"含义，WTO 成员通常是采取休耕和制定生产配额等做法。在 WTO 成员中，使用"蓝箱"补贴政策的主要是欧盟、日本和挪威等。

在自由市场原则的理念下，WTO 依然一定程度允许对农业的支持保护。这种保护主要体现在农产品市场准入和农业国内支持水平两个方面。在 WTO 规则下，我国就以上两个方面都进行了谈判和协商，关税配额制度就是经过反复谈判后争取到的农业支持保护措施。在当前谈判下来的贸易规则下，国内小麦配额为 963 万吨、玉米配额为 720 万吨、大米配额为 532 万吨，配额内关税 1%，配额外关税 65%（陈锡文等，2018）。

根据 WTO 规则，各成员有权不受限制地采取"绿箱"政策扶持农业，但必须按规定的时间和幅度削减造成贸易扭曲的"黄箱"政策支出。中国在加入 WTO 确定基期国内支持和出口补贴水平时，以 1996—1998 年为基期。由于在加入 WTO 前我国农业长期处于"负保护"状态，致使我国在基期内对农业的 AMS 为零，虽然无须承担出口补贴削减的义务，但今后也不可以对农产品提供出口补贴，而且"黄箱"政策的支持空间被大幅度压缩。而实际操作过程中，我国政府因农业补贴制度经验缺乏，前期的大部分农业支持政策都是操作简单而扭曲市场的价格支持政策，基本属于"黄箱"政策范围。因此，在 WTO 框架下，我国的农业支持受到很大的限制。

（1）2001 年在加入 WTO 时，我国最终承诺的"黄箱"政策补贴标准低于发展中成员的标准。尽管 WTO 规则允许发展中成员的"黄箱"政策补贴量可在农业生产总值的 10% 以下，但由于国际政治环境等因素的影响，WTO 最终并未以发展中成员标准为中国确立"黄箱"政策补贴量。经过艰难的谈判，我国承诺的微量允许水平为 8.5%，即对特定农产品的"黄箱"政策支持不超过该产品产值的 8.5%，对非特定农产品的"黄箱"政策支持不超过农业总产值的 8.5%。虽然有学者测算得出按照 8.5% 的减让标准，我国还有约 1 500 亿元的补贴空间，但相对于基数庞大的中国农民和基础薄弱的中国农业以及竞争力低下的中国农产品，这一补贴空间实在是杯水车薪（马述忠等，2010）。此外，我国还放弃了享受给予发展中成员的特殊和差别待遇权利[1]，如果要使用这些特殊和差别待遇规定的支持措施，则要计入我国"黄箱"政策支持的 AMS。

（2）AMS 分配方面的劣势。WTO《农业协定》要求各成员方用 AMS 来计算措施的货币价值，并以此为尺度，逐步予以削减。对发达成员而言，其 AMS 可以分配至任何一种农产品，只要总额不超过标准即可，而我国承诺的基期综合支持总量（Total AMS）和最终承诺约束水平均为 0。对发展中新成员，WTO 提出对部分敏感产品，补贴额不能超过该产品本身产值的标准比例。WTO 对中国规定了五大敏感产品，分别为小麦、大米、玉米、棉花和甘蔗糖。对这些产品，补贴额不能超过其自身产值的 8.5%。从这个角度看，中国尽管有多种农产品没有采取补贴（如蔬菜和水果），但这部分产品节省下来的补贴额度却并不能配置到其他产品中去，这就缩减了我国可用的补贴额度。

---

[1] 《农业协定》第六条第二款给予发展中成员特殊豁免的三项措施，即为了鼓励农业和农村发展，给予所有农民的一般性补贴、给予资源贫乏地区农户的投入补贴和引导农民停种非法麻醉作物的补贴。

（3）补贴额通货膨胀率问题对中国不利。中国的 AMS 按每年的实际产值比例计算，而不是固定在某一特定基期时的水平。但是，却不予考虑通货膨胀率。正因如此，随着通货膨胀率的提升，国内的真实补贴额已被变相压缩掉（陈锡文等，2018）。

早期中国对农业的补贴更多的是价格补贴，如最低收购价格、临时收储政策等，会扭曲市场，进而产生一系列问题。此外，这种补贴属于"黄箱"政策补贴，所以也受到 WTO 规则的严格限制。因此，针对早期补贴的问题，政府也进行了一定的改革与调整，最重要的是将原本与价格挂钩的"黄箱"政策向"绿箱"或"蓝箱"政策转换调整。

"绿箱"政策的共同特点是：要有透明性，即事先有明确规定和标准，不能是随意的；不能与生产类型及产量高低挂钩；不能与价格有关，属于补偿类型的补贴不能超过实际损失。新西兰在应用"绿箱"政策方面最为典型，几乎通过政策转换的方式将所有的国内补贴都纳入了"绿箱"政策范畴（马述忠等，2010）。2015 年，我国逐步开始了"黄箱"政策向"绿箱"政策的调整。财政部、农业部出台《关于调整完善农业三项补贴政策的指导意见》，将农作物良种补贴、种粮农民直接补贴和农资综合补贴合并为"农业支持保护补贴"。从字面上看"三项补贴"都属于"黄箱"政策，但在实际操作中都是按照承包地面积发放的，并且与产量和价格都不直接挂钩，实际上应该属于"绿箱"政策，合并后的补贴政策目标调整为支持耕地地力保护和粮食适度规模经营。2016 年，我国对东北三省和内蒙古的玉米实行"市场定价，价补分离"的新型补贴政策，该政策调整意味着补贴不再跟价格直接挂钩，将补贴由"黄箱"政策变为"绿箱"政策，对市场的扭曲作用也大大降低。

"蓝箱"政策是价格支持的特例。当农产品供过于求、价格下跌时，为避免"谷贱伤农"，可以采用休耕政策即让部分农民选择休耕，并给予一定补贴。在农产品价格形成机制中，农产品价格取决于劣等土地的生产成本。如果农产品价格提升，部分原本因产量低、成本高而未被利用的土地也会得到使用。同样的，在休耕政策下，首先退出生产领域的也会是劣等地（陈锡文等，2018）。近年来，中国也一定程度上采取了休耕的方式，尤其是玉米品种；在休耕政策下，一些不适合玉米生产的耕地会首先退出，如处于第四、第五积温带的镰刀弯地区种植的玉米可以先行退出。然而，我国休耕轮作的主要目的在于土地治理，如应对重金属污染等问题。

当前，中国由于农民数量大、经营规模小、种植种类多，农业需要保护。然而，农业的保护却不得不受制于 WTO 的框架，而且，还要考虑世界贸易一体化格局下国际市场的影响。当前，中国农产品在国际国内两个市场都缺乏竞争优势，如何利用好 WTO 规则，利用补贴保持我国农业的相对竞争力成为亟待解决的重要问题。2019 年中央 1 号文件提出要"加快构建新型农业补贴政策体系。按照适应世贸组织规则、保护农民利益、支持农业发展的原则，抓紧研究制定完善农业支持保护政策的意见。调整改进'黄箱'政策，扩大'绿箱'政策实施范围"，为未来我国农业补贴政策制度的优化指明了方向。新时期对补贴制度的改革要充分利用 WTO 规则的重要方面，依靠合理的"绿箱"或"蓝箱"补贴政策提高我国农产品的相对竞争力，保护国内农业健康稳定发展。

本章参考文献

陈海燕，2014. 中国畜牧业政策支持水平研究 [D]. 北京：中国农业大学.

陈锡文，罗丹，张征，2018. 中国农村改革 40 年 [M]. 北京：人民出版社.

程国强，2011. 中国农业补贴：制度设计与政策选择 [M]. 北京：中国发展出版社.

程国强，朱满德，2012. 中国工业化中期阶段的农业补贴制度与政策选择 [J]. 管理世界 (1)：9-20.

何忠伟，2014. 我国农业补贴政策速查手册 [M]. 北京：中国农业出版社.

何忠伟，蒋和平，2003. 我国农业补贴政策的演变与历史走向 [J]. 中国软科学 (10)：8-13.

黄汉权，兰海涛，王为农，等，2016. 我国农业补贴政策改革思路研究 [J]. 宏观经济研究 (8)：3-11.

李成贵，1997.1953—1978 年：国家工业化与农业政策选择 [J]. 教学与研究 (3)：37-41.

李先德，宗义湘，2012. 农业补贴政策的国际比较：上 [M]. 北京：中国农业科学技术出版社.

马述忠，冯冠胜，2010. 健全农业补贴制度：规则、模式与方案 [M]. 北京：人民出版社.

彭超，2017. 我国农业补贴基本框架、政策绩效与动能转换方向 [J]. 理论探索 (3)：18-25.

彭慧蓉，钟涨宝，2011. 新中国农业补贴政策的阶段性分解与分析 [J]. 农村经济 (1)：6-10.

宋洪远，2000. 改革以来中国农业和农村经济政策的演变 [M]. 北京：中国经济出版社.

谢旭人，2008. 中国农村税费改革 [M]. 北京：中国财政经济出版社.

熊良春，1997. 粮食补贴与收购资金的效益研究 [J]. 计划与市场 (12)：16-17.

第十三章　资源与环境保护政策

农业资源政策是对农业资源管理政策的统称。学界普遍认同的农业环境保护政策是对为了保护和改善农村环境、防治农村环境污染和生态破坏，而制定并实施的行动、计划、规则、措施和其他各种对策的统称（肖爱萍，2010）。农村环境保护政策的表现形式按政策的法律效力可以分为法律、法规、部门规章和规范性文件等（韩冬梅等，2013）。农村环境保护政策体系可以分为两种，一种是农业农村发展政策中涉及的环境保护政策，另一种是环境保护政策中涉及农业农村的政策。农村的环境保护政策的演进发生在中国经济体制、中国政治体制改革之下（徐文成等，2015）。

一、资源与环境保护政策变迁

新中国成立 70 年来，中国资源环境领域发生了重大变化。1949 年新中国成立以来，中国农业农村资源与环境保护政策经历了从无到有、从弱到强的过程。整体来看，中国农业资源与环境保护政策经历了四个阶段：第一阶段是 1949—1977 年，农村环境保护政策处于探索起步阶段；第二阶段是 1978—1989 年的恢复发展阶段；第三阶段是 1990—2004 年的快速发展阶段；第四阶段是 2005 年至今的科学发展阶段。

（一）农业农村资源与环境保护政策探索起步阶段（1949—1977 年）

1949 年新中国成立后，中国经济政治文化环境进入了新的阶段，而中国对环境保护方面的政策探索在 1972—1977 年才为真正的起步阶段（陈汉光等，1994）。

1. 政策实施的背景

由于外国列强的侵略和长期的战争，新中国成立初期面临着经济极端困难的局面。从这种国情出发，党的政策制定基本围绕恢复和发展国民经济、进行所有制改造和全面建设社会主义等任务展开，对农村环境并没有提出明确的保护目标和工作要求。这一阶段，相关法律法规文件中涉及环境保护的很少，而专门针对农村环境保护的就更是少之又少。在此背景下，农业农村资源与环境保护政策走上了起步阶段。

2. 政策实施的内容

1949—1977 年农业农村资源与环境政策内容按时段可以分为三部分：第一部分是新中国成立初期的农业农村资源与环境保护政策，对应的时间范围为 1949—1957 年；第二部分是"大跃进"时期的农业农村资源与环境保护政策，对应的时间范围为1958—1965 年；第三部分对应"文革"时期的农业农村资源与环境保护政策，对应的

＊本章编写人员：王凤婷。

时间范围为 1966—1976 年。

（1）新中国成立初期的农村环境保护政策。1949 年秋，中国人民经过一百多年的英勇奋斗，终于在中国共产党的领导下，取得了反对帝国主义、封建主义和官僚资本主义的人民革命的胜利。中国共产党邀请各民主党派、人民团体、人民解放军、各地区、各民族以及国外华侨等各方面的代表 635 人，组成中国人民政治协商会议，代表全国各族人民的意志，在普选的全国人民代表大会召开以前代行全国人民代表大会的职权。在此背景下，1949 年 9 月 29 日，中国人民政治协商会议第一届全体会议通过了《中国人民政治协商会议共同纲领》，明确提出了涉及水资源、森林、渔业、畜牧业相关的环境保护政策（蔡守秋，2009），对应的环境保护政策主题是"兴修水利""保护森林""保护沿海渔场""保护和发展畜牧业"。关于农林渔牧业环境保护政策，共同纲领指出："在一切已彻底实现土地改革的地区，人民政府应组织农民及一切可以从事农业的劳动力以发展农业生产及其副业为中心任务，并应引导农民逐步地按照自愿和互利的原则，组织各种形式的劳动互助和生产合作。在新解放区，土地改革工作的每一步骤均应与恢复和发展农业生产相结合。人民政府应根据国家计划和人民生活的需要，争取于短时期内恢复并超过战前粮食、工业原料和外销物资的生产水平，应注意兴修水利、防洪抗旱，恢复和发展畜力，增加肥料，改良农具和种子，防止病虫害，救济灾荒，并有计划地移民开垦。保护森林，并有计划地发展林业。保护沿海渔场，发展水产业。保护和发展畜牧业，防止兽疫。"

1950 年 6 月 28 日中央人民政府委员会第八次会议通过《中华人民共和国土地改革法》，同月 30 日中央人民政府公布施行。《中华人民共和国土地改革法》是为了废除地主阶级封建剥削的土地所有制，实行农民的土地所有制，借以解放农村生产力，发展农业生产，为新中国的工业化开辟道路而制定的。土地改革法共有六章四十条。该法明确指出土地改革的目的是废除地主阶级封建剥削的土地所有制，实行农民的土地所有制，借以解放农村生产力。该法再次明确规定了"严禁非法砍伐树木""严禁荒废土地"，明确提出"违者应受人民法庭的审判及处分"。

1956 年前后，中国国民经济取得了迅速发展，在农村环境保护政策上也陆续出台了相应的法规文件。尽管国家还没有提出专门的环保法规，但在一些相关政策法规中开始对保护和改善农村环境方面有所涉及。1957 年中共中央政治局提出《一九五六年到一九六七年全国农业发展纲要（修正草案）》，规定了"保持水土""发展林业，绿化一切可能绿化的荒地荒山""保护野生药材""保护和发展有经济价值的野生动物""防治和消灭病虫害""加强植物保护工作""积极改良和利用盐碱地、瘠薄的红土壤地、低洼地、砂地和其他土地，注意防止土地的盐碱化"等一系列农村环境保护政策，这是我国第一份体现保护农业环境和农业资源的综合性政策文件。同年，国家又先后颁布了《农业生产合作社示范章程》《高级农业生产合作社示范章程》，其中也包含了不少农业资源保护的内容。1957 年国务院颁发了《中华人民共和国水土保护暂行纲要》，纲要制定了我国水土保持工作的基本政策，是我国第一份综合性的水土保持政策文件。由此来看，新中国成立早期中国农村环境保护政策主要着眼于水土保持，耕地、森林等农业资源保护和农业环境保护。

1957 年国务院三办、四办发布的《关于注意处理工矿企业排出有毒废水、废气问题的通知》，通知指出：某些工矿企业将有毒废水排入河流或农田，妨碍附近居民饮用或农田灌溉，严重影响了附近居民的卫生健康及生产、生活。这个通知在我国污染防治政策的发展史上占有十分重要的地位，它标志着我国工业污染防治工作开始起步。

（2）"大跃进"时期的农业农村资源与环境保护政策。第一个五年计划胜利完成之后，我国经济发展战略发生重大变化，片面追求经济建设的高速度。在"以钢为纲"方针的指导下，全民大炼钢铁，滥挖滥采矿产资源，国民经济发生了严重困难，国家和人民遭受了重大损失，农村生态环境遭到了严重破坏（陈晓华等，2006）。为了改变"大跃进"给农业生产和人民生活带来的困难局面，我国在 20 世纪 60 年代初实行了"调整、巩固、充实、提高"的新方针。国务院在 1963 年连续颁布了专门的环境保护政策文件，包括《矿产资源保护试行条例》《森林保护条例》和《国务院关于积极保护和合理利用野生动物资源的指示》等。随着国民经济的调整，混乱的工业布局得到很大纠正，大大减轻了经济建设给农村生态环境带来的压力。

（3）"文革"时期的资源与环境保护政策。"文革"期间，有关农业农村的环境保护规章制度都被当作资本主义和修正主义的"管、卡、压"受到批判和否定（王西琴等，2015）。随着三线建设的开展，各地县及县以下开始大办"五小工业"，成立各地独立的工业体系，工业布局遍地开花，这给农村造成了严重的资源浪费和环境污染。同时，农业上片面强调"以粮为纲"，毁林、毁牧、围湖造田、人造梯田，以牺牲林业、牧业、渔业作为代价来发展粮食生产，破坏了农业生态系统，农村环境污染与破坏日趋严重。随着我国污染公害事故的频繁发生以及世界范围内环境保护运动的兴起，在周恩来等党和国家领导人的推动下，以及 1972 年的斯德哥尔摩"联合国人类环境会议"的影响下，我国环境保护问题开始真正进入政府的议程。

1973 年 8 月，召开了全国第一次环境保护会议，提出了"全面规划、合理布局、综合利用、化害为利，依靠群众、大家动手，保护环境、造福人民"的环境保护工作方针，拟定了我国第一个综合性的环境保护行政法规，即《关于保护和改善环境的若干规定（试行草案）》。草案指出："防治污染项目，必须和主体工程同时设计、同时施工、同时投产。保护和改善居住区、水资源、土壤、森林、草原、野生动植物等农村环境要素的措施。要加强对土壤和植物的保护，注意改良土壤，防止有害物质、放射性物质的污染和积累，要多使用有机肥料，植物保护要贯彻预防为主的方针，采取生物的、物理的综合性防治措施，保护和繁殖益虫，以虫治虫，消灭害虫。努力发展新化学农药，尽量做到效果高，对人畜毒害低，对农作物、土壤、水源残留少。逐步减少滴滴涕、六六六等农药的使用。加强使用农药的宣传教育，使农民掌握使用农药的科学问题，避免对人畜的危害。"

3. 政策的特征与问题

总的来看，1949—1977 年中国农业农村资源与环境保护政策处于早期探索阶段。该时期中，中国环境保护问题开始得到政府的重视，开始制定环境保护目标，并对环境保护做出措施布局，这为中国农业农村资源与环境保护政策的形成和发展提供了有利条件。这一时期的农村环境保护政策主要特点表现如下：

（1）政策内容以森林、耕地、草原为主。这一时期涉及农业农村资源与环境保护的政策聚焦于农业环境保护和农业资源保护，政策涉及的农业资源主要是森林资源、土地资源、草原、水资源、野生动植物等。有关环境污染防治的内容主要体现在工业废水、废气和固体废弃物污染治理和城市污染防治上，而涉及农村环境污染防治的内容则比较少。

（2）政策表现形式正规化程度不高。此时期政策表现形式以法规文件为主，采用法律形式制定农业农村资源和环境政策的较少，涉及农业资源和环境保护政策的规定比较零散，出台的文件系统化程度不高，内容上存在过于书面化、可操作性不强等问题。缺乏程序化的农村环境保护制度，农业资源和环境保护制度明显滞后。

（3）政策形成方式缺少主动性。1949—1977 年中国农业农村资源与环境保护政策大多是"问题推动型"，也就是说这一时期中国农业农村资源与环境保护政策大多是城市和工业污染防治和环境保护的配套措施，或者是基于特定的环境或资源问题制定的政策，农业农村资源与环境保护政策缺少系统性。

（二）农业农村资源与环境保护政策恢复发展阶段（1978—1989 年）

经过新中国成立初期 1949—1977 年近 30 年的探索发展，1978—1989 年中国农业农村资源与环境政策进入恢复发展阶段。

1. 政策实施的背景

1978 年党的十一届三中全会召开，做出了将党和国家的工作重心转移到社会主义现代化建设上来的决定，确定了实施改革开放的决策，启动了农村改革的进程。同时，中国农业农村资源与环境发展也积累了一些问题。随着改革开放的逐步推进，我国对农村的经营体制进行了改革，这些改革提高了农民生产的积极性。同时，在市场取向改革的影响下，人们对经济利益的过度追求，在农村地区出现了生态环境问题。如，为了追求高额利润，一些发达国家抓住我国逐步加大开放的政策取向，利用我国相对廉价的自然资源与劳动力的优势，将一些高耗能、高物耗、高污染、劳动密集型的企业转移到我国，严重影响了我国农村的土地、劳动力、自然资源、洁净的水源，一定程度上出现了环境污染的转移、生态危机的转嫁，导致我国广大农村地区面临着生态环境的威胁，农村的生态平衡遭受到极大的破坏。同时，在我国改革开放初期，由于急于改变经济文化落后的现状，在以经济建设为中心、大力发展经济的同时，环境保护尤其是农村环境保护没有得到应有的重视，农业农村资源与环境问题不断凸显。

党和政府认识到农村环境问题的重要，开始制定农村环境政策。1978 年 3 月 5 日，第五届全国人民代表大会第二次会议通过了《中华人民共和国宪法》，其中第十一条规定："国家保护环境和自然资源，防止污染和其他公害。"这是我国首次将环境保护工作列入国家根本大法，标志着我国的环境保护政策从此有了法律依据，也为我国环境保护政策的法制化开辟了道路。这一年还制定了《中共中央关于加快农业发展若干问题的决定（草案）》及《农村人民公社工作条例（试行草案）》，规定了保护农业资源和农业生态环境的基本政策。农业农村资源与环境保护开始得到政府的支持与重视。

1979 年 9 月，五届全国人大常委会原则通过了《中华人民共和国环境保护法（试行)》，指出了农村环境保护的对象和任务。1983 年召开的第二次全国环境保护会议明确提出"环境保护是我国的一项基本国策"，制定出我国环境保护事业的战略方针为"经济建设、城乡建设和环境建设要同步规划、同步实施、同步发展，实现经济效益、社会效益和环境效益的统一"，并提出"到本世纪末乡村环境和城市环境一起达到清洁、优美、安静的目的"。农业农村资源与环境保护的发展思路采用以农业资源、环境保护政策为主，同时适应农村改革开放以来农村环境形势和乡镇企业发展的要求，并尝试生态农业试点建设，取得了乡镇企业污染防治方面显著成效。

2. 政策实施的内容

1978—1989 年农业农村资源与环境政策内容主要涵盖生态农业、乡镇企业污染治理、农村乡镇规划、人居环境改善等方面。

（1）建设生态农业，重视农业生态环境。20 世纪 50 年代，中国农业整体上进入自给自足的阶段，开始由传统农业向现代农业过渡。然而，农业农村发展中的资源环境问题不断出现，成为阻碍农业现代化的一个重要因素。农业农村资源与环境问题，如化肥农药过量使用、农膜白色污染、农业用水浪费、过度放牧、乱砍滥伐等，都直接或间接导致了水土流失、土地沙化等后果。为此，1983 年国家通知全国农业停止使用六六六、DDT 等农药产品，减少农业化学物质对资源环境的污染。1984 年国务院发布了《关于加强环境保护工作的决定》，提出：各级环境保护部门要积极推广生态农业，防止农业环境的污染和破坏。1984 年，在北京召开了全国农业生态环境保护经验交流会，提出在全国范围内推进生态农业试点工作。1985 年，《国务院环境保护委员会关于发展生态农业加强农业生态环境保护工作的意见》，做出了全国各地加快实施生态农业的部署。经过 3 年的发展，生态农业的工作取得了显著成效，突出表现在全国各地涌现出典型先进户："生态农业户""沼气生态户"和"生态示范户"。截至 1990 年，中国生态农业试点已遍布除西藏、台湾外的全国各省、自治区、直辖市，其中，县级规模的有 29 个，乡镇级别的有 138 个，村或农场有 1 200 个。村级生态农业先进典型——北京的留民营村，被称为中国第一个生态农业村。

---/ **案例** /---

中国生态农业第一村：北京留民营村

留民营村坐落在北京市东南郊大兴区长子营镇。留民营村原名柳木营，经历了百年风云，后改名为留民营，以示人民安居乐业，是能留住过往客人驻足的营地。

留民营村被誉为"中国生态农业第一村"。早在 20 世纪 80 年代，留民营就开始生态农业建设，采用种植、养殖、加工、沼气利用四结合的物质循环利用类型，即种植业、养殖业、加工业、沼气相结合，进行物质循环，建起生态农场。留民营生态农场按照生态农业的原理进行科学设计，农场先后建立牛奶厂、肉鸡场、蛋鸡场和瘦肉型猪场，建立为种植业、养殖业服务的加工业体系，如饲料加工厂、面粉加工厂、食品加工厂及农机修配厂等，形成种、养、加多种经营的生产结构。

这些项目的建设与原有项目的调整和改造，改变了发展生态农业向来以养殖业为主的单一生产结构和简单的生态循环关系，形成了多种物质循环利用、重复利用的立体网络结构。具体来讲，种植业可为养殖业提供粮食饲料、秸秆，为林业提供资金；养殖业又可为种植业和林业提供有机肥料；而林业又为养殖业提供饲料。这样就形成了种植业——养殖业——林业的良性循环链条。又如，种植业为饲料加工及豆制品加工提供原料；加工厂生产的饲料及产生的豆渣又是养殖业的原料；养殖业产生的粪便既是沼气原料，又是种植业的肥料；沼气渣水是养鱼的饲料，同时也是种植业的肥料；鱼塘的塘泥又成了肥田的好肥料。这样就形成了养殖业——饲料加工、豆制品加工——种植业——沼气的良性循环链条。采用这种综合利用的发展模式，既使植物资源得到充分利用，又促进了粮食、牲畜生产的发展，提高了废物再循环利用率，产生了明显的经济效益。同时，农场产业的多样化，使各种资源彼此之间能够互利互惠，减少了废弃物排放，降低了污染，净化了环境。

留民营村走出了生态农业发展的新道路，为中国农村发展生态农业树立了榜样。

资料来源：刘娜（2017）。

（2）开展乡镇企业污染治理，优化农村工业环境。党的十一届三中全会以后，农村逐步实行以家庭联产承包为主的责任制，提高了农民的生产积极性，农业生产得到大发展，农村开始富裕起来。随着农业生产向专业化、商品化、社会化发展，乡镇企业迅速发展，为农村致富和实现现代化开辟了一条新路。虽然乡镇企业在增加农民收入、拓宽农民就业路径、发展繁荣农村等方面发挥了重要作用，但其带来的乡村环境污染问题日益严峻。乡镇企业中涉及造纸、印染、建材、化工及冶炼等重污染、粗加工的企业环境污染尤为严重。乡镇企业给农村带来的环境污染原因主要有：乡镇企业管理者文化水平较低、环境保护意识较弱，企业建的厂房布局分散，企业规模小并且缺乏合理规划，乡镇企业技术水平不高、缺少污染处理设备，等等。乡镇企业带来的环境污染主要是废水、废气和噪声污染。乡镇企业工业废水排放量大，而且，没有进行有效治理，对农村的水源和土壤有负面影响。乡镇企业在消烟除尘及废气净化方面设备、技术都比较落后，使得乡镇企业排放的废气弥散于企业周边。乡镇企业噪声污染主要来自生产过程以及交通运输、建筑施工，使得周边农村居民长期处在噪声环境中。同时，当地政府部门为了优先发展经济，往往对乡镇企业的农村环境污染问题采取不处理的态度，使得农村环境进一步恶化。

针对全国乡镇企业给农村带来的资源环境问题，1983年召开了全国县区环境保护工作经验交流会，并总结出"三同时"的基本经验，具体含义是乡镇企业发展要选择无污染、低污染的工业产品，注意合理布局、制止污染转移。在此基础上，国务院于1984年颁发了《关于加强乡镇、街道企业环境管理的决定》，决定指出要"调整乡镇企业发展方向，选择无污染和少污染的行业，对污染严重的生产项目进行关、停、并、转、迁等措施，对排放工业'三废'及产生噪音的乡镇企业征收排污费，合理安排企业布局，对所有新建、改建、扩建或转产的项目实行环境影响报告制度，严格控制新的污染源，坚决制止污染转嫁等"。这一政策拉开了乡镇企业环境治理的帷幕，对促进农村环境改善起到了一定的积极作用。

1986 年，国家发布了《中华人民共和国国民经济和社会发展第七个五年计划》，这一计划指出："保护农村环境，坚决制止大城市向农村、大中型企业向小型企业转嫁污染。"同年，农业部乡镇企业局在全国开展乡镇企业污染源调查工作，为我国农村环境保护奠定了良好的基础。1987 年以后，我国继续坚持乡镇企业环境管理，"严禁发展电镀、汞砷制剂农药、石棉制品、土硫磺、土炼焦、印染、放射性产品等污染严重的行业""严禁将城市淘汰的、污染严重的设备或企业转让农村"，要求"对现有污染严重又难以治理的乡镇企业，坚决进行调整"。与此同时，农村资源环境政策执行配置了对应的组织机构。按照有关统计，截至 1987 年底，中国已有县级环保机构 2 015 个，环保人员 24 234 名，全国对乡镇企业共征收排污费 1 亿多元，江苏、山东、广东、辽宁等省还建立了乡镇环保机构及乡镇环保网络，部分环保先进地区开始实施乡镇企业排污许可制度，初步形成了具有中国特色的乡镇企业农村环境保护工作治理体系（周学志等，1996）。

（3）统筹村镇规划，改善农村人居环境。随着农村经济形势的好转，农村建房出现了新中国成立以来少有的兴旺景象。这是农村经济发展、农民富裕起来的一个必然趋势。但是，有不少地方对农村建房缺乏全面的规划和必要的管理，农村建房和兴办社队企业出现乱占滥用耕地的现象。为了适应农村经济发展和村镇建设的需要，国务院和有关管理部门制定了一系列关于农村居住环境管理的政策文件。例如，1981 年国务院颁布了《关于制止农村建房侵占耕地的紧急通知》，通知指出要对农村建房用地进行"统一规划，合理布局，充分利用山坡、荒地和闲置宅基地，尽量不占用耕地"。1982 年国家建设委员会、国家农业委员会印发了《村镇规划原则》，要求加强村镇规划，为农民创造舒适、卫生的生活环境。1985 年城乡建设环境保护部颁布了《村镇建设管理暂行规定》，规定"村镇居民新建、改建、扩建住宅，必须履行申请审批手续"，这一政策的出台为村镇规划建设提供了比较明确的政策依据，改善了农村居住环境，保护农村生态资源。

3. 政策的特征

总的来看，1978—1989 年中国农业农村资源与环境保护政策进入恢复发展阶段，这一时期也是我国农业农村资源与环保政策推进的关键时期。在此时段内，我国农业农村资源与环境问题逐渐得到政府及各级部门的重视，并被提上了日程，也因此，在此时段内我国农业农村资源与环境保护政策有了较大的转变。此时期农业农村资源与环境保护政策的基本特征主要表现如下：

（1）农业农村资源与环境保护政策体系逐步建立。1978—1989 年农村环境与资源管理目标得以明确，政策方针、法规得以落实。此外，农业农村资源与环境保护组织机构逐步建立，并开始规范化、程序化运作，具体体现在 1979 年《中华人民共和国环境保护法（试行）》颁布后，全国大多数县级部门建立了环境保护局，部分乡镇成立了农业农村资源与环境保护部门。而且，国家层面的农业农村资源与环境保护政策的出台也比较密集，例如，1983—1986 年，国家接连发布了《当前农村经济政策的若干问题》《中共中央关于一九八四年农村工作的通知》《中共中央　国务院关于进一步活跃农村经济的十项政策》《中共中央　国务院关于一九八六年农村工作的部署》等 4 个涉及农业自然资源、改善农业农村生态环境的政策。

（2）资源与环境保护政策聚焦农业农村资源环境问题，而不单单是作为城市和工业环境政策的配套措施。党的十一届三中全会之后，伴随着农业农村的快速发展，农业农村的化学品污染、乡镇企业废水废气噪声污染等问题也不断出现。为此，国家有关部门陆续颁发了解决此类问题的一系列政策，农业农村资源与环境问题得到一定缓解，具体表现在农业面源污染一定程度上得到控制、乡镇企业得到管控、生态农业试点取得初步成功。

（三）农业农村资源与环境政策快速发展阶段（1990—2004 年）

为了适应农业农村经济发展的需要，1989—2005 年中国农业农村资源与环境政策在恢复发展的基础上又有了进一步发展。基于农业农村资源与环境政策的内容和特征，1990—2004 年为农业农村资源与环境政策快速发展的阶段。伴随着农业资源的开发利用以及农村发展，农业农村资源与环境保护问题引起党和国家进一步的重视。

1. 政策实施的背景

1990—2004 年，是我国市场取向的改革深入推进以及社会主义市场经济体制建立和完善时期。1992 年党的十四大召开，我国确立了社会主义市场经济体制改革的目标，我国改革开放和社会主义现代化建设进入了新的阶段。与此同时，农业农村资源与环境保护政策也进入到快速发展阶段。

1992 年党的十四大确立了建立社会主义市场经济体制的改革目标，这使我国市场取向的改革大大前进了一步。同时，发展社会主义市场经济，不仅要重视资源的优化配置，以大力发展生产力，而且要发挥市场的作用，注重经济、社会和生态环境的协调。1994 年通过的《中国 21 世纪议程——中国 21 世纪人口、环境与发展白皮书》，提出了"促进中国经济、社会、资源、环境以及人口、教育互相协调、可持续发展的总体战略和政策、措施方案"。从此，我国为实现可持续发展做出了不懈的努力，其中，农业农村资源与环境保护是实现中国可持续发展必不可少的支撑。2001 年中国加入 WTO，这给中国农产品的出口提供了更广阔的市场。农产品出口是我国对外贸易的一个重点，如何调整好农产品的品质，使其符合国际市场的高要求成为这一时期党和政府所关注的问题重点。而农产品生产的环境条件，是影响农产品品质的重要因素。

市场经济促进了我国的经济发展，"1992 年全国吸引外资达 110 亿美元，比 1991 年的 43 亿美元增加 1 倍还多，1993 年又增加到 275 亿美元。对外贸易也以每年百分之十几的速度增长，中华民族受到全世界的重视。1992 年国内生产总值比上年增长了 12.8%，令世人赞叹"（仇九飞，1994）。市场经济对农业农村资源与环境也提出了更高的要求。农业基础设施建设、农业生产技术领域、农产品质量的控制、绿色肥料、有机植物的栽培等都要适应社会主义市场经济的发展。这需要党和政府制定相应的农村环境政策来对农业、农村环境进行调整。

随着改革的深入以及经济社会的发展，在我国的综合国力和国际地位大幅度提高的同时，我国的环境问题不断突出，迫切需要党和政府进一步调整农村环境政策，以适应经济社会发展。《1999 年中国环境状况公报》指出，我国农村环境质量有所下降，生态恶化的趋势尚未得到有效遏制，部分地区生态破坏程度还在加剧。2000 年全国环境保护工作会议报告中也提出了全国农村环境状况依然严峻并威胁到了农业生产和农产品的质量。2001 年《国家环境保护"十五"计划》指出："农村环境问题日渐突出。已有1.5 亿亩农田遭受不同程度的污染，畜禽粪便、水产养殖和不合理使用农药、化肥污染加重，农产品质量安全不容忽视。"2003 年我国农村地膜用量已超过 60 万吨，在发达地区特别突出。据浙江省环保局的调查，被调查区地膜平均残留量为 3.78 吨/平方千米，造成减产损失达到产值的 1/5 左右。这充分表明了农田被污染的严重性，受污染的农田直接导致了农产品质量存在隐患。基于这一现实背景，党和国家对农业农村资源与环境政策进行了进一步的调整，农业农村资源与环境政策进入快速发展阶段。

2. 政策实施的内容

1990—2004 年农业农村资源与环境政策内容包括两个维度：一方面是生态农业区建设和农村污染防治；另一方面是农业农村资源与环境政策创新，集中体现在国家的西部大开发战略中。

（1）生态农业区和农村污染防治。20 世纪 90 年代，我国农村环境保护的重心开始转向防治生态破坏与工业污染，实现农村环境的综合治理。在农村污染防治方面，1990 年全国自然保护会议明确提出"控制乡镇环境污染，保护农村生态环境。加强农村污染源的控制和治理，加强农药管理，积极推广病虫综合防治，大力开展农村环境建设，推广生态农业建设，加强建设项目管理，合理开发利用自然资源，防止破坏生态环境"（周学志等，1996）。1996 年《国务院关于环境保护若干问题的决定》指出，"大幅度提高乡镇企业处理污染的能力，根本扭转乡镇企业对环境污染和生态破坏加剧的状况"，并责成有关部门"抓紧制订有关加强乡镇企业环境保护工作的具体规定"（石玉林等，1997）。此后，国家环保局、国家计委、国家经委联合制定的《国家环境保护"九五"计划和 2010 年远景目标》，国家环保局、农业部、国家计委、国家经委联合颁布的《关于加强乡镇企业环境保护工作的规定》，都对"加强乡镇企业环境保护工作，大幅度提高乡镇企业污染防治能力，根本扭转乡镇企业对环境污染和生态破坏加剧的状况，实现乡镇企业的可持续发展"给出了具体指导意见。1999 年发布的《国家环境保护总局关于加强农村生态环境保护工作的若干意见》，是我国首个专门针对农业农村资源与环境保护的政策规范。意见要求"认真执行环境影响评价制度和'三同时'制度""加强重点流域和区域污染物排放总量面源污染和生态破坏的控制"。2001 年《国家环境保护"十五"计划》要求"把控制农业面源污染和农村生活污染、改善农村环境质量作为农村环境保护的重要任务"。

在生态区建设方面，1994 年全国自然保护、海洋环境保护处长会议制定了《全国环境保护工作纲要》，明确要求加大生态环境建设的力度，组织编制了全国生态县建设规划，开展生态县建设试点工作，继续开展农村环境综合整治示范区的建设。1999 年的《国家环境保护总局关于加强农村生态环境保护工作的若干意见》指出"农村生态环境保护是环境保护工作的重要组成部分，是改善区域环境质量的重要措施"，提出"经济发达及较发达地区通过生态示范区的建设，要积极引导产业结构的调整，进一步推进污染治理和生态建设；贫困地区通过生态示范区的建设，要努力探索生态脱贫的有效途径，推动区域经济的发展"。

在村庄环境综合整治方面，1993 年国务院出台了《村庄和集镇规划建设管理条例》，提出"制定和实施村庄、集镇规划""保护和改善生态环境，防治污染和其他公害，加强绿化和村容镇貌、环境卫生建设""维护村容镇貌和环境卫生，妥善处理粪堆、垃圾堆、柴草堆，养护树木花草，美化环境"。1999 年的《国家环境保护总局关于加强农村生态环境保护工作的若干意见》提出进一步开展村镇环境规划，要求"凡 1999 年以后新建的县城、乡镇和新村，必须编制环境规划，并与城、镇建设同时实施；对已有的县城、乡镇和村庄，应在 2002 年底前完成环境规划，结合城镇改造加以实施""小城镇和村镇庄环境整治是农村生态环境保护的重点""开展以基础设施建设、饮用水及其水源地保护、农村能源建设、生活污水及垃圾处理、农业有机废物处置、村容镇貌建设等为主要内容的'环境优美城镇（村镇）'或'环境保护先进城镇（村镇）'的创建工作"。

（2）兼顾农业农村经济发展与资源利用、环境保护政策创新。西部大开发战略于 1999 年由江泽民同志提出，次年江泽民同志针对农业农村资源与环境问题强调"要把加强生态环境保护和建设作为西部大开发的重要内容和紧迫任务"。为了进一步落实江泽民同志提出的处理好经济发展与资源环境保护兼顾问题，2000 年国务院发布了《关于进一步做好退耕还林还草试点工作的若干意见》，指出要认真落实"退耕还林（草）、封山绿化、以粮代赈、个体承包"的措施，对退耕户提供粮食、现金和种苗补助，"对应税的退耕地，自退耕之年起，对补助粮达到原收益水平的，国家扣除农业税部分后再将补助粮发放给农民""实施退耕还林还草试点的县，其农业税等收入减少部分，由中央财政以转移支付的方式给予适当补助"，农业农村资源与环境生态补偿的问题首次被纳入政策。这一政策的实施实现了农业农村经济发展与资源环境保护协调发展，政策也取得了预期的效果。

/ 案例 /

西部大开发退耕还林政策成功案例——延安市吴起县

吴起县位于延安市西北部，处于毛乌素沙漠南缘，地形上属于黄土高原梁状丘陵沟壑区，曾是黄河中上游地区水土流失最为严重的县之一。2000 年该县立足县情，参与国家西部大开发和退耕还林政策，实行在全县范围内退耕还林、封山禁牧的措施，后来在水保生态及退耕还林政策上取得了较大成效。吴起县治理水土流失面积 12 万公顷，累积实现退耕还林面积 153 860 公顷，种草合格面积 64 000 公顷，成为全国退耕还林面积最大的县。参与政策后该县的水土流失得到有效控制，土壤侵蚀模数由 1997 年的 1.53 万吨/平方千米下降到当前的 0.54 万吨/平方千米，平均每年减少入海流沙 3 700 万吨，取得了黄土高原"小江南"的美誉。

资料来源：刘娜（2017）。

3. 政策的特征

1990—2004 年是我国农业农村资源与环境保护政策的全面快速发展阶段，这一阶段我国农业农村资源与环境保护政策具有以下特征：

（1）农村环境保护政策逐渐向适应社会主义市场经济体制转变。我国农村环境保护政策体系是在计划经济体制下逐步创建起来的，带有较浓的计划经济色彩。按照"谁污染谁治理"原则，乡镇企业应该是农村工业污染治理的主体。由于计划经济体制下政企不分，政府往往成为农村工业污染治理的主体。但是我国大多数乡镇政府都是负债经营，没有能力提供足够的财力支持，这导致农业农村资源与环境问题不断恶化。此外，乡镇企业排污收费标准过低，使得很多乡镇企业在"三同时""谁污染谁治理"等资源与环境政策执行上做得很不到位。20 世纪 90 年代，中国环境保护政策开始向适应社会主义市场经济体制转变。1996 年国务院出台了《关于环境保护若干问题的决定》，要求"排污费高于污染治理成本"，这也代表了中国资源与环境保护管理开始利用成本收益的模式。1998 年《全国生态环境建设规划》明确提出"谁投资，谁经营，谁受益"的原则，鼓励社会上的各类投资主体向生态环境建设投资，从法规上确定了利用市场机制保护和建设生态环境。

（2）政策制定上，实行经济与环境协调发展原则。这一原则代表中国资源与环境保护政策的制定和执行以坚持可持续发展为导向，并于 1992 年第一次将可持续发展思想用于指导农业农村资源、环境、经济社会协调发展。具体落实在行动上是，农村进一步加强污染治理、资源开发利用保护、加快生态区建设以及治理村镇环境。

（3）农业农村资源过度利用，农业农村环境恶化，农业农村资源与环境保护政策效果没有达到预期。农业农村资源与环境保护政策绩效有限，例如，《1999 年中国环境状况公报》指出"农村环境质量有所下降，生态恶化加剧趋势尚未得到有效遏制，部分地区生态破坏的程度还在加剧"。又如，2001 年公布的《国家环境保护"十五"计划》表明"农村环境问题日渐突出，已有 1.5 亿亩农田遭受不同程度污染，畜禽粪便、水产养殖和不合理使用农药、化肥污染加重，农产品质量安全不容忽视。乡镇企业污染较为普遍，小城镇环保基础设施缺乏，农村饮用水受到不同程度的污染"。这些政策文件都直接或间接证明这一时期农业农村资源与环境政策效果不尽如人意，政策亟待调整和创新。

（四）农业农村资源与环境保护政策科学发展阶段（2005 年至今）

2005 年以来，农业农村资源与环境保护政策由快速发展阶段过渡到科学发展阶段，这一阶段政策的显著特点是在农村环境保护专项资金上取得了较大突破。此阶段的农业农村资源与环境保护政策在内容上更加丰富，在形式上更加完整，对农业农村资源与环境问题更加有针对性。

1. 政策实施的背景

2005 年以来，国家从宏观尺度和微观尺度对农业农村资源与环境保护做了统筹部署，宏观尺度体现在相应的资源环境规划上，微观尺度体现在各级地方政府具体的措施，使得农业农村资源与环境政策得到了较大较深入的调整。

（1）实现农业资源保护和农村环境优化，是新农村建设的重要内容。科学有效的农村环境政策不仅有利于农村生态环境的保护，也有利于社会主义新农村建设。2005 年党的十六届五中全会首次提出，按照"生产发展、生活宽裕、乡风文明、村容整洁、管理民主"的要求，建设社会主义新农村，这对农业农村资源和环境保护政策提出了更高的标准。这就要求改变过去忽视农村环境保护的观念及行为，进而促进农业农村的可持续发展。基于这一背景，需要对前一阶段的农业农村资源与环境政策做出调整。

（2）全面深化改革，是党的农村环境政策深度调整的重要背景条件。2013 年 11 月党的十八届三中全会通过《中共中央关于全面深化改革若干重大问题的决定》，提出了全面深化改革的总目标，决定提出"紧紧围绕建设美丽中国深化生态文明体制改革，加快建设生态文明制度，健全国土空间开发、资源节约利用、生态环境保护的体制机制，推动形成人与自然和谐发展现代化建设新格局"。农业农村资源和环境保护是整个国家生态文明的重要组成部分，农业农村资源利用和环境保护状况在生态文明建设中占据着重要的地位，因此，建设农村生态文明需要党和政府在全面深化改革的过程中制定相关的资源和环境保护政策。

（3）社会经济进入新时代，农业农村资源与环境问题更加突出。全国农村生态环境形势总体上仍然比较严峻，农村生活污染、面源污染还相当严重，工业污染、城市污染向农村转移，水土流失、土地沙化、生态功能退化等状况还在发展。针对这些现象和实际需求，党和国家积极制定相关的农村环境政策，以提高当前农业资源的利用和改善农村环境状况。

2. 政策实施的内容

2005 年以来农业农村资源与环境政策内容可以分为两个方面：一方面是加大公共财政投入力度，另一方面是大胆尝试新举措。

（1）农业农村资源与环境保护纳入公共财政体系中。2006 年国家环保总局发布的《国家农村小康环保行动计划》对农村环境保护资金来源做出了更详细的说明，"以中央财政投入为主，地方配套，村民自愿，鼓励社会各方参与"，农业农村资源与环境保护政策执行"县负责、镇（乡）组织、村实施"的管理模式，由有关行业主管部门负责行业技术指导与协调。2007 年国务院办公厅转发了国家环保总局等八部门制定的《关于加强农村环境保护工作的意见》，指出"逐步建立政府、企业、社会多元化投入机制。中央集中的排污费等专项资金应安排一定比例用于农村环境保护。地方各级政府应在本级预算中安排一定资金用于农村环境保护""制定乡镇和村庄两级投入制度。引导和鼓励社会资金参与农村环境保护"。这一阶段，国家财政用于农业农村资源与环境方面的支出也有显著增加，根据有关统计，2003 年以来中央预算内已累计投资 105 亿元用于农村沼气建设，2006 年以来中央预算已累计投资 187 亿元，为农业农村水资源问题的解决提供了很大的资金支持。同时，增加对水土保持和生态建设的中央投入，加强对长江中上游、黄河中上游、京津风沙源等水土流失严重地区的重点治理和封育保护。

（2）农业农村资源与环境保护政策的大胆尝试。"以奖促治"是我国加强农村环境保护的创新之举，也是保障和改善民生的重要举措，对于统筹城乡发展、加快社会主义新农村建设具有重要意义。2008年7月，国务院召开了新中国成立以来的首次全国农村环境保护工作电视电话会议，时任国务院副总理李克强在会议上要求切实把农村环保放到更加重要的战略位置，提出了"以奖促治、以奖代补"等重要政策措施，中央财政首次设立农村环保专项资金10亿元，推进农村环境综合整治。2009年国务院办公厅转发了环境保护部、财政部、国家发展和改革委《关于实行"以奖促治"加快解决突出的农村环境问题的实施方案》，对实施"以奖促治"政策做出了总体部署，提出了明确要求。中央财政安排专项资金10亿元，用于推动和鼓励污染防治的重点流域、区域和问题严重地区开展农村环境集中整治，着力解决危害群众身体健康、威胁城乡居民食品安全、影响农村可持续发展的突出环境问题。"以奖促治"政策取得了预期的效果，对改善农村环境质量，提高农村环境保护水平发挥了积极作用。政策实施后超过900万群众直接受益，带动各地农村环保投资近15亿元，解决了一批群众反映强烈的突出环境问题，许多村庄村容村貌明显改善。

3. 2005年以来农业农村资源与环境政策的特征

2005年我国农业农村资源与环境保护政策开始进入科学发展阶段。在统筹城乡，建设社会主义新农村的时代背景下，我国农业农村资源与环境保护政策呈现出以下特征：

（1）政策制定适应了农业农村资源与环境形势的需要。以往党和政府的农村环境保护政策更多的是以城市、工业环境保护政策的"配角"身份出现，在"社会主义新农村建设"全面启动以后，中央开始围绕农村环境保护发展本身做出系统、有效的主动制度供给。针对长期存在的农村环境保护投入不足问题，国家将农村环境保护纳入公共财政范畴，以中央投入为主，建立农村环保专项资金，"以奖促治"，积极推进农村环境综合整治。

（2）注重社会公众的参与。鼓励农业农村资源与环保主体多元化，逐步建立政府、企业、社会多元化投入方式。按照"谁投资，谁经营，谁受益"的思路，充分发挥财政资金的基础性、带动性、引导性作用，吸引更多的社会资金投向农村。当前，我国一些经济发达地区的农村，已经开始吸引社会资金投入农村环保。如苏南地区不少地方政府就出台了减免费用、用地优惠等激励措施，鼓励农村乡镇印染企业自发建立污水处理厂，实现环境效益和经济效益的双赢。

（3）农村环境政策具有综合性的特征。当前，党的农村环境政策迈入综合性治理新模式，其主要手段是生态补偿和村镇综合整治。2006年，我国全面取消农业税，政府在农业支持保护和农村环境问题方面全方位布局。党的十八大把生态文明放在新高度，并提出了农业现代化和新型工业化同步发展目标。习近平总书记高度重视生态文明建设，2016年8月在青海省考察工作时指出："现在，我们已到了必须加大生态环境保护的时候了，也到了有能力做好这件事情的时候了。"2017年12月，在中央农村工作会议上，习近平总书记提出："坚持人与自然和谐共生，走乡村绿色发展之路。""良好生态环境是农村最大优势和宝贵财富。要守住生态保护红线，推动乡村自然资本加快增值，让良好生态成为乡村振兴的支撑点。""我们必须处理好经济发展和生态环境保护的关系，把该减的减下来、该退的退出来、该治理的治理到位。"可以说生态文明建设工作迎来了新时代、新机遇。

二、资源与环境政策演进的历史经验

新中国成立 70 年来，农业农村资源与环境保护政策的发展特征主要体现在农村环境保护的政策指导思想、制定理念和实施机制三个方面。

首先，农村环境保护政策指导思想渐趋科学和成熟。新中国成立以来，我国农村环境保护政策指导思想经历了从"谁污染，谁治理"到"可持续发展"再到"科学发展观"的历史过程。这一过程既体现了决策者对农村环境保护的认识在不断更新和进步，也体现了我国农村经济社会状况和农村环境问题的不断变化和发展。其次，农业农村资源与环境保护政策理念更趋公平和民主。政策逐渐彰显"环境公平"理念。环境公平的概念源于美国，大体上讲，环境公平包括了两层含义：第一层含义是指所有人都应有享受清洁环境而不遭受不利环境伤害的权利；第二层含义是指环境破坏的责任应与环境保护的义务相对称（洪大用，2001）。新中国成立以来的我国农村环境保护政策，逐渐彰显出一种强烈的"公平性"的政策精神与政策导向。从新中国成立到 20 世纪 90 年代，中央农村环境保护政策制定更多是在强调农民、农村环境和自然资源等享有环境保护的权利。《中华人民共和国环境保护法（试行）》的颁布，明确了环境保护的对象，将农村列为法律保护的环境要素，从法律层面上赋予城乡同样的环境权利。之后，国家又相继颁布了森林法、水法、草原法等自然资源保护法律，并制定了有关农业环境、乡镇污染、村镇规划等具体农村保护政策。进入 20 世纪 90 年代，随着改革开放进程的不断深入，我国农村经济取得很大的发展。从某种意义上说，这种经济增长是以高消耗、高污染、高投入取得的，使得农村经济发展对资源的需求日益增加，资源的供求矛盾越来越尖锐，农村环境的压力也越来越大。与此相对应，我国农村环境保护政策制定也开始在追求环境权利的同时，强调相应的环境责任与义务。最后，农村环境保护政策实施机制不断健全和完善，农村环境保护政策的法治化水平不断提高。进入 20 世纪 80 年代中后期以来，中国环境保护法制建设不断加强，制定并颁布了环境保护法、水污染防治法等环保法律，森林法、水法、草原法等资源保护法律，多项环保行政法规和多项环境标准（张坤民等，2007），为农村环境保护政策的实施提供了明确的法律依据。

总体而言，新中国成立以来，中国的资源与环境保护政策取得了较大的进步，政策合理性也得到了提高。但是，部分问题还有待进一步研究和解决。首先，中国在农业农村资源与环境保护上的法律、法规、文件构成的政策体系完备度还不高，具体表现在：①至今没有一个综合的资源与环境管理政策；②与每一项政策对应的程序或者资源环境管理相关的组织没有相应的制度体系；③在地域性和专业性法规方面还有较大空间；④部分政策中界定的法律关系缺少实施细则，现有的政策大多是原则性的规定某些法律关系。因此，需要制定一个将农业资源与环境保护子政策汇总起来的系统、完备的综合政策，它以农业资源和环境保护问题为导向，对各个子政策的调整对象和法律关系进行整体调整。其次，中国农业农村资源与环境保护政策执行主体组织化程度不高，具体表现在存在多头管理、农村基层专业管理人员和技术队伍缺失的问题。最后，对农业农村资源与环境保护管理制度重视程度还不够高，已有的资源环境政策和管理制度大多是针对城市和工业污染防治和环境保护的，涉及农业农村领域，尤其是农业资源和环境保护制度建设明显滞后。

⊗ 本 章 参 考 文 献

蔡守秋，2009. 环境政策学［M］. 北京：科学出版社.

陈汉光，朴光洙，1994. 环境法基础［M］. 北京：中国环境科学出版社.

陈晓华，张红宇，2006. 中国环境、资源与农业政策［M］. 北京：中国农业出版社.

韩冬梅，金书秦，2013. 中国农业农村环境保护政策分析［J］. 经济研究参考（43）：11-18.

洪大用，2001. 当代中国环境公平问题的三种表现［J］. 江苏社会科学（3）：39-43.

乐小芳，栾胜基，万劲波，2003. 论我国农村环境政策的创新［J］. 中国环境管理（3）：1-4.

刘娜，2017. 改革开放以来中国共产党农村环境政策演进问题研究［D］. 大连：辽宁师范大学.

石玉林，封志明，1997. 开展农业资源高效利用研究［J］. 自然资源学报（4）：293-298.

孙丽欣，丁欣，张汝飞，2012. 国外农村环保政策经验及我国农村环保政策体系构建［J］. 中国水土保持（2）：21-24.

王西琴，李蕊舟，李兆捷，2015. 我国农村环境政策变迁：回顾、挑战与展望［J］. 现代管理科学（10）：28-30.

肖爱萍，2010. 新中国成立以来中央农村环境保护政策的演进与思考［D］. 长沙：湖南师范大学.

徐文成，薛建宏，毛彦军，2015. 宏观经济动态性视角下的环境政策选择：基于新凯恩斯 DSGE 模型的分析［J］. 中国人口·资源与环境，25（4）：101-109.

张坤民，温宗国，彭立颖，2007. 当代中国的环境政策：形成、特点与评价［J］. 中国人口·资源与环境，17（2）：1-7.

中共中央文献研究室，2009. 十七大以来重要文献选编：上［M］. 北京：中央文献出版社：514.

中共中央文献研究室，2014. 十八大以来重要文献选编：上［M］. 北京：中央文献出版社：513.

周学志，汤文奎，1996. 中国农村环境保护［M］. 北京：中国环境科学出版社：131.

第十四章　农民负担

　　新中国成立以来的农民负担主要可以分为两类：一是"税"，主要指由农民直接上交给国家的各项税；二是"费"，主要指基层政府收取的各种行政事业性收费（冼国明等，2001）。农民的税收负担又可以分为两大类：一是农业税负担；二是农村工商各税的负担。新中国成立以后，随着全国政治的统一，政府在总结革命根据地建设经验的基础上，逐步建立了新型农业税收体系和农村工商税收体系。除了税收，农民还需要缴纳各类费用，主要包括两大部分：一部分为"三提五统"，即"三项提留、五项统筹"。三项提留指农户上交给村级组织的管理费、公积金和公益金三项，五项统筹指农民上交给乡镇一级政府的五项统筹费，主要用于乡村道路、农村教育、计划生育、民兵训练和优抚等公共事业的五类费用。"三提"和"五统"一般各占"三提五统"总额一半。在改革以前由于这些费用会在分配前就从村集体收入中扣除，所以称为"提留统筹"，而在包产到户以后，则需要农户均摊。另一部分是集资收费，包括各级各部门的集资摊派、自立项目收费、各种名目的罚款。由于管理混乱、名目繁多、地方干部隐瞒等原因，这些费用往往难以统计清楚，大部分属于"乱集资、乱收费、乱罚款"。这些项目的种类和数量由于国家和政府政策的收紧和放松在不同阶段有较大的变化，一度成为农民负担加重的主要因素之一（陈锡文等，2003）。总体来说，自新中国成立以来，伴随着国情和政策的变动，中国农民负担问题在各个阶段呈现不同的特点，历经起伏，最终以农业税全面取消为标志基本画上了句号。

一、新中国成立以来农业税的变迁

　　旧中国封建制度下的农业税是剥削阶级从自身利益出发，竭泽而渔；新中国的农业税则是从人民的利益出发，贯彻了发展经济，保障供给，兼顾国家、集体、农民的原则（中华人民共和国财政部《中国农民负担史》编辑委员会，1994）。新中国的农业税一方面为国家建设积累资金，另一方面调动广大农民的生产积极性，发展农村经济，改善农民生活，促进社会安定团结。同时，国家在合理确定经济增长率的基础上，积极从发展经济、增产节约、提高效益中来培养和开辟财源，增加财政收入，而不是靠增加人民负担、降低人民生活水平。所以说，中国的聚财之道，是要聚财有度，使国家与集体、个人的分配关系稳定在一个合理的水平上（中华人民共和国财政部《中国农民负担史》编辑委员会，1994）。农业税取之于民，国家就要使得人民生活水平有所提高、有所补充，使人民有所失同时又有所得，并且使所得大于所失（刘伟，2006）。即使在国民经济困

　　＊本章编写人员：潘丽莎。

难时期，国家也仍然"注意赋税的限度，使负担虽重而民不伤。而一经有了办法，就要减轻人民负担，借以休养民力"（毛泽东，1991）。总的来说，新中国成立以来农业税收制度大体经历了四个阶段：

（一）农业税制建立和巩固时期（1949—1957 年）

1. 农业税

1949 年新中国成立之初，百废待兴、经济萧条，国家财政经济困难，财政收入分散且增长缓慢，中央财政存在巨大的赤字。连年的战争使得国民经济处于崩溃的边缘，1949 年军费开支占财政收入的一半以上。由于财政支出逐步统归中央，而地方政府的财政收入并未及时统一到中央手中，导致收支脱节，中央政府迫切需要统一财政管理（马金华，2018）。在老解放区，土地改革已经基本完成，初步建成新型农业税制度，但在新解放区，农业税征收办法各不相同且不能令人满意。由于城市工商业比较落后，来自农业税的财政收入仍然是国家财政的主要来源。1949 年 11—12 月，在首届全国税务工作会议上，中央做出了统一国家财政经济工作的决定。会议全面讨论和解决了统一全国税政，制定统一税法，确定城市税收工作统一管理的组织原则和确定税务机构、编制、工作职责等问题。

1950 年 1 月 30 日，中央人民政府政务院发布《关于统一全国税政的决定》和《全国税政实施要则》，并附发了《工商税暂行条例》《全国各级税务机关暂行组织规程》等文件。《全国税政实施要则》中规定了全国共设 14 种税，即货物税、工商税（包括营业税和所得税）、盐税、关税、薪给报酬所得税、存款利息所得税、印花税、遗产税、交易税、屠宰税、房产税、地产税、特种消费行为税和使用牌照税。此外，还有各地自行征收的一些税种，比如农业税和牧业税等。1950 年 3 月，中央人民政府政务院通过了《关于统一国家公粮收支、保管、调度的决定》，统一并调整了全国各地农业税的税政、税目和税率等要素。该决定中规定，征收国家公粮的税则和税率，统一由中央人民政府政务院依照各地实际情况决定，各级地方人民政府必须严格遵照中央规定，谨慎而正确地进行征收。1950 年 6 月 15 日，时任政务院副总理陈云在全国政协一届二次会议上提出了调整农业税收措施。主要包括以下几个方面：一是只向主要农产物征税，凡有碍发展农业、农村副业和牲畜的杂税概不征收；二是照顾农村的经济状况，鼓励农民的生产积极性，恰当地减轻农业税并必须按照规定标准征收；三是农业税应该以通常产量为固定标准，对于农民由于努力耕作而超过通常产量的部分不应当加税。1950 年 9 月 5 日，中央人民政府委员会颁布《新解放区农业税暂行条例》，规定新解放区农业税以户为单位，按农业人口每人平均农业收入累进计征。每户农业人口全年平均农业收入不超过 75 千克主粮者免征，超过者按照 3％～42％的 40 级全额累进税率计征；农业收入无法以人口平均计算的如学校、孤儿院、公营农场、祠堂等地方按照特定规定计征，农业税地方附加不得超过正税的 15％；对荒地、遭受自然灾害者和特别贫困者经过批准可酌情给予减征或免征优待。这次农业税的调整统一了农业税征收办法，配合了当时全国财政统一的需要，使实行了两千多年的田赋制度变成了按产量征收的农业税制度，这是我国农业税制度的根本性变革，对于实现合理税负、恢复和发展农业生产具有积极作用。

为建立健全农业税制度，政务院、财政部陆续制定了一系列相关配套措施，包括《中央人民政府财政部关于农业税土地面积及常年应产量订定标准的规定》《中央人民政府政务院关于受灾农户农业税减免办法》等。在这一时期，只是统一了全国农业税的基本政策，具体的征收办法不同解放区之间有所差异。1951 年 6 月，政务院发布《关于一九五一年农业税收工作的指示》，对《新解放区农业税暂行条例》的若干条文进行了适当的修正和补充，将已完成土地改革地区的农业税的最低和最高税率分别调整为 5% 和 30%，将农业税附加的最高附加率提高到 20%。1952 年 6 月，政务院在《关于一九五二年农业税收工作的指示》中确定了农业税收的总方针是贯彻查田定产、依率计征、依法减免，逐步实现统一累进，并取消一切附加，同时还取消了全国各地农业税的地方附加。到 1952 年，虽然我国经济稳定发展，税收收入占财政收入的比重却有所下降。为了稳定税收，1953 年政务院规定，从当年起，农业税的征收指标应当稳定在 1952 年的实际征收水平上，不得增加。

2. 牧业税及其他税种

（1）牧业税。牧业税是国家对牧区、半农半牧区从事畜牧业生产，有畜牧业收入的单位或个人征收的一种税。由于我国地域辽阔，各大牧区和半牧区自然条件差别较大，加之各地发展水平不同、生产经营方式有所差异、各个民族的风俗习惯等社会环境也各异，所以没有制定全国统一的牧业税征收办法，而是由有关省、自治区人民政府根据中央的方针和政策，因地制宜地制定牧业税征收管理办法。征收范围一般为牛、羊、马、骆驼四种牲畜。1947 年，内蒙古首先开征牧业税。1950 年 8 月西北军政委员会公布《关于西北区各省一九五〇年牧业税征收的决定》，规定在新疆、青海、甘肃、宁夏的牧区开始征收牧业税。各地的征税依据有所不同，有的按照畜牧收益总额计征，有的按照牲畜存栏量计征；有的地区实行比例税，有的地区实行定额税。

（2）契税。具体来说，契税是指以所有权发生转移变动的不动产为征税对象，向产权承受人征收的一种财产税。新中国成立以后，废止了旧中国的契税。1950 年 4 月，政务院公布《契税暂行条例》，规定对土地、房屋的买卖、典当、赠与和交换征收契税，新中国的契税制度由此形成。1954 年，经政务院批准，财政部对《契税暂行条例》的个别条款进行了修订，规定对公有制单位承受土地、房屋权属转移免征契税。

（3）屠宰税。屠宰税是发生宰杀应税牲畜（一般是猪、羊、牛）时，向屠宰单位和个人征收的一种税。1950 年 1 月，政务院发布《全国税政实施要则》，将屠宰税列为全国统一开征的税种。1950 年 4 月，财政部颁发的《屠宰税暂行条例草案》规定：凡屠宰猪、羊、牛、马、骡、驴、骆驼者，无论自用或出售，都要按照税务机关公告的完税肉价，从价征收 10% 的屠宰税。同年 12 月，政务院发布了《屠宰税暂行条例》，规定对屠宰猪、羊、牛等（后补充经政府准许宰杀的马、骡、驴、骆驼）牲畜者征收屠宰税。屠宰税按牲畜屠宰后的实际重量和税务机关核定的价格从价计征，税率为 10%；不能按实际重量计征的地区，需规定各种牲畜的标准重量，从价计征。1953 年，印花税、营业税及其附加并入屠宰税一起征收，税率相应调高为 13%。到 1957 年，为了配合国家鼓励发展牲畜和提高生猪收购价格政策的实施，屠宰税的税率调低为 8%。

至 1957 年，中国税制共有 16 个税种，即货物税、工商业税、商品流通税、车船使用牌照税、船舶吨税、印花税、牲畜交易税、盐税、利息所得税、城市房地产税、文化娱乐税、屠宰税、契税、农业税、牧业税、关税，其中牲畜交易税、盐税、农业税和牧业税由各地根据中央政府的规定自行制定具体征收办法，并没有全国统一的规定。总的来说，1950—1957 年，我国根据当时的政治和经济状况，在总结老解放区税制建设的经验和厘清旧中国税制的基础上，建立了一套以多种税、多次征为特征的复合税制（刘佐，2000）。这一期间的农业税制改革适应了当时经济政治形势，在一定程度上保证了国家的财政收入、推动了革命战争的胜利，促进了国民经济的恢复与发展，对配合国家对于农业、手工业和资本主义工商业社会主义改造，建立、巩固和发展社会主义经济制度发挥了重要作用（朱润喜，2009）。

（二）农业税制建设曲折发展时期（1958—1978 年）

1. 农业税

1956 年，我国基本完成了对农业、手工业和资本主义工商业的社会主义改造，我国国民经济结构发生了根本性变化。国有企业、合作社和公私合营企业等社会主义经济所占比重超过 90%，这种经济结构的变化使得社会的税收征纳关系也发生较大转变。同时，三大改造的完成使得农业合作化在全国范围普及，农村的生产关系发生根本性改变，旧的农业税征收办法已经无法适应新形势，农业税制改革势在必行。

从 1956 年开始，财政部在向各级各部门征求意见后开始起草新的农业税条例。经过多次讨论后，于 1958 年 6 月在第一届全国人民代表大会常务委员会第九十六次会议上，通过了中华人民共和国成立以来第一部全国统一适用的农业税税法《中华人民共和国农业税条例》。条例规定，凡取得农业收入的单位和个人，均应缴纳农业税。农业税的征税对象为农业总收入，计税依据为计税土地农产品的常年产量。农业税采用地区差别比例税率，全国平均税率为常年产量的 15.5%。各省、自治区、直辖市依据国务院规定的农业税平均税率，结合所属各地区的经济情况，具体规定所属自治州的农业税平均税率和所属县、自治县、市的农业税税率。各地区规定的农业税税率，最高不得超过常年产量的 25%。为满足各地办理地方公益事业的需要，各省、自治区、直辖市人民政府经本级人民代表大会通过，可以随同农业税征收地方附加。地方附加一般不得超过纳税人应纳农业税税额的 15%，特殊情况下不得超过纳税人应纳农业税税额的 30%。为鼓励农民积极扩大耕地面积和照顾确有困难的纳税人，条例中有鼓励农业生产的减免、灾情减免和社会减免的规定。农业税条例的出台对于正确处理国家与农民的分配关系、发展农业生产、保证国家掌握粮源、保证基层政权正常运转等是一个良好的开始，但是也在一定程度上加重了农民负担。1958 年后，我国虽然根据各经济时期的不同情况，对农业税制度作过多次修改和补充，但 1958 年确立的农业税基本征收制度始终未变。鉴于 1959—1961 年国民经济发生严重困难，1961 年 6 月 23 日中央在批转财政部《关于调整农业税负担的报告》时提出，农业税的实际负担率全国平均不得超过 10%，同时确定了 1961 年农业税征收额调减以后稳定三年不变，增产不增税。

2. 牧业税

中共中央在 1961 年 12 月批转的《西北地区第一次民族工作会议纪要》和在 1963 年批转的《关于少数民族牧业区和牧业区人民公社若干政策的规定的报告》中均指出，对牧业税继续实行清税政策，牧业税的税率应当控制在总收入的 3% 以内为宜。据此，各征收牧业税的省、自治区相继颁布了本地区开征牧业税的实施办法。牧业税的征税对象为规定的应税牲畜（一般包括马、牛、骆驼、绵羊、山羊 5 种牲畜），计税依据为畜牧业总收入或牲畜头数。牧业税实行比例税率和定额税率两种形式，税负一般低于农业税，其具体征收制度由开征牧业税的省、自治区根据国家的有关规定，结合本地区的实际情况自行制定，具有很大的灵活性。为鼓励畜牧业生产、开展畜牧科学实验和照顾牧业纳税人，牧业税规定有优待减免、灾情减免和社会减免。

到 1978 年，中国税制还有 13 个税种：工商税、工商统一税、工商所得税、车船使用牌照税、船舶吨税、牲畜交易税、集市交易税、城市房地产税、契税、农业税、牧业税、关税、盐税。其中的牲畜交易税、盐税、牧业税仍没有正式立法，由各地方自行确定。

（三）农业税制建设全面加强时期（1978—1994 年）

1. 农业税

1978 年党的十一届三中全会顺利召开，会议决定把党的工作重心转移到社会主义现代化建设上来，并提出了改革开放，而税制建设也逐渐成为经济建设的关键点。1978 年 12 月 4 日国务院同意并批转了财政部《关于减轻农村税收负担问题的报告》。规定从 1979 年起，在粮食产区，凡是低产缺粮的生产队，每人平均口粮在起征点以下的，可以免征农业税。起征点由各省、自治区、直辖市做出规定，并报国务院批准。1979 年 11 月，财政部在《关于加强农业财务工作的意见》中指出：农业税的征收额应当继续稳定不变，增产不增税。按照实行起征点的办法，对部分经济条件较差的地区实行农业税减免。1981—1985 年，国家财政部门积极贯彻落实党的十二大和十二届三中全会的精神，适应农村经济体制改革和产业结构调整的需要，对农业税征收制度作了必要的调整和改进。在 1981 年和 1983 年两次发出通知，重点要求继续明确以生产队为纳税单位，按照统一核算分配；凡是实行包干到户、包产到户责任制的，农业税由户负责交纳；农业税的交纳结算，无论采取何种办法，都要完备手续，做到上下及时结算清楚。

为了支持发展较差的贫困社队生产，1978 年经国务院批准，从 1979 年起执行农业税起征点办法，对人均口粮和收入在起征点以下的生产队免征农业税，到 1980 年实行免税一定三年的办法。农业税起征点办法一定程度上缓解了贫困生产队的生产困难，生产条件也得到一定的改善。从 1983 年起，农业税起征点办法停止执行，并相应恢复因实行这一办法而核减的各省、自治区、直辖市的农业税征收任务。对于一些恢复全部征收仍然困难的少数地区，延迟到 1984 年恢复执行；对于无法维持基本生活需要，纳税确实有困难的农户，纳税人申请后再通过民主评议，公社审核，报县批准后按照社会减免办法继续予以照顾。

长期以来，农业税以征收粮食为主，这种实物税的形式具有强制性。随着农村改革的深入，农业种植结构调整变化，农村商品经济的发展，实物税的局限性逐渐凸显。从1985年起，农业税由征收粮食为主改为"折征代金"的办法。1985年2月，财政部印发《关于贫困地区减免农业税问题的意见》，其中规定，对于少数因自然和经营条件很差，解决温饱问题需要一定时间的最困难户，可以从1985年起给予免征农业税3~5年的照顾；对于生产和生活水平暂时下降，困难较轻的农户，可以根据当年实际情况给予适当减征或者免征农业税的照顾。

这一阶段，为了正确处理新时期的农民问题，减轻农民负担，中共中央、国务院和财政部采取了一系列措施，其中一个重要方面就是稳定了农业税收政策。

2. 农业特产税

为了平衡农村各种作物的税收负担，促使农业生产尤其是粮食生产的发展，1983年11月国务院颁布了《关于对农林特产收入征收农业税的若干规定》，要求各地对农林特产收入（主要是园艺收入、林木收入、水产收入和其他农林特产收入）单独征收农林特产税，标志着我国农业特产税征收制度正式确立。1989年3月国务院发布了《关于进一步做好农林特产农业税征收工作的通知》，决定全面征收农林特产税。到1993年2月，国务院下发《关于调整农林特产税税率的通知》，对部分农林特产品的税率进行了调整。1994年，为了配合工商税制的改革，国务院颁布了《关于对农业特产收入征收农业税的规定》，将原农林特产税和原产品税中对农林牧水产品征税的税目合并，改征农业特产税，同时废除了1983年和1989年的有关规定，计税依据为农业特产品实际收入。农业特产税实行比例税，对全国统一的农林特产品税目，实行全国统一规定税率，最高为31%，最低为8%；对未列入全国统一的农林特产品税目，各省、自治区、直辖市人民政府，按照不同农业特产品的获利情况，依5%~20%的税率征税。为鼓励开展农业科研和对困难农户予以照顾，农业特产税对农业科研院所的科学实验所得，新开发的农地上生产的农业特产品，老革命根据地、少数民族地区、边远地区、贫困地区和其他地区温饱问题尚未解决的贫困户等给予适当的减税、免税优待。这次调整之后，我国农业特产税步入了稳定的制度化征管之路（朱润喜，2009）。

3. 牧业税及其他税种

（1）牧业税。1980年以前，我国共有内蒙古、新疆、青海、甘肃、宁夏、西藏、陕西、四川八个省、自治区开征牧业税。1980年后西藏自治区停征牧业税。截至2000年税费改革前，各省、自治区的牧业税征收制度在执行中虽有调整，但其基本征收制度从未改变。各地征收牧业税最初多用于发展畜牧业生产，后来逐渐变成了基层政府取得财政收入的一种方式，并成为地方政府乱收费的依托之一。

（2）耕地占用税。耕地占用税于1987年开征，目的是为了加强土地管理，保护农用耕地。耕地占用税对直接为农业生产服务的农田水利设施占用耕地免税；对农业户口居民在规定用地标准范围内占用耕地新建自用住宅实行减半征税。此外，农村革命烈士家属、革命残废军人、鳏寡孤独及边远贫困山区生活困难的农户，在规定标准用地范围内新建住宅确有困难的，经纳税人本人申请，所在地乡（镇）人民政府审核，报县以上人民政府批准，酌情给予减免，但减免需控制在农村新建住宅计征税额总额的10%以内，少数贫困地区集中的省份可适当放宽，但减免需控制在农村新建住宅计征税额总额的 15％以内。耕地占用税的对农税收优惠政策自出台以来一直未有大的变动。

（3）屠宰税。1985 年，财政部　国家税务总局颁布《关于改进屠宰税征税办法的若干规定》，对屠宰税进行了适当的改进。1994 年税制改革时，屠宰税交由地方管理，征收与否由省级人民政府自行决定。

（四）社会主义市场经济确立时期的农业税制改革（1994—2006 年）

1992 年 10 月党的第十四次全国代表大会正式提出了我国改革开放的目标是建立社会主义市场经济体制。1993 年，党的十四届三中全会通过的《中共中央关于建立社会主义市场经济体制若干问题的决定》，对社会主义市场经济体制的基本框架作了规定。1996 年 12 月 30 日发布的《中共中央　国务院关于切实做好减轻农民负担工作的决定》规定，国家的农业税收政策不变，今后国家对农业生产不征新的税种。

1997 年，考虑到原有的契税条例已不适应经济发展的要求，沿用了 40 多年的契税条例被废止，国务院重新制定了《中华人民共和国契税暂行条例》。新的契税实行一次性征收，征收范围较以前有所扩大。新契税明确规定：承受荒山、荒沟、荒滩土地使用权，并专用于农、林、牧、渔业生产的，免征契税。此后契税的这一对农税收优惠政策始终未变。到 20 世纪末，中国初步建立了适应社会主义市场经济体制需要的税收制度，对于保证财政收入，加强宏观调控，深化改革，扩大开放，促进经济与社会的发展，起到了重要的作用。到 1999 年，农业税、农业特产税、牧业税、屠宰税这四种税收每年实际征收总额在 360 亿元和 390 亿元之间。农业税收中有相当部分来自粮食，但和当时的农业增加值相比，征税水平还是相当高的（陈锡文等，2018）。

由于农业税的税种属性模糊，在税种的范畴上无法科学化，课税对象、征收形式和税率均存在不合理的地方，且与其他税收存在交叉的现象，其征管体制也不利于减轻农民税费负担（冯海发，2001），故中央政府决定从 2000 年开始实行农村税费改革，这是我国涉农税制变迁过程中具有划时代意义的一次变革。农村税费改革的对象是专门针对农民征收的农业税、农业特产税、牧业税。2000 年 4 月中共中央、国务院发布了《关于进行农村税费改革试点工作的通知》，明确了"减轻、规范、稳定"为农村税费改革试点工作的目标，在安徽全省和其他省份的部分地区进行改革试点，其余省级单位自主选择县（市）进行试点。其中，甘肃、湖南、河南、陕西、河北、黑龙江、吉林、内蒙古 8 个省（自治区）选择了 32 个县（市）进行改革试点。初期的改革可以概括为"三个取消，两个调整，一个逐步取消"，即：取消屠宰税、乡统筹费和农村教育集资；调整农业税政策和农林特产税征收办法；逐步取消农村劳动力的积累工和义务工。具体来说：①农业税按照农作物常年产量和规定的税率依法征收。常年产量以 1998 年前 5 年农作物的平均产量确定，并保持长期稳定。调整农业税税率，将原农业税附加并入新的农业税。新的农业税实行差别税率，最高不超过 7％（合计税率不超过 8.4％）。试点省份的具体使用税率和农业税征收总额由国务院确定；省级以下政府按照比现行农民税费负担明显减轻的原则逐步核定。贫困地区的农业税税率要从低确定。农民承包土地从事农业生产的，计税土地为第二轮承包用于农业生产的土地；其他单位和个人从事农业生产的，计税土地为实际用于农业生产的土地。当计税土地发生增减变化，农业税应当及时进行调整。农业税基本政策基本保持不变。②牧业税的调整按照牧业税的负担略低于新的农业税负担的原则确定。具体办法由试点地区省级政府确定。2002 年，考虑到全国各地的屠宰税在实际征收中成为乱收税的典型，所以停征了屠宰税。③调整农业特产税政策。即按照农业税和农业特产税不重复交叉征收的原则，对在非农业税计税土地上生产的农业特产品，继续征收农业特产税。对在农业税计税土地上生产的农业特产品，可以由试点地区省级政府决定只征收农业税或农业特产税。对部分在生产、收购两个环节征税的农业特产品，要积极创造条件，合并在生产或收购一个环节征收。农业特产税的税率按照略高于农业税税率进行适当调整。2002 年，国务院办公厅发出《关于做好2002 年扩大农村税费改革试点工作的通知》，将改革试点省份扩大到安徽、河北、内蒙古、黑龙江、吉林、江西、山东、河南、湖北、重庆、四川、贵州、陕西、甘肃、青海、宁夏等 16 个省（自治区、直辖市）进行农村税费改革试点。同时授权上海、浙江、广东等经济发达省（直辖市）可以自费进行扩大改革试点，同时还规定了中央财政专项转移支付资金包干使用的办法。

可以看出，这项改革具有内在倒逼机制，不仅规范了基层政府的收费权限，又为基层政府的改革勾画出了纲领，有利于政府职能的转变，但当时并没有具体可行的执行方案（李芝兰等，2005）。但是，由于试点实施过程中仍然存在许多问题和矛盾，远超预期的财政代价，在一定程度上影响了中央进一步扩大试点的决心（陈锡文等，2018）。例如在安徽省，中央测算得出的减收金额预计为 10 亿元，所以预备了相应的转移支付规模，而实际上由于税费过于复杂，安徽省试点最终的财政缺口达到了 17 亿元，财政代价过重。2001 年以后，第九届全国人民代表大会第四次会议批准的《中华人民共和国国民经济和社会发展第十个五年计划纲要》和第十届全国人民代表大会第四次会议批准的《中华人民共和国国民经济和社会发展第十一个五年规划纲要》，要求为了适应建立比较完善的社会主义市场经济体制的需要，继续完善税制。截至 2002 年底，农村税费改革试点工作已经在全国 20 个省份全面展开，试点地区参与改革的农村人口约 6.2亿，约占当时全国农村人口的 3/4，这为全面推进改革积累了经验，也奠定了基础（韩俊，2008）。

农村税费改革试点经验表明，此次税费改革一方面能够缓解农村干群关系、党群关系的矛盾，另一方面也保护了农民的生产积极性，社会不良现象得到了抑制。2003 年 1月 16 日，中共中央、国务院发出《关于做好农业和农村工作的意见》，该意见中指出要继续推进农村税费改革切实减轻农民负担。同年 10 月，在党的十六届三中全会上通过了《中共中央关于完善社会主义市场经济体制若干问题的决定》，明确提出"完善政府社会管理和公共服务职能，为全面建设小康社会提供强有力的体制保障"，并阐明了"简税制、宽税基、低税率、严征管"的税制改革思路。改革后的农业税税率统一为不高于全年产量的 7%，附加税税率统一为不高于正税的 20%，合计不超过常年产量的8.4%，但是，农民还是承担着较重的税负。2004 年，中央 1 号文件明确提出要"降低农业税税率"，全国统一规定从原来的 7%下降到 5%。同年，财政部、农业部、国家税务总局联合下发了《关于 2004 年降低农业税税率和在部分粮食主产区进行免征农业税改革试点有关问题的通知》。通知规定：吉林、黑龙江两省先进行免征农业税改革试点，河北、内蒙古、辽宁、江苏、安徽、江西、山东、河南、湖北、湖南、四川 11 个粮食主产区农业税税率降低 3 个百分点；其余省、自治区、直辖市农业税税率总体上降低 1 个百分点；农业税附加随正税同步降低；征收牧业税的地区，要按照免征农业税改革试点或农业税税率降低的幅度，同步将牧业税及附加负担水平降下来。同年，财政部、国家税务总局下发《关于取消除烟叶外的农业特产税有关问题的通知》，决定从 2004 年起，取消对除烟叶以外的其他农业特产品的农业特产税；对烟叶仍征收农业特产税的地区，在农业税计税土地上生产的农业特产品，改征农业税，在非农业税计税土地上生产的农业特产品，不再改征农业税；对已免征农业税的地区，农业特产品也不再改征农业税。2005 年，国务院下发了《关于 2005 年深化农村税费改革试点工作的通知》，强调指出，2005 年要进一步推进以农村税费改革为主要内容的农村综合改革。到 2005 年上半年，全国 22 个省份免征农业税。2005 年 12 月，第十届全国人大常委会第十九次会议通过决定，自 2006 年 1 月 1 日起废止《中华人民共和国农业税条例》，至此，在中国延续了两千多年的农业税正式终结。与此同时，中央也进一步加大了对地方政府的转移支付力度。2005 年，国家财政对农村税费改革的转移支付达到了 849 亿元（陈锡文等，2018）。

农业税的取消是中国农民负担史上浓墨重彩的一笔，它宣告了中国两千多年纳农业税时代的终结，同时也表明了中国农民将进一步分享中国改革的红利。实践证明，农村税费改革取得了明显的成效，农民负担明显减轻，农民得到了很大的实惠。税费改革也初步理顺了农村分配关系，促进了社会稳定，迫使基层政府转变职能和改革机构，有助于我国更好地融入国际社会，为统筹城乡发展奠定了一定基础（朱润喜，2009）。2006 年全面取消农业税之后，与改革前的 1999 年相比，中国农民减负总额超过了 1 000 亿元，人均减负 120 元左右。农民负担的减轻有力地促进了农民增收，2005 年全国农民人均纯收入达到 3 255 元，相比 1999 年增长了 47.3%（陈锡文等，2018）。

二、新中国成立以来涉农税制的变迁

税收对农业和农村经济发展的影响是多方面的。税收中除了直接对农民和涉农企业征收的税种，还包括了其他一些间接的涉农税种，主要表现在工商税收上。农村涉农税制主要指农村的工商各税，包括涉农增值税、消费税、营业税、所得税四大类。这些税种虽然其并非专门针对农业设计，但是在农产品生产、加工、流通过程中涉及的各类经营主体必然要缴纳相关税费。

新中国成立后的一段时间里，我国农村商品经济较为落后，因此农民缴纳的工商税收也较少。此后，农业实现合作化，组织农民生产，为今后发展工业和农村副业提供了有利的条件。随着改革开放的到来，农村经济持续发展。直到 2000 年开始的农村税费改革中，国家陆续出台了 50 多项涉农税收优惠政策，包括低税率、减免税等。虽然税收优惠政策并非直接让农民受益，但是这种激励机制能够实现以税惠农，使得农民从中间接获益。

（一）涉农增值税

1985年1月财政部发出《对于农村乡镇企业和农民个人征免产品税、增值税和营业税的通知》，以促进农村经济的发展和商品市场流通。其中有关增值税的内容包括：集体或个人兴修小电站生产销售的电力和乡镇企业生产销售直接为农业生产服务的化肥、农药、兽药、小农具等产品，可以由省、自治区、直辖市税务局确定给予定期减征或免征产品税和增值税的照顾。此后，国家进一步加大了对涉农增值税减免的力度，主要包含：农业生产者销售的自产农业产品及饲料、农膜等农业生产资料免税；生产化肥、农用机械等农业生产资料的企业减税或免税；购进免税农产品可以按买价的10%计算进项税并予以抵扣；小规模纳税人（经营农副产品的乡镇企业多数属于该类型）按6%（商业环节后来改为4%）的税率计算纳税额等。1999年国家税务总局下发《关于生猪生产流通过程中有关税收问题的通知》，将农业生产者销售自己饲养的生猪剔除出增值税征收范围。

2001年财政部、国家税务总局下发《关于若干农业生产资料征免增值税政策的通知》，将免征增值税的范围扩大到农膜、大部分化肥和农药，以及批发零售的种子、种苗、化肥、农药、农机。2002年财政部、国家税务总局下发《关于提高农产品进项税抵扣率的通知》，将购进免税农产品抵扣进项税的扣除率由10%提高为13%。2003年国家税务总局下发《关于个体工商户销售农产品有关税收政策问题的通知》，将个体工商户销售水产品、果品等农产品应纳增值税的起征点一律确定为月销售额5 000元，按次纳税的，一律确定为每次（日）销售额200元。2004年国家税务总局在《关于进一步落实税收优惠政策　促进农民增加收入的通知》中强调对市场内的经营者和其经营的农产品，如税务机关无证据证明销售者不是"农民"的和不是销售"自产农产品"的，一律按照"农民销售自产农产品"执行政策。同时对无固定生产经营场所的流动性农村小商小贩，免于办理税务登记。

随着2009年增值税改革转型的全面推进，生产型增值税逐渐转为国际上通用的消费型增值税。2011年，经国务院批准，财政部、国家税务总局联合下发营业税改增值税试点方案，到2016年，我国全面推行"营改增"，增值税变得更为规范。2017年7月1日起又调整了增值税税率结构，取消了13%的增值税税率，将原制度中规定征收的13%税率的农产品、自来水、暖气等税率降为11%，农民负担进一步减轻。

（二）涉农营业税

营业税的具体征收范围包括交通运输业、建筑业、金融保险业、邮电通信业、文化体育娱乐业、服务业、转让无形资产和销售不动产等。所以当农民从事农业相关的运输、建筑、饮食等行业时，需要缴纳该部分的营业税。早在1956年，为了适应农业合作化后的农村经济情况，并进一步鼓励农民发展农业副业的积极性，财政部颁布了《关于农村工商税收的暂行规定》，进一步明确了农村工商税收的征收范围。其中规定：农业社、社员和个体农民自产、自用、自销的农林牧渔产品免纳工商税，只对农业社在城镇设立店铺销售产品的按照销售收入征收 3% 的营业税，不征收所得税；已经缴纳商品流通税、货物税的产品，农业社不再缴纳营业税和所得税；如有某些特殊情况，在一定范围内由省、自治区、直辖市人民委员会给予适当的减免照顾。可见在农业合作化发展阶段，农民和农业社纳税负担有所缓解。

根据 2008 年修订的《中华人民共和国营业税暂行条例》第八条和《中华人民共和国营业税暂行条例实施细则》第二十二条的规定，对农业机械、排灌、病虫害防治、植保、农牧保险以及相关技术培训业务，家禽、家畜、水生动物的配种和疾病防治免征营业税。具体来说，包括：为农业、林业、牧业提供生产服务，使用农业机械进行包括耕耘、种植、收割、脱粒、植保等取得的收入，以及对农田进行灌溉或者排涝业务取得的收入，免征营业税；为农业、林业、牧业、渔业提供病虫害测报和防治业务取得的收入，免征营业税；为种植业、养殖业、牧业种植和饲养的动植物提供保险业务取得的收入，免征营业税；从事家禽、牲畜、水生动物的配种和疾病防治业务包括与该项劳务有关的提供药品、医疗器具的业务取得的收入，免征营业税；提供农业机耕、排灌、病虫害防治、植保、农牧保险以及相关技术培训业务，以及为农民进行农牧保险知识的培训业务取得的收入免征营业税；农村集体组织、农村企业和农民个人将土地使用权转让给农业生产者用于农业生产的免征营业税；农业科研单位、农机推广组织、农村企业和农村科技能人从事农业及其他技术转让、开发和技术咨询和服务取得的收入，免征营业税。1994 年财政部、国家税务总局下发《关于对若干项目免征营业税的通知》，规定：将土地使用权转让给农业生产者用于农业生产，免征营业税；保险公司承办农村合作医疗保险，免征营业税。

2001 年财政部、国家税务总局下发《关于降低农村信用社营业税税率的通知》，将农村信用社的营业税税率降为 5%。根据 2002 年《财政部 国家税务总局关于下岗失业人员再就业有关税收政策问题的通知》和 2003 年《财政部 国家税务总局关于下岗失业人员再就业有关税收政策问题的补充通知》，提高了营业税的起征点，"将按期纳税的起征点幅度由现行月销售额 200～800 元提高到 1 000～5 000 元；将按次纳税的起征点有现行每次（日）营业额 50 元提高到每次（日）营业额 100 元"，关于提高营业税起征点的规定"适用于所有个人"。

2011 年，经国务院批准，财政部、国家税务总局联合下发营业税改增值税试点方案，从 2012 年 1 月 1 日起在上海率先实行。2012 年 8 月 1 日起至 2012 年底，国务院扩大"营改增"试点至北京、江苏、安徽、福建、广东、天津、浙江、湖北等 8 个省（直辖市）。到 2013 年 8 月 1 日，"营改增"范围已经推广到全国范围。2016 年 5 月 1 日起，我国全面推行"营改增"，自此，涉农营业税退出了历史舞台。

（三）涉农消费税

消费税针对农业所作的主要规定包括对农用拖拉机、收割机、手扶拖拉机的专用轮胎不征收消费税。消费税中这一涉农税收优惠政策始终未变。由于我国仅对过度消费会对人类健康、社会秩序和生态环境等造成危害的消费品、奢侈品、非生活必需品、高耗能的高档消费品、石油类消费品及个别具有特定财政意义的消费品征收消费税，所以实际中农民交纳的消费税项目比较有限，比如白酒、摩托车、卷烟等。2014 年 11 月，财政部、国家税务总局发布了《关于调整消费税政策的通知》，规定：取消气缸容量 250 毫升（不含）以下的小排量摩托车消费税，气缸容量 250 毫升和 250 毫升以上的摩托车继续分别按照 3％和 10％的税率征收消费税；取消车用含铅汽油消费税；取消酒精消费税，将"酒与酒精"品目改为"酒"并继续按照现行消费税政策执行。党的十八届三中全会提出，调整消费税征收范围、环节、税率，把高耗能、高污染产品及部分高档消费品纳入征税范围。

（四）涉农所得税

所得税包括个人所得税和企业所得税。涉农个人所得税主要指对个体工商户从事农产品加工等取得的生产经营收入征收的所得税；涉农企业所得税主要指对从事农产品生产加工、农用物资生产的企业的生产经营收入征收的所得税。

涉农个人所得税：个人或个体户从事种植业、养殖业、饲养业、捕捞业取得的收入暂不征收个人所得税；进入各类市场销售自产农产品取得的收入暂不征收个人所得税。

涉农企业所得税：改革开放之后，乡镇企业迅速发展。为了支持乡镇企业的发展，并照顾各个地方的实际情况，国家先后规定了一些减税和免税的措施，例如：对按照八级超额累进税率纳税确有困难的乡镇企业，各地方政府可以确定减税原则；灾区进行自救型生产可以在一定期限内给予免征所得税的照顾等。之后，农村发展出一批龙头企业，于是国家通过一系列税收优惠政策，重点鼓励和扶持农业龙头企业的发展。经过国家认定，并且在生产经营期间符合相关规定的从事种植业、养殖业和农林产品初加工的龙头企业可以按照规定办理相应的税收减免。国有农业企业和事业单位从事种植业、养殖业和农林产品、渔业初级加工取得的收入暂免征收所得税。乡村农机推广站、植保站、水管站、林业站、畜牧兽医站、水产站、种子站、农技站、气象站以及农民专业技术协会、专业合作社提供技术服务或劳务所得收入暂免征所得税，城镇其他各类事业单位开展上述技术服务或劳务所获得的收入也暂免征所得税。为了提高农产品经营效益，促进农村经济的市场化，财政部、国家税务总局在《关于促进农产品连锁经营试点税收优惠政策的通知》中提到，对纳入农产品连锁经营试点范围，且食用农产品收入设台账单独核算的企业，自 2006 年 1 月 1 日起至 2008 年 12 月 31 日止，经营食用农产品的收入可以减按 90％计入企业所得税应税收入；试点企业建设冷藏和低温仓储、运输为主的农产品冷链系统可以计提折旧。针对供电企业在农业用电管理中涉及的税收问题，按照规定，无偿接收的农村电力资产并转增国家资本金的，不计入企业的应纳税所得额计征企业所得税，供电企业无偿接收的农村电力固定资产，按照规定的折旧允许在所得税前扣除。

三、新中国成立以来"三提五统"和其他集资摊派的变迁

"三提五统"即村级三项提留与乡级五项统筹，具体内容指农民必须向乡镇政府交纳村级三项提留（公积金、公益金、管理费）和乡级五项统筹（乡村教育费、计划生育

费、优抚费、民兵训练费、乡村道路建设费五项统筹费)。由于通过税收筹集的公共服务资源有限,而且仅限于乡镇本级,通过农产品不等价交换筹集到的资源又集中在中央政府,主要用于国家工业化建设,与农村无关,因此,在农村,制度内的公共服务资源不足。在人民公社时期,由于公社制度正常运转所需的公共产品,如交通、水利、学校、医疗卫生、社会保障等,主要依靠制度外供给,在分配制度上实行"公社、生产大队、生产队"三级所有的分配制度(朱刚等,2000)。生产大队留有公积金和公益金,生产队给大队上交一部分,大队再向公社缴纳一部分。以 1978 年为例,全国农村基本核算单位总收入的分配结构为:生产费、折旧费和管理费占 34.4%,公积金、公益金占 9.1%,社员个人分配占 53.1%(赵天福等,1980)。人民公社解体以后,乡镇政府和村民委员会在举办农村一些公共服务项目时,仍保留了人民公社时期一些制度外筹资的渠道(陈锡文等,2003)。

(一)形成阶段(1949—1982 年)

在前期,国家将土地分配给农民,农民收入除了交纳农业税外,全部归农民支配。随着农村经济体制改革的进行,农业生产合作社开始建立,公积金、公益金作为农业生产合作组织内部积累开始出现。在"一事一议"的基本制度框架下,公社和大队按照"人民事业人民办"的原则允许乡镇在举办农村教育、计划生育、优抚、民兵训练和交通等方面向农民集资。当时,公积金一般按照合作社年实际收入的 5% 提取,主要用于合作社的基本建设和增加生产费等生产性开支。公益金一般按合作社实际收入的 1% 提取,主要用于发展合作社的文化事业和公共福利事业。1956 年,全国范围内开始建立高级农业生产合作社。由于高级社的土地和其他农业生产资料为合作社集体所有,故其收入仍然是先用于交纳农业税,后扣除生产费用,再按照一定比例提取公积金、公益金。

此后,人民公社全面建立,实行"三级所有,队为基础"的管理体制。人民公社实行"一大二公",原农业社的全部生产资料积累和公共设施,全部转为人民公社所有。农村收益分配制度基本与农业合作化时期一致,而公积金和公益金除了提取方式和提取比例有所变化,其余基本与农业合作化时期做法相同。

(二)发展阶段(1983—1999 年)

随着人民公社的撤销与乡镇政府的建立,统分结合的生产经营责任制取代了集体生产,多种经济成分并存取代了单一公有制。特别是家庭联产承包责任制的推行,"三级所有,队为基础"的体制彻底瓦解,农民开始成为独立的生产者和经营者。与此相适应,国家、集体、个人之间的分配关系也发生了根本性的变化。农村承包者只要按规定交纳农业税、订购粮以及公积金、公益金和管理费用之后,剩下的都是自己的劳动报酬,而不用再上交给集体。这种分配制度的变化调整了利益关系,使过去由集体负担的公益事业支出和农村基本建设等公共产品投资,客观上转由农民负担,因为农民要向乡镇政府交纳一部分公共产品(朱润喜,2009)。这一要求与原集体经济条件下存在的公积金、公益金提留办法相结合,便形成了由乡镇政府统一征收乡镇统筹提留的乡镇统筹资金制度。

1984年1月1日，中共中央《关于一九八四年农村工作的通知》中要求：制止对农民的不合理摊派，减轻农民额外负担，保证农村合理的公共事业。1984年中共中央做出《关于经济体制改革的决定》，将改革的重心从农村转向城市。由于政策上的城市倾向重新抬头，农业生产资料价格暴涨，农产品"买难""卖难"等问题相继出现，农民负担开始呈高位运行。鉴于农民负担问题的日益显现，1985年国务院下发了《关于制止向农民乱派款、乱收费的通知》，指出：农民依法纳税和合理上交集体提留是必要的，现在的问题是，除此之外，还要交纳各种摊派税项。通知要求各级人民政府对减轻农民负担问题进行彻底检查，并采取果断措施切实解决问题。按照该决定所提出的政策建议，这一年安徽、河南、陕西等农业大省开始减免贫困户、乡镇企业的税费负担。1990年2月国务院发出《关于切实减轻农民负担的通知》，明确提出农民负担的控制标准。同年9月，中共中央、国务院下发了《坚决制止乱收费和各种摊派的决定》。

为了规范各地的乡镇统筹提留行为，1991年12月7日，国务院公布《农民承担费用和劳务管理条例》，以法规的形式明确和规范了"三提五统"的收费办法和村提留、乡统筹、劳务的标准、使用范围及审批程序，其征收标准是：以乡镇为单位，不能突破农民上年人均纯收入的5%。农牧渔业部计划司曾经在1984年进行了大规模的农村经济情况调查，计算得出乡、村两级举办公共事业需要从农民手里收取的费用大体相当于农民人均纯收入的5%。考虑到人民公社时期就有这种制度外筹资解决农村公共服务的办法，再加上当时农村人均收入水平、村之间差异也不大的实际情况，结合当时农民的收入水平，确定了5%这一收费上限。该条例的颁布标志着乡村统筹制度的正式建立，从此这个5%成了各级政府谈起农民负担问题的口头禅，农民也多少将其视为护身符（张岸元等，2000）。此时，乡镇统筹资金在性质上已由集体经济的一种内部积累方式，转变为乡镇政府取得财政收入的一种形式。后来，随着乡村政权组织职能的强化和农村公益事业需求的扩大，乡镇统筹提留制度不断得到加强。但其实际实施过程中又引发了一系列问题。例如，有些地方政府、地方干部夸大农民人均纯收入，不但可以作为地方干部的政绩，更为重要的是可以多从农民手里收费。因为依据中央规定，每年乡、村征收的"三提五统"费用不得超过上年农民纯收入的5%，在这种情况下，只要夸大人均收入，就可以多收"三提五统"费用（陈锡文等，2003）。

在教育集资方面，1984年12月国务院发布《关于筹措农村学校办学经费的通知》，规定：除国家拨给的教育事业费外，乡人民政府可以征收教育事业费附加，并鼓励社会各方面和个人自愿投资在农村办学；乡人民政府征收教育事业费附加，对农业、乡镇企业都要征收；可以按销售收入或其他适当办法计征，但不要按人头、地亩计征；附加率可高可低，贫困地区可以免征。各地教育事业费附加率和计征办法不强求统一，可由乡人民政府每年按本乡的经济状况、群众承受能力和发展教育事业的需要提出意见，报请乡人民代表大会讨论通过后，报上一级人民政府批准执行。自此教育集资在农村正式出现。1986年4月国务院发布《征收教育费附加的暂行规定》，明确指出，对农业、乡镇企业，由乡人民政府按照《关于筹措农村学校办学经费的通知》的规定征收教育事业费附加。1986年9月，国务院办公厅转发了国家教育委员会、国家计划委员会、财政部、劳动人事部《关于实施〈义务教育法〉若干问题的意见》，其中第二十二条规定，农村中小学校舍建设投资以乡、村自筹为主，这就意味着农村的中小学像是农民自己的学校，要由农民自筹资金兴办。而在教育经费的分配方面，占全国中小学校数和学生人数70％左右的农村中小学只获得了 50％的教育费支持，这些财政预算经费一般都不够发公办教师的工资，所以大量民办教师的工资和办公经费、教学经费都需要农民以乡统筹中教育附加费方式承担（杨华书，2003）。1990 年 6 月国务院发布《关于修改〈征收教育费附加的暂行规定〉的决定》，又强调了在农村继续征收教育事业费附加。农民普遍反映农村义务教育负担过重，已经严重影响了农户的正常生产和生活。

1991 年，国务院颁布《农民承担费用和劳务管理条例》，规定农村劳动力每年要承受义务工和积累工劳务负担。自此，"两工"制度正式出现。其后，随着乡村政权组织职能的强化和农村公益事业需求的扩大，"两工"制度不断得到加强。"两工"由乡镇政府或村委会强制组织实施，一般每人每年少则十几个，多则二十几个。为确保"两工"募集到位，多数地方的乡镇政府、村委会对无劳动能力者采取了"以资代劳"的做法。"两工"在本质上是乡镇政府取得财政收入的一种形式。在税费改革前，"两工"事实上已经成为引发干群冲突、农村乱收费的主要原因之一。

1993 年 3 月，中共中央办公厅、国务院办公厅发出《关于切实减轻农民负担的紧急通知》。当年，在国务院授权农业部对中央国家机关出台的涉及农民负担的各种行政事业性收费、集资、基金、摊派项目和各类达标升级活动进行检查清理时，发现需要立即停止执行作清理的项目有 93 项，需要立即取消的达标升级活动有 43 项（叶兴庆，1997）。1993 年 7 月，中共中央办公厅、国务院办公厅再次发出《关于涉及农民负担项目审核处理意见的通知》。1996 年 12 月，中共中央、国务院下发《关于切实做好减轻农民负担工作的决定》，明确提出了 13 条减负治乱的规定，并实行减轻农民负担工作党政主要领导负责制。然而从 1997 年开始，农村"三提五统"中又增加了合作医疗费，实际上变成了"三提六统"，但总额依然不能超过上年人均纯收入的 5％。村提留部分规定至少占 2.5％；乡、村两级教育附加在 5％中占 1.5％～2％（陈锡文等，2003）。与此同时，随着上级政府对下级政府收费行为管控的逐渐放松，"三提五统"逐渐演变成为基层政府进行乱收费搭的便车。除了农业税和"三提五统"外，农民还要面对各种乱摊派。对于这种情况，农民形象地概括为"明税（农业税）轻，暗税（三提五统）重，集资摊派无底洞"（陈锡文等，2003）。1998 年，中共中央下达了《切实做好当前减轻农民负担工作的通知》，向农民做出减负的庄严承诺。同年 10 月，党的十五届三中全会通过了《关于农业和农村工作的若干决定》，明确提出要合理确定负担，再次强调要坚决制止"三乱"现象。

尽管中共中央、国务院采取了一系列措施，但农民负担并没有丝毫减轻的迹象，由于农民负担加重的体制和机制上的弊端并没有消除，农民负担反而陷入了越减越重的"怪圈"。1999 年，政府对农业税费负担水平作了初步测算，总额大约为 1 350 亿元，其中 50 亿元来自国有农场；农民负担的 1 300 亿元中，国家税收近 400 亿元，乡镇政府的"五统筹"和"三提留"则占到 500 多亿元，"两工"折款约 100 亿元，其余 200 多亿元来自于乱集资、乱摊派和乱罚款。

根据农业部统计，2000 年全国对农民征收的收入总量为 1 779 亿元，其中农牧业税、农业特产税为 335 亿元，只占到 18.8%，其他各项收费 1 444 亿元，占 81.2%。根据国家税务总局农业税征收管理局的调查，在各项税外收费中，"乡统筹村提留"约占 1/3，乡村摊派的义务工折款约占 1/3，其他可统计的集资摊派款为 10%～15%，另外有不可统计的摊派占 20%～25%（农村税费改革研究课题组，2003）。

（三）取消阶段（2000—2006 年）

面对越来越沉重的农民负担，社会各方开始对过去出台的农民减负政策进行反思。越来越多的人认识到，农民负担的源头在于不合理的国民收入分配格局，在于城乡分治的二元制度安排（朱润喜，2009）。要想加快我国农村经济和社会的发展，真正减轻农民负担，就要改变非均衡的城乡公共产品供给制度，调整政府公共支出政策，加大对农村和农业的资本和政策投入力度（陶勇，2001）。基于此，党中央、国务院将农民负担的重要组成部分，同时也是导致农民负担高位运行的制度基础的农村税费制度作为改革的突破口，试图以此为切入点，调整国民收入分配格局，改变城乡二元结构，转变基层政府职能，规范农村分配关系，创新农村制度体系，解放和发展农村生产力，从而最终达到减轻农民负担的目的。

2000 年 4 月中共中央、国务院发布了《关于进行农村税费改革试点工作的通知》，在安徽全省和其他省份的部分地区进行试点改革。初期的改革内容可以概括为"三个取消，两个调整，一个逐步取消"，即取消屠宰税、乡统筹费和农村教育集资；调整农业税政策和农林特产税征收办法；逐步取消农村劳动力的积累工和义务工。涉及"三提五统"和集资摊派的内容，具体包括：

（1）取消乡统筹费、农村教育集资等收费和政府集资。取消乡统筹费后，原先由乡统筹费开支的乡村两级九年制义务教育、计划生育、优抚和民兵训练支出，由各级政府通过财政预算安排。修建乡村道路所需资金不再固定向农民收取。村级道路建设资金由村民大会民主协商解决，乡级道路建设资金由政府负责安排。农村医疗卫生事业逐步实行有偿服务，政府适当补助。同时还取消对农民进行的教育集资。

（2）取消统一规定的劳动积累工和义务工。取消统一规定的劳动积累工和义务工后，村内进行农田水利基本建设、修建村级道路、植树造林等集体生产公益事业所需劳务，实行一事一议，由村民大会民主讨论决定。村内用工实行上限控制，除了遇到特大防洪、抗旱等紧急任务，经县级以上政府批准可临时动用农村劳动力外，任何地方和部门均不得无偿动用农村劳动力。取消"两工"的具体步骤，由当地党委、政府根据实际情况决定，可以一步到位，也可以分阶段逐步到位。

（3）改革村提留征收使用办法。村干部报酬、五保户供养、办公经费三项提留除原由集体经营收入开支的仍继续保留外，凡由农民上交村提留开支的，采用新的农业税附加方式统一收取，农业税附加比例最高不超过农业税正税的 20%，具体附加比例由省级和省以下政府逐级核定。用农业税附加方式收取的村提留属于集体资金，实行乡管村用，由乡镇经营管理部门监督管理。村内兴办其他集体生产公益事业所需资金，不再固定向农民收取村提留，实行一事一议，由村民大会民主讨论决定，实行村务公开、村民监督和上级审计。对村内一事一议的集体生产公益事业筹资，实行上限控制。

2006 年，随着农业税被彻底取消，700 多亿元的"三提五统"（温家宝，2006）和农村教育集资及各种不合理收费也随之在制度上被正式取消，农民得到了很大的实惠，农民负担明显减轻。

进入 21 世纪以来，为了让农民富裕起来，国家采取各类措施促进农民增收，包括各类补贴、农村土地确权、取消多项收费、积极发展产业，又启动了农村环境改造等多项工程，提升农民生活质量、增强农民的幸福感。《国家乡村振兴战略规划（2018—2022 年)》按照"产业兴旺、生态宜居、乡风文明、治理有效、生活富裕"的总要求，对乡村发展做出长远谋划。在新时代背景下，全党、全社会的工作重点将放在大力促进农民增收致富上，以农民的生活富裕保障乡村振兴战略的实施，保障全面小康社会的建成。

本 章 参 考 文 献

常伟，2003. 农民负担问题的经济学研究［D］. 合肥：安徽大学.

陈锡文，2003. 中国县乡财政与农民增收问题研究［M］. 太原：山西经济出版社.

陈锡文，罗丹，张征，2018. 中国农村改革 40 年［M］. 北京：人民出版社.

冯海发，2001. 关于我国农业税制度改革的思考［J］. 中国农村经济（6）：52 - 55.

韩俊，2008. 中国经济改革 30 年：农村经济卷［M］. 重庆：重庆大学出版社.

李芝兰，吴理财，2005. "倒逼"还是"反倒逼"：农村税费改革前后中央与地方之间的互动［J］. 社会学研究（4）：44 - 63.

刘书明，李淑娟，2001. 关于减轻农民负担问题的几个重大判断［J］. 财政研究（10）：23 - 28.

刘伟，2006. 论抗战时期毛泽东财政思想的科学内涵［J］. 党史文苑（24）：36 - 37.

刘佐，2000. 中国税制五十年［M］. 北京：中国税务出版社.

马金华，2018. 中国赋税史［M］. 北京：清华大学出版社.

毛泽东，1991. 抗日时期的经济问题和财政问题［M］//中共中央文献编辑委员会. 毛泽东选集：第三卷. 北京：人民出版社：895.

农村税费改革研究课题组，2003. 取消农业税 改征增值税：关于进一步深化农村税费改革的思考［J］. 宏观经济研究（7）：3 - 10.

陶勇，2001. 农村公共产品供给与农民负担问题探索［J］. 财贸经济（10）：74 - 77.

温家宝，2009. 2006 年政府工作报告［R/OL］. （03 - 16）［2019 - 07 - 01］. http：//www. gov. cn/ test/ 2009 - 03/16/content_ 1260216. htm.

冼国明，张岸元，白文波，2001. "三提五统"与农村新税费体系：以安徽农村税费改革试点为例［J］. 经济研究（11）：76 - 81.

杨华书，2003. 农民负担问题根源之探索［J］. 农村经济（10）：35 - 37.

叶兴庆，1997. 论农村公共产品供给体制的改革［J］. 经济研究（6）：57 - 62.

张岸元，白文波，2000. 乡村"三提五统"的理论、政策与实践［J］. 战略与管理（1）：38 - 41.

赵天福，朱道华，刘崧生，等，1980. 社会主义农业经济学［M］. 北京：中国人民大学出版社.

中华人民共和国财政部《中国农民负担史》编辑委员会，1994. 中国农民负担史：第四卷［M］. 北京：中国财政经济出版社.

钟甫宁,顾和军,纪月清,2008. 农民角色分化与农业补贴政策的收入分配效应:江苏省农业税减免、粮食直补收入分配效应的实证研究 [J]. 管理世界 (5):65-70.

朱刚,张元红,张军,等,2000. 聚焦中国农村财政 [M]. 太原:山西经济出版社.

朱润喜,2009. 中国涉农税制研究:基于现行税制的分析 [M]. 北京:经济科学出版社.

第十五章 社会保障

农村社会保障，是指为改善和提高全体农民的物质生活水平，由国家依法建立、政府主导的各种具有经济福利性质的农民生活保障性制度措施系统。社会保障的核心作用是保证社会公平，并具有维护社会稳定以及促进经济发展等功能。1949年新中国成立后，党和政府十分重视我国农村社会保障体系的建设，开展了广泛的灾害救助、难民安置、抚慰军人等社会保障工作。进入21世纪以来，以农业税费改革为起点，公共财政加大对农村的投入，农村社会保障体系改革进入新阶段。探索城乡居民基本医疗保险制度和城乡居民基本养老保险制度，农村社会救助制度多元化和社会化，最低生活保障制度从局部试点到整体推进，针对农民工、失地农民等特殊群体探索新的社会保障模式。

一、农村社会保障制度的初步建立（1949—1977年）

新中国成立初期，常年的战争以及自然灾害使得我国的社会生产力遭到了根本性的破坏，国力低弱。当时中国经济远远落后于世界发达国家，1949年人均国民收入27美元，仅为亚洲国家平均水平的2/3。此时，为了快速实现工业化，加速资本积累，政府实行工业和城市导向的发展战略，分化出城市和农村、市民和农民的二元结构。为城镇职工提供国家兜底的社会保障，而农民的社会保障是以土地和血缘关系为基础的家庭保障，国家提供的社会保障承担补救角色。

此时国家的工作重点在于恢复国民经济，为系统地开展社会主义改造和经济建设创造条件。但是农村社会保障工作作为维护社会稳定的调节器，依然得到了党和政府的高度重视。国家成立内务部，作为社会保障制度的管理机构，负责农村社会救济、社会优抚等工作。党和政府希望能够在保障人民群众基本生活的基础上逐步探索建立一套与之相应的农村社会保障体系。随着社会主义改造的逐步开展和土地改革的进行，国家经济逐渐复苏，党和政府逐步加大了社会保障事业费的支出。1956年农业生产合作社的出现，加快了农村社会保障体系的完善，我国农村社会保障体系的建设逐步走上正轨，建立起了以农村集体保障为主体、以家庭保障为辅的农村社会保障制度。

（一）以农民家庭保障为主体的中国传统型社会保障制度（1949—1955年）

新中国成立初期，全国百废待兴，无法立刻建立起系统化的农村社会保障体系，此阶段的社会保障制度依旧以家庭保障为主。与之前不同的是，人民政府积极参与到农村

＊本章编写人员：鞠劭芃。

社会保障事业建设的活动中来，提供救助性的捐助，以应对意外风险和灾害。

政府颁布了农村社会保障的相关法律，并建立了管理农村社会保障事业的内务部。1949 年起临时宪法作用的《中国人民政治协商会议共同纲领》和 1954 年《中华人民共和国宪法》都规定：劳动者在年老、疾病或者丧失劳动能力的时候，有获得物质帮助的权利，国家举办社会保险、社会救济和群众卫生事业，并且逐步扩大这些设施，以保证劳动者享受这种权利；国家和社会保障伤残军人的生活，抚恤烈士家属，优待军人家属。1949 年 11 月，内务部正式成立，负责管理农村救灾、社会救济和优抚安置等工作。此后，农村社会保障在制度安排和体系架构上走向了规范化。

1. 以土地改革为依托的农村养老保障变革

传统的小农经济中，家庭保障是最基本的养老保障，而土地则是农民最基本的家庭保障手段。但是在土地改革以前，大部分的土地归地主和富农所有，那些无地、少地的农户很难通过土地得到基本的生活保障。

新中国成立后，政府在全国范围内开展土地改革，废除封建土地所有制，在农户中依据人口数量公平分配土地。1949 年 9 月通过的《中国人民政治协商会议共同纲领》中规定要"有步骤地将封建半封建的土地所有制改变为农民的土地所有制"。1950 年 6 月中央人民政府委员会颁布实施了《中华人民共和国土地改革法》，旨在废除剥削农民的封建土地所有制，实行农民阶级的土地所有制，充分调动农民的生产积极性，带动农村社会生产力的恢复和发展，推动农村社会的进步。土地改革使农民收入普遍增长，农民生活安全的保障能力得到提升，农村中的贫困对象逐步减少。农村阶级结构出现了中农化的新趋势，1954 年与土地改革结束时相比，贫雇农占比从 57.1% 下降到 29%，中农占比从 35.8% 上升到 62.2%，中农成为农村生产资料的主要拥有者（苏少之，1989）。但是，农村仍有一部分严重贫困户的生活安全问题没有得到根本解决。这些农户大都是孤寡老弱，造成他们严重经济困难的原因，主要是家底薄、生产资料不足、缺乏劳动力、不善经营、家中有人重病等。这些严重贫困户生产经营活动举步维艰，在农村内部又出现了两极分化的趋势。为防止两极分化的加剧，党制定了农业合作化政策，并推动农村合作社迅速升级。

国家从 1953 年春开始，对农业进行社会主义改造，从初级互助组，到初级农业生产合作社，再到高级农业生产合作社，逐步发展成熟。各种形式的互助合作组织在一定程度上解决了贫困农户生产资料短缺的问题，同时缩小了不同农户之间由于生产要素的多寡所带来的生产收益差距和贫富差距。初级社的经营积累还可以部分用于救助困难户。在农业合作化初期，为了支持和帮助贫困户入社，江西、安徽、江苏、浙江等地的民政部门专门拿出部分社会救济款，作为支持贫困户入社的股金，体现了政府在解决贫困户经济困难方面所做的努力。1954 年颁布的《中华人民共和国宪法》第九十三条规定："中华人民共和国劳动者在年老、疾病或者丧失劳动能力的时候，有获得物质帮助的权利。国家举办社会保险、社会救济和群众卫生事业，并且逐步扩大这些设施，以保证劳动者享有这些权利。"这是国家首次在法律的层面上规定保护劳动者的社会保障权利，为我国逐步建立农村的养老保障制度提供了法律依据。

从总体来看，农村家庭养老保障模式符合新中国成立初期的小农经济发展水平。虽然存在保障水平低等问题，但覆盖面广，维持了农村老人的最基本生存条件，有利于尽快恢复生产，休养生息。

2. 农村合作医疗的开创

农村合作医疗最早起源于抗日战争时期陕甘宁边区政府建立的卫生合作社，是一种群众集资和合作制形式的民办公助医疗机构。到 1946 年，农村卫生合作社发展到 43家，有效缓解了缺医少药的问题，并在控制流行疾病、维护社会的稳定方面发挥了重要作用。

新中国成立后，政府高度重视农村医疗卫生事业的发展。1950 年 8 月，卫生部召开第一次会议，决定在全国基层建立医疗卫生组织，开始着手建立县、乡、村三级卫生服务体系。到 1965 年，我国农村绝大多数地区的县、公社和生产大队都配有医疗卫生机构，形成了较为完善的三级卫生服务网络。村卫生室的运行完全依靠生产大队的经济支持，房屋、药品、医疗器械等的投入也由生产大队承担。

1951 年 4 月，卫生部公布《关于调整医药卫生事业中公私关系的决定》，指出"对于一切公立的、私立的、合作性质的、公私合营的医疗机构，各地卫生行政机关应根据实际需要及其技术与设备条件，领导其实行合理的分工合作，不得有所歧视"，强调各级卫生行政机关应鼓励和帮助私营医疗卫生机构与合作经营卫生医疗机构的发展，以缓解缺医少药的社会现实矛盾。

同时，随着农业生产合作化的兴起，我国开始实行农村合作医疗制度。1955 年初，山西省高平县米山乡最早建立了农村合作医疗制度。农业生产合作社从公益金中拿出15％～20％，农民每年再交少量保健费以此形成合作医疗基金，免费为村民提供医疗服务。截至 1956 年，农村集体保健医疗站发展到 1 万个，从业医务人员约 10 万人。农村合作医疗的覆盖率已达到 10％（王禄生等，1996）。

3. 农村灾害救济制度的初步发展

农村灾害救济制度是指当农村地区发生比较严重的自然灾害时，由国家或社会提供维持生活基本保障的资金或物资的社会救济制度。新中国成立初期，我国面临着严重的农村灾害救济压力。一方面，经历长期的战争破坏，社会生产力低下使得农村存在大量的贫困现象。另一方面，自然灾害频繁发生，如 1949 年的特大洪涝灾害，造成 4 000多万民众受灾。为了维护社会稳定、加快生产力恢复，国家十分重视农村的灾害救济工作。1949 年 11 月负责救灾救济的内务部召开会议，提出了"不许饿死人"的口号和"节约救灾，生产自救，群众互助，以工代赈"的救灾方针。1950 年 2 月，中央人民政府成立了中央生产救灾委员会，统一管理全国救灾工作，并提出"依靠群众，依靠集体，生产自救，互助互济，辅之以国家必要的救济和扶持"的社会救助方针。仅 1950年全国发放救济寒衣就达 688 万套，同时，还组织群众互济互助，减免贫农农业税，支援他们生产自救。

新中国成立后，在内务部的领导指挥下，在各项法律法规的保障下，农村灾害救济制度得到了快速发展。有效地巩固了新生政权，扩大了党和政府的影响，安定了人民生活，推动了农村经济的恢复和发展。但此时的灾害救济制度刚刚建立，不稳定、不完善、水平低下，远不能满足当时社会的需求。

4. 农村优抚的普遍开展

优抚制度与军队的发展有着密不可分的关系，它通过国家抚恤等形式的社会优待鼓舞士气，以此来完成一定时期的军事任务。从抗日战争到解放战争，优抚制度对保证战争胜利做出了巨大贡献。新中国成立后，政府制定和颁布了一系列政策法规，形成了统一的优抚体系。在政府的领导和组织下，农村中对军烈属和复员退伍军人的优抚工作顺利展开。

1949 年 9 月 21 日中国人民政治协商会议第一届全体会议通过的《中国人民政治协商会议共同纲领》第二十五条中规定了"革命烈士和革命军人的家属，其生活困难者应受国家和社会的优待"，以此激发军人的斗志，加快战乱的结束和国家统一的实现。1950 年制定和颁布了《革命烈士家属革命军人家属优待暂行条例》和《革命残废军人优待抚恤暂行条例》两项优待条例。

对退伍军人和烈士家属的优抚待遇主要包括：

（1）帮助烈军属参加农业生产活动。《革命烈士家属革命军人家属优待暂行条例》规定，对"烈、军属生活的照顾，以组织其参加生产建立家务为主。在农村，可尽量组织其参加各种农、副业生产，对土地较少而又缺乏劳动力者，得采用代耕或其他办法帮助其解决生产中的困难，使其土地产量不低于当地一般农民的收获量""对个别生活极端困难之烈、军属，除依前两条优待外，其不能自养之人口得分别依下列规定给予实物补助：家居农村者每人每月最多不得超过食粮十五市斤"（民政部政策研究室，1984）。

（2）对革命残废军人残废等级的评定，并对抚恤粮及残废金的发放标准予以细致规定。在农村地区实行代耕土地制度，以村为单位，帮助无生产能力的烈军属和残废军人进行农业生产和生产资料购买。

（3）拥军优属，对生活困难的烈军属给予补助，对革命烈士家属、因公牺牲军人家属和病故军人家属进行抚恤。1954 年宪法中明确写明了保障残疾人的生活、优抚革命军人家属、优待革命烈士家属的条款。1955 年公布的《中华人民共和国兵役法》还特别强调了现役军人、退役军人、残废军人、现役军人家属、革命烈士家属应受到国家和人民的优待。

随着抗美援朝战争结束，大量军人复员。1955 年国务院出台《关于安置复员建设军人工作的决议》，1958 年又颁布了《关于处理义务兵退伍的暂行规定》。1950—1966年，共安置复员退伍军人 828 万人（周士禹等，1996）。

（二）以集体保障为主的农村社会保障制度（1956—1977 年）

1956 年党中央颁布实施《一九五六年到一九六七年全国农业发展纲要》，农业合作化开始转向高级合作社。到 1956 年底，我国社会主义改造基本完成，农村社会生产力得到迅速恢复，农业生产能力得到进一步提高，农村经济也得到了迅速发展。此时农村的合作化已基本完成，社会主义性质的农业生产合作社已覆盖了全体农民，自此农村经济转入了集体经济的发展轨道。

集体经济制度本身是一种隐形的社会保障制度。农村人口达到劳动年龄后参加集体劳动，获得工分。集体依据劳动量以家庭为单位分配集体的劳动剩余。除了粮食等农副产品外，还有部分现金收入。挣的工分多就分得多，工分少就分得少。这样的分配制度一定程度上保护了农民的就业权和分配权。但这样的制度并不能保障那些没有劳动能力及劳动力少的家庭。为此，我国在农村地区实行五保供养制度，辅助于按劳分配制度。

1. 农村集体养老与家庭保障相结合

在农村集体经济时代，农村人民公社的合作化模式，使农业生产的单位从家庭转变为生产队、生产大队、公社。农村居民丧失了对家庭剩余财产的分配权，传统的家庭保障模式很难适应新的经济发展形势需要。因此，党和政府开始在农村实施集体保障和家庭保障相结合的新型养老保障模式。农民将生产资料交给人民公社，并参加由集体组织的生产活动，通过集体获得经济保障。集体以社员参加集体劳动所挣的工分为基准，在其年老时，为其供应基本口粮。社员年老后也可以选择继续劳动，并参与分配。集体保障作为辅助手段，一定程度上分担了家庭成员的养老责任，并通过一系列的措施监督子女供养情况。

在社会主义改造初期，农村集体养老制度表现出一定的制度优越性，农民生产积极性提高，人民公社剩余产品略有结余，能够维持农村老人养老生活。但是在随后三年困难时期以及"文革"时期，集体经济受到波及，农村集体的生产水平不佳，养老保障功能缺失，农村老人只能享受维持型的初级养老保障水平。农村集体养老由于资源不足，在中后期难以促进人民公社的生产力发展，农村集体经济也不能为农村老人的基本生活提供足够的养老资源。由于得不到农村集体经济的坚实保障，农村集体养老制度很难发挥应有的农村养老保障效应。农村集体养老模式不适应农村生产力和生产关系的发展要求，必然被新的养老模式替代。随着农村合作社经济的解体，附着在集体经济上的农村集体养老模式也随之土崩瓦解。

2. 合作医疗制度进入全新阶段

20 世纪 50 年代，随着农业合作化和人民公社运动的开展，以及农民看病需求的增加，农村地区诞生了合作医疗的雏形。人民公社化运动为合作医疗的推广提供了体制基础。1956 年，第一次全国人民代表大会审议通过的《高级农业生产合作社示范章程》中规定，农业合作社要开展公共卫生工作和社员家庭卫生保健工作（中共中央文献研究室，2011）。

1958 年，政府正式推行了具有福利及保险性质的医疗制度——合作医疗，医疗保障进入全新阶段。1959 年 11 月，卫生部在山西省稷山县召开的全国农村卫生工作会议对农村合作医疗形式给予肯定。上报的《关于全国农村卫生工作山西稷山现场会议情况的报告》和《关于人民公社卫生工作几个问题的意见》指出，目前"以实行人民公社社员集体保健医疗制度为宜。其主要点是：①社员每年缴纳一定的保健费。②看病时只交药费和挂号费。③另由公社的公益金补助一部分"。1960 年 2 月，党中央肯定了稷山会议文件，要求各地学习会议精神，推动集体保健医疗制度的发展。1959—1962 年，虽然我国面临严重经济困难，但是我国的合作医疗制度的覆盖率提升到了 46%。

这一阶段农村合作医疗的快速发展与人民公社化运动是分不开的，是在当时"左"的错误思想指导下形成的。当时推行的"看病完全不要钱"的做法严重超出了农村集体经济的承受能力。因此，1962 年，卫生部出台《关于调整农村基层卫生组织问题的意见（草案）》，指出公社不适当地把私营诊所包下来；在工作上管得过多过死；不适当地吸收初级卫生医疗人员和行政人员，导致机构人员过多；医生的工资水平过于平均化，甚至低于合作医疗前。为此，农村地区恢复部分"联合诊所"，实行"看病收费、独立核算、自负盈亏"，基层医务工作人员也有所精简。由于集体对于合作医疗的支持力度大幅下降，很多农村合作医疗诊所陷入停滞状态。到 1964 年，全国只有 30% 左右的合作社保留着合作医疗制度。

农村合作医疗的萎缩引起了国家的关注。1965 年初，毛泽东同志批评卫生部的工作不面向工农兵。为此，卫生部在多所医学院设立专门的班次，为农村培养基层卫生服务人员。同时卫生部组织城市医疗队伍定期下乡治病，开展巡回医疗，掀起了医疗队下乡的高潮。到 1954 年 4 月，全国各地先后派出 1 500 多支医疗队，近 20 000 名城市医务人员下乡。

1965 年 6 月 26 日，毛泽东同志又做出"把医疗卫生工作的重点放到农村去"的指示，充分体现了毛泽东同志对农村卫生工作的重视，合作医疗制度作为农村卫生服务的主体被逐步确立起来。同年 9 月卫生部发布《关于把卫生工作重点转向农村的报告》，指出"今后要做到经常保持三分之一的城市医疗卫生技术人员和行政人员在农村，大力加强农村卫生工作"。遵照毛泽东同志的指示，1965 年以后，农村卫生工作有了改观，全国卫生工作的中心逐渐转移到了农村。

"文革"期间，农村合作医疗进入鼎盛时期。1968 年，毛泽东同志亲自批示了湖北省长阳县乐园公社创立合作医疗制度经验和体会的报告，称赞"合作医疗好"（中共中央文献研究室，1992）。湖北省长阳县乐园公社"创造了一种新型的合作医疗制度，成功地解决了贫下中农的看病吃药、确保健康的问题"，具体做法是根据社员历年来的身体状况，确定每人每年缴纳 1 元的合作医疗费用，生产队再从公益金中为每人补助 0.1 元。社员每次看病只需交 0.05 元挂号费，无需支付额外的医药费。卫生社的工作人员记工分，对医生给予每月 3～5 元的补助。此篇报告在当时的政治环境下受到毛泽东同志的批示，形成了重大影响，引发全国上下争相学习，农村合作医疗形势一片大好。1968 年《人民日报》连续发表关于农村合作医疗的讨论，从舆论上进一步推动农村合作医疗制度的普及。

1958 年，毛泽东同志提出，中医治病费用低廉，方法简单，见效快。党和政府主张生产队自力更生，提倡就地采集药材治病。部分生产队开始实行"三土"（土医、土药、土法）、"四自"（自采、自种、自养、自制中草药）以解决资金困难。同时，为减少医疗开支，农村涌现出了大批"不拿工资，帮忙种地，亦工亦农，赤脚行医"的"赤脚医生"。"赤脚医生"刚开始知识少，只能医治些常见病，而且半农半医，领生产队的工分而非工资。大约一个生产大队配有 2 个医生。到 1957 年，全国"赤脚医生"总数达 150 万人。"赤脚医生"的存在为解决农村地区的初级医疗服务做出了重大贡献。自此，我国农村掀起了大办合作医疗的热潮。截至 1977 年，全国实行合作医疗的生产大队的比重上升到 85%。

人民公社时期的农村医疗服务体系和农村合作医疗制度依赖于当时的产权制度，由集体承担制度运行成本。随着家庭联产承包责任制的实施，集体对经济的掌控力下降，原有的卫生服务体系很难再维持下去。

3. 社会救济的初步发展

农业生产合作化以后，随着农村集体经济的产生和发展，我国农村社会救济逐步走向以集体为主，开展社会互助互济和扶持生产自救，以国家救济为辅的新道路。国家规定：对生活发生困难的社员，经社员群众讨论和同意给予补助。补助的方法主要有：①年初评定补助工分，记入劳动手册，年终分配兑现；②根据年终分配收入情况，适当补助工分或粮食；③从集体公益金中提取补助费，补助贫困户。对那些集体经济比较薄弱的、集体无力补助的贫困户，则由国家给予适当救济。

然而，在"大跃进"时期，受"左"的思想影响，农村刮起了"共产风"，错误地认为农村人民公社化以后已经消灭了贫困，不再需要进行社会救济了，因而停发社会救济款，取消社会救济工作。当时在一些农村大办集体食堂，吃饭不要钱、不记账，实行所谓的"按需分配"，这种做法虽然没有持续多长时间，但是却严重地损害了广大农民群众的利益，挫伤了农民的生产积极性。"大跃进"后，全国出现了严重的经济困难，农村贫困人口大量增加，社会救济的形势极为严峻，救济任务相当繁重。对此，国家拨出大量的救济款物用于救济贫困农民。据统计，从 1960 年到 1963 年的四年间，国家发放农村救济款达 48 亿元。

为了吸取"大跃进"和三年困难时期社会救济工作的深刻教训，1962 年，党的八届十中全会通过的《农村人民公社工作条例修正草案》，把对贫弱社员的救济作为人民公社的一项制度给固定下来，规定社员救济款主要来自各生产队对公益金的提留，其数量不能超过可分配的总收入的 2%～3%；对生活没有依靠的老、弱、孤、寡、残疾的社员实行供给，对于生活困难者给予补助。此后，各地积极落实集体对贫困对象的补助，使农村社会救济工作又走上健康发展的轨道。

但是，"文革"时期，农村社会救济工作再一次遭到严重的破坏。党和国家的各项工作都受到了不同程度的干扰，遭受了巨大的损失，社会救助事业也处于混乱停滞的状态。当时把帮助贫困对象发展副业生产当作资本主义"尾巴"予以割掉，把用公益金补助贫困对象当作"剥削"予以批判。但是农村困难群体的需要是客观存在的，脱离了国家的救助，这一重担重新落到生产队身上。1969 年内务部被撤销，中央政府失去了主管社会救助工作的专职机构。由于缺乏对社会救助工作统一的管理规划，对贫困对象进行补助、救济的工作处于瘫痪状态。

4. 五保供养制度的创立

1953 年，国家第一个五年计划开始实施，随着农村生产互助组和农业生产合作社的出现，农业集体化兴起并迅速发展，使农村社会救助也逐渐走向制度化。1953 年 4 月中共中央转发的《华北局关于农业生产合作社若干问题的解决办法》，首次提出设立农村合作社的公积金、公益金。公益金专用于合作社内部的公益福利事业，例如补助救济或借贷给生活困难的社员，集体无能力时，国家再适当给予救济。各地普遍实行国家救济与集体救济相结合的救助办法，确立了以集体救济为主、国家救济为辅的农村社会救助模式。这一时期，农村救助工作最大的突破是创立了五保供养制度。

1956 年，出台了两项法规性文件：《一九五六年到一九六七年全国农业发展纲要

（草案）》和《高级农业生产合作社示范章程》。《一九五六年到一九六七年全国农业发展纲要》规定："农业合作社对于社内缺乏劳动力、生活无依靠的鳏寡孤独农户和残废军人，应当在生产上和生活上给以适当的安排，做到保吃、保穿、保烧（燃料）、保教（儿童和少年）、保葬，使这些人的生养死葬都有指靠。"《高级农业生产合作社示范章程》第十四条规定，"对于完全丧失劳动力，历来靠土地收入维持生活的社员，应该用公益金维持他们的生活"（中共中央文献研究室，2011）。

1962 年党中央颁布的《农业六十条》及 1964 年的修改稿，正式建立农村五保供养制度，开设农村敬老院，由农村集体对无依无靠的老年人实施集中供养或者分散供养两种救济方式。其中集中供养是指利用公积金和公益金兴建敬老院，将五保户集中起来，一起供养；分散供养则是由合作社直接分配或帮助五保户新建房屋，用公积金和公益金结合国家救济钱粮解决他们的生活困难。

对于五保供养制度中公益金的来源，《农村人民公社工作条例修正草案》规定，生产队从可分配的总收入中，经社员大会决定，最多可扣除 2%～3% 作为公益金，用作社会保险和集体福利事业的费用。公益金的使用必须由生产队社员大会讨论决定。公益金的主要作用是当没有生活来源的社员遇到突发事件或生活困难时为其提供补助。

五保供养制度的主要受益者是农村无依无靠的老人，首次在制度上解决了农村老人的生活难题。截至 1958 年，全国五保户共计 423 万户 519 万人，兴办敬老院 15 万所，供养 300 万人（黄佳豪，2009）。

这一时期的五保供养工作过于依赖村集体，五保供养的经济支持主要来源于集体分配或公益金补助。可以说五保供养是以公社内部剩余和积累为基础的互助共济。所以当农村经济发展不佳时，五保供养也随之陷入困境。1959—1961 年，经历了"大跃进"运动和"反右倾"扩大化的错误，以及严重的经济困难后，政府意识到五保供养制度不得不进行适当调整。1962 年 9 月中共中央下发《农村人民公社工作条例修正草案》，决定在生产队建立储备粮制度。生产队可按照收成情况，留下适当的储备粮，一方面防灾荒，另一方面用储备粮对五保户加以适当照顾。储备粮的数目不得超过生产队可分配粮食总量的 2%（中共中央文献研究室，2011）。

随后，1966—1977 年是我国经济社会发展的一段特殊时期，全国开展大规模的"文革"，五保供养制度面临巨大挑战。"文革"期间取消了国营和集体企业的财政转移支付机制，城镇职工养老金体系受到巨大冲击。农村集体养老模式也受到巨大冲击，农村集体经济面临破产，农村敬老院支离破碎，难以维持五保老人的基本生活，农村老人的养老生活举步维艰。

总体来说，这一时期的五保供养制度主要保障对象为农村最困难的群体，保障的经济来源为村集体和合作社。此时的农村集体社会剩余明显不足，五保供养标准很低。

5. 优抚制度从发展到停滞

1956 年以后，随着按劳分配制度的实施，内政部在全国农村推广了优待劳动日的制度。农村集体经济组织在春季评定一年内应做的劳动日数，如果烈军属的劳动收入不能达到社员的人均收入，则由集体组织优待一定数量的劳动日。据统计，全国每年优待烈军属和回乡病残复员退伍军人的劳动日总数在 4 亿个以下。优待劳动日制度一直持续到实行农业生产责任制为止，受到了广大烈军属及复员退伍军人的普遍欢迎。

之后"文革"的 10 年，一些老烈士家属、退伍红军、伤残军人、复员军人遭到诬陷和迫害。而且，由于党工作重心的变更，各级民政部门被撤销，我国社会优抚的许多工作实际上处于停滞状态，社会优抚制度遭到极大的破坏。造成许多优抚对象生活困难，抚恤标准长期没有提高，积累了大量问题。

新中国成立后到改革开放前，我国的农村社会保障制度经历了从建立到初步发展到遭到破坏的过程，政策变化是基于当时社会现实和我国社会主义工业化的背景。1949—1955 年，我国农村以个体经济为基础的社会保障制度比较适合我国的国情，基本是效率与公平兼顾的，也就在这一时期我国的社会保障与经济发展形成了一种比较好的互动关系。1956—1977 年，随着我国农村集体化浪潮的兴起，农村传统家庭保障模式的基础土地归为集体所有，此时建立一套适应农村社会实际的社会保障体系是农村全体居民迫切的需求。这时的社会保障制度，长期偏重公平、忽视效率，尽管该制度在经济发展水平较低的情况下，保障了农村人口的基本生活安全，维护了农村社会的稳定，但是牺牲效率的代价也是巨大的，这一时期的社会保障与经济发展之间没有形成良性的互动关系。这一阶段的社会保障也是不完善的，如作为社会保障制度三大支柱之一的社会保险在农村根本就没有涉及。

不可忽视的是，党和政府十分重视农村社会保障的制度化，出台了众多法律法规。并在农村开展农业互助合作运动，发展农村生产力，增强农民抵抗风险的能力，提高农民医疗条件，解决农村中鳏寡孤独废疾者的生活问题。除此之外，党和政府还积极地投入人力、物力、财力到农村社会保障制度建设中。

二、农村社会保障制度的调整阶段（1978—2002 年）

1978 年党的十一届三中全会开启了我国经济体制的改革进程，农村实行了家庭联产承包责任制。随着改革的不断深入，农村原有的计划经济开始向市场经济不断发展，农村社会生产力得到了极大的解放和发展。同时也使农村社会保障制度面临巨大的机遇和挑战。农村社会保障中存在的问题不断凸显，给政府提出了新的难题。由于该阶段经历了中国经济的大变革，随着集体经济的解体，农村社会保障进入低谷，农村合作医疗甚至面临解体，因此这一阶段也是农村社会保障重要的重建时期，在发展好的方面积极推进，在不适合生产力和生产关系的方面适时调整。

（一）农村养老保险制度探索试点

改革开放以来，我国农民传统的养老方式面临新的挑战：农村老龄人口增加，集体供养难以为继；计划生育开始实施，增加了农民养老依托代际转移的风险；养老模式回归家庭养老，抗风险能力弱；土地的收入保障功能降低。为了应对这些挑战，缓解农村家庭养老保障的压力，党和政府尝试建立旨在保障农村居民在年老时能够从国家和社会得到物质帮助的养老保险制度。

20 世纪 80 年代，开始在农村经济比较发达的地区试点农村社会养老保险制度。如在上海嘉定等县开始试验。最初的社会养老保险制度建设以乡、村为依托，资金主要由集体负责，按商业模式运行。由于保障层次过低，范围过小，资金筹措困难，保险公司没有积极性，效果并不明显（石秀和等，2006）。

20世纪80年代中期，我国开始探索开展农村社会养老保险（简称"旧农保"）。1986年，民政部召开"全国农村基层生活保障工作座谈会"，决定在农村经济条件允许的地区，发展农村养老保险。1989年，民政部成立了中国农村社会养老保险研究课题组，选择在北京大兴县、山西省左云县进行县级农村社会养老保险试点。截至1989年底，全国已有800多个乡镇建立了乡本位或村本位的养老保险制度，参加人数达9万多人，资金积累4100万元，开始领取养老金的农民已有21.6万人（王以才等，1996）。

1990年7月，国务院明确由民政部主管农村社会养老保险事务。1991年6月开始，民政部在山东省组织了较大规模的试点。山东省牟平县作为试点之一，在1991年底，实现了农村社会养老保险全覆盖，20万农村人口全部参加了农村社会养老保险，积累基金1000多万元，成为我国第一个普遍建立农村社会养老保险制度的县（魏众，2003）。

结合1989年和1991年的试点，民政部在1992年正式颁布《县级农村社会养老保险基本方案》，确定了农村社会养老保险制度的一些基本原则：一是从农村实际出发，以保障老年人基本生活为目的，低收费标准起步；二是坚持资金个人缴纳为主，集体补助为辅，国家予以政策扶持；三是坚持自助为主，互济为辅；四是坚持社会养老保险与家庭养老相结合；五是坚持农村务农、务工、经商等各类人员社会养老保险制度一体化的方向；六是坚持由点到面、逐步发展。1995年10月，国务院转发了民政部《关于进一步做好农村社会养老保险工作意见的通知》，肯定了试点成绩。此后，农村社会养老保险开始发展起来。截至1998年底，全国农村社会养老保险已覆盖2 123个县，8 025万的农村人口，全年收取保险基金31.4亿元，支出5.4亿元，年底基金积累达166.2亿元，有50多万农民开始领取养老金（中华人民共和国劳动和社会保障部，1998）。

但实际情况不容乐观，农民在缴费时由于自身收入不高，考虑往往选择最低的缴费档次，有些贫困农民因交不起保险费甚至不参与，导致很多人无法得到基本的养老保障。另外，《县级农村社会养老保险基本方案》对于国家和集体的责任并没有做出实质性规定，最终缴费责任全部转移到个人身上，国家仅对农村养老保险制度负管理的责任。因此，1999年7月国务院下发了《国务院批转整顿保险业工作小组保险业整顿与改革方案的通知》，要求对农村养老保险进行清理整顿，停止接受新业务，有条件的地区逐步向商业保险过渡。我国农村社会养老保险工作进入了整顿规范阶段。从1999年开始，农村养老保险普遍出现参保人数下降、基金运行难度加大等困难，个别地区的参保工作陷入停滞状态。

（二）农村合作医疗的衰落与农村卫生体制改革的开始

家庭联产承包责任制实施后，集体经济逐渐瓦解，再加上政策导向和舆论导向的偏差，建立在集体经济基础上的合作医疗制度也随之衰落。农民的医疗保障由之前的集体保障转变为依靠土地的自我保障。据调查，1985年，全国依旧实行合作医疗的农村居民仅占 9.6%，自费医疗占 81%。到 1989 年末，农村合作医疗的村覆盖率只有 4.8%。到 20 世纪 90 年代初，除上海、江苏等经济发达地区的农村继续施行合作医疗制度外，我国其他地区的农村合作医疗制度已基本瓦解。"文革"时期的"赤脚医生"也更名为"乡村医生"。制度的瓦解使得农民失去了基本的医疗保障，出现了看病难看病贵的现象，因病致贫的现象大量涌现。面对农村严峻的卫生医疗状况，农村卫生体制改革蓬勃兴起。

1991 年开始实施为期五年的由国家计委、卫生部、财政部、农业部共管的国家级项目——农村乡镇卫生院、妇幼保健站、卫生防疫站建设项目，为农村卫生项目提供资金支持。1993 年，中央提出"发展和完善农村合作医疗制度"，积极推动农村合作医疗制度恢复和重建工作，截至 1993 年我国的农村合作医疗的覆盖率上升到 9.18%（李卫平，2002）。1994 年，在全国 7 个省开展了农村合作医疗制度改革试点及跟踪工作。1996 年，召开了第一次全国卫生工作会议，再次强调了农村合作医疗的重要性。1997 年国务院发布《关于卫生改革与发展的决定》，医疗制度改革进入高潮期。但是此时农村合作医疗的覆盖率也只有 17%，远不能达到应有的保障效果，农民依旧要靠土地保障。1997 年之后，村合作医疗再次进入低迷期，停滞不前。

这一阶段的农村合作医疗服务水平满足不了农民的医疗需求，对农民来说缺少吸引力。另外，医药市场的混乱增加了就医成本，远远超出了农民的承受范围，合作医疗的补偿费用更加显得微不足道。政府虽然开始重视农村卫生医疗的投入，但投入量依旧占比不高。1998 年，政府投入农村的卫生费用为 92.5 亿元，仅占政府总投入的 15.95%。国家没有推动合作医疗的法制化和规范化建设，是导致我国 20 世纪 90 年代合作医疗建设没有取得较大进展的重要原因。

（三）五保供养制度恢复和发展

改革开放后，五保供养制度延续下来。但是由于农村经济体制的变化，农村五保供养制度失去了依托，五保供养制度向着新的方向恢复和发展。1979 年 9 月，党的十一届四中全会通过的《中共中央关于加快农业发展若干问题的决定》指出："随着集体经济的发展，要逐步办好集体福利事业，使老弱、孤寡、残疾社员、残废军人和烈军属的生活得到更好的保障。"1980 年 9 月，中共中央印发《关于进一步加强和完善农业生产责任制的几个问题的通知》，强调："对军烈属、五保户和其他困难户，要有妥善的照顾办法。"

为了摸清五保对象供养的基本情况，1982 年底到 1984 年初，民政部组织开展了全国第一次五保普查。普查结果显示，到 1983 年底，全国农村有五保户 252.65 多万户 295.05 多万人，其中老人 261.24 万人、残疾人 22.35 万人、孤儿 11.46 万人，分别占五保对象总数的 88.54%、7.58% 和 3.88%。在落实五保供养的人口中，入敬老院供养的 16.94 万多人，占 5.74%；集体供给分散生活的 241.14 万多人，占 81.73%；由亲友邻里保养或代养的 25.7 万多人，占 8.71%。

普查中农村五保户生活水平低下、很多地方保而不全的问题凸显。为此，1985 年出台的《中共中央　国务院关于制止向农民乱派款乱收费的通知》中规定："供养五保

（上接）第十五章 社会保障 | 393

户等事业的费用，实行收取公共事业统筹费的办法。"1991年再次颁布的《农民承担费用和劳务管理条例》，规定"村提留包括公积金、公益金和管理费""公益金用于五保户供养""乡统筹可以用于五保户供养，五保户供养从乡统筹中列支的，不得在村提留中重复列支"。

1994年国务院颁布实施的《农村五保供养工作条例》，是我国第一部关于五保工作的法规，明确了五保户的性质，五保对象的确定程序，供养的内容、形式和标准，经费的来源与筹措方法，监管和管理措施，对于完善农村五保供养制度有着重要意义。为落实条例中五保户供养具体方法，规范和发展敬老院，推动集中供养，1997年民政部颁布施行了《农村敬老院管理暂行办法》，对农村集中供养五保户的敬老院做出了规范性指导。该办法规定："敬老院所需经费实行乡镇统筹，并通过发展院办经济和社会捐赠逐步改善供养人员的生活条件。村办敬老院所需经费由村公益金解决。"我国农村五保供养工作开始走上规范化、法制化的管理轨道。

这一阶段的五保供养形式依旧是分散供养和集中供养两种。但明确了资金来源，由社区内部筹资变为村提留和乡统筹。但是，由于分税制的实施，基层财政吃紧，特别是乡镇统筹费用被打包用来安排计划生育、优抚支出、五保供养、村级干部报酬及办公经费等开支，五保对象的供养资金很容易受到挤占。

（四）农村社会优抚的完善

改革开放后，为了适应社会发展，需要更好地保障优抚安置对象的基本生活，维护他们的合法权益。党和政府制定了一系列法律法规，进行了一系列重大的调整和改革，努力构建具有中国特色的农村社会优抚制度。如1983年国务院、中央军委颁布的《中国人民解放军志愿兵退出现役安置暂行办法》，规定对于申请回乡参加农业生产的志愿兵，部队要按规定发给生产和生活的补助，对缺少生产能力的，当地政府部门要帮助解决其困难。1984年颁布新的兵役法、1985年起推行定期抚恤制度、1987年发布《退伍义务兵安置条例》、1988年公布《军人抚恤优待条例》等。社会优抚方面的完善主要包括：

1. 提高抚恤标准

长期以来，我国对革命烈士家属、因公牺牲军人家属、病故军人家属以及在乡军人生活困难的照顾，采取群众优待为主、国家补助为辅的办法。此时由于农村经济条件有限，群众优待很难落实，国家补助又比较低，优抚对象的生活保障问题未能得到妥善解决。随着经济社会的发展和农村人民生活水平的提高，当时的抚恤金体系和标准愈发显得捉襟见肘。因此，从1981年开始，国家整体提高抚恤标准，逐步改进对烈属、复退军人定期补助和对农村义务兵家属的优待。强调政府在农村抚恤中的重要作用，弱化群众优待的作用。1984年，我国将革命烈士的一次抚恤标准提高到2 000～2 400元。1985年和1986年，又将烈属和牺牲、病故军人家属的定期定量补助改为定期抚恤。定期抚恤与以往的定期定量补助相比，补助金额有较大幅度的提高。1985年1月，民政部、财政部提出了定期抚恤的参照标准：革命烈士家属、因公牺牲军人家属，居住农村的每人每月20～25元；病故军人家属，居住农村的每人每月15～20元。1989年3月，又在原有标准基础上平均每人每月增加 15 元。革命烈士，按牺牲时的 40 个月工资计发；因公牺牲军人，按牺牲时的 20 个月工资计发；病故军人，按病故时的 10 个月工资计发。1988 年国务院颁布的《军人抚恤优待条例》中规定：现役军人死亡时，获得过荣誉称号和有立功表现的，其死亡抚恤金由民政部按普通标准的 105%～135% 一次性发放；对烈士家属按规定发放抚恤金，并在其死亡时加发半年抚恤金作为丧葬费；烈士家属优先安排就业；对负伤退伍的义务兵，当地医务部门应酌情减免医药费；为无劳动能力的复员兵提供补贴等。另外，对在乡退伍老红军、流散老红军和复员退伍军人的照顾，对在乡残废军人的抚恤优待，也都多次提高了标准。

2. 完善优待金统筹办法

优待金一般由乡镇统筹，按人口或承包的土地数量平均负担，少数地方会从乡镇企业收入中提取。为了充分发挥优待金的经济效益，河南省、河北省以及湖北省部分县设立了优待储金会，在保证义务兵家属正常生活的前提下，根据自愿的原则，将全部或部分优待金代存银行，然后以贷款的方式用于扶持烈军属和贫困户发展生产，战士退伍时一次提取作为安家之用。

据统计，1989 年农村享受优待金的军属为 184.4 万户，优待金总额为 5.88 亿元，平均每户为 318.9 元。1994 年全国优待金总额为 15.6 亿元，优待义务兵家属 246 万户，优待其他重点优抚对象 52 万户。2001 年全国优待金总额为 51 亿元，优待义务兵家属 228 万户，优待其他重点优抚对象 157 万户（李学举等，2002）。

3. 改进复员退伍军人安置办法

复员退伍军人安置工作，由国家和政府负责，帮助复员退役军人顺利实现从军人到普通公民的转变。改革开放后，各级政府认真贯彻执行国家《退伍义务兵安置条例》《中华人民共和国兵役法》等政策法规，调整安置政策，探索多种形式安置办法。

对退伍义务兵实行"从哪里来，回哪里去"的原则，由原征集地的县级以上人民政府接收安置。《退伍义务兵安置条例》中进一步明确：退伍义务兵是农村户口的，由当地退伍军人安置机构安置，对确无住房或严重缺房而自建和靠集体帮助又确有困难的，应当按照国家有关规定安排一定数量的建筑材料和经费帮助解决；在服役期间荣立二等功及以上的，应当安排工作；对有一定专长的，应当向有关部门推荐录用；各用人单位向农村招收工人时，在同等条件下应当优先录用退伍义务兵；对在服役期间荣立三等功、超期服役的退伍义务兵和女性退伍义务兵，应当给予适当照顾。退出现役的特等、一等革命残废军人，由国家供养终身；二等、三等革命残废军人，家居农村的，其所在地有条件的，可以在企事业单位安排适当的工作，不能安排的，按规定增发残废抚恤金，保障他们的生活。在服现役期间患精神病、慢性病的义务兵退伍后，视病情轻重，送地方医院收容、治疗或回家休养，所需医疗费用和生活费用，由县级人民政府负责或给予补助。

对志愿兵复员转业的安置一般遵循兵役法和《志愿兵退出现役安置暂行办法》，保证安置任务的完成。根据规定：志愿兵退出现役后，由原征集县（市）人民政府安排工作；本人申请复员回乡参加农业生产的，给予鼓励，增发安家补助费。1999 年，修订后的兵役法做出志愿兵分期服役等新规定，配合士官制度改革，将志愿兵改为士官。

《中国人民解放军士官退出现役暂行办法》规定：初级士官为一、二期称复员，从农村入伍的国家不负责安排工作；中级士官为三、四期称为转业，对其不分入伍地均由政府安排工作；高级士官为五、六期，可以转业或者退休。这些改革有效地解决了士官的后顾之忧，激发了军人报国的积极性，保留了军队的骨干力量。

（五）农村社会救济制度的创新发展

农村经济体制改革之前的农村社会救济制度主要包括灾害救助和贫困救助两个方面。改革开放之后，随着家庭联产承包责任制的推广，特别是人民公社解体以后，农村社会救济工作面临的困难和压力越来越大。为适应农村经济体制改革后的新形势，我国对农村传统的社会救济制度进行了一系列改革，我国的农村社会救助制度有了较大的发展，并推出了最低生活保障制度。

1. 灾害救济体系的改革

1994 年以前主要是在原有基础上对农村社会救济制度进行改革。过去的救灾体系，因财政拨款有限而造成救灾水平极低，无偿拨付救灾资金政策造成了地方政府及农村灾民对国家"等、靠、要"的依赖心理，在救灾工作中还存在着平均主义、优亲厚友等多方面的问题，使得传统型社会救济制度的缺陷日渐显现。首先，它与改革后的财政体制不相适应。1980 年，财政体制改革后，中央财政与地方财政实行"分灶吃饭"，使得建立在中央统收统支财政体制上的传统救灾经费运行机制出现了较大的收支缺口，中央财政救灾经费严重不足。其次，无法满足物价上涨的需求。生产生活资料价格不断上涨，而救灾款却没有相应增加，救灾经费的实际购买力下降，无法为灾民提供基本的生产生活保障。最后，无法解决农村社会保障的实际需求。改革开放后的农村农民物质生活水平提高，个人财产已有了相当的积累，特别是有了一些非物质化的资产。而传统型社会保障制度只能保障最低层次的生活需求，远远不能满足农民的需求。

由于传统型社会救济制度的种种弊端，党和政府开始对农村社会救济制度进行改革。1983 年第八次全国民政会议根据农村家庭联产承包责任制的广泛施行，决定将救灾工作的方针修订为"依靠群众、依靠集体、生产自救、互助互济，辅之以国家必要的救济和扶持"，并增加了互助互济与国家扶持的内容。改革内容主要包括：探索救灾款的分级管理，对部分省、自治区实行救灾经费包干；实行无偿救济与有偿使用相结合的救灾款使用方式，变单纯的生活救济为保障灾民的基本生活与扶持贫困户生产自救相结合；引入保险机制，实行救灾与保险相结合。参加保险的农民受灾后，由保险公司支付赔款，帮助灾民克服生活困难；发动群众互助互济，国家积极组织募捐，倡导互助。上述改革推动了我国救灾工作的全面发展，为建立新型的社会救灾体制奠定了基础，促进了农村基层社会保障事业的发展。

1992 年党的十四大决定建立社会主义市场经济体制以代替旧的计划经济体制。1993 年党的十四届三中全会确定了中国社会主义市场经济体制的基本框架，制定了建立社会主义市场经济体制的总规划。1994 年顺应改革潮流，政府提出了建立救灾工作分级管理、救灾资金分级负担的救灾管理体制，从内容、形式到运行机制等均得到了充实和完善。

确立了救灾工作分级管理体制后，地方列支救灾资金呈逐年上升的趋势。1995 年全国省级以下各级政府列支救灾资金 8.4 亿元，比 1994 年资金列支增长 50% 以上。截至 2001 年，全国所有省级及绝大多数地级和县级财政都列支了自然灾害救济事业费，地方各级财政救灾预算列支总数达到了中央救灾款预算的一半以上，2001 年省级以下各级政府列支救灾资金增长到 18.71 亿元。

1998 年，《国务院办公厅关于印发民政部职能配置内设机构和人员编制规定的通知》中明确规定："将国家经济贸易委员会承担的组织协调抗灾救灾的职能交给民政部。"民政部承担起全国抗灾救灾综合协调的职能，有效协调了各部门间沟通的问题，整合了救灾资源，增强了救灾工作的针对性，提高了救灾的效率。同年，民政部联合财政部出台了《关于建立中央级救灾物资储备制度的通知》，在全国建立了救灾物资储备制度，在全国构建了救灾储备仓储网络，用于储备各种救灾物资，在紧急状况发生时，可尽快为灾区群众提供基本的生活物资。救灾工作的社会化程度进一步提高，社会捐助的效果十分显著，充分展现了社会救助的巨大实力。

1994—2001 年，中央用于受灾群众生活方面的救灾资金就达 186.28 亿元，解决了 2 亿多人的因灾缺粮困难，为 3 000 多万人提供御寒衣被，为 1 亿多人因灾引起的疾病提供了救治，共计恢复重建倒塌房屋 2 000 多万间，数千万倒房灾民因此受益。此外，国家每年还向灾区安排大量的低息生产贷款，出台灾区减免税收政策等。这些资金和政策，有效保障了受灾群众吃、穿、住、治等方面的基本生活，安定了人心，维护了灾区正常的生产、生活秩序，彻底摆脱了灾后人心惶惶、社会动荡的局面，为维护灾区社会稳定发挥了重要作用。

2. 农村社会救济体制的改革及"最低生活保障制度"的探索

在农村社会救济方面，改革了救济款使用管理办法，把救济与扶贫结合起来。单纯的救灾救济只能保障贫困户最基本的生活水平，并不能改变他们长期所处的生活状态，是一种"输血"机制。改革开放后，变"输血"为"造血"，使单纯的救济制度向创造财富的扶贫工作发展。家庭联产承包责任制的实施，解放了农村生产力，农民生产积极性提高，收入大增，农村贫困现象大幅缓解。1984 年党中央和国务院就扶贫工作专门发出了《关于帮助贫困地区尽快改变面貌的通知》。1985 年，邓小平同志提出共同富裕的问题，引起全党和各级政府对扶贫救济的高度重视。1986 年，我国开始了全国范围内的有计划、有组织的大规模扶贫工作。成立了国家扶贫开发领导机构，通过教育培训、兴办实体经济、技术帮助等帮助贫困农民致富。同时，在农村推行定期定量救济，提高了对贫困对象的保障水平，减少了救济工作的随意性，促进了救济工作的规范化。

经过努力，国家重点扶持贫困县农民人均纯收入从 1986 年的 206 元增加到 1993 年的 483.7 元；农村贫困人口由 1.25 亿人减少到 8 000 万人，平均每年减少 640 万人，年均递减 6.2%；贫困人口占农村总人口的比重从 14.8% 下降到 8.7%（李本公等，1996）。1994 年全国农村社会救济费用于扶持生产自救资金有 432 万元，与其他扶持资金共同扶持贫困对象 706 万户。到 1994 年底全国社会救济有偿扶持资金累计达 1.9 亿元。

1994 年，为了解决农村困难群众生活问题，民政部在总结之前地方试点经验的基础上，提出要在农村建立起与经济发展水平相适应的农村社会保障制度。1996 年底，民政部印发了《关于加快农村社会保障体系建设的意见》，制定了《农村社会保障体系建设指导方案》，明确指出农村最低生活保障制度建设应该成为工作的重点。该文件还指出："农村最低生活保障制度是对家庭人均收入低于最低生活保障标准的农村贫困人口按最低生活保障标准进行差额补助的制度""保障资金由当地各级财政和村集体分担"，并提出"各地要积极试点，稳步推进。凡开展农村社会保障体系建设的地方，都应该把建立最低生活保障制度作为重点，即使标准低一点，也要把这项制度建立起来"。从 1997 年开始，中国部分有条件的地区逐步建立了农村最低生活保障制度。广西出台的《农村社会保障制度管理办法》是全国第一个省级政府出台的农村社会保障制度管理办法，以法规的形式将农民纳入社会保障的范围。

截至 2002 年底，在开展农村最低生活保障工作的地区，有 156.7 万户家庭 407.8 万村民得到了最低生活保障，保障对象比上年增长 32.9%，其中：困难户 303.3 万人，五保户 51.1 万人，其他人员 53.4 万人。在未开展农村最低生活保障工作的地区，按传统救济方式救济困难户 1 468.1 万人、五保户 162.2 万人、其他救济对象 250.5 万人。

三、农村社会保障制度的全面发展阶段（2003 年至今）

党的十六大立足于我国已经解决温饱、人民生活总体达到小康水平的基础，进一步提出了全面建设小康社会的构想，即在 21 世纪头 20 年，集中力量，全面建设惠及十几亿人口的更高水平的小康社会，使经济更加发展、民主更加健全、科教更加进步、文化更加繁荣、社会更加和谐、人民生活更加殷实。经过这一阶段的建设，再继续奋斗几十年，到 21 世纪中叶基本实现现代化，把我国建设成为富强、民主、文明的社会主义现代化国家。江泽民同志在十六大报告中指出，我国正处于并将长期处于社会主义初级阶段，当前实现的小康还是低水平、低层次、低标准的小康，"建立健全同经济发展水平相适应的社会保障体系，是社会稳定和国家长治久安的重要保证""多渠道筹集和积累社会保障基金。各地要根据实际情况合理确定社会保障的标准和水平。发展城乡社会救济和社会福利事业。有条件的地方，探索建立农村养老、医疗保险和最低生活保障制度"。

党的十八大报告进一步指出我国全面建成的小康社会，要经济持续健康发展，转变经济发展方式取得重大进展，在发展平衡性、协调性、可持续性明显增强的基础上，实现国内生产总值和城乡居民人均收入比 2010 年翻一番；人民民主不断扩大；文化软实力显著增强；人民生活水平全面提高；资源节约型、环境友好型社会建设取得重大进展。

党的十九大开启了中国特色社会主义新时代、国家发展新征程，以人民为中心的发展取向构成了推进社会保障体系建设新的时代背景，决定了社会保障不仅关乎基本民生的保障，更是满足城乡居民对美好生活的需要和维系全体人民走向共同富裕的重大制度安排。

（一）新型农村养老保险与城乡居民基本养老保险的探索与发展

党的十六大报告提出，"有条件的地方，探索建立农村养老、医疗保险和最低生活保障制度"。在政策指导下，从 2003 年起，我国进入了探索新型农村养老保险（简称"新农保"）的阶段。党的十七大报告提出，到 2020 年建立覆盖城乡的社会保障制度，探索农村社会养老保险。2006 年，响应《劳动和社会保障事业发展"十一五"规划纲要》关于"探索建立与农村经济发展水平相适应，与其他保障措施相配套的农村社会养老保险制度"的要求，开始在北京市大兴区，山东省烟台市招远市、菏泽市牡丹区，福建省南平市延平区，安徽省霍邱县，山西省柳林县，四川省巴中市通江县，云南省南华县 8 个县（市、区），进行新型农村社会养老保险试点。2008 年，党的十七届三中全会再次提出"贯彻广覆盖、保基本、多层次、可持续原则，加快健全农村社会保障体系。按照个人缴费、集体补助、政府补贴相结合的要求，建立新型农村社会养老保险制度"。

2009 年 9 月，国务院在总结各地区试点经验的基础上，颁布了《国务院关于开展新型农村社会养老保险制度试点的指导意见》。意见提出"建立个人缴费、集体补助、政府补贴相结合的农村社会养老保险制度试点，实行社会统筹与个人账户相结合"，标志着我国正式在全国范围内建立了农村社会养老保险制度。

新农保保险对象为年满 16 周岁（不含在校学生）、未参加城镇职工基本养老保险的农村居民，可以在户籍地自愿参加。《国务院关于开展新型农村社会养老保险试点的指导意见》规定：新农保基金由个人缴费、集体补助、政府补贴构成。参加新农保的农村居民应当按规定缴纳养老保险费。缴费标准设为每年 100 元、200 元、300 元、400 元、500 元 5 个档次，地方可以根据实际情况增设缴费档次。参保人自主选择档次缴费，多缴多得。有条件的村集体应当对参保人缴费给予补助，补助标准由村民委员会召开村民会议民主确定。鼓励其他经济组织、社会公益组织、个人为参保人缴费提供资助。

政府对符合领取条件的参保人全额支付新农保基础养老金，其中中央财政对中西部地区按中央确定的基础养老金标准给予全额补助，对东部地区给予 50% 的补助。地方政府应当对参保人缴费给予补贴，补贴标准不低于每人每年 30 元；对选择较高档次标准缴费的，可给予适当鼓励，具体标准和办法由省（自治区、直辖市）人民政府确定。对农村重度残疾人等缴费困难群体，地方政府为其代缴部分或全部最低标准的养老金保险费。

国家为每个新农保参保人建立终身记录的养老保险个人账户。个人缴费、集体补助及其他经济组织、社会公益组织、个人对参保人缴费的资助，地方政府对参保人的缴费补助，全部记入个人账户。

养老金待遇由基础养老金和个人账户养老金组成，支付终身。中央确定的基础养老金标准为每人每月 55 元。地方政府可以根据实际情况提高基础养老金标准，对于长期缴费的农村居民，可适当加发基础养老金，提高和加发部分的资金由地方政府支出。个人账户养老金的月计发标准为个人账户全部储蓄额除以 139。年满 60 周岁、未享受城镇职工基本养老保险待遇的农村有户籍的老年人，可以按月领取养老金。

新农保制度实施时，已满 60 周岁、未享受城镇职工基本养老保险待遇的，不用缴费，可以按月领取基础养老金，但其符合参保条件的子女应当参保缴费；距领取年龄不足 15 年的，应当按年缴费，也允许补缴，累计缴费不超过 15 年；距领取年龄超过 15 年的，应按年缴费，累计缴费不少于 15 年。

2010 年全国人大通过了《中华人民共和国社会保险法》，从法律层面明确了社会养老保险制度的内涵，细化了保险征缴、基金管理、经办监督等细则，成为我国首部关于社会保险的法律规范。2011 年人力资源和社会保障部颁布《关于印发开展城镇居民社会养老保险试点工作宣传提纲的通知》，首次在城镇试点建立城镇居民社会养老保险制度，标志着城镇居民社会养老保险制度的确立。

2014 年，李克强总理在《政府工作报告》中指出"社保是民生之基"，要"建立统一的城乡居民基本养老保险制度"。为此，国务院下发《关于建立统一的城乡居民基本养老保险制度的意见》，提出合并 2009 年试点的农村社会养老保险和 2011 年试点的城镇居民养老保险制度，在 2012 年全国推行的基础上正式构建全国统一的城乡居民基本养老保险制度（简称"城乡保"）。保险基金仍由个人缴费、集体补助、政府补贴三部分构成。政策标准变为城乡居民社会养老保险每年 100～1 000 元 10 个均等档次，再加 1 500 元、2 000 元两个档次，并增加 500 元档次以上的地方政府补贴标准，鼓励有缴费意愿和缴费能力的居民提高缴费水平，形成"多缴多补、长缴多补"的激励机制。2015 年进一步将城乡居民基础养老金标准统一由 55 元提高到 70 元。农村养老保障水平依旧较低，且还有 1.5 亿农民游离于城乡居民基本养老保险之外。于是，2018 年中央 1 号文件强调完善城乡居民基本养老保险制度，推动建立城乡居民基本养老保险待遇确定和基础养老金标准正常调整机制。

据人力资源和社会保障部数据，截至 2018 年底，全国城乡居民基本养老保险参保人数 52 392 万人，其中实际领取待遇人数 15 898 万人，有 4 900 多万贫困人员直接受益。

（二）新型农村合作医疗的建立和城乡居民基本医疗保险制度的初步探索

2002 年，我国城乡二元经济社会解冻，向城乡一体化转型。传统合作医疗制度的解体、农民因病致贫社会问题再度浮显。因此，政府着手重建农村医疗保障体系，中共中央、国务院出台了《关于进一步加强农村卫生工作的决定》，指出要在 8 年时间里在农村建立起与农村经济社会发展水平相适应的农村合作医疗制度，到 2010 年，使每一位农村居民都能享受到医疗保障。决定提出试点先行，逐步推广的原则，从 2003 年起在部分农村地区开展新型农村合作医疗试点（简称"新农合"）。各省、自治区、直辖市至少选择 2 个县（市、区）启动试点，2006 年试点县（市、区）扩大到 40% 左右，2007 年扩大到 60% 左右，2008 年进入全面推进阶段，2010 年实现覆盖全国县（市、区）的政策目标。但新型农村合作医疗现实推广速度远超预期。2006 年，试点县（市、区）已达到 50.7%，2007 年底达到 85.5%，新农合从试点转入全国范围推广阶段。截至 2008 年底，全国已有 2 729 个县建立了新型农村合作医疗制度，参合农民 8.15 亿人。

新农合制度建立了农民个人缴费、集体扶持和政府资助相结合的社会保险筹资机制。参合农民以家庭为单位自愿缴费，集体经济组织给予适当支持，政府四级财政则按照实际参合人数予以定额资助，对贫困农民的参保费用由地方财政"兜底"资助。2003—2005年，中央财政对中西部地区提供每人每年10元的补助，地方财政的补助不低于10元。从2006年起，中央补助和地方财政补助逐年提高。截至2018年，各级政府人均补贴标准不低于490元，个人缴纳220元。

2008年以后，进入城乡加速转型期，新农合制度与城镇居民基本医疗保险制度开始整合和统一。2012年，整合城乡基本医疗保障制度及其管理经办体制成为党的十八大报告的决策。2016年1月，国务院出台了《关于整合城乡居民基本医疗保险制度的意见》，统一整合城乡医疗保险，自上而下全力推进城乡基本医疗保险制度的整合。2018年3月，第十三届全国人民代表大会第一次会议明确组建国家医疗保障局，统一城乡三项基本医疗保险制度的管理体制，为完成整合和统一城乡基本医疗保险制度确立了组织保障。2019年国务院出台《关于整合城乡居民基本医疗保险制度的意见》，按照全覆盖、保基本、多层次、可持续的方针，加强统筹协调与顶层设计，遵循先易后难、循序渐进的原则，从完善政策入手，推进城镇居民基本医疗保险和新农合制度整合，逐步在全国范围内建立起统一的城乡居民基本医疗保险制度，推动保障更加公平、管理服务更加规范、医疗资源利用更加有效，促进全民医疗保险体系持续健康发展。

2019年中央1号文件提出提升农村公共服务水平，加快标准化村卫生室建设，实施全科医生特岗计划，建立健全统一的城乡居民基本医疗保险制度，同步整合城乡居民大病保险。

（三）五保供养制度走向成熟

2002年，农业税费改革在全国范围内普遍推广。到2006年，全国范围内取消农业税和面向农民的各种收费，取消了"村提留、乡统筹"的五保供养经费来源，五保供养主要依靠国家财政转移支付解决。为了确保五保供养的资金来源，2004年8月，民政部、财政部、国家发展和改革委员会发出《关于进一步做好农村五保供养工作的通知》，"除保留原由集体经营收入开支的以外，从农业税附加收入中列支；村级开支确有困难的，乡镇财政给予适当补助。免征、减征农业税及其附加后，原从农业税附加中列支的五保供养资金，列入县乡财政预算。地方在安排使用农村税费改革转移支付资金时，应当确保五保供养资金的落实，不得截留、挪用"，强调了县乡财政及上级转移支付的责任。

2006年国务院公布了修订的《农村五保供养工作条例》。新条例规定，"农村五保供养标准不得低于当地村民的平均生活水平，并根据当地村民平均生活水平的提高适时调整"，并将农村五保供养纳入了公共财政的范畴。该条例明确了农村五保供养的资金应在地方人民政府预算中安排，中央财政对困难地区给予补助。自此，五保供养制度实现了从农民集体内部互助共济体制向国家财政供养为主的现代社会保障体制的历史性转变。

2014年，《社会救助暂行办法》实施，提出将五保户、城市"三无"群众作为"特困供养人员"进行专门保障。2016年出台的《国务院关于进一步健全特困人员救助供养制度的意见》规定：特困人员救助供养标准包括基本生活标准和照料护理标准。基本生活标准应当要满足特困人员基本生活所需，照料护理标准应当根据特困人员生活自理能力和服务需求分类制定，体现差异性。同时规定，特困人员救助供养标准由省、自治区、直辖市或者设区的市级人民政府综合考虑地区、城乡差异等因素确定、公布，并根据当地经济社会发展水平和物价变化情况适时调整，要求不低于当地低保补贴标准的1.3 倍，每个地区的标准不一，大部分都在 6 000 元以上。

（四）农村社会救助制度的多元化和社会化

1. 农村救灾救济机制逐步成型

21 世纪初，我国自然灾害频发，国家投入大量人力、物力、财力对灾区人民进行救助，帮助灾区人民灾后重建，并且积极动员民间组织和民间资金参与。2003 年，发布《民政部应对突发性自然灾害工作规程》，推进地方各级救灾应急预案建设，并积极组织开展社会捐助。2004 年，我国颁布了《春荒、冬令灾民生活救助工作规程》《灾区民房恢复重建管理工作规程》和《灾害应急救助工作规程》，全面规范各级救灾工作。2006 年 11 月，第十二次全国民政会议根据党的十六届六中全会精神，将我国救灾工作的方针修订为"政府主导、分级管理、社会互助、生产自救"。为规范自然灾害救助工作，保障受灾人员基本生活，2010 年国务院常务会议通过了《自然灾害救助条例》，自然灾害救助工作遵循以人为本、政府主导、分级管理、社会互助、灾民自救的原则，实行各级人民政府行政领导负责制。这对于建立健全应对突发重大自然灾害救助体系和运行机制具有重要意义。

2. 最低生活保障制度整体推进

党的十六届六中全会通过了《中共中央关于构建社会主义和谐社会若干重大问题的决定》，提出"要逐步建立农村最低生活保障制度"。2006 年中央农村工作会议首次明确提出，我国将积极探索在全国范围内建立农村最低生活保障制度，将符合条件的农村贫困人口纳入保障范围，重点保障病残、年老体弱、丧失劳动能力等生活常年困难的农村居民。2007 年，国务院下发《关于在全国建立农村最低生活保障制度的通知》，要求将符合要求的农村贫困人口全部纳入保障范围，稳定、持久、有效地解决农村贫困人口的温饱问题。党的十七大报告进一步要求，"完善城乡居民最低生活保障制度，逐步提高保障水平"。2007 年中央农村工作会议提出，加大农村最低生活保障补助力度，将符合条件的农村贫困家庭全部纳入低保范围，做到应保尽保。2008 年，全国所有涉农县全部建立了农村低保制度。

2012 年，国务院发布的《国务院关于进一步加强和改进最低生活保障工作的意见》中强调，要把保障困难群众基本生活放到更加突出的位置，落实政府责任，加大政府投入，加强部门协作，强化监督问责，确保将所有符合条件的困难群众全部纳入最低生活保障的范围，做到应保尽保。健全最低生活保障法规制度，坚持公平公正。加快推进低收入家庭的认定工作，有效地解决低收入群众的突发性、临时性的基本生活困难，做好与养老、医疗等社会保障制度的衔接工作。2017 年，民政部发布《关于进一步加强农村最低生活保障制度与扶贫开发政策有效衔接的通知》，充分考虑农村低保和扶贫开发在资格条件、认定标准、收入计算等方面存在的差异，坚持实事求是，不能片面要求提高或降低两类对象重合比例。妥善处理贫困发生率和农村低保覆盖面的关系，激发农村低保对象等困难群众脱贫增收的内生动力。截至2018年，全国农村低保对象3 519.7万人，农村低保标准达到每人每年4 833元。

（五）特殊群体社会保障模式的探索

伴随着城市化和工业化进程的加快，大量农村劳动力跨区域流动，农用地被征用成为建设用地，在此过程中出现了大量农民工和失地农民，这两类人群的权益保障问题成为亟待解决的问题。

1. 农民工社会保障制度

2006年党的十六届六中全会提出把构建社会主义和谐社会摆在更加突出的地位。构建社会主义和谐社会，农民工问题不容忽视。但是由于户籍制度和二元经济体制的制约，农民工利益很难得到保障。

21世纪的头10年，我国的农民工社会保障制度开始进入全方位调整阶段，重在解决农民工的工作、工资、工伤、权益等问题。农村社会保障体系逐步健全，个别地区因地制宜地建立了专门针对农民工的社会保障制度，将农民工纳入城镇职工社会保障体系的力度不断增强，农民工社会保障呈现多模式并存的局面。其中比较有代表性的有：

1994年起，广东省将农民工纳入到城镇职工社会保险体系中的"城保模式"。2001年，劳动和社会保障部发布《关于完善城镇职工基本养老保险政策有关问题的通知》，对农民合同制职工参保、转移、退保做出了规定。

2002年，上海市为农民工量身定制的综合型保障模式"综保模式"。综合保险包括工伤、住院医疗和老年补贴三项保险待遇。凡用人单位使用外来从业人员和无单位的外来从业人员，都要缴纳综合保险费。综合保险在险种结构、待遇享受、费率等方面都有别于城镇职工社会保险，在一定程度上起到了化解农民工职业风险的作用。

2003年，浙江省在农民工的经济承受范围内，降低其保费和保障水平的"双低模式"。浙江省政府下发《关于完善职工基本养老保险"低门槛准入，低标准享受"办法的意见》，降低了农民工参加社会保险的门槛。

山西省将农民工纳入农村社会保障体系的"农保模式"。即将农民工纳入流出地的农村社会保障制度，参与新型农村养老保险和新型农村合作医疗保险。

这一阶段，农民的社会保障制度建设在全国还没有统一的模式，但上述各种模式在推动农民工这一特殊群体的权益保障方面取得了明显成效。2009年度全国农民工总量为22 978万人，其中外出农民工数量为14 533万人。其中，参加基本养老保险的农民工人数为2 647万人，参加医疗保险人数为4 335万人，参加失业保险人数为1 643万人，参加工伤保险人数为5 587万人。

2010年，第十一届全国人民代表大会通过《中华人民共和国社会保险法》，规定农民工与其他职工一样依法参加社会保险。《中华人民共和国社会保险法》的颁布实施对于切实解决农民工的社会保险问题，更好地维护农民工参加社会保险和享受社会保险待遇的合法权益，具有十分重要的意义。国家政策也在不断强化将农民工纳入城镇职工社会保障体系，给予农民工公平社会保障待遇的理念。2013年11月，中共中央《关于全面深化改革若干重大问题的决定》提出，把进城落户农民完全纳入城镇住房和社会保障体系，在农村参加的养老保险和医疗保险规范接入城镇社会保险体系。2014 年 9 月，国务院发布《关于进一步做好为农民工服务工作的意见》，提出扩大农民工参加城镇社会保险覆盖面。"依法将与用人单位建立稳定劳动关系的农民工纳入城镇职工基本养老保险和基本医疗保险，研究完善灵活就业农民工参加基本养老保险政策，灵活就业农民工可以参加当地城镇居民基本医疗保险。完善社会保险关系转移接续政策。努力实现用人单位的农民工全部参加工伤保险，着力解决未参保用人单位的农民工工伤保险待遇保障问题。推动农民工与城镇职工平等参加失业保险、生育保险并平等享受待遇。对劳务派遣单位或用工单位侵害被派遣农民工社会保险权益的，依法追究连带责任。实施'全民参保登记计划'，推进农民工等群体依法全面持续参加社会保险。整合各项社会保险经办管理资源，优化经办业务流程，增强对农民工的社会保险服务能力。"

近些年，在《关于进一步做好为农民工服务工作的意见》基础上，又对农民工社会保障的细节进行了修改补充。如 2017 年，农民工基本养老保险新政策出台。农民工参保，不管是以个人的身份参保，还是参加城镇职工基本养老保险，只要达到法定退休（养老）年龄，且累计缴费满 15 年的，按城镇职工基本养老保险计发办法核定待遇，同时享受城镇职工基本养老保险待遇调整政策。2018 年，全国人力资源和社会保障工作会议提出对失业条例进行修订。具体来说，就是要取消现行规定，改成农民工和城镇职工参保缴费和待遇享受一致。修改后，农民失业后，不仅能按月领取失业保险金，由失业保险基金代缴基本养老和医疗保险费，还可以根据自身情况享受职业培训和创业补贴等，保障更全面。此外，人力资源和社会保障部等六部门联合印发《关于铁路、公路、水运、水利、能源、机场工程建设项目参加工伤保险工作的通知》，要求在此类工程建设项目中未参加工伤保险的项目和标段要及时整改，杜绝"未参保，先开工"甚至"只施工，不参保"现象。

2. 失地农民社会保障制度

随着工业化和城市化的推进，非农建设用地需求越来越大，大批农民沦为失地农民，成为介于传统农民和城市居民之间的弱势群体。按照《全国土地利用总体规划提要》，2000—2030 年的 30 年间，我国占用的耕地将超过 363.33 万公顷。目前我国已有失地农民 4 100 多万，如果按照每年非农建设占用耕地 16 万～20 万公顷的速度推算，每年会增加 250 万～300 万失地农民。可以预测，到 2030 年我国将会有 7 800 万左右失地或部分失地农民。失地农民的出现是城市化进程的必然产物，妥善解决失地农民的社会保障问题，是我们面临的新任务。我国失地农民社会保障制度至今没有专门的法律法规，只有效力较低的规范性文件。如 2007 年，劳动和社会保障部颁发的《关于切实做好被征地农民社会保障工作有关问题的通知》。

失地农民最关心的是养老保障和就业保障。养老保障方面，我国 2010 年颁布的《中华人民共和国社会保险法》第九十六条规定："征收农村集体所有的土地，应当足额安排被征地农民的社会保险费，按照国务院规定将被征地农民纳入相应的社会保险制度。"依照规定要求，经济发达的如天津、北京、苏州等地区把失地农民养老保险纳入城市社会养老保险体系；山东的青岛、广东的中山与东莞等地区采取把失地农民养老保险纳入农村养老保险体系，在现有的农村养老保险体系中，创立个人养老账户与专有账户相结合的养老，由政府、集体、个人共同出资；安徽、西安等地专门建立被征地农民的社会保障。这是考量失地农民的长远利益、维护他们的权益、促进社会公平、考虑本地情况制定的保障政策。

与养老保障相比，失地农民就业保障更加针对当下，立足于自身，更有现实意义。2006 年，国务院办公厅转发劳动和社会保障部《关于做好被征地农民就业培训和社会保障工作的指导意见》，包括指导思想、努力促进被征地农民的就业、积极做好被征地农民社会保障工作、落实被征地农民就业培训和社会保障资金、加强领导、精心组织等几个方面内容，同时要求各省、自治区、直辖市人民政府要根据指导意见，结合本地实际情况制定切实可行的实施办法。

除以上两项特殊社会保障外，我国政府还陆续推出了对农村部分计划生育家庭实行奖励扶助的政策。

本 章 参 考 文 献

黄佳豪，2009. 建国 60 年来农村养老保险制度的历史探索之路 [J]. 决策咨询通讯（6）：61.

李本公，姜力主，1996. 救灾救济 [M]. 北京：中国社会出版社.

李卫平，2002. 中国农村健康保障的选择 [M]. 北京：中国财政经济出版社.

李学举，2002. 跨世纪的中国民政事业：1994—2002　总卷 [M]. 北京：中国社会出版社.

民政部政策研究室，1984. 民政工作文件汇编：第 1 册 [M]. 北京：地质出版社：20.

石秀和，等，2006. 中国农村社会保障问题研究 [M]. 北京：人民出版社.

苏少之，1989. 论我国农村土地改革后的"两极分化"问题 [J]. 中国经济史研究（3）：1-17.

王禄生，张里程，1996. 我国农村合作医疗制度发展历史及其经验教训 [J]. 卫生经济研究（8）：14.

王以才，张朴，1996. 农村社会养老保险 [M]. 北京：中国社会出版社.

魏众，2003. 中国农村的健康和养老保障 [J]. 海南社会科学通讯（2）：13.

佚名，2006. 1998 年劳动和社会保障事业发展年度统计公报 [EB/OL]. （02-07）[2019-07-03]. http://www.mohrss.gov.cn/SYrlzyhshbzb/zwgk/szrs/tjgb/200602/t20060207_69891.html.

佚名，2009. 2008 年我国卫生事业发展统计公报 [EB/OL]. （04-29）[2019-07-03]. http://www.gov.cn/gzdt/2009-04/29/content_1299547.htm.

佚名，2011. 军人抚恤优待条例 [EB/OL]. （07-30）[2019-07-03]. http://www.mva.gov.cn/fuwu/xxfw/ydfx/201807/t20180720_13794.html.

中共中央文献研究室，1992. 毛泽东文集：第七卷 [M]. 北京：中央文献出版社.

中共中央文献研究室，2011. 建国以来重要文献选编：第八册 [M]. 北京：中央文献出版社.

中共中央文献研究室，2011. 建国以来重要文献选编：第十册 [M]. 北京：中央文献出版社.

中共中央文献研究室，2011. 建国以来重要文献选编：第十五册 [M]. 北京：中央文献出版社.

周士禹，李本公，1996. 优抚保障 [M]. 北京：中国社会出版社.

第十六章　文化教育

新中国成立 70 年来，由于受政治环境、经济条件以及文化事业发展等多方面因素的影响，我国的农村基础教育在党和政府各项政策的指引下，经历了从积贫积弱到蓬勃发展的巨大转变。

我国的农村文化教育政策的演变大致可分为四个阶段。新中国成立初期，社会主义教育的主要任务为改造旧教育、旧学制，创造新教育，制定人民教育方针。这一阶段的农村教育，在党和政府的引导下开始了新的篇章，农村地区开始出现各种形式的教育，包括工农速成学校、农民业余学校、农业中学等，使我国的农村教育展现出了生机与活力。"文革"时期，是社会主义发展的十年动荡时期，这一阶段农村教育遭到严重破坏，出现了严重的"文化断层"与"人才断层"的现象，阻碍了农村的经济和文化建设。改革开放以来，农村教育获得巨大的发展空间，调整了社会主义教育方针，农村教育体系不断完备，整个农村与农民的素质都大大得到提升。进入 21 世纪以来，农村税费改革政策给农业发展和农村教育都带来了新的机遇与挑战。在此基础上，农村教育的管理政策与发展方式都获得了新的发展。在此阶段，农民负担不断减轻，农村中小学提高了入学率、减少了辍学率，农村教师的待遇也得到了提升。

一、新中国成立初期中国农村文化教育政策（1949—1965 年）

（一）农村教育制度的恢复与改造（1949—1956 年）

1. 政策实施背景

新中国成立初期，百废待兴。此时全国人民面临的最紧要任务便是尽快恢复和发展国民经济，在这一时期内，中国社会发展经历了从新民主主义向社会主义的过渡。经过土地改革，广大农民群众在政治上翻了身，但是在思想觉悟上、文化上仍停留在封建迷信思想和文盲半文盲的状态里。文化上如果农民难以翻身，则他们在政治和经济上所获得的成果也难以巩固，因此农民教育工作也必须作为农民解放运动中的一个重要任务。在新中国成立之时，农村人口是人民的主体。从 1949 年的全国城乡人口构成来看，时年全国总人口为 54 167 万，城镇人口为 7 163 万，乡村人口为 48 402 万，乡村人口占总人口的 89.4%。这年的工农业总产值 466 亿元，其中农业总产值 326 亿元，占 70%。正是着眼于农村的教育和经济建设需求，才有了新民主主义的文化教育政策。

这一时期，农村人口文化断层较为严重，接受文化教育的意识也较为薄弱。1949年全国青壮年中，约有文盲 16 500 万人，占农民青壮年的 80%。因此重点建设农村教

＊本章编写人员：万凌霄。

育，是社会主义教育建设的当务之急。国家的经济发展也需要大量具有一定文化水平的人才。新中国成立初期，国家的中心任务是"迅速恢复与发展国家的生产建设。生产建设的主要依靠力量是在生产战线上的工人和农民这两支大军"。因此教育也要配合我国的生产建设，不能脱离实际。农民教育要为恢复和发展农村经济服务，其首要、直接的目的是根据国家大规模的经济建设需要，提高广大农民群众的文化水平。

这段时期内，中国的教育事业和社会其他各项事业一样有了新的起步和发展。而在教育事业的发展中，农村的教育事业成为关注的重点问题，因此对旧教育的改造总体上采取了"维持现状、就地开学"与全面进行社会主义教育改革并驾齐驱的方法。

2. 农村教育政策方针的制定与对旧教育的改造

1949 年 9 月中国人民政治协商会议通过了《中国人民政治协商会议共同纲领》，制定了国家文化教育"为工农服务，为生产建设服务"的方针，同时明确规定了国家的文化教育政策："中华人民共和国的教育为新民主主义的，即民族的、科学的、大众的文化教育。""有计划有步骤地实行普及教育，加强中等教育和高等教育，注重技术教育，加强劳动者的业余教育和在职干部教育，给青年知识分子和旧知识分子以革命的政治教育，以应革命工作和国家建设工作的广泛需要。"教育方针与政策的制定使新中国教育的发展有了新而明确的政策指向，也使农村教育发展成为国家教育发展的重要政策目标和任务。当时的教育政策蕴含着大力发展农村文化教育的政策含义，奠定了农村教育在国家教育发展中的重要地位。

与此同时，中央政府下设教育部，1949 年 12 月底召开了第一次全国教育工作会议，会议指出要对旧教育进行有步骤有计划的彻底改造。会议指出，对待旧教育，要采取辩证思维，一分为二进行改造。要在坚持新民主主义的原则下，批判地吸收历史遗产中的优良部分。"党和国家领导人指出，教育应着重为工农服务，应普遍设立工农中学，吸收大批工农干部及工农青年入学，培养工农知识分子干部，并同时确立了'教育必须为国家建设服务，学校必须向工农开放'的总方针。"时任教育部副部长钱俊瑞在全国扩大执行委员会作的《改革旧教育、建设新教育》的报告中指出："现在和今后若干年内，教育工作应该着重做到，坚决地和有计划、有步骤地改革旧教育的课程、教材、教学方法和制度。"报告同时阐述了建设和发展新教育，改造旧教育的方针和实施原则。其中，对旧教育的改造主要分为三个时期：第一个时期，从改革学校内部的管理体制开始，然后为改革办学方向，再到改革中等教育的结构；第二个时期，主要为对旧教育改造的逐步接办、整顿以及初步改造私立学校；第三个时期，对接受外资津贴的学校进行改造。三个时期紧密相连，使得对旧教育的改造极具成效。

新中国成立初期的几年内，政府采取多项措施为工农及其子女创造有利的入学条件，坚决贯彻农村教育的方针政策，采取在工矿和农村地区增办学校的方式，便利工农子女入学；办工农速成中学，提高工农干部和工农青年的文化水平；在中等以上学校设置人民助学金，帮助工农学生克服经济上的困难。工农子女获得了更多的入学机会，从学校学生的成分来看，1956 年统计资料显示，参加工农类教学的人数已达 6 600 万人，比 1949 年增长了 377.3%。到 1957—1958 学年度的统计，在小学里工农成分的学生已占 80% 以上，中学占 66%，而高等学校中工农成分的学生也占到 34%。

3. 农民业余教育和扫除文盲教育

1950 年 12 月，教育部颁布了经政务院批准的《关于开展农民业余教育的指示》。指示中指出要有计划有步骤地开展农民的业余教育，提高农民的文化水平是当前我国文化建设上的重大任务之一。指示要求农民业余教育应该继续以冬学教育形式为主，开展农民自教活动，实行"以民教民"的方针。农民业余教育成为农村教育新的办学形式，该种形式面向农民群众进行社会主义教育和文化技术教育。指示还要求农民相关业余教育工作应由各级人民政府教育部门领导，其他有关机关及人民团体协助。新中国成立初期，在指示等相关政策的引导下，农民业余教育受到各级政府的重视，不断发展。

进入 20 世纪 50 年代中期，我国农村教育被赋予新的历史使命，全国范围内的大规模扫盲运动如火如荼展开。1956 年 3 月，中共中央、国务院联合发布了《关于扫除文盲的决定》，指出："在全国范围内积极地有计划有步骤地扫除文盲，使广大劳动人民摆脱文盲状态，具有现代的文化，这是我国文化上的一个大革命，也是国家进行社会主义建设中的一项重大的政治任务。"（袁振国，1991）根据该决定要求，1956 年起，国家的社会主义工业和农业合作化必须紧密结合发展，并在广大工农群众中大力开展识字教学。按照各地不同的情况，要求在 5～7 年内基本扫除文盲。鉴于中国人口的绝大部分分布在农村，全国扫盲工作的重点与难点都在农村，这也成为 20 世纪 50 年代中期中国农村教育与社会发展的壮观景象。

4. 农村学制改革

在农村进行学制改革，有利于农民及其子女充分享受受教育的权利。1951 年 10 月 1 日，中央人民政府颁布《关于改革学制的决定》。学制中对工农干部学校、劳动人民子女受教育等问题进行了明确的解读，并且提出对不合理的教学年限与教育制度进行改革。针对原有学制的弊端，新学制建立起了幼儿教育、初等教育、中等教育和高等教育四级学校教育系统。决定规定："实施幼儿教育的组织为幼儿园，招收三足岁到七足岁的儿童。"在初等教育中设立小学，对儿童进行初等教育；并设立青年成人初等学校、业余初等学校和识字学校，对自幼失学青年和成人进行初等教育。在中等教育中，设立多种形式的中等学校，其中包括中学、工农速成中学、业余中学和中等专业学校，同时设立新的师范学校。中小学采取"五三三"制，但由于各种相关因素的限制，最终没能坚持下去。1953 年《关于整顿和改进小学教育的指示》规定，停止推行五年一贯制，仍沿用四二制。改革学制的决定明确了中等教育和高等教育的修业年限。1951 年学制的颁布，初步奠定了我国社会主义学校制度的基础。同时，学制改革使中国教育的发展有了新的方向，也为农民子女接受教育提供了制度保障。

5. 初等教育与师范教育的发展

国家在改革学制的基础上制定发展初等教育和师范教育的具体政策以促进农村教育的发展。为实现初等教育在广大农村的发展，国家先后制定了一系列具体政策措施。1951 年，教育部召开了第一次全国初等教育及师范教育会议，明确提出要大力发展初等教育，会议提出在 1952—1957 年争取全国平均 80％的学龄儿童入学，从 1952 年起，争取 10 年内基本普及小学教育。1956 年，国家制定了《十二年国民教育事业规划纲要》，要求"普及义务教育，使新生一代受到国民必须受的教育，成为社会主义社会全面发展的成员""七年内在全国基本普及义务教育：在一般的城镇和条件较好的农村普及完全小学教育，在条件较差的农村先普及初级小学教育，在直辖市、省会和主要工业城市基本上普及初中教育"（何东昌，1998）。为推进农村初等教育的发展，国家努力发展农村公立小学；设立公立小学的同时，积极鼓励农村兴办民办小学，以应农村初等教育发展之需要；实行多种形式办学。这些政策主要目标是为了普及农村初等教育及发展小学教育，有效地引导农村初等教育的发展。

在大力发展农村初等教育的同时，国家也制定出努力发展师范教育和提高教师质量的政策。1951 年的第一次全国初等教育及师范教育会议，确立了要为培养百万人民教师而奋斗的目标，明确师范教育的工作方针是正规师范教育和大量短期训练相结合。这一目标和方针，很大程度上是着眼于培养和培训农村初等教育的教师。1953 年后，随着高等学校院系调整计划的实施，我国确立了独立的师范教育体系。在独立的师范教育体系中，中等师范教育占有重要地位，其主要担负着为国家初等教育的发展培养师资的任务。

（二）探索中国社会主义教育的发展道路（1956—1965 年）

1. 政策实施背景

经过新中国成立初期的改造与恢复，1956—1965 年是我国探索社会主义道路，全面建设社会主义的 10 年。在这 10 年间，农村教育在社会主义制度下不断完善和发展。这一时期，在基本完成社会主义改造的基础上，我国制定了正确的社会主义建设纲领，同时又经历了"反右倾"斗争扩大化、"大跃进"、人民公社化以及政治、经济、文化的全面调整的艰难曲折的历程。

农民教育与社会、经济、政治的发展历程保持一致。在"大跃进"和人民公社化时期各类农民教育有了较大的发展，但由于片面追求"高指标、高速度"，实际效果并不乐观。在三年困难时期，农民教育一度中断，直至国民经济恢复和调整时期，农民教育才得以恢复，整体质量也得到提升。

2. 社会主义教育方针的提出

这一时期教育方针的提出经历了三个阶段（高奇，1999），从制定全面发展的教育方针，到讨论全面发展与因材施教的教育方针问题，再到毛泽东同志提出教育方针。每一阶段农村的教育方针都具有鲜明特点以及亟待解决的问题。

在第一阶段中，针对出现轻视劳动教育，对劳动人民存在上下级思想的问题，党和国家领导人提出了严厉的批评，同时提出要在中小学教育中加强劳动教育和生产技术教育。而在第二阶段，党和国家领导人针对"因材施教"是教育方法还是方针进行了广泛讨论，在此期间，学校改进了教学方式，教育有了新发展。在第三阶段中，毛泽东同志提出"我们的教育方针，应该使受教育者在德育、智育、体育几方面都得到发展，成为有社会主义觉悟的有文化的劳动者"。然而，针对这一教育方针，当时出现了一些理解上的偏差，从而导致一系列教育上的震荡和起伏。

1961 年，党和国家最终确立新的教育方针为："教育为无产阶级的政治服务，教育与生产劳动结合。（马戎等，2000）这一教育方针的提出，使我国的社会主义教育体系开始走上正轨，之后的教育方针的调整都始终以此为基础。

　　新教育方针的提出，确立了社会主义教育发展的任务和目标，全国教育的方向不断明确，找到了新的教育方式，即与生产劳动相结合，着重强调了生产劳动的重要性。相关部门指出，在 1961 年后的 3～5 年时间内，农村 16 岁以上的在校学生占农村全部劳动力的比例，应控制在 2% 左右，用以强调节约劳动的决心。这一时期农村教育有了突破性的发展，新的农村教育方针给农村带来了新的希望。

3. "两种教育制度，两种劳动制度"的探索

　　1956 年底，我国农村基本实现了合作化，全国范围内生产资料公有制的社会主义改造基本完成。随着农业合作化的不断推进，我国对农村教育的需求也不断加深。但这一时期，国家不断削减农村基础教育投入，因此农村学校办学受到极大限制。统计资料显示，1956 年全国高小毕业生共 500 万人，其中有将近 400 万人无法升入初中，而 109 万初中毕业生中有 80 万无法升入高中（曾长秋，1998）。农村受教育者升学的要求与这一时期教育承载力矛盾尖锐，造成了比较严重的社会问题，因此中央开始探索如何保障学生受教育的权利。

　　1958 年 5 月，刘少奇提出"两种教育制度、两种劳动制度"的设想。即以当时的全日制学校教育制度和八小时劳动制度为一种教育制度和劳动制度，同时在学校、工厂、机关、农村中广泛采用半工（农）半读的制度。两种教育制度和劳动制度同时运行。这一设想主要基于将教育与劳动（主要指体力劳动）结合起来的目的，节省办学经费，使学生解决生活难题，缓解升学需求与学校承载能力不足的矛盾。

　　1958 年以来，半工（农）半读学校成为党的一项重要教育政策，在全国推广施行。刘少奇针对"半工半读、半农半读"的思想进行了多次阐释，最终系统解释为我们国家应该有两种主要的学校教育制度和工厂农村的劳动制度，一种是全日制的学校教育制度和在工厂里面、机关里面八小时工作的劳动制度，此外半工半读的学校教育制度和半工半读的劳动制度可以与该制度相并行。

　　1958 年，先后在北京多次召开有关全国农村"半农半读"教育会议和全国城市"半工半读"教育会议，制定规划，提出"五年试办，十年推广"的工作方针。同年 12 月，高教部也召开了全国半工（农）半读高等教育会议。至此在我国城乡迅速掀起了试办半工半读、半农半读学校的热潮。1964 年 11 月，中共中央在《关于发展半工（耕）半读教育制度问题的规划（草案）》中明确提出，两种教育制度代表了今后教育的发展方向。此后，各地因地制宜发展各种形式半工半读、半农半读学校。在农村主要发展耕读小学，实行全日制学校和耕读学校并举，普及农村小学教育；同时扩大试办农业中学和积极试办农业中等技术学校，以培养农村迫切需要的技术人才。1965 年《关于学制改革问题的报告》正式将半工（农）半读学校作为正规学校的一种形式。

　　这一时期，农村地区建立了一大批高等学校，开始农村高等教育的探索。根据教育部统计，1965 年下半年，全国有 4 000 余所半工（农）半读学校，80 多万学生；有 61 600 所农业中学和其他职业中学，在校学生 433.3 万人；有 8 个省份先后举办了半工（农）半读的高等学校。全国 66 所高等农业院校中已试办半农半读的 37 所，学生占在校生的 15%（余永德，2000）。多种形式的办学，满足了各方面不同的需求并且弥补了单一全日制学校之不足，对提高广大农村地区的文化水平大有裨益。

4. 政策实施效果

这一时期中国农村教育处于前所未有的新发展时期，这与国家颁布与实施一系列大力推进农村教育发展的教育政策息息相关。这一阶段国家教育方针的制定与农村文化教育政策的颁布使农民及其子女的教育有了政策基础和制度保障，这是新中国成立以来新教育制度对旧教育制度的变革，奠定了农村教育在新中国教育事业发展中的地位。同时，农村教育政策的实施，扩大了农村小学教育的规模，也促进了农村小学办学形式的变革。统计资料显示，1949 年有小学校 34.68 万所，在校生 2 439.1 万人；而到了 1965 年，全国小学生增长到 11 620.9 万人，农村小学生有 9 399.9 万人，占全国小学生总数的 80.9%。正是在国家"实行多种形式办学"的政策引领下，农村小学教育开始多样化。农村扫盲运动的大力开展也不断提升了农民文化教育水平，教育统计资料显示，1949—1953 年，全国扫除文盲 701 万；1954—1965 年，全国扫除文盲 9 571.3 万人，17 年间共扫除文盲 1.02 亿人，其中大部分是农村文盲，扫盲政策卓有成效。农村教育政策的实施，使农村教育结构也在不断发生变化，其中办学类别、形式结构与办学层次都有了不同以往的变化。

在这一阶段教育政策的影响下，我国基本形成了以小学教育为主的普通学校教育，以扫盲为重点的成人教育以及农业中学和职业教育相结合的教育形态。这一形态不仅促进了农业教育的发展，对农村经济社会的发展也产生了有利的作用。农村教育政策的实施，提升了农村劳动者的素质，促进了农村生产力的发展，也改变着农村的生活面貌。

二、"文革"时期中国农村的文化教育制度（1966—1976 年）

（一）"文革"时期的农村教育政策

1966 年 8 月，党的八届十一中全会通过了《中国共产党中央委员会关于无产阶级文化大革命的决定》，指出要"改革旧的教育制度，改革旧的教育方针以及方法，这是无产阶级文化大革命一个极其重要的任务""在各类学校中，必须彻底贯彻执行毛泽东同志提出的为无产阶级政治服务、教育与生产劳动相结合的方针，使受教育者在德育、智育、体育方面都得到发展"；缩短学制，精简课程，改革课程；学生在进行文化学习的同时"也要学工、学农、学军，也要随时参加批判资产阶级文化革命的斗争"。1966 年 12 月，《关于农村无产阶级文化大革命的指示（草案）》规定进行"文化革命"的学校，应当按照"抓革命，促生产"的方针，农村小学的"文化革命"和其所在的社、队一起进行。指示一出，学校停课，广大师生走上田间地头宣传"革命"。1976 年，中共中央发布了"复课闹革命"的通知，一时间各地学校一边教学一边"闹革命"。

这时的农村教育制度较为混乱，在停课和复课中反复徘徊，学生专心向学的行为受到限制，阶级斗争成为学校教育的主要内容，农村教育的良好形势在"文革"的浪潮中急转直下。

（二）以普及农村小学五年教育为主的"群众办学"教育政策

由于"文革"时期农村职业教育和以扫盲为主的农村群众业余教育皆处于取消或停顿状态，因此国家农村教育政策在这一时期基本集中于基础教育。"文革"时期，国家处于动乱之中，农村教育遭受严重破坏，但仍在艰难沿袭"群众办学"的政策。

1971年4—7月，国务院在北京召开了全国教育工作会议，会议提出了《全国教育工作会议纪要》，提出要提倡"群众办学"，大力普及教育，扫除文盲，争取在第四个五年计划期间普及农村小学五年教育，有条件的地区要普及七年教育。1972年3月《人民日报》发表评论文章《普及小学教育是农村教育的重点》，文章中提到"当前农村普及教育的重点应当放在普及五年小学教育上"，不能同时把普及小学五年教育和七年教育的问题同时解决。1974年，国务院科教组提出"继续大力普及农村小学五年教育"，"积极创造条件，逐步在大中城市普及十年教育，在农村有条件的地区普及七年教育"。"文革"时期，农村小学教育基本得到普及，农村的中学教育也得到很大普及。统计资料显示，初中生中农村学生所占比例从1965年的33.7％提高至1976年的75.2％；高中生中农村学生的比例，从1965年的9％，提高至1976年的62.3％。

（三）"文革"时期以解决师资匮乏为目的的农村教师政策

1. 民办教师出现的原因

与农村教育"群众办学"密切相关的是具有中国特色的"民办教师"政策。农村学校民办教师主要指1949—2000年在农村集体举办的普通中小学任教，由学校所在集体支付报酬并由国家给予部分补助，但没有正式财政编制，实际上也不享有与公办教师对等待遇的教师。新中国成立之初就实行了民办教师政策，且随着农村小学教育逐步普及，民办教师政策在农村教育发展中发挥了越来越重要的作用。"文革"中师范教育受到严重破坏、农村教育规模不断扩大以及公办中小学下放到社队政策使原有的公办中小学变为民办中小学，导致公办教师供给严重不足。1968年开始，农村公办中小学迅速、大规模下放到社队办学后，农村公办教师在农村教师队伍中所占比例较小，为了解决农村师资不足的问题，这一时期民办教师逐步取代公办教师成为农村学校最为重要的师资力量。

2. 民办教师聘用方法

民办教师由社队聘用，归社队管理，同时薪酬也归社队解决。1971年，《全国教育工作会议纪要》指出国家对民办中小学教师只承担"补助"责任。因此"文革"时期，为解决农村基础教育规模迅速扩大而造成的师资短缺问题，社队大量聘用民办教师，并承担了民办教师薪酬的主要责任，而国家对民办教师的管理、任用以及报酬支付并没有承担实际责任。这一阶段为解决师资缺乏问题采取的其他措施还包括公办教师转民办；让以"下放劳动"为特征的干部和知识分子充任教师以及用"工农兵"充任教师。

总体而言，"文革"期间农村中小学教育受到严重破坏，处于混乱和畸形发展阶段。1976年10月，"文革"结束之后农村教育行政机构得到了整顿，规范了农村中小学的管理，农村教育逐渐恢复正常。

三、改革开放初期中国农村文化教育制度（1978—1999 年）

（一）农村教育的恢复和发展（1978—1984 年）

1. 政策实施背景

十年动乱对于农村基础教育事业产生了严重的影响，尤其是思想意识上产生了轻视知识、蔑视知识分子的不良倾向。1978 年党的十一届三中全会确立了"解放思想，实事求是"的思想路线，停止使用"以阶级斗争为纲"的口号，做出把党和国家的工作重心转移到经济建设上来并实行改革开放的伟大决策，对中国社会带来了重大和深远的影响。1978 年后，在改革开放方针的引领下，中国社会在经济、政治、文化、教育、科技等各个领域都经历着新的变革。新时期中国的变革包括农村的变革，其中就有农村教育的变革。这一时期，家庭联产承包责任制在我国建立起来。1979 年 1 月，中共中央下达《关于加快农业发展若干问题的决定（草案）》和《农村人民公社工作条例（试行草案）》两个文件，推动了农村正在进行的体制改革试验。家庭联产承包责任制改变了我国农村旧的经营管理体制，解放了农村生产力使农业生产和农村经济得到蓬勃发展。

结束"文革"之后，我国农村教育也同样处于拨乱反正之中。"文革"期间，虽然农村普通中小学教育在规模和数量上有了扩大和增长，但遭受的破坏依然严重。农村地区受"政治挂帅"和"读书无用论"的影响，教学秩序混乱，合格教师资源稀缺，教学质量低下。"文革"时期对"两种教育制度和两种劳动制度"的批判，导致农村职业技术学校和农业中学暂停办学，致使农村教育结构单一。"文革"结束后，党和政府对于教育事业给予高度关注，推翻了"两个估计"，逐渐使教育回到正轨。

这一时期，有引导农村教育恢复健康发展的宏观教育政策，也有国家专门针对农村教育事业发展的教育政策。1977 年 8 月，邓小平同志主持召开科学和教育工作会议，对教育制度和教育质量问题提出了六点建议。1977 年 10 月，国务院发布《关于 1977 年高等学校招生工作的意见》及《关于高等学校招收研究生的意见》，重新放开高考制度。1977 年 11 月，为了整顿和恢复学校的教育工作，在邓小平同志的指导下，提出了"三大举措"，包括从大中小学校中撤出工宣队、收回"文革"期间被占校舍并增建一些高校和中专学校以及整顿教学秩序，重新编写教科书。1978 年 9 月教育部重新发布《全日制中学暂行工作条例（试行草案）》《全日制小学暂行工作条例（试行草案）》，1978 年 11 月国务院发布《关于扫除文盲的指示》，1978 年 9 月教育部印发《关于加强和发展师范教育的意见》。这一系列政策使农村基础教育得到恢复并健康发展。

2. 改革初期教育方针的提出

党的十一届三中全会结束了党的工作在徘徊中前进的局面，实现了新中国成立以来党的伟大历史转折。邓小平同志《解放思想，实事求是，团结一致向前看》的讲话，带动了政治、经济、文化多方面的革新，掀起了社会主义建设的新篇章。党的十一届三中全会做出了实行改革开放的新决策，启动了农村改革的新进程。邓小平同志指出，"办教育要两条腿走路，既要注意普及，又要注意提高"，提出要培育"四有"新人，即有理想、有道德、有文化、有纪律。这既成为 20 世纪 80 年代重要的教育口号，事实上也成为学校教育的办学方针。1984 年召开的第一次全国教育学术讨论会上提出"三个面向"——教育要面向现代化、面向世界、面向未来，应该成为新时期教育工作的战略方向，是教育改革与发展的指针。

3. 全国教育秩序的恢复

恢复农村中小学正常教育秩序，普及农村基础教育，调整农村中等教育结构，发展职业技术教育。1977 年恢复高考制度的政策对恢复全国教育秩序，尤其对恢复基础教育的教学秩序产生了积极影响。为使中小学教学秩序更为规范，教育部于 1978 年发布了《全日制中学暂行工作条例（试行草案）》《全日制小学暂行工作条例（试行草案）》等相关政策文件，这些文件沿用了一些"文革"时期规范性的政策，同时结合新形势做出了必要修改。这两部暂行工作条例对中小学德育、智育、体育以及教师等工作进行了规范说明，包括保障正常教学时间、课程的合理设置以及基础教育中的基本知识教学和基本技能训练。

4. 农村基础教育调整

（1）农村小学教育的普及。这一时期普及农村小学教育成为农村教育发展的主要目标。1980 年 12 月《中共中央　国务院关于普及小学教育若干问题的决定》中指出，为适应经济社会的发展以及培养人才的需求，基于中国国情重点应该普及小学教育。决定中提出在经济比较发达以及基础教育较好的地区，应在 1985 年普及小学五年教育；而其他地区应在 1990 年普及小学教育；极少数经济困难地区可适当延长普及小学教育的年限。决定中提到办学经费问题，也应该由国家和集体共同承担，实行国家办学和社队办学相结合，并建立农村中心小学，采取多种形式办学。

（2）农村中等教育结构调整。除了普及农村小学教育的政策，国家同时也调整农村中等教育结构，发展职业技术教育。为修正"文革"时期教育结构过于单一的状况，适应农村经济社会的发展要求，1980 年国家提出重新设立农业中学。1983 年 5 月中共中央、国务院发布《关于加强和改革农村学校教育若干问题的通知》，对农村中等教育结构的改革提出了具体的政策要求与规定，提出要增加一批农业高中和其他职业学校，在普通高中增设职业技术课以及开办职业技术班，同时新办各类职业学校。通知对农村职业学校的课程教学也提出了具体要求，同时要求以多种形式对农村青年与成人进行职业培训。

（3）农村中小学教师队伍建设补给农村基础教育。由于"文革"时期师范教育受到严重摧残，因此全国基础教育合格教师的供给异常困难。据统计，1977 年全国民办教师人数最多时曾达 491 万。这些民办教师不算国家职工，没有工资，只有一点生活补助，待遇远低于公办教师。农村教育面临着大量学历不合格的民办教师以及教师不足的问题，为此国家出台了一系列政策加强农村教师队伍建设。

一是加强中小学在职教师的培训工作。1977 年恢复高考之后，教育部出台了《关于加强中小学在职教师培训工作的意见》，提出要切实抓好在职教师培训工作，提高教师的政治、文化和业务水平。意见也针对农村中小学教师在教学中存在困难的问题，提出要加强教师的培训，建立健全省、地、县、社和学校的师资培训网络，使现有文化业务水平较低的教师提升教学水平。

二是大力发展师范教育为农村中小学培养合格师资。在 1977 年恢复高考之时，原有的高等师范院校恢复招生，同时也新增设了一批高等师范专科学校，中等师范学校的招生则成为中等学校招生的主体。1978—1985 年，国家对大力发展师范教育做出了多项政策规定，强调统筹规划建立师范教育网，以增强师资培养的针对性与层次性。

三是采取切实措施解决民办教师的问题。在农村中小学中民办教师的大量存在成为一个既定事实。在这一时期国家采取了多项政策来提高民办教师的业务能力和教学水平，包括改善民办教师的工作与生活待遇，实行社队统筹工资制，增加民办教师的国家补助；对民办教师进行考核，合格者转为公办教师；将招收民办教师列为中等师范学校的招生计划。在 20 世纪 80 年代初期，有大量的民办教师通过多种方式转为公办教师，促进了农村教育的发展。

5. 扫盲教育和农业技术教育的发展

加强对农民的扫盲教育和农业技术教育，提高农民文化素质。"文革"后，国家开始恢复之前被一直暂停的扫盲教育。1978 年 11 月，国务院发布《国务院关于扫盲工作的指示》，对扫盲工作进行了新的部署，以提升农民素质。根据"一堵二扫三提高"的要求，要把 12～45 周岁的少年、青年、壮年中的文盲基本扫除，使农村的非文盲人数达到 85％以上。1980 年 12 月教育部印发《全国农民教育座谈会纪要》对农民教育的具体要求做出了政策性的规定，加强对农民的扫盲教育以及在农民中广泛开展农业技术教育。1982—1983 年，各部门均先后发文，促进县农民技术学校的开设以及促进农业技术教育的发展。

（二）从解放思想到科教兴国的不断深化（1985—1999 年）

1. 政策实施背景

1985—1999 年的 14 年间，我国农村教育不断进行变革。1985 年为我国教育改革发展的重要节点，这一年颁布了《中共中央关于教育体制改革的决定》，这是新时期中国教育政策建设中的一个新的里程碑。决定阐明了教育体制改革的动因与根本目的，并确立了教育体制改革的重要内容、任务以及相关解决方略。

2. 新时期教育方针的出台

新的教育方针的提出，是针对"文革"时期抵制人类文化遗产而形成的自我封闭的状况，同时也是针对世界科学技术、文化教育事业日新月异的发展和中国的落后局面而提出的切中时弊、明确扼要的重要解读，对于 20 世纪 80 年代中国进一步开展教育改革有着重要的指导意义。经过不断完善和发展，1992 年教育工作会议上提出，"我们的教育是社会主义教育，其根本任务是提高全民族的思想道德和科学文化素质，培养德、智、体全面发展的社会主义建设者和接班人，培养有理想、有道德、有文化、有纪律的四有新人"（金铁宽，1995）。

3. 农村教育体制改革与农村九年义务教育的实施

1985 年《中共中央关于教育体制改革的决定》提出教育体制改革的重大任务之一是，"把发展基础教育的责任交给地方，有步骤地实行九年制义务教育"。"据 1985 年统计，县以下（含县）农村小学在校学生约占全国小学生总数的 92%，中学在校学生约占全国中学生总数的 82%"（何东昌，1996），因此我国的基础教育重点在农村。《中共中央关于教育体制改革的决定》对义务教育的管理体制也进行了说明，国家简政放权，扩大学校的办学自主权，同时要把基础教育的责任交给地方，实行"地方负责，分级管理"。

为了更好地推进九年制义务教育的实施，1986 年 4 月我国出台了《中华人民共和国义务教育法》，这是新中国成立后第一部专项教育法，标志着我国义务教育的政策逐渐走向成熟。该法明确了义务教育在国务院领导下实行"地方负责，分级管理"的体制，为义务教育管理体制和筹资机制提供了法律依据。

随着九年制义务教育的不断普及，为适应改革中出现的新情况、新问题，国家相继出台一系列与之相关的政策、法规，对各级政府的管理职责以及权限不断调整补充。继义务教育法颁行之后，为了推进农村基础教育管理体制改革，国家教委、财政部于 1987 年 6 月颁布了《关于农村基础教育管理体制改革若干问题的意见》，提出要明确地方各级政府管理教育的职责与权限，并明确县、乡两级职责的权限。20 世纪 80 年代中后期，随着农村基础教育管理体制改革的推进，农村义务教育投入体制也相应发生重大变革。早在 1984 年 12 月，国家就发出《关于筹措农村教育经费的通知》，要求开辟多渠道筹措农村学校办学经费，乡人民政府也可以征收教育事业费附加，并鼓励社会各界人士在农村投资办学。1985 年国家颁布的义务教育法以法律形式对农村教育投入的问题进行了明确，规定国务院和地方各级人民政府负责筹措义务教育事业费以及基本建设投资；在城乡征收教育事业费附加，以实施义务教育。其中农村义务教育的财政预算内拨款主要由市县级地方财政负担。

1985—1993 年国家也相继出台各种政策来补充和调整农村义务教育投入。1994 年以后，中国财政体制实施分税制改革，在此背景下，国家对义务教育管理体制及财政体制也适当进行了修正。1994 年国务院发布《〈中国教育改革和发展纲要〉实施意见》，强调县级政府对组织义务教育的实施承担主要责任，其中包括筹措教育经费、调配和管理中小学校长等具体职责。经济发展程度高的地区，义务教育经费可由县、乡共管，深化了农村教育体制改革。

4. 农村教育结构改革的推进

1985—1999 年，我国在农村推行九年制义务教育的同时，也不断对农村教育结构进行改革。其中《中共中央关于教育体制改革的决定》确定了"调整中等教育结构，大力发展职业技术教育"的重大任务。此时农村教育结构的改革更加强调适应调整农村产业结构和全面发展农村经济的需要。

（1）"三教统筹"的发展。国家决定于 1987 年开始建立农村教育综合改革试验区，使农村普通教育、职业技术教育以及成人教育三者统筹发展（简称"三教统筹"）。1989 年 5 月，国家教委发布了《关于在全国建立"百县农村综合改革试验区"的通知》，开始逐步推进在农村教育改革试点工作。1990 年 7 月，国家教委印发的《1990—2000 年全国农村教育综合改革试验区工作指导纲要（试行）》，进一步确立了综合改革试验的指导思想与原则、目标与任务、措施与条件、领导与评估，对综合改革的方向和措施进行了明确。自此之后，不断有相关政策文件出台，稳固以及提高教育综合改革，在政策上使教育改革不断"点上深化、面上推广"。

（2）"燎原计划"的实施。1988 年，国家教委推出"燎原计划"，"旨在通过改革和发展农村教育，全面提高劳动者的文化技术素质，促进农村经济发展的计划。其主要任务是：从农村经济发展的需要出发，积极改革和发展农村教育，落实教育必须为社会主义建设服务的方针，在做好普及义务教育的基础上，充分发挥农村各类学校的智力、技术的相对优势，并与农业科技部门相配合，积极开发与当地经济密切结合的实际应用技术知识和技能教育（培训），增强广大农民吸收运用科学技术的能力"（金铁宽，1995）。1988 年 2 月起，"燎原计划"的资金主要用于支持农村普通中小学、职业技术学校以及成人学校所属的生产服务项目，同时制定相关政策对资金的使用进行了说明，并制定了一套行之有效的贷款和管理办法。1995 年 12 月，国家教委决定组织实施"燎原计划百、千、万工程"，即在全国上千个乡、上万个村、推广上百项农村实用技术。由此，"燎原计划"逐步呈现燎原之势。社会各界力量也对农村教育的发展进行了探索和努力。发展农村职业技术教育，使得相当一批农村中学改成了职业中学；改变单一的扫盲教育，加入实用技术教育；普通高中办职业班等，农村职业教育发展不断成熟。

同时，国家不断推进"农科教结合"。农业部、国家教委等单位于 1989 年 8 月联合下发《〈关于农科教结合，共同促进农村、林区人才开发与技术进步的意见〉（试行）的通知》，使农业、教育与科技相结合的工作成为一种政策要求，而 1996 年《中华人民共和国职业教育法》的颁布，使实行农科教结合上升为法律规定与要求。

（3）"绿色证书"制度的实施。随着农村社会主义市场经济体制和农村经济的发展，为了解决农民与科学技术之间的"断层"问题，致力于服务农村经济转型发展的新要求，这一时期农村职业教育的政策内容主要聚焦于"绿色证书"制度。1994 年，国务院转发农业部《关于实施"绿色证书工程"意见》，指出"绿色证书"是农民从事某项农业技术工作必须具备的知识、技能及其他条件的资格证明。"绿色证书"制度是指通过立法、行政等手段，规定农民从业的技术资格要求、培训、考核、发证等，并制定配套政策，明确农民从业和培训的规程，确保从业人员的业务素质。该意见要求，"绿色证书"的培训对象主要是"具有初、高中文化程度的乡、村农业社会化服务体系的人员，村干部、专业户、科技示范户和一些技术性较强岗位的从业农民"，取得"绿色证书"的农民必须达到岗位规范要求的标准。"绿色证书"制度还把触角延伸到了农村妇女，全国妇联、农业部于 1996 年印发了《关于"九五"期间实施"千万农家女百项新技术推广培训计划"的通知》，要求大力培养生产、技术、经营、管理等各类妇女人才。1999 年《面向 21 世纪教育振兴行动计划》进一步提出"要使全国大多数农村地区义务教育阶段的毕业生或肄业生能够在从业前后接受一定方式的职业技术培训，包括'绿色证书'培训"。

这一阶段，在我国广大农村，"燎原计划""星火计划""丰收计划"等计划行动与"农科教结合""三教统筹"协同并进、相辅相成，使农业教育综合改革日趋成熟。

（4）农村成人教育的巩固提高。改革开放始于农村，家庭联产承包责任制的推广使生产力得到极大解放。农村的教育需要大量的人才，而成人教育的发展便是培养农村人才的有效途径。从新中国成立初期国家推行扫盲教育到在农村逐步推广农业实用技术教育，农村成人教育的发展层层推进。

巩固扫盲成果是农村成人教育的主要任务。随着九年制义务教育在我国农村有步骤地实施，扫除农村文盲工作也在进一步向前推进。20 世纪 80 年代中期，中国扫盲工作又取得了新的成效，但农村文盲与半文盲的现象仍然存在。1988 年，国务院颁布《扫除文盲工作条例》，对扫盲工作提出新的政策目标与政策要求，明确了扫盲的对象、脱盲标准和扫盲形式，对扫盲的组织领导、经费保障、验收制度等做出了新的规定与要求。国家在这一时期内颁布各项政策，因地制宜地制定扫盲计划，开展与巩固扫盲教育。党的十一届三中全会之后，农民对学习生产技术的愿望日趋强烈，促使农村的成人教育不断得到发展。

1987 年，国家教委发布《成人中等专业学校暂行条例》，规定了工科、医科、文科、农科、林科等专业的修业年限。同年国家颁布《关于改革和发展成人教育的决定》，"共分为六个部分，对成人教育进行指导，包括首先提高全社会对成人教育在社会主义现代化建设中的重要地位和作用的认识；把开展岗位培训作为成人教育的重点；改革成人学校教育，提高办学效益和质量；积极开展大学后继续教育和专业培训、实践培训；制定相应的政策措施，充分调动地方和企业事业单位举办成人教育的积极性；加强宏观管理，积极为基层服务"（金铁宽，1995）。该决定对成人教育的根本目的、指导思想、教学原则、办学形式等多方面进行了深入的解析，从理论高度对我国成人教育的发展进行指导。

农村成人教育作为农村教育体系下的重要组成部分开始不断地完善，农村成人职业学校的广泛建立，师资力量的不断提升，专业设置和教学内容的充实与革新以及教学设施的逐步改善，都使得农村成人教育的发展充满活力。以河北省为例，截至 1986 年，已有 2 542 所农民职业技术学校，专职教师由 1 896 人发展到 3 097 人，兼职教师由 9 537 人扩展到 17 300 人，图书资料达到 74 万册，林业、畜牧业、渔业、工业等专业门类广、方向多（王鑫等，2010）。

5. 政策实施效果

1978—1999 年是中国农村教育获得巨大发展的时期，彰显着政策变革的影响和作用。这一时期教育体系不断改革和调整，学前教育逐渐规范发展，九年制义务教育普及程度大大提升。在 1985—1999 年的 14 年中，中国农村义务教育在政策的引领和作用下，积极地向前推进，并不断取得明显的进展与成效，在此期间，农村学龄儿童入学率不断提升，性别差异大大缩小。对农村义务教育的投入不断增加，办学条件不断得到改善，教师队伍建设也在加强，农村中小学教师合格率大幅度提高。据《1999 年全国教育事业发展统计公报》，至 1999 年底，全国普及九年制义务教育的人口覆盖率达到80%，"普九"验收的县（市、区）总数达到 2 430 个（含其他县级行政区划单位 145 个），9 个省、直辖市已经按要求实现"普九"。

20 世纪 80 年代以来，农村扫盲工作持续推进，国家根据我国各地差异以及教育基础发展的不平衡，因地制宜在各地颁发扫盲文件。到 20 世纪末，我国农村实现了基本扫除青壮年文盲的历史性任务，到 1999 年，"全国青壮年文盲人数降到 3 000 万以下，青壮年非文盲率提高到 94.5%。截至 1999 年底，一、二片地区的 24 个省（自治区、直辖市）通过了教育部的抽查评估，按期实现了基本扫除青壮年文盲的目标，人口覆盖面达到 85%。全国累计已有 2 500 多个县级单位的扫盲工作通过了省级政府的检查验收"。

1978—1999 年，我国农村教育发展的政策成效也突出体现在农村教师队伍建设上。农村教育的关键在于教师，20 余年间，我国不断发展师范教育，源源不断地向全国中小学输送合格师资。这一时期对民办教师的问题，国家也着力进行了解决。国家通过中等师范学校招收民办教师、单独下达"民转公"指标和地方政府调剂配套指标选招民办教师等方式将成百万民办教师转为公办教师，且妥善安排被"辞"和"退"的民办教师，稳定了农民教师的队伍。

20 世纪 80 年代末启动的以农科教为特征的农村教育综合改革试验不断推进，在各地形成了不同特色与经验，促进了我国教育结构的不断调整。在加强农村基础教育的同时，也大力发展其他各种层次和形式的职业教育和成人教育，其中农村职业教育的发展为农村培养了大量专业人才，为农村农业经济与非农产业经济的发展做出了贡献。这一时期农村教育的蓬勃之势愈见突出，经过在这一时期精神与物质财富的积累，农村教育厚积薄发，为下一阶段农村教育的发展做好了铺垫。

四、21 世纪以来我国农村的教育政策（2000 年至今）

（一）政策实施背景

进入 21 世纪以来，随着科学发展观的建立，我国教育事业被进一步置于优先发展的战略地位，其中农村教育的发展得到新的重视与加强。2001 年我国在农村地区开始全面推广税费改革。税费改革在很大程度上减轻了农民的负担，而且中央与县级财政加大了转移支付的力度。但是低重心体制本身的弊端和相关配套改革没有及时到位而带来的经费缺口，使得农村基础教育管理工作步履艰难。一些地区的农村中小学校办学经费得不到保障，致使教师工资长期拖欠，为了"普九"达标，地方政府教育负债严重，学校难以维持正常运转。可见，随着我国财政体制的改革，农村义务教育投资体制与管理体制逐渐暴露出诸多问题，进一步调整、完善农村义务教育管理体制已经势在必行。

随着我国社会、经济、文化等事业取得较大的发展，教育上的不均衡尤其是农村义务教育的差距被放大而引起人们普遍关注，我国农村义务教育政策不断受到重视且逐渐转向实现社会公平的价值取向。由于初期我国经济发展水平低、国家投入长期不足以及农村居民支付能力不高等因素，我国农村教育资源一度紧缺。《2001 年中国教育发展报告》显示，在中国义务教育经费总量中，政府财政预算内拨款所占比重在 2001 年前基本维持在 50%～60%，其他的 40%～50% 主要来源于教育集资、摊派、教育附加以及捐款和学杂费等，这体现出我国农村义务教育经费资源的不足。在农村义务教育经费欠缺的情况下，严重拖欠农村教师工资、农村中小学危房难以改造和农村公用教育经费严重缺乏等问题不断出现。教师福利待遇本身和城市无法比较，如果最基本的工资也不能保障的话，农村教师流失也是理所当然。在普及义务教育的过程中，政府将国家分为三个片区逐步推进，彼时微小的差距随着社会经济的发展已经成为此时巨大的不均衡。由此看来，积极实行一系列的义务教育均衡政策是实现教育公平进而实现社会公平，提高义务教育质量进而提高国家整体教育质量，弥补我国教育短板的必然选择。

（二）"以县为主"农村教育新体制的确立

为了摆脱义务教育出现的困境，使农村教育质量不断提升，2001年5月《国务院关于基础教育改革与发展的决定》提出中央和省级人民政府要通过财政转移支付，加大对贫困和少数民族地区义务教育的扶持力度，地方人民政府在安排对下级转移支付资金时要保证农村义务教育发展的需要。县级人民政府对本地农村义务教育负有主要责任，且乡（镇）人民政府要承担相应的农村义务教育的办学责任，根据国家规定筹措教育经费，改善办学条件，提高教师待遇。2002年4月国务院办公厅《关于完善农村义务教育管理体制的通知》进一步明确了各级政府对农村义务教育的具体职责，即在国务院的领导下，地方人民政府对农村义务教育负有主要责任，省（自治区、直辖市）、地（市）、乡各级人民政府承担相应责任，中央政府给予必要支持。

2006年修订的《中华人民共和国义务教育法》再次以法律的形式明确了义务教育的管理体制，体现了农村义务教育管理重心的适度上移，有利于统筹城乡教育资源，促进城乡义务教育的均衡发展。在"以县为主"新管理体制下，各级政府的义务教育职能发生了很大变化，与以前的"地方负责、分级管理"体制相比，"以县为主"管理体制最突出的变化是义务教育经费投入责任的上移，基层政府特别是乡镇政府的农村义务教育支出压力大大缓解。

（三）加强农村基础教育发展

21世纪国家加强农村教育发展，首先是加强农村基础教育的建设。2001年《国务院关于基础教育改革和发展的决定》以及2003年《国务院关于进一步加强农村教育工作的决定》都强调了加强农村基础教育的政策精神，具体而言，则包含农村义务教育、农村高中阶段教育和农村学前教育的发展（张乐天，2010）。

2005年5月，《教育部关于进一步推进义务教育均衡发展的若干意见》提出了要把义务教育均衡化放在义务教育发展的重要位置，明确了各级政府的任务，提出优先保障农村义务教育经费；加强教师资源的统筹配置，加强薄弱学校教师队伍建设；把推进素质教育作为均衡化的根本任务，建立教育质量检测评估体系和现代化信息教育技术体系；扶持弱势群体。2006年教育部办公厅《关于切实解决农村边远山区交通不便地区中小学生上学远问题有关事项的通知》提出，各级教育行政部门要在社会主义新农村建设的战略高度解决好边远地区农村学生上学难问题，进一步明确各级教育行政部门要按照科学发展观的要求，高度重视，合理调整学校布局以及充分发挥现代远程教育来解决农村边远山区、交通不便地区中小学生上学远问题。这一政策逐渐地移植到其他地区，我国拉开了农村学校布局调整的帷幕。之后，《教育部关于实事求是地做好农村中小学布局调整工作的通知》针对当时存在的盲目调整农村学校的问题，提出了按照"以人为本"的要求，坚持"实事求是、稳步推进、方便就学"的原则实施农村中小学布局调整，并将此项工作纳入当地教育发展规划。2006年9月，修订的《中华人民共和国义务教育法》第六条规定，国务院和县级以上地方人民政府应当合理配置教育资源，促进义务教育均衡发展，改善薄弱学校的办学条件，并采取措施，保障农村地区、民族地区实施义务教育，保障家庭经济困难的和残疾的适龄儿童、少年接受义务教育，同时规定"实施义务教育不收学费、杂费"。2007 年 5 月，《国家教育事业发展"十一五"规划纲要》提出了协调城乡、区域教育，义务教育趋于均衡的主要目标，将改善农村学校的办学条件和提高农村义务教育师资水平作为"十一五"时期农村义务教育发展的主要任务。

2010 年 1 月，《教育部关于贯彻落实科学发展观　进一步推进义务教育均衡发展的意见》提出，义务教育均衡化是教育改革发展的重要任务，要以提高教育质量为核心，建立省级统筹而制定均衡化标准，以内涵发展为重点，加强对县级政府均衡化工作的督导，明确各级教育行政部门的责任以及构建现代学校管理机制。2010 年 7 月，《国家中长期教育改革和发展规划纲要（2010—2020 年）》对于我国教育事业做出了总体规划，再次强调实现义务教育均衡发展。2012 年 9 月，《国务院关于深入推进义务教育均衡发展的意见》提出要充分认识义务教育均衡发展的重要意义，明确了义务教育发展的指导思想和基本目标：推动优质教育资源共享、均衡配置办学资源、保障特殊群体平等接受义务教育、全面提高义务教育质量、加强和改进学校管理、加强组织领导和督导评估。同一个时期，国务院办公厅颁发了《关于规范农村义务教育学校布局调整的意见》，提出加强农村寄宿制学校的建设和管理，办好必要的村小学和教学点，规范布局调整行为。农村学校布局调整政策对于我国农村义务教育带来的积极作用和不利影响一直是我国学者和社会谈论的热点话题，至此从 2006 年开始实行的撤点并校政策走向结束。2013 年教育部等五部门《关于加强义务教育阶段农村留守儿童关爱和教育工作的意见》提出坚持政府主导、统筹规划，家校联动、形成合力，社会参与、共同关爱的原则，高度重视农村留守儿童受教育问题，主要从满足留守儿童教育基础设施建设、改善留守儿童营养状况、保障留守儿童交通需求等方面具体保障农村留守儿童受教育权利。2012 年 12 月，教育部、国家发展改革委、财政部发布《关于全面改善贫困地区义务教育薄弱学校基本办学条件的意见》提出各级政府要充分认识改善贫困地区义务教育薄弱学校基本办学条件的重要意义，并要求从保障其基本教学条件、改善学校生活设施、办好必要的教学点、推进农村学校教育信息化等方面来改善贫困地区义务教育学校薄弱的状况。2014 年教育部办公厅又发文要求地方政府制定贫困地区义务教育"全面改薄"实施方案，并要求对于基本办学条件标准做出说明，这项政策可以称为义务教育标准化建设的前奏。教育部在 2014 年 8 月制定并印发了《义务教育学校管理标准》，就义务教育学校学生发展、教师专业发展、教育教学质量、教育环境以及现代学校制度等方面做出了具体细化。

针对教师专业发展，2015 年 6 月国务院出台《乡村教师支持计划（2015—2020年）》，认为发展乡村教育，教师是关键，必须把乡村教师队伍建设摆在优先发展的战略地位，提出到 2017 年，力争使乡村学校优质教师来源得到多渠道扩充，乡村教师资源配置得到改善，教育教学能力水平稳步提升，各方面合理待遇依法得到较好保障，职业吸引力明显增强，逐步形成"下得去、留得住、教得好"的局面。计划还提出到 2020

年，努力造就一支素质优良、甘于奉献、扎根乡村的教师队伍，为基本实现教育现代化提供坚强有力的师资保障。2015 年 11 月《国务院关于进一步完善城乡义务教育经费保障机制的通知》，按照"明确各级责任、中央地方共担、加大财政投入、提高保障水平、分步组织实施"的基本原则，完善了整合机制，中央地方分项目按比例分担城乡义务教育保障机制，强调实施义务教育"两免一补"、学生公用经费、校舍安全、教师工资保障机制等政策。2016 年国务院颁发《关于统筹推进县域内城乡义务教育一体化改革发展的若干意见》，在重申义务教育重中之重地位的基础上，提出义务教育是"国家必须保障的公益性事业，是必须优先发展的基本公共事业，是脱贫攻坚的基础性事业"，我国政府对于义务教育的认识进一步深化。在进入全面建设小康社会的决胜阶段，要采取同步建设城镇学校、努力办好乡村教育、科学推进学校标准化建设、实施消除大班额计划、统筹城乡师资配置、改革乡村教师待遇保障机制、改革教育治理体系、改革控辍保学机制、改革随迁子女就学机制、加强留守儿童关爱保护九大措施推进城乡义务教育学校标准建设，实现县域义务教育均衡发展以及乡村教育质量明显提升的目标。2017 年《国家教育事业发展"十三五"规划》对我国"十三五"时期教育事业做了整体规划，提出统筹推进县域内城乡义务教育一体化改革发展，促进义务教育均衡优质发展，并提出在 2020 年实现县域内均衡发展的基础上，在有条件的市域内均衡发展的目标。同年 7 月，国务院办公厅《关于进一步加强控辍保学提高义务教育巩固水平的通知》提出，为实现 2020 年全国九年制义务教育巩固率达到 95％的目标，各级政府要做好控辍保学工作。建立控辍保学工作机制，保障贫困边远地区以及贫困家庭学生接受义务教育的权利，要提升农村学校教育质量，建立困难学生帮扶制度并落实相关扶贫政策，加强监督和动态监测机制巩固农村适龄儿童接受义务教育。

（四）招生考试制度的深化改革

随着我国教育事业的全面快速发展，政策的推动力度与改革力度不断增强，特别是在党的十五大以后，科教兴国与人才强国战略成为政策变革的主导力量，高素质人才成为决胜 21 世纪的筹码。高等教育从一元办学体制向多元办学体制转变，高校扩招促使我国高等教育进入了大众化阶段。该阶段以 1999 年国务院批转教育部《面向 21 世纪教育振兴行动计划》以及同年中共中央、国务院出台的《关于深化教育改革全面推进素质教育的决定》为政策改革的社会背景。

《面向 21 世纪教育振兴行动计划》是 21 世纪我国教育事业发展的总体规划，为全面开启新时期考试招生工作与政策的出台提供了动力与契机，其中提出了要有步骤地推动普通高校招生考试工作的改革。而《关于深化教育改革全面推进素质教育的决定》指出并强调，要通过改革招生考试和评价制度来实施素质教育。素质教育的正式提出是为转变片面追求升学率的问题和"一考定终身"的现状，以选拔并培养适应社会发展需要的 21 世纪高素质人才为主要目标。同年，教育部出台了《关于进一步深化普通高等学校招生考试制度改革的意见》，标志着我国高等学校招生考试制度改革进入了大力改革与调整完善的历史阶段，同时也揭开了新一轮政策改革的帷幕。本轮高考改革确立了坚持"有助于高校选拔人才、有助于中学实施素质教育、有助于高校扩大办学自主权"的

"三个有助于"原则，通过对考试科目设置、考试内容、招录条件等方面进行的大力改革将这一时期我国招生考试工作提高到了前所未有的新水平。

2004年我国开始进行新课改，促进了考试内容与科目设置、课程设置的全面接轨。考试内容增加了对知识的综合理解以及运用知识来分析和解决实际问题能力的考查，对命题进行了限制，具有较好的区分度。特别是从2007年开始，我国首次进行了高中课程标准改革后的科目设置与命题，其主旨是考试科目设置与内容要契合教学目标的改变，符合"三维"教学理念与人才培养目标。考试内容突出了基础性、时代性与选择性特点，注重理论联系实际，突出能力立意的命题，加强对学生基本素质的考查，符合中学教育教学实际，发挥了对人才的选拔功能。

为疏解高考压力，增加升学机会并逐步改变"一考定终身"的现状，1999年我国开始深入探索对考试形式的改革，在统考的基础上试点一年多次的考试方案，以逐渐营造宽松的升学环境。1999年教育部决定在北京、上海、安徽及内蒙古等部分省份开始进行春季招生试点考试，以增加考生选择的机会。

伴随高等教育大众化进程的加快，高校自主权不断扩大，2002年我国开始进行高考自主招生与自主命题改革的试点，2004年开始以分省命题为标志的高考制度改革进一步深化，逐步推行和扩大高校招生"统一考试、分省命题"的范围，2005年分省命题省份为14个，2006年扩展到16个省份。2006年教育部颁发的《普通高等学校招生全国统一考试分省命题工作暂行管理办法》，是国家层面制定的唯一一份专门指导和管理高考命题工作的法规性文件，标志着全国统一命题与分省命题相结合的制度性考试架构的建立。至此，我国高考"统一考试、分省命题"的格局已经基本构成，分省命题的实施意味着我国高校招生的权利性质与权利结构发生了重大变化。

同社会政治经济发展步调相一致，2010年我国招生考试政策改革也处于大发展、大变革、大调整时期。自进入21世纪以来，知识经济迅猛发展，科技进步日新月异，人才竞争日趋激烈。社会发展与教育领域发生了根本性转变，社会对优质教育的需求与日俱增，从满足生存型社会形态已经转向为内涵发展型社会，人才需求结构呈现多样化特征，高等教育从精英教育走向大众化并逐步转向普及化。2010年《国家中长期教育改革和发展规划纲要（2010—2020年）》的出台，对我国教育事业的发展具有重大现实指导意义和深远的历史意义，该规划纲要强调了新时期下推进我国招生考试制度改革的重要性，提出了招生考试制度改革的基本原则和具体措施，为新阶段我国招生考试政策的改革奠定了坚实的政策基础。规划纲要中首次提出了招考分离的指导思想，即按照有利于科学选拔人才、促进学生健康发展、维护社会公平的原则，探索招生与考试相对分离的办法。

党的十八届三中全会出台的《中共中央关于全面深化改革若干重大问题的决定》中进一步明确了探索招考分离的招生考试模式，学生考试多次选择、学校依法自主招生、建立专业机构组织实施、政府宏观管理、社会参与监督的运行机制，从根本上解决一考定终身的弊端。可见，这一阶段确立的招考分离模式，既是协同推进高考改革的关键举措，也是破解招生考试政策难题与建立科学人才选拔机制的重要探索。

这一时期，异地升学考试政策也不断出台与推进。城乡结构的发展持续影响着进城务工人员数量的增加，其子女在务工地完成基础教育的人数不断增多，进一步接受教育的升学考试问题成为影响教育公平与社会稳定的关键因素。2010 年《国家中长期教育改革和发展规划纲要（2010—2020 年）》提出要建立异地升学考试机制，随后在《国家教育事业发展第十二个五年规划》中也提出要保障进城务工人员随迁子女享受基本公共教育服务权利。可见，我国政府在国家发展的宏观层面提出在全国范围内实施异地升学考试政策，其根本目的是保障进城务工人员随迁子女的受教育权利的公平实现，推动了新时期教育公平的纵深发展。2012 年，国务院办公厅转发教育部等四部委《关于做好进城务工人员随迁子女接受义务教育后在当地参加升学考试工作意见的通知》，该通知强调要贯彻落实"以流入地政府为主，以全日制公办中小学为主"政策，因地制宜制定随迁子女升学考试具体政策，统筹协调随迁子女和流入地学生升学考试工作。该政策的出台标志着我国异地升学考试政策体系的正式确立，教育公平又向前推进了一大步。此后全国各地纷纷出台了相应的异地升学考试政策，确定了随迁子女在当地参加升学考试的具体条件，拟定了报考的具体实施细则与措施。

2014 年启动的招生考试制度改革，是恢复高考以来最系统最全面的一次改革，涉及各级各类教育。义务教育阶段，坚持义务教育免试就近入学原则，探索学区制和九年一贯对口招生，建立体现素质教育要求的中小学教育质量评价制度，完善进城务工人员随迁子女就学保障，在公办学校就读的随迁子女比例稳定在 80% 左右，30 个省（自治区、直辖市）实现了符合条件随迁子女在流入地参加中考；高中教育阶段，各地普遍将优质普通高中的招生名额按不低于 30% 的比例合理分配到区域内各初中；职业教育阶段，积极推进分类招考或注册入学；高等教育阶段，31 个省（自治区、直辖市）均形成高考改革实施方案，上海、浙江高考综合改革试点取得积极进展。通过政策的顶层设计与指导，我国建立了各学科的考查能力体系评价标准，并根据考试内容设置了各学科能力考查的范围，通过对能力考查方式的革新，进一步探索对创新人才的选拔机制的构建。此外，新一轮招生考试政策的改革特别强调了要推进素质教育并使其发挥更重要的导向作用，要围绕促进学生全面发展与个性发展综合设计考试内容，因此素质立意导向在此时期开始凸显，考试内容以立德树人与社会主义核心价值观为依据为核心，并根据高校人才选拔标准与学生发展特征全面推进考试命题方式的转变，在进行素质教育考查的同时将对学生独立思考与分析解决问题能力的考查并置，彰显出我国考试内容设计的全面育人功能。

（五）农村职业教育和成人教育的发展

加强农村职业教育与成人教育的发展也是农村教育的一个重要环节，对促进经济、社会发展和劳动就业有突出作用。经验表明，技术进步、技能型人才的培养以及工业化水平的提高都与职业教育息息相关。21 世纪以来，国家相继出台了一系列政策文件，从政策的角度来规范和加强农村职业教育和成人教育的发展，更好地适应新农村建设和城镇化发展的需要，以提高农村劳动者的职业技能以及培养高素质农民。

1. 确立促进农村职业教育和成人教育发展的政策目标

2002 年，国家颁布实施了《关于大力推进职业教育改革与发展的决定》，将职业教育定义为我国教育体系的重要组成部分，是国民经济和社会发展的重要基础，同时可以促进劳动力技能提升、与实施科教兴国的战略相匹配以及促进经济和社会的可持续发展，还可以拓宽农村劳动者的就业渠道，促进劳动力就业与再就业。关于农村职业教育和成人教育，2003 年国务院下发《关于进一步加强农村教育工作的决定》，进一步确立了农村职业教育和成人教育发展的政策目标，强调农村教育改革要为"三农"服务，密切联系农村实际，努力建设新农村并促进农村劳动力转移。

2. 农村职业教育和成人教育的具体政策措施

进入 21 世纪，国家从政策层面不断加大农村职业教育为"三农"服务的力度，强化农村职业教育为社会服务的功能。2003 年 2 月，农业部发出《关于做好 2003 年科教兴农工作的意见》，启动"农村富余劳动力转移培训工程"，促进农村劳动力有序流动，提高就业率。2004 年 3 月，教育部印发《农村劳动力转移培训计划》，要求坚持"以服务为精神，以就业为导向，以改革创新为动力"，全力推进农村劳动力转移培训工作。此外，2004 年 9 月，教育部等七部门《关于进一步加强职业教育工作的若干意见》，特别指出要"大力加强农村职业教育，为解决'三农'问题提供服务"，并"加快职业教育实训基地建设，切实提高学生职业技能"。

2005 年 10 月，《国务院关于大力发展职业教育的决定》落实了"县级职教中心建设计划"。2010 年 7 月，《国家中长期教育改革和发展规划纲要（2010—2020 年）》印发，强调要"重点抓好县级职教中心建设，使之更好地承担起为农村劳动力转移培训服务"，为农村职业教育的进一步创新发展起到保障作用。2007 年 5 月，国务院批转《国家教育事业发展"十一五"规划纲要》，特别提到要"完善中等职业教育资助政策体系""建立中等职业教育国家助学金制度，资助所有农村学生和城市家庭困难学生接受职业教育"。2008 年 10 月，《中共中央关于推进农村改革发展若干重大问题的决定》首次提出"重点发展农村中等职业教育并逐步实行免费"，成为推进农村职业教育走向公平的有效政策。关于农村中等职业教育贫困家庭学生资助政策体系的初步建立，在加快新农村建设中发挥着重要的作用。值得注意的是，2010 年底，国务院办公厅印发《关于开展国家教育体制改革试点的通知》，农村职业教育综合改革成为多个试点项目的重要内容，如开展民族地区中等职业教育"9+3"免费试点、黑龙江省与教育部共建国家现代农村职业教育改革试验区等，在农村职业教育办学模式方面开展了新的探索。

新时期农村职业教育面临着全新的发展机遇。2014 年，《国务院关于加快发展现代职业教育的决定》再次强调加大对农村和贫困地区职业教育支持力度，提出建立公益性农民培养培训制度，大力培养新型职业农民等内容。2016 年，教育部等六部门印发《教育脱贫攻坚"十三五"规划》，提出"人人有技能"的目标，重点任务包括"加快发展中等职业教育。优化中等职业学校布局结构，在人口集中和产业发展需要的贫困地区建好一批中等职业学校""重点支持贫困地区每个地级市（州、盟）建设好至少一所符合当地经济社会发展需要的中等职业学校（含技工学校）""实施中等职业教育协作计划和技能脱贫千校行动，支持建档立卡等贫困家庭初中毕业生到省（自治区、直辖市）外经济较发达地区接受中等职业教育"。此后，《深度贫困地区教育脱贫攻坚实施方案（2018—2020 年）》《贯彻落实〈职业教育东西协作行动计划（2016—2020 年）实施方案〉的通知》等配套政策文件的出台和实施，提升了农村职业教育服务精准扶贫战略的水平。

3. 促进劳动力转移培训

农业部《关于做好 2003 年科教兴农工作的意见》从科教兴农的战略高度，提出启动"农村富余劳动力转移培训工程"。基于此，一系列推进农村劳动力转移培训的政策相继出台，如《农村劳动力转移培训计划》（2004 年）、《农村劳动力转移培训阳光工程项目管理办法》（2004 年）、《农村劳动力转移培训基地认定原则意见》（2004 年）、《农村劳动力转移培训阳光工程项目检查验收办法》（2004 年）、《农村劳动力转移培训财政补助资金管理办法（试行）》（2005 年）等。

其中，2004 年，农业部等六部委联合下发《关于组织实施农村劳动力转移培训阳光工程的通知》，这是由政府公共财政支持的农村劳动力转移到非农领域就业前的职业技能培训示范项目，第一次以"阳光工程"的称谓来彰显农村劳动力转移培训的重要地位。2005 年，《关于加强农村妇女富余劳动力转移培训工作的意见》把农村妇女也纳入到"阳光工程"的"普照"视域。2007 年，国务院批准教育部制定的《国家教育事业发展"十一五"规划纲要》，从国家战略的角度，进一步提出了未来农村劳动力转移培训的规划目标。

4. 加强培育高素质农民

致力于社会主义新农村建设对高素质农民的需要，2006 年中央 1 号文件提出要培养推进新农村建设的新型农民。同年 3 月，十届全国人大四次会议通过的《中华人民共和国国民经济和社会发展第十一个五年规划纲要》明确提出要培养新型农民，并对新型农民的概念与内涵进行界定，即有文化、懂技术、会经营。之后在此文件的推动下，陆续出台了培育新型农民的相关政策，如《国民经济和社会发展第十一个五年规划纲要》（2006 年）、《国家教育事业发展"十一五"规划纲要》（2007 年）和《中共中央关于推进农村改革发展若干重大问题的决定》（2008 年）等。

2012 年中共中央、国务院印发了《关于加快推进农业科技创新 持续增强农产品供给保障能力的若干意见》，提出大力培训农村实用人才，大力培育新型职业农民，由此开启了新型职业农民培育的计划。之后关于大力培育新型职业农民的政策纷纷出台，如《新型职业农民培育试点工作的指导意见》（2013 年）、《中共中央　国务院关于全面深化农村改革加快推进农业现代化的若干意见》（2014 年）、《中共中央　国务院关于深入推进农业供给侧结构性改革加快培育农业农村发展新动能的若干意见》（2017 年）等。2018 年《中共中央　国务院关于实施乡村振兴战略的意见》立足于实施乡村振兴战略的角度，进一步提出"大力培育新型职业农民，实施新型职业农民培育工程"，从而推动农村职业教育发展。

围绕乡村振兴，政策制定开始关注新型职业农民培育的制度创新，包括培训机制创新和人才培养模式创新。如 2017 年，农业部印发的《"十三五"全国新型职业农民培育发展规划》指出，"创新培育机制，健全完善'一主多元'新型职业农民教育培训体系"。2018 年《中共中央　国务院关于实施乡村振兴战略的意见》提出"全面建立职业农民制度，完善配套政策体系"，"创新培训机制，支持农民专业合作社、专业技术协会、龙头企业等主体承担培训"，"创新人才培养模式，为乡村振兴培养专业化人才"。

（六）政策实施效果

21 世纪以来，农村教育政策的实施产生了积极的效果。随着社会主义市场经济体制改革的不断深入发展，教育政策逐渐关注个体的进步与发展。

农村教育发展的环境不断得到优化。国家政策对农村教育事业发展的支持，使全社会对重视农村教育达成共识，农村义务教育在这一阶段也得到了长足的发展。农村义务教育开始全面纳入公共财政范围，使教育的经费来源有了制度性的保障，农村儿童入学积极性得到提升，辍学率不断下降，且教育经费和管理机制不断得到完善，激发了各级政府增加教育投入的积极性。这一时期在国家政策的引导下，各大城市加大对贫困地区学校的支援力度，给予学校更多的人力物力支持，促进农村教育事业的发展。随着劳动力的流动，众多城市积极探索落实农民工随迁子女的义务教育工作，使农民工随迁子女享受到与城市儿童平等入学的机会和条件。农村职业教育也不断得到发展，农民综合素质大幅度提升，提高了劳动者素质和农业综合生产能力。

70 年农村教育的长足发展取得了瞩目的成就。新中国成立以来，国家一直把农村教育作为国家教育发展的重要目标，在国家教育政策中具有重要地位。在政策层面上，国家自始至终把普及教育尤其是九年制义务教育作为农村教育发展中的重点任务，通过制定政策法规、明确各级政府的权责、实施因地制宜的方案、重视对贫困地区的支援等形式，让农村义务教育有了长足的发展。新中国成立以来，国家持续推进扫除文盲战略，始终将扫除文盲作为农村教育政策中的重大政策任务且形式灵活多样，大大提升了农民的文化素质与综合农业生产能力。同时，国家不断加强农村职业和成人教育的发展，适应农村经济结构和农村社会的转型，培养高素质农民的发展，为推进中国城镇化服务。在教育的师资力量方面，国家在这 70 年里不断加大对师范教育的重视与投入，改进农村教师待遇，促进农村师资质量的提升。总而言之，新中国成立 70 年以来，我国农村教育在多阶段、多形式的国家政策之下得到了长足发展，促进了我国的教育公平，提高了农民生活质量，提升了农村的经济和文化建设水平。

本 章 参 考 文 献

高奇，1999. 新中国教育历程［M］. 石家庄：河北教育出版社.

何东昌，1998. 中华人民共和国重要教育文献［M］. 海口：海南出版社.

胡松柏，2009. 中华人民共和国教育发展史：1949—2009［M］. 南宁：广西教育出版社.

金铁宽，1995. 中华人民共和国教育大事记［M］. 济南：山东教育出版社.

廖其发，2007. 当代中国重大教育改革事件专题研究［M］. 重庆：重庆出版社.

马戎，龙山，2000. 中国农村教育问题研究［M］. 福州：福建教育出版社.

王鑫，刘茗，2010. 社会主义新农村建设中教育改革与发展研究［M］. 北京：学苑出版社.

佚名，2016. 教育部等六部门关于印发《教育脱贫攻坚"十三五"规划》的通知［EB/OL］.（12 - 27）［2019 - 07 - 03］. http：//www. moe. gov. cn/srcsite/A03/moe _ 1892/moe _ 630/201612/ t20161229 _ 293351. html.

余永德，2000. 农村教育论［M］. 北京：人民教育出版社.

袁振国，1991. 中国当代教育思潮［M］. 上海：三联书店上海分店.

曾长秋，1998. 论刘少奇关于中国教育体制改革的思想［J］. 当代中国史研究（5）：26 - 31.

张乐天，2010. 新世纪我国加强农村教育发展的政策回顾与反思［J］. 复旦教育论坛（3）：9 - 12.

中共中央文献编辑委员会，2004. 邓小平文选：第二卷［M］. 北京：人民出版社.

中国教育年鉴编辑部，2000. 中国教育年鉴：2000［M］. 北京：人民教育出版社.

中国教育与人力资源问题报告课题组，2003. 从人口大国迈向人力资源强国［M］. 北京：高等教育出版社.

中华人民共和国教育部计划财务司，1984. 中国教育成就统计资料：1949—1983［M］. 北京：人民教育出版社.

中央教育科学研究所，1983. 中华人民共和国教育大事记：1949—1982［M］. 北京：教育科学出版社.

周全华，1997. "文化大革命"中的"教育革命"［D］. 北京：中共中央党校.

第十七章　农村扶贫

习近平总书记指出，"消除贫困，改善民生，逐步实现共同富裕，是社会主义的本质要求""全面建成小康社会，最艰巨最繁重的任务在农村，特别是在贫困地区。没有农村的小康，特别是没有贫困地区的小康，就没有全面建成小康社会"。新中国成立后，在中国共产党的领导下，全国人民坚忍不拔、团结奋斗，用70年的时间，成功地打了一场消除贫困、实现总体小康的攻坚战，为世界扶贫事业做出了巨大贡献。新中国成立以来特别是改革开放以来，我国农村贫困人口减少7.5亿人，年均减贫人口规模接近1 900万人。

我国扶贫开发事业取得举世瞩目的伟大成就，谱写了人类反贫困历史上的辉煌篇章，走出了一条具有中国特色的减贫之路，成为全球最早实现联合国千年发展目标中减贫目标的发展中国家。

一、我国扶贫开发历程

1949年新中国成立到社会主义现代化新时代，在共产党的领导下，我国充分发挥政治优势和制度优势，不断创新体制，完善扶贫政策。我国大体经过了保障生存救济式扶贫阶段、体制改革推动扶贫阶段、有组织有计划区域瞄准的开发式扶贫阶段、集中力量解决温饱的"八七"扶贫攻坚阶段、综合扶贫开发阶段以及正在进行的实施精准扶贫、精准脱贫方略，坚决打赢扶贫攻坚战六个历史阶段（汪三贵，2017；王小林，2018；吴国宝，2018）。

（一）1949—1978年：保障生存救济式扶贫阶段

1949年刚刚成立的新中国，由于长时间受"三座大山"的压迫剥削、长期战乱，满目疮痍、一片废墟。加上西方国家的封锁，新中国早期社会生产力发展极为缓慢，"一穷二白"的经济千疮百孔，人民生活水平普遍处于绝对贫困状态。社会经济的不平衡、自然灾害的多发等，使中国的反贫困道路异常艰辛。1949年的新中国，是当时世界上最贫穷的国家之一。根据联合国亚洲及太平洋经济社会委员会的统计，1949年中国人均国民收入27美元，不到亚洲人均44美元的2/3，不足印度57美元的一半，绝大多数人口处于绝对贫困状态（胡绳，1991）。

1949年新中国宣告成立时，毛泽东同志就明确了中国共产党反贫困的伟大奋斗目标。他提出，中央政府"将领导全国人民克服一切困难，进行大规模的经济建设和

＊本章编写人员：白增博。

文化建设，扫除旧中国所留下来的贫困和愚昧，逐步地改善人民的物质生活和提高人民的文化生活"。第一，确立社会主义制度，解决人民温饱问题。新中国刚刚成立，毛泽东同志提出开展"三反、五反"运动，率先从自身做起，廉洁清正，不断为改善提高人民生活而奋斗。在新中国成立后的三年时间里，中国共产党领导人民开始了大规模的恢复国民经济建设的任务。到 1956 年底，对生产资料私有制的社会主义改造基本结束，社会主义制度在中国确立，极大地解放了农村生产力，这为广大农村贫困人口减贫提供了制度基础和保障。第二，实行土地改革，发展农业生产互助合作。1950 年颁布了《中华人民共和国土地改革法》，意在"废除地主阶级封建剥削的土地所有制，实行农民土地所有制，借以解放农村生产力，发展农业生产"。这废除了中国历史上延续 2 000 多年的封建土地所有制，消灭了封建土地制度和地主阶级，农民翻了身，成为土地的主人，通过积极劳作促进了农业的发展，改善了较为落后的经济情况，提高了自身的生活水平，缓解了贫困状况。本着自愿互助的原则，政府将农民组织起来发展劳动互助，提倡和发展供销合作，走集体化道路。到 1952 年，全国范围内，农业生产互助组和合作社如雨后春笋般出现在中华大地上，农业生产得到恢复发展。1953 年中共中央通过《关于发展农业生产合作社的决议》，提出在几年内全国普及农业生产合作社。之后，合作社的发展从农户数量较少（每个社平均 20 余户农户）的初级农业生产合作社，发展成农户数量更多（每个社平均 200 余户农户）的高级农业生产合作社（张磊等，2007；武沁宇，2017；陈新，2018）。到 1956 年底，全国 90% 的农户参加了高级农业生产合作社。特别是 1956 年 6 月出台的《高级农业生产合作社示范章程》明确指出，对无依无靠、无劳动能力的孤寡老人、残疾人和孤儿（俗称"三无对象"），由集体实行五保供养制度，即保吃、保穿、保住、保医、保葬（老人）或保教（孤儿）。第三，进行工业化建设，走工业化道路。根据我国的生产力发展实际，中央政府没收官僚资本、由工人阶级修复接管了旧工业，并恢复生产。在企业内部，废除了压迫性质的制度，确立社会主义民主制度，对旧的管理结构进行改造。1956 年底，完成了"一化三改"的总路线，建立了社会主义基本政治制度，进入社会主义初级阶段，生产力逐步提高，为解决人民贫困，实现共同富裕打开了新的局面（武沁宇，2017；陈新，2018；黄承伟，2016）。

在后期工作的处理上，由于对如何建设社会主义缺乏思想准备和科学认识，存在急于求成等缺点，使反贫困事业损失惨重，中国的反贫困事业在缓慢中前进。

1949—1977 年这一时期是中国进行工业化和现代化建设的初期，国民经济总体上还处于较低水平。党和政府确立了贫困问题要通过社会主义制度消除，设定了人民富裕、国家工业化、农业现代化的目标理念，阐述了以共产党为领导，以人民群众为主体力量，大力发展生产力，变革生产关系，优先发展重工业，以重带农、以重带轻的反贫困战略，为中国特色社会主义反贫困道路提供了宝贵的经验与启示。《关于中国农村贫困状况的评估和监测》报告显示，1978 年的贫困线设定为 100 元，测算出 1978 年中国贫困发生率为 30.7%，贫困人口规模为 2.5 亿人（张磊等，2007）。

(二) 1978—1985 年：体制改革推动扶贫阶段

1977 年 8 月，党中央宣布"文革"结束，然而此时国民经济比例失调，计划经济体制所固有的缺陷等开始显现，国民经济处于崩溃的边缘，农村的贫困问题也愈加严重。1978 年全国乡村人口占总人口的 82.08%，当年农民家庭人均纯收入仅为 133.6 元，农民人均年消费水平为 138 元（李华，2015）。1978 年召开的党的十一届三中全会重新确立了实事求是的思想路线，把党和政府的工作重心转移到了以经济建设为中心，努力加快社会主义现代化建设的轨道上来。党的十一届三中全会开辟了中国特色社会主义道路的新起点，同时党领导下的中国特色社会主义农村扶贫事业也进入以体制改革驱动扶贫的崭新历史进程。邓小平同志多次强调："贫穷不是社会主义，社会主义要消灭贫穷。"

1. 农村经济体制改革方面

党的十一届三中全会以来，政府开始了逐步由计划经济体制向市场经济体制的巨大转变。农村经济体制的改革促进了农村经济发展，提高了农民收入，这为农村减贫提供了良好的宏观环境。第一，改革农村经济体制，实施家庭联产承包责任制和统分结合的双层经营体制，适应了农村生产力发展的要求，激发了农民的生产积极性，提高了农业生产率，增加了农民收入，奠定了农村扶贫的制度基础。第二，改革农产品价格和流通体制，大幅提高农产品收购价格，提高农民收入。1979 年 9 月，党的十一届四中全会发布了《关于加快农业发展若干问题的决定》，决定指出，"粮食统购价格从 1979 年夏粮上市起提高 20%，超购部分再加价 50%，其他农副产品价格也相应提高"。1985 年，中共中央、国务院出台《关于进一步活跃农村经济的十项政策》，"取消统购派购以后，农产品不再受原来经营分工的限制，实行多渠道直线流通，任何单位都不得再向农民下达指令性生产计划"，促进了农产品的流通，使农业产量逐年递增，加快了农民脱贫致富的步伐。第三，鼓励城乡人口流动，乡镇企业蓬勃发展。改革开放前，我国长期实行城乡分割的户籍和就业制度，农村劳动力向非农领域流动严重受限。1984 年，国家为促进社队企业（乡镇企业）的进一步发展，指出"选若干集镇进行试点，允许务工、经商、办服务业的农民，自理口粮到集镇落户"，农村劳动力转移政策开始由控制流动向允许流动过渡，进城打工人口逐年增加，农民收入提高。1984 年 3 月 1 日，中共中央、国务院转发农牧渔业部《关于开创社队企业新局面的报告》，将社队企业改称乡镇企业，并提出发展乡镇企业的若干政策，以促进乡镇企业的迅速发展，农民非农收入比重上升，贫困人口大幅度下降（武沁宇，2017；李文槟，2018）。

2. 设立专项扶贫资金

随着全党工作重心转移到社会主义现代化建设上来，国民经济得到恢复和发展，国家财政好转，于 1980 年设立了中国共产党扶贫史上最早的由中央财政开始单独列支的"支援经济不发达地区发展资金"，其当年的拨付额就高达 5 亿元。1982 年 12 月，中央政府开始有计划地在"三西"① 地区的 47 个县进行区域扶贫开发即"三西"农业建设

---

① 甘肃的河西地区、定西地区和六盘山下的宁夏的西海固地区。

区域性扶贫计划，成立"三西"地区农业建设领导小组，并于 1983 年设立"三西"农业建设专项补助资金，计划补助资金累积 20 亿元，每年投入扶贫资金 2 亿元（陈标平等，2009）。1984 年国家投入专项资金实施"以工代赈"扶贫计划，贫困地区通过以工代赈扶贫，新建了很多公路、铁路、水利灌溉和通信等基础设施。

1984 年 9 月 27 日，中共中央、国务院在《关于帮助贫困地区尽快改变面貌的通知》中指出，"党的十一届三中全会以来，全国农村形势越来越好。但由于自然条件、工作基础和政策落实情况的差异，农村经济还存在发展不平衡的状态，特别是还有几千万人口的地区仍未摆脱贫困，群众的温饱问题尚未完全解决。其中绝大部分是山区，有的还是少数民族聚居地区和革命老根据地，有的是边远地区""有关各省、自治区要成立贫困山区工作领导小组，负责检查督促各项措施的落实"，并且强调，"改变贫困地区面貌的根本途径是依靠当地人民自己的力量，因地制宜，发展商品生产，增强本地区经济的内部活力，要纠正单纯救济的观点"。这一时期，政府已经逐渐认识到"缺啥给啥"的救济式扶贫存在的缺陷，激发贫困地区经济内生动力成为扶贫方式转变的方向。与此同时，国家在全国的东中西部的老革命根据地、少数民族地区以及边远地区划定了 18 个贫困地带进行区域重点扶贫（江泽林，2018）。

1979—1985 年是农民收入增长最快的时期，也是农村贫困状况得到快速缓解的时期。农村居民家庭人均纯收入由 1979 年的 160.7 元增加到 1985 年的 397.6 元，增长了 1.5 倍。农村贫困发生率由 1978 年的 30.7% 下降到 1985 年的 14.8%，贫困人口由 1978 年的 2.5 亿下降到 1985 年的 1.25 亿，下降了 50%，平均每年下降速度为 9.43%，平均每年减少 1 786 万人（国家行政学院编写组，2016）。

（三）1986—1993 年：有组织有计划区域瞄准的开发式扶贫阶段

随着改革不断深入，我国开始全面建立社会主义市场经济体制，国家的扶贫方式随之发生改变，确立开发式扶贫模式，进入了有组织有计划区域瞄准的扶贫开发阶段。这一时期，国家相关政策向东部倾斜，沿海地区与内陆地区、东部地区与中西部地区之间的经济发展出现了分化，特别是"老、少、边、穷"地区，经济发展相对滞后，与东部沿海地区差距进一步拉大。这些贫困地区相当数量贫困人口尚未解决温饱，呈现出明显的地域性特征。随着农村经济体制改革所带来的减贫效应边际递减，农村经济增长开始趋于平缓，农村贫困人口减少也开始放缓。面对农村扶贫所遇到的新情况，为了有效化解改革驱动式扶贫下所遇到新的贫困问题，我国从中央到地方建立了扶贫开发领导机构，重点通过加强贫困地区基础设施建设，改善贫困地区的发展条件，使救济式扶贫向开发式扶贫转变。

1. 政府主导，成立扶贫主管机构

1986 年 5 月 16 日国务院下发通知，决定成立专门的国家扶贫开发领导机构——国务院贫困地区经济开发领导小组。该机构专门负责起草、规划、统筹全国农村扶贫工作，领导、监督、检查贫困地区经济开发工作。小组下设国务院贫困地区经济开发领导小组办公室，负责承担领导小组的日常工作。由于我国扶贫主要通过农业扶贫、农村扶贫，因此办公室设在农牧渔业部。1988 年国务院决定将国务院贫困地区经济开发领导

小组与"三西"地区农业建设领导小组合并，并将领导小组办公室设在农业部。1993年 12 月 28 日，国务院贫困地区经济开发领导小组正式更名为国务院扶贫开发领导小组，下设国务院扶贫开发领导小组办公室。相应的县级以上政府设立与之相对应的专门扶贫机构，在全国范围内形成了负责扶贫开发工作的行政系统。

2. 创新扶贫模式，确立开发式扶贫方针

1986 年 5 月 14 日，国务院贫困地区经济开发领导小组在时任国务院副总理田纪云主持下召开第一次全体会议。会议指出党的十一届三中全会以来，我国农村发生了极为深刻的变化，经济迅速发展，农民生活明显改善。但是，必须清醒地看到，各地经济发展很不平衡。全国仍有一部分地区，主要是一些少数民族地区和为中国革命做出过巨大贡献的老革命根据地，以及边远山区和水库移民区，生产条件很差，社会生产力发展缓慢，经济文化落后，部分农民的温饱问题尚未完全解决。会议确立了区域扶贫和开发式扶贫的基本方针，由过去的救济式向开发式转变，确立了开发式扶贫方针，同时不断创新扶贫模式。

3. 实施对象瞄准，确立以县为单元的扶贫机制

为促进贫困地区的发展，同时使各种扶贫资源有效地传递到贫困人口，提高扶贫工作效率，加之由于全国农村贫困地区分布发生了新的变化，呈现出明显的区域分布特征，政府将贫困人口比较集中的县作为专项扶贫计划的基本瞄准单位，又称国定贫困县。1985 年按照全县人均纯收入 150 元以下的标准确定国家级贫困县，对少数民族自治县和革命老区县扩大到 200 元，个别具有重大影响的革命老区和部分牧区县则放宽到300 元。1986—1993 年，共有 331 个县被确定为国定贫困县。同期，中央政府要求各省、自治区结合自身的实际情况，按照一定的收入标准来确定省（自治区）的重点扶持贫困县，并依靠省（自治区）财政进行扶持。到 1988 年，全国共有 370 个县被确定为省（自治区）级贫困县。

4. 设立完善专项扶贫资金

中央政府根据确立的 331 个国定贫困县，安排专项扶贫资金进行扶持，主要包括专项扶贫贷款、以工代赈和财政发展资金。1986 年中央政府实施的针对国定贫困县最大规模的贴息贷款项目，成为贫困地区最为重要的信贷扶贫项目。1988 年又实施了针对牧区和贫困县县办企业的扶贫贷款项目。以工代赈的主要目标就是利用贫困地区的剩余劳动力资源兴建道路、水利、农田等基础设施，同时为贫困农户提供就业机会和收入来源，从而提高农户的短期收入水平和长期发展能力。财政发展资金主要包括 1980 年开始的支援经济不发达地区的发展资金。1986—1993 年，中央政府累计提供了 467.2 亿元扶贫资金。其中，专项扶贫贷款 249 亿元，占 53.30%；以工代赈资金 89 亿元，占19.05%；财政发展资金 129.2 亿元，占 27.65%。其中，以工代赈资金和财政发展资金累计占中央财政总支出的 2.73%。除此之外，1989 年和 1992 年还先后设立了"少数民族贫困地区温饱基金"及"少数民族发展基金"，用来支持少数民族贫困地区发展生产，提高贫困居民生活水平。1992 年国务院扶贫开发领导小组牵头制定和颁布《贫困县经济开发统计报表》，国家开始探索扶贫工作的有效监管措施（张磊等，2007）。

1986—1993 年，我国农村扶贫工作在政府的主导下，通过加强贫困地区基础设施建设，改善基本生产条件，帮助农民发展种养业，促进区域经济发展，积极展开大规模有计划的区域开发式扶贫。经过 8 年的不懈努力，贫困地区的面貌得到了极大的改善。到 1993 年底，贫困地区农民人均纯收入从 206 元增加到 483 元，农村贫困人口从 1.25 亿人减少到 8 000 万人，平均每年减少 640 万人，年均递减 6.2%，贫困发生率从 14.8%下降到 8.7%（国务院扶贫开发领导小组办公室，2003）。

（四）1994—2000 年：集中力量解决温饱的"八七"扶贫攻坚阶段

在改革开放和扶贫政策的推动下，经过连续多年的艰苦努力，我国农村贫困状况明显缓解，尚未完全解决温饱问题的贫困人口由 1978 年的 2.5 亿人减少到 1993 年的 8 000 万人。这部分贫困人口主要集中在国家重点扶持的 592 个贫困县，分布在中西部的深山区、石山区、荒漠区、高寒山区、黄土高原区、地方病高发区以及水库库区，并且多为革命老区和少数民族地区，解决这部分群众的温饱问题难度很大，必须打一场扶贫攻坚战。在 1994 年 2 月 28 日至 3 月 3 日召开的全国扶贫开发会议上，时任国务委员兼国务院扶贫开发工作领导小组组长陈俊生宣布：国务院决定实施《国家八七扶贫攻坚计划（1994—2000 年）》，这是国家首个系统化、规范化、专业化的扶贫开发国家战略，从 1994 年到 2000 年，集中人力、物力、财力，动员社会各界力量，力争用 7 年左右的时间，基本解决全国农村 8 000 万贫困人口的温饱问题。

《国家八七扶贫攻坚计划（1994—2000 年）》的主要奋斗目标是：①到 20 世纪末解决贫困人口的温饱问题，使绝大多数贫困户年人均纯收入达到 500 元以上（1990 年不变价格）；扶持贫困户创造稳定解决温饱的基础条件。②加强基础设施建设。基本解决人畜饮水困难；绝大多数贫困乡镇和集贸市场、商品产地的地方通公路；消灭无电县，绝大多数贫困乡用上电。③改变教育文化卫生的落后状况。基本普及初等教育，积极扫除青壮年文盲；开展成人职业技术教育和技术培训，使大多数青壮年劳动力掌握一到两门实用技术；改善医疗卫生条件，防治和减少地方病，预防残疾；严格实行计划生育，将人口自然增长率控制在国家规定的范围内。《国家八七扶贫攻坚计划（1994—2000 年）》就扶贫开发途径、资金管理使用、政策保障、部门任务、社会动员、国际合作、组织领导等，进行了全面部署。围绕《国家八七扶贫攻坚计划（1994—2000 年）》的行动纲领，这一时期国家扶贫开发在以下几个方面采取了一些新政策和新举措：

1. 调整国家贫困县，完善工作重点

按照"进四退七（四进七出）"的调整原则，1994 年国家对过去确定的 331 个国定贫困县进行了首次调整，以县为单位，以 1992 年人均纯收入为基准调整，年人均收入低于 400 元的县调入，而年人均收入超过 700 元的县则被清退。调整过后列入《国家八七扶贫攻坚计划（1994—2000 年）》的国定贫困县数额上升为 592 个，分布在全国 27 个省、自治区和直辖市，涵盖了当时全国 72.6%的农村贫困人口，主要分布在地域偏远、交通不便、生态失调、经济发展缓慢、文化教育落后、人畜饮水困难、生产生活条件极为恶劣的中西部的深山区、石山区、荒漠区、高寒山区、黄土高原区、地方病高发区以及水库库区，多为革命老区和少数民族地区。这是扶贫攻坚的主战场，与前一阶段扶贫工作比较，解决这些地区群众的温饱问题难度更大。这一计划重点发展投资少、见效快、覆盖广、效益高、有助于直接解决群众温饱问题的种植业、养殖业和相关的加工业、运销业。积极发展能够充分发挥贫困地区资源优势又能大量安排贫困户劳动力就业的资源开发型和劳动密集型的乡镇企业。

2. 强化扶贫攻坚责任

《国家八七扶贫攻坚计划（1994—2000 年）》，确定了扶贫开发分级负责，要求各省（自治区、直辖市）要高度重视扶贫开发工作，结合本省（自治区、直辖市）实际情况，坚持分级负责、以省（自治区、直辖市）为主的省长（自治区主席、市长）负责制。各省、自治区、直辖市特别是贫困面较大的省、自治区，要把扶贫开发列入重要日程，根据计划的要求制定具体实施计划；省长（自治区主席、市长）要亲自抓、负总责，及时协调解决重要问题；要集中使用财力、物力，保证按期完成计划规定的任务。1996 年10 月 23 日，中共中央、国务院下发的《关于尽快解决农村贫困人口温饱问题的决定》，进一步明确了"四个到省"——权利到省、责任到省、资金到省、任务到省的扶贫开发工作责任制。

3. 增加扶贫资金支持，加强监管

这一时期，扶贫资金包括中央专项扶贫资金、地方财政为中央专项扶贫资金的配套资金、各级党政机关定点扶贫和东部省（直辖市）对口帮扶西部省（自治区、直辖市）资金、国际发展援助资金和其他资金（各种捐款等）等。其中，中央专项扶贫资金是最主要的资金来源。为确保计划的实施，国家用于扶贫的各项财政、信贷资金安排到2000 年。以工代赈资金和"三西"专项建设资金在规定期限内保持不变，适当延长开发周期长的项目的扶贫信贷资金使用期限。从 1994 年起，增加 10 亿元以工代赈资金、10 亿元扶贫贴息贷款，执行到 2000 年。国家还做出决策，从 1994 年起，将分一年到两年把中央用于广东、福建、浙江、江苏、山东、辽宁 6 个沿海经济比较发达省的扶贫信贷资金调整出来，集中用于中西部贫困状况严重的省、自治区。1994—2000 年，中央专项扶贫资金平均每年以 14.98％的速度增加。7 年间累计投入 1 242 亿元，平均每年投入 177.4 亿元。其中，财政性扶贫资金共投入 611 亿元，占同期中央财政支出的2.94％。国家先后陆续出台了《国家扶贫资金管理办法》（1997 年）、《财政扶贫资金管理办法》（2000 年）、《财政扶贫项目管理费管理办法》（2000 年）等相关制度措施，加强项目管理和监督，实行严格的贷款使用责任制，建立综合的考核指标，对扶贫资金监管制度进行了相应的完善（唐梅玲等，2018）。

4. 社会各方力量参与扶贫开发工作

《国家八七扶贫攻坚计划（1994—2000 年）》要求中央和地方党政机关及有条件的企事业单位，都应积极与贫困县定点挂钩扶贫，一定几年不变，不脱贫不脱钩；各民主党派和工商联应继续发挥人才众多、技术密集、联系广泛的优势，进一步开展科技扶贫和智力开发，帮助贫困地区培训人才、推广技术、沟通信息、发展经济技术合作；各级工会、共青团、妇联、科协、残联要积极参与扶贫开发工作。1996 年 9 月 24—25 日，全国扶贫工作会议指出帮助贫困地区群众解决温饱问题，是党和政府的重要任务，也是全社会的共同责任。广泛动员全社会力量参与扶贫，是扶贫工作的一条重要方针。这次会议上 13 个东部沿海经济强省（直辖市）与中西部 10 个省、自治区达成帮扶协议，从资金、物资、经济协作、人员交流等方面全面展开对口帮扶。

5. 积极开展教育扶贫活动

为解决贫困地区教育落后状况，加快贫困地区普及九年制义务教育的步伐，从1995年起，政府开始实施"国家贫困地区义务教育工程"。1995—2000年，国家共投入124.62亿元中央专项资金，实施范围集中在852个贫困县，其中，国定贫困县568个、省定贫困县284个。此外，1997—2000年，国家设立贫困地区义务教育助学金1.3亿元，资助少数民族学生接受义务教育。

《国家八七扶贫攻坚计划（1994—2000年）》实施以来，党和国家高度重视，经过不懈奋斗，到2000年底，我国农村贫困现象明显缓解，贫困人口大幅减少，国家"八七"扶贫攻坚目标基本实现并取得了显著成效。这一时期中国农村贫困人口由1993年的8 000万人减少到2000年的3 209万人，7年间减少4 791万人，大约减少59.89%，平均每年减少速度为12.23%，贫困发生率下降到3.4%（国家统计局住户调查办公室，2000）。

（五）2001—2012年：综合扶贫开发阶段

改革开放以来，特别是实施《国家八七扶贫攻坚计划（1994—2000年）》以来，我国农村贫困现象明显缓解，贫困人口大幅度减少。到2000年底，除了少数社会保障对象和生活在自然环境恶劣地区的特困人口，以及部分残疾人以外，全国农村贫困人口的温饱问题已经基本解决，由于生产生活条件尚未得到根本改变，他们的温饱还不稳定，巩固温饱成果的任务仍很艰巨。2001年6月，国务院发布《中国农村扶贫开发纲要（2001—2010年）》，对21世纪最初十年的扶贫开发的奋斗目标、基本方针、对象和重点、内容和途径、政策保障以及组织领导给出了明确规定。在《中国农村扶贫开发纲要（2001—2010年）》实施完成之际，为进一步加快贫困地区发展，促进共同富裕，实现到2020年全面建成小康社会奋斗目标，2011年12月底，中共中央、国务院发布了《中国农村扶贫开发纲要（2011—2020年）》，对本世纪第二个十年扶贫工作的总体要求、目标任务、对象范围、专项扶贫、行业扶贫、社会扶贫、国际合作、政策保障和组织领导等方面做出了明确规定，有力地推动了新时期扶贫工作的发展。

1. 明确扶贫开发目标

国务院发布的《中国农村扶贫开发纲要（2001—2010年）》，主要任务是尽快解决少数贫困人口温饱问题，进一步改善贫困地区的基本生产生活条件，巩固温饱成果，提高贫困人口的生活质量和综合素质，加强贫困乡村的基础设施建设，改善生态环境，逐步改变贫困地区经济、社会、文化的落后状况，为达到小康水平创造条件。基于我国农村贫困人口大幅减少，收入水平稳步提高，贫困地区基础设施明显改善，社会事业不断进步，最低生活保障制度全面建立，农村居民生存和温饱问题基本解决，《中国农村扶贫开发纲要（2011—2020年）》确立了新的总目标："到2020年，稳定实现扶贫对象不愁吃、不愁穿，保障其义务教育、基本医疗和住房。贫困地区农民人均纯收入增长幅度高于全国平均水平，基本公共服务主要领域指标接近全国平均水平，扭转发展差距扩大趋势。"

2. 进一步瞄准贫困群体，提高针对性

为了抓好 21 世纪的扶贫开发工作，中国政府确定以中西部少数民族地区、革命老区、边境地区和特困地区作为扶贫开发重点，并决定在上述地区确定扶贫开发工作重点县。根据"明确责任，覆盖多数，科学测算，相对稳定，省负总责"的原则，国务院扶贫开发领导小组办公室确定各省份重点县的数量和有关规定，由各省份人民政府确定具体县，报国务院扶贫开发领导小组办公室审核、备案。重点县的数量采用"631 指数法"测定：贫困人口（占全国的比例）占 60% 权重（绝对贫困人口与低收入人口分别占 80% 和 20%）；农民人均纯收入较低的县（占全国比例）占 30% 的权重；人均 GDP 低的县数、人均财政收入低的县数占 10% 的权重。其中人均低收入以 1 300 元为标准，革命老区、少数民族地区、边境地区为 1 500 元；人均 GDP 以 2 700 元为标准；人均财政收入以 120 元为标准。根据以上原则和方法，在全国中西部 21 个省（自治区、直辖市）确定了 592 个县（旗、市）为国家扶贫开发工作重点县，主要集中在少数民族地区、革命老区、边境地区和特困地区。

为了更好地瞄准贫困人口，《中国农村扶贫开发纲要（2001—2010 年）》明确要求将扶贫开发的具体措施落实到贫困乡村。在国务院扶贫开发领导小组办公室的组织和指导下，地方各级政府通过参与式的方式在全国共确定了 14.8 万个重点村，覆盖了全国 76% 的贫困人口。2011 年 11 月 29 日，中央扶贫开发工作会议在北京召开，会议指出要全面推进连片特困地区扶贫攻坚，将六盘山区等 11 个连片特困地区和西藏及四川、云南、甘肃、青海四省藏区，新疆南疆三地州作为扶贫攻坚的主战场，并在武陵山片区率先开展区域发展与扶贫攻坚试点，各省（自治区、直辖市）可从实际出发，确定若干连片特困地区给予重点扶持。2012 年，国务院扶贫办第一次把贫困县名单调整的权力下放到省（自治区、直辖市），允许各省（自治区、直辖市）根据实际情况，按"高出低进，出一进一，严格程序，总量不变"的原则进行调整，从而进一步更新了国家级贫困县的名单，调出 38 个县（区），新调进 38 个，贫困县的总数仍为 592 个。

3. 专项扶贫政策措施更加完善

这一阶段，国家高度重视"三农"问题。第一，实施了以取消农业税为代表的一系列惠农政策，2004—2012 年，连续多年的涉及"三农"的中央 1 号文件，有力地推动了这一时期"多予、少取、放活"的系列惠农政策落地。2006 年，国家取消了实施了延续 2 000 多年的农业税，促进了农业发展和农民增收，取得了良好的减贫效果。第二，实施"西部大开发"等区域发展战略，国家通过政策优惠、财政支持、加大基础设施投入、加大对环境保护的投入等来支援西部地区缩小差距。第三，对贫困村相对集中的地方，实行整村推进、连片开发；充分发挥贫困地区生态环境和自然资源优势，调整产业结构，推广先进实用技术，培植壮大特色支柱产业，完善雨露计划，对农村贫困劳动力开展实用技术培训。第四，扶贫开发与社会救助相结合。2007 年 7 月国务院发布了《关于在全国建立农村最低生活保障制度的通知》，将家庭人均纯收入低于规定标准的所有农村居民纳入保障范围，稳定、持久、有效地解决农村贫困人口的温饱问题。第五，动员社会各界参与扶贫开发。继续加强东西扶贫协作。坚持并不断完善定点扶贫，探索国有企业、部队、重点高校、科研院所参与扶贫开发的多种有效方式。

4. 加强组织领导

切实落实扶贫工作责任制，坚持省负总责，县抓落实，工作到村，扶贫到户。扶贫开发工作责任在省，关键在县。实行扶贫开发工作责任到省、任务到省、资金到省、权力到省的原则。扶贫开发工作重点县把扶贫开发作为党委和政府的中心任务，以扶贫开发工作统揽全局，负责把扶贫开发的政策措施真正落实到贫困村、贫困户。实行扶贫工作党政"一把手"负责制，把扶贫开发的效果作为考核这些地方党政主要负责人政绩的重要依据。积极搞好干部的教育培训工作，提高贫困地区干部组织领导扶贫开发工作的水平。采取挂职锻炼、干部交流等方式，加强贫困地区的干部队伍建设。2002 年 2 月 25 日，将原农业部内设机构国务院扶贫开发领导小组办公室单独设置，并升格为副部级单位，扶贫工作的沟通协调工作得到明显加强。

由于我国贫困线随着经济社会的发展不断进行调整，贫困人口也随着变化。1949 年中国人均国民收入 27 美元，绝大多数人口处于绝对贫困状态；1977 年前，我国农村居民的人均热量摄取量都小于 2 100 千卡（周彬彬，1991）；1978 年的贫困线定在 100 元，贫困人口规模为 2.5 亿人。1986 年，中国政府运用恩格尔系数法，将每人每日摄入 2 100 千卡热量划定为最低营养标准，结合当时的食品价格和最低收入人群的消费结构进行综合测算，确定 1985 年的农村扶贫标准为人均纯收入 206 元，当年全国农村贫困人口为 1.25 亿人。2008 年以前中国政府设定两个扶贫标准，即绝对贫困标准和低收入标准。1986 年的绝对贫困标准为 206 元，2007 年为 785 元；2000 年的低收入标准为 865 元，2007 年底为 1 067 元。截至 2007 年底，全国农村贫困人口存量为 4 320 万人，其中绝对贫困人口 1 479 万人，低收入人口 2 841 万人。2008 年，绝对贫困标准和低收入标准合一，统一使用 1 067 元作为国家扶贫标准。根据经济发展水平和通货膨胀等因素，2009 年和 2010 年国家扶贫标准分别调至 1 196 元和 1 274 元，按照调整后标准，当年贫困人口数量从 2 688 万人增加至 1.28 亿人，更接近世界银行 1.25 美元的世界绝对贫困线标准。2011 年，中央扶贫开发工作会议将农民人均纯收入 2 300 元（2010 年不变价）作为新的国家扶贫标准。这个标准比 2009 年提高了 92%。2010—2012 年全国农村贫困人口从 16 566 万人减少至 9 899 万人，贫困发生率从 12.35% 下降到 7.31%（陈锡文等，2018）。

（六）2013 年至今：实施精准扶贫，精准脱贫方略，坚决打赢扶贫攻坚战

新中国成立以来，在中国共产党的领导下，以政府扶持为主导的中国减贫事业不断取得令世人瞩目的成就，农村脱贫人口累积达 7 亿多人，实现了由单纯救济式扶贫向开发式扶贫及精准扶贫的转变，探索出了一条契合中国国情的具有中国特色的扶贫开发道路，同时也为国际减贫事业贡献了中国方案，获得了国际社会的广泛赞誉。但是，辉煌的扶贫成绩背后，贫困依然作为困扰我国国民经济发展的恶性顽疾而继续存在，是目前我国经济社会发展中的突出短板，关系到 2020 年全面建成小康社会，"两个一百年"目标中第一个一百年目标的实现。截至 2012 年底，按现行国家农村贫困标准测算，我国农村现有贫困人口仍高达 9 899 万人。

党的十八大以来，以习近平同志为核心的党中央把脱贫攻坚摆到治国理政突出位

置，提升到事关建成全面小康社会、实现第一个百年奋斗目标的新高度，纳入"五位一体"总体布局和"四个全面"战略布局进行决策部署，审时度势地提出了精准扶贫、精准脱贫的基本方略，出台了一系列重大政策措施，吹响了打赢脱贫攻坚战的进军号。

1. 精准扶贫、精准脱贫方略实施的形成过程

（1）实施背景。1949 年中华人民共和国成立，我国实现了国家独立、民族解放，全国各族人民在中国共产党的领导下，开始致力于消除贫困。改革开放 40 年以来，我国扶贫开发取得了举世瞩目的成就，获得了各国的广泛赞誉。随着我国经济社会的不断发展，扶贫开发工作的不断深入，我国扶贫开发进入了啃硬骨头、攻坚拔寨的冲刺期。随着扶贫开发事业的推进，传统粗放型的区域开发方式的贫困户和贫困人口底数不清、情况不清、瞄准性不强，项目安排"大水漫灌"，资金使用"撒胡椒面"，扶贫措施大而化之，扶贫资源渗漏，帮扶工作走马观花，贫困县不愿"摘帽"等问题逐渐凸显。除此之外，依据国家统计局住户抽样调查获得的贫困人口数据尽管有一定的科学性，但抽样的样本总量有限，不能反映每个家庭的贫困状况，当扶贫工作要以户为单位进行精确瞄准时，这样的抽样数据满足不了新的工作要求，无法实施具有针对性的扶贫措施，且全国尚未建立起统一的扶贫大数据库，扶贫工作还存在许多盲点和漏洞。

（2）形成过程。党的十八大以来，以习近平同志为核心的党中央把扶贫开发摆到治国理政的重要位置，从战略和全局高度，对脱贫攻坚进行全面部署。2012 年 12 月 29 日，党的十八大胜利闭幕后不久，习近平总书记视察了山西省阜平县龙泉关镇骆驼湾村、顾家台村两个特困村，千里只为看真贫。习近平总书记指出，"全面建成小康社会，最艰巨最繁重的任务在农村，特别是在贫困地区。没有农村的小康，特别是没有贫困地区的小康，就没有全面建成小康社会"。习近平总书记强调："只要有信心，黄土变成金。各级党委和政府要把帮助困难群众特别是革命老区、贫困地区的困难群众脱贫致富摆在更加突出位置，因地制宜、科学规划、分类指导、因势利导，各项扶持政策要进一步向革命老区、贫困地区倾斜。"2013 年 11 月 3 日，习近平总书记来到湖南省湘西土家族苗族自治州花垣县十八洞村同村干部和村民座谈，交流中习近平总书记指出："扶贫要实事求是，因地制宜。要精准扶贫，切忌喊口号，也不要定好高骛远的目标。"

2014 年 3 月 7 日全国"两会"期间，习近平总书记在参加贵州代表团审议时指出："精准扶贫，就是要对扶贫对象实行精细化管理，对扶贫资源实行精准化配置，对扶贫对象实行精准化扶持，确保扶贫资源真正用在扶贫对象身上、真正用在扶贫地区。"习近平总书记强调，要实施精准扶贫，瞄准扶贫对象，进行重点施策，进一步阐释了精准扶贫理念。2014 年 11 月初，习近平总书记在福建调研时指出："当年苏区老区人民为了革命和新中国的成立不惜流血牺牲，今天这些地区有的还比较困难，要通过领导联系、山海协作、对口帮扶，加快科学扶贫和精准扶贫。"在党中央、国务院对扶贫开发工作的高度重视和关怀下，2014 年 10 月 17 日成为中国首个"扶贫日"，习近平对此做出重要批示，要求"全党全社会要继续共同努力，形成扶贫开发工作强大合力"，各级党委、政府和领导干部要"加大扶持力度，善于因地制宜，注重精准发力，充分发挥贫困地区广大干部群众能动作用，扎扎实实做好新形势下扶贫开发工作"。2013 年 12 月 18 日，中央办公厅、国务院办公厅印发《关于创新机制扎实推进农村扶贫开发工作的意见》，首次提出创新六大机制，即改进贫困县考核机制、建立精准扶贫工作机制、健全干部驻村帮扶机制、改革财政专项扶贫资金管理机制、完善金融服务机制和创新社会参与机制，强调当前和今后一个时期，扶贫开发工作要进一步解放思想，开拓思路，深化改革，创新机制，使市场在资源配置中起决定性作用和更好发挥政府作用，更加广泛、更为有效地动员社会力量，构建政府、市场、社会协同推进的大扶贫开发格局，在全国范围内整合配置扶贫开发资源，形成扶贫开发合力。2014 年 4 月，国务院扶贫开发领导小组办公室印发《扶贫开发建档立卡工作方案》，制定了 2014 年底前在全国范围内建立贫困户、贫困村、贫困县和连片特困地区电子信息档案，并向贫困户发放《扶贫手册》的目标。紧接着同年 5 月，国务院扶贫开发领导小组办公室等七部门又联合下发《关于印发〈建立精准扶贫工作机制实施方案〉的通知》，确定了逐步构建精准扶贫工作长效机制的任务目标。2015 年 6 月 18 日，习近平总书记在贵州召开部分省（自治区、直辖市）党委主要负责同志座谈会，强调"扶贫开发贵在精准，重在精准，成败之举在于精准"，提出"六个精准"，要求各地都要在扶持对象精准、项目安排精准、资金使用精准、措施到户精准、因村派人（第一书记）精准、脱贫成效精准上想办法、出实招、见真效。2015 年 10 月 16 日，习近平总书记出席"2015 减贫与发展高层论坛"时发表主旨演讲，强调"我们坚持分类施策，因人因地施策，因贫困原因施策，因贫困类型施策，通过扶持生产和就业发展一批，通过易地搬迁安置一批，通过生态保护脱贫一批，通过教育扶贫脱贫一批，通过低保政策兜底一批。我们广泛动员全社会力量，支持和鼓励全社会采取灵活多样的形式参与扶贫"。2015 年 11 月 27—28 日召开的中央扶贫开发工作会议上，习近平总书记系统阐述如何做到"六个精准"，实施"五个一批"重要思想，解决"四个问题"——扶持谁、谁来扶、怎么扶、如何退，全面部署"十三五"脱贫攻坚工作。2015 年 11 月 23 日，习近平总书记主持召开了重点研究部署脱贫攻坚的中央政治局会议，并审议通过了《关于打赢脱贫攻坚战的决定》，号召全党全国全社会勠力同心，坚决打赢脱贫攻坚战，确保到 2020 年农村贫困人口实现脱贫。随后，中共中央、国务院正式印发《关于打赢脱贫攻坚战的决定》，明确把精准扶贫、精准脱贫作为我国扶贫开发的基本方略，精准扶贫上升为国家战略。2016 年 7 月 20 日，习近平总书记在宁夏调研期间，在银川东西部扶贫协作座谈会上发表重要讲话，强调扶贫开发到了攻克最后堡垒的阶段，所面对的多数是贫中之贫、困中之困，需要以更大的决心、更明确的思路、更精准的举措抓工作；要坚持时间服从质量，科学确定脱贫时间，不搞层层加码；要真扶贫、扶真贫、真脱贫。2016 年 11 月 23 日国务院印发并实施《"十三五"脱贫攻坚规划》，对"十三五"期间脱贫目标进行了进一步细化和实化，并详细阐释了贫困人口和贫困地区精准脱贫的具体思路和实现路径。

2017 年 2 月 21 日，在十八届中共中央政治局第三十九次集体学习期间，习近平总书记在精准研判扶贫形势的基础上，提出了"七个强化"，概括了"五条经验"，即"要强化领导责任、强化资金投入、强化部门协同、强化东西协作、强化社会合力、强化基层活力、强化任务落实，集中力量攻坚克难，更好推进精准扶贫、精准脱贫，确保如期实现脱贫攻坚目标""在实践中，我们形成了不少有益经验，概括起来主要是加强领导是根本、把握精准是要义、增加投入是保障、各方参与是合力、群众参与是基础"。

2017 年 10 月 18 日，在党的十九大报告中，习近平总书记强调："动员全党全国全社会力量，坚持精准扶贫、精准脱贫，坚持中央统筹省负总责市县抓落实的工作机制，强化党政一把手负总责的责任制，坚持大扶贫格局，注重扶贫同扶志、扶智相结合，深入实施东西部扶贫协作，重点攻克深度贫困地区脱贫任务，确保到二〇二〇年我国现行标准下农村贫困人口实现脱贫，贫困县全部摘帽，解决区域性整体贫困，做到脱真贫、真脱贫。"2018 年 3 月习近平总书记参加十三届全国人大一次会议内蒙古代表团审议时，强调全面建成小康社会，标志性的指标是农村贫困人口全部脱贫、贫困县全部摘帽。打好脱贫攻坚战，关键是打好深度贫困地区脱贫攻坚战，关键是攻克贫困人口集中的乡（苏木）村（嘎查）。要采取更加有力的举措、更加精细的工作，瞄准贫困人口集中的乡（苏木）村（嘎查），重点解决好产业发展、务工就业、基础设施、公共服务、医疗保障等问题。2018 年 11 月 1 日，改革开放与中国扶贫国际论坛在北京开幕，国家主席习近平致信祝贺。习近平在贺信中指出，让贫困人口和贫困地区同全国一道进入全面小康社会，是中国确定的庄严目标。我们将坚持以人民为中心的发展思想，大力实施精准扶贫、精准脱贫，发挥中国制度优势，坚持政府主导，深化东西部协作，动员全社会参与，把扶贫同扶志扶智相结合，开发式扶贫同保障性扶贫相统筹，确保到 2020 年消除绝对贫困。

2018 年 12 月 31 日，习近平总书记在 2019 年新年贺词中指出，农村 1 000 多万贫困人口的脱贫任务要如期完成，还得咬定目标使劲干。

2. 精准扶贫方略的内涵特征与基本要求

（1）内涵特征。

①精确识别，这是精准扶贫的前提。总的原则是"县为单位、规模控制、分级负责、精准识别、动态管理"；以国家最新贫困线为基准，结合当地的经济社会发展水平和贫困现状，科学制定贫困户有效识别评估体系，从家庭收入、消费水平、固定资产、家庭成员健康状况、生存技能掌握状况、思想观念、受教育程度、致贫原因等多方面进行评估，将评估结果进行公开，充分征求当地群众的意见，对不符合条件的要及时纠正，本着公平、公正、公开的原则筛选出真正的贫困户，确定帮扶对象，并对各贫困对象进行建档立卡上网，准确确定帮扶对象。

②精确帮扶，这是精准扶贫的关键。贫困居民识别出来以后，针对扶贫对象的贫困情况定责任人和帮扶措施，确保帮扶效果。"实事求是，因地制宜，分类指导，精准扶贫"的工作方针，重在从"人""钱"两个方面细化方式，确保帮扶措施和效果落实到户、到人。习近平总书记强调："要坚持因人因地施策，因贫困原因施策，因贫困类型施策，区别不同情况，做到对症下药、精准滴灌、靶向治疗。"通过进村入户，分析掌握致贫原因，逐户落实帮扶责任人、帮扶项目和帮扶资金。

③精确管理，精准考核。建立起贫困户的信息网络系统，将扶贫对象的基本资料、动态情况录入到系统，实施动态管理。对贫困农户实行一户一本台账、一个脱贫计划、一套帮扶措施，确保扶到最需要扶持的群众、扶到群众最需要扶持的地方。对扶贫对象进行动态调整，使稳定脱贫的村与户及时退出，使应该扶持的扶贫对象及时纳入，从而实现扶贫对象有进有出，扶贫信息真实、可靠、管用。按照国家《财政专项扶贫资金管

理办法》，对扶贫资金建立完善严格的管理制度，建立扶贫资金信息披露制度以及扶贫对象、扶贫项目公告公示公开制度，将筛选确立扶贫对象的全过程公开，避免暗箱操作导致的应扶未扶，保证财政专项扶贫资金在阳光下进行。精准扶贫下特别注重精准考核，从而避免绩效考核机制严重缺乏或形同虚设所导致的权责不清、目标不明、浑水摸鱼等问题。精准考核注重系统化、全程化，其渗透到扶贫的每个阶段、每个环节。此外，精准考核还注重精细化，强调权责分明。2016 年 2 月，中共中央办公厅、国务院办公厅联合印发了《省级党委和政府扶贫开发工作成效考核办法》，对考核内容和考核问题进行了详细的说明。随着精准扶贫的不断推进，精准管理和精准考核必将在实践中不断地完善和发展。

（2）基本要求[①]。习近平总书记 2015 年 6 月在贵州考察时，提出了扶贫开发工作"六个精准"的基本要求，即扶持对象精准、项目安排精准、资金使用精准、措施到户精准、因村派人（第一书记）精准、脱贫成效精准。"六个精准"的提出，为精准扶贫指明了努力的方向。

一是扶持对象精准，要进行精准扶贫，必须要以合理有效的方式精准地找到要扶持的贫困家庭和人口。国家要转变贫困人口的总指标控制，从收入和消费单维标准要向包含收入、消费、资产、健康、教育等多维贫困指标转变。基层民主评议要重视民主，要根据国家的要求严格按照精准识别程序，反复摸底、核查、公示、登记和确认，实行动态管理，实现扶贫资源精准配置。

二是项目安排精准，就是要因户因人制宜，扶持对象识别出来并建档立卡以后，根据贫困户和贫困人口的实际需要进行有针对性的项目帮扶，在找准每个贫困家庭致贫原因的基础上进行有针对性的项目安排。

三是资金使用精准，就是要保证到户项目有资金支持。致贫原因千差万别，对扶持项目和扶持方式的需求大不一样。要改革扶贫资金管理体制，根据贫困户的实际情况因户因人制宜地安排项目和资金，使资金精准使用。

四是措施到户精准，就是根据不同农户的致贫原因，采取不同的扶贫措施，根据农户不同的贫困程度和深度，实行不同的扶持策略，项目精准到户，提高扶贫效率。

五是因村派人（第一书记）精准，主要是为了提升贫困村贫困治理能力。《"十三五"脱贫规划》中指出"加大驻村帮扶工作力度，提高县以上单位派出干部比例，精准选配第一书记，配齐配强驻村工作队，确保每个贫困村都有驻村工作队，每个贫困户都有帮扶责任人"。

通过选派第一书记和驻村工作队，精准发力，可以大幅提高贫困村的管理水平，为加快贫困村生产发展、增收脱贫奠定坚实的组织基础和作风保障。

六是脱贫成效精准，要求扶贫成果真实可靠，扶贫工作具有可持续性。建立贫困户脱贫和贫困村退出工作机制，严格退出程序和标准，对扶贫对象进行动态管理，做到贫困户有进有出，杜绝数字脱贫和虚假脱贫。要达到脱贫成效精准，前面的五个精准是保障。在此基础上，还需要强化对脱贫效果的科学考核与评估，防止成果造假和贫困人口

---

① 此部分主要参考汪三贵（2017）、汪三贵等（2016）。

"被脱贫"现象的发生。

3. 综合发力，坚决打赢脱贫攻坚战

（1）"五个一批"工程绘蓝图。

一是发展生产脱贫一批，引导和支持所有有劳动能力的人依靠自己的双手开创美好明天，立足当地资源，实现就地脱贫。

二是易地搬迁脱贫一批，贫困人口很难实现就地脱贫的要实施易地搬迁，按规划、分年度、有计划组织实施，确保搬得出、稳得住、能致富。

三是生态补偿脱贫一批，加大贫困地区生态保护修复力度，增加重点生态功能区转移支付，扩大政策实施范围，让有劳动能力的贫困人口就地转成护林员等生态保护人员。

四是发展教育脱贫一批，治贫先治愚，扶贫先扶智，国家教育经费要继续向贫困地区倾斜、向基础教育倾斜、向职业教育倾斜，帮助贫困地区改善办学条件，对农村贫困家庭幼儿特别是留守儿童给予特殊关爱。

五是社会保障兜底一批，对贫困人口中完全或部分丧失劳动能力的人，由社会保障来兜底，统筹协调农村扶贫标准和农村低保标准，加大其他形式的社会救助力度。要加强医疗保险和医疗救助，城乡居民基本医疗保险和大病保险政策要对贫困人口倾斜。

（2）完善的支撑体系。

①不断加大财政金融投入。一是中央财政对贫困地区和贫困人口的综合性支出。即中央财政用于农村贫困地区、农村贫困人口能直接受益的资金，包括专项扶贫资金和农业生产、农业教育、农业医疗等扶持生产、民生建设等方面的总支出；二是中央财政专项扶贫资金，即专门用于扶贫的支出，主要用在贫困农村人口的发展产业、以工代赈、少数民族发展、"三西"农业建设专项补助、国有农场、林场扶贫以及扶贫贴息贷款。2017 年中央和省级财政专项资金投入超过 1 400 亿元（其中中央 861 亿元，有扶贫任务的省份省级财政 540 亿元），2018 年，中央财政预算安排补助地方财政专项扶贫资金 1 060.95 亿元，比 2017 年同口径增加 200 亿元。2019 年，提前下达 2019 年中央财政专项扶贫资金预算 909.783 3 亿元。金融保险对扶贫的支持也不断加大。2015—2017 年，小额扶贫信贷资金累计放贷 4 300 多亿元，惠及 110 多万户建档立卡贫困户。扶贫再贷款已经放贷 1 600 多亿元。国家开发银行和中国农业发展银行发行 3 500 多亿元金融债，支持易地扶贫搬迁。支持贫困地区建设用地增减挂钩结余指标流转，累计收益 460 多亿元。

②构建多元主体参与的大扶贫开发格局。广泛动员全社会力量共同参与扶贫开发，是我国扶贫开发事业的成功经验，是中国特色扶贫开发道路的重要特征。各级党政机关、军队和武警部队、国有企事业单位等率先开展定点扶贫，东部发达地区与西部贫困地区结对扶贫协作，对推动社会扶贫发挥了重要引领作用。民营企业、社会组织和个人通过多种方式积极参与扶贫开发，社会扶贫日益显示出巨大发展潜力。近年来，专项扶贫、行业扶贫和社会扶贫等多方面力量多种举措有机结合和互为支撑的"三位一体"的大扶贫开发格局基本形成。

③不断完善的组织领导。依托从中央到地方的扶贫工作领导机构，建立起了中央统

筹、省负总责、市县抓落实的扶贫工作机制。深入推进抓党建促脱贫攻坚，层层压紧压实主体责任，做到一级抓一级、层层抓落实。

④实行最严格的考核评估制度是打赢脱贫攻坚战的重要保障。2016年初公布的中央1号文件再次明确强调"实行脱贫工作责任制，实行最严格的脱贫攻坚考核督查问责"，要求严格执行落实执行精准扶贫，注重提升扶贫实效，"稳定实现农村贫困人口不愁吃、不愁穿，义务教育、基本医疗和住房安全有保障，同时实现贫困地区农民人均可支配收入增长幅度高于全国平均水平、基本公共服务主要领域指标接近全国平均水平"。2016年4月，中共中央办公厅、国务院办公厅《关于建立贫困退出机制的意见》出台，明确规定了"贫困县、贫困人口退出的标准程序和后续政策，对贫困退出开展考核评估"，同时还指出"要以脱贫实效为依据，以群众认可为标准，建立严格、规范、透明的贫困退出机制，促进贫困人口、贫困村、贫困县在2020年以前有序退出，确保如期实现脱贫攻坚目标"。同年7月，由中共中央办公厅、国务院办公厅出台的《脱贫攻坚督查巡查工作办法》，更是被列为党内法规。2016年10月，中共中央办公厅、国务院办公厅《脱贫攻坚责任制实施办法》的出台，标志着脱贫攻坚责任体系开始进一步的构建完善。

⑤加强作风建设，坚决打赢打好脱贫攻坚战。深入开展扶贫领域作风和腐败问题专项治理，保障扶贫政策和资金落到实处，用在"刀刃上"。要强化责任意识，落实问责制度，加强资金监管，对发现的扶贫领域的腐败和不正之风问题要严肃查处，为脱贫攻坚"保驾护航"。2016年2月，最高人民检察院、国务院扶贫办印发《全国检察机关、扶贫部门集中整治和加强预防扶贫领域职务犯罪专项工作方案》。2016年10月，国务院扶贫办发出《关于解决扶贫工作中形式主义等问题的通知》。2017年11月，国务院扶贫开发领导小组发出《关于开展扶贫领域作风问题专项治理的通知》。2017年12月，中央纪委办公厅印发《关于2018年至2020年开展扶贫领域腐败和作风问题专项治理的实施方案》。2017年全国扶贫开发工作会议宣布，将2018年定为"脱贫攻坚作风建设年"，决定集中力量解决扶贫领域作风问题，并将作风建设贯彻脱贫攻坚全过程。

4. 精准扶贫成效

党的十八大以来，以习近平同志为核心的党中央把贫困人口脱贫作为全面建成小康社会的底线任务和标志性指标，在全国范围全面打响了脱贫攻坚战。脱贫攻坚力度之大、规模之广、影响之深，前所未有。精准扶贫战略实施五年多以来，成效显著。

贫困人口大幅度缩减，贫困发生率迅速降低。通过开展精准识别、为贫困户建档立卡，建立了能够反映全国贫困状况的大数据信息系统，为中央决策部署和制定政策提供了坚实可靠的依据。2014年4—10月，共识别出12.8万个贫困村，2948万贫困户，8962万贫困人口。2015年8月至2016年6月，开展的建档立卡"回头看"工作，共补录贫困人口807万，剔除识别不准人口929万。2017年2月，全国各地对2016年脱贫真实性开展自查自纠工作，245万标注脱贫人口重新回退为贫困人口。增派扶贫干部，加强驻村帮扶力度。为了推动扶贫政策措施落地落实，中央累计向贫困村和软弱涣散村选派第一书记43.5万名，目前在岗的第一书记19.5万名。全国累计向贫困村选派驻村干部278万名，目前在岗的驻村干部77.5万名，配强5000多名贫困村党组织书记，调整 3 500 多个贫困乡镇党委书记，打通了精准扶贫"最后一公里"（陈二厚等，2017）。

截至 2018 年末，全国农村贫困人口从 2012 年末的 9 899 万人减少至 1 660 万人，累计减少 8 239 万人；贫困发生率从 2012 年的 10.2% 下降至 1.7%，累计下降 8.5 个百分点。2013—2018 年，贫困地区农村居民人均可支配收入年均名义增长 12.1%，扣除价格因素，年均实际增长 10%，实际增速比全国农村平均水平高 2.3 个百分点。2018 年，贫困地区农村居民人均可支配收入相当于全国农村平均水平的 71%，比 2012 年提高 8.9 个百分点，与全国农村平均水平的差距进一步缩小。2018 年，贫困地区农村居民人均可支配收入 10 371 元，比上年增加 994 元，名义增长 10.6%，扣除价格因素，实际增长 8.3%，实际增速高于全国农村增速 1.7 个百分点，圆满完成增长幅度高于全国增速的年度目标任务（国家统计局住户调查办公室，2018；陈炜伟，2019）。

二、我国扶贫开发的主要做法与经验

70 年反贫困的成功实践极大地缓解了我国农村贫困，在扶贫开发过程中紧密结合我国实际，科学规划，统筹协调，突出重点，分类指导，成功走出了一条中国特色的扶贫开发道路，为我国农村贫困地区经济发展积累了宝贵经验做法。

（一）主要做法

1. 扶贫规划与国家总体发展战略相结合

70 年的扶贫实践，我们成功走出一条中国特色减贫道路。习近平总书记指出："我们坚持改革开放，保持经济快速增长，不断出台有利于贫困地区和贫困人口发展的政策，为大规模减贫奠定了基础、提供了条件。我们坚持政府主导，把扶贫开发纳入国家总体发展战略，开展大规模专项扶贫行动，针对特定人群组织实施妇女儿童、残疾人、少数民族发展规划。我们坚持开发式扶贫方针，把发展作为解决贫困的根本途径，既扶贫又扶志，调动扶贫对象的积极性，提高其发展能力，发挥其主体作用。我们坚持动员全社会参与，发挥中国制度优势，构建政府、社会、市场协同推进的大扶贫格局，形成了跨地区、跨部门、跨单位、全社会共同参与的多元主体的社会扶贫体系。我们坚持普惠政策和特惠政策相结合，先后实施《国家八七扶贫攻坚计划（1993—2000 年)》《中国农村扶贫开发纲要（2001—2010 年)》《中国农村扶贫开发纲要（2011—2020 年)》，在加大对农村、农业、农民普惠政策支持的基础上，对贫困人口实施特惠政策，做到应扶尽扶、应保尽保。"（习近平，2015）

2. 构建政府、市场、社会协同推进的大扶贫开发格局

扶贫开发是全党全社会的共同责任，调动社会各界参与扶贫开发积极性，动员和凝聚全社会力量广泛参与，发挥社会主义制度优势，构建政府、社会、市场协同推进的大扶贫格局。广泛宣传，鼓励并高效引导市场、社会资源和扶贫潜能向贫困地区汇集；广泛动员，制定优惠政策措施，改变"政府热、社会弱、市场冷"的现状，形成"人人皆愿为，人人皆可为，人人皆能为"的扶贫理念，形成全社会共同关注、支持、参与扶贫工作的良好格局（白增博，2018）。

2015 年 6 月，在贵州召开的部分省、自治区、直辖市党委主要负责同志座谈会上，习近平总书记强调，扶贫开发是全党全社会的共同责任，要调动社会各界参与扶贫开发积极性，动员和凝聚全社会力量广泛参与。至此，我国扶贫开发事业进入了新的历史阶段，动员全党全国全社会力量，提出了构建政府、市场、社会"三位一体"的大扶贫开发格局的理念。2014 年 1 月，中共中央办公厅、国务院办公厅印发《关于创新机制扎实推进农村扶贫开发工作的意见》，指出："扶贫开发工作要进一步解放思想，开拓思路，深化改革，创新机制，使市场在资源配置中起决定性作用和更好发挥政府作用，更加广泛、更为有效地动员社会力量，构建政府、市场、社会协同推进的大扶贫开发格局，在全国范围内整合配置扶贫开发资源，形成扶贫开发合力。"这标志着我国的扶贫工作向开发式扶贫迈出了重要的步伐，扶贫方式由单纯救济式扶贫观念向开发式扶贫、开放式扶贫观念转变，开放式扶贫的意义愈加凸显。

3. 坚持农业优先发展

坚持农业优先，实行统筹城乡经济社会发展的方略、"工业反哺农业、城市支持农村"与"多予，少取，放活"的方针，大力实施"两减免、三补贴"等政策，提高农民收入，坚持大力改善贫困地区的路、水、电、气、房等基础设施条件，为贫困人口创造良好发展环境，全面促进农村经济社会的发展，使贫困地区和农村贫困人口普遍受益。

4. 开发式扶贫与救济式扶贫、社会保障相结合

在扶贫实践中，我国逐渐形成了开发式与救济式相结合的扶贫方针，扶贫开发政策和社会保障制度相衔接。在新中国成立初期我国就开始了以解决贫困人口吃饭穿衣为基本要求的救济式扶贫工作。20 世纪 80 年代，国家开始逐步利用贫困地区的自然资源，通过政府在生产、加工、销售等方面给予必要的政策、资金、技术和市场流通方面的支持，帮助贫困人口提高自我积累、自我发展的能力。国家十分注重扶贫与扶志、扶智的结合，加强对贫困地区的教育投入，使教育资源向贫困人口倾斜，降低贫困代代相传的可能性。

为解决农村贫困人口的生活困难，2007 年中央决定在全国建立农村最低生活保障制度，我国农村扶贫工作进入了低保救助制度和扶贫开发政策"两轮驱动"的阶段。2016 年，国务院办公厅转发民政部等六部门《关于做好农村最低生活保障制度与扶贫开发政策有效衔接指导意见的通知》，强调通过农村低保制度与扶贫开发政策的有效衔接，确保到 2020 年现行扶贫标准下农村贫困人口全部脱贫。

（二）主要经验

1. 坚持中国共产党的领导

首先，中国共产党代表了中华民族的根本利益。"大道之行也，天下为公"，中国共产党始终发挥总揽全局、协调各方的领导核心作用，始终着眼于全体人民。党的十八大以来，党和政府更是把扶贫开发纳入国家总体发展战略，不断出台有利于贫困地区和贫困人口发展的政策，针对不同人群组织实施扶贫发展规划。其次，中国共产党代表了中华民族的长远利益。在扶贫开发中，中国共产党人始终坚持立足长远、统筹谋划。在中国共产党领导下，70 年里中国政府提出并大规模实施农村扶贫开发工作，坚持一张蓝图绘到底。最后，中国在脱贫攻坚领域取得的成绩，离不开中国共产党强大的落实能力。"一分部署，九分落实"。在脱贫攻坚领域，中央提出建立中央统筹、省负总责、市县抓落实的工作机制，各级党委和政府迅速行动，层层签订脱贫攻坚责任书，明确目标任务和工作责任，落实各项工作任务，取得积极成效。

2. 发挥政治和制度优势

发挥中国共产党领导的政治优势和社会主义制度的优越性，最大限度地调集资源和各方面力量，投入扶贫开发，这是中国特色减贫道路最鲜明的体现。一是始终把扶贫开发作为国民经济和社会发展中长期规划的重要内容，连续制定专门的减贫规划，如《国家八七扶贫攻坚计划（1994—2000 年）》、两个十年《中国农村扶贫开发纲要》，明确奋斗目标和主要政策措施（乔陆印等，2018）。二是实行责任、任务、资金和权力四个到省的扶贫工作责任制和各级政府扶贫工作首长负责制。三是建立健全从中央到地方的扶贫工作领导机构。

3. 经济社会发展的带动

我国扶贫成就的取得主要依靠经济社会发展的带动。70 年来，我国国民经济稳步增长，综合国力不断增强，人民生活从温饱不足发展到总体小康。经济增长提供了大量就业机会，2.6 亿多农业劳动力转向非农就业。1952 年，我国人均 GDP 仅有 119 元，而 2017 年达到 643 729 元，农民人均纯收入 13 432.4 元，绝大多数群众脱离了贫困，生活质量不断提高，生活水平总体上达到小康。

三、2020 年以后我国扶贫工作展望[①]

依据我国"十三五"规划纲要，"到二〇二〇年，我国现行标准下农村贫困人口实现脱贫，贫困县全部摘帽，解决区域性整体贫困"。习近平总书记在党的十九大上指出："让贫困人口和贫困地区同全国一道进入全面小康社会是我们党的庄严承诺。要动员全党全国全社会力量，坚持精准扶贫、精准脱贫，坚持中央统筹省负总责市县抓落实的工作机制，强化党政一把手负总责的责任制，坚持大扶贫格局，注重扶贫同扶志、扶智相结合，深入实施东西部扶贫协作，重点攻克深度贫困地区脱贫任务，确保到二〇二〇年我国现行标准下农村贫困人口实现脱贫，贫困县全部摘帽，解决区域性整体贫困，做到脱真贫、真脱贫。"但是，到 2020 年完成农村人口全部脱贫的预期之后，并不表示贫困问题就消失了，区别于之前的绝对贫困 2020 年后是相对贫困并且贫困的各方面都会发生变化。

2020 年后，新的起点上我国致贫的原因、返贫的原因都会多元化。制定贫困法律，规范城乡低保单项立法，提高法律层次。2020 年以后进入相对贫困阶段，中国应该设计一个新的贫困衡量标准，即一个适应商品价格、消费形式和家庭结构的贫困衡量标准。新的贫困线标准的依据，将是一个把食物、服装、住房、交通以及个人护理等方面各项开支综合起来的预算定量分配。中央政府应根据经济社会发展建立贫困线制度，对

---

① 此部分主要参考白增博等（2017）。

于不同类型、不同收入水平的个人和家庭，对"非贫""近贫""贫困"以及"赤贫"要进行严格量化的定义，各个省份可以根据当地住房成本等方面的差异，在中央政府贫困线的基础上每年进行调整。贫困线与低保线衔接融合，把农村低保制度纳入贫困制度，变两套标准为一套标准，构建城乡一体的贫困救助体系。

2020 年后，注重以就业带动脱贫。首先，贫困救助的制度设计上要增加就业激励。对实现就业的贫困人口，可以免除一定比例的就业激励奖励然后再核算家庭中每个人的月平均收入；退出贫困救助时，采取渐退机制，延长救助渐退时间。其次，要对有劳动能力的贫困人员进行职业培训，或者说只要贫困者申请贫困救助，就必须工作（规定每周参加工作的时间限制），必须参加政府举办的技能培训。最后，要制定更加完备的社会保障制度和最低工资制度，为工作的贫困者提供交通补贴、儿童托管、老人家中照顾等服务，只要贫困人口就业就尽量不让其失业，警惕返贫现象。

2020 年后，贫困救助也要根据贫困的原因、贫困的类型实行分类精准救助，并且贫困救助也从关注群体性贫困转变为关注个体贫困。根据贫困人群所属的类别，特别是儿童、老年人与残障人员，进行有针对性的救助项目设计。关注儿童，不仅关注教育资源的合理分配问题，注重可行性能力的培养，更应该注重营养、健康等方面，这是缓解贫困代际传递的有效途径。随着人口老龄化的发展，保障老年人的生存与发展需求，要进一步完善养老保险制度，大力发展养老产业集群，医养结合，建立家庭养老政策，鼓励社会力量参与养老机构建设，让老年人、残障人能够有尊严地生活。现今我国更多的是现金救助形式，以后对于特殊人群可以设计代金券的形式进行救助，如儿童的食物券，儿童、老年人与残障人的营养补助券等。

2020 年后，继续创新政府、市场、社会"三位一体"的大救助发展格局，完善贫困救助机制，让市场在资源配置中起决定性作用，更加广泛、更为有效地动员社会各方的整体参与，整合贫困救助资源，形成贫困救助发展合力。建立和加强区域性、国际性合作减贫战略关系，提供技术和资金方面的协助，推动制度层面减贫能力建设。

本章参考文献

白增博，2018. 多元主体参与下新疆开放式精准扶贫满意度研究［D］. 乌鲁木齐：新疆大学.

白增博，孙庆刚，王芳，2017. 美国贫困救助政策对中国反贫困的启示：兼论 2020 年后中国扶贫工作［J］. 世界农业（12）：105 - 111.

陈标平，胡传明，2009. 建国 60 年中国农村反贫困模式演进与基本经验［J］. 求实（7）：82 - 86.

陈二厚，董峻，侯雪静，2017. 庄严的承诺 历史的跨越——党的十八大以来以习近平同志为核心的党中央引领脱贫攻坚纪实［EB/OL］. （05 - 21）［2019 - 07 - 03］. http：//www. xinhuanet. com/politics/2017 - 05/21/c_1121009267. htm［2017 - 05 - 21］/［2019 - 06 - 30］.

陈炜伟，2019. 国家统计局：2018 年全国农村贫困人口减少 1 386 万人［EB/OL］. http：//www. xinhuanet. com//2019 - 02/15/c_1124120302. htm［2019 - 02 - 15］/［2019 - 06 - 30］.

陈锡文，罗丹，张征，2018. 中国农村改革 40 年［M］. 北京：人民出版社.

陈新，2018. 毛泽东反贫困思想研究［D］. 杭州：浙江财经大学.

范小建，2009.60 年：扶贫开发的攻坚战［J］. 求是（20）：35 - 37.

国家统计局住户调查办公室，2000. 中国农村贫困监测报告：2000 ［M］. 北京：中国统计出版社.

国家统计局住户调查办公室，2018. 中国农村贫困监测报告：2018 ［M］. 北京：中国统计出版社.

国家行政学院编写组，2016. 中国精准脱贫攻坚十讲 ［M］. 北京：人民出版社.

国务院扶贫开发领导小组办公室，2003. 中国农村扶贫开发概要 ［M］. 北京：中国财政经济出版社.

胡绳，1991. 中国共产党的七十年 ［M］. 北京：中共党史出版社.

江泽林，2018. 精准方略下的稳定脱贫 ［J］. 中国农村经济 (11)：17-31.

李华，2015. 国际社会保障动态：反贫困模式与管理 ［M］. 上海：上海人民出版社.

李文槟，2018. 我国农村扶贫理论与政策演进的研究：1978—2018 ［D］. 西安：陕西师范大学.

乔陆印，何琼峰，2018. 改革开放 40 年中国农村扶贫开发的实践进路与世界启示 ［J］. 社会主义研究 (6)：67-75.

唐梅玲，曹暄，2018. 我国贫困治理政策的回顾与展望 ［J］. 学习与实践 (3)：58-65.

汪三贵，2017. 习近平精准扶贫思想的关键内涵 ［J］. 人民论坛 (20)：54-55.

汪三贵，刘未，2016. "六个精准"是精准扶贫的本质要求：习近平精准扶贫系列论述探析 ［J］. 毛泽东邓小平理论研究 (1)：40-43.

汪三贵，殷浩栋，王瑜，2017. 中国扶贫开发的实践、挑战与政策展望 ［J］. 华南师范大学学报 (社会科学版) (4)：18-25.

王小林，2018. 改革开放 40 年：全球贫困治理视角下的中国实践 ［J］. 社会科学战线 (5)：17-26.

吴承明，董志凯，2001. 中华人民共和国经济史：第一卷 ［M］. 北京：中国财政经济出版社.

吴国宝，2018. 改革开放 40 年中国农村扶贫开发的成就及经验 ［J］. 南京农业大学学报 (社会科学版)，18 (6)：17-30.

武沁宇，2017. 中国共产党扶贫理论与实践研究 ［D］. 长春：吉林大学.

习近平，2015. 携手消除贫困促进共同发展：在 2015 减贫与发展高层论坛的主旨演讲 ［N］. 人民日报，10-17 (01).

张磊，2007. 中国扶贫开发历程 ［M］. 北京：中国财政经济出版社.

中共中央党史和文献研究院，2018. 习近平扶贫论述摘编 ［M］. 北京：中央文献出版社.

周彬彬，1991. 人民公社时期的贫困问题 ［J］. 经济研究参考 (S1)：821-837.

第十八章 乡村治理

乡村治理自古都是我国国家治理的重要内容之一，并在千百年的历史进程中不断演化。传统的乡村治理多是指以宗族、血缘关系为纽带，并且与中国古代传统道德观、法制观相协调，官府与乡绅、宗族共同实现的对乡村秩序的维持。近代以后，国家权力逐步向乡村社会渗透，在解放战争时期，党就通过土地革命，没收地主阶级土地，解决了中国土地分配的过度集中问题，获得了广大贫雇农的支持，这为党的政权向农村延伸提供了有利的条件。新中国成立以后，国家实行了土地改革，土豪劣绅的土地被没收，乡村地主阶级在农村社会中被彻底消灭。为加紧国家的工业化建设，统筹社会资源，在对先前保甲制度进行成功改造后，依靠政府强势力量迅速建立起了集经济组织与行政组织合一的人民公社制度，其突出特征就是"政社合一"。但由于人民公社制度缺乏必要的激励机制，农村的治理出现了一系列问题。随后，在党的领导下在全国实行包产到户的家庭联产承包责任制，人民公社制度失去了其存在的基础，全国的乡村治理开始"撤社建乡"，恢复过去的乡镇名称，我国的乡村治理进入了一个新的时期，实现了政企分离，重新确立了乡镇政权作为最基层政权的地位，建立起了农村基层社会的村民自治制度。到目前为止，我国的乡村治理取得了一系列成就，农民的生活大为改善。但同时，也要意识到乡村治理的有些机制还不完善，许多问题尚未解决，未来要实现中国的乡村振兴，还需要在党的领导下，通过全国各方面的共同努力来实现。

一、新中国成立初期的乡村治理

1949 年春，随着解放战争在全国范围内的逐步胜利，中国的乡村进入到新的治理时期。以毛泽东同志为代表的中国共产党人，在批判和吸收传统文化的基础上，以无产阶级专政思想为指导，通过摧毁旧文化象征的制度，建立了下沉到乡村基层的代表新的文化体系的新型管理制度。1954 年第一次全国人民代表大会召开之前，中国共产党在对旧农村管理体制改造的同时，对于基层政权的设置一直延伸到了农村，这一时期乡级与村级政权并存，我们称之为乡、村政权体制并存时期；1954 年根据新中国制定的第一部宪法，取消了村级行政机构，乡镇政权变成了最基层的国家管理机构，同时农业合作化组织开始介入农村治理的真空，中国农村出现"村社合一"的新局面，我们称这一时期为乡镇政权体制时期。

（一）乡、村政权体制并存时期

新中国成立初期的乡村治理主要经过了军管会阶段、废除保甲制阶段、民主建政阶

＊本章编写人员：马烈。

段共三个阶段。新中国成立初《中国人民政治协商会议共同纲领》第十四条规定："凡人民解放军初解放的地方，应一律实施军事管制，取消国民党反动政权机关，由中央人民政府或前线军政机关委任人员组织军事管制委员会和地方人民政府，领导人民建立革命秩序，镇压反革命活动，并在条件许可时召集各界人民代表会议。在普选的地方人民代表大会召开以前，由地方各界人民代表会议逐步地代行人民代表大会的职责，军事管制时间的长短，由中央人民政府依据各地的军事、政治情况决定之。凡在军事行动已经完全结束、土地改革已经彻底实现、各界人民已有充分组织的地方，即应实现普选，召开地方人民代表大会。"

新中国成立之初，全国县以下具体的行政机构并不统一，有的设区、行政村、自然村三级，有的设区公所、乡、村三级，有的设乡、村两级。就乡镇这一级来看，由于巩固政权与管理社会的需要，乡镇的管理较多沿袭了革命根据地乡政权建设的模式，实行小乡制。对于其具体的机构设置则较为精简，只配备数名专职甚至是不脱产的工作人员，分管民政、公安、财政、粮食、调解等事务，并不设有内部机构。至 1953 年，国家对镇的建制进行了调整，将县以下的市改为镇，在行政层级上与乡相同。镇政府一般称镇人民委员会，按民政、财政、建设、生产合作、文教卫生等业务设专职干部。3 万人口以上的镇可根据各项业务分设若干业务股或科（陈锡文等，2009）。这一时期比较特别的是村一级也建立了完全意义上的党政行政系统，设立了村人民代表会议和村人民政府，形成了村级政权。这意味着，国家政权对于农村的管理达到了前所未有的深度，这也使得国家的各项政策会在乡村得到彻底贯彻，利于国家对于乡村的改造。

1. 军管会接管阶段

在初解放的地区，地方政权管理主要采取军事管制的形式。这一时期，军管会是统一领导军政的最高权力机关，负责对地方政权的接管和改造。较多情况下，对于初解放的县，先成立"县人民民主政府办事处"，即县临时政权机构，并由上级人民政府或前线军政机关委任人员担任主要领导，接管旧县乡政权的文件档案、钱粮财物等，并整编地方武装，成立维持地方社会秩序的各级武装队伍，如县大队、区中队和各乡、保的人民防匪自卫队。

2. 废除保甲制阶段

保甲制度是长时期以来封建政府压迫人民的主要社会管理方式，新中国废除保甲制度是一个逐步的过程。在初解放的地区，由于党的多数工作人员是由外地调过来的，暂时缺乏与当地群众的联系，不了解当地具体工作情况，所以新成立的县区政府在提拔、训练和委任一部分农民积极分子和革命知识分子担任乡长和村长的同时，也往往暂时保留了旧保甲人员，利用旧保甲组织完成粮食征收等相关工作，共同建立了新的乡村管理政权。而且在一些群众基础较好的地区，彻底废除保甲之后，建立了农民协会，通过乡农民协会会员大会或农民代表会议民主选举乡政府委员会，成立乡人民政府，建立民兵、自卫队组织。

3. 民主建政时期

要实现人民民主专政，重建乡村统治秩序，土地改革是其必要的举措，所以在党的领导下，1950—1951 年全国进行了以土地改革为中心的民主建政。土地改革的目的在于改变封建剥削的土地制度，改变封建的社会生产关系，具体依据"依靠贫农、雇农，团结中农，有步骤、有分别地消灭封建土地剥削制度"的总方针，经历了发动群众、划分阶级、没收分配土地、复查总结等多个阶段。土地改革让农民在政治上翻了身，切实体验了当家做主。

1950 年 7 月时任中央人民政府内政部部长的谢觉哉在《关于人民民主建政工作报告》中说道："人民民主制度必须深入到区乡，生起结实的根来，才能使整个社会建设有力的前进。目前农村里的广大农民有许多迫不及待的问题需要解决，各上级人民政府的工作要在广大的农村实施，都非动员广大群众来做不可。要解决这个问题，只有广泛地发展民主才能做到。"1950 年 12 月 8 日，政务院第六十二次会议通过《区各界人民代表会议组织通则》《区人民政府及区公所组织通则》《乡（行政村）人民代表会议组织通则》和《乡（行政村）人民政府组织通则》，农村基层管理体系更加规范，民主制度进一步完善。1953 年 1 月，中央人民政府委员会第二十次会议通过《关于召开全国人民代表大会及地方各级人民代表大会的决议》，定于当年"召开由人民用普选方法产生的乡、县、省（市）各级人民代表大会，并在此基础上接着召开全国人民代表大会"。1953 年 4 月 6 日，中央颁布了《中央选举委员会关于基层选举工作的指示》，规定："五月到十月，为全国乡、镇、市辖区和不设区的市等基层单位选举时间。"

（二）乡镇政权体制时期

1954 年 9 月 20 日第一届全国人民代表大会制定了新中国第一部宪法、《中华人民共和国各级人民代表大会和地方各级人民委员会组织法》等一系列关于新中国农村治理法律，开启了新中国农村治理的新模式，同时伴随着农业合作化运动的加深，基层农村出现了生产与管理相统一的新局面。

1. 基层机构设置

1954 年 1 月，中央人民政府内务部发出了《关于健全乡镇政权建设的指示》，其中具体规定乡人民政府应设置各种工作委员会，这说明我国乡村治理的机构设置日益规范。1954 年 9 月 20 日第一届全国人民代表大会召开，这标志着中华人民共和国政权建设取得新胜利，也标志着中国乡村治理进入了新的历史阶段。会议通过的宪法规定："全国分为省、自治区、直辖市，省、自治区分为自治州、县、自治县、市，县、自治县分为乡、民族乡、镇。"据此，我国的行政机构设置就分为了五级，区级和村级就取消了。以前区级行政单位为县级派出机构，对乡级行政机构的相关工作进行指导检查，此后则不再对乡级进行直接领导。

这一时期，乡镇机构设置，据 1954 年 9 月颁布的《中华人民共和国各级人民代表大会和地方各级人民委员会组织法》第三十五条规定："乡、民族乡、镇人民委员会按照需要可以设立民政、治安、武装、生产合作、财粮、文化教育、调解等工作委员会，吸收本级人民代表大会代表和其他适当的人员参加。乡、民族乡、镇人民委员会在需要的时候，可设文书一人。"据这一法律规定，镇作为县辖国家基层行政建制的法律地位得到了明确。1955 年 11 月，国务院公布《关于城乡划分标准的规定》，详细规定了全国设镇的标准。从 1955 年秋季开始，我国开始扩大乡的管辖范围。到年底，乡的数量大为减少。到 1957 年 12 月，除台湾和西藏的昌都地区，全国共有 120 753 个乡、镇政府，其中乡政府 117 081 个，镇政府 3 672 个（陈锡文等，2009）。

村一级的行政建制，据宪法规定，在这一时期在法律上被撤销。之后根据《关于健全乡镇政权建设的指示》，农村的治理形式重新进行了设置："要根据各地情况的差异划分乡以下的工作单位，通常以自然村或者选区为单位，必要时可将自然村或者选区划分为若干居民组。在人口居住集中的乡，乡人民政府可以直接领导居民组工作，而在地域辽阔、居住分散的乡，乡以下可由若干自然村分别组成行政村，行政村以下按自然村划定居民组工作。选区、自然村、行政村设主任一人，必要时可设副主任。"根据这一指示的要求，乡级政权直接领导村以下的相关工作，村级政权实际上已经不存在了。

2. 农业合作化与基层治理

第一届全国人民代表大会召开之后，新中国的农村治理进一步得到了规范，但是1954 年制定的宪法中将村级行政机构取消，使得这一时期农村治理出现机构上的真空。而在同时，各地的合作化运动开始如火如荼地开展起来。到 1955 年 3 月底，全国农业生产合作社达到 63 万个。原来村级行政职能大多自然而然地被合作社承接了过来，实际上就呈现出了"村社合一"的新局面（陈锡文等，2009）。

农村合作化运动在新中国成立之初就开始了，《中国人民政治协商会议共同纲领》规定："在一切已彻底实现土地改革的地区，人民政府应组织农民及一切可以从事农业的劳动力以发展农业生产及其副业为中心任务，并应引导农民逐步地按照自愿互利的原则，组织各种形式的劳动互助和生产合作。"1951 年 12 月中共中央又颁布《关于农业生产互助合作的决议（草案）》指出："按照自愿和互利的原则，发挥农民劳动互助的积极性。"1953 年 12 月 16 日，中共中央通过了《关于发展农业生产合作社的决议》，推动了农村合作社的发展。1955 年 10 月，党的七届六中全会（扩大）又通过了《关于农业合作化问题的决议》。1956 年中共中央又提出了大力发展高级农业生产合作社的指示。

1954 年 1 月 13 日，中央人民政府政务院公布《第二次全国民政会议决议》提出："继续加强和健全农村基层政权组织，使之适应农业互助合作运动发展的需要。乡人民政府一般应按生产合作、文教卫生、治安保卫、人民武装、民政、财粮、调解等方面的工作分设工作委员会，各省可依本省具体情况合并或调整，但最多不得超过七个。……各委员会应在一人一职的原则下吸收乡人民代表、积极分子及有专长的人参加工作"；强调"应总结农村基层政权组织、制度应如何适应和促进农业互助合作运动发展的经验。应通过布置与总结工作，加强对乡干部的教育，提高其政策水平，改进其工作方法"。1954 年 1 月内政部发出《关于健全乡政权组织的指示》，根据上述决议精神提出："为进一步发挥乡政权的效能，各地应本着便于人民直接行使政权管理自己的事情与适应农业互助合作运动发展的原则，在普选的基础上对乡政权组织、民主制度及工作方法，加以整顿与健全"。

可以说从 1954 年到 1958 年，中国农村基层政权的建设与农业合作化运动紧密相连。在农业合作化运动中农村基层政权发生了巨大变化，出现了农村经济组织、社会组织、政治组织相统一的新趋势。从互助组、初级社到高级社，中国共产党通过多种方式完成了对中国农村的合作化改造，中国农村的发展出现了前所未有的新局面。中国共产党的农村基层组织快速发展起来，成为中国农村基层政权的核心力量，在多数基层的农业合作社中建立了党支部、党小组，巩固了党对基层的领导，保证了党的相关政策的实施。此外，在农业合作化的过程中，乡镇的行政区划逐步由小变大，基层的乡镇政权对农村的管理得到加强，一定程度上缓解了过去乡镇级单位设置杂乱、县级单位对其领导不及时的现象。

二、集体化时期的乡村治理

随着农业合作化运动的进一步发展，我国的社会主义建设探索出了一种崭新的社会治理模式，这就是以生产队、生产大队、公社为基础的人民公社制度，人民公社制度重要特征是"政社合一"，公社对农民进行全面管理。在人民公社制度的建设过程中除了党对制度本身的不断探索和完善之外，"四清"运动以及"文革"均对当时的以人民公社制度为主要特征的乡村治理产生了一定冲击。而后，随着"文革"的结束，在"解放思想，实事求是"基本思想路线重新确立的基础上，党实现了"以经济建设为中心"的工作重心的转移，在全国实行包产到户，实施家庭联产承包责任制，相应的人民公社制度也失去了其存在的基础，全国的乡村治理开始"撤社建乡"，恢复过去的乡镇名称。

（一）人民公社政权体制的兴起

农业生产合作社的建立使得中国农村建设出现了新局面，但同时，为适应社会主义大范围的生产建设也出现了一系列问题，如无法在更大范围内更合理地安排和配置农业生产资源；较小的生产规模不利于先进农业生产技术的采用与相关配套机构的设置；制约了依赖于农业规模生产的基础设施的建设与生产人员福利的改善等。这时随着过渡时期社会主义建设总路线的制定，特别是"大跃进"运动的发展，在建立农业生产合作社的同时，广大农民的社会主义建设热情极度高涨。农业生产的大发展致使中共中央认为："在一九五八年农业生产大跃进的新形势下，生产关系进一步适应生产力的发展，已经成为迫切的要求。"为改进生产关系，"各地群众就已经仿照过去创办百户、千多户的大社的经验，对农业生产合作社的组织和制度做过多方面的变更……这种协作和联合不仅超过了乡界而且超过了县界。大约有三分之一的农业生产合作社创办了公共食堂和托儿所组织。许多农业生产合作社已经开始将猪折价入社，发展集体养猪事业，大部分自留地也归社统一经营"。1958年4月下发了《中共中央关于把小型的农业合作社适当地合并成大社的意见》，号召群众连乡并社适应新的生产力发展要求。

随着社会建设的发展，逐步出现了把基层政权组织与生产组织合为一体，大规模的、工农商学兵相结合的、政社合一的新的社会组织，当时曾经采用"社会主义大院""社会主义大家庭""国营工厂"等名称。1958年7月1日《红旗》杂志第三期上发表的文章首次使用了"人民公社"一词。

1958年8月，中共中央发布《关于在农村建立人民公社问题的决议》，这一文件明确指出："人民公社实现了工农商学兵的结合，超出了单一的经济组织的范畴，而成为经济、文化、政治、军事的统一体，乡一级政权当然就没有单独存在的必要，必须同公社合而为一。"同年9月中共中央政治局扩大会议通过《关于在农村建立人民公社的决议》，指出"人民公社是形势发展的必然趋势。人民公社发展的主要基础是我国农业生产全面的不断跃进和五亿农民愈来愈高的政治觉悟。建立农林牧副渔全面发展、工农商学兵相互结合的人民公社，是指导农民加速社会主义建设，提前建成社会主义并逐步过渡到共产主义所必须采取的基本方针"。这一决议成为建设人民公社的总动员令。同时决议也指出"社的管理机构也必须有适当的分工，要在组织精干和干部不脱离生产的原则下，建立若干分工负责的部门。要实行政社合一，乡党委就是社党委，乡人民委员会就是社务委员会"，可以看出人民公社的建立使得农村基层管理与生产统一起来。这种体制保证了党在社会生产中处于绝对领导地位，公社社长、生产大队队长、生产队队长多由书记提名，公社、生产大队、生产队也都要受到相应的党委和党支部的直接领导。

（二）人民公社体制的建立与发展

由于人民公社在我国是个初步探索，并没有可借鉴的经验。在人民公社成立之初，绝大多数还是按计划成立了公社委员会，统筹安排公社的活动，最初也只是忙于从事种、耕、收等农业活动或者组织参与全民炼钢活动，没有来得及进行经营管理、制度安排等方面的建设。在此过程中，河南省遂平嵖岈山卫星公社起到了初期的模范作用，也是全国第一个正式使用"人民公社"这个名称，"初期的农村人民公社的架子，基本上是按照嵖岈山卫星公社的模式搭起来的"（薄一波，1997）。1958年《红旗》杂志第七期刊载了《嵖岈山卫星人民公社试行简章（草案）》，毛泽东同志批示："此件请各位同志讨论，似可发各省、县参考。"《人民日报》随后又发表了河南遂平《卫星人民公社试行简章（草案）》，规定了公社的性质、宗旨和任务；组织形式、领导体制和各项管理制度；社员成分和入社手续；公社对原农业生产合作社财产和个人财产的处理；公社对农具改良、农村电气化、发展工业的规划；公社设立供销部、信用部及其经营方式；公社的教育及科学研究工作；公社实行全民武装及民兵组织、训练和任务；公社的权力机关、组织形式；公社的粮食、工资分配及公共食堂的管理等（江燕，2009）。

虽然《卫星人民公社试行简章（草案）》指导了当时农村基层如何建设人民公社，但因全国各地的实际情况不同，其对于人民公社建设的指导也不能事无巨细面面俱到，加之人民公社制度在中国历史上确属首创，缺乏相关可借鉴的经验，在人民公社最初的探索建设中还是遇到了一系列的问题。如，对人民公社实行几级管理制为最大问题，有的地区实施公社、生产大队、生产队三级管理制，有的地区实行公社、生产队二级管理制，有的实行公社、分社、生产大队、生产队四级管理制；对于生产大队的权限问题，到底是给生产大队充足的权力，加强其对各项事业的领导，减少社对其过多的干预，还是虚化其职能，扩大社的权限；等等。

随着实践不断发展，人民公社的建设日趋成熟。人民公社作为社会主义农村的基层单位，其政权机构以及集体经济组织的职能日趋完善，在建立过程中出现的一系列问题也逐步得到解决。1958年8月，中共中央颁布《关于在农村建立人民公社问题的决议》，同年12月10日，党的八届六中全会通过《关于人民公社若干问题的决议》指出：

"目前的迫切任务，就是要迅速统一全党全民对于公社的认识，加强对于公社的领导，整顿和巩固公社的组织，确定和健全公社的制度，更好地组织公社的生产和生活。要把已经搭建起来的公社切实充实起来，以便使它们能够日益完满地担负起促进生产力和生产关系向前发展的伟大使命。"

（1）确立起了三级管理体制。党的八届六中全会通过的《关于人民公社若干问题的决议》指出，人民公社应该实行统一领导、分级管理制度，具体包括：统一领导，队为基础；分级管理，权力下放；三级核算，各计盈亏；分配计划，由社决定；适当积累，合理调剂；物资劳动，等价交换；按劳分配，承认差别。

（2）人民公社各级组织的职能得到明确。1959年2月27日，中共中央在郑州召开了中央政治局扩大会议，会议起草了《关于人民公社管理体制的若干规定（草案）》，其中明确了人民公社体制下各级单位的具体职责，包括人民公社管理委员会、生产大队、生产队等机构的各项相关职责，促进了人民公社的有效管理和生产的进行。

（3）规范了人民公社各级组织的人员配备。1959年中共中央政治局上海会议对人民公社各级机构的干部人员配备做出规定：公社管理委员会设主任1人，副主任2～5人，委员11～19人；生产大队或者生产队的管理委员会设队长1人，副队长2～3人，委员7～15人。

（4）明确了人民公社各个运作机构的设置。1961年3月中央在广州召开的工作会议提出《农村人民公社工作条例（草案）》，指出："人民公社的各级权力机关，是公社社员代表大会，生产大队社员代表大会或者社员代表大会，生产队社员大会。人民公社的管理机关是各级管理委员会。人民公社的监察机关是各级监察委员会。"

（5）完善了"三级所有，队为基础"的人民公社管理体制。1962年9月党的八届十中全会通过《农村人民公社工作条例修正草案》进一步指出："人民公社的基本核算单位是生产队""实行独立核算，自负盈亏，直接组织生产，组织收益的分配。这种制度定下来以后，至少三十年不变"，至此人民公社"三级所有，队为基础"的管理体制最终确立下来。

（三）人民公社体制的变革

人民公社体制在初期的运行过程中否定了家庭作为社会最基本生活单元的地位，通过建立公共食堂等方式改变了家庭经营这一基本的经营形式，并且跨越了农村基本生活区的设置，直接以一个乡为单位建立，农户数一般在两三千。其采取平均主义的利益分配方式，大量无偿调拨生产资料和生产成果，使得农民家庭利益受损，影响了农民的生产积极性。虽然人民公社体制能够在短期内调配聚集大量的社会资源，但由于农民生产积极性的降低，总的社会产出会减少，各种社会建设活动就难以正常进行，影响到社会主义的整体发展。实际上，在"一大二公"的人民公社体制建立不久，各个主体之间的矛盾就日益显现，农民的生产积极性大不如前，社队深藏密窖、瞒产私分的现象实际上大量存在，最终直接影响了国家的整体建设。

为解决人民公社体制的"平均主义"，增进农民的劳动积极性，1961年3月，中共中央在广州召开会议讨论和制定了《农村人民公社工作条例（草案）》，提出公社规模不能过大，明确了人民公社各个机构在资金、物资、农具、设备、林木、牲畜等方面的利益边界，承认了社员的家庭利益，恢复社员自留地，允许社员发展家庭副业和手工业生产，严格实行评工记分并按照劳动工分进行分配。1961 年 5—6 月，中共中央修改了《农村人民公社工作条例（草案）》，取消了供给制和公共食堂制度。这样，家庭作为一个基本的生活单元得到恢复。之后，在 1961—1962 年，安徽等地曾经探索过包产到户，可以说这也是改进乡村治理模式的有益探索，但在当时的社会政治氛围下，被认为是"复辟资本主义的单干风"，受到猛烈批判，随之很快就进行了"改正"。

在人民公社制度的探索和发展过程中，两次政治运动也对人民公社的建设产生了一定影响。1963 年 2 月中共中央召开会议决定在农村开展"四清"运动，具体做法就是根据中央调整农村经济的政策，坚持无产阶级革命和无产阶级专政的精神，贯彻执行勤俭办社和民主办社方针，进行清账目、清仓库、清工分、清财务。1963 年 5 月，毛泽东同志在杭州主持会议，制定了《关于目前农村工作中若干问题的决定（草案）》，强调党在农村中要"依靠贫农、下中农，团结中农""要以土地改革和合作化时候的贫农、下中农为基础"，在公社、生产大队、生产队建立贫下中农协会。"四清"运动展开后，由公社干部组成的工作队下基层发动群众展开阶级斗争运动，这使得大队干部的实际权力受到限制，同时在揭发大队干部"四不清"问题的过程中，大队干部的威信也受到损失。最终，随着公社贫协、大队贫协和生产队贫农小组的成立，贫下中农组织参与农村公共事务的活动日趋正规化，大队和生产队干部的权力受到了不同程度的限制。

1966 年我国进入"文革"阶段。"文革"开始后，"四清"工作队陆续撤离农村，受到"文革"影响，农民开始揪斗村里"走资本主义的当权派"，社会秩序受到了冲击，各级原有的正式的社会组织几乎瘫痪。

（四）人民公社体制的解体

1976 年，"文革"结束。人民公社制度在集中社会资源方面，一定程度上促进了我国的工业化进程，但由于激励机制的缺乏，农民生产积极性受到影响，我国大部分地区农村的发展出现了较多问题，因此一些地方率先对人民公社制度进行了修正。1977 年，中共安徽省委制定了《关于当前农村经济政策几个问题的规定（试行草案）》，规定了生产队可以实现定任务、定质量、定工分的责任制。1978 年初，中共四川省委出台了《关于目前农村经济政策的几个主要问题的规定》，肯定了一些地方"定额到组、评工到人"的做法，允许农户经营少量自留地和家庭副业。

1978 年，中共中央召开十一届三中全会，重新确立了"解放思想，实事求是"的基本思想路线，停止以"阶级斗争为纲"，明确指出要以经济建设为中心，实现全党工作重心的转移。会议上制定了《关于加快农业发展若干问题的决定（草案）》和《农村人民公社工作条例（试行草案）》，决定建立农业生产责任制，允许包工到生产队，联系产量计算报酬，实行超产奖励。随着三中全会精神的逐步深入，各级政府和人民进一步解放思想，从各地的实际情况出发，进一步实行以"包产到户和包干到户"为主要形式的生产责任制。1980 年 9 月，中共中央发布了《关于进一步加强和完善农业生产责任制的几个问题》的通知，指出："在生产队领导下实行的包产到户依存于社会主义经济，不会脱离社会主义轨道的，没有什么复辟资本主义的危险，因而并不可怕。"1982 年《全国农村工作会议纪要》指出："目前实行的各种责任制，包括联产到劳，包产到户、到组，包干到户、到组等等，都是社会主义集体经济的生产责任制。"从 1983 年到 1986 年，中共中央每年发出的 1 号文件都指出要稳定家庭联产承包责任制，此后，家庭联产承包责任制逐步成为我国主要的农业经营方式。

家庭联产承包责任制包产到户，把劳动者的责、权、利紧密结合起来，生产队与社员之间变成了承包关系，由于社员独立经营、自负盈亏，人民公社不再具有组织生产的职能，所以变革人民公社体制就势在必行。1982 年 12 月中共中央政治局通过的《当前农村经济政策的若干问题》提出："人民公社的体制要从两方面进行改革。这就是，实行生产责任制，特别是联产承包制；实行政社分设。"政社分设直接要求改变人民公社体制，基层政权的人民公社称呼已经没有任何意义，于是全国开始恢复过去的乡镇名称，"撤社建乡"。截至 1984 年全国建乡工作基本完成，在中国存在 20 多年的人民公社体制正式解体。

三、改革开放初期乡村治理的探索

人民公社制度下，政府实现了对农村的全面管理，兼具了行政的职能与经济职能。改革开放后，党领导人民开始了乡村治理的新的探索，建立新的治理体制机制，既要解决人民公社体制僵化和效率低下的问题，又要实现为农村建设提供相对充足的公共产品和公共服务等问题。在党的领导下，在对乡村治理重新探索的过程中，我国的基层政权建设实现了政企分离，重新确立了乡镇政权作为最基层政权的地位，建立起了农村基层社会的村民自治制度。乡镇政府要"做好领导经济、文化和社会建设，主要包括公安、民政、司法、文教卫生、计划生育等工作"；农村建设要"明确村民委员会是基层群众性自治组织，其主要职能是协助乡人民政府搞好行政工作和生产建设工作；村民委员会应该按照村民居住状况设立，主任、副主任和委员由村民选举产生"。同时，针对改革初期的乡村治安问题，也形成了群防、群治的群众性治防体系。

（一）乡镇政权的重新建立

党的十一届三中全会之后，党中央对于人民公社制度做出了一系列调整，实行政社分离之后，重新建立基层乡镇政权就成为乡村治理的一个首要任务。1982 年中央在批转《全国农村工作会议纪要》的文件中指出："最近以来，由于各种原因，农村一部分社队基层组织涣散，甚至陷于瘫痪、半瘫痪状态，致使许多事情无人负责，不良现象在滋生蔓延。这种情况应当引起各级党委高度重视，在总结完善生产责任制的同时，一定要把这个问题切实解决好。"同年 12 月，修订后的宪法规定："乡、民族乡和镇是我国最基层的行政区域，乡镇行政区域内的行政工作由乡镇人民政府负责。乡镇人民政府实行乡长、镇长负责制。"可以看出修订后的宪法指出了农村基层治理改革的方向。1983 年中共中央发布《当前农村经济政策的若干问题》（中发〔1983〕1 号）进一步规定了在制度改革过程中的相关措施要求，文件中明确要求："政社合一的体制要有准备、有步骤地改为政社分设，准备好一批改变一批。在政社尚未分设以前，社队要认真地担负起应负的行政职能，保证政权工作的正常进行。在政社分设后，基层政权组织，依照宪法建立。"

1983 年 10 月 12 日，中共中央、国务院联合发出《关于实行政社分开 建立乡政府的通知》，要求实行政社分开，建立乡镇政府。同时乡建立乡党委，尽快改变党不管党、政不管政和政企不分的状况，并且要与选举乡人民代表大会的工作结合进行，在进度方面，大体要求 1984 年底以前完成；以原有的公社的规模为基础建设乡行政区，同时，对于有一定条件的集镇，可以成立镇政府；乡的人员编制要精干，不得超过现有的公社人员编制，具体可由地方政府统筹安排，干部要逐步从农村优秀人员中选拔；乡政府建立后，要按照《中华人民共和国地方各级人民代表大会和地方各级人民政府组织法》的要求行使职权，做好领导经济、文化和社会建设，主要包括公安、民政、司法、文教卫生、计划生育等工作；政社分开后，经济体制的改革要继续按照中共中央 1983 年 1 号文件的精神进行；建立乡一级的财政和相应的决算制度。

对于建立村民委员会，《关于实行政社分开 建立乡政府的通知》中要求："村民委员会是基层群众性自治组织，应按照村民居住情况设立。村民委员会要积极办理本村的公共事务和公益事业，协助乡镇政府搞好本村的行政工作和生产建设工作。村民委员会主任、副主任和委员要由村民选举产生。各地在建乡中可根据当地情况制订村民委员会简则，在总结经验的基础上，再制订全国统一的村民委员会组织条例。有些群众愿意实行两个机构一套班子，兼行经济组织和村民委员会的职能，也可以同意试行。"

在具体的撤社建乡过程中，有的新设立的乡直接由原来的人民公社转变而来；有的新设立的乡由原生产大队改编而来，而其上级多为由其原来上级公社所转变的区；有的是由原来的管理区转变而来，而其原上级公社则改建为区，下辖的生产大队则改建为村民委员会。此外 1983 年 12 月，国务院还发布了《国务院关于建立民族乡问题的通知》，部署指导了少数民族地区的建乡工作。对于村民委员会的设置，在北方较多的是以原生产大队为基础建立起了村民委员会，而南方则存在将原生产大队改建为乡，原生产队改建为村民委员会的情况。

乡镇政府建立初期，机构设置比较简单，只有党委和政府"两套班子"，后来扩大为五套班子，包括乡镇党委、政府、人大、纪委、人武部，对于一些经济发达地区还成立了乡镇经济组织。同时，计生办、民政、教委、统计站、农经站、财政所等原乡镇部门成为乡镇政府的内设机构，即专职办公室、委员会或站所。另外，乡镇下属的事业单位包括农技推广站、畜牧兽医站、多种经营站、林业站、园艺站、水产站、蚕桑站、农机站、企管站、广电站、文化站、村建站、水利站、劳动站、国土所、环保所等。

（二）推动村民自治机制的建设

家庭联产承包责任制的实施极大地调动了农民的生产积极性，在旧的人民公社制度撤销的同时，农村建设同样需要大家认可的组织或人员处理农村的各项公共事务，对此中央强调新的农村组织要继续保留和发展社区型的农村集体经济组织，实行群众性自治的村民自治组织。

1981 年 6 月党的十一届六中全会通过了《关于建国以来党的若干历史问题的决议》，明确提出要"在基层和基层社会生活中逐步实现人民的直接民主"。党的十二大报告《全面开创社会主义现代化建设的新局面》中指出："社会主义民主要扩展到政治生活、经济生活、文化生活和社会生活的各个方面，发展各个企业事业单位的民主管理，发展基层社会生活的群众自治。"1982 年 12 月，第五届全国人大第五次会议通过《中华人民共和国宪法》，规定了村民委员会的性质、基本任务、组织设置、选举等相关事宜，确立了村民委员会的法律地位，不久，全国各地根据宪法的要求，进行了建立村民委员会的试点。1983 年 10 月，中共中央、国务院发出《关于实行政社分开　建立乡政府的通知》，对建立村民委员会提出明确要求："村民委员会是基层群众性自治组织，应按照村民居住情况设立。"

1986 年 9 月，中共中央、国务院发出《关于加强农村基层政权建设工作的通知》强调要求："各地进一步发挥群众自治组织的自我教育、自我管理、自我服务的作用，采取措施，帮助村（居）民委员会建立健全人民调解、治安保卫、公共卫生、社会福利等工作委员会（组）和各项工作制度；妥善解决村（居）民委员会工作人员的经济补贴和工作中遇到的困难。"1987 年 7 月，邓小平会见意大利共产党领导人约蒂和赞盖里时对中国农村的自治制度提到："把权力下放给基层和人民，在农村就是下放给农民，这就是最大的民主。"1987 年 10 月召开的党的十三大指出："民主政治建设，必须着眼于实效，着眼于调动基层和群众的积极性，要充分发挥群众团体和基层群众性自治组织的作用，逐步做到群众的事情由群众自己依法去办。"1987 年 11 月 24 日，六届全国人大常委会第二十三次会议通过《中华人民共和国村民委员会组织法（试行）》，该法对村民委员会的性质、职责、产生方式、组织结构、工作方式、权利和组织形式进行了规定，并于 1988 年 6 月 1 日起正式施行。

（三）构建农村社会治安体制

人民公社制度撤销之后，一方面农民的生产积极性迅速提高，另一方面由于新的乡镇治理体制没有建立起来，农村一度出现无序和混乱的状态。农村的社会治安问题、民事纠纷大量增加，乱砍滥伐、偷牛盗马、赌博等现象时有发生。可以说，在人民公社体制下，人民公社具有综合管理功能，能够统筹内部的治安管理，而包产到户后打破了原来的农村利益格局，但新的秩序又难以依靠原有的管理体系建立起来（江燕，2009）。

1979 年 6 月中共中央宣传部等八部门向中共中央提交了《关于提请全党重视解决青少年违法犯罪问题的报告》，1979 年 8 月，中共中央批转时明确指出："解决青少年的违法犯罪问题，必须实行党委领导，全党动员，依靠学校、工厂、机关、部门、街道、农村社队等城乡基层组织和全社会的力量。"这是中央首次从综合治理的高度，对社会治安提出了要求。此后，中央多次发文，强调各级党委加强领导，全党动手，全社会动员，实行全面综合治理。综合治理方针确立后，中国特色的治安体制开始形成（陈锡文等，2018）。

1982 年中央 1 号文件在批转《全国农村工作会议纪要》中指出："农村一部分社队基层组织涣散，甚至陷于瘫痪、半瘫痪状态，致使许多事情无人负责，不良现象在滋长蔓延。"1983 年 8 月，中共中央印发《关于严厉打击刑事犯罪活动的决定》，其中强调要特别把个别农村治安不好的地方作为治安工作的重点。在党的政策决定下全国"严打"工作迅速展开，经过一段时间后，全国的治安形势明显好转，社会风气得到改善。为实现农村治安工作的持续性，结合农村自治体制，1984 年 12 月召开的全国公安基层基础工作会议提出明确要求："通过整顿治保组织，实现加强群众性治安防范组织建设的目标。"在会议要求的指导下，农村地区陆续恢复设立农村的治保会，农村基层治安工作明显改善。1986 年 9 月，第六届全国人大常委会第十七次会议通过了新的《治安管理处罚条例》，这为农村治安工作的开展提供了重要的法规依据。1988 年9 月，公安部转发三局《关于新形势下加强城乡治保会工作的意见》，对农村治保会的任务、开展群众性治安保卫工作、加强治保会组织建设、合理解决治保会成员的经济补贴和活动经费等工作做出了具体要求。10 月，公安部印发经国务院批准的《公安部关于继续加强群众性治安联防工作的请示》，进一步明确了坚决贯彻社会治安群防、群治的方针，要形成群众性的治防体系。11 月，公安部召开的全国部分省、自治区、直辖市公安厅长座谈会提出："农村与城市密切相关，在研究解决城市治安问题的同时，必须充分重视农村治安问题"，这对统筹城乡治安工作起到了重要促进作用（陈锡文等，2018）。

改革开放后我国的乡村治理进入新的历史阶段，在制度改革过渡阶段社会治安出现了短暂混乱。随着党对新形势认识的不断加强，对于新阶段社会治安出台了一系列措施，特别是对于农村治安的建设，结合了农村的自治制度，统筹城乡治安工作，形成了群防、群治的群众性治防体系。

四、中国特色乡村治理体系的发展

社会主义市场经济的发展，给中国各方面的发展带来一系列新的变化，整个社会的利益格局开始重新分配，这也为新阶段的乡村治理带来一些挑战。在党中央的领导下，中国特色的乡村治理体系在不断发展中逐步形成。通过乡镇机构改革，逐步解决基层行政组织的人员冗余问题，减轻农民的负担，并提出了建设服务型政府的目标；村民民主自治制度得到进一步规范，村集体运作的经费得到保障，村集体的职能得到进一步明确；农村治安问题确立了"打防结合、预防为主"的方针，并开展"平安建设"活动，确保农村基层的和谐与稳定；对基层涣散的党组织进行整顿，强化了党在基层的领导地位。全面从严治党使得基层党建工作有了新时代的特征。

（一）乡镇机构的改革和新型基层政府的建立

关于乡镇机构人员的配备，中央曾出台过相关文件，做出过详细的规定，但随着改革开放的深入、经济的发展，基层政府的职能也逐渐多起来了，冗员超编现象也随之而来。为了控制政府规模，减轻人民负担，在此过程中中央曾出台多个文件，从多方面要求地方对行政机构人员和机构进行精简。新型基层政府在党的指导下逐步建立。

1. 乡镇机构和人员的精简

人民公社制度取消后，党领导人民在重新建立新的乡村治理体系过程中，对于基层机关人员的编额做过详细的规定。1986 年 9 月 4 日，中共中央办公厅、国务院办公厅发出《关于全国区、乡、镇党政机关人员编制的有关规定》，提出："农村人口密度（即每平方公里的人口数）在 300 人以上的，编制控制在人口的 1‰左右，最高不得超过 1.3‰；200 人以上但不足 300 人的，最高不得超过 1.5‰；100 人以上不足 200 人的，最高不得超过 1.7‰；50 人以上不足 100 人的，最高不得超过 2‰；不足 50 人的，最高不得超过 2.5‰。区、乡、镇的党、政领导干部一般不要交叉任职，但其他人员分工不宜过细，不要求与上级部门对口，不要一事设立一职。"随着改革开放的进一步推进，乡镇机关政府的职能逐渐增强，基层机构人员的设置也逐渐增加。1990 年，向农民征收的各种税费负担项目达到 149 项，1991 年农民负担已经达到了农民人均纯收入的 13%（陈华栋等，2007）。

针对乡镇政府冗员增多，人民负担加重的情况，1998 年 10 月，党的十五届三中全会在《中共中央关于农业和农村工作若干重大问题的决定》中要求："乡镇政府要裁减冗员，目前先要坚决把不在编的人员精简下来，做到依法行政，规范管理。"但实际效果并不明显，编制内人数虽然减少了，编制外的人数却增加了。2000 年，《中共中央 国务院关于进行农村税费改革试点的通知》（中发〔2000〕7 号）要求："要精简乡镇机构人员，严格核定人员编制，提倡党政干部交叉任职。"同年，中共中央、国务院转发《国家发展计划委员会关于当前农村经济发展中几个主要问题和对策措施的意见》，又明确提出了撤并乡镇的意见。同年 12 月，中共中央办公厅、国务院办公厅发出的《关于市县乡人员编制精简的意见》（中办发〔2000〕30 号）明确提出："全国市县乡人员精简的比例是 20%。"2001 年，国务院发布《关于进一步做好农村税费改革试点工作的通知》（国发〔2001〕5 号），要求："压缩财政供养人员，节减经费开支，坚决清退编外和临时招聘人员。"2001 年 7 月 21 日，经国务院同意，民政部、中央编办等七部门联合向省级人民政府发文《关于乡镇区划调整工作的指导意见》，旨在乡镇区划调整时精简机构人员。2004 年，国务院发布《关于进一步做好 2004 年农村税费改革试点工作的通知》（国发〔2004〕21 号）规定："精简乡镇机构和人员，严格核定和控制乡镇行政和事业编制，由省一级实行总量管理，五年内不得突破。"

伴随着人员编制的精简，机构精简几乎也同步进行，从 1998 年开始，以撤并乡镇和精简机构为重点的乡镇机构改革提上了日程，在撤并和整改的过程中，工商、税务、银行、质检、土地、烟草、石油等相关部门大部分予以撤销或合并成新的机构。至于精简的方式主要有四种：合并机构，即将原来业务相近的多个部门合并成数量较少的几个部门，行政部门一般改称综合办公室，事业编制部门一般改为"中心"或"站"；跨乡镇设置机构，即将若干乡镇的直属事业站所转制合并为不按行政区划而按地域设置的企业或中介组织，由"养人"变为"养事"；将部分乡镇机构改为县派出机构，这主要针对事业单位进行；增加机构设置，这主要针对部分经济发达的地区。

在党中央、国务院以及各部委、各级政府的努力下，基层乡镇机构的人员数量的精简取得了一定成效，乡镇机构的设置得到明显简化。截至 2002 年底，全国乡镇行政编制为 115.05 万个，乡镇事业编制为 841.09 万个（含教师编制 592.86 万个）。与 1992 年乡镇机构改革相比，行政编制减少了近 85 万个，但事业编制比改革前 1991 年的 722.7 万个增加了近 120 万个。就平均数而言，每个乡镇行政编与事业编的人员平均在 230 个以上（詹成付，2006）。截至 2016 年乡镇数量减少为 31 755 个，较 1998 年的 44 928 个减少了 29.3%（陈锡文等，2018）。可以看出在机构设置精简上取得的成果更明显。

2. 新型基层政府的建立

随着社会主义市场经济在我国的进一步发展，与经济体制相适应的上层建筑也需要发生一定的改变。为适应社会主义市场经济的发展，党的十六大以后，我国把政府职能归结为经济调节、市场监管、社会管理和公共服务四个方面，这为后来政府职能的转变提供了方向。农村作为我国经济体系的重要组成部分，转变政府职能当然也包括了乡镇管理体制的改革。

为进一步明确政府职能转变的内容和措施，2008 年 8 月 20 日，中共中央、国务院印发的《关于地方政府机构改革的意见》（中发〔2008〕2 号）提出，要以政府职能转变为核心，深化行政管理体制改革。要加快推进政企分开、政资分开、政事分开、政府与市场中介组织分开，把不该由政府管理的事项转移出去。2009 年 1 月 27 日，中共中央办公厅、国务院办公厅转发了《中央机构编制委员会办公室关于深化乡镇机构改革的指导意见》（中办发〔2009〕4 号），对新型乡镇机构的职能进行了进一步明确的表述，主要包括围绕促进经济发展、增加农民收入，强化公共服务、着力改善民生，加强社会管理、维护社会稳定，推进基层民主、促进社会和谐四个方面。2017 年 2 月，中共中央办公厅、国务院办公厅专门印发《关于加强乡镇政府服务能力建设的意见》，提出了建立乡村公共服务多元供给机制的要求。

近年来，全国各地都在农村的基础设施建设上进一步增加投入，同时推进"放管服"改革，乡镇政府的服务能力得到了明显的提升。在乡镇机构改革转型的同时，党中央也"因地制宜"，指导经济发达的乡镇建立与其经济发展相适应的政府机构。2016 年中共中央办公厅、国务院办公厅印发《关于深入推进经济发达镇行政管理体制改革的指导意见》，提出对吸纳人口多、经济实力强的镇，赋予同人口和经济规模相适应的管理权。

（二）村民民主自治机制进一步完善

村民自治体制的建设是一个探索和渐进的过程，在此过程中党领导人民对该体制不断反思，发现相关问题，逐步进行规范。同时，作为村民自治重要代表的村民委员会在自治体制中起到十分重要的作用。为保证基层自治的正常运行，保证村干部的工作积极性，中央也出台了相关政策为基层自治组织经费获取提供了保障。此外，正确对待村民自治组织与集体经济组织二者的关系，也是完善村民自治集体的重要内容之一。

1. 村民民主自治机制的规范

村民自治制度是我国对乡镇治理的一个伟大探索，乡村民主制度在中国历史上尚属首次，在具体施行的过程中较为曲折，但目前这项制度的建设仍取得一定的成果，村民民主与自治制度的逐步完善离不开党和人民的共同努力。1987年11月，第六届全国人大常委会审议通过《中华人民共和国村民委员会组织法（试行）》，对村民委员会的职责、产生方式、组织结构、工作方式、权力等做了规定。然而，由于当时农村家庭承包经营制实行不久，农村问题较多，村民委员会的运行遇到了各种问题。1990年，民政部和中组部等部委联合召开会议，发出《关于在全国农村开展村民自治示范活动的通知》，在总结有关村级组织建设方面一些经验的基础上，制定了对规范各地村民自治行为起到很好引导性作用的政策。1992年，民政部、司法部等部委联合召开会议，总结了"依法建制、以制治村、民主管理"的基本经验。

1994年，中央召开的全国农村基层组织建设工作会议进一步提出："要完善村民选举、村民议事、村务公开、村规民约等制度。"1994年2月，民政部发布了《全国农村村民自治示范活动指导纲要（试行）》，对村民自治示范活动的目标、任务、指导方针、具体措施等做了全面的规定，并明确提出要建立民主选举、民主决策、民主管理、民主监督等四项制度。此后，村民自治进入了民主化、规范化、法制化全面发展的阶段。

1998年4月18日，中共中央办公厅、国务院办公厅专门发出《关于在农村普遍实行村务公开和民主管理制度的通知》，以"民主选举、民主决策、民主管理、民主监督"为主要内容的村民自治机制开始稳定和成熟起来，规范化、程序化水平明显提高。同年10月党的十五届三中全会通过的《中共中央关于农业和农村工作若干重大问题的决定》明确指出："实行村民自治是亿万农民建设有中国特色的社会主义民主政治的伟大创造，并将全面推进村级民主选举、民主决策、民主管理和民主监督作为扩大农村基层民主的核心。"同年11月，我国公布了第一部《中华人民共和国村民委员会组织法》。该法规定："村民委员会是村民自我管理、自我教育、自我服务的基层群众性组织""村民委员会主任、副主任和委员，由村民直接选举产生"。截至1998年底我国村民的参选率平均达到80％以上，可以说我国的村民自治制度建设取得了较大的成绩。

2002年，中共中央办公厅、国务院办公厅联合印发《关于进一步做好村民委员会换届选举工作的通知》，2004年印发了《关于健全和完善村务公开和民主管理制度的意见》，这两个文件提出了村民选举权利的"五权"（推选权、选举权、直接提名权、投票权、罢免权），明确了选举后农民的"四权"（知情权、决策权、参与权和监督权），村民自治权利形成了由选举权、知情权、决策权、参与权和监督权"五权"构成的权利体系。2010年10月，《中华人民共和国村民委员会组织法》再次修订，这次修订使可操作性大为加强，为村民自治走上规范化轨道提供了支撑。

近年来，农村基层监督制度取得了较明显的进步，协商民主方面也取得了新的进展。2010年10月28日，十一届全国人民代表大会常务委员会第十七次会议修订发布的《中华人民共和国村民委员会组织法》第三十二条规定，"村应当建立村务监督委员会或者其他形式的村务监督机构""村民委员会成员及其近亲属不得担任村务监督机构成员"；第三十三条规定，"民主评议每年至少进行一次，由村务监督机构主持。村民委员会成员连续两次被评议不称职的，其职务终止"。2013年的中央1号文件明确要求，"加强村务监督委员会建设，健全务实管用的村务监督机制"。村务监督委员会由主任、副主任和成员3～7人组成，其中主任1名，副主任1～2名。村务监督委员会根据各村实际情况，可下设村务公开、财务、重点工程、治保安全、环境卫生等监督小组，组长一般由村务监督委员会成员担任。2015 年的中央 1 号文件进一步提出，"完善村务监督委员会的制度设计，健全村民对村务实行有效监督的机制，加强对村干部行使权力的监督制约，确保监督务实管用"。协商民主方面，2015 年 7 月，中共中央办公厅、国务院办公厅印发《关于加强城乡社区协商的意见》，要求地方各级党委和政府把城乡社区协商工作纳入重要议事日程，农村的协商民主正在加快发展。

2. 村级管理经费的改革与调整

由于农村治理的自治体制，村干部的报酬长期从向农民收取的统筹提留中支出。随着村干部人数的增多，村干部需要的补贴数额越来越大，农民的负担逐渐加重，而农民收入相对有限，所以一年到头经常会有村干部拿不到补贴，严重影响了村干部的工作积极性。为了减轻农民负担，保证村干部补贴的支出，1991 年，中共中央发布的《关于进一步加强农业和农村工作的决定》（中发〔1991〕21 号）明确提出："党支部、村民委员会、乡村集体经济组织的干部，可以交叉兼职，减少补贴干部职数。"

1996 年《中共中央 国务院关于切实做好减轻农民负担工作的决定》（中发〔1996〕13 号）提出："村级各类组织的干部可以交叉兼职，减少补贴干部数。"2004 年中央 1 号文件的导向比以往更为积极，提出"有条件的可实行并村，提倡干部交叉任职"。2008 年中央 1 号文件进一步提出，"有条件的地方村党支部书记和村委会主任可以交叉任职"。为稳定农村基层干部队伍，这个文件还提出，"探索建立农村基层干部激励保障机制，逐步健全并落实村干部报酬待遇和相应的社会保障制度"。截至 2008 年底，全国村民委员会成员 240 万人，"一肩挑"的比例占到 61.3%（周钢，2009）。

村干部的补贴问题关系到乡村管理的正常进行，2009 年后的中央 1 号文件以及中共中央办公厅、国务院办公厅的文件中多次提到基层组织工作经费的保障问题。2009 年的中央 1 号文件第一次在中央文件中提出"力争用三年左右时间，逐步建立资金稳定、管理规范、保障有力的村级组织运转经费保障机制"。在村干部待遇方面，文件提出，"以不低于当地农村劳动力平均收入水平确定村干部基本报酬，并根据实际情况建立业绩考核奖励制度，逐步解决好村干部养老保障问题"。2009 年的中央 1 号文件规定得更为明确，"建立稳定规范的农村基层组织工作经费保障制度，加快村级组织活动场所、农村党员干部现代远程教育网络建设"。2009 年，中共中央办公厅、国务院办公厅印发《关于完善村级组织运转经费保障机制促进村级组织建设的意见》，根据文件的指示，村党组织书记和村民委员会成员基本报酬、村级组织办公经费、服务群众专项经费、村活动场所建设等问题得到有效解决。2013 年的中央 1 号文件再次强调，要"健全村级组织运转和基本公共服务经费保障机制，提升推动农村发展、服务农民群众能力"。2016 年的中央 1 号文件又明确提出："健全以财政投入为主的经费保障制度，落实村级组织运转经费和村干部报酬待遇。"目前，随着村级组织组成方式的改进，国家各项惠农政策强度的加大，财政对农村的支持也逐步增多，村级组织的财务状况明显得到改善，这为我们实现乡村振兴提供了必要的基层保障。

3. 自治组织与集体经济组织职能的明晰

党的十一届三中全会后，"政社合一"的人民公社体制逐步解体，关于新的乡村治理体制，1983年中共中央、国务院发布的《关于实行政社分开建立乡政府的通知》中提到："有些以自然村为单位建立了农业合作经济组织的地方，当地群众愿意实行两个机构一套班子，兼行经济组织和村民委员会的职能，也可以同意试行。"可以看出文件中要求不进行"政社分离"的村集体需要得到当地群众的同意，但实际上在后来培育和建设集体经济组织时，大部分的村集体并未把经过当地群众同意作为专门的程序，而是采取了最简单的办法，直接由村民委员会代行集体经济组织的职能。在当时乡村社会情况下，由于人民公社制度的长期影响，绝大多数村民对于这种管理体制也更容易适应，在当时也是最为有效的一种管理模式。

随后，我国也出台了一系列的法律规定，从某种程度上进一步确立了村民委员会对集体经济的控制。《中华人民共和国民法通则》第七十四条规定："集体所有的土地依照法律属于村农民集体所有，由村农业生产合作社等农业集体经济组织或者村民委员会经营、管理。"《中华人民共和国村民委员会组织法》第八条规定："村民委员会依照法律规定，管理本村属于村农民集体所有的土地和其他财产，引导村民合理利用自然资源，保护和改善生态环境。"《中华人民共和国农村土地承包法》第十二条规定："农民集体所有的土地依法属于村农民所有，由村集体经济组织或者村民委员会发包。"这种情形最终导致村办企业、土地承包、收缴税费等集体经济活动均由村民委员会负责，村民委员会除了承担村民自治的职能，同时还执行集体经济的管理职能。结果就是由于集体土地及其他集体资产由村民委员会掌握，村民与村民委员会之间就形成了经济上的依附关系，影响到了基层自治的建设。

随着社会主义市场经济的深化，这种村民委员会直接代理集体从事经营活动的行为，由于产权不明晰、管理落后、监督不严等问题，最终导致集体资产亏损严重、经营失败的结果。而且，由于村民与村民委员会之间形成了依附关系，而村民委员会又受村党支部的领导，村党支部又受乡镇党委的支配，最终导致乡镇党委间接地控制了村集体资产，因此当乡镇政府与村民利益发生冲突时，也容易引发村民委员会与村民的冲突。此种情况下，《中华人民共和国村民委员会组织法》第八条对于村民委员会和集体经济组织有明确规定："村民委员会应当尊重并支持集体经济组织依法独立进行经济活动自主权。"这在法律上进一步明晰了村民委员会与村集体经济组织是两个不同性质的组织，村民委员会不等同于集体经济组织。当然，也可以看出目前的法律条文关于此方面的规定还较少，在未来的农村发展中有待进一步完善。

（三）农村治安管理的加强和创新

改革开放后，特别是进入20世纪90年代，市场经济的主体地位进一步确立，农村的开放性提高，社会各个阶层的流动性增强，由此带来社会各种纠纷增加，社会治安问题逐渐显现。为应对新的社会治安形势，党中央、国务院通过各种手段，大力加强农村社会治安的综合治理力度，开展农村平安建设，不断丰富创新体制，逐步形成了系统治理、依法治理、源头治理的新局面，保证了农村的稳定，提高了人民生活的幸福感。

1991年2月和3月，中共中央、国务院和全国人大常委会分别做出了《关于加强社会治安综合治理的决定》，指出社会治安问题是社会各种矛盾的综合反映，社会治安综合治理是具有中国特色的解决社会治安问题的新思路，要求组织全社会力量，运用政治、法律、行政、经济、文化、教育等多种手段进行综合治理，这标志着我国社会治安综合治理工作走上了规范化、制度化的轨道。同年 11 月，党的十三届八中全会通过《中共中央关于进一步加强农业和农村工作的决定》，提出坚持专门工作与群众路线相结合，大力加强农村社会治安综合治理，并建立健全群众性自防自治的治安保卫组织和人民调解组织。1992 年 10 月，党的十四大把"加强社会治安综合治理，保持社会稳定"写进了党章。1994 年 6 月，中央专门召开全国农村社会治安综合治理工作会议，要求以治乱为突破口，以治安不好的农村地区和农村突出问题为重点，在全国集中开展整治农村治安工作，并整顿软弱涣散的基层组织，建立维护治安的防范机制。1994 年 11 月，中央下发《关于加强农村治保会工作的意见》的通知，将农村社会治安问题摆到了更为重要的位置。1996 年和 2001 年，中央两次专门发出关于社会治安综合治理的决定，要求加强基层工作，为实施"打防结合、预防为主"的方针，实现农村治安工作的关口前移提供条件。

除了农村社会治安的综合治理之外，1997 年 8 月中央社会治安综合治理委员会出台了《关于进一步开展基层安全创建活动的意见》提出了"平安建设"的构想，也是未来社会治安的主要抓手。从 2003 年开始，"平安建设"在全国各地陆续展开。2005 年 12 月 5 日，中共中央办公厅、国务院办公厅转发了《中央政法委员会、中央社会治安综合治理委员会关于深入开展平安建设的意见》，强调在深入开展基层安全创建活动的基础上，重点开展平安县（市、区）创建活动，进而开展建设平安市（地）、平安省（自治区、直辖市）活动，就深入开展农村"平安建设"提出了具体要求。2007 年 4 月 9 日，中央社会治安综合治理委员会发布了《关于深入推进农村平安建设的实施意见》，提出广泛开展"平安乡镇""平安村寨"创建活动。通过平安创建活动，农村的治安条件进一步得到改善。

（四）农村基层党组织的建设

改革开放之后，党的工作重心逐渐转移到经济建设上，改善人民的生活成为党的主要工作。随着经济的进一步发展，社会开放程度提高，各种思潮开始涌入人们的思想，在此影响下，党的领导作用在局部地区的基层出现弱化，党组织建设出现一系列问题，党组织涣散，党员党性修养降低，党员以权谋私、违法乱纪的现象也时有发生，这严重影响了党在人民心目中的形象，影响了中国特色社会主义的建设。面对此情况，党中央高度重视，多次出台相关文件，加强基层党组织的建设，确保党在基层的领导地位。

1982 年 1 月，党中央发出第一个关于"三农"问题的中央 1 号文件《全国农村工作会议纪要》，明确指出："党的农村基层组织是团结广大群众前进的核心和战斗堡垒""要站在群众前头带领群众做好完善生产责任制的工作"，强调了党在农村基层的核心和领导地位。1983 年 10 月，党的十二届二中全会通过《中共中央关于整党的决定》，要求分两个阶段在不同层次整顿党组织。1986 年整顿党组织的重点转入农村，着重解决了一批组织涣散的基层党组织，基层党组织的一些不正之风也得到整改。

1994 年 9 月，党的十四届四中全会通过《中共中央关于加强党的建设几个重大问题的决定》，要求"加强以党支部为核心的村级组织配套建设，对处于软弱涣散和瘫痪状态的党支部，各地要派出专门力量进行整顿"。之后，中共中央又下发了《关于加强农村基层组织建设的通知》，要求在乡镇、村两级加强组织建设，用三年时间集中整顿部分处于软弱涣散和瘫痪状态的村党支部。对乡镇党委和村党支部，中央分别提出了"六个好"和"五个好"的要求，要求建立"一个好班子、一支好队伍、一条发展经济的好路子、一套好制度、一种好作风、一个好工作格局"和"一个好领导班子、一支好队伍、一条发展经济的好路子、一个好经营体制、一套好管理制度"。党的十四届四中全会以后，各地基层即以"六个好"乡镇党委和"五个好"村党支部为基层党组织建设目标，基层党组织的工作目标进一步得到明确。中共中央组织部印发《关于进一步整顿农村软弱涣散和瘫痪状态党支部的意见》，对整顿工作目标、基本做法、组织领导进行了具体安排。通过一系列整顿活动，基层党组织建设得到加强，有利于社会主义整体建设的布局，也促进了农村各项问题的解决。

进入 21 世纪后，鉴于市场经济体制的更加深化，农村人口流动性进一步增强，农民就业多元化现象更加普遍，部分基层党员长期脱离组织生活，逐步淡化了党员意识，2002 年，党的十六大提出，要"坚持围绕中心、服务大局，拓宽领域、强化功能，扩大党的工作的覆盖面"。2004 年 9 月党的十六届四中全会通过的《中共中央关于加强党的执政能力建设的决定》进一步指出，要调整组织设置，改进工作方式，创新活动内容，扩大覆盖面。之后，党的十七大对扩大基层党组织覆盖面和构建城乡统筹的基层党建新格局提出了具体要求。2009 年，党的十七届四中全会提出："建立全国党员信息库，加强党员动态管理，健全城乡一体、流入地党组织为主、流出地党组织配合的流动党员教育管理服务工作制度。"

随后，党中央又以夯实基层党组织建设为目的，提出了一系列针对性和实效性较强的指导性措施。2010 年 2 月，中共中央办公厅印发了《关于推进学习型党组织建设的意见》，要求农村基层党组织要利用农家书屋、党员干部远程教育平台等多种途径开展形式多样的理论学习。2012 年，党的十八大又对创新基层党建工作、夯实党的执政组织基础进行了全面部署。2013 年 12 月，中央农村工作会议强调"农村工作千头万绪，抓好农村基层党组织建设是关键，把加强基层党的建设、巩固党的执政基础，作为贯穿社会治理和基层建设的一条红线"，重新强调了基层党组织建设的重要性。2014 年 12 月，习近平总书记在江苏调研时，第一次将"全面从严治党"同全面建成小康社会、全面深化改革、全面推进依法治国并列提出，这成为新的历史阶段党建工作重要的指导性思想，基层党建工作也有了新时代的思想特征。

五、未来乡村治理的展望

党的十九大报告提出，要加强社会治理制度建设，完善社会治理体制，提高社会治理社会化、法治化、智能化和专业化水平，打造共建共治共享的社会。未来中国乡村的治理要在进一步完善现有制度的基础上，明确各个行政机构的职责，构建服务型基层政府。要在全面实现乡村自治的同时，坚持以法治、德治相配合，实现乡村的全面综合治理，还要完善乡村公共服务体系建设，加强基层的各项公共服务供给，在实现乡村持续发展的基础上，保证各项治理政策的顺利实施。要培养符合时代特征的高素质农民，同时扩大乡村建设的主体来源，要意识到乡村振兴是需要全社会共同努力才能实现的目标，要鼓励和引导所有愿意参与乡村建设的人员加入到乡村建设中来。

（一）建立以村民自治为核心的农村组织体系

要建立以村民自治为核心的农村治理体系，必须正确处理国家权力和乡村社会两个方面的关系：一方面要以制度来规范国家权力进入乡村社会的方式、权限；另一方面，要理清乡村内部各层关系，分清乡村内部的"政治部门"和"经济部门"，提高村庄的自主性，加强乡村社会对国家权力的制约和监督，维护乡村利益。

首先，要进一步明确村党支部与村民委员会的关系。党"领导村民委员会、村集体经济组织和共青团、妇代会、民兵等群众组织，支持和保证这些组织依照国家法律法规及各自章程充分行使职权"。保持党的领导地位是必需的，这是确保乡村治理在正确健康方向上前进的基础，也是凝聚各方面力量的基础。但要看到，领导并不是直接操作具体事务，要积极探索新的机制，使党组织摆脱各种直接的利益矛盾。

其次，提高村民的自治意识，进一步为村民自治创造条件。对于村民委员会要进一步明确其自治组织的性质，提高村民委员会成员的自治意识和道德素质。加强村民自治相关法律法规的建设，通过各种途径增强村民的自治意识，健全完善上级政府对农村的财政支持政策，从客观条件上提高农村自治的独立性。

再次，提高农民集体经济组织的独立性。要沿着党政分开、政社分开、政企分开的方向，有步骤地将社区集体经济组织的职能、组织、财务等从村民委员会独立出来。从发展方向来看，有必要考虑对允许村民委员会拥有经济职能的有关法律条款进行修改。同时，为避免短期内大破大立带来的损失，当前应将工作重点放在培育新型农村集体经济组织上，为承担专门的经济职能奠定基础。

最后，依据地区具体情况的不同，确立不同的自治单位，切实保证农村自治的实现。良好自治的实现建立在与村民生产生活相联系、利益趋同的基础上。目前，依据我国有关法律法规规定，基层的自治都是以村为单位的，而在有些地区村的行政单位过大，土地等集体财产权基本集中在村民小组一级，整体村民之间联系不强，认同感较差，较难实现村集体范围内的自治。对此，2016 年 10 月，中共中央办公厅、国务院办公厅印发了《关于以村民小组或自然村为基本单元的村民自治试点方案》，明确提出在村民小组或自然村探索村民自治多种有效的实现形式，真正实现农村事有人管、有章理、有钱办事。

（二）明晰乡镇政府职能，构建服务型乡镇政府

农业税取消后，曾经出现过乡镇政权去留问题的大讨论，有人主张撤销乡镇，改乡镇为县政府的派出机构，有人主张强化乡镇政权，也有人主张实现有限的"乡镇自治"等。实际上，考虑到在统筹城乡经济社会发展和推进新农村建设过程中，农村确有大量公共服务需要提供，从这一角度来讲乡镇政府还有其存在的历史合理性。

对于未来乡镇行政体系发展方向的确立，首先要对当前乡镇行政管理体制存在的组织结构性弊端进行改革，以优化行政组织结构体系为首要措施。鉴于目前农村自治受村党支部与乡镇党委上下级关系的影响，在对乡镇行政机构的设置上，要进一步明确乡镇党委与乡镇政府的各自职能。必须坚持乡镇党委对乡镇政府的领导，这是由中国共产党的先锋队性质和执政党的地位及我国宪法原则所决定的，也是保证农村基层政权稳定的需要。但各自职能要进一步划分清楚，乡镇党委对乡镇政府的领导，应当主要是政治、思想和方针政策的领导，对干部的选拔、考核和监督，而不是管理乡镇政府各项具体工作。

其次，正确处理乡镇政府与村民委员会的关系。目前，乡镇政府较多情况下会给村民委员会指派过多的任务，与农民直接相关的工作几乎都要间接通过村民委员会来落实，村民委员会俨然成了其下属机构，包括发放政府补贴，管理土地和集体资产，调整农业结构，组织农民就业，发展集体经济，开展农村基础设施建设和环境整治，发展农村卫生、教育和培训、文化、科技、社保等社会事业，保护生态环境，收取税费和罚款等。村民委员会的农民自治组织性质无法得到体现。再者，有的乡镇政府越权干预村民委员会的选举，在此情况下，村干部只能听命于乡镇政府，执行乡镇政府的命令，无法正常表达农民的想法，无法充当农民的代理人，最终导致干群关系的恶化。

最后，要切实转变完善乡镇政府职能。要明确乡镇政府与上级政府的权利和职责分工，在此基础上给予乡镇政府一定的自主财权和其他合理的配套权利，使得乡镇政府的权责相当。乡镇政府做好公共服务的职能，不应直接干预开办企业及其他经济活动，要做好地方规划、落实惠农政策、促进农民多元就业、引导市场提供相关技术服务、处理好扶贫工作等地方服务功能。完善社会管理和社会服务职能。要做好基层利益矛盾调解、公共安全建设、处理突发性和群体性事件、防灾减灾、生态保护等社会管理工作，要做好医疗卫生、低保、养老保险、交通、能源、信息、农技推广等方面的社会服务工作。

（三）完善乡村治理的制度保障、文化保障与物质保障

《论语》有言："道之以政，齐之以刑，民免而无耻；道之以德，齐之以礼，有耻且格。"在完善村民自治的同时还要加强法治和德治，通过法治可以伸张正义、抑制邪恶；通过德治可以教化人心、把矛盾消灭于摇篮。习近平总书记强调，要全面推进科学立法、严格执法、公正司法、全民守法，坚持依法治国、依法执政、依法行政共同推进，坚持在法治国家、法治政府、法治社会的一体建设，不断开创依法治国的新局面。建设法治乡村，要把乡村各项工作纳入法治化的轨道，坚持在法治的基础上统筹各方力量、平衡各方利益、调节社会关系、规范各方行为。要制定乡村振兴的相关法律，从法律的层面保证国家战略的正常实施；要推进执法工作向基层延伸，严格执法，有效监督；要积极向农民普法，创新普法方式，做到普法的及时性、针对性、有效性，培养农民的法律意识。

"为政以德，譬如北辰，居其所而众星拱之"，除了制定相关法律保证乡村振兴战略实施之外，道德的践行也是有效乡村治理的重要途径之一。习近平总书记指出，要加强乡村道德建设，深入挖掘乡村熟人社会蕴含的道德规范，结合时代要求进行创新，强化

道德教化作用，引导农民爱党爱国、向上向善、孝老爱亲、重义守信、勤俭持家。可以说德治是法治的有效补充，是构建和谐乡村的重要基础。可以借鉴扩大现有部分地区新乡贤的基层治理方法，构建富有社会主义特征的价值体系，培育引导新乡贤进入农村治理体系，发挥其道德教化、道德示范的作用，创建和完善新乡贤传承和引领社会主义乡村核心价值观的机制。

除了法律、道德的建设之外，必要的农村公共服务也是实现未来有效乡村治理的重要保障之一。可以说只有通过加强农村公共服务的提供，实现农村的长效发展，才能保证农村自治、法治、德治的有效结合。提供社会公共服务是政府的一项基本职责，其建设程度关系到发展的速度、效率、可持续性等问题。由于历史的原因我国农村公共服务的提供相对落后，这是造成城乡二元结构的重要原因之一，导致了农村的相对落后，影响了我国社会主义建设的整体布局。对于农村来讲，落后的公共服务体系严重影响了农民生产生活条件的改善和农民素质的提高，是实现乡村振兴战略的主要障碍。对于未来乡村公共服务的提供应当从基础设施建设、文化、教育、卫生、社会救济等方面进行，形成农村新的社会保障制度，缩小与城市相关方面的差距。同时，鼓励、支持农村社会事业的发展，逐步缩小城乡社会发展方面的差距。

（四）推动乡村组织和人才振兴，加强基层干部队伍建设

习近平总书记在 2018 年全国"两会"上关于乡村人才振兴，专门提到要把人力资本开发放在首要位置，强化乡村振兴的人才支撑，让愿意留在乡村、建设家乡的人留得安心，让愿意上山下乡、回报乡村的人更有信心，激励各类人才在农村广阔天地大施所能、大展才华、大显身手，打造一支强大的乡村振兴人才队伍，在乡村形成人才、土地、资金、产业汇聚的良性循环。

实现乡村人才振兴，首先要打造一支懂农业、爱农村、爱农民的基层干部队伍。要重视干部的选拔，坚持"政治素质好，综合素质高"的标准，扩大干部选拔的范围，增加干部选拔的途径，增强选拔过程中服务乡村的目的性。对现有的干部加强培训，要针对不同的情况制定不同的培训计划，要全面学习，综合提高，为农村培养出"德才兼备"高效的工作队伍。健全干部流动机制，重视村级后备干部的培养与管理，对于为乡村振兴做出突出贡献的干部要给予奖励，为其提供更多的服务社会的机会，同时要重视后备干部的选拔，为后备干部提供更多的实践机会，提高后备人员的综合素质。

加强农村基层党组织建设，办好农村事，选好带头人。党在基层建设中要起到模范带头、战斗堡垒的作用，基层党组织的好坏直接关系到乡村振兴的实现，这当中村党支部书记显得尤为重要。要将村党支部书记的培养与培训纳入国家干部的培训计划当中，有步骤地实施培训计划。通过严格的考察与选拔，以德才兼备为标准，选拔培养出思想政治素质过硬、道德品行好、带富能力强、管理能力强、愿意服务于人民群众的党员或吸纳具有相关条件的群众加入党组织、担任村党支部书记。同时，要健全党内激励机制，以保证计划的持续性，形成基层干部选拔的长效机制。

培养和引进农村科技人才，实现农业生产的科技振兴。一方面，要培育高素质农民，通过实施新型农业经营主体带头人轮训计划、现代青年农场主培训计划和农村实用

人才带头人培训计划，培养农业生产的专业大户、家庭农场主、农民专业合作社领办人和农业企业骨干。多方位推进高素质农民培育工程，实现农业生产经营、专业技能和社会服务的职业化。另一方面，促进各方人才的"上山下乡"，建立地方农业专业人才统筹使用机制，提高农村专业人才的服务保障能力，开辟高等院校、科研院所等事业单位到基层服务锻炼的合理途径，并从政策上给予其评定职称、福利保障等方面的优先支持。还要鼓励社会各界对农村有感情的人员参与乡村建设，构建引导社会各方人才参与乡村振兴战略的机制，畅通城乡人员流动的通道。

本章参考文献

薄一波，1997. 若干重大决策与事件的回顾：修订本 下卷 [M]. 北京：人民出版社.

陈华栋，顾建光，蒋颖，2007. 建国以来我国乡镇政府机构沿革及角色演变研究 [J]. 社会科学战线（2）：175-179.

陈清泉，宋广渭，1999. 陆定一传 [M]. 北京：中共党史出版社.

陈锡文，罗丹，张征，2018. 中国农村改革40年 [M]. 北京：人民出版社.

陈锡文，赵阳，罗丹，2009. 中国农村制度变迁60周年 [M]. 北京：人民出版社.

费孝通，1998. 乡土中国·生育制度 [M]. 北京：北京大学出版社.

黄道霞，1992. 建国以来农业合作化史料汇编 [M]. 北京：中共党史出版社.

江燕，2009. 新中国成立以来农村基层政权建设的历史考察 [M]. 保定：河北大学出版社.

李井泉，1959. 人民公社是我国社会发展的必然产物 [N]. 人民日报，10-18（02）.

王金洪，郭正林，1999. 王阳明的乡村治理思想及实践体系探析 [J]. 华南师范大学学报（社会科学版）（4）：9-17.

谢觉哉，1950. 关于人民民主建政工作报告 [N]. 人民日报，09-12（01）.

詹成付，2006. 关于深化乡镇体制改革的研究报告 [J]. 经济研究参考（57）：2-7.

中共中央文献研究室，1992. 建国以来重要文献选编：第二册 [M]. 北京：中央文献出版社.

中共中央文献研究室，1992. 建国以来重要文献选编：第十二册 [M]. 北京：中央文献出版社.

中共中央文献研究室，1992. 建国以来重要文献选编：第十四册 [M]. 北京：中央文献出版社.

周郎生，2008. 乡村治理的理论诠释：从治理到乡村治理 [J]. 中共云南省委党校学报（3）：129-131.